WELT-ENTWICKLUNGS-BERICHT 1986

Weltbank
Washington, D.C., USA

Copyright © 1986 Internationale Bank
für Wiederaufbau und Entwicklung/Weltbank
1818 H Street, N. W., Washington, D. C. 20433 U.S.A.

Erste Auflage, August 1986

Alle Rechte vorbehalten. Diese Publikation darf ohne vorherige
Genehmigung der Weltbank weder vollständig noch auszugsweise
reproduziert, auf Datenträgern erfaßt oder in jeglicher Form oder
Art übertragen werden, sei es elektronisch, mechanisch, durch
Fotokopie, Tonbandaufzeichnung oder auf andere Weise.

Mit den Bezeichnungen, Gruppierungen, Grenzen und Farben, die
in den Karten des *Weltentwicklungsberichts* verwendet werden, verbinden die Weltbank und die ihr angeschlossenen Institute keinerlei Urteil
über den rechtlichen oder sonstigen Status irgendwelcher Territorien und ebensowenig irgendeine Bekräftigung oder Anerkennung
irgendwelcher Grenzen.

ISBN 3-7819-0356-7
ISSN 0271 — 1745

Die Kongreßbücherei (U.S.A.) hat die englische Ausgabe dieser
Veröffentlichungsreihe wie folgt katalogisiert:

World development report. 1978 —
[New York] Oxford University Press.
v. 27 cm. annual.
Published for The World Bank.
1. Underdeveloped areas — Periodicals. 2. Economic development —
Periodicals. I. International Bank for Reconstruction and Development.

HC59.7.W659   330.9'172'4   78-67086

Gesamtherstellung: Kern & Birner
Werrastraße 4
D-6000 Frankfurt 90

Für die Weltbank vertrieben von:

UNO-Verlag	Verlag Fritz Knapp	Gerold & Co.	Librairie Payot
Simrockstraße 23	Postfach 11 11 51	Graben 31	6, rue Grenus
D-5300 Bonn 1	D-6000 Frankfurt 1	A-1011 Wien	CH-1211 Genève 11

Vorwort

Dies ist der neunte Bericht im Rahmen der jährlichen Berichterstattung über Entwicklungsprobleme. Teil I untersucht die jüngsten Trends in der Weltwirtschaft und die wirtschaftspolitischen Rahmenbedingungen, die für ein dauerhaftes Wachstum gegeben sein müssen. Teil II ist der Handels- und Preispolitik in der Weltlandwirtschaft gewidmet. Wie in der Vergangenheit, gehört zum Bericht ein Anhang mit aktualisierten Kennzahlen der Weltentwicklung, der ausgewählte soziale und ökonomische Daten für über hundert Länder enthält.

Die Weltwirtschaft tritt in das vierte Jahr eines seit der Rezession der Jahre 1980 bis 1982 anhaltenden Wachstumsprozesses ein. Der Aufschwung ist jedoch weiterhin verhalten, und viele Entwicklungsländer sind mit schwierigen Anpassungsproblemen konfrontiert. Obwohl der jüngste Rückgang der Ölpreise, der Realzinsen und der Inflationsraten den Industrie- und Entwicklungsländern gleichermaßen positive Impulse gibt, wird es vielen hochverschuldeten Entwicklungsländern, vor allem den Ölexporteuren, schwerfallen, das Wachstum in der nächsten Zeit aufrechtzuerhalten. Für viele Länder mit niedrigem Einkommen in Afrika südlich der Sahara fallen außerdem die günstigen Auswirkungen des Aufschwungs wesentlich schwächer aus.

Teil I des diesjährigen Berichts befaßt sich mit der Weltwirtschaftspolitik, die erforderlich ist, um wieder ein nachhaltiges Wachstum der Weltwirtschaft zu erreichen. Dabei wird betont, daß die Industrieländer auch weiterhin an einer Politik festhalten müssen, die sowohl die Inflationsraten senkt als auch für einen Abbau von Marktverzerrungen und Rigiditäten sorgt. Allerdings geben die zunehmenden Restriktionen im internationalen Handel weiterhin Anlaß zur Sorge. Wenn ein hohes und nachhaltiges Wachstum erzielt werden soll, dann müssen institutionelle Reformen und eine Verbesserung der wirtschaftlichen Anreize in den einzelnen Ländern von erneuten Bemühungen um einen freizügigeren Welthandel begleitet sein. Die Erfolge der Entwicklungsländer bei der Reform ihrer Wirtschaftspolitiken und bei der Anpassung an einen raschen — und oft tiefgreifenden — Wandel der Weltwirtschaft seit 1980 werden im Bericht nachgezeichnet. Trotz erheblicher Fortschritte beginnen viele dieser Länder die zweite Hälfte dieser Dekade unter einer starken Belastung durch die kumulativen Auswirkungen der im Inland ergriffenen Maßnahmen, der hohen Auslandsschulden und, im Fall der Ölexporteure, des jüngsten Rückgangs der Exporterlöse. Anhaltende Reformen der nationalen Wirtschaftspolitik mit dem Ziel, ein stabiles gesamtwirtschaftliches Umfeld zu schaffen und zu bewahren sowie das System der wirtschaftlichen Anreize zu verbessern, werden als notwendige Voraussetzungen für das Wachstum betont. Eine verstärkte Außenhandelsintegration ist ein unentbehrlicher Baustein dieses Reformprozesses. Der Wandel der Wirtschaftspolitik in den Entwicklungsländern muß jedoch durch einen Abbau von Handelsschranken und höhere Nettozuflüsse von Auslandskapital unterstützt werden.

Teil II dieses Berichts entwickelt diese Thematik im Kontext der Agrarpolitik. Die Agrarpolitik der Entwicklungs- und Industrieländer wird hier innerhalb eines einheitlichen Konzeptes untersucht, wobei die weltweite Interdependenz der nationalen Agrarpolitiken herausgearbeitet und die hohen potentiellen Gewinne durch einen freizügigen Agrarhandel aufgezeigt werden. Der Bericht empfiehlt, daß die Liberalisierung des Agrarhandels bei internationalen Maßnahmen auf dem Gebiet der Landwirtschaft hohe Priorität erhalten sollte.

Eine Prüfung der wirtschaftspolitischen Alternativen der Entwicklungsländer legt den Schluß nahe, daß wirtschaftliche Stabilität und Wachstum erheblich gefördert werden könnten, wenn die Preis- und Handelspolitiken verbessert würden. In vielen Entwicklungsländern haben sowohl die gesamtwirtschaftliche als auch die sektorspezifische Politik die Entwicklung der Landwirtschaft behindert. Überbewertete Wechselkurse, die Schutzmaßnahmen zugunsten der heimischen Industrie und die Besteuerung des Agrarexports wie der importkonkurrierenden Nahrungsmittelproduktion haben die inländische Agrarproduktion beeinträchtigt. Zusätzlich haben Programme zur Subventionierung des Konsums und von landwirtschaftlichen Betriebsmitteln sowie zur Stabilisierung der Verbraucher- und Erzeugerpreise oft zu erheblichen realen Einkommensverlusten der Entwicklungsländer geführt. Diese Probleme werden jedoch zunehmend erkannt, und einige Entwicklungsländer haben bedeutsame — in einigen Fällen durchgreifende — wirtschaftspolitische Reformen eingeleitet.

Auch in vielen Industrieländern wird eine Neuordnung der Agrarpolitik ernsthaft erwogen. Die von ihnen in den letzten Jahrzehnten verfolgte Politik hat nicht nur die Handelschancen der Entwicklungsländer begrenzt, sondern war auch für die Industrieländer selbst kontraproduktiv. Vor dem Hintergrund der Vorbereitungen für die nächste Verhandlungsrunde im Rahmen des GATT wäre es angebracht, die vorhandenen Möglichkeiten zur Schaffung eines effizienteren Weltagrarsystems zu erkennen — eines Systems, von dem sowohl die Industrie- als auch die Entwicklungsländer profitieren würden. Der in der Agrartechnik erreichte Fortschritt bietet die Chance für eine rasche Steigerung der Agrarproduktion, wenn offenere Weltmärkte mit mehr Wettbewerb geschaffen werden.

Wie seine Vorgänger ist auch der diesjährige Bericht eine Untersuchung des Mitarbeiterstabs der Weltbank; die hier vertretenen Ansichten brauchen nicht mit den Auffassungen unseres Exekutivdirektoriums oder der von ihm vertretenen Regierungen übereinzustimmen.

A.W. Clausen
Präsident der Weltbank

19. Mai 1986

Dieser Bericht wurde unter Leitung von Anandarup Ray von einer Arbeitsgruppe verfaßt, der Trent Bertrand, Ajay Chhibber, Bruce Gardner, Orsalia Kalantzopoulos, Odin Knudsen, Donald O. Mitchell, Alan Walters, John Wilton und L. Alan Winters angehörten, denen Therese Belot, Zohreh Hedjazi, M. Shahbaz Khan, Donald F. Larson, Tani Maher, Yasmin Saadat, Rodney Smith und Robert Wieland zuarbeiteten. D. Gale Johnson, Ulrich Koester und viele andere Mitarbeiter von innerhalb und außerhalb der Bank stellten hilfreiche Stellungnahmen und Beiträge zur Verfügung (vgl. die Anmerkungen zu den verwendeten Quellen). Die Abteilung für Wirtschaftsanalyse und -projektionen, unter Leitung von Jean Baneth, unterstützte die Arbeiten für Teil I, und Enzo Grilli, Peter Miovic und Heywood Fleisig koordinierten die Projektionsarbeiten dieser Abteilung. Ramesh Chander, assistiert von David Cieslikowski, ebenfalls aus dieser Abteilung, überwachte die Erstellung der Kennzahlen der Weltentwicklung; Elizabeth Crayford redigierte die Kennzahlen, und Shaida Badiee war für die Systementwicklung verantwortlich. Besonderer Dank gilt auch dem Produktionspersonal, vor allem Joyce Eisen, Pensri Kimpitak und Victoria Lee sowie den technischen Mitarbeitern unter Leitung von Rhoda Blade-Charest, zu denen Banjonglak Duangrat, Jaunianne Fawkes, Carlina Jones und Patricia Smith gehörten. Die Arbeit wurde unter der allgemeinen Leitung von Anne O. Krueger und Constantine Michalopoulos durchgeführt, mit John Parker als redaktionellem Berater.

Inhaltsübersicht

Definitionen und statistische Anmerkungen   IX

Kurzwörter und Abkürzungen   X

1 Einführung   1

  Aussichten für die Weltwirtschaft   2
  Handels- und Preispolitik in der Weltlandwirtschaft   2

Teil I Der verhaltene Aufschwung und die Aussichten für ein dauerhaftes Wachstum

2 Der verhaltene Aufschwung   17

  Die Industrieländer   19
  Die Entwicklungsländer   27

3 Die Wachstumschancen   46

  Wachstumspolitik in den Entwicklungsländern   46
  Ein Jahrzehnt der Chancen, 1985 bis 1995   50
  Wirtschaftspolitische Voraussetzungen des „günstigen Falles"   53
  Die Aussichten der Entwicklungsländer   54
  Kapitalbewegungen und Schulden   63
  Internationale Initiativen und die Rolle der Weltbank   67

Teil II Handels- und Preispolitik in der Weltlandwirtschaft

4 Agrarpolitik in den Entwicklungsländern: Wechselkurse, Preise und Besteuerung   71

  Gesamtwirtschaftliche Politik und Agrarwirtschaft   72
  Die Landwirtschaft als Steuerquelle   94

5 Agrarpolitik in den Entwicklungsländern: Vermarktung und Preisstabilisierung, Subventionen und wirtschaftspolitische Reformen   97

  Vermarktung und Preisstabilisierung   97
  Subventionierung des Verbrauchs   104
  Programme zur Unterstützung von Produzenten   108
  Wirtschaftspolitische Reformen   120

6 Agrarpolitik in den Industrieländern   128

  Die besonderen Merkmale der Agrarpolitik   128
  Nationale Gewinne und Verluste durch agrarpolitische Maßnahmen   140
  Internationale Konsequenzen   145

7 Internationale Initiativen im Agrarhandel   155

  Internationale Rohstoffabkommen   155
  Kompensierende Finanzierung   160
  Handelspräferenzen   164
  Nahrungsmittelhilfe   169

8 Nationale und internationale Prioritäten in der Landwirtschaft *173*
      Prioritäten in den Entwicklungsländern *173*
      Handelsliberalisierung *175*
      Die Verhandlungen im Rahmen des GATT *177*
      Die Rolle der Weltbank *177*

Statistischer Anhang *180*

Anmerkungen zu den verwendeten Quellen *188*

Kennzahlen der Weltentwicklung *195*

Texttabellen

1.1 Anteil der Landwirtschaft am BIP, an der Beschäftigung und am Export, ausgewählte Jahre, 1964 bis 1984 *4*
1.2 Anteil der Landwirtschaft am Export der Entwicklungsländer, 1979 bis 1983 *5*
1.3 Wachstum der Agrarproduktion nach wichtigsten Produktgruppen, 1961 bis 1984 *5*
1.4 Wachstum der Getreideproduktion in ausgewählten Entwicklungsländern, 1971 bis 1984 *6*
1.5 Entwicklung der realen Grundstoffpreise, 1950 bis 1984 *8*
1.6 Entwicklung der Weltexporte, 1965 bis 1984 *11*
1.7 Exportanteile wichtiger Gruppen von Agrarprodukten, 1961 bis 1963 und 1982 bis 1984 *11*
2.1 Wachstum des realen BSP in ausgewählten Industrieländern, 1979 bis 1985 *17*
2.2 Saldo des öffentlichen Haushalts in Prozent des BSP in sieben größeren Industrieländern, 1979 bis 1985 *22*
2.3 Leistungsbilanzsalden und Wechselkurse in Deutschland, Japan und den Vereinigten Staaten, 1981 bis 1985 *22*
2.4 Öffentliche Ausgaben insgesamt in Prozent des BIP in ausgewählten Industrieländern, 1964 bis 1983 *23*
2.5 Anteil der Importe der Industrieländer, der nichttarifären Handelshemmnissen unterliegt, 1981 bis 1984 *25*
2.6 Reales Wachstum des BIP, 1965 bis 1985 *28*
2.7 Veränderungen der Exportpreise und der Terms of Trade, 1965 bis 1985 *29*
2.8 Exportwachstum der Entwicklungsländer, 1965 bis 1985 *30*
2.9 Wachstum, Nettoinvestitionen und Kapitalkoeffizient in vierundzwanzig Entwicklungsländern, 1960 bis 1984 *31*
2.10 Entwicklung der Zinsen in den Vereinigten Staaten und der Exportpreise der Entwicklungsländer, 1978 bis 1985 *40*
2.11 Schuldenkennzahlen für Entwicklungsländer, 1980 bis 1985 *40*
2.12 Neue Kreditzusagen an öffentliche und öffentlich garantierte Kreditnehmer in Entwicklungsländern, 1978 bis 1984 *41*
2.13 Leistungsbilanzsalden von Entwicklungsländern, 1980 bis 1985 *42*
2.14 Öffentliche und private langfristige Kapitalzuflüsse zu Entwicklungsländern, 1975 und 1980 bis 1985 *43*
3.1 Durchschnittsergebnisse für Industrie- und Entwicklungsländer, 1965 bis 1995 *51*
3.2 Wachstum des Pro-Kopf-BIP, 1965 bis 1995 *52*
3.3 Wachstum des Handels der Entwicklungsländer, 1965 bis 1995 *56*
3.4 Leistungsbilanzen der Entwicklungsländer und ihre Finanzierung, 1985 und 1995 *64*
3.5 Netto-Mittelzuflüsse zu den Entwicklungsländern in ausgewählten Jahren, 1980 bis 1995 *67*
4.1 Schutz der Landwirtschaft im Vergleich zur Industrie in ausgewählten Entwicklungsländern *73*
4.2 Index der realen Wechselkurse in ausgewählten Ländern Afrikas *78*
4.3 Indizes der nominalen und realen Protektionskoeffizienten für Getreide und Agrarexportprodukte in ausgewählten Ländern Afrikas, 1972 bis 1983 *79*
4.4 Übersicht über die Reaktion der Produktion auf Preisänderungen *79*
4.5 Produktions- und Ausfuhrwachstum sowie Exportmarktanteile bei Kakao und Palmöl in ausgewählten Entwicklungsländern, 1961 bis 1984 *85*
5.1 Indizes der Preisinstabilität, 1964 bis 1984 *99*
5.2 Trend der Brotpreise und des Verbrauchs und Imports von Weizen in ausgewählten Jahren, 1969 bis 1981 *106*
5.3 Produktionssteigerungen bei ausgewählten Agrarprodukten in China, 1957 bis 1983 *121*
5.4 Ertragszuwachs bei ausgewählten Agrarprodukten in China, 1957 bis 1983 *124*

6.1 Nominale Protektionskoeffizienten (NPK) in Industrieländern für Erzeuger- und Verbraucherpreise ausgewählter Agrarprodukte, 1980 bis 1982   *132*
6.2 Anwendungshäufigkeit verschiedener nichttarifärer Handelshemmnisse in Industrieländern, 1984   *137*
6.3 Der Marktwert von Produktionsquoten in Ontario (Kanada) 1984   *138*
6.4 Die inländischen Effizienzverluste durch Interventionen in der Landwirtschaft ausgewählter Industrieländer   *141*
6.5 Die jährlichen Kosten und Vorteile des Agrarprotektionismus für inländische Verbraucher, Steuerzahler und Produzenten in der EG, Japan und den Vereinigten Staaten   *142*
6.6 Veränderungen der Ausfuhrerlöse und der Einfuhrkosten sowie Effizienzgewinne bei ausgewählten Agrarprodukten in den Entwicklungsländern durch einen Abbau der Zollsätze um 50 Prozent in den OECD-Ländern, 1975 bis 1977   *149*
6.7 Internationale Preis- und Handelswirkungen einer Liberalisierung ausgewählter Produktmärkte, 1985   *152*
6.8 Effizienzgewinne durch eine Liberalisierung bei ausgewählten Agrarprodukten, nach Ländergruppen, 1985   *153*
6.9 Wirkung einer Liberalisierung auf die Instabilität der Preise, 1985   *154*
7.1 Laufende internationale Rohstoffabkommen auf dem Gebiet der Agrarwirtschaft   *157*
7.2 Die Hauptempfänger von Zuschüssen im Rahmen der STABEX, 1975 bis 1983   *162*
7.3 Charakteristische Merkmale des CFF und des STABEX   *163*
7.4 Getreidelieferungen im Rahmen der Nahrungsmittelhilfe, 1971 bis 1983   *170*
8.1 Mittelvergabe der Weltbank für landwirtschaftliche und ländliche Entwicklung, nach Verwendungszweck und Zeitraum   *178*

Statistischer Anhang

A.1 Bevölkerungswachstum, 1965 bis 1985 und Projektion bis zum Jahr 2000   *180*
A.2 Bevölkerung und BSP pro Kopf (1980) und Wachstumsraten, 1965 bis 1985   *180*
A.3 BIP (1980) und Wachstumsraten, 1965 bis 1985   *181*
A.4 Bevölkerung und Zusammensetzung des BIP in ausgewählten Jahren, 1965 bis 1985   *181*
A.5 Produktionsstruktur des BIP in ausgewählten Jahren, 1965 bis 1984   *182*
A.6 Wachstumsraten einzelner Wirtschaftssektoren, 1965 bis 1984   *182*
A.7 Kennzahlen für Verbrauch, Ersparnis und Investitionen in ausgewählten Jahren, 1965 bis 1984   *183*
A.8 Exportwachstum, 1965 bis 1984   *184*
A.9 Veränderung der Exportpreise und der Terms of Trade, 1965 bis 1985   *185*
A.10 Wachstum der langfristigen Schulden der Entwicklungsländer, 1970 bis 1985   *185*
A.11 Ersparnis, Investitionen und Leistungsbilanzsaldo, 1965 bis 1984   *186*
A.12 Zusammensetzung der ausstehenden Schulden, 1970 bis 1984   *187*

Schaubilder

1.1 Tendenzen in der Agrar- und Lebensmittelproduktion, 1961 bis 1984   *6*
1.2 Getreideerträge in ausgewählten Ländern, 1965 bis 1984   *7*
1.3 Tendenzen der realen Agrarpreise in den Vereinigten Staaten, ausgewählte Jahre, 1800 bis 1985   *7*
1.4 Trends und Salden im Außenhandel mit Nahrungsmitteln, 1961 bis 1984   *12*
1.5 Nominale Protektionskoeffizienten   *13*
2.1 Wachstumsrate des realen BIP in Entwicklungs- und Industrieländern, 1961 bis 1985   *17*
2.2 Wachstum, Inflation und Arbeitslosenquoten in sieben größeren Industrieländern, 1965 bis 1985   *18*
2.3 Fehlanpassung des Wechselkurses und reales Wachstum des BIP in vierundzwanzig Entwicklungsländern, 1960 bis 1983   *35*
2.4 Wechselkursinstabilität und Nettoinvestitionen in vierundzwanzig Entwicklungsländern, 1960 bis 1983   *35*
2.5 Umschuldungen, 1979 bis 1985   *43*
4.1 Verhältnis von Erzeugerpreisen zu Grenzübergangspreisen für ausgewählte Agrarprodukte von Entwicklungsländern in den späten 1970er und frühen 1980er Jahren   *75*
4.2 Indizes der realen Wechselkurse und der Agrarexporte in Ghana, Nigeria, Brasilien und Chile, 1961 bis 1984   *82*
4.3 Produktion, Verbrauch und Einfuhr von Getreide in Afrika südlich der Sahara, 1965 bis 1984   *89*
4.4 Durchschnittliches jährliches Wachstum von Landwirtschaft und Industrie der Entwicklungsländer, 1973 bis 1984   *92*

5.1 Lebensmittelsubventionen in Prozent der gesamten Staatsausgaben von ausgewählten Entwicklungsländern *105*
6.1 Schwellen- und Weltmarktpreise ausgewählter Getreidesorten in der EG, 1968 bis 1984 *134*
6.2 Nominale Protektionskoeffizienten und das Einkommensgefälle in ausgewählten Industrieländern, 1980 *143*
6.3 Futtermitteleinsatz pro Kopf und Maispreise in ausgewählten Regionen der Industrieländer, 1960 bis 1984 *148*
7.1 Internationale Rohstoffabkommen: Preisspannen und Preise *158*

Sonderbeiträge

1.1 Ernährungssicherheit *9*
1.2 Adam Smith über die Ursachen von Hungersnöten und die modernen Erfahrungen *10*
1.3 Der Agrarprotektionismus im geschichtlichen Zusammenhang *14*
2.1 Inflation als Steuer *20*
2.2 Wer zahlt für den Protektionismus? *26*
2.3 Inkonsistenzen in der gesamtwirtschaftlichen Politik: Das Beispiel der Philippinen in den Jahren 1980 bis 1983 *36*
2.4 Reaktionen auf eine Schuldenkrise *38*
3.1 Multilaterale Handelskonferenzen und das GATT *54*
3.2 Wie ein Rückgang des Ölpreises die Entwicklungsländer beeinflußt *58*
3.3 Das Schuldenproblem in Afrika südlich der Sahara *60*
3.4 Der Schuldenüberhang und die hoch verschuldeten Länder mit mittlerem Einkommen *63*
4.1 Kaffeepreise und gesamtwirtschaftliche Politik in Kolumbien *76*
4.2 Flexible Märkte in Niger *80*
4.3 Handelspolitik und landwirtschaftliche Leistung: Der Fall Argentinien *81*
4.4 Öl und Landwirtschaft: Nigeria und Indonesien *83*
4.5 Agrarpreise und Vermarktung in Tansania *86*
4.6 Exportbesteuerung und Monopolmacht *88*
4.7 Selbstversorgung mit Nahrungsmitteln in Asien *90*
4.8 Agrarpreispolitik und Umwelt: Der Fall Haiti *91*
4.9 Agrarbesteuerung in Japan *93*
4.10 Effizienzkosten von Exportsteuern *95*
5.1 Risikoaversion in der Landwirtschaft *100*
5.2 Ausgleichslager für Brotgetreide und Preisstabilisierung in Indien *102*
5.3 Papua-Neuguineas Ausgleichfonds *103*
5.4 Reform der Lebensmittelsubventionierung in Sri Lanka *107*
5.5 Ausrichtung von Unterstützungsleistungen auf Zielgruppen in Tamil Nadu, Indien *108*
5.6 Kreditsubventionen in Brasilien *114*
5.7 Ausbau der Agrarfinanzmärkte in Indonesien *117*
5.8 Programme zur Rekultivierung von Kautschukpflanzungen in Thailand *118*
5.9 Agrarpolitische Reformen in Bangladesch *122*
5.10 Reform des Baumwollsektors im Sudan *124*
6.1 Preisstützung in der Milchwirtschaft *130*
6.2 Schutzmaßnahmen für Zuckerproduzenten *132*
6.3 Bodenbeschränkungen und nebenberufliche Landwirtschaft *135*
6.4 Versteckte Subventionen — der Crow's Nest-Frachttarif *140*
6.5 Alter Wein in neuen Schläuchen *143*
6.6 Agrarpreise, Bodenrenten und Kapitalrenditen *144*
6.7 Zollschutz und Verarbeitung von Agrarprodukten *147*
6.8 Simulation einer Liberalisierung der Agrarpolitik *151*
7.1 Neuere Rohstoffabkommen auf dem Gebiet der Agrarwirtschaft *158*
7.2 Termingeschäfte und Optionen an den Warenmärkten *161*
7.3 Das Abkommen von Lome *164*
7.4 Das Zuckerprotokoll der EG *166*
7.5 Agrarhandel zwischen Entwicklungsländern *168*
7.6 Institutionen der Nahrungsmittelhilfe *169*
7.7 Anforderungen an die Nahrungsmittel-Nothilfe *171*

Definitionen und statistische Anmerkungen

Die im Textteil dieses Berichts und in den „Kennzahlen der Weltentwicklung" verwendeten wichtigsten Ländergruppen werden wie folgt definiert:

- Die *Entwicklungsländer* werden untergliedert in *Volkswirtschaften mit niedrigem Einkommen* mit einem Bruttosozialprodukt (BSP) pro Kopf im Jahr 1984 von weniger als 400 Dollar und in *Volkswirtschaften mit mittlerem Einkommen* mit einem BSP pro Kopf von 400 Dollar oder mehr. Die Länder mit mittlerem Einkommen werden darüber hinaus, wie nachfolgend aufgeführt, in Ölexporteure und Ölimporteure unterteilt.
- Zu den *Ölexporteuren mit mittlerem Einkommen* gehören Ägypten, Algerien, Angola, Ecuador, Gabun, Indonesien, Irak, Iran, Kamerun, Kongo, Malaysia, Mexiko, Nigeria, Peru, Syrien, Trinidad und Tobago, Tunesien und Venezuela.
- Zu den *Ölimporteuren mit mittlerem Einkommen* zählen alle übrigen Entwicklungsländer mit mittlerem Einkommen, die nicht als Ölexporteure erfaßt werden. Eine Untergruppe — die *Hauptexporteure von Industrieprodukten* — enthält Argentinien, Brasilien, Griechenland, Hongkong, Israel, Jugoslawien, die Republik Korea, die Philippinen, Portugal, Singapur, Südafrika und Thailand.
- Die *Ölexporteure mit hohem Einkommen* (die hier nicht zu den Entwicklungsländern rechnen) umfassen Bahrain, Brunei, Katar, Kuwait, Libyen, Oman, Saudi-Arabien und die Vereinigten Arabischen Emirate.
- *Marktwirtschaftliche Industrieländer* sind die Mitglieder der Organisation für wirtschaftliche Zusammenarbeit und Entwicklung (OECD), ohne Griechenland, Portugal und die Türkei, die zu den Entwicklungsländern mit mittlerem Einkommen zählen. Diese Ländergruppe wird im Text normalerweise als Industrieländer oder industrialisierte Volkswirtschaften bezeichnet.
- Zu den *osteuropäischen Staatshandelsländern* gehören Albanien, Bulgarien, Deutsche Demokratische Republik, Polen, Rumänien, Tschechoslowakei, Ungarn und die UdSSR. Diese Gruppe wird manchmal auch als Planwirtschaften bezeichnet.
- *Afrika südlich der Sahara* umfaßt alle neununddreißig Entwicklungsländer Afrikas südlich der Sahara, ohne die Republik Südafrika, wie im einzelnen ausgewiesen in *Toward Sustained Development in Sub-Saharan Africa: A Joint Program of Action* (Weltbank, 1984).
- Der *Nahe Osten und Nordafrika* umfaßt Afghanistan, Ägypten, Algerien, Iran, Irak, Israel, Arabische Republik Jemen, Jemen (VR), Jordanien, Kuwait, Libanon, Libyen, Marokko, Oman, Saudi-Arabien, Syrien, Tunesien, die Türkei und die Vereinigten Arabischen Emirate.
- Zu *Ostasien* gehören alle Länder mit niedrigem und mittlerem Einkommen Ost- und Südostasiens und des Pazifiks, die östlich von Birma, China und der Mongolischen VR liegen, einschließlich dieser drei Länder.
- Zu *Südasien* gehören Bangladesch, Bhutan, Indien, Nepal, Pakistan und Sri Lanka.
- *Lateinamerika und Karibik* umfassen alle amerikanischen und karibischen Länder südlich der Vereinigten Staaten.
- *Hauptschuldnerländer* sind die Länder, deren ausgezahlte und ausstehende Schulden per Ende 1984 auf mehr als 15 Mrd Dollar geschätzt werden; hierzu gehören Ägypten, Argentinien, Brasilien, Chile, Indien, Indonesien, Israel, Jugoslawien, Mexiko, die Republik Korea, die Türkei und Venezuela.

Ökonomische und bevölkerungsstatistische Begriffe werden in den technischen Erläuterungen zu den „Kennzahlen der Weltentwicklung" definiert. Die Kennzahlen verwenden die oben genannten Ländergruppierungen, jedoch werden nur Länder mit einer Bevölkerungszahl von über 1 Million berücksichtigt.

Tonnen-Angaben beziehen sich auf metrische Tonnen (t) gleich 1000 Kilogramm (kg) oder 2204,6 Pfund.

Zuwachsraten beruhen, falls nicht anders angegeben, auf realen Größen. Die Zuwachsraten für mehrjährige Zeitabschnitte in den Tabellen beziehen sich auf den Zeitraum, der mit dem Ausgangsjahr beginnt und bis zum Ende des letzten angegebenen Jahres reicht.

Dollar sind US-Dollar zu jeweiligen Preisen, falls nicht anders angegeben.

Das Zeichen .. in Tabellen bedeutet „nicht verfügbar".

Das Zeichen — in Tabellen bedeutet „nicht zutreffend".

Allen Tabellen und Schaubildern liegen Daten der Weltbank zugrunde, falls nicht anders angegeben.

Angaben aus fremden Quellen liegen nicht immer bis einschließlich 1984 vor. Die Zahlen, die im vorliegenden *Weltentwicklungsbericht* für Vergangenheitswerte ausgewiesen werden, können von den Angaben in früheren Berichten abweichen, da sie, sobald bessere Daten verfügbar sind, laufend aktualisiert werden und bestimmte Angaben für eine Auswahl von neunzig Ländern neu zusammengestellt wurden. Letzteres war erforderlich, um die Neugruppierung von Ländern für Projektionszwecke flexibler durchführen zu können.

Kurzwörter und Abkürzungen

BIP Bruttoinlandsprodukt.

BSP Bruttosozialprodukt.

CIAT Internationales Zentrum für tropische Landwirtschaft (International Center for Tropical Agriculture).

CIMMYT Internationales Zentrum für Mais- und Weizenveredelung (International Maize and Wheat Improvement Center).

CFF Fazilität zur kompensierenden Finanzierung (Compensatory Financing Facility).

DAC Der Ausschuß für Entwicklungshilfe (Development Assistance Committee) der OECD umfaßt Australien, Belgien, Dänemark, die Bundesrepublik Deutschland, Finnland, Frankreich, Großbritannien, Irland, Italien, Japan, Kanada, Neuseeland, die Niederlande, Norwegen, Österreich, Schweden, die Schweiz, die Vereinigten Staaten und die Kommission der Europäischen Gemeinschaften.

ECU Europäische Währungseinheit (European currency unit).

EG Die Europäischen Gemeinschaften umfassen Belgien, Dänemark, die Bundesrepublik Deutschland, Frankreich, Griechenland, Großbritannien, Irland, Italien, Luxemburg, die Niederlande, Portugal und Spanien. Griechenland trat der EG 1981 bei, Portugal und Spanien 1986.

FAO Organisation für Ernährung und Landwirtschaft der Vereinten Nationen (Food and Agriculture Organization).

GATT Das Allgemeine Zoll- und Handelsabkommen (General Agreement on Tariffs and Trade).

IBRD Internationale Bank für Wiederaufbau und Entwicklung (International Bank for Reconstruction and Development).

IDA Internationale Entwicklungsorganisation (International Development Association).

IFC Internationale Finanz-Corporation (International Finance Corporation).

IFPRI Internationales Forschungsinstitut für Ernährungspolitik (International Food Policy Research Institute).

IRRI Internationales Institut für Reisforschung (International Rice Research Institute).

IWF Internationaler Währungsfonds.

LIBOR Londoner Interbanken-Angebotssatz (London interbank offered rate).

OECD Mitgliedsländer der Organisation für wirtschaftliche Zusammenarbeit und Entwicklung (Organisation for Economic Co-operation and Development) sind Australien, Belgien, Dänemark, die Bundesrepublik Deutschland, Finnland, Frankreich, Griechenland, Großbritannien, Irland, Island, Italien, Japan, Kanada, Luxemburg, Neuseeland, die Niederlande, Norwegen, Österreich, Portugal, Schweden, die Schweiz, Spanien, die Türkei und die Vereinigten Staaten.

ÖEH Öffentliche Entwicklungshilfe.

SZR Sonderziehungsrecht.

UNCTAD Welthandels- und Entwicklungskonferenz der Vereinten Nationen (United Nations Conference on Trade and Development).

1

Einführung

Landwirtschaft und wirtschaftliches Wachstum sind die Themen dieses *Weltentwicklungsberichts.* Da die Landwirtschaft in den Volkswirtschaften vieler Entwicklungsländer erheblich zu der gesamten Wirtschaftsleistung beiträgt, wird der Erfolg im Agrarbereich die Entwicklung ihrer nationalen Volkswirtschaften noch auf Jahrzehnte hinaus wesentlich mitbestimmen. Gleichzeitig beeinflussen gesamtwirtschaftliche Maßnahmen — wie z.B. die Wechselkurspolitik, Handelspolitik oder das Ausgabenverhalten des Staates — die Entwicklung des Agrarsektors. Auf Ebene des einzelnen Landes wie im Rahmen der interdependenten Weltwirtschaft ist eine bessere Politik notwendig, um die Allokation der Ressourcen zu verbessern und die Realeinkommen zu steigern. Für einen wirtschaftlicheren Ressourceneinsatz in der Landwirtschaft müßte zum einen in den Entwicklungsländern die weitverbreitete, wirtschaftspolitisch bedingte Diskriminierung der Agrarproduktion und des Agrarhandels beseitigt und zum anderen in den Industrieländern die übermäßige Subventionierung der Landwirtschaft abgeschafft werden, die dort zur Überproduktion führt. Was die gesamte Volkswirtschaft betrifft, so ist eine verbesserte Strukturpolitik notwendig, damit sich die Entwicklungsländer dem Wandel der außenwirtschaftlichen Bedingungen anpassen können — ein für das Wachstum unerläßlicher Prozeß — und damit in den Industrieländern bestimmte hartnäckige Strukturmängel korrigiert werden, die dort die Entfaltung des Wirtschaftswachstums beschränkt haben.

In den beiden Teilen dieses Berichts werden diese Themenbereiche untersucht. Teil I widmet sich der weltwirtschaftlichen Entwicklung seit 1980 und den Aussichten für die nächsten zehn Jahre. Das Fazit lautet, daß zwar der jüngste Rückgang der Zinsen und der Ölpreise die Weltwirtschaft anregen dürfte, um jedoch von diesem Impuls in vollem Umfang profitieren zu können, sind weitere wirtschaftspolitische Reformen notwendig, und zwar sowohl auf nationaler als auch auf internationaler Ebene. Bei weniger globaler Betrachtung wird allerdings ersichtlich, daß bestimmte Gruppen von Entwicklungsländern — vor allem die hochverschuldeten Ölexporteure und einige der afrikanischen Staaten mit niedrigem Einkommen — sich auch in der nächsten Zeit gravierenden Anpassungsproblemen gegenübersehen. Diese Länder müssen ihre nationale Wirtschaftspolitik reformieren, was freilich allein nicht ausreicht; zusätzliche Auslandsmittel und der Zugang zu den Auslandsmärkten sind ebenfalls erforderlich.

Teil II untersucht die Beziehung zwischen der staatlichen Wirtschaftspolitik und der Landwirtschaft, wobei die Interdependenz der Agrarpolitik in verschiedenen Teilen der Welt unterstrichen wird. Die Wirtschaftspolitik der Entwicklungsländer ebenso wie der Industrieländer hat einen großen Einfluß auf das landwirtschaftliche Wachstum und die ländlichen Einkommen. Dieser Einfluß reicht häufig weit über nationale Grenzen hinaus. Was vielleicht am meisten überrascht, ist der Tatbestand, daß gerade die Entwicklungsländer ihre Landwirte überwiegend benachteiligen, obwohl diese zum Bruttoinlandsprodukt (BIP) und den Exporterlösen bedeutende Teile beitragen. Dagegen sind es die Industrieländer, die ihre Agrarproduktion subventionieren, obwohl ihre Landwirte nur geringe Beiträge zum BIP und zur Beschäftigung leisten. Der Bericht untersucht die potentiellen Gewinne, die eine Beseitigung dieser Verzerrungen der Weltwirtschaft bringen würde, und schließt mit der Diskussion der Prioritäten einer Reformpolitik.

Aussichten für die Weltwirtschaft

Die Weltwirtschaft tritt in das vierte Jahr ihrer Erholung von der tiefen Rezession der Jahre 1980 bis 1982 ein. Die Produktion der fünf größten Industrieländer, die 1983 real um 3,0 Prozent zugenommen hatte, wuchs 1984 um 4,2 Prozent, und die jährlichen Inflationsraten sind drastisch gesunken. In den Entwicklungsländern stieg das Wachstum von 2,0 Prozent im Jahr 1983 auf 5,4 Prozent im Jahr 1984. In jüngster Zeit aber hat sich das Wachstum verlangsamt, auch wenn es noch anhält. Die Wachstumsrate der fünf größten Industrieländer ist 1985 auf 2,8 Prozent zurückgegangen und die Arbeitslosigkeit sowie die Realzinsen blieben hoch. In den Entwicklungsländern verlangsamte sich das Wachstum 1985 auf 4,4 Prozent. Trotz des jüngsten Rückgangs der Ölpreise, der Realzinsen und der Inflationsraten sehen sich viele Entwicklungsländer weiterhin gravierenden Problemen gegenüber, die ihr Wachstum auf mittlere Sicht hemmen werden.

Diese Entwicklungen sind der Gegenstand von Kapitel 2, das die Wirtschaftspolitiken untersucht, welche die weltwirtschaftliche Situation seit 1980 geprägt haben. Es wird argumentiert, daß zwar viele Industrieländer mit Erfolg die monetäre Expansion und damit die Inflation bremsen konnten, daß aber ihre Finanzpolitik weniger konsistent war. Die zunehmend akzeptierte Auffassung, daß hohe und ausgewogene marginale Steuer- und Leistungssätze wirtschaftliche Anreize verzerren und Effizienzeinbußen mit sich bringen, ließ die Regierungen verständlicherweise zögern, die Steuersätze anzuheben. Der soziale und politische Druck hat es aber auch erschwert, Vergünstigungen zu beschneiden oder die gesamten öffentlichen Ausgaben zu reduzieren. Im Endergebnis wurden die Defizite des öffentlichen Sektors nicht nennenswert abgebaut und der absolute Fehlbetrag blieb in den Vereinigten Staaten hoch. Diese Kombination von Geld- und Finanzpolitik war zum großen Teil für die Schwankungen der Zinssätze und des Dollarkurses zwischen 1980 und Anfang 1986 verantwortlich. Der jüngste Fall des Dollarkurses und der Zinssätze spiegelt drei Entwicklungen wider, nämlich ein erneutes Engagement für den Abbau des Defizits im amerikanischen Bundeshaushalt, den Rückgang der Ölpreise und die abgestimmten Maßnahmen der Länder der Fünfergruppe (Bundesrepublik Deutschland, Frankreich, Großbritannien, Japan und die Vereinigten Staaten).

Während die Schwankungen der Zinssätze und des Dollarkurses zu Anfang der achtziger Jahre vielen Volkswirtschaften erhebliche Anpassungskosten aufbürdeten, gab es auch Faktoren, die diese Zwänge abmilderten; der wichtigste dieser Faktoren war das große Handelsdefizit der Vereinigten Staaten. Vor allem im Jahr 1984 stieg dadurch das Wachstum des Welthandels, was die am Weltmarkt orientierten Entwicklungsländer beträchtlich stützte. Das gleichzeitige Auftreten umfangreicher Handelsdefizite und einer ungewöhnlich hohen Arbeitslosigkeit in einigen Industrieländern hatte aber auch einen negativen Nebeneffekt, und zwar die markante Zunahme des protektionistischen Drucks im Außenhandel. Es liegt eine gewisse Ironie darin, daß sich dieser Druck zu einem Zeitpunkt aufbaut, da die Industrieländer von den bescheidenen Fortschritten zu profitieren beginnen, die sie beim Abbau von Rigiditäten und Verzerrungen auf ihren inländischen Faktor- und Gütermärkten erzielt haben.

Für die Entwicklungsländer war die erste Hälfte der achtziger Jahre eine Zeit der Anpassung an den raschen Wandel der Weltwirtschaft. Die von ihnen durchgeführten Reformen zur Verbesserung der Ressourcenallokation und zur Steigerung der Wirtschaftlichkeit waren, unabhängig von den weltwirtschaftlichen Entwicklungen, ohnehin notwendig. Die starken Schwankungen der Realzinsen und der Rohstoffpreise sowie die Instabilität ihrer Exportmärkte und der Nettokapitalimporte veranlaßten sie aber, sich beschleunigt anzupassen, was manchmal mit hohen Kosten verbunden war. Dennoch verzeichnen diejenigen Entwicklungsländer, die ihre gesamtwirtschaftliche Stabilität bewahrten und eine Wirtschaftspolitik verfolgten, welche das Beste aus den wechselnden weltwirtschaftlichen Bedingungen machte, heute ein kräftiges Wachstum und günstige Zukunftsaussichten. Anderen Entwicklungsländern fiel es dagegen schwer, auf den Wachstumspfad zurückzufinden. In vielen Fällen führte eine ungeeignete nationale Wirtschaftspolitik, die über lange Zeit Ressourcen fehlleitete und die Produktivität verminderte, zu einem allenfalls nur schwachen Wachstum. Die nach 1980 einsetzenden weltwirtschaftlichen Entwicklungen legten die strukturelle Anfälligkeit dieser Volkswirtschaften offen und brachten in manchen Fällen negative Wachstumsraten. Abnehmende Pro-Kopf-Einkommen, die bis zum Anfang der achtziger Jahre überwiegend in den Ländern Afrikas südlich der Sahara verzeichnet worden waren, waren nun auch in anderen Regionen zu beobachten, vor allem in Lateinamerika. Zwar hat 1984 der Wachstumsprozeß wieder eingesetzt, doch erwies sich seine Fortsetzung als schwierig.

Es besteht kein Zweifel, daß sich die Entwicklungsländer, insgesamt gesehen, bemüht haben, ihre nationale Wirtschaftspolitik neu zu ordnen und sich dem gewandelten internationalen Umfeld anzupassen. Außerdem hat der jüngste Rückgang der Ölpreise und der Realzinsen für die meisten Länder ein außenwirtschaftliches Umfeld geschaffen, das ihre binnenwirtschaftlichen Reformbemühungen erleichtert. Bei einigen Ländern jedoch drohen diese Vorteile durch das langsamere Wachstum des Welthandels (teilweise bedingt durch protektionistische Maßnahmen), nachgebende Exportpreise, hohe Tilgungsverpflichtungen auf ihre Auslandsschulden sowie durch den anhaltenden Rückgang der Nettokapitalimporte zunichte gemacht zu werden. Die hochverschuldeten ölexportierenden Länder stehen in den nächsten Jahren vor besonders schwierigen Zeiten. Vielen Entwicklungsländern wird es schwerfallen, Einfuhren und Inlandsinvestitionen auf einem Niveau zu halten, das zur Stützung des Wachstums und zur Bedienung der Auslandsschuld mittelfristig erforderlich ist. Ein weiter rückläufiges Niveau des Pro-Kopf-Verbrauchs wird politische und soziale Spannungen in diesen Ländern weiter verschärfen und — in dem Maße wie ihre Einfuhren abnehmen — Arbeitsplätze in anderen Ländern kosten.

Kapitel 3 untersucht zwei unterschiedliche Wachstumsszenarien, denen die Weltwirtschaft in den nächsten zehn Jahren folgen könnte. Der „günstige Fall" illustriert den möglichen Verlauf bei einer adäquaten Wirtschaftspolitik, die den positiven Impuls der jüngsten weltwirtschaftlichen Entwicklung nutzt. Der „ungünstige Fall" stellt dem eine Entwicklung gegenüber, mit der zu rechnen wäre, wenn die Wirtschaftspolitik diese Impulse ins Leere laufen läßt. Im günstigen Fall würde das reale BIP der Industrieländer um durchschnittlich 4,3 Prozent pro Jahr zunehmen, im ungünstigen Fall beliefe sich die Wachstumsrate auf nur 2,5 Prozent. Bei den Entwicklungsländern ergäbe sich eine größere Divergenz: Im günstigen Fall würde ihre Wirtschaft um 5,9 Prozent jährlich wachsen, im ungünstigen um 4,0 Prozent. Es sollte betont werden, daß es sich hierbei nicht um Prognosen handelt; die Szenarien illustrieren lediglich, was erreicht werden könnte, wenn eine bestimmte Wirtschaftspolitik verfolgt wird.

Um die Wachstumsraten des günstigen Falles zu erzielen, müssen die Industrieländer auf nationaler Ebene vor allem eine stabile Geld- und Fiskalpolitik verfolgen, Preisverzerrungen abbauen und ihre Arbeitsmärkte flexibler gestalten. Auf internationaler Ebene wären konzertierte Bemühungen um den Abbau von Handelsbeschränkungen notwendig, um den Welthandel zu steigern. Da ein so großer Teil der Weltproduktion auf die Industrieländer entfällt, wird ihre Wirtschaftspolitik eine für die Entwicklung der Weltwirtschaft entscheidende Rolle spielen. Dies bedeutet freilich nicht, daß die Entwicklungsländer aus einer Neuordnung ihrer eigenen Wirtschaftspolitik keine Vorteile ziehen können. Im Gegenteil, es hängt mittelfristig von ihrer eigenen Politik ab, in welchem Maß sie von weltwirtschaftlichen Veränderungen profitieren können oder in der Lage sind, solche Einflüsse auszugleichen. Wenn die Entwicklungsländer Maßnahmen ergriffen, welche die inländische Ersparnis anregen, die Effizienz ihres Ressourceneinsatzes erhöhen und ihre Integration in die Weltwirtschaft verstärken, könnten sie ihr Wachstum ungeachtet der Politik der Industrieländer wesentlich steigern.

Gleichwohl werden die hochverschuldeten Länder mit mittlerem Einkommen zusätzlich zu ihren eigenen wirtschaftspolitischen Anstrengungen Unterstützung benötigen, damit ihr Wachstum nicht stagniert und die Stabilität der internationalen Finanzmärkte nicht gefährdet wird. Zusätzliche Hilfe wird auch notwendig sein, um den Abwärtstrend in den afrikanischen Ländern mit niedrigem Einkommen umzukehren. In Kapitel 3 wird dargelegt, daß es hier koordinierter nationaler und internationaler Anstrengungen bedarf, um die Kreditwürdigkeit zu erneuern und das Wachstum wieder in Gang zu bringen, wobei die Weltbank eine wichtige Rolle spielen wird.

Handels- und Preispolitik in der Weltlandwirtschaft

Der Bedarf an Reformen der Preis- und Handelspolitik und der Institutionen ist in der Landwirtschaft nicht geringer als in der Gesamtwirtschaft. Umgekehrt wird der Erfolg in der Landwirtschaft das Wachstum in vielen Entwicklungsländern mit niedrigem Einkommen maßgeblich bestimmen und zur Linderung der Armut in ländlichen Gebieten beitragen, wo die Mehrzahl der Ärmsten dieser Welt lebt.

Die Landwirtschaft ist der grundlegende Wirtschaftszweig der ärmsten Länder. In Entwicklungsländern mit niedrigem Einkommen sind etwa 70 bis

80 Prozent der Arbeitskräfte im Agrarsektor beschäftigt, in Entwicklungsländern mit mittlerem Einkommen etwa 35 bis 55 Prozent. In der Landwirtschaft wird auch der Großteil des BIP erzeugt; in Ländern mit niedrigem Einkommen trägt sie 35 bis 45 Prozent zum BIP bei (vgl. Tabelle 1.1). Während des neunzehnten Jahrhunderts waren in fast allen heutigen Industrieländern prozentual etwa ebensoviel Arbeitskräfte in der Landwirtschaft tätig wie gegenwärtig in den Entwicklungsländern mit niedrigem Einkommen. In einigen Ländern, vor allem in Italien und der Sowjetunion, waren bis weit in das zwanzigste Jahrhundert hinein über 70 Prozent der Arbeitskräfte im Agrarsektor beschäftigt. Heutzutage entfallen in den Industrieländern Westeuropas und Nordamerikas weniger als 10 Prozent der Beschäftigten auf die Landwirtschaft, und im Durchschnitt aller Industrieländer sind es gerade nur 7 Prozent. Der Anteil der Landwirtschaft am BIP ist im Durchschnitt aller Entwicklungsländer bereits von 30 Prozent zu Mitte der sechziger Jahre auf ungefähr 20 Prozent zu Anfang der achtziger Jahre gefallen. Auf seiten der Industrieländer trägt die Landwirtschaft nur noch gut 3 Prozent zum BIP und annähernd 14 Prozent zu den Exporten bei.

Der Anteil der Landwirtschaft am Volkseinkommen nimmt im allgemeinen ab, wenn das reale Pro-Kopf-Einkommen steigt, denn mit wachsenden Einkommen wird prozentual weniger für Lebensmittel ausgegeben. Außerdem braucht die Landwirtschaft mit zunehmender Produktivität des Boden- und Arbeitseinsatzes einen geringeren Anteil an den Ressourcen eines Landes, um die restliche Bevölkerung mit Nahrungsmitteln zu versorgen. In Entwicklungsländern mit niedrigem Einkommen erzeugt eine Bauernfamilie ausreichend Nahrungsmittel für sich selbst und zwei weitere Personen, in den meisten Industrieländern dagegen produziert eine Bauernfamilie genügend, um sich selbst und nicht weniger als fünfzig weitere Personen zu versorgen.

In vielen Entwicklungsländern besteht deshalb zwischen einer gesunden Landwirtschaft und der langfristigen Entwicklung ein enger Zusammenhang. Aber auch die kurzfristige Stabilität wird davon beeinflußt. Zwar ist der Beitrag der Landwirtschaft zu den Exporteinnahmen der Entwicklungsländer, der Mitte der sechziger Jahre etwa 52 Prozent ausgemacht hatte, zurückgegangen, doch betrug er zu Anfang der achtziger Jahre immer noch 22 Prozent. In den afrikanischen Ländern mit niedrigem Einkommen und den ölimportierenden Ländern mit mittlerem Einkommen, die noch nicht zu den Hauptexporteuren von Industrieprodukten gehören, lag der Anteil höher. Die relative Bedeutung der Agrarexporte ist in Tabelle 1.2 detaillierter dargestellt.

Nahrungsmittelerzeugung

In den vergangenen fünfzehn Jahren hat die Agrarproduktion in vielen Entwicklungsländern rasch zugenommen. Das Wachstum der Nahrungsmittelerzeugung, die in den Entwicklungsländern stärker

Tabelle 1.1 Anteil der Landwirtschaft am BIP, an der Beschäftigung und am Export, ausgewählte Jahre, 1964 bis 1984
(in %)

	Anteil der Landwirtschaft:					
	BIP		Beschäftigung		Export[a]	
Ländergruppe	1964–66	1982–84	1965	1980	1964–66	1982–84
Länder mit niedrigem Einkommen	42,8	36,3	76,0	72,0	58,6	32,8
Afrika	46,9	41,3	84,0	78,0	70,7	68,4
Asien	42,5	35,7	74,0	71,0	54,0	25,9
Ölexporteure mit mittlerem Einkommen	21,8	14,8	62,0	50,0	40,8	13,6
Ölimporteure mit mittlerem Einkommen, ohne						
Hauptexporteure von Industrieprodukten	25,2	18,0	63,0	53,0	54,2	44,8
Hauptexporteure von Industrieprodukten	19,3	12,1	50,0	36,0	56,9	20,2
Entwicklungsländer	30,2	19,9	66,9	63,2	52,3	22,0
Industrieländer	5,1	3,1	13,7	7,1	21,4	14,1

Anmerkung: Die Angaben für die Entwicklungsländer basieren auf einer Auswahl von neunzig Ländern.
a. Einschließlich Reexporte.

Tabelle 1.2 Anteil der Landwirtschaft am Export der Entwicklungsländer, 1979 bis 1983

Ländergruppe	Länder mit einem Anteil von 30–60 Prozent	Länder mit einem Anteil von 60–80 Prozent	Länder mit einem Anteil von 80–100 Prozent
Länder mit niedrigem Einkommen	4	6	11
Afrika	3	3	11
Asien	1	3	0
Länder mit mittlerem Einkommen	16	12	1
Ölexporteure	1	0	0
Ölimporteure	11	11	1
Hauptexporteure von Industrieprodukten	4	1	0
Alle Entwicklungsländer	20	18	12

Anmerkung: Die Anteile entsprechen dem prozentualen Anteil der Agrarexporterlöse an den gesamten Warenexporten. Exporte einschließlich Reexporte. Die Angaben basieren auf einer Auswahl von neunzig Entwicklungsländern.

zunahm als in den Industrieländern und den osteuropäischen Staatshandelsländern, wurde vor allem durch die Grüne Revolution ermöglicht (vgl. Schaubild 1.1 und Tabelle 1.3). Diese Revolution begann Mitte der sechziger Jahre mit der Züchtung von hochertragreichen Weizensorten am Internationalen Zentrum für Mais- und Weizenveredelung (International Maize und Wheat Improvement Center, CIMMYT) in Mexiko und von hochertragreichen Reissorten am Internationalen Institut für Reisforschung (International Rice Research Institute, IRRI) auf den Philippinen sowie am Internationalen Zentrum für tropische Landwirtschaft (International Center for Tropical Agriculture, CIAT). Das neue Saatgut war derart produktiv, daß es sich für die Landwirte lohnte, ihre Anbaumethoden zu modernisieren, indem sie mehr Kunstdünger und andere Produktionsmittel einsetzten; zudem lohnte es sich für Landwirte wie Regierungen, verstärkt in den Ausbau von Bewässerungsanlagen zu investieren. So wurden z.B. im indischen Pandschab zwischen 1967 und 1972 Tausende von Bewässerungsbrunnen gegraben, und zwar hauptsächlich von Bauern. Der Verbrauch von Kunstdünger stieg dort von 0,76 Mio Tonnen im Jahr 1966 auf 2,38 Mio Tonnen im Jahr 1972.

Tabelle 1.3 Wachstum der Agrarproduktion nach wichtigsten Produktgruppen, 1961 bis 1984
(Durchschnittliche jährliche Veränderung in %)

Ländergruppe	Getränke		Nahrungsmittel		Rohstoffe		Landwirtschaft insgesamt	
	1961–70	1971–84	1961–70	1971–84	1961–70	1971–84	1961–70	1971–84
Entwicklungsländer	−0,4	1,9	2,2	3,2	4,5	2,3	2,4	3,0
Länder mit niedrigem Einkommen	1,9	1,2	1,3	3,2	5,7	3,8	1,9	3,3
Afrika	2,3	−0,5	2,6	2,0	6,0	−1,8	3,0	1,2
Asien	1,2	3,6	1,2	3,4	5,7	4,3	1,8	3,6
Ölexporteure mit mittlerem Einkommen	3,5	0,5	3,0	3,1	1,5	−0,9	2,7	2,2
Ölimporteure mit mittlerem Einkommen	−2,9	2,8	3,5	3,2	4,8	1,0	2,9	2,9
Ölexporteure mit hohem Einkommen	−6,8	0,6	4,9	14,6	8,0	−0,5	5,0	14,1
Marktwirtschaftliche Industrieländer	0,9	0,4	2,9	2,1	−4,9	0,4	2,2	2,0
Osteuropäische Staatshandelsländer	5,3	7,0	3,6	0,5	4,3	1,9	3,7	0,7
Alle Länder	−0,3	1,9	2,7	2,4	2,2	2,0	2,5	2,3

Anmerkung: Um Ländervergleiche zu ermöglichen, sind die Angaben mit Durchschnittspreisen der Weltexporte 1978 bis 1982 gewichtet. Wachstumsraten sind Kleinste-Quadrate-Schätzungen. Getränke sind Kaffee, Kakao, Tee. Nahrungsmittel sind Getreide, Zucker, Fleisch, Geflügel, Milchprodukte, Wurzel- und Knollengewächse, Hülsenfrüchte, Obst und Gemüse. Rohstoffe sind Baumwolle, Jute, Kautschuk und Tabak.
Quelle: Auf Basis von Angaben der FAO.

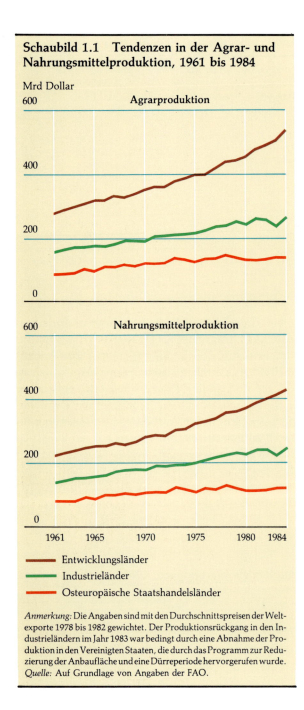

Schaubild 1.1 Tendenzen in der Agrar- und Nahrungsmittelproduktion, 1961 bis 1984

— Entwicklungsländer
— Industrieländer
— Osteuropäische Staatshandelsländer

Anmerkung: Die Angaben sind mit den Durchschnittspreisen der Weltexporte 1978 bis 1982 gewichtet. Der Produktionsrückgang in den Industrieländern im Jahr 1983 war bedingt durch eine Abnahme der Produktion in den Vereinigten Staaten, die durch das Programm zur Reduzierung der Anbaufläche und eine Dürreperiode hervorgerufen wurde.
Quelle: Auf Grundlage von Angaben der FAO.

Das Zusammenwirken von verbessertem Saatgut, höherem Kunstdüngereinsatz und verbesserter Bewässerung brachte den Entwicklungsländern eine Verdoppelung der Erträge auf bewässerten Flächen. China und Indien, die beiden volkreichsten Länder, weiteten ihre Getreideproduktion um 3,2 bzw. 4,1 Prozent jährlich aus, womit die jeweilige Zuwachsrate der Bevölkerung übertroffen wurde. Einige Länder erreichten noch höhere Wachstumsraten (vgl. Tabelle 1.4). Allerdings beschränkte sich die Grüne Revolution überwiegend auf bewässertes Land. Einige Gebiete, vor allem in Afrika, blieben davon unberührt.

Der technische Fortschritt vollzieht sich ungleichmäßig und mit vielen Verzweigungen. Der Umstand, daß einige Länder noch wesentlich geringere Flächenerträge erzielen als andere, bedeutet, daß für eine künftige Produktionsausweitung auf der vorhandenen Anbaufläche noch ein großer Spielraum besteht (vgl. Schaubild 1.2). Weitere Durchbrüche an der Front der Agrartechnik sind möglich. Die Genforschung dürfte zu der Entwicklung neuer Varietäten führen, die weniger Produktionsaufwand erfordern und gegenüber Schädlingen, Dürreperioden und Pflanzenkrankheiten widerstandsfähiger sind. Mit zunehmender Forschung und steigenden Investitionen in der Landwirtschaft sollten die Kosten der Nahrungsmittelproduktion auch weiterhin sinken, wie dies seit über einem Jahrhundert der Fall ist.

Schaubild 1.3 zeigt die Entwicklung der realen Großhandelspreise von Weizen, Zucker und Mais für den Zeitraum von 1800 bis 1985 sowie der Reispreise für eine kürzere Periode. Zwar haben die Preise heftig geschwankt, doch weist der Trend seit Mitte des 19. Jahrhunderts eindeutig nach unten. Selbst der steile Preisanstieg in der ersten Hälfte der siebziger Jahre dieses Jahrhunderts war an historischen Maßstäben gemessen nicht außergewöhnlich. Die Maispreise sind seit dem Zweiten Weltkrieg mehr oder weniger kontinuierlich gefallen, und zwar aufgrund der Einführung von Hybridsorten und deren späteren Verbesserungen. Trotz einer

Tabelle 1.4 Wachstum der Getreideproduktion in ausgewählten Entwicklungsländern, 1971 bis 1984

Ländergruppe	Durchschnittliche jährliche Veränderung in %
Länder mit hoher Leistung	
Indonesien	5,2
Korea	5,0
Philippinen	4,5
Pakistan	4,3
Länder mit niedriger Leistung	
Gambia	−0,3
Haiti	−1,1
Sambia	−2,2
Ghana	−2,4

Quelle: Auf Basis von Angaben der FAO.

Hausse in den frühen siebziger Jahren liegt der Reispreis auf seinem niedrigsten Stand seit 1900. Diese Tendenzen sollen daran erinnern, daß die Kosten der Agrarproduktion real betrachtet seit

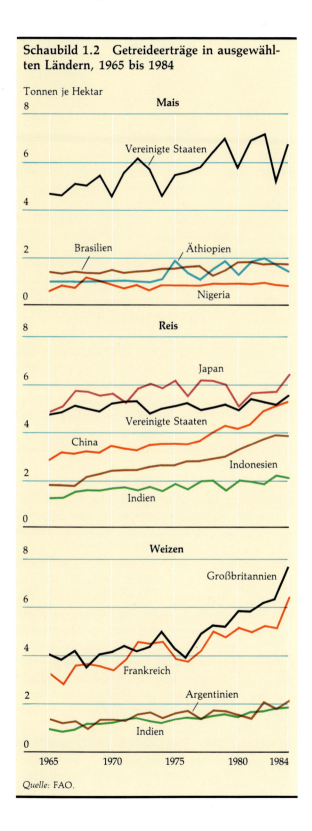

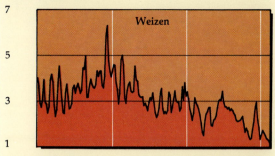

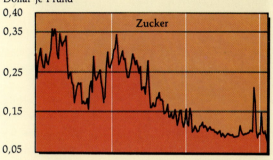

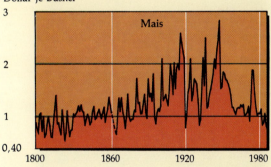

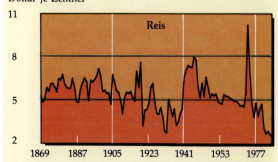

Anmerkung: Die Erzeugerpreise wurden mit dem Index der Großhandelspreise der Vereinigten Staaten (1967 = 100) deflationiert. Die Maispreise vor 1866 sind geschätzt auf Grundlage der Preise in Virginia. Die Reispreise vor 1904 sind geschätzt auf Grundlage der Preise am New Yorker Markt. Die unterbrochene Linie zeigt an, daß keine Angaben zur Verfügung stehen.
Quelle: USDA *Agricultural Statistics*, verschiedene Jahrgänge, U.S. Bureau of the Census 1975, 1982, 1985, Strauss und Bean 1940, Peterson 1928.

Tabelle 1.5 Entwicklung der realen Grundstoffpreise, 1950 bis 1984
(Durchschnittliche jährliche Veränderung in %)

Produkt	1950–59	1960–69	1970–79	1950–84
Alle Agrarprodukte	−2,92	0,00	0,01	−1,03
Getränke	−2,08	−1,26	7,46	−1,13
Getreide	−3,84	2,72	−1,31	−1,30
Fette und Öle	−3,73	−0,73	−0,81	−1,29
Rohstoffe	−2,51	0,50	−1,72	−1,08
Metalle und Mineralien	0,08	6,12	−4,06	−0,09

Anmerkung: Die Angaben wurden mit dem Weltbank-Index der Durchschnittswerte von Industrieprodukten deflationiert; der verwendete Durchschnittswert ist ein Index der US-Dollarpreise (cif) von Exporten verarbeiteter Erzeugnisse der Industrieländer in Entwicklungsländer. Die jährlichen exponentiellen Wachstumsraten wurden durch Kleinste-Quadrate-Schätzungen ermittelt.

mehr als hundert Jahren rückläufig sind. Erwähnenswert ist ebenfalls, daß die zahlreichen Perioden eines scharfen Preisanstiegs nur von kurzer Dauer waren; im allgemeinen währten sie nicht länger als drei Jahre. Tabelle 1.5 gibt einen allgemeinen Überblick über die Preistendenzen seit 1950.

Robert Malthus hatte im frühen neunzehnten Jahrhundert die Auffassung vertreten, daß weltweit eine Nahrungsmittelknappheit eintreten würde, weil die Bevölkerung schneller zunehme als die Nahrungsmittelerzeugung. Der Rückgang der realen Nahrungsmittelpreise seit den Zeiten von Malthus ist jedoch ein eindringlicher Beweis für die Fähigkeit der Landwirte, im Zuge des Wachstumsprozesses neue Techniken anzuwenden, die allen Menschen, insbesondere denen mit den niedrigsten Einkommen, zugute kommen.

Bezüglich der Aussichten für die Nahrungsmittelerzeugung in Afrika herrscht allerdings immer noch ein malthusianischer Pessimismus vor. Die schlechten Aussichten für diese Region beruhen aber nicht darauf, daß alle Möglichkeiten des technischen Fortschritts bereits ausgeschöpft wären, sondern daß die Einführung neuer Techniken noch kaum begonnen hat. Es besteht ein großer Bedarf an einer besseren ländlichen Infrastruktur und intensiveren Forschung, vor allem auf dem Gebiet der pflanzlichen Nahrungsmittel. Außerdem muß die Koordinierung zwischen Forschung und Beratung vor Ort verbessert werden. Gleichzeitig brauchen die Bauern bessere Preise, eine leichtere Verfügbarkeit von Produktionsmitteln und eine Senkung der Vermarktungskosten. Wie in Kapitel 4 erörtert wird, hemmt eine Wirtschaftspolitik, welche die Landwirtschaft diskriminiert, den technischen Fortschritt. Die Rentabilität der Landwirtschaft, die Bewegungen von Arbeit und Kapital in die Landwirtschaft hinein oder aus ihr heraus und das Tempo der Entwicklung neuer Techniken und ihrer Anwendung durch die Landwirte werden von gesamtwirtschaftlichen und sektorspezifischen Maßnahmen stark beeinflußt.

Unterernährung und Hunger

Obwohl die Nahrungsmittelerzeugung in den Entwicklungsländern schneller gestiegen ist als die Bevölkerung, konnte der Verbrauch aufgrund von Einfuhren noch stärker zunehmen. Der Nahrungsmittelverbrauch stieg in den Entwicklungsländern zwischen 1971 und 1984 um 3,5 Prozent jährlich, während die Bevölkerung jährlich um 2,0 Prozent wuchs. In Afrika stieg der Verbrauch jedoch nur um 2,6 Prozent jährlich — dies war weniger als das jährliche Bevölkerungswachstum von 2,8 Prozent. In den sechsunddreißig ärmsten Ländern der Welt, von denen sechsundzwanzig in Afrika liegen, ging der Pro-Kopf-Verbrauch an Nahrungsmitteln in den siebziger Jahren um etwa 3,0 Prozent zurück.

Präzise Schätzungen über das Ausmaß der chronischen Unterernährung in Entwicklungsländern sind zwar nicht möglich, allen Berichten zufolge handelt es sich aber um ein Problem von ungeheurer Größenordnung. Eine neuere Untersuchung der Weltbank, *Poverty and Hunger: Issues and Options for Food Security in Developing Countries* (1986), schätzte die Zahl der Betroffenen auf 340 bis 730 Millionen Menschen — und dies ohne die Berücksichtigung von China. Die Unterernährung stellt für alle Entwicklungsländer mit niedrigem Einkommen, seien sie groß oder klein, eine Herausforderung dar. Die Regierungen bemühen sich verständlicherweise, dem Problem mit besonderen Maßnahmen zu begegnen — etwa indem sie billige Lebensmittel für die Armen bereitstellen, durch Einkommensübertragungen, durch die Nahrungsmittelhilfe oder in Form anderer Lebensmittel- und

Ernährungsprogramme. Von einem gewissen Punkt ab vermindern derartige Maßnahmen aber das Wirtschaftswachstum und erschweren die Finanzierung der von der Regierung gewünschten Maßnahmen. Dieser Punkt ist in Ländern mit niedrigem Einkommen und schwachem Wachstum schnell erreicht.

Entwicklungsländer — und die Welt im allgemeinen — machen sich zu Recht Sorgen über die Unterernährung. Die Ursache der weitverbreiteten Unterernährung ist häufig jedoch nicht eine ungenügende Nahrungsmittelerzeugung, sondern die Armut und die Ungleichheit der Einkommen. Wenn Sonderprogramme nach wirtschaftlichen Kriterien durchgeführt werden, können sie die Unterernährung lindern; es besteht aber wenig Hoffnung, daß Entwicklungsländer mit niedrigem Einkommen in der Lage sein werden, nennenswerte und dauerhafte Fortschritte beim Abbau der Unterernährung zu erzielen, wenn es ihnen nicht gelingt, ihre Wachstumsraten zu steigern (vgl. Sonderbeitrag 1.1). Zur Linderung von Unterernährung und Armut eignen sich solche wirtschaftspolitischen Maßnahmen am besten, die das Wachstum und die Wettbewerbsintensität der Volkswirtschaft erhöhen, da eine wachsende und wettbewerbsintensive Wirtschaft eine gleichmäßigere Verteilung des Humankapitals und anderer Vermögenswerte fördert und den Armen höhere Einkommen garantiert. Dauerhafte Fortschritte im Kampf gegen Unterernährung und Armut lassen sich einzig und allein durch ein befriedigendes Wirtschaftswachstum erreichen.

Angesichts der noch frischen Eindrücke von schrecklichen Bildern der afrikanischen Hungerkatastrophe fällt es schwer zu glauben, daß Hungersnöte immer seltener vorkommen. Dennoch trifft dies zu. Bis zum zwanzigsten Jahrhundert kam es fast jedes Jahr irgendwo auf der Welt zu einer Hungersnot, wobei häufig die Zahl der Todesopfer, selbst angesichts neuerer Erfahrungen, unsäglich hoch war. Die Hungersnöte in Bihar (Indien) zu Anfang der siebziger Jahre des 18. Jahrhunderts, in

---

Sonderbeitrag 1.1   Ernährungssicherheit

Eine zentrale Aussage dieses Berichts lautet, daß Ernährungssicherheit langfristig nur auf der Grundlage eines angemessenen Einkommens erreichbar ist. Die Ernährungssicherheit und die ihr förderlichen Maßnahmen sind Gegenstand einer jüngeren Untersuchung der Weltbank, *Poverty and Hunger: Issues and Options for Food Security in Developing Countries* (1986). Sie kommt unter anderem zu folgenden Ergebnissen:

● Ernährungssicherheit heißt, daß jedermann zu jeder Zeit genügend Lebensmittel für ein aktives und gesundes Leben zur Verfügung stehen. Zwei Arten von Unsicherheit der Ernährung sind zu unterscheiden, nämlich chronische und vorübergehende Ernährungsunsicherheit. Unter chronischer Unsicherheit der Ernährung ist eine dauerhaft ungenügende Ernährung zu verstehen, die dadurch verursacht wird, daß nicht genügend Lebensmittel beschafft werden können. Sie betrifft Haushalte, die permanent nicht in der Lage sind, sich entweder genügend Lebensmittel zu kaufen oder diese selbst zu produzieren. Unter vorübergehender Ernährungsunsicherheit versteht man eine zeitweilige Einschränkung der Verfügbarkeit einer ausreichenden Ernährung. Sie resultiert aus der Instabilität der Lebensmittelpreise, der Lebensmittelerzeugung oder der Haushaltseinkommen; ihre schlimmste Folge ist die Hungersnot.

● Fragen der Ernährungssicherheit sind wichtig, weil eine verbesserte Ernährung eine Investition in die Produktivität der Bevölkerung eines Landes darstellt. Außerdem dürften Anpassungsmaßnahmen, welche die Wirtschaftsleistung eines Landes verbessern sollen, eher erfolgreich sein, wenn das Ziel der Ernährungssicherheit dabei gewahrt bleibt.

● Die Ernährungssicherheit wird nicht notwendigerweise durch ein unzureichendes Lebensmittelangebot zum Problem, sondern letztlich durch die mangelnde Kaufkraft einzelner Länder oder Haushalte. Die Sicherheit der Ernährung kann langfristig nur dadurch gewährleistet werden, daß die Realeinkommen der Haushalte steigen und sie sich genügend Lebensmittel kaufen können.

Poverty and Hunger erörtert eine Vielzahl kostengünstiger Möglichkeiten, die Ernährungssicherheit kurzfristig zu verbessern. Viele Maßnahmen zur Bekämpfung der chronischen Unsicherheit lassen sich mit einem effizienten Wirtschaftswachstum uneingeschränkt vereinbaren, da sie die Leistungsfähigkeit der Bevölkerung generell steigern. Andere Maßnahmen erkaufen die höhere Sicherheit dagegen mit Einbußen der einen oder anderen Art. Wie sowohl in dieser Untersuchung als auch in den Kapiteln 4 und 5 herausgestellt wird, sind allerdings manche Regierungsmaßnahmen zugunsten einer höheren Ernährungssicherheit sowohl dem wirtschaftlichen Wachstum als auch der langfristigen Ernährungssicherheit abträglich. Dazu gehören eine permanent überbewertete Währung, hohe Ausgaben für Lebensmittelsubventionen sowie kostspielige Lagerkapazitäten für überhöhte Vorräte an Brotgetreide. Wenn die Gefahr besteht, daß Maßnahmen zur Ernährungssicherung wirtschaftliche Effizienzverluste nach sich ziehen, ist es wesentlich wirtschaftlicher und weniger kostspielig, Ernährungshilfen gezielt auf die am stärksten gefährdeten Gruppen auszurichten.

Sonderbeitrag 1.2   Adam Smith über die Ursachen von Hungersnöten und die modernen Erfahrungen

Hungersnöte können durch eine Vielzahl von Faktoren verursacht werden. Dürre, Überschwemmung, Krieg, Inflation, Beschäftigungskrisen und andere Entwicklungen können dazu führen, daß ein großer Teil der Bevölkerung nicht mehr in der Lage ist, sich ausreichend Lebensmittel zu beschaffen. Über den komplizierten Hintergrund von Hungersnöten hat vor mehr als 200 Jahren Adam Smith aufgeklärt. Smith verwarf die seinerzeit vorherrschende Ansicht, daß Hungersnöte häufig durch Marktmanipulationen der Händler verursacht werden. Er hielt dagegen, daß „eine Teuerung niemals durch irgendeine Absprache oder ein Zusammengehen inländischer Getreidehändler entstanden ist" (Smith [1789], 1974, Buch 4, Kap. 5, S. 437 f.). Nicht weniger wichtig war Smith's Analyse der Beziehung zwischen einem allgemeinen Abschwung der Wirtschaft — nicht allein der Lebensmittelproduktion — und der Entwicklung einer Hungersnot. Er erörterte die Rolle der Löhne und der Beschäftigung als Grundlage des Lebensunterhalts und zeigte, wie eine Hungersnot durch einen Rückgang der Beschäftigung oder der Reallöhne verursacht werden kann.

In einer Situation wirtschaftlichen Abschwungs, so schrieb er, „würde die Nachfrage nach Dienstboten und Arbeitskräften" stark zurückgehen, und „viele Menschen mit besserer Ausbildung fänden in ihrem Beruf keine Beschäftigung mehr und müßten froh sein um jede einfachere Arbeit", so daß „der Wettbewerb um den Arbeitsplatz immens zunehmen und damit die Löhne auf ein Niveau drücken würde, auf dem die Menschen eben noch vegetieren könnten. Viele könnten nicht einmal zu diesen harten Bedingungen Arbeit finden, zum Verhungern verurteilt, würden sie dazu getrieben, durch Betteln, ja sogar durch Rauben und Morden am Leben zu bleiben. Not, Hunger und erhöhte Sterblichkeit würden diese Schicht der Bevölkerung augenblicklich heimsuchen und auf alle anderen Gruppen übergreifen." (Ebenda, Buch 1, Kapitel 8, S. 63.)

Smith's Schlußfolgerungen über die allgemeinwirtschaftlichen Ursachen von Hungersnöten wurden durch neuere Untersuchungen heutiger Hungerkatastrophen von Amartya Sen (1981, 1986) bestätigt. Die wirtschaftlichen Abläufe, durch die unterschiedliche Berufsgruppen Ansprüche auf Lebensmittel erhalten, müssen genau untersucht werden, um die Veränderungen des Wirtschaftsgeschehens zu erklären, die zu „Not, Hunger und erhöhter Sterblichkeit" führen, wobei Smith's Verweis auf die wirtschaftlichen Grundlagen des Lebensunterhalts (wie Löhne und Beschäftigung) besonders hilfreich ist. So gab es z.B. bei der äthiopischen Hungersnot von 1973 eine Mißernte in der Provinz Wollo, in Äthiopien insgesamt war das Nahrungsmittelangebot jedoch nicht gravierend zurückgegangen. Die Opfer des Hungers in Wollo waren wirtschaftlich nicht in der Lage, sich Lebensmittel aus anderen Teilen Äthiopiens zu holen (vielmehr wurden Lebensmittel sogar aus dem von Hunger heimgesuchten Wollo in wohlhabendere Landesteile, insbesondere nach Addis Abeba und Asmera geschafft). In ähnlicher Weise waren rückläufige Reallöhne und eine abnehmende Beschäftigung auf dem Land die unmittelbaren Ursachen für die Hungersnöte in Bengalen im Jahr 1943 und in Bangladesch im Jahr 1974, während das zur Verfügung stehende Lebensmittelangebot nicht erheblich zurückgegangen war (tatsächlich hatte das gesamte Lebensmittelangebot pro Kopf während der Hungersnot in Bangladesch einen Höchststand erreicht). Im Fall der bengalischen Hungersnot trugen die Handelsschranken zwischen den Provinzen, welche den Transport von Brotgetreide aus anderen Provinzen nach Bengalen verhinderten, zu einer Verschärfung bei.

Maßnahmen zur Bekämpfung von Hungersnöten erfordern eine umfassende wirtschaftliche Analyse der Faktoren, von denen die marktmäßigen Ernährungsansprüche gefährdeter Gruppen abhängen. Voraussetzung für solche Maßnahmen ist ein genaues Verständnis der Rolle von Produktion und Handel nicht nur in der Ernährungswirtschaft, sondern auch bei anderen Erzeugnissen, sowie der Bedeutung staatlicher Eingriffe, wie etwa der negativen Rolle willkürlicher Beschränkungen des Binnen- und Außenhandels und des positiven Beitrags der Einkommensschaffung durch öffentliche Arbeiten.

Ostindien um die Zeit von 1865 bis 1870 und in Nordchina in den siebziger Jahren des letzten Jahrhunderts dürften mehr als 10 Millionen Todesopfer gefordert haben.

Zwar wurde die Welt seit 1940 von etwa einem Dutzend Hungersnöte heimgesucht, bis auf wenige Ausnahmen waren diese aber von erheblich geringerem Ausmaß als die Hungerkatastrophen vergangener Jahrhunderte. Während die zu Beginn der siebziger Jahre in der Sahelzone um sich greifende Hungersnot der gängigen Vorstellung von verdorrenden Pflanzen auf ausgetrocknetem Land entsprach, wurden jedoch viele der Hungersnöte seit 1940 durch Krieg und innere Unruhen verursacht, nicht dagegen durch Wetterbedingungen oder Ausfälle des Lebensmittelangebots.

Das afrikanische Beispiel und die Erinnerung an die vergangenen Hungersnöte sollte nicht von den eindrucksvollen Erfolgen ablenken, die in den letzten fünfundzwanzig Jahren bei der Abwehr von Hungerkatastrophen erzielt wurden — insbesondere in Indien. Vier Faktoren haben zu diesem Erfolg beigetragen. Erstens bedeutete die Zunahme des internationalen Getreidehandels, daß Länder im

Tabelle 1.6 Entwicklung der Weltexporte, 1965 bis 1984
(Jährliche Veränderung in %, zu konstanten Preisen von 1980)

Export	1965–70 Durchschnitt	1971–84 Durchschnitt	1981	1982	1983	1984
Agrarexporte	3,21	4,64	7,33	−0,63	−0,31	7,18
Nahrungsmittel	2,66	5,27	8,68	1,58	−0,05	7,79
Sonstige	4,33	3,00	3,71	−2,02	−1,08	5,39
Metalle	9,65	4,90	−13,96	−6,39	4,59	4,87
Brennstoffe	12,70	−3,25	−12,03	−7,23	−2,02	2,01
Industrieprodukte	8,46	4,78	4,23	−2,40	4,81	11,15
Insgesamt	9,32	2,60	0,04	−3,07	2,61	8,55

Anmerkung: Exporte einschließlich Reexporte. Die osteuropäischen Staatshandelsländer sind in dieser Tabelle nicht berücksichtigt. Die Wachstumsraten wurden durch Kleinste-Quadrate-Schätzung ermittelt.

Notfall Nahrungsmittel rascher einführen konnten. Zweitens waren die Regierungen, unterstützt durch die Welternährungsorganisation (Food and Agriculture Organization, FAO) und andere internationale Stellen, zunehmend bereit, drohende Knappheitssituationen frühzeitig anzuzeigen. Drittens sind die Länder nunmehr besser in der Lage, Lebensmittel in Dürregebiete zu leiten und den Hungernden die Mittel zum Erwerb verfügbarer Lebensmittel zu geben. Viertens, und dies ist der wichtigste Punkt, haben viele Regierungen eingesehen, daß Hungersnöte komplexe Ursachen haben. Die Wirtschaftspolitik — etwa auf dem Gebiet des Binnen- und Außenhandels, der Erzeugerpreise oder der Finanzierung und Verteilung von Lebensmitteln — hat Einfluß darauf, wie sehr ein Land durch Hungersnöte gefährdet ist (vgl. Sonderbeitrag 1.2).

Außenhandel und Preise

Trotz der weltweit günstigen Aussichten für die Lebensmittelversorgung stimmt die Lage der Weltlandwirtschaft nicht zuversichtlich. Die Aussichten könnten wesentlich günstiger sein, wenn die Preis- und Handelspolitik verbessert würden. Die meisten Agrarprodukte werden auf den Weltmärkten gehandelt, womit es allen Ländern möglich ist, durch Spezialisierung auf Erzeugnisse, bei denen sie Wettbewerbsvorteile besitzen, ihre Einkommen zu steigern. Die von den Entwicklungsländern in den letzten Jahrzehnten erreichten Fortschritte in der Landwirtschaft zeigen, daß sowohl Entwicklungs- als auch Industrieländer von einem effizienten Welthandelssystem profitieren. Allerdings sind die Handelsschranken der Industrieländer restriktiver geworden und die meisten Entwicklungsländer ver-

Tabelle 1.7 Exportanteile wichtiger Gruppen von Agrarprodukten, 1961 bis 1963 und 1982 bis 1984
(in %)

Ländergruppe	Getränke		Nahrungsmittel		Rohstoffe		Agrarprodukte insgesamt	
	1961–63	1982–84	1961–63	1982–84	1961–63	1982–84	1961–63	1982–84
Entwicklungsländer	98,1	94,9	44,8	34,2	69,2	65,3	63,1	48,4
Länder mit niedrigem Einkommen	27,6	23,8	9,0	3,6	15,6	13,6	15,1	8,3
Afrika	19,6	15,8	1,5	0,3	6,0	4,9	6,9	3,5
Asien	8,0	8,0	7,5	3,3	9,6	8,7	8,0	4,8
Ölexporteure mit mittlerem Einkommen	17,1	17,6	6,5	3,3	33,9	24,7	14,8	8,8
Ölimporteure mit mittlerem Einkommen	53,4	53,5	29,3	27,3	19,7	27,0	33,3	31,3
Ölexporteure mit hohem Einkommen	0,0	0,0	0,1	0,1	0,0	0,0	0,0	0,1
Marktwirtschaftliche Industrieländer	1,7	4,7	46,2	62,7	23,5	24,0	30,5	47,9
Osteuropäische Staatshandelsländer	0,2	0,4	8,9	3,0	7,3	10,7	6,4	3,6

Anmerkung: Um Ländervergleiche zu ermöglichen, sind die Angaben mit Durchschnittspreisen der Weltexporte 1978 bis 1982 gewichtet. Getränke sind Kaffee, Kakao und Tee. Nahrungsmittel sind Getreide, Zucker, Fleisch, Geflügel, Milchprodukte, Wurzel- und Knollengewächse, Hülsenfrüchte, Obst und Gemüse. Rohstoffe sind Baumwolle, Jute, Kautschuk und Tabak.
Quelle: Auf Basis von Angaben der FAO.

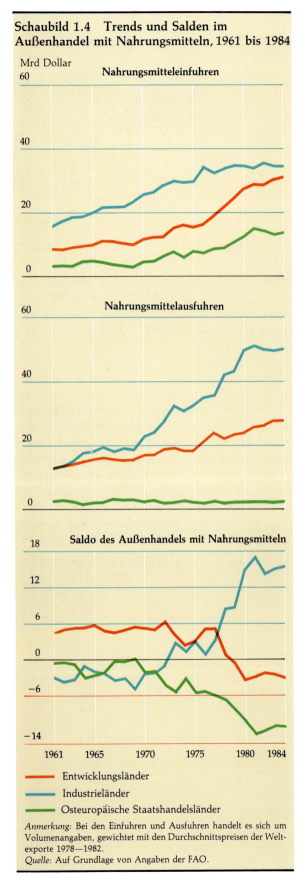

Schaubild 1.4 Trends und Salden im Außenhandel mit Nahrungsmitteln, 1961 bis 1984

Anmerkung: Bei den Einfuhren und Ausfuhren handelt es sich um Volumenangaben, gewichtet mit den Durchschnittspreisen der Weltexporte 1978—1982.
Quelle: Auf Grundlage von Angaben der FAO.

folgen eine Wirtschaftspolitik, die das Wachstum der landwirtschaftlichen Produktion und der ländlichen Einkommen behindern. Der Großteil der Weltexporte von Nahrungsmitteln stammt deshalb aus den Industrieländern, wo die Nahrungsmittelproduktion hohe Kosten verursacht, und wird überwiegend in den Entwicklungsländern konsumiert, wo die Kosten niedriger sind.

Derart viele Entwicklungsländer sind vom Agrarexport abhängig, daß die Lage auf den Weltagrarmärkten von entscheidender Bedeutung ist. Zwischen 1965 und 1970 nahmen die Weltagrarexporte langsamer zu als die Exporte aller anderen wichtigen Produktgruppen — und zwar belief sich die Wachstumsrate der Agrarexporte auf lediglich 3,21 Prozent jährlich, verglichen mit 8,46 Prozent bei den Exporten von Industrieprodukten (vgl. Tabelle 1.6).

Seit 1970 hat sich das Wachstum der Agrarexporte beschleunigt, während die Ausfuhren von Industrieprodukten langsamer zunahmen. Zwischen 1971 und 1984 stiegen die Agrarexporte um 4,64 Prozent jährlich, während die Ausfuhren von Industrieprodukten um 4,78 Prozent wuchsen. Am schnellsten nahm der Außenhandel mit Nahrungsmitteln zu, und zwar um 5,27 Prozent jährlich. Das rasche Wachstum der Nahrungsmitteleinfuhren ging vor allem von den Entwicklungsländern aus (vgl. Schaubild 1.4). Auf die Entwicklungsländer mit mittlerem Einkommen entfielen zwischen 1962 und 1984 80 Prozent des Einfuhrwachstums aller Entwicklungsländer, obwohl sie nur etwa ein Drittel der Bevölkerung dieser Gruppe stellen. Die stärkste Zunahme der Nahrungsmittelausfuhren wurde von den Industrieländern verzeichnet.

Strukturveränderungen im Außenhandel mit Nahrungsmitteln waren nicht weniger wichtig als die Expansion der Nahrungsmittelexporte. Wie in Schaubild 1.4 gezeigt, sind die Nahrungsmitteleinfuhren der Entwicklungsländer seit 1975 steil gestiegen und erreichten 1984 fast den Umfang der Nahrungsmittelimporte der marktwirtschaftlichen Industrieländer. Auch die Nahrungsmitteleinfuhren der osteuropäischen Staatshandelsländer nahmen zu. Die Bilanz des Außenhandels mit Nahrungsmitteln hat sich stark zuungunsten der Entwicklungsländer verschoben und das bei wachsenden Auslandsschulden und zunehmender Devisenknappheit.

Die in Schaubild 1.4 gezeigte Strukturverschiebung im Nahrungsmittelhandel war sicherlich der bedeutsamste Aspekt des Weltagrarhandels während der letzten Jahrzehnte. Diese Strukturverschiebung liefert auch eine Erklärung für die Entwicklung der Ausfuhranteile. Wie Tabelle 1.7 zeigt, hatten die Entwicklungsländer als Gruppe seit den frühen sechziger Jahren nur mäßige Anteilsverluste auf den Exportmärkten für Getränke und Rohstoffe zu verzeichnen, doch büßten sie bei Nahrungsmitteln große Anteile ein.

Diese Veränderungen spiegeln nicht nur das Bevölkerungswachstum wider, sondern auch den Wandel der Konsumstrukturen und der Wirtschaftspolitik der Entwicklungsländer. Das beste Beispiel hierfür liefert die zunehmende Bedeutung von Weizen in der Ernährung der Armen. Zwischen 1964 und 1966 belief sich der Anteil der Entwicklungsländer am Weltweizenverbrauch auf 39 Prozent; im Durchschnitt der Jahre 1979 bis 1981 stellte er sich auf 49 Prozent. Die zunehmende Verstädterung, die Annehmlichkeiten des Brotverbrauchs sowie niedrige Weltmarktpreise trugen ebenso dazu bei wie die überbewerteten Wechselkurse und die Subventionierung des städtischen Lebensmittelverbrauchs in vielen Entwicklungsländern. Ein weiterer Faktor war, daß in einigen Ländern Nahrungsmittelhilfe zur Verfügung stand. In Bangladesch (dem damaligen Ostpakistan) belief sich der Weizenverbrauch im Jahr 1960 auf weniger als 2 Prozent des gesamten Getreidekonsums. Aufgrund der subventionierten Verteilung von Weizen aus Nahrungsmittelhilfen, aber auch wegen einer zunehmenden Inlandsproduktion, entfallen heute auf Weizen etwa 20 Prozent des gesamten Getreideverbrauchs. Die zunehmende Abhängigkeit von Weizen, der in vielen Ländern nicht wirtschaftlich angebaut werden kann, bringt es mit sich, daß er in größeren Mengen eingeführt werden muß. Zwischen 1979 und 1981 entfielen 59 Prozent der Brotgetreideeinfuhren der Entwicklungsländer auf Weizen. Während der Weizenverbrauch zunahm, ging der Anteil des Konsums von Grobgetreide — Mais, Gerste usw. — am gesamten Getreideverbrauch überwiegend zurück. Die Ausnahmen bildeten diejenigen rasch wachsenden Entwicklungsländer, wo Fleisch zu einem wichtigen Bestandteil der Ernährung geworden ist. Hongkong, die Republik Korea, Malaysia, die Philippinen und Thailand steigerten ihren indirekten Verbrauch von Grobgetreide durch die Verfütterung an Vieh und Geflügel.

Diese Strukturveränderungen im Verbrauch und im Außenhandel wurden durch die Preis- und Handelspolitik stark beeinflußt. Die Beschränkungen des Agrarhandels haben — zumindest auf seiten der Industrieländer — stark zugenommen. Vor dem ersten Weltkrieg und während der zwanziger und

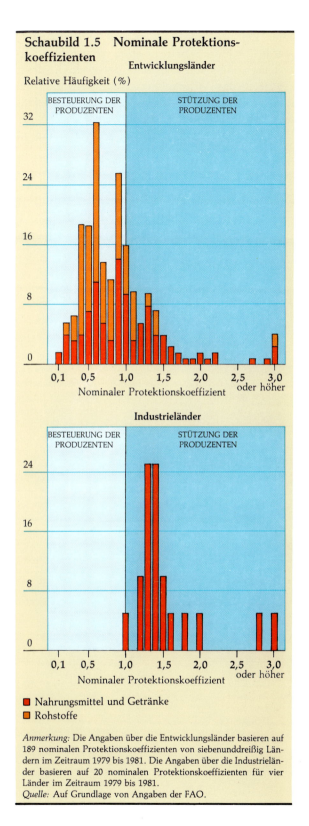

fünfziger Jahre war — wie im Sonderbeitrag 1.3 erörtert — das Protektionsniveau vergleichsweise mäßig. Das beispiellose Wachstum der Exporte von Industrieprodukten, zunächst in Japan und in jüngerer Zeit in Hongkong, Korea und Singapur, wurde durch die Schaffung eines offenen Handelssystems ermöglicht. Dies kam der Weltwirtschaft zugute, da das Wirtschaftswachstum sowohl in den Industrieländern als auch in den Entwicklungsländern angeregt wurde. Das Gegenteil trat in der Landwirtschaft ein. Fast überall greift der Staat in den Markt ein, und große Teile des Außenhandels sind in der Hand von öffentlichen Stellen oder Absatzmonopolen. Zu weiteren Verzerrungen des Außenhandels mit landwirtschaftlichen Erzeugnissen kam es durch bilaterale Handelsabkommen, die Nahrungsmittelhilfe und besondere Präferenzvereinbarungen.

Sonderbeitrag 1.3   Der Agrarprotektionismus im geschichtlichen Zusammenhang

Seit Jahrhunderten gibt es staatliche Schutzmaßnahmen für die Landwirtschaft. In Europa herrschte seit Beginn der Industrialisierung nur ein einziges Mal für kurze Zeit ein freier Agrarhandel. Der Freihandel setzte 1846 mit der Aufhebung der Getreidegesetze in Großbritannien ein und hatte sich bis 1860 fast auf ganz Westeuropa ausgebreitet. Doch hielt dieser Zustand weniger als zwei Jahrzehnte an. Während der folgenden fünfzig Jahre widerstanden nur Dänemark, die Niederlande und Großbritannien dem protektionistischen Rückschwung, der in den hohen Zollsätzen während der Weltwirtschaftskrise kulminierte.

Der Schutz der Agrarproduktion war vor dem Ersten Weltkrieg und während der zwanziger Jahre, verglichen mit dem Niveau der dreißiger Jahre, relativ gering. Tabelle 1.3A zeigt eine Auswahl geschätzter Zollniveaus, und zwar für Nahrungsmittel sowie industrielle Halbfabrikate und Fertigwaren in den Jahren 1913, 1927 und 1931. In Westeuropa war 1913 das Zollniveau für Ernährungsgüter etwa ebenso hoch wie für Industrieprodukte. Im Jahr 1927 waren die Zölle für Ernährungsgüter ein wenig höher. Bis 1931 waren die Zölle für Ernährungsgüter jedoch weit über die für andere Güter gestiegen. Im Extremfall Finnlands wurden Agrarprodukte mit fünfmal so hohen Zöllen belastet wie Halbfabrikate. In Deutschland waren die Agrarzölle viermal so hoch wie die Industriezölle.

In den fünfziger Jahren war das Protektionsniveau in Westeuropa wieder auf den Stand der zwanziger Jahre abgebaut worden. Eine Dekade später war das Protektionsniveau jedoch erheblich angestiegen (vgl. Tabelle 1.3B). Im Durchschnitt der Europäischen Gemeinschaft (EG) war es mehr als dreimal so hoch wie eine Dekade zuvor und in Frankreich und Italien hatte der Protektionsgrad fast wieder das Niveau von 1931 erreicht.

Nicht weniger als in Westeuropa reicht auch in Ostasien der Agrarprotektionismus über die jüngste Vergangenheit hinaus. Im Jahr 1904 führte Japan einen Zoll auf Reiseinfuhren ein. Während der zwanziger und dreißiger Jahre hielt es seine Inlandspreise hoch, um die Selbstversorgung zu fördern. Ein Maß für den Schutz der japanischen Reisproduktion war der Unterschied zwischen den Reispreisen in Japan und in Thailand. In den zwanziger Jahren war der Preis in Japan dreimal so hoch wie in Thailand — eine zu hohe Abweichung, als daß sie allein durch Qualitätsunterschiede erklärt werden könnte. Korea, das von 1919 bis 1945 zum japanischen Kaiserreich gehörte, hielt das gleiche Protektionsniveau aufrecht.

Tabelle 1.3A   Geschätztes Zollniveau in Europa in Prozent der Weltmarktpreise frei Grenze, 1913, 1927 und 1931

	Nahrungsmittel			Halbfabrikate			Fertigwaren		
Land	1913	1927	1931	1913	1927	1931	1913	1927	1931
Belgien	25,5	11,8	23,7	7,6	10,5	15,5	9,5	11,6	13,0
Bulgarien	24,7	79,0	133,0	24,2	49,5	65,0	19,5	75,0	90,0
Deutschland	21,8	27,4	82,5	15,3	14,5	23,4	10,0	19,0	18,3
Finnland	49,0	57,5	102,0	18,8	20,2	20,0	37,6	17,8	22,7
Fankreich	29,2	19,1	53,0	25,3	24,3	31,8	16,3	25,8	29,0
Italien	22,0	24,5	66,0	25,0	28,6	49,5	14,6	28,3	41,8
Jugoslawien	..	43,7	75,0	..	24,7	30,5	..	28,0	32,8
Österreich	..	16,5	59,5	..	15,2	20,7	..	21,0	27,7
Polen	..	72,0	110,0	..	33,2	40,0	..	55,6	52,0
Rumänien	34,7	45,6	87,5	30,0	32,6	46,3	25,5	48,5	55,0
Schweden	24,2	21,5	39,0	25,3	18,0	18,0	24,5	20,8	23,5
Schweiz	14,7	21,5	42,2	7,3	11,5	15,2	9,3	17,6	22,0
Spanien	41,5	45,2	80,5	26,0	39,2	49,5	42,5	62,7	75,5
Tschechoslowakei	..	36,3	84,0	..	21,7	29,5	..	35,8	36,5
Ungarn	..	31,5	60,0	..	26,5	32,5	..	31,8	42,6

Anmerkung: Die Zahlen geben den Prozentsatz an, um den die inländischen Erzeugerpreise den Weltmarktpreis frei Grenze überstiegen.
Quelle: Auf Basis von Liepmann 1938, S. 413.

Werden die Inlandspreise unterhalb der Weltmarktpreise frei Grenze gehalten, so werden dadurch die Produzenten von importkonkurrierenden Erzeugnissen oder von Exporterzeugnissen besteuert; wenn die inländischen Produzenten Preise erhalten, die über den Weltmarktpreisen frei Grenze liegen, so werden sie subventioniert. Das Verhältnis zwischen Inlandspreisen und Weltmarktpreisen an der Grenze — der sog. nominale Protektionskoeffizient — ist daher ein zweckdienlicher Indikator der handelsrelevanten Maßnahmen.

Über die Struktur der von den Industrie- und Entwicklungsländern verfolgten Politik gibt Schaubild 1.5 einen Überblick; es basiert auf einer großen Anzahl nominaler Protektionskoeffizienten für Nahrungsmittel und andere Agrarprodukte (einschließlich der importierten und exportierten Produkte). Die Entwicklungsländer tendieren offenkundig dazu, Agrarprodukte zu besteuern und somit die Einfuhr anzuregen und die Ausfuhr zu behindern. Der Effekt ist wegen der Überbewertung der Wechselkurse häufig stärker als in Schaubild 1.5 wiedergegeben. Im Gegensatz dazu neigen die Industrieländer zu einer Förderung ihrer Inlandsproduktion, wodurch sie die Einfuhr hemmen und die Ausfuhr anregen.

Wie diese Struktur vermuten läßt, wird die Diskriminierung der Landwirtschaft in den Entwicklungsländern durch das hohe Protektionsniveau auf seiten der Industrieländer verschärft. Die Industrieländer haben gegen Importe von Produkten der gemäßigten Zone aus Entwicklungsländern hohe Barrieren errichtet und dann ihre eigenen Exporte subventioniert. Die besonderen Präferenzsysteme im Außenhandel, in die sie viele Entwicklungsländer einbezogen, waren kein zu Buche schlagender Ausgleich für ihre Handelsbeschränkungen.

Die Agrarpolitik der Industrieländer beeinflußt das Niveau, die Entwicklung und die Stabilität der Weltmarktpreise. Einige Entwicklungsländer sind ebenfalls in der Lage, die Preise auf den Weltmärkten für Getränke, Rohstoffe und verschiedene Nahrungsmittel zu beeinflussen. Eine gemeinschaftliche Politik der Entwicklungsländer kann die Weltmarktpreise für Produkte der gemäßigten Zone verändern. Weil die Industrieländer ebenso wie die Entwicklungsländer ihre Inlandspreise vom Weltmarkt isolieren, schwanken die Weltmarktpreise stärker als dies sonst der Fall wäre. Ein Hauptanliegen dieses Berichts ist es, darzulegen, daß die Entwicklung und das zukünftige Wachstum der Landwirtschaft nur im globalen Rahmen untersucht werden können, da zwischen den inländischen Agrarpolitiken und -programmen der einzelnen Länder eine Interdependenz besteht.

Teil II dieses Berichts untersucht die Agrarpolitiken der Entwicklungs- und der Industrieländer und zeigt auf, wie diese sowohl das Wirtschaftswachs-

---

Nach 1945 schützte Japan seine Landwirtschaft auch weiterhin; Korea jedoch begann, im Rahmen seiner Industrialisierungspolitik die Bauern zu besteuern. Die Besteuerung war freilich maßvoll, verglichen mit den heutigen Steuersätzen einiger Entwicklungsländer mit niedrigem Einkommen. Mitte der fünfziger Jahre waren die inländischen Erzeugerpreise in Korea etwa 15 Prozent niedriger als die Weltmarktpreise an der Grenze. In Japan belief sich das Protektionsniveau in den späten fünfziger Jahren auf mehr als 40 Prozent. Seit dieser Zeit haben beide Länder den Schutz der Landwirtschaft drastisch verstärkt. Im Jahr 1965 hatte die Protektionsquote der japanischen Landwirtschaft 76 Prozent erreicht, während Korea in weniger als zwei Jahrzehnten von einer Besteuerung seiner Bauern zu einem beträchtlichen Agrarschutz übergegangen war. Im Durchschnitt überschritten die inländischen Erzeugerpreise in Korea die Weltmarktpreise frei Grenze in den Jahren 1970 bis 1974 um 55 Prozent und von 1980 bis 1982 um 166 Prozent.

Tabelle 1.3B Geschätztes Zollniveau in Prozent der Weltmarktpreise frei Grenze, 1956 und 1965 bis 1967

Land	1956	1965–67 Durchschnitt
Belgien	5	54
Dänemark	3	5
Deutschland	22	54
EG	16[a]	52
Frankreich	18	47
Großbritannien	32	28
Irland	4	3
Italien	16	64
Japan	42[b]	76[c]
Niederlande	5	37
Schweden	27	54
Vereinigte Staaten	2[d]	8[e]

Anmerkung: Die Angaben wurden wie in Tabelle 1.3A errechnet.
a. Ohne Dänemark, Griechenland, Großbritannien, Irland, Portugal und Spanien.
b. Angaben für 1955–59.
c. Angaben für 1965–69.
d. Angaben für 1955.
e. Angaben für 1965.
Quelle: McCrone 1962, S. 51; Howarth 1971, S. 29; Saxon und Anderson 1982, S. 29; Honma und Hayami, demnächst erscheinend. Die Schätzungen von McCrone und Howarth wurden angepaßt, um den Umfang des Außenschutzes als Prozentsatz des Weltmarktpreises (und nicht des Inlandspreises) zu messen.

tum als auch das Wachstum der Landwirtschaft behindern und die Bekämpfung von Unterernährung und Armut in den Entwicklungsländern verzögern. In Kapitel 4 und 5 werden die Möglichkeiten der Entwicklungsländer für eine Verbesserung der Agrarpolitik und der Leistung der Landwirtschaft erörtert, die auch bei unveränderter Politik der Industrieländer bestehen. Diese Kapitel zeigen, weshalb und auf welche Weise die Politik der Entwicklungsländer die Landwirtschaft häufig diskriminiert hat. Die Gründe dafür liegen unter anderem in binnenwirtschaftlich orientierten Entwicklungskonzepten und einer ungeeigneten Wirtschafts- und Wechselkurspolitik. In diesen Kapiteln wird auch aufgezeigt, wie wichtig Reformen der Steuerpolitik, der Maßnahmen zur Preisstabilisierung, der Vermarktungssysteme und der Subventionen für Verbraucher und Erzeuger sind. Die Entwicklungsländer können ihre Aussichten ganz erheblich verbessern, indem sie ihre Wirtschaftspolitik und ihre institutionellen Strukturen neu ordnen, wie dies einige Länder bereits getan haben oder zu tun im Begriff sind. Über die aufkommende Tendenz zu einer Reform der Wirtschaftspolitik in den Entwicklungsländern gibt Kapitel 5 einen Überblick.

Kapitel 6 untersucht die Agrarpolitik der Industrieländer und bringt Berechnungen über deren binnen- und weltwirtschaftliche Kosten und Nutzen. Die von den Industrieländern verfolgte Politik verursacht nicht nur auf nationaler Ebene hohe Kosten, sondern trägt auch erheblich zur Ineffizienz der Weltlandwirtschaft bei. Dieses Kapitel betont die internationalen Konsequenzen der Agrarpolitik der Industrieländer und hebt hervor, in welch großem Umfang die Weltwirtschaft von einer liberaleren Außenhandels- und Binnenmarktpolitik aller Länder profitieren könnte.

Es wird aufgezeigt, daß die wechselseitigen Einflüsse zwischen Entwicklungs- und Industrieländern von besonderer Bedeutung sind. Auf kurze Sicht dürften die Industrieländer und einige Entwicklungsländer am stärksten vom Freihandel profitieren; wenn die restlichen Länder aber geeignete wirtschaftspolitische Reformen durchführen, sollten auch sie rasch Vorteile aus einer Liberalisierung ziehen können.

Kapitel 7 ist den wichtigsten internationalen Initiativen gewidmet, die vorgeschlagen oder ergriffen worden sind, um den Entwicklungsländern größere Vorteile aus dem Außenhandel zu verschaffen: Internationale Rohstoffabkommen, kompensatorische Finanzierungsvereinbarungen, spezielle Handelspräferenzen und Nahrungsmittelhilfen. Es wird argumentiert, daß derartige Initiativen nur an den Symptomen ansetzen, nicht aber am eigentlichen Problem, nämlich der ungeeigneten Binnenmarkt- und Handelspolitik von Industrie- wie Entwicklungsländern. Der Bericht schließt mit Kapitel 8, das die Prioritäten im Bereich der wirtschaftspolitischen Reformen zusammenfaßt.

Teil I Der verhaltene Aufschwung und die Aussichten für ein dauerhaftes Wachstum

2

Der verhaltene Aufschwung

Die Industrieländer haben das Rezessionstal der Jahre 1980 bis 1982 mit einer Wachstumsdynamik verlassen, die länger als in früheren Aufschwungsphasen vorhielt. In den meisten Industriestaaten setzte die Expansion nach 1982 ein, und das Wachstum hielt bis 1986 an (vgl. Tabelle 2.1). Gleichwohl ist die Lage der Weltwirtschaft noch unsicher und wenig gefestigt. Von den Vereinigten Staaten und Japan im Jahr 1984 abgesehen, war das Wachstum in den Industrieländern schwächer als in den Anfangsjahren früherer Aufschwungsphasen.

In den Entwicklungsländern nahm das Wachstum einen ähnlichen Verlauf. Die Expansion setzte 1982 ein und erreichte ihren Höhepunkt im Jahr 1984 (vgl. Schaubild 2.1). Der Rückgang der Rohstoffpreise im Jahr 1985, in Verbindung mit Devisenmangel und einer ausgeprägten Verlangsamung des Welthandelswachstums, machten es jedoch für die Entwicklungsländer schwierig, dieses hohe Wachstum aufrechtzuerhalten. Dies führte dazu, daß viele Strukturschwächen der Volkswirtschaften der Entwicklungsländer 1985 wieder zutage traten. Dadurch hat sich auf internationaler Ebene die Aufmerksamkeit erneut den wirtschaftspolitischen Initiativen zugewandt, die für ein kräftiges und nachhaltiges Wachstum auf mittlere Sicht erforderlich sind.

In den Industrieländern stieg in den Rezessions-

Schaubild 2.1 Wachstumsrate des realen BIP in Entwicklungs- und Industrieländern, 1961 bis 1985

Tabelle 2.1 Wachstum des realen BSP in ausgewählten Industrieländern, 1979 bis 1985
(Jährliche Veränderung in %)

Land	1979	1980	1981	1982	1983	1984	1985
Deutschland	4,4	2,0	—0,1	—1,2	1,3	2,7	2,3
Frankreich	3,5	1,1	0,3	1,8	0,7	0,6	1,0
Großbritannien	1,8	—2,6	—1,4	1,5	3,7	2,3	3,3
Japan	5,2	4,8	4,1	3,3	3,4	5,8	5,0
Vereinigte Staaten	3,2	—0,2	3,4	—2,1	3,7	5,2	2,5
Durchschitt der fünf Länder	3,6	0,9	2,2	—0,2	3,0	4,2	2,8

Anmerkung: Angaben für 1985 geschätzt.
Quelle: Für 1979 bis 1984: Weltbank; für 1985: OECD 1985c.

jahren 1980 bis 1982 die Arbeitslosigkeit stark an, und sie blieb in der Mehrzahl dieser Länder auch während des Aufschwungs auf hohem Niveau. Die Arbeitslosigkeit beläuft sich in Europa unverändert auf 9 bis 10 Prozent der Erwerbsbevölkerung. Sogar in den Vereinigten Staaten, wo die Arbeitslosigkeit seit Ende der Rezession gesunken war, liegt die Arbeitslosenquote zwischen 6 und 7 Prozent. Demgegenüber gab es im Zuge der wirtschaftlichen Expansion keine sichtbaren Anzeichen für ein Wiederaufleben der Inflation. Im Gegenteil, die Inflation ist im Verlauf des Wirtschaftsaufschwungs allmählich abgeflaut; von zweistelligen Preissteigerungsraten im Tiefpunkt der Rezession ging sie auf rund 4 Prozent im Jahr 1985 zurück.

Für die meisten Entwicklungsländer stellten die frühen achtziger Jahre eine schwierige Periode dar. Viele Länder versuchten, dringend erforderliche binnenwirtschaftliche Reformen durchzuführen, mußten aber erfahren, daß starke Schwankungen der Weltkonjunktur ihre Aufgabe beträchtlich erschweren. Steigende Schulden, niedrige Rohstoffpreise und eine eingeschränkte Kreditvergabe der Geschäftsbanken veranlaßten viele Entwicklungsländer, ihre Importe zu kürzen und sich um eine Steigerung der Exporte zu bemühen. Kurzfristig wurde dies vor allem durch Drosselung des Verbrauchs und der Investitionen erreicht, und zwar mittels Abwertung, höherer Steuern und Senkung der Staatsausgaben. Die Wechselkursanpassungen stimulierten zwar häufig die Exporte und unterstützten die im Importwettbewerb stehenden Industriezweige, doch führten diese kurzfristigen Anpassungsmaßnahmen zunächst insgesamt zu einer Senkung der Einkommen und der Beschäftigung. Als Resultat gingen von 1980 bis 1983 die Realeinkommen pro Kopf sowohl in Lateinamerika als auch in Afrika südlich der Sahara zurück.

Das erneut einsetzende Wachstum in den Industrieländern und die in den Entwicklungsländern eingeleiteten wirtschaftspolitischen Reformen zeitigten ab 1984 erste Erfolge. Die Entwicklungsländer als Gruppe erlebten einen Wirtschaftsaufschwung, in dessen Vordergrund eine ausgeprägte Verbesserung der Wirtschaftslage in vielen Ländern mit mittlerem Einkommen stand. Das Wachstum verlangsamte sich jedoch 1985 wieder, und zwar hauptsächlich aufgrund von drei Faktoren: Erstens flachte sich seit Mitte 1984 das Wachstum in den Industrieländern ab — insbesondere in den Vereinigten Staaten, zweitens verlangsamte sich die Expansion des Welthandels relativ zum Wachstum der Industrieländer, und drittens kam es zu einer weiteren Verschlechterung der Terms of Trade der Entwicklungsländer. Außerdem gingen die Zuflüsse von Auslandskapital weiter zurück. Zwar dürften in diesem Jahr zahlreiche Volkswirtschaften stärker wachsen, einige — vor allem Ölexportländer — werden aber ein sehr niedriges Wachstum aufweisen.

Im Verlauf des Anpassungsprozesses erkannten jedoch viele Entwicklungsländer, daß grundlegende institutionelle Veränderungen erfolgen mußten, um die Probleme zu überwinden, die in den siebziger Jahren allmählich überhand genommen und in den achtziger Jahren derartige Sorgen verursacht hatten. Viele Länder sahen ein, daß das System der Leistungsanreize reformbedürftig war, wollte man die Verzerrungen verringern, die durch Inflation, administrative Regelungen, überbewertete Währungen, Handelskontrollen und überhöhte Staatsausgaben hervorgerufen worden waren. Auch unter günstigen Umständen ist es schwierig, Institutionen und Politiken zu ändern. Viele Länder leiteten gleichwohl Anfang der achtziger Jahre Reformprogramme ein. Falls diese Programme konsequent durchgehalten werden, könnten sie die Grundlage für ein dauerhaftes Wachstum und eine anhaltende wirtschaftliche Entwicklung sein.

Ungeachtet der schwierigen außenwirtschaftli-

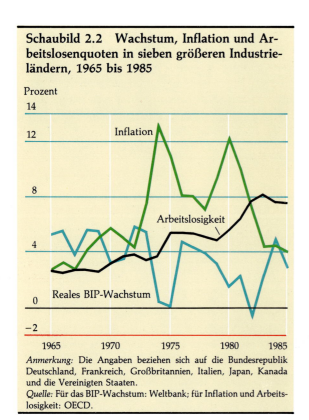

Schaubild 2.2 **Wachstum, Inflation und Arbeitslosenquoten in sieben größeren Industrieländern, 1965 bis 1985**

Anmerkung: Die Angaben beziehen sich auf die Bundesrepublik Deutschland, Frankreich, Großbritannien, Italien, Japan, Kanada und die Vereinigten Staaten.
Quelle: Für das BIP-Wachstum: Weltbank; für Inflation und Arbeitslosigkeit: OECD.

Tabelle 2.2 Saldo des öffentlichen Haushalts in Prozent des BSP in sieben größeren Industrieländern, 1979 bis 1985

Land	1979	1980	1981	1982	1983	1984	1985
Deutschland	−2,7	−3,1	−3,8	−3,4	−2,8	−2,3	−1,5
Frankreich	−0,7	0,2	−1,8	−2,7	−3,1	−2,8	−3,2
Großbritannien	−3,2	−3,9	−3,2	−2,3	−3,5	−4,0	−3,6
Italien	−9,5	−8,0	−11,9	−12,6	−12,4	−13,5	−13,1
Japan	−4,8	−4,5	−4,0	−3,6	−3,5	−2,6	−1,4
Kanada	−1,8	−2,7	−1,6	−5,0	−6,2	−6,4	−6,0
Vereinigte Staaten	0,6	−1,2	−0,9	−3,8	−4,1	−3,4	−3,7

Anmerkung: Negatives Vorzeichen bedeutet Defizit.
Quelle: OECD 1985c.

chen Bedingungen wird eine nationale Wirtschaftspolitik, die das System der Leistungsanreize verbessert und mehr Sicherheit schafft, das Wirtschaftswachstum fördern. Je günstiger jedoch das internationale Umfeld ist, desto größer werden die Vorteile wirtschaftspolitischer Reformen für die Entwicklungsländer ausfallen. Daher ist die wirtschaftliche Leistung der industrialisierten Welt eine wichtige Determinante des Fortschritts in den Entwicklungsländern. Um zu verstehen, was in den Entwicklungsländern vor sich ging, müssen deshalb auch die Wirtschaftspolitik und die wirtschaftliche Situation in den Industrieländern untersucht werden.

Die Industrieländer

Schaubild 2.2 zeigt die gesamtwirtschaftlichen Ergebnisse der sieben größten OECD-Länder seit Mitte der sechziger Jahre. Hinter den konjunkturellen Schwankungen des BIP-Wachstums, der Arbeitslosigkeit und der Inflation verbergen sich einige beunruhigende langfristige Trends. Jeder obere Wendepunkt des Wachstumszyklus des BIP war niedriger als der vorangegangene; sowohl die oberen als auch die unteren Wendepunkte im Zyklus der Arbeitslosigkeit liegen auf einem steigenden Trend. Fortschritte wurden nur bei der Bekämpfung der Inflation erzielt. Niedrigere Inflationsraten gingen jedoch mit Arbeitslosenquoten einher, die etwa zwei- bis dreimal so hoch waren wie in den sechziger Jahren.

Geld- und Finanzpolitik

Nachdem Ende der siebziger Jahre die Inflationsraten historisch gesehen auf ein hohes Niveau geklettert waren, versuchten die meisten Industrieländer, das Wachstum der monetären Expansion zu bremsen. Die zu Beginn der achtziger Jahre ergriffenen wirtschaftspolitischen Maßnahmen waren von Land zu Land in den Details unterschiedlich, in der Substanz waren sie sich jedoch ähnlich. Zum einen waren sie mittelfristig konzipiert — das heißt, sie betrafen zumindest eine Vier- bis Fünfjahresperiode. Zum anderen umfaßten sie sowohl finanz- als auch geldpolitische Maßnahmen. Die Regierungen versuchten, ihre Haushaltsdefizite, als Anteil am BSP gemessen, ebenso wie die Wachstumsrate der Geldmenge zu verringern. Überwiegend erkannten sie, daß die vorgesehene Reduzierung des Geldmengenwachstums nur glaubwürdig wäre, wenn sie mit einer Verringerung des staatlichen Kreditbedarfs Hand in Hand ginge.

Trotz der hohen Arbeitslosigkeit wurde der stabilitätsorientierte Kurs in den Rezessionsjahren 1980 bis 1982 beibehalten. Im Ergebnis gingen die Inflationsraten in den Industrieländern schnell zurück und erreichten 1986 ihren niedrigsten Stand seit zwanzig Jahren.

Die Regierungen hatten jedoch bei der Reduzierung des Geldmengenwachstums mehr Erfolg als bei der Rückführung des Staatsdefizits. Einigen OECD-Ländern gelang es, die hohen Defizite, die sich Ende der siebziger Jahre herausgebildet hatten, allmählich zu verringern. Es gab jedoch Ausnahmen, deren wichtigste die Vereinigten Staaten bildeten (Vgl. Tabelle 2.2).

Seit 1981 wuchs durch Steuersenkungen und Ausgabensteigerungen das Defizit des amerikanischen Bundeshaushalts auf 200 Mrd Dollar (fast 4 Prozent des BSP), und dies trotz der konjunkturellen Erholung nach 1982. Auf dem Höhepunkt des Konjunkturzyklus wäre in der Tat ein annähernder Ausgleich des Bundeshaushalts zu erwarten gewe-

Sonderbeitrag 2.1 Inflation als Steuer

Der Finanzbedarf kann Regierungen dazu veranlassen, die Geldmenge zu erhöhen. Die dann folgende Zunahme der Inflation höhlt den Realwert aller Finanzaktiva aus, die voll indexierten ausgenommen, — so kommt es zu der sogenannten Inflationssteuer. Schuldner gewinnen und Gläubiger verlieren. Auf einem einigermaßen freien Kreditmarkt dürften verzinsliche Finanzaktiva, wie Anleihen, einen Ertrag bringen, der für den Realwertverlust als Folge einer stetigen und voraussehbaren Inflation entschädigt. Wenn jedoch Anleihen nicht indexiert sind, wird ein plötzlicher und unerwarteter Inflationsschub wahrscheinlich nicht durch entsprechend höhere nominale Zinssätze kompensiert, und die Wertpapierbesitzer werden eine Erosion des Realwertes ihrer Aktiva in Kauf nehmen müssen. Da die Hauptemittenten von Anleihen in der Regel die Regierungen sind und der Hauptgläubiger der inländische private Sektor (wenngleich auch Ausländer beträchtliche Beträge halten können), wird ein plötzlicher und unerwarteter Anstieg der Inflationsrate den Realwert der Staatsschuld verringern. Die Wirkung der Inflation entspricht der Erhebung einer Steuer auf Anleihen und der Verwendung der Einnahmen zur Schuldenrückzahlung.

In Entwicklungsländern ist der Anleihemarkt jedoch tendenziell eng und weist niedrige, kontrollierte Zinssätze auf. Die meisten Anleihen werden von Banken gehalten, hauptsächlich um Reservevorschriften zu erfüllen; bei anderen Anleihegläubigern handelt es sich oft um unfreiwillige Kreditgeber an den Staat. Unter diesen Umständen spielen Anleihen als Finanzierungsquelle nur selten eine wichtige Rolle und werden somit im Gefolge einer plötzlichen oder unerwarteten Inflation nur wenig an „Steuer" einbringen. Auf den internationalen Kapitalmärkten werden Bankkredite zumeist in Fremdwährung denominiert, üblicherweise in Dollar, so daß der Realwert dieser Aktiva von der inländischen Inflation nicht tangiert wird.

In Ländern mit einem rudimentären Finanzsystem bildet Bargeld das wichtigste Finanzaktivum. Regierungen haben üblicherweise ein Monopol für die Ausgabe von Banknoten und Münzen (wenngleich es Ausnahmen gibt: Liberia und Panama benutzen Dollars), und das Bargeld wird nahezu ausschließlich von Inländern gehalten. Bargeld trägt keine Zinsen, so daß die Aushöhlung seines Realwertes im Verlauf der Inflation nicht kompensiert werden kann. Da Banknoten und Münzen eine Verbindlichkeit der Regierung und eine Forderung des inländischen privaten Sektors darstellen, entspricht die Verringerung ihres Realwertes einer Steuer auf Bargeld, welche die ausstehenden realen Verbindlichkeiten der Regierung reduziert.

Es gibt eine Grenze für den Umfang dieser Besteuerung. Je höher der Steuersatz, um so mehr versuchen die Besteuerten, die Steuer zu vermeiden. Je höher die Inflationsrate, desto niedriger ist (real betrachtet) der Geldbetrag, den die Bevölkerung halten will, und desto schmaler ist somit die Besteuerungsgrundlage. Dies zeigt sich im Extremfall der Endstufe einer Hyperinflation, wenn die Bevölkerung den Gebrauch von Geld weitgehend aufgibt und zu Tauschgeschäften übergeht. Obwohl die Besteuerungsgrundlage (d. h. die reale Geldmenge) sehr klein werden kann, garantiert gleichwohl die langsame Anpassung der Preise an das beschleunigte Geldmengenwachstum in der Regel noch ein gewisses Steueraufkommen. Wenn sich jedoch das Tempo der monetären Expansion verlangsamt, können die Einnahmen kräftig zurückgehen.

Theoretisch wird das maximale Steueraufkommen aus der Inflation dann erzielt, wenn der prozentuale Anstieg

---

sen. Das Defizit der Vereinigten Staaten hielt jedoch an, und es war groß genug, um Kapital aus anderen Ländern abzuziehen.

Haushaltsdefizite und Zinsen

Hohe und langanhaltende Defizite wirken sich im Inland hauptsächlich auf die Realzinsen und die Inflationserwartungen aus. Aufgrund der offensichtlichen Schwierigkeiten, die öffentlichen Ausgaben einzuschränken, rechnet die Bevölkerung damit, daß die Staatseinnahmen am Ende doch steigen müssen, um die Defizite finanzieren zu können. Steigende Einnahmen können aus höherem Wachstum resultieren, sie können sich aus der normalen Besteuerung ergeben oder die Folge von Inflationsgewinnen des Staates sein (vgl. Sonderbeitrag 2.1). Aufgrund pessimistischer Erwartungen über die künftige Inflation sind die langfristigen Nominalzinsen tendenziell höher als sie sonst sein würden, und zugleich tragen die hohen Haushaltsdefizite zu einem hohen Niveau der Realzinsen bei.

Zu Beginn der siebziger Jahre waren die Realzinsen negativ, in den frühen achtziger Jahren stiegen sie aber kräftig an. Wenn sie auch seit 1982 und besonders ausgeprägt in den Jahren 1985 und 1986 sanken, so bewegen sie sich doch weiterhin auf hohem Niveau. In den meisten Rezessionen (besonders wenn diese nicht mit einer scharfen monetären Kontraktion verbunden sind) geht die Kreditnachfrage des privaten Sektors zurück. Dies unterstützt in der Regel den Zinssenkungsprozeß. In der Rezession der Jahre 1980 bis 1982 und der darauffolgenden Erholung wiederholte sich dieser Verlauf jedoch nicht, und zwar vornehmlich wegen der unausgewogenen Kombination von Finanz- und Geldpoli-

des Preisniveaus der sich ergebenden Verringerung der realen Geldmenge entspricht. An diesem Punkt wird der Gewinn der Regierung aus einer zusätzlichen Steigerung der Inflation genau ausgeglichen durch die Verringerung der realen Geldbestände der Bevölkerung.

Viele Regierungen erhöhen die Geldmenge in einem viel schnelleren Tempo als theoretisch zur Maximierung des Realwerts der öffentlichen Einnahmen nötig wäre. Zwar werden Perioden hoher Inflation nicht immer bewußt herbeigeführt, doch ist die Hauptursache in der Regel der unmittelbare Geldbedarf der Regierung, die ihre Rechnungen bezahlen muß. Um die Mittel zu erhalten, druckt die Regierung einfach mehr Geld.

In entwickelteren Geldsystemen sind Einlagen auf Girokonten ein wichtiges Zahlungsmittel. In der Regel zahlen die Banken auf Sichteinlagen niedrige oder gar keine Zinsen, so daß Guthaben auf Girokonten dem Bargeld ähnlich sind. Im Falle der Inflation sind die Banken die unmittelbaren Nutznießer der Schmälerung des Realwerts der Sichteinlagen, da diese als Verbindlichkeiten in ihrer Bilanz erscheinen. Durch höhere Mindestreserven oder höhere Steuern schöpft der Staat jedoch üblicherweise die Gewinne der Banken ab und verhindert, daß sie von der Inflation übermäßig profitieren.

Wie jede andere Art der Einnahmenerzielung, muß die Besteuerung durch Inflation nach ihrem sachlichen Gehalt beurteilt werden. Die Inflation hat als Steuer jedoch Nachteile, die bei anderen Formen der Besteuerung nicht auftreten. Sie verzerrt die relativen Preise (weil einige Preise schneller steigen als andere), schafft Unsicherheit und belastet besonders die Kassenhaltung der unteren Einkommensgruppen. Außerdem geht die Inflation zu Lasten anderer Formen der staatlichen Einnahmenerzielung. Zeitliche Verzögerungen bei der Steuererhebung und verspätete Anpassungen mancher Steuersätze an steigende Preise haben zur Folge, daß die realen Einnahmen des Staates fallen, wenn die Inflation steigt. Praktisch wird dadurch die Steuererhöhung in Form der „schleichenden Progression" mehr als kompensiert und tendenziell sogar die Besteuerung durch die Inflation selbst aufgehoben. Ausgenommen bei niedrigem Inflationsniveau dürfte sich die Einnahmesteigerung durch inflationäre Finanzierung nur kurzfristig bezahlt machten.

Je niedriger und stabiler die Inflationsrate ist, desto eher kann die Regierung durch den Prägegewinn beträchtliche Mittel einnehmen. Der Prägegewinn ist der Vorteil, den die Zentralbank daraus zieht, daß sie das Angebotsmonopol für inländische Währung besitzt. Inländer werden, real gesehen, eine größere Kasse halten, wenn sie mit stabilen Preisen rechnen können. Eine derartige Stabilität macht eine Währung auch für Ausländer attraktiv, in deren eigenen Volkswirtschaften Instabilität und Inflation herrschen. Dies wird durch die beträchtlichen (oft illegalen) ausländischen Dollarguthaben deutlich illustriert, die von vielen lateinamerikanischen Ländern gehalten werden. In Ghana hielt man erhebliche Guthaben — und tätigte Transaktionen — in CFA-Francs der benachbarten Elfenbeinküste. Wegen der relativen Stabilität ihrer Volkswirtschaften waren die Vereinigten Staaten und die Elfenbeinküste in der Lage, reale Ressourcen im Austausch gegen ihre eigene Währung zu erwerben. Der Wunsch von Ausländern, an der Stabilität der Schweiz teilzuhaben, hat es den schweizerischen Banken ermöglicht, Kapital zu sehr niedrigen Kosten zu importieren. Das sind die bedeutsamen und nachhaltigen Vorteile eines stabilen Finanzsystems.

tik. Eine Konsequenz davon war, daß die verschuldeten Entwicklungsländer durch hohe Realzinsen stark belastet wurden. Daß sie in den siebziger Jahren auf billige Kredite zurückgegriffen hatten, wurde bei dem Anstieg der Zinsen in den achtziger Jahren zu einer schweren Bürde. Wie die meisten kumulativen Prozesse baute sich das Problem langsam auf, selbst nach dem steilen Anstieg der Zinssätze. Aber schließlich wurde es am Tiefpunkt des Konjunkturzyklus Mitte 1982 unaufschiebbar. Dies führte zu schwerwiegenden Schuldenproblemen, die das Hauptthema des Weltentwicklungsberichts vom vergangenen Jahr bildeten.

Kapitalströme, Leistungsbilanzdefizite und Handelsströme

In den Industrieländern hat der Staat seine wachsenden Defizite generell durch Kreditaufnahme aus inländischen und ausländischen Quellen finanziert. Gebietsansässige Privatpersonen oder Ausländer erwerben zusätzliche Staatspapiere — Fremdwährungsobligationen, Schatzwechsel, Staatsanleihen oder Einlagenzertifikate der öffentlichen Hand — und finanzieren so das öffentliche Defizit.

Wenn Auslandskapital, das durch die hohen Realzinsen angezogen wird, das Defizit finanziert, bedeutet dies ein Defizit in der Leistungsbilanz. In den Vereinigten Staaten wurden beispielsweise im Jahr 1985 von dem 200 Mrd Dollar betragenden Defizit des Bundeshaushalts 87 Mrd Dollar durch den Finanzierungsüberschuß des inländischen privaten Sektors (einschließlich der Einzelstaaten und der kommunalen Gebietskörperschaften) finanziert, während die restlichen 113 Mrd Dollar über das Leistungsbilanzdefizit aus dem Ausland zuflossen.

Die Mittel zur Finanzierung eines Budgetdefizits

Tabelle 2.3 Leistungsbilanzsalden und Wechselkurse in Deutschland, Japan und den Vereinigten Staaten, 1981 bis 1985

Land und Position	1981	1982	1983	1984	1985
Deutschland					
Leistungsbilanzsaldo (Mrd $)	−5,4	3,2	4,2	6,1	13,2
Wechselkursindex	100,0	100,5	102,4	109,5	111,5
Japan					
Leistungsbilanzsaldo (Mrd $)	4,8	6,9	20,8	35,0	49,7
Wechselkursindex	100,0	105,7	97,6	93,6	93,2
Vereinigte Staaten					
Leistungsbilanzsaldo (Mrd $)	6,4	−8,0	−40,8	−101,6	−113,6
Wechselkursindex	100,0	93,6	90,7	86,9	86,7

Anmerkung: Der Wechselkursindex ist im Verhältnis zum SZR auf der Basis 1981 = 100 berechnet. Angaben für 1985 geschätzt. Leistungsbilanzsalden einschließlich öffentlicher Übertragungen.
Quelle: IWF.

müssen kreislaufmäßig gesehen notwendigerweise aus einer der folgenden drei Quellen stammen: Aus einer zusätzlichen privaten Inlandsersparnis, aus der Verringerung der privaten Investitionen oder aus einem niedrigeren Außenbeitrag. Trotz des hohen Realzinsniveaus wurde die Ausweitung des Defizits im amerikanischen Bundeshaushalt im Jahr 1982 nicht von einer kompensierenden Erhöhung der privaten Inlandsersparnis begleitet. So mußte das Defizit durch eine Reduzierung der inländischen Investitionen oder durch eine steigende Auslandsverschuldung finanziert werden. Im Verlauf des konjunkturellen Aufschwungs nahmen die privaten Investitionen jedoch rascher zu als die inländische Ersparnis, zum Teil als Folge vorangegangener Steuersenkungen, welche die Investitionstätigkeit stimuliert hatten. Das führte dazu, daß ein wachsender Teil der Finanzierungslast des gestiegenen Budgetdefizits von Kapitalimporten übernommen wurde. Dies spiegelt sich in dem hohen Leistungsbilanzdefizit der amerikanischen Zahlungsbilanz wider (vgl. Tabelle 2.3).

Wie sich die Finanzierungslast eines Budgetdefizits auf die Ersparnis, die Investitionen und den Kapitalimport aufteilt, wird durch die Zinssätze, die erwartete Investitionsrendite und die Wechselkurse bestimmt. Jede dieser Größen ist wesentlich von der Geld- und Finanzpolitik mitbestimmt. Seit 1981, als die Ausweitung des amerikanischen Budgetdefizits einsetzte, verfolgte der Federal Reserve Board eine restriktive Geldpolitik. Dies führte — nach den für Industrieländer geltenden Maßstäben — zu hohen Zinssätzen. Wenngleich der negative Effekt der hohen Zinsen auf die inländischen Investitionen durch die positiven Effekte anderer wirtschaftspolitischer Maßnahmen kompensiert wurde, bewirkten die höheren Zinsen einen beispiellosen Nettozufluß von Auslandskapital. Dies wiederum war einer der Gründe für die Aufwertung des Dollars gegenüber anderen wichtigen Währungen (vgl. Tabelle 2.3).

Im Verlauf des Jahres 1985 und Anfang 1986 sanken die Zinssätze in den Vereinigten Staaten jedoch schneller als in anderen Industrieländern, und der Dollarkurs gab nach. Dies spiegelt zum Teil die in jüngster Zeit zunehmende Selbstverpflichtung der Vereinigten Staaten wider, das Defizit des Bundeshaushalts innerhalb der nächsten fünf Jahre abzubauen. Die koordinierten Bemühungen der Länder der Fünfergruppe trugen ebenfalls dazu bei, eine geordnete Anpassung in die Wege zu leiten. Eine Verringerung des Leistungsbilanzdefizits oder des Rückgriffs der Vereinigten Staaten auf das weltweite Sparaufkommen braucht jedoch Zeit. Dies ist zum Teil die Folge zeitlicher Verzögerungen im Prozeß der Anpassung durch eine Ausweitung der amerikanischen Exporte und eine zunehmende Importsubstitution in Reaktion auf den schwächeren Dollar. Ganz offensichtlich ist auch Kapital in die Vereinigten Staaten geflossen, weil das Land politische Stabilität, niedrige Steuern, einen freien Kapitalverkehr und eine zurückhaltende Lohnpolitik aufweist.

Das hohe Leistungsbilanzdefizit der Vereinigten Staaten und die hohen Dollarzinsen hatten unterschiedliche — und einander ausgleichende — Effekte auf den Rest der Welt. Die erhöhten Defizite stimulierten die Exporte und damit die Gesamtnachfrage bei den Handelspartnern der Vereinigten Staaten. Auch Länder, die nicht in die Vereinigten Staaten exportieren, profitierten von den indirekten Effekten. Wo freie Kapazitäten verfügbar waren, brachte dies einen Anstieg der Exporte und des BIP, der bei manchen Handelspartnern die Kosten höherer Zinszahlungen überkompensierte.

Das höhere Defizit in der amerikanischen Leistungsbilanz seit 1981 fand seinen Gegenposten teilweise in der Verbesserung der Leistungsbilanzen der übrigen OECD-Länder. Zum Beispiel stieg Japans Überschuß kräftig an und machte schließlich rund 30 Prozent des erhöhten Defizits der Vereinigten Staaten aus.

Auch den Entwicklungsländern gelang es, einen Teil der lebhaften amerikanischen Nachfrage an sich zu ziehen, besonders bei Industrieerzeugnissen. Ihre Exporte von Industrieprodukten, die 1982 fast stagniert hatten, stiegen 1983 um 10 Prozent und 1984 um gut 16 Prozent. Die geringere Zunahme des amerikanischen Leistungsbilanzdefizits in den Jahren 1984/85 wurde jedoch nicht durch eine Ausweitung der Importe der anderen OECD-Länder ausgeglichen. Dies führte zu einer ausgeprägten Abflachung des Exportwachstums der Entwicklungsländer. Außerdem hatten bis zum Jahr 1985 einige der asiatischen Schwellenländer auf dem amerikanischen Markt an Wettbewerbsfähigkeit verloren, weil sich ihre Wechselkurse gegenüber dem Dollar, real betrachtet, nicht so stark abwerteten wie die ihrer Konkurrenten unter den Industrieländern.

Die starke Zunahme des amerikanischen Leistungsbilanzdefizits von 1981 auf 1984 erleichterte vielen Entwicklungsländern, besonders den hochverschuldeten, die Anpassung ihrer Handels- und Leistungsbilanzen. Dies wurde jedoch zum Teil durch das höhere internationale Zinsniveau wieder aufgehoben. Wenngleich der Nettoeffekt für die Entwicklungsländer schwer zu quantifizieren ist, erzielten offensichtlich jene Länder, die sich am schnellsten anpaßten und den stark expandierenden Exportmarkt ausnutzten, per saldo einen Vorteil.

Die günstigen Exportchancen, die in den Jahren 1983/84 für die Entwicklungsländer gegeben waren, werden jedoch kaum wiederkehren, wenn nicht andere OECD-Länder ihre Importnachfrage ausweiten und damit ihre Leistungsbilanzüberschüsse verringern. Wiederum tritt jedoch ein kompensierender Effekt auf: Wenn das amerikanische Haushaltsdefizit zurückgeht, werden die Zinsen sinken und Kapital, das bisher vom Staat beansprucht wurde, wird in andere Investitionen umgelenkt. Dies könnte solchen Entwicklungsländern zugute kommen, die die notwendigen Reformen durchgeführt haben, um ausländische Kreditgeber oder Investoren anzulocken. Das Kapital könnte wieder freiwillig von OECD-Ländern zu produktiverer Verwendung in Entwicklungsländer fließen — wie dies normalerweise der Fall ist. Die Leistungsbilanzüberschüsse der OECD-Länder und die Defizite der Entwicklungsländer würden durch die Rentabilität ihrer Investitionen rational erklärbar und tragbar.

Ausgaben des öffentlichen Sektors und ihre Kontrolle

Eine der Hauptursachen für die Budgetdefizite in den Industrieländern, vor allem in Europa, waren die in die Höhe schießenden öffentlichen Ausgaben. Von 1964 bis 1983 expandierten die Staatsausgaben in allen Industrieländern stärker als das jeweilige BIP (vgl. Tabelle 2.4). Von den Verteidigungsausgaben abgesehen, waren die am schnellsten steigenden Ausgaben die Sozialleistungen — Gesundheitswesen, Sozialfürsorge, Sozialversicherung und Pensionen. Sie lassen sich kaum kürzen, denn ihr Volumen wird durch die Zahl der Leistungsempfänger bestimmt, die garantierte (und in der Regel

Tabelle 2.4 Öffentliche Ausgaben insgesamt in Prozent des BIP in ausgewählten Industrieländern, 1964 bis 1983

Land	1964	1968	1972	1976	1980	1983
Deutschland	35,9	39,1	40,8	48,0	48,4	48,6
Frankreich	38,0	40,3	38,3	44,0	46,4	51,5
Großbritannien	33,6	39,2	39,8	45,6	45,1	47,2
Italien	31,8	34,7	38,6	42,2	46,1	57,4
Japan	..	..	21,8	27,9	32,4	34,8
Kanada	28,9	33,0	37,2	39,4	40,9	46,8
Vereinigte Staaten	28,3	31,3	32,0	34,5	35,0	38,1
Durchschnitt für alle Industrieländer	30,6	33,7	33,3	37,4	39,3	41,6

Quelle: OECD 1985c.

indexierte) Leistungen beanspruchen. Auch die Zinszahlungen auf die öffentlichen Schulden sind stärker gestiegen als das BIP.

Die Regierungen der Industrieländer haben ihre Subventionen für die Industrie (insbesondere für die Stahlindustrie und den Schiffbau) erhöht, in der Hoffnung, daß sie damit die Belastungen durch den Strukturwandel erleichtern. Die größte Aufmerksamkeit hat in jüngster Zeit jedoch das überraschend schnelle Wachstum der Subventionen für die Landwirtschaft auf sich gezogen. Die Vereinigten Staaten haben die Agrarproduktion durch eine Reihe von Maßnahmen gefördert, unter anderem durch die Festlegung von Richtpreisen für Weizen und Mais über dem Weltmarktpreisniveau. In Westeuropa hält man die Binnenmarktpreise vieler landwirtschaftlicher Produkte sogar noch weiter oberhalb der Weltmarktpreise und subventioniert die Exporte.

Dies führte dazu, daß die inländische Agrarproduktion gefördert und der heimische Verbrauch gedrückt wurden, insbesondere in Europa. Die dadurch ausgelöste Flut von Überschüssen bei Getreide, Zucker, Fleisch, Geflügel und Milchprodukten, bei niedrigen Weltmarktpreisen, war für jene Entwicklungsländer besonders nachteilig, die versuchen, die Produktion landwirtschaftlicher Erzeugnisse, bei denen sie oft einen absoluten Vorteil haben, anzuregen. Die Implikationen dieser Politik sind Gegenstand der Ausführungen in Kapitel 6 von Teil II dieses Berichts.

In den achtziger Jahren unternahmen die Regierungen zahlreiche Versuche, die öffentlichen Ausgaben zu kürzen — jedoch mit wenig Erfolg. Die Zuwachsraten der Staatsausgaben wurden zwar reduziert, doch gingen im Durchschnitt die Gesamtausgaben weder absolut noch in Relation zum BIP zurück. Höhere Staatsausgaben und ein größerer Staatseinfluß in der Wirtschaft waren indirekt für andere Probleme verantwortlich, die das Wachstum in den Industrieländern behinderten:

• *Grenzsteuersätze.* In den fünfziger und sechziger Jahren waren viele Regierungen der Überzeugung, daß hohe Staatsausgaben nicht nur konjunkturelle Abschwächungen ausgleichen, sondern auch ein langfristiges Wachstum des BIP sichern könnten. Nach den in den siebziger Jahren gemachten Erfahrungen, als das Wachstum des BIP sich verlangsamte, aber die Expansion der Staatsausgaben anhielt, verlor jedoch diese Auffassung an Einfluß. Das höhere Niveau der öffentlichen Ausgaben bedeutete, daß die durchschnittliche Steuerlastquote steigen mußte. Wichtiger als der durchschnittliche Steuersatz war jedoch die Veränderung der Steuerlast bei einer Veränderung des Einkommens oder Vermögens — der Grenzsteuersatz. Um ein „progressives" Steuersystem aufrechtzuerhalten (d. h. ein System, in dem Bessergestellte anteilmäßig mehr Steuern zahlen), mußten die Grenzsteuersätze mindestens so stark steigen wie die Durchschnittssteuersätze. Real betrachtet lagen die Grenzsteuersätze für Zinseinkommen oft über 100 Prozent. Wenn beispielsweise der Zinssatz 20 Prozent und die Inflationsrate 15 Prozent beträgt, beläuft sich die reale Rendite einer zusätzlichen Kapitalanlage von 100 Dollar auf 5 Dollar. Wird jedoch auf den nominalen Ertrag von 20 Dollar eine Steuer mit einem Grenzsteuersatz von 25 Prozent erhoben, beläuft sich das Einkommen nach Abzug der Steuer nur auf 15 Dollar. Damit beansprucht die Steuer das gesamte Realeinkommen von 5 Dollar; der reale Grenzsteuersatz beträgt 100 Prozent. Eine Folge der unterlassenen Kürzung der Staatsausgaben war deshalb die Erosion der Anreize für die Kapitalbildung.

• *Sozialleistungen.* Hand in Hand mit der Erhöhung der Steuersätze ging der Anstieg der Sozialleistungen. Wiederum war nicht der Umfang der Leistungen von Bedeutung, sondern die marginale Einbuße an empfangenen Leistungen, wenn man ein Beschäftigungsverhältnis einging oder daraus ausschied. Andere Sozialleistungen, vom Wohngeld bis zur freien Schulspeisung, wurden ebenfalls verringert oder entzogen, wenn man ein zusätzliches Einkommen erzielte. Die leistungshemmenden Effekte der Grenzsteuerbelastung und der zusätzlichen staatlichen Leistungen erreichten zusammengenommen ein sehr hohes Niveau — insbesondere für Arbeiter mit durchschnittlichem (oder leicht unterdurchschnittlichem) Arbeitseinkommen und mit üblichen familiären Verpflichtungen. Der zusammengefaßte marginale Steuer-/Leistungssatz erreichte häufig 85 Prozent. Für einige Einkommensgruppen überstieg der zusammengefaßte Satz 100 Prozent. In Großbritannien beispielsweise betrug im Dezember 1984 für einen verheirateten Mann mit zwei unterhaltsberechtigten Kindern und einem Einkommen zwischen der Hälfte und zwei Dritteln des Durchschnittslohns der zusammengefaßte marginale Steuer-/Leistungssatz 180 Prozent. Bei solchen Sätzen rentiert es sich, wenn man nicht arbeitet.

• *Staatliche Vorschriften und Eingriffe.* Das Ausufern staatlicher Vorschriften und Eingriffe brachte für die Unternehmen einen kräftigen Kostenanstieg und hatte strukturelle Verwerfungen zur Folge. Mit

Tabelle 2.5 Anteil der Importe der Industrieländer, der nichttarifären Handelshemmnissen unterliegt, 1981 und 1984

	Prozent der Importe aus:			
	Industrieländern		Entwicklungsländern	
Markt	1981	1984	1981	1984
EG	10,3	10,7	21,1	21,7
Japan	12,3	12,4	14,5	14,5
Vereinigte Staaten	7,2	9,2	12,9	16,1
Industrieländer insgesamt	10,5	11,3	19,5	20,6

Anmerkungen: Die Angaben basieren auf gewogenen Durchschnitten des Jahres 1981 für den gesamten Welthandel in allen Produkten außer Brennstoffen. Administrative Schutzmaßnahmen wie die Preis- und Mengenüberwachung sowie Antidumping- und Ausgleichszölle wurden nicht berücksichtigt.
Quelle: Schätzungen der Weltbank auf Basis von Angaben der UNCTAD.

dem Ziel, Arbeitsplätze in Regionen mit hoher Arbeitslosigkeit zu schaffen, lenkten die Regierungen beispielsweise den Kapitaleinsatz durch Raumplanung und steuerliche Förderungsmaßnahmen. Unglücklicherweise wurde Kapital in Industrien geleitet, die ohne staatliche Subventionen nicht überleben konnten. Im Ergebnis wurden kapitalintensive Industrien, anstelle von arbeitsintensiven in diese Regionen gezogen, die einen Kapitalbestand von geringer Produktivität, aber nur wenige Arbeitsplätze schufen.

Von größerer Bedeutung waren die zunehmenden Eingriffe des Staates in den Arbeitsmarkt, die zu schädlichen Starrheiten in der Lohnstruktur führten. Neben der Festlegung von Mindestlöhnen beschränkten die Regierungen die Möglichkeiten der Unternehmensleitungen, über die Beschäftigungsbedingungen flexibel zu entscheiden. Maßnahmen zur Sicherung der Arbeitsplätze schützten oft die Stelleninhaber, gingen aber auf Kosten der Schaffung neuer, produktiverer Arbeitsplätze.

Staatliche Eingriffe und Regulierungen waren in Europa weiter verbreitet als in den Vereinigten Staaten und in Japan. Die sich daraus ergebenden Rigiditäten auf den Märkten und die Unterminierung der Leistungsanreize wurden verbreitet als eine Ursache für die Verlangsamung des Wachstums im Europa der siebziger Jahre angesehen. Dieser Verlust an wirtschaftlicher Dynamik hatte auch erhebliche Auswirkungen auf die Entwicklungsländer. Europas Wirtschaftswachstum war in den sechziger Jahren ein wichtiger Faktor für die Steigerung der internationalen Nachfrage gewesen. Die Halbierung der Wachstumsraten der frühen siebziger Jahre bedeutete einen beträchtlichen Einschnitt für die Weltwirtschaft, der die Anpassungsprobleme für Europa wie für die Entwicklungsländer sehr viel schwieriger machte.

Als in den achtziger Jahren die Arbeitslosenquoten in Europa einen seit den dreißiger Jahren nicht mehr verzeichneten Höchststand erreichten, begannen die europäischen Regierungen mit der allmählichen Lockerung ihrer Markteingriffe und Regulierungen. Sie erzielten auch beträchtliche Fortschritte in der Liberalisierung der Finanzmärkte und beim Abbau der Kreditrationierung.

• *Protektionismus.* Zwar wurden in den achtziger Jahren, wenn auch nur langsam und zögernd, Schritte unternommen, um die Wachstumshemmnisse im Inland abzubauen, doch haben die Beschränkungen im internationalen Handel zugenommen. Damit wird in dem langanhaltenden Prozeß des Abbaus von Handelsrestriktionen eine Kehrtwende vollzogen und das Prinzip der Nichtdiskriminierung gefährdet, das in den sechziger Jahren so erfolgreich angewendet worden war.

Die Ausweitung des Protektionismus vollzieht sich zum größten Teil in Form nichttarifärer Handelshemmnisse (NTH). Tabelle 2.5 zeigt, wie die NTH bei der Einfuhr der Industrieländer von 1981 bis 1984 zugenommen haben. Von NTH wurden im Jahr 1984 im Vergleich zu 1981 zusätzliche Importe in Höhe von 9,4 Mrd Dollar betroffen (auf Basis gewogener Durchschnitte von 1981). Diese Zahl untertreibt außerdem noch den Anstieg, weil sie nur neue Restriktionen berücksichtigt, nicht aber die Wirkungen einer Verschärfung von bereits bestehenden. Obwohl der Umfang der NTH in den Vereinigten Staaten durch die Aufhebung der freiwilligen Exportbeschränkunen für japanische Autos seit 1984 abgenommen hat, wurde der Rückgang durch einen erhöhten Schutz der amerikanischen Stahlindustrie wieder ausgeglichen.

Handelsrestriktionen betrafen eine große Zahl von Außenhandelsströmen geringen Umfangs aus den Entwicklungsländern und eine geringere Zahl von umfangreichen Außenhandelsströmen aus den Industrieländern. Im Jahr 1984 galten NTH für 20,6 Prozent der Importe der Industrieländer aus den Entwicklungsländern — dieser Anteil war fast doppelt so hoch wie bei den Importen aus Industrieländern. Dies war hauptsächlich auf Beschränkungen beim Export von Bekleidung, Textilien und Schuhen aus Entwicklungsländern zurückzuführen. Die Verschärfung der bereits bestehenden NTH bei diesen Positionen schränkt den Export der wichtigsten Industrieprodukte der Entwicklungsländer weiter ein. In letzter Zeit wurden jedoch NTH auch für Erzeugnisse wie Stahl und elektrotechnische Maschinen eingeführt — Produkte, mit deren Export die Entwicklungsländer gerade beginnen. Während die Entwicklungsländer einerseits ermutigt wurden, ihre Volkswirtschaften dem Außenhandel zu öffnen, wurde andererseits ihr Zugang zu den Märkten — den sie brauchen, um aus der Liberalisierung des Handels den größtmöglichen Nutzen zu ziehen — eingeschränkt.

Zur Verwunderung vieler Beobachter werden

Sonderbeitrag 2.2 Wer zahlt für den Protektionismus?

Es wird oft behauptet, daß Zölle und nichttarifäre Handelshemmnisse als Mittel zur Erhaltung von Arbeitsplätzen in der heimischen Wirtschaft gerechtfertigt seien. Der Protektionismus hat jedoch viele direkte und indirekte Wirkungen, die in Betracht gezogen werden müssen. Nichttarifäre Abwehrmaßnahmen gegenüber Importen führen zu höheren Inlandspreisen für die Waren, welche die importierten Produkte ersetzen. Zwar können die inländischen Branchen, die diese Substitutionsgüter produzieren, davon profitieren, doch kommt es bei den Verbrauchern und den industriellen Verwendern dieser Erzeugnisse zu Verlusten. Das Nettoergebnis ist immer ein Verlust an realem Volkseinkommen, der von den Ökonomen unterschiedlich als Effizienz-, Wohlfahrts- oder Potentialverlust bezeichnet wird. Wenn Protektionismus als Mittel zur Erhaltung von Arbeitsplätzen vorgeschlagen wird, dann stellt sich die Frage, wieviel an realem Volkseinkommen dafür geopfert werden muß.

Die Effizienzverluste bzw. die Kosten der nichttarifären Handelshemmnisse auf Seiten der Vereinigten Staaten und der EG bei Importen von Bekleidung, Automobilen und Stahl sind auf jeweils mehr als eine Milliarde Dollar geschätzt worden (vgl. Tabelle 2.2A). Die Zahl der erhaltenen Arbeitsplätze in den geschützten Industrien war

Tabelle 2.2A Wirkungen ausgewählter nichttarifärer Handelshemmnisse in der Bekleidungs-, Automobil- und Stahlindustrie
(Mio Dollar, sofern nicht anders angegeben)

Wirkung	Bekleidung		Automobile, Vereinigte Staaten 1984	Stahl, Vereinigte Staaten 1985
	Vereinigte Staaten 1980	EG 1980		
Effizienzverlust im Einfuhrland	1.509	1.409	2.192	1.992
Mehrausgaben für Importgüter	988	1.050	1.778	1.530
Verlust der Konsumentenrente bei Importgütern	408	289[a]	229	455
Ressourcenaufwand zur Produktion der zusätzlichen Gütermenge im Inland	113	70	185	7
Durch Protektionismus erhaltene Arbeitsplätze (in Tausend)	8,9	11,3	45,0	28,0
Effizienzverlust pro erhaltenem Arbeitsplatz (in Tausend Dollar)	169,6	124,7	48,7	71,1
Durchschnittliches Arbeitsentgelt (in Tausend Dollar pro Jahr)	12,6	13,5	38,1	42,4
Verhältnis des Effizienzverlustes zum durchschnittlichen Arbeitsentgelt	13,5	9,2	1,3	1,7
Erlöseinbußen der Exporteure	9.328	7.460	6.050	1.508
Verhältnis der Mehrausgaben für Importgüter zu den Erlöseinbußen der Exporteure	0,11	0,14	0,29	1,01

Anmerkung: Die nichttarifären Handelshemmnisse sind: für Textilien das Welttextilabkommen; für Automobile das Abkommen zur Export-Selbstbeschränkung zwischen den Vereinigten Staaten und Japan und für Stahl die Export-Selbstbeschränkungsabkommen zwischen den Vereinigten Staaten und wichtigen Exportländern.
a. Ohne entgangene Zolleinnahmen aufgrund von Quoten.
Quelle: Kalantzopoulos, "The Costs of Voluntary Export Restraints" (Hintergrundpapier).

heutzutage protektionistische Maßnahmen mit der Begründung gefordert, daß dadurch Arbeitsplätze geschaffen würden, obwohl die Prosperität und das hohe Beschäftigungsniveau der sechziger Jahre auch durch die Beseitigung von Handelshemmnissen ermöglicht worden waren. Tatsächlich wird der Protektionismus die konjunkturelle Erholung verzögern, die Schaffung von Arbeitsplätzen behindern und den Niedergang nicht wettbewerbsfähiger Industrien in die Länge ziehen (vgl. Sonderbeitrag 2.2).

Die Entwicklungsländer

In der ersten Hälfte der achtziger Jahre verlangsamte sich das reale Wachstum des BIP in den meisten Entwicklungsländern, und die Pro-Kopf-Einkommen gingen vielfach zurück. Am Tiefpunkt der Rezession in den Jahren 1982/83 sank die BIP-Wachstumsrate auf 2,0 Prozent (vgl. Tabelle 2.6). Zwar beschleunigte sich das Wachstum des BIP im Jahr 1984 erheblich, doch schwächte es sich 1985 und Anfang 1986 wieder ab.

---

jedoch gering, so daß die Kosten pro erhaltenem Arbeitsplatz das durchschnittliche Arbeitsentgelt durchweg überstiegen. So verzichtete die amerikanische Volkswirtschaft insgesamt für jeden in der Bekleidungsindustrie erhaltenen Arbeitsplatz auf etwa 169 600 Dollar, um damit einen Arbeiter zu schützen, der etwa 12 600 Dollar verdient. Offensichtlich hätten die auf diese Weise verschwendeten Ressourcen besser für andere Aktivitäten und für die Umschulung und Umsetzung der betroffenen Arbeiter Verwendung gefunden. Dieses Beispiel zeigt, daß die Rettung von Arbeitsplätzen kein haltbares Argument zur Verteidigung des Protektionismus ist.

Oft meint man auch, daß ausländische Produzenten durch nichttarifäre Handelshemmnisse nicht notwendigerweise Verluste erleiden, und zwar vor allem nicht bei sogenannten freiwilligen Exportbeschränkungen, da diejenigen Exporteure, die trotz der Handelsschranken verkaufen können, höhere Preise erzielen. Zwar stellen die für Importe gezahlten höheren Preise einen Transfer an einige ausländische Produzenten dar, doch verringern nichttarifäre Handelshemmnisse das Importvolumen und schmälern damit den Gesamterlös, der von den ausländischen Produzenten erzielt wird. Bei Bekleidung zum Beispiel betrug der Transfer an die ausländischen Produzenten im Jahr 1980 nur ein Zehntel ihres Einnahmeverlustes. Lediglich bei Stahl war 1985 der Preisanstieg hoch genug, um den Rückgang des Exportvolumens wettzumachen.

Protektionismus ist nicht nur sehr kostspielig, er hilft auch den schlecht bezahlten Arbeitern nicht. Tatsächlich benachteiligt er sie. Importrestriktionen sind gleichbedeutend mit einer Umsatzsteuer und betreffen oft lebensnotwendige Güter. Wenn dies der Fall ist, belasten sie diejenigen Konsumenten erheblich, die einen relativ höheren Teil ihres Einkommens für solche Güter ausgeben, nämlich die Armen. Die Auswirkungen einer solchen Umsatzsteuer auf verschiedene Einkommensgruppen werden sichtbar, wenn man die Steuer als einen Zuschlag zur Einkommensteuer auffaßt. Dies geschieht im Schaubild 2.2A, wo die Preisaufschläge, die im Jahr 1984 in den Vereinigten Staaten durch protektionistische Maßnahmen bei Bekleidung, Zucker und Automobilen verursacht wurden, mit den Durchschnittsbeträgen gewogen wurden, die verschiedene Einkommensgruppen für diese Güter ausgaben. Das Schaubild zeigt, daß die Besteuerung durch den Protektionismus regressiv wirkt und die Einkommensverteilung verzerrt. Die bestehenden Importrestriktionen in den Vereinigten Staaten dürften einem Steuerzuschlag von bis zu 66 Prozent für die Familien mit geringem Einkommen entsprechen, bei Familien mit hohem Einkommen aber nur einem Zuschlag von 5 Prozent.

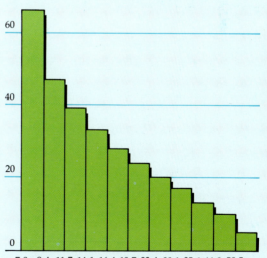

Schaubild 2.2A   Einkommensteuer-Äquivalent der Kosten des Zollschutzes in den Vereinigten Staaten, 1984

Anmerkung: Die Einkommensklassen basieren auf der Erhebung des U.S. Department of Labor über die Verbraucherausgaben von 1972/73 und sind mit den Verbraucherpreisen von 1984 deflationiert.
a. Kosten des Zollschutzes in Prozent des Einkommens, dividiert durch den jeweiligen Steuersatz der Bundeseinkommensteuer.
Quelle: Hickok 1985.

Die Durchschnitte verdecken jedoch starke Unterschiede in den Einzelergebnissen. Einen der besorgniserregendsten Aspekte der frühen achtziger Jahre bildete der kontinuierliche Rückgang in den afrikanischen Ländern mit niedrigem Einkommen. Eine falsche Wirtschaftspolitik, eine Verschlechterung der Terms of Trade und verringerte Kapitalzuflüsse hatten niedrige, sogar negative Wachstumsraten zur Folge. Die durchschnittliche jährliche Wachstumsrate des BIP der afrikanischen Länder mit niedrigem Einkommen sank von 2,7 Prozent in den Jahren 1973 bis 1980 auf 0,7 Prozent im Jahr 1982 und erreichte 1983 einen absoluten Tiefstand von 0,2 Prozent. Obwohl sich das Wachstum 1984 und 1985 wieder belebte, gingen die Pro-Kopf-Einkommen weiter zurück.

Zwei Gruppen von Ländern mit mittlerem Einkommen waren ebenfalls stark betroffen. Erstens sahen sich die Ölexportländer — die bis dahin von den externen Energieschocks verschont geblieben waren, wenn auch nicht von den Folgen einer falschen internen Wirtschaftspolitik — mit niedrigeren Ölpreisen und einem Rückgang des Exportvolumens konfrontiert. Als Resultat ging ihr reales BIP, das im Zeitraum 1973 bis 1980 um 5,8 Prozent jährlich gestiegen war, 1983 um rund 2 Prozent zurück und nahm in den anderen Jahren seit 1981 um weniger als 3 Prozent pro Jahr zu. Zweitens wurden hochverschuldete Staaten, die die aufgenommenen Mittel nicht produktiv verwendet hatten, von steigenden Zinsen, einem Rückgang der freiwilligen privaten Kreditvergabe und sinkenden Exporterlösen getroffen. Die Pro-Kopf-Einkommen und die Importe gingen in einigen der Hauptschuldnerländer, insbesondere in Lateinamerika, stark zurück.

Im Gegensatz dazu waren die mehr außenwirtschaftlich orientierten Länder (wie Korea und Malawi), die ihre gesamtwirtschaftliche Stabilität bewahren konnten und sich an außenwirtschaftliche Veränderungen angepaßt hatten, nach 1982 bald schon wieder in der Lage, hohe Wachstumsraten zu erzielen. Indien und China hielten ebenfalls ein hohes Wachstum aufrecht, das die gesamte Wachstumsrate für die asiatischen Länder mit niedrigem Einkommen nach oben zog. Wenn man Indien und China aus der Gruppe der asiatischen Länder mit niedrigem Einkommen herausnimmt, sinkt die durchschnittliche Wachstumsrate dieser Region in den Jahren seit 1980 auf etwa 5,0 Prozent.

Indien profitierte sowohl von Veränderungen der internen Wirtschaftspolitik als auch von einem großen, expandierenden Binnenmarkt und guten Ernten; dadurch konnten in gewissem Umfang die Auswirkungen weltwirtschaftlicher Schwankungen kompensiert werden. Dies galt auch für China, dessen Wirtschaft aber mehr von weitreichenden binnenwirtschaftlichen Reformen profitierte. Zwar gibt es neuerdings Anzeichen, daß die Herausforderung der geld- und finanzpolitischen Steuerung einer offeneren Volkswirtschaft ein gewisses Maß an

Tabelle 2.6 Reales Wachstum des BIP, 1965 bis 1985
(jährliche Veränderung in %)

Ländergruppe	Durchschnitt 1965-1973	Durchschnitt 1973-1980	1981	1982	1983	1984	1985
Entwicklungsländer	6,6	5,4	3,5	2,0	2,0	5,4	4,4
Länder mit niedrigem Einkommen	5,6	4,7	5,0	5,3	7,8	9,4	7,8
Afrika	3,9	2,7	1,7	0,7	0,2	0,7	2,1
Asien	5,9	5,0	5,4	5,8	8,6	10,2	8,3
China	7,8	5,4	4,9	7,7	9,6	14,0	10,6
Indien	4,0	4,1	5,8	2,9	7,6	4,5	4,0
Ölexporteure mit mittlerem Einkommen	7,1	5,8	4,4	1,0	—1,9	2,5	2,5
Ölimporteure mit mittlerem Einkommen	7,0	5,5	2,1	0,8	0,8	4,1	3,0
Hauptexporteure von Industrieprodukten	7,6	5,9	1,6	1,2	0,8	4,4	3,1
Brasilien	9,6	6,8	—1,5	1,0	—3,2	4,5	7,0
Sonstige Ölimporteure mit mittlerem Einkommen	5,4	4,5	3,4	—0,6	0,8	3,1	2,8
Ölexporteure mit hohem Einkommen	9,2	7,7	1,6	—1,7	—7,1	1,3	—5,0
Marktwirtschaftliche Industrieländer	4,7	2,8	1,9	—0,6	2,3	4,6	2,8

Anmerkung: Die Angaben für die Entwicklungsländer beziehen sich auf eine Auswahl von neunzig Ländern.

Tabelle 2.7 Veränderungen der Exportpreise und der Terms of Trade, 1965 bis 1985
(jährliche Veränderung in %)

Ländergruppe	Durch-schnitt 1965-1973	Durch-schnitt 1973-1980	1981	1982	1983	1984	1985
Veränderung der Exportpreise							
Entwicklungsländer							
Nahrungsmittel	5,0	9,6	−8,2	−8,8	5,6	2,0	−8,1
Sonstige Agrarprodukte	4,2	10,5	−14,4	−8,6	5,7	−2,0	−10,0
Metalle und Mineralien	2,4	4,8	−7,6	−8,5	−0,1	−1,7	−4,9
Brennstoffe	7,9	27,2	12,5	−3,2	−12,4	−2,1	−2,5
Industrieprodukte	7,2	8,1	0,2	−3,2	−2,5	−1,9	1,3
Industrieländer							
Industrieprodukte	5,4	11,0	0,5	−1,4	−2,6	−1,8	1,3
Veränderung der Terms of Trade							
Länder mit niedrigem Einkommen							
Afrika	0,1	−1,8	−11,8	−0,9	4,8	5,0	−5,6
Asien	3,2	−2,4	1,1	1,2	−1,2	1,5	−1,9
Länder mit mittlerem Einkommen							
Ölexporteure	−0,4	8,5	5,4	0,2	−7,7	0,3	−2,9
Ölimporteure	0,0	−3,0	−4,4	−0,6	2,3	0,1	−0,1
Entwicklungsländer insgesamt	0,8	1,5	−1,0	−0,1	−1,3	0,4	−1,1

Anmerkung: Die Angaben beziehen sich auf eine Auswahl von neunzig Entwicklungsländern.

gesamtwirtschaftlicher Instabilität mit sich brachte, doch ist Chinas starkes Wachstum eine glänzende Illustration für die möglichen Gewinne, die durch binnenwirtschaftliche Reformen zur Steigerung der Produktivität vorhandener Ressourcen erzielt werden können. Eine detaillierte Analyse der agrarpolitischen Veränderungen in China enthält Kapitel 5.

Im Jahr 1984 besaßen die ölimportierenden Entwicklungsländer Grund zur Hoffnung auf eine Wiederbelebung des Wachstums und eine Erleichterung ihres Schuldenproblems. Das Volumen des Welthandels mit Industrieprodukten expandierte um 9 Prozent. Die Entwicklungsländer steigerten ihr Exportvolumen um 10,7 Prozent und profitierten von einer leichten Verbesserung ihrer Terms of Trade (um 0,4 Prozent). In vielen Entwicklungsländern machten die zusätzlichen Exporterlöse und die Umschuldungen es möglich, daß zum ersten Mal seit 1980 die Pro-Kopf-Einkommen und die Importe wieder stiegen. Jene Länder, die bereits erhebliche binnenwirtschaftliche Reformen durchgeführt, insbesondere negative Anreize im Exportgeschäft beseitigt hatten, profitierten davon am meisten, so etwa Mauritius, Thailand und die Türkei.

Im Jahr 1985 erhielten jedoch die Hoffnungen von 1984 einen Dämpfer. Ein langsameres Wachstum der Industrieländer und des Welthandels verringerte die Zuwachsrate des Exports der Entwicklungsländer, und die Rohstoffpreise fielen (vgl. Tabellen 2.7 und 2.8). Die Expansion des Welthandels verlangsamte sich beträchtlich, und zwar auf 3 Prozent; der übliche Zusammenhang, wonach der Welthandel rascher wächst als die Weltproduktion, wurde damit durchbrochen. Auch die Weltmarktpreise, vor allem für Rohstoffe, gingen zurück. Insgesamt verschlechterten sich die Terms of Trade der Entwicklungsländer 1985 um 1,1 Prozent, wobei Länder mit niedrigem Einkommen und Ölexporteure am schlechtesten abschnitten. Da die Netto-Kapitalzuflüsse in die Entwicklungsländer ebenfalls abnahmen, waren viele Regierungen gezwungen, das Importwachstum zu drosseln.

Viele Entwicklungsländer wurden zwar vom jüngsten Rückgang der Zinsen und der Ölpreise begünstigt, doch verschlechterte sich die Lage für andere erheblich. Für eine Gruppe afrikanischer Länder mit niedrigem Einkommen entstand durch die Verschlechterung ihrer Terms of Trade, den gleichzeitigen Rückgang der pivaten Kapitalzuflüsse und den steigenden Anteil ihrer Schulden, die für Umschuldungen nicht in Frage kommen, ein gravierendes Problem. Die Verhältnisse liegen für viele ölexportierende Länder mit mittlerem oder hohem Einkommen nicht besser, weil sie von dem raschen Ölpreisverfall unmittelbar belastet werden. Darüberhinaus hatte der Rückgang ihres Wachstums

Tabelle 2.8 Exportwachstum der Entwicklungsländer, 1965 bis 1985
(jährliche Veränderung in %)

Position	Durchschnitt 1965-1973	Durchschnitt 1973-1980	1981	1982	1983	1984	1985
Veränderung des Exportvolumens, nach Warengruppen							
Industrieprodukte	11,6	13,8	8,6	0,1	10,0	16,6	3,3
Nahrungsmittel	3,3	3,9	9,7	—2,3	—1,1	7,6	3,9
Sonstige Agrarprodukte	3,1	1,1	2,5	—1,6	1,5	1,0	4,5
Metalle und Mineralien	4,8	7,0	—2,6	—2,8	0,5	3,4	4,8
Brennstoffe	4,0	—0,8	—9,2	0,6	2,3	7,1	—1,4
Veränderungen des Exportvolumens, nach Ländergruppen							
Länder mit niedrigem Einkommen							
Afrika	4,6	1,3	—4,5	—9,3	—0,2	4,9	2,0
Asien	0,6	6,8	9,1	6,3	7,2	6,6	3,8
Länder mit mittlerem Einkommen							
Ölexporteure	4,3	0,0	—7,2	—1,9	3,6	8,6	—0,8
Ölimporteure	7,1	9,0	7,4	—0,4	5,0	12,8	3,7
Entwicklungsländer insgesamt	5,0	4,6	2,1	—0,5	4,7	10,7	2,3

negative Auswirkungen auf jene Entwicklungsländer, die ihnen Gastarbeiter zur Verfügung stellen. In manchen Entwicklungsländern sind die Überweisungen der Gastarbeiter eine wichtige Devisenquelle. Der Einnahmeverlust bei den Gastarbeiterüberweisungen wurde jedoch gemildert durch die Verbilligung des Ölimports und den Rückgang der Zinssätze.

Ende 1985 sind in einigen Entwicklungsländern die Devisen, die sie im Ausland verdienen oder dort als Kredit aufnehmen können, kurzfristig sehr knapp geworden. Wie gegen Ende dieses Kapitels erörtert wird, bringt dies in der nächsten Zeit schwerwiegende Implikationen für die Entwicklungsländer mit sich. Auf mittlere Frist gesehen werden jedoch die wirtschaftlichen Erfolge eines Landes davon bestimmt, wie produktiv es Mittel (seien es heimische oder ausländische) einsetzt — und dies hängt wiederum von der nationalen Wirtschaftspolitik ab. Diesem Punkt gelten die folgenden Ausführungen.

Nationale Wirtschaftspolitik

Die weltwirtschaftlichen Entwicklungen in den frühen achtziger Jahren haben es den Entwicklungsländern offensichtlich erschwert, sowohl Anpassungsmaßnahmen durchzuführen als auch das Wachstum in der nächsten Zukunft fortzusetzen. Das Wachstum schwächt sich jedoch unausweichlich ab, wenn die Anpassung nicht in Angriff genommen wird. In längerfristiger Betrachtung unterstreichen zudem die unterschiedlichen Erfolge von Entwicklungsländern, die mit ähnlichen außenwirtschaftlichen Trends konfrontiert wurden, die überragende Bedeutung der nationalen Wirtschaftspolitik. Jene Länder, die Auslandskapital dazu verwendet haben, die Anpassung an die geänderten externen Bedingungen zu erleichtern, konnten nach einer kurzen Wachstumsverlangsamung die Expansion wieder fortzusetzen. Andere Länder, die sich ständig weiter verschuldeten, um der Anpassung auszuweichen, mußten oft feststellen, daß die Zunahme der Schulden nicht zur Steigerung der Produktion beigetragen hatte, die für die Bedienung der Schulden notwendig gewesen wäre.

Tabelle 2.9 illustriert den engen Zusammenhang zwischen Wirtschaftswachstum und nationaler Wirtschaftspolitik, wobei letztere durch das Investitionsniveau und die Effizienz des Mitteleinsatzes erfaßt wird. Die Tabelle weist für vierundzwanzig Entwicklungsländer die Nettoinvestitionen als Prozentsatz des BIP und den Kapitaleinsatz je zusätzlicher Produkteinheit aus. Die zehn Volkswirtschaften mit den niedrigsten Wachstumsraten wiesen eine durchschnittliche Nettoinvestitionsquote von nur 10,8 Prozent des BIP auf, während die Nettoinvestitionen in den stark wachsenden Ländern 18,4 Prozent des BIP erreichten. Die Volkswirtschaften mit niedrigem Wachstum setzten außerdem doppelt so viel Kapital zur Erzeugung einer zusätzlichen Sozialprodukteinheit ein wie die mit hohem Wachstum. Nach Schätzungen ist der unproduktive Einsatz der Ressourcen (gemessen am hohen marginalen Kapitalkoeffizienten) für den Wirtschaftserfolg der Gruppe der zehn langsam wachsenden Länder eine signifikantere Bestimmungsgröße als die Höhe der Nettoinvestitionen.

Die Tatsache, daß die Länder in beiden Gruppen ähnliche Veränderungen ihrer außenwirtschaftlichen Rahmenbedingungen hinnehmen mußten, deutet darauf hin, daß die nationale Wirtschaftspolitik auf mittlere Frist der entscheidende Faktor für den wirtschaftlichen Erfolg ist. In früheren *Weltentwicklungsberichten* wurde dargelegt, daß die Entwicklungsländer davon profitieren, wenn sie

- eine stabile Geld- und Finanzpolitik betreiben — das heißt, eine Politik, die ihre Haushalts- und Leistungsbilanzdefizite im Rahmen des Tragbaren hält;
- auf einzelwirtschaftlicher Ebene eine Politik verfolgen, die Preisverzerrungen auf den Güter- und Faktormärkten minimiert, wozu sie vor allem ihre Volkswirtschaften dem Welthandel öffnen und die Diskriminierung der Landwirtschaft beenden müssen;
- für angemessene und stabile reale Wechselkurse sorgen.

Tabelle 2.9 Wachstum, Nettoinvestitionen und Kapitalkoeffizient in vierundzwanzig Entwicklungsländern, 1960 bis 1984

Land oder Gebiet	Durchschnittliche jährliche Veränderung des BIP pro Kopf[a] in %	Nettoinvestition (in % des BIP)[b]	Marginaler Kapitalkoeffizient[c]
Länder mit niedrigem Wachstum			
Ghana	−1,7	6,4	12,1
Somalia	−1,0	12,6	8,6
Sambia	−0,5	13,6	7,9
Jamaika	0,3	16,7	13,0
Chile	0,6	11,7	7,4
Peru	0,7	9,8	4,7
Mali	1,0	11,0	4,8
Argentinien	1,3	14,0	7,0
Bolivien	1,3	8,8	4,0
Uruguay	1,7	6,0	5,3
Durchschnitt der Gruppe	0,4	10,8	7,2
Länder mit hohem Wachstum			
Philippinen	2,5	16,8	4,3
Malawi	2,6	17,3	4,3
Kolumbien	2,7	13,6	3,9
Türkei	3,1	13,8	3,6
Dominikanische Republik	3,3	12,9	3,1
Mexiko	3,4	15,7	3,3
Malaysia	4,3	16,4	3,3
Brasilien	4,4	19,3	3,7
Thailand	4,5	17,4	3,3
Griechenland	4,6	18,2	4,5
Hongkong	6,1	26,6	3,9
Korea	6,4	17,0	2,7
Botsuana	7,3	28,6	3,2
Singapur	7,4	23,8	3,3
Durchschnitt der Gruppe	4,5	18,4	3,6

a. Die exponentielle reale Wachstumsrate pro Kopf im Durchschnitt der Periode.
b. Berechnet als inländische Bruttoinvestition minus Abschreibung, dividiert durch das BIP im Durchschnitt der Periode.
c. Berechnet als Verhältnis der durchschnittlichen jährlichen Bruttoinvestitionsquote am BIP zur exponentiellen realen Wachstumsrate des BIP der Periode. Dieses Verhältnis kann nicht aus den ersten zwei Spalten abgeleitet werden, da es nicht auf den Pro-Kopf-Wachstumsraten oder auf der gleichen Definition der Investitionen beruht.
Quelle: Cavallo, Cottani und Khan (Hintergrundpapier).

GELD- UND FINANZPOLITIK. Während einer Rezession gehen die öffentlichen Einnahmen zurück, während die Ausgaben oft steigen. Dies erhöht das Haushaltsdefizit und den Bedarf an zusätzlicher Finanzierung. Je schwerer die Rezession ist — wie jene der Jahre 1980 bis 1982 —, umso drückender wird die Finanznot. Seit 1980, das Jahr 1984 ausgenommen, haben viele Entwicklungsländer einen Rückgang ihrer Steuereinnahmen hinnehmen müssen. Viele Regierungen aber könnten die Steuereinnahmen erhöhen, ohne die Produktivität ihrer Volkswirtschaften zu beeinträchtigen. So können durch Außenhandelsreformen, wie die Einführung von Zöllen an Stelle von Kontingenten, die Versteigerung von Einfuhrlizenzen und die Senkung hoher Zölle sowie Kürzung zollfreier Einfuhren, oftmals die Einnahmen gesteigert und Verzerrungen abgebaut werden.

Die Art und Weise der staatlichen Einnahmenbeschaffung bestimmt die Wohlstandseffekte, die vom Steuersystem ausgehen. Ebenso wie in Industrieländern können hohe Grenzsteuersätze weitreichende negative Wirkungen haben. Sie ermuntern nicht nur zur Steuervermeidung und fördern das Ausufern von Steuerbefreiungen, sondern bewirken auch Verzerrungen und erfüllen deshalb nicht den Zweck, die Einkünfte zu erhöhen oder die Einkommensverteilung zu verbessern. Anfang 1985 leitete Jamaika eine Steuerreform ein, die diesen Problemen abhelfen soll. Für alle Einkommen oberhalb eines Grundbetrags wurde ein einheitlicher Einkommensteuersatz eingeführt, womit hohe Grenzsteuersätze und viele komplizierte Bestimmungen über Steuerbefreiungen entfielen. Dies verringerte die verzerrenden Effekte des Einkommensteuersystems und die Benachteiligung der unteren Einkommensklassen. Eine andere wünschenswerte Reform, die viele Entwicklungsländer in die Wege leiten könnten, wäre eine Verbreiterung der Besteuerungsgrundlage im Verein mit einem Abbau von Grenzübergangssteuern (insbesondere für Agrarexporte) und einer gleichzeitigen Senkung der Grenzsteuersätze. Dies würde die Wirtschaft dieser Länder leistungsfähiger machen und den Einfluß schwankender Rohstoffpreise auf das Steueraufkommen vermindern.

Das finanzwirtschaftliche Hauptproblem ist indessen das Ausgabeverhalten. Wie in den Industrieländern, so blieben auch in den Entwicklungsländern die Staatsausgaben in den frühen achtziger Jahren auf hohem Niveau — und vielfach nahmen sie real gerechnet zu. In den meisten Entwicklungsländern führten die erhöhten Staatsausgaben in den Jahren 1982 und 1983 zu Haushaltsdefiziten in Rekordhöhe. Obwohl seitdem sowohl die Ausgaben als auch die Defizite gesunken sind, bleiben sie auch auf dem reduzierten Niveau von 1985 langfristig gesehen nicht tragbar. Ausgabenkürzungen betrafen oft die Instandhaltung und die Investitionen, was das Wachstum auf mittlere Sicht verringern wird, und viele hochverschuldete Länder sehen sich wegen der hohen Zinszahlungen auf die ausstehenden Schulden kaum in der Lage, die laufenden Ausgaben weiter einzuschränken. Daraus resultiert besonders für jene Länder eine gravierende Budgetbelastung, die es versäumten, die seinerzeit aufgenommenen Mittel einer produktiven Verwendung zuzuführen, welche die Produktion und damit die gesamtwirtschaftliche Besteuerungsgrundlage erhöht hätte. Da nur wenige Entwicklungsländer über funktionsfähige Anleihemärkte verfügen, haben die meisten Regierungen ihre Haushaltsdefizite (nach Abzug der Auslandshilfe) durch Aufnahme von Bankkrediten — oder durch die Notenpresse — finanziert.

Das starke Wachstum der Geldmenge als Folge der Haushaltsdefizite war in den achtziger Jahren die Hauptursache für den raschen Anstieg der Inflationsraten in den meisten Ländern Lateinamerikas sowie in einigen Ländern Afrikas und des Nahen Ostens. Regierungen und Zentralbanken haben verschiedentlich versucht, die Symptome der Inflation zu kurieren, und zwar durch eine Überbewertung der heimischen Währung und durch Preiskontrollen bei politisch sensiblen Gütern oder Dienstleistungen. Dies trug zusätzlich zum Defizit des öffentlichen Sektors bei und hat somit die Inflation eher angeheizt als gedämpft. Demgegenüber verfolgten einige Länder mit niedrigem Einkommen in Asien (wie Indien und Indonesien) einen umsichtigen finanz- und geldpolitischen Kurs und führten ihre Inflationsraten auf ein tragbares Niveau zurück.

Wie den Industrieländern fiel es auch den Regierungen der Entwicklungsländer leichter, die öffentlichen Ausgaben und das Geldmengenwachstum auszuweiten als diese zu verringern. Gesamtwirtschaftliche Stabilität ist jedoch zur Erzielung eines nachhaltigen Wachstums notwendig, wie Entwicklungsländer mit hohen Inflationsraten erfahren mußten. Diese Lehre ist besonders für die ölexportierenden Länder relevant, die gerade mit der Aufgabe ringen, ihre öffentlichen Ausgaben an den jüngsten Ölpreisverfall und den zwangsläufigen Rückgang der Staatseinnahmen anzupassen.

Mindestens ebenso wichtig wie das Niveau und

Wachstum der Staatsausgaben ist die Verwendung, der diese Mittel zugeführt werden. Viele allzu ehrgeizige staatliche Investitionsprogramme enthielten teure Großprojekte, die nur niedrige Erträge abwarfen. In gewissem Umfang schmälerte das verlangsamte Wachstum der Entwicklungsländer in den achtziger Jahren die tatsächliche Rentabilität mancher öffentlicher Investitionen, besonders im Energiesektor, die im Planungsstadium durchaus attraktiv gewesen sein mögen. Aber viele Projekte hätten auch unter normalen Bedingungen nur eine niedrige Rendite abgeworfen. Diese Vorhaben waren nicht nur im Vergleich mit anderen Projekten unproduktiv, sondern sie nahmen auch Ressourcen in Anspruch, die effizienter eingesetzt worden wären, wenn man sie für Betriebs- und Instandhaltungsprogramme verwendet hätte. Solche Programme sind für die Erhaltung der Produktivität des bestehenden Kapitalstocks unentbehrlich. In weiten Teilen Afrikas südlich der Sahara befindet sich die grundlegende Infrastruktur — Landstraßen, Wasserwerke, Eisenbahnen und Kraftwerke — in einem alarmierenden Verfallszustand.

Kürzungen öffentlicher Investitionen und immer stärkere überproportionale Einschnitte in die Ausgaben für Instandhaltung resultierten oft aus den Zwängen von Stabilisierungsprogrammen. Nicht anders als in den Industrieländern wurden jedoch viele große Positionen der laufenden Ausgaben nicht gekürzt. Dazu gehörten die Ausgaben für den öffentlichen Dienst, die Verteidigung, die staatlichen Pensionen sowie die Transferzahlungen und Subventionen für die staatlichen Unternehmen. Eine wirtschaftspolitische Kernfrage besteht deshalb darin, wie die populären staatlichen Ausgabenprogramme kontrolliert werden können, während gleichzeitig zu gewährleisten ist, daß der Staat seine zentralen Funktionen effizient erfüllen kann.

VERZERRUNGEN UND STAATSEINGRIFFE. Da nur wenige Regierungen in der Lage oder willens waren, die Besteuerungsgrundlage zu verbreitern, wurden die höheren Staatsausgaben binnenwirtschaftlich teilweise durch eine Beschleunigung der Inflation, vor allem aber durch eine Erhöhung der Grenzsteuersätze finanziert. Wie in Teil II erörtert, wird von den höheren Grenzsteuersätzen in den Entwicklungsländern besonders die Landwirtschaft — sei es indirekt oder direkt — belastet, während die heimische Industrie oft subventioniert wird. Diese Diskriminierung der Landwirtschaft (und oft des Exports) schwächt die Investitionsanreize in einem Sektor, in dem die Entwicklungsländer häufig wettbewerbsfähig sind — eben in der Landwirtschaft. Solche Preisverzerrungen sind wahrscheinlich in Afrika am schwerwiegendsten, und zwar wegen der überbewerteten Währungen und der Tätigkeit der Vermarktungsmonopole für landwirtschaftliche Exportprodukte. Wie die jüngsten Erfahrungen in China zeigten, können Entwicklungsländer erheblich höhere Wachstumsraten erzielen, wenn sie wirtschaftspolitisch bedingte Preisverzerrungen korrigieren. Einige Reformen, wie die Einführung niedrigerer und gleichmäßigerer Zollsätze oder die Abschaffung von Höchstpreisen für die im Inland erzeugten Grundnahrungsmittel lassen sich ohne Einnahmeausfälle durchführen, ja die Einnahmen können dadurch sogar gesteigert werden.

Auf den Arbeitsmärkten von Entwicklungsländern gibt es nicht weniger Verzerrungen als in den Industrieländern. Oft wurden Lohnkosten im formellen Sektor der Wirtschaft durch staatliche Verordnungen erhöht. So haben Mindestlohn und Kündigungsschutzbestimmungen, die angeblich die ärmeren Arbeitskräfte schützen sollten, tatsächlich (wenn sie wirksam wurden) die bessergestellten Arbeitskräfte in der formellen Wirtschaft begünstigt, und zwar auf Kosten der Produktion und der Arbeitsplätze. Die Lohnindexierung hat die Anpassung der Reallöhne an Veränderungen der Terms of Trade verlangsamt und die Inflationsbekämpfung erschwert.

Wenngleich einige Systeme zur Lohnindexierung abgeschafft wurden, ging die Reform der Arbeitsmärkte nur langsam voran. Hohe Lohnkosten und die Subventionierung des Kapitaleinsatzes, insbesondere in der formellen Wirtschaft, verringern die Produktion und fördern die Substitution von Arbeit durch Kapital. Dies bremst nicht nur die Schaffung von Arbeitsplätzen, sondern schränkt auch das Wachstum ein, da die Investitionen eher zur Substitution von Arbeit statt zum Ausbau der Kapazitäten dienen.

Nahezu alle Entwicklungsländer kontrollieren die Zinssätze und rationieren Kredite entsprechend ihren jeweiligen „Planungsprioritäten". Niedrige Zinsen auf Bankeinlagen (oft geringer als die Inflationsrate) schwächen die Ersparnis und begünstigen die Anlage in Sachwerten. Dies blockiert die Entwicklung des finanziellen Sektors. In den frühen achtziger Jahren bot Mexiko ein Beispiel dafür, was Finanzmärkte alles über sich ergehen lassen müssen. In dieser Zeit wurden 60 bis 70 Prozent aller Kredite in Mexiko administrativ zugeteilt oder subventioniert. Im Ergebnis wurde der größte Teil der

Kreditmittel in relativ unproduktive Staatsunternehmen oder Landwirtschaftsprogramme gelenkt, während der private Sektor um den verbleibenden geringen Anteil frei verfügbarer oder nicht subventionierter Gelder konkurrieren mußte. Dies trieb zwangsläufig die Realzinssätze des „freien" Marktes auf über 30 Prozent hoch, wodurch relativ rentable Investitionen des privaten Sektors verdrängt wurden. Wie die Entwicklung in Lateinamerika in den siebziger Jahren illustriert, wurden die Verzerrungen auf den Kreditmärkten durch die hohe Inflation noch verstärkt, da die Regierungen oft wenig Neigung zeigten, die Zinssätze auf ein angemessenes Niveau steigen zu lassen.

Viele Entwicklungsländer haben die Notwendigkeit einer Reform ihrer Kreditmärkte erkannt. Am Anfang der Reformen stehen in der Regel eine verstärkte Indexierung und eine häufigere Anpassung der kontrollierten Zinssätze. So haben Länder wie Argentinien, Brasilien und Chile die Zinsreglementierung abgebaut. Als Ergebnis der anhaltenden Budgetdefizite, einer kontraktiven Geldpolitik und der Hindernisse bei der Geldaufnahme im Ausland sind die Zinsen in diesen Ländern gestiegen und real gesehen oft hoch. Wenn eine glaubwürdige makroökonomische Politik zur Wiederherstellung und Aufrechterhaltung der Stabilität diese hohen Zinsen flankiert, werden sie die erforderliche Steigerung der inländischen Ersparnis fördern. Anpassungen der Einlagenzinsen sind auch notwendig, um die Kapitalflucht aufzuhalten, die für eine ganze Reihe hochverschuldeter Länder ein beträchtliches Problem darstellt. Wenngleich mit ersten Reformversuchen begonnen wurde, verfügen jedoch nur wenige Entwicklungsländer über Kapitalmärkte, die eine effiziente Entstehung oder Verteilung von Kredit ermöglichen.

WECHSELKURS- UND HANDELSPOLITIK. In den Entwicklungsländern greift der Staat in den internationalen Austausch durch eine Fülle von Maßnahmen ein, wie durch die Steuerung der Wechselkurse, durch Einfuhrzölle und -beschränkungen, Exportsteuern und Devisenkontrollen. Diese handelsrelevanten Maßnahmen haben einen beträchtlichen Einfluß auf die Struktur von Produktion und Verbrauch im Inland und damit auf Produktivität und Wachstum.

Viele Regierungen haben versucht, mittels Handelsbeschränkungen und Devisenkontrollen sowie durch Auslandsverschuldung ihre offiziellen im Inland geltenden Wechselkurse aufrechtzuerhalten — insbesondere angesichts veränderter internationaler Rahmenbedingunen. Eine überbewertete Währung senkt die Preise von Außenhandelsgütern relativ zu denen nicht gehandelter Waren und fördert die Expansion des binnenwirtschaftlich orientierten Wirtschaftssektors zu Lasten des außenwirtschaftlich orientierten. Wenn die Regierung auch noch Güter, die im Importwettbewerb stehen, durch protektionistische Maßnahmen schützt, wird die Produktion für den Export noch mehr beeinträchtigt.

Der Fall einer Wechselkursanpassung an Änderungen außenwirtschaftlicher Faktoren, wie eine anhaltende Verschlechterung der Terms of Trade, scheint eindeutig zu sein. Wenn die Exportpreise eines Landes sinken, können das bestehende inländische Preisniveau und der Beschäftigungsstand nur aufrechterhalten werden, wenn die Währungsreserven abgebaut oder im Ausland Kredite aufgenommen werden. Handelt es sich um eine permanente Änderung der Exportpreise, läßt sich dies auf Dauer nicht fortsetzen. Sofern sich die Preise und Löhne im Inland nicht nach unten anpassen, muß die Währung abgewertet werden. Ölexportierende Länder, die sich mit dem Rückgang der Ölpreise auseinandersetzen, stehen vor dieser Frage. Ebenso klar ist, daß der nominale Wechselkurs angepaßt werden muß, um die Wettbewerbsfähigkeit aufrechtzuerhalten, wenn die inländische Inflationsrate höher ist als die der Handelspartner.

Weniger offensichtlich ist dagegen, daß wirtschaftspolitische Maßnahmen, die mit dem Wechselkurs nicht in Beziehung zu stehen scheinen, den realen Wechselkurs (hier definiert als das Verhältnis der Preise für Außenhandelsgüter zu den Preisen nicht gehandelter Güter) ebenfalls erheblich beeinflussen können. Durch die Veränderung der Inlandsnachfrage und des Angebots von Außenhandelsgütern relativ zu den sonstigen Gütern beeinflussen sowohl die Handelspolitik als auch die Geld- und Finanzpolitik und der Kapitalimport den realen Wechselkurs. Wenn die Wechselkurspolitik mit diesen Politiken nicht kompatibel ist, kommt es zu einem untragbaren Leistungsbilanzdefizit, das sich auf die Volkswirtschaft in gleicher Weise auswirkt wie eine Veränderung der Terms of Trade.

Eine neuere Studie untersuchte die Wirkungen der Fehlanpassung und der Instabilität des realen Wechselkurses auf die gesamtwirtschaftliche Leistung. Die Studie überprüfte den Einfluß dieser beiden Faktoren auf Wachstum, Nettoinvestitionen und Exporte im Zeitraum 1960 bis 1983. Angesichts der Schwierigkeit, eine Fehlanpassung des Wechselkurses präzise zu definieren, wurde in diesem Fall anhand eines fiktiven Beispiels bestimmt, welchen Wert der reale Wechselkurs angenommen hätte, wenn eine tragfähige nationale Wirtschaftspolitik verfolgt worden wäre. Die Instabilität des realen Wechselkurses wurde durch den Variationskoeffizienten gemessen (d. h. durch das Verhältnis der Streuung des Wechselkurses zu seinem Mittelwert). Die Ergebnisse werden in den Schaubildern 2.3 und 2.4 gezeigt.

Die Untersuchung kam zu dem Ergebnis, daß bei einer Zunahme der Fehlanpassung des realen Wechselkurses um 10 Prozent das Wachstum des BIP durchschnittlich um 0,8 Prozentpunkte niedriger ausfiel und das Exportwachstum um 1,8 Prozentpunkte geringer war als ohne diese zusätzliche Fehlanpassung (vgl. Schaubild 2.3). In schnell wachsenden Volkswirtschaften wie Korea und Thailand war der reale Wechselkurs bei weitem nicht so stark verzerrt wie in solchen mit einer unbefriedigenden Wirtschaftsleistung, wie Jamaika und Ghana, wo die Fehlanpassung (bevor die jüngsten Reformen eingeleitet wurden) im Zeitraum 1960 bis 1983 durchschnittlich 23 beziehungsweise 73 Prozent ausmachte. Für die gleiche Ländergruppe wurde festgestellt, daß eine Zunahme der realen Wechselkursstabilität um 10 Prozent durchschnittlich eine Reduzierung der Nettoinvestitionsquote um 4,8 Prozentpunkte zur Folge hatte (vgl. Schaubild 2.4).

Betrachtet man die beiden Variablen zusammen, dann erklären sie einen noch höheren Teil der Variation der volkswirtschaftlichen Leistungsindikatoren. Die Fehlanpassung des Wechselkurses scheint für die Erklärung der Wachstumsschwankungen von BIP und Exporten größere Bedeutung zu haben als die Wechselkursinstabilität, während letztere mehr zur Erklärung der Investitionsschwankungen beizutragen scheint. Dies war zu erwarten. Eine überbewertete Währung hemmt das Wachstum des BIP und des Exports, während die Investitionsentscheidungen hauptsächlich von der Unsicherheit bezüglich der relativen Preise beeinflußt werden.

Diesen Ergebnissen liegt eine einfache Botschaft zugrunde: Eine flexible Wechselkurspolitik ist die entscheidende Voraussetzung für eine Anpassung der Volkswirtschaft und eine effiziente Allokation und Nutzung der Ressourcen. Jene Entwicklungsländer, die ihre Wechselkurse nicht anpassen wollen, werden zu anderen Maßnahmen greifen müssen, wie Handelsbeschränkungen oder Devisenkontrollen, um den Verlust ihrer Währungsreserven zu verhindern. Dies wird zur Vergeudung von Ressourcen und zu Produktivitätsverlusten führen. In der Tat haben in jüngster Zeit zahlreiche Länder, vor allem in Lateinamerika, ihre Wechselkurspolitik erheblich verbessert. Auch wenn dem Wechselkurs die Anpassung ermöglicht werden muß, um die weltwirtschaftliche Integration einer Volkswirtschaft aufrechtzuerhalten, so kann dies gleichwohl kein Ersatz für die Anpassung in anderen Bereichen der Wirtschaftspolitik sein. Wenn die Ursache eines makroökonomischen Ungleichgewichts in der Geld- oder Finanzpolitik zu suchen ist, müssen die Reformen dort ansetzen (vgl. Sonderbeitrag 2.3).

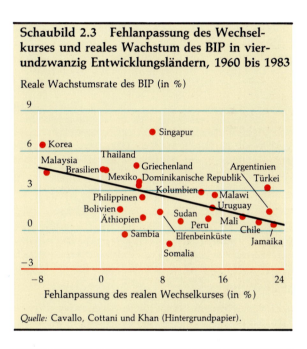

Schaubild 2.3 Fehlanpassung des Wechselkurses und reales Wachstum des BIP in vierundzwanzig Entwicklungsländern, 1960 bis 1983

Quelle: Cavallo, Cottani und Khan (Hintergrundpapier).

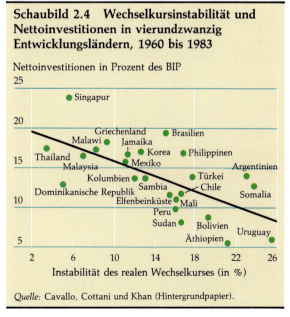

Schaubild 2.4 Wechselkursinstabilität und Nettoinvestitionen in vierundzwanzig Entwicklungsländern, 1960 bis 1983

Quelle: Cavallo, Cottani und Khan (Hintergrundpapier).

Zusätzlich zur Steuerung ihrer Wechselkurse belegen viele Entwicklungsländer die Importe und (in geringerem Umfang) die Exporte mit einem komplexen Geflecht von Steuern und quantitativen Kontrollen. Diese handelspolitischen Maßnahmen dienen solchen Zielen wie dem Schutz der heimischen Industrie, der Beschaffung von Einnahmen und der Verteidigung der Währungsreserven. Die Maßnahmen schaffen eine instabile Struktur widersprüchlicher Anreize, die einen weiten Bereich der inländischen Produktion und des Konsums erfaßt. Innerhalb dieses Wirkungsspektrums ist als Grundmuster aber eine Begünstigung der industriellen Produktion gegenüber der Landwirtschaft und der Importsubstitution gegenüber dem Export festzustellen.

Vergleichende Länderstudien bieten eine Fülle überzeugender quantitativer Belege dafür, daß die Entwicklungsländer, deren Außenhandelsregime weniger Verzerrungen (vor allem eine geringere Diskriminierung des Exports) aufwiesen, bessere Fortschritte in Bezug auf das Wachstum, die Bewältigung externer Schocks und die Schaffung von Arbeitsplätzen erzielten. Die Anerkennung dieser

---

Sonderbeitrag 2.3 Inkonsistenzen in der gesamtwirtschaftlichen Politik: Das Beispiel der Philippinen in den Jahren 1980 bis 1983

Nach einem Jahrzehnt kräftigen Wachstums sah sich die Wirtschaft der Philippinen im Jahr 1980 mit Problemen der kurzfristigen Stabilisierung und der langfristigen Strukturanpassung konfrontiert. Das Leistungsbilanzdefizit, das zu Anfang der Dekade unerheblich gewesen war, stieg 1979 auf 5 Prozent des BSP und wurde hauptsächlich durch massive Verschuldung im Ausland finanziert. Ein hoher und ungleichmäßiger Außenschutz lenkte Ressourcen aus der Landwirtschaft und den herkömmlichen Exportbereichen, wo die Philippinen über einen komparativen Vorteil verfügten, in wenig produktive Wirtschaftsaktivitäten. Zwar wurde ein Wachstum des BIP erreicht, aber zu hohen Kosten. Jede zusätzliche Produkteinheit erforderte etwa 35 Prozent mehr Kapital als in vergleichbaren Ländern Asiens.

Diese Probleme wurden nach 1979 durch den konjunkturellen Rückgang der Weltwirtschaft verschärft. Wegen der bestehenden hohen Verbindlichkeiten, welche die Kreditwürdigkeit des Landes belasteten, war die Regierung immer weniger in der Lage, weitere Anpassungsmaßnahmen durch zusätzliche Kreditaufnahmen hinauszuschieben. Im Jahr 1980 begann deshalb die Regierung, eine Reihe umfassender Reformen durchzuführen. Eines der Hauptelemente war ein Programm zur Liberalisierung des Außenhandels, das das Niveau und die Streuung des effektiven Außenschutzes der Produktion reduzieren sollte, um dadurch die Produktivität zu steigern und die Allokation der Ressourcen zu verbessern. Das Ziel war die Stimulierung des Exports, damit die Wirtschaft expandieren konnte, ohne dauernd durch das Leistungsbilanzdefizit eingeengt zu werden.

Bis Ende 1982 hatte die Regierung bei der Durchführung der ersten Stufe des Programms Fortschritte gemacht. Durch die Reform der Importzölle und die Anpassung des Systems der inländischen Umsatzsteuern (vgl. Tabelle 2.3 A) war es ihr gelungen, die effektiven Protektionsquoten zu senken und sie für die verschiedenen Wirtschaftsbereiche gleichmäßiger zu gestalten. Die meisten quantitativen Beschränkungen waren programmgemäß aufgehoben worden. Eine Anzahl von Exportförderungsmaßnahmen war in die Wege geleitet worden, um die noch verbliebenen Verzerrungen zum Nachteil des Exports zumindest teilweise zu kompensieren.

Gegen Ende 1982 begann sich jedoch das Tempo der Liberalisierung zu verlangsamen, und in einigen Fällen wurden die getroffenen Maßnahmen wieder rückgängig gemacht. Weshalb kam es dazu? Zweifellos erschwerten externe Faktoren die Anpassung. Im ersten Vierteljahr 1984

Tabelle 2.3 A Effektive Protektionsquoten 1979 und 1985

Sektor	Durchschnittliche effektive Protektionsquote (Prozent)		Standardabweichung	
	1979	1985	1979	1985
Alle Sektoren[a]	14	8	53	35
Primärer Sektor und Landwirtschaft	−2	−5	29	21
Verarbeitende Industrie	27	20	53	32
Exporte	−11	−10	15	12
Importgüter	43	29	104	51

a. Einschließlich der Auswirkung der Umsatzsteuer auf den Schutz der Inlandsproduktion.
Quelle: Philippine Institute of Development Studies.

Zusammenhänge führte verschiedentlich zu einer Neubewertung der Handelspolitik und zu gewissen produktivitäts- und wachstumsfördernden Reformen. Grundsätzlich geht es um die Vereinfachung und Vereinheitlichung der Anreize im Außenhandel und — vorrangig — um den Abbau der Diskriminierung von Landwirtschaft und Exporten. Die Reformen sind in der Regel mit der Festlegung auf eine angemessene Wechselkurspolitik und ein Programm zur Einfuhrliberalisierung verbunden. Zu einem solchen Programm sollte die Abschaffung quantitativer Importbeschränkungen und die Reduzierung und Vereinheitlichung von Zöllen und anderen Importbelastungen gehören.

Das internationale Umfeld

Die unbefriedigenden wirtschaftlichen Resultate und die Schuldenprobleme der Entwicklungsländer sind letztlich in ihrer mangelnden Anpassung an die außenwirtschaftlichen Entwicklungen begründet, die sich seit Anfang der siebziger Jahre ereigneten; als Belastungsmoment kam allerdings die Stärke

---

lagen die Terms of Trade der Philippinen um 53 Prozent unter ihrem Stand von 1973 und um 16 Prozent unter dem letzten Tiefststand von 1977. Hohe Zinsen und der Protektionismus auf potentiellen Exportmärkten verschlechterten die Leistungsbilanz. Es war jedoch die gesamtwirtschaftliche Politik der Regierung, die aus einer schwierigen Wirtschaftslage eine untragbare machte.

Bis 1983 setzte die Regierung der Philippinen die öffentliche Ausgabenexpansion und deren Finanzierung durch Verschuldung im Ausland fort — zum Teil in Erwartung einer baldigen Erholung des weltwirtschaftlichen Wachstums. Als Resultat dieser Politik nahm das Haushaltsdefizit von 1,3 Prozent des BIP im Jahr 1980 auf 4,2 Prozent 1982 zu, und das Leistungsbilanzdefizit wuchs von 5,8 Prozent des BIP im Jahr 1980 auf 8,0 Prozent 1982. Der Großteil der Zunahme der Staatsausgaben entfiel auf Investitionen, die von wenig effizienten öffentlichen Unternehmen vorgenommen wurden. Sie beliefen sich auf 60 Prozent der gesamten öffentlichen Investitionen, und da nur 15 Prozent im Inland finanziert wurden, waren hohe Auslandskredite erforderlich. Dies hatte zur Folge, daß der Anteil des öffentlichen Sektors an den gesamten mittel- und langfristigen Schulden von 50 Prozent im Jahr 1974 auf durchschnittlich 74 Prozent im Zeitraum 1979 bis 1982 stieg.

Die Regierung verschärfte die durch ihre expansive Finanzpolitik geschaffenen Probleme, indem sie ein Wechselkursniveau festlegte, das mit der Öffnung der Wirtschaft nach außen nicht zu vereinbaren war. Angesichts der Verschlechterung der Terms of Trade und des Liberalisierungsprogramms wäre eine Abwertung der Währung notwendig gewesen, um eine tragbare Leistungsbilanzsituation herzustellen. Da die Währung vor 1980 überbewertet gewesen war, wäre darüber hinaus sogar die Aufrechterhaltung des realen Wechselkurses auf diesem Niveau unangemessen gewesen. Vom ersten Quartal 1979 bis zum ersten Quartal 1984 stieg jedoch der reale Wechselkurs um 17 Prozent. Dies untergrub die Außenhandelsreformen; tatsächlich war eine reale Abwertung notwendig gewesen. Diese hätte den bereits vorhandenen, wirtschaftlich arbeitenden Herstellern von Importsubstituten einen teilweisen Ausgleich für die Senkung der Einfuhrzölle geboten und —

noch wichtiger — hätte neu auf den Markt tretenden Exporteuren und Herstellern von Importsubstituten einen einheitlichen Produktionsanreiz gewährt.

Die Aufwertung und die Ausweitung des staatlichen Defizits belasten die inländische Ersparnisbildung und verringerten das Angebot administrierter Kredite für den privaten Sektor. Da sich die Erwartungen auf eine Abwertung verstärkten und die Regierung die Einlagenzinsen niedrig hielt, sank die inländische Ersparnis. Wie in vielen anderen Ländern nahm der Anreiz zum Transfer von Ersparnissen ins Ausland um so mehr zu, je offensichtlicher es wurde, daß der Status quo nicht aufrechterhalten werden konnte. Dies wiederum verstärkte den Druck auf die Zahlungsbilanz.

Die Inkonsistenz zwischen der Liberalisierungspolitik einerseits und der Geld-, Finanz- und Wechselkurspolitik andererseits führte 1983 zur Krise. Die Regierung reagierte darauf, indem sie einige der Liberalisierungsmaßnahmen aufschob oder rückgängig machte. Im Dezember 1982 wurde ein Importzuschlag von 3 Prozent als „Notmaßnahme" eingeführt. Bis Ende 1985 war er auf 5 Prozent gestiegen, und eine zusätzliche Steuer auf Auslandsumsätze in Höhe von 1 Prozent war eingeführt worden. Die zweite Phase des Programms zum Abbau quantitativer Einfuhrbeschränkungen wurde ebenfalls hinausgeschoben. Da die Regierung die Einnahmen zu erhöhen und das Importwachstum zu bremsen versuchte, fehlten die Impulse zum Abbau der Außenhandelsabgaben. Zwar wurden einige Exportanreize verstärkt, doch strichen die bereits bestehenden Exportunternehmen die meisten Vergünstigungen ein, insbesondere die Exporteure von Elektronik. Wie Tabelle 2.3A zeigt, war im Jahr 1985 immer noch die gleiche Grundstruktur von Verzerrungen gegeben, einschließlich der ausgeprägten Benachteiligung des Exports, insbesondere von landwirtschaftlichen Gütern und solchen des primären Sektors. Konfrontiert mit steigenden internen und externen Defiziten versuchte die Regierung, durch zunehmende Restriktionen und höhere Abgaben im Außenhandel die Kontrolle zurückzugewinnen, anstatt die staatliche Ausgabenpolitik und die Wechselkurspolitik zu revidieren, die das Ungleichgewicht verursacht hatten.

Sonderbeitrag 2.4 Reaktion auf eine Schuldenkrise

,,Die internationale Schuldenkrise" ist ein abgedroschenes Schlagwort, das aber die Tatsache zum Ausdruck bringt, daß die Erfahrungen der Schuldnerländer Gemeinsamkeiten aufweisen, obwohl eine Vielzahl unterschiedlicher Länder mit Schuldenproblemen konfrontiert wurde. Gleichzeitig bieten die unterschiedlichen Reaktionen (oder unterlassenen Reaktionen) der Länder auf diese Probleme Hinweise für die künftige Wirtschaftspolitik. Eine Schuldenkrise hat ihren Ursprung gewöhnlich in einem außerordentlich umfangreichen Kapitalimport. Dieser Mittelzufluß erhöht die Gesamtausgaben und steigert das BIP über das Niveau hinaus, das allein durch Einsatz inländischer Ressourcen erzielt worden wäre. Während Kapital zuströmt, gerät die Handelsbilanz ins Defizit, und die Währung wertet sich tendenziell real auf.

Die Schuldenkrise setzt ein, wenn sich diese Entwicklungen umkehren. Der reduzierte Kapitalimport erfordert eine entsprechende Verbesserung der Handelsbilanz, die teils durch eine Kürzung der Ausgaben, teils durch eine reale Abwertung der Währung herbeigeführt wird.

Schaubild 2.4 A zeigt, wie in vier Ländern der reale Wechselkurs in der Phase des Kapitalzuflusses und des steigenden Außenhandelsdefizits sank und dann stieg, als sich die Handelsbilanz in Reaktion auf die Schuldenkrise verbesserte. Wie Schaubild 2.4 B zeigt, stieg außerdem das reale BIP in der Zeit hoher Kapitalzuflüsse auf einen Höhepunkt und fiel dann kräftig, als das Land sich an die Verringerung dieser Mittelzuflüsse anpaßte. Diese Schwankungen spiegeln zum Teil den direkten Einfluß des Auslandskapitals auf das BIP wider; der Rückgang des BIP hängt aber auch mit dem restriktiveren Kurs der Geld- und Finanzpolitik zusammen, der eingeschlagen wurde, um die Handelsbilanz zu verbessern.

Die dreifache Belastung — durch reduzierte Kapitalzuflüsse, eine restriktivere gesamtwirtschaftliche Politik und eine reale Abwertung — bewirkte in allen vier Ländern einen scharfen Rückgang des Einfuhrvolumens (vgl. Schaubild 2.4 B). Kurzfristig trägt die Einfuhr zumeist die Hauptlast der Handelsbilanzanpassung, da die Ausfuhr mit Verzögerung reagiert.

Die Exporte der einzelnen Länder reagierten im Gefolge einer Schuldenkrise unterschiedlich; der Verlauf wird hier durch andere Faktoren, wie Witterungsschwankungen und Bewegungen der Weltmarktpreise für die Hauptexportgüter überlagert. So stieg das Exportvolumen Argentiniens im ersten Jahr der Anpassung (1981) um 10 Prozent, um in den folgenden zwei Jahren wieder fast auf das Ausgangsniveau von 1980 zurückzufallen. Chiles Exportvolumen blieb trotz einer beträchtlichen realen Abwertung annähernd konstant, und zwar hauptsächlich wegen der sinkenden Weltmarktpreise für Kupfer. Die Exporte Mexikos und der Philippinen stiegen, allerdings nur mäßig, in den auf die jeweilige Schuldenkrise folgenden Jahren (1982 beziehungsweise 1983).

In einem wichtigen Punkt unterschieden sich die Länder, die mit einer Schuldenkrise konfrontiert wurden, nämlich in der Art, wie die Inflation ihre Anpassung an die Krise beeinflußte. Tabelle 2.4 A faßt die Erfahrungen von elf

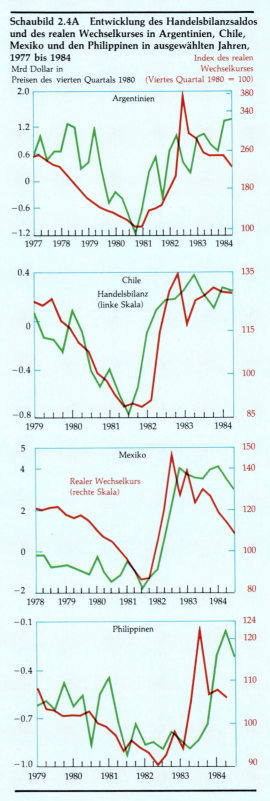

Schaubild 2.4A Entwicklung des Handelsbilanzsaldos und des realen Wechselkurses in Argentinien, Chile, Mexiko und den Philippinen in ausgewählten Jahren, 1977 bis 1984

Ländern zusammen. Sie zeigt die maximale reale Abwertung der Währung eines jeden Landes im Verlauf der Anpassung an die Krise (Spalte 3). Die Tabelle zeigt außerdem den gleichzeitigen Anstieg des Verbraucherpreisindex (Spalte 4). Da eine Abwertung des nominalen Wechselkurses die Inlandspreise der Außenhandelsgüter erhöht, bringt eine starke Abwertung nahezu unausweichlich einen Anstieg des allgemeinen Preisniveaus mit sich. (Andernfalls wäre ein starker Rückgang der Preise der nicht handelbaren Güter erforderlich.) Die wirtschaftspolitische Aufgabe besteht darin, diesen Preisanstieg in Grenzen zu halten. Die Zahlen in Spalte 5 können als Indikator dafür aufgefaßt werden, inwieweit verschiedene Länder diese Aufgabe bewältigten. Venezuela, die Philippinen, Uruguay und Chile waren am erfolgreichsten. Argentinien, Bolivien, Peru und Brasilien erlebten stärkere Inflationsschübe, als aufgrund ihrer realen Abwertungen zu erwarten gewesen wäre.

Tabelle 2.4 A Reale Abwertung und Inflation in Ländern mit einer Schuldenkrise

Land	Vergleichszeiträume (Jahr und Quartal)		Meßziffer des realen Wechselkurses[a] (3)	Meßziffer des Verbraucherpreisindex[b] (4)	Inflation bezogen auf die reale Abwertung[c] (5)
	Vor der Krise Tiefpunkt (1)	Nach der Krise Höhepunkt (2)			
Argentinien	1980 IV	1984 I	2,57	53,34	20,75
Bolivien	1982 III	1984 II	1,59	18,83	11,85
Brasilien	1982 III	1984 II	1,48	7,23	4,89
Chile	1982 I	1984 III	1,45	1,61	1,11
Mexiko	1981 IV	1983 III	1,50	3,13	2,08
Peru	1982 I	1984 III	1,11	5,86	5,28
Philippinen	1982 III	1983 IV	1,36	1,19	0,87
Portugal	1979 III	1983 III	1,48	2,15	1,45
Türkei	1979 IV	1984 II	1,92	5,65	2,94
Uruguay	1982 III	1984 II	2,00	2,09	1,05
Venezuela	1983 II	1984 II	1,74	1,11	0,64

a. Vom Höhepunkt zum Tiefpunkt gemessen.
b. Verbraucherpreisindex, gemessen am Höhepunkt, dividiert durch den Verbraucherpreisindex, gemessen am Tiefpunkt.
c. Spalte (4) dividiert durch Spalte (3).
Quelle: Harberger, "Reacting to a Debt Crisis" (Hintergrundpapier).

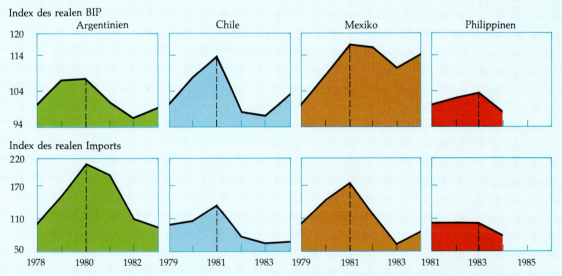

Schaubild 2.4B Entwicklung des realen BIP und der realen Importe in Argentinien, Chile, Mexiko und den Philippinen in ausgewählten Jahren, 1978 bis 1984

Anmerkung: Der Index des BIP wurde auf Basis von Daten der *International Financial Statistics* errechnet, wobei das Ausgangsjahr gleich 100 gesetzt wurde. Der Index des realen Imports wurde errechnet, indem die nominalen Importe durch einen Index der Großhandelspreise wichtiger Industrieländer, gewogen mit SZR-Anteilen, deflationiert wurden. Die gestrichelte Linie kennzeichnet den Beginn der Schuldenkrise.
Quelle: IWF *International Financial Statistics,* verschiedene Jahrgänge.

dieser externen Schocks hinzu. Viele Entwicklungsländer versuchten, die Folgen der externen Schocks, der höheren Inflation und des niedrigeren Wachstums durch steigende Verschuldung — in der Hauptsache zu kurzen Laufzeiten und mit variabler Verzinsung — zu kompensieren. Der verstärkte Rückgriff auf variabel verzinsliche kommerzielle Bankkredite in den siebziger Jahren machte die Entwicklungsländer für Zinssteigerungen und Einschränkungen des privaten Kreditangebots anfällig. Die Ölverteuerung von 1979 und die Rezession der frühen achtziger Jahre ließen diese Schwächen zutage treten.

Die von den Industrieländern in den Jahren nach 1979 verfolgte Kombination von Geld- und Finanzpolitik trieb die Zinsen gerade zu dem Zeitpunkt in die Höhe, als die Exportpreise vieler Entwicklungsländer sanken. Im Jahr 1982 zahlten ölimportierende Entwicklungsländer für kommerzielle Kredite einen Nominalzins von rund 13 Prozent, während ihre Exportpreise um 5 Prozent fielen (vgl. Tabelle 2.10). Diese externen Entwicklungen machten den Stabilisierungs- und Anpassungsprozeß um so schwieriger (vgl. Sonderbeitrag 2.4).

Da die Zinsen stiegen und die Entwicklungsländer sich weiterhin verschuldeten, verschlechterten sich die Kennziffern für ihre Kreditwürdigkeit. Von 1980 bis 1982 erhöhte sich das Verhältnis der Schulden zum BSP von 21,1 Prozent auf 26,8 Prozent; das Verhältnis der Schulden zu den Ausfuhren stieg von 90,1 Prozent auf 116,4 Prozent, und die Schuldendienstquote (Zinszahlungen zuzüglich Tilgung in Prozent der Ausfuhren) nahm von 16,1 Prozent auf 20,7 Prozent zu (vgl. Tabelle 2.11). Wenngleich sich das Verhältnis von Schulden zu Ausfuhren im Jahr 1984 leicht verbesserte, verschlechterten sich 1985 alle wichtigen Kennziffern der Kreditwürdigkeit erneut, wofür vor allem ausschlaggebend war, daß der Rückgang der Exporterlöse die Entlastung durch niedrigere Zinsen überkompensierte.

Die Verschlechterung der Bonität der Entwick-

Tabelle 2.10 Entwicklung der Zinsen in den Vereinigten Staaten und der Exportpreise der Entwicklungsländer, 1978 bis 1985

Position	1978	1979	1980	1981	1982	1983	1984	1985
Sechsmonats-Dollar-LIBOR	9,5	12,1	14,3	16,6	13,3	9,9	11,2	8,7
Exportpreisindex (prozentuale Veränderung)								
Ölexporteure	3,2	36,6	46,3	6,3	−4,4	−9,2	−1,0	−3,6
Ölimporteure[a]	3,8	19,4	12,0	−2,1	−4,8	−1,0	−1,3	−1,6
BIP-Deflator der USA (prozentuale Veränderung)	6,7	8,5	8,9	9,2	6,0	3,8	3,8	3,5
Realer Zinssatz in den USA[b]	2,6	3,3	5,0	6,8	6,9	5,9	7,4	5,2

a. Einschließlich China.
b. Definiert als Sechsmonats-Dollar-LIBOR, deflationiert mit dem BIP-Deflator der USA.

Tabelle 2.11 Schuldenkennzahlen für Entwicklungsländer, 1980 bis 1985
(Prozent)

Kennzahl	1980	1981	1982	1983	1984	1985
Verhältnis Schulden zu BSP	21,1	22,8	26,8	31,8	32,7	33,0
Verhältnis Schulden zu Ausfuhren	90,1	97,5	116,4	134,3	130,4	135,7
Schuldendienstquote	16,1	17,7	20,7	19,4	19,8	21,9
Verhältnis Schuldendienst zu BSP	3,8	4,1	4,7	4,6	5,0	5,3
Verhältnis Zinsendienst zu Ausfuhren	7,0	8,3	10,4	10,0	10,5	11,0
Insgesamt ausstehende und ausgezahlte Schulden (Mrd Dollar)	431,6	492,5	552,4	629,9	674,1	711,2
Private Schulden in Prozent der Gesamtschulden	63,3	64,5	64,9	66,1	65,7	64,5

Anmerkung: Die Angaben beziehen sich auf eine Auswahl von neunzig Entwicklungsländern.

Tabelle 2.12 Neue Kreditzusagen an öffentliche und öffentlich garantierte Kreditnehmer in Entwicklungsländern, 1978 bis 1984
(Mrd $)

Position	1978	1979	1980	1981	1982	1983	1984
Entwicklungsländer insgesamt							
Gesamte Kreditzusagen	83,7	95,1	93,1	103,0	99,2	87,2	69,9
Private Kreditgeber	53,4	64,0	50,1	64,2	61,4	49,6	36,3
Öffentliche Kreditgeber	30,3	31,0	42,9	38,8	37,7	37,6	33,6
Bilateral	16,5	16,4	23,5	19,5	17,4	16,2	13,6
Multilateral	13,8	14,6	19,4	19,3	20,3	21,4	20,0
Afrikanische Länder mit niedrigem Einkommen							
Gesamte Kreditzusagen	3,8	4,5	5,2	3,7	3,6	3,1	3,0
Private Kreditgeber	1,1	1,6	1,5	0,8	0,5	0,2	0,4
Öffentliche Kreditgeber	2,8	2,9	3,8	2,9	3,1	2,9	2,6
Bilateral	1,6	1,4	1,9	1,2	1,4	1,4	0,9
Multilateral	1,2	1,5	1,9	1,7	1,7	1,5	1,7
Hochverschuldete Länder[a]							
Gesamte Kreditzusagen	50,8	62,2	54,6	79,0	61,7	41,8	29,9
Private Kreditgeber	42,4	54,4	44,7	65,9	49,2	28,7	20,1
Öffentliche Kreditgeber	8,4	7,8	9,9	13,1	12,5	13,1	9,7
Bilateral	3,6	2,5	4,5	5,9	5,0	4,7	3,5
Multilateral	4,8	5,3	5,4	7,2	7,5	8,4	6,2

a. Argentinien, Bolivien, Brasilien, Chile, Costa Rica, Ecuador, Elfenbeinküste, Jamaika, Jugoslawien, Kolumbien, Marokko, Mexiko, Nigeria, Peru, Philippinen, Uruguay, Venezuela. Auf diese Länder entfiel Ende 1985 rund die Hälfte der gesamten Schulden der Entwicklungsländer.

lungsländer blieb den Kreditgebern nicht verborgen. Ab 1982 hielten sie sich mit der Gewährung neuer Kredite an öffentliche Schuldner stark zurück. Schätzungen über neue Kreditzusagen an alle Entwicklungsländer enthält Tabelle 2.12; sie weist auch zwei der am stärksten gefährdeten Untergruppen aus — die afrikanischen Länder mit niedrigem Einkommen und die am höchsten verschuldeten Entwicklungsländer. Die privaten Mittelzusagen an die Entwicklungsländer insgesamt sanken von einem Höchststand von 64,2 Mrd Dollar im Jahr 1981 auf 36,3 Mrd Dollar 1984. Die Hauptlast dieser Kürzung entfiel auf die am höchsten verschuldeten Entwicklungsländer. Für diese Untergruppe gingen die privaten Neuzusagen von 1981 bis 1984 um mehr als zwei Drittel zurück. Die öffentlichen Neuzusagen an die Entwicklungsländer insgesamt sanken in dieser Periode von 38,8 Mrd Dollar auf 33,6 Mrd Dollar, und zwar hauptsächlich wegen der Kürzung bilateraler Kreditzusagen. Es ist jedoch zu beachten, daß die Angaben in Tabelle 2.12 die Höhe der tatsächlichen langfristigen Kreditvergabe unterzeichnen, weil die Tabelle die neuen Kredite nicht erfaßt, die durch Umschuldungen bestehender Verpflichtungen vergeben wurden.

Die hochverschuldeten Entwicklungsländer mit mittlerem und niedrigem Einkommen waren nicht mehr in der Lage, ihre Schulden normal zu bedienen. Die Ursachen und Umstände waren von Land zu Land unterschiedlich, wie der Kontrast zwischen Brasilien, Mexiko und der Türkei zeigt. Die Versuche zur Wiedergewinnung der gesamtwirtschaftlichen Stabilität und des Wachstums wiesen jedoch gewisse wirtschaftspolitische Gemeinsamkeiten auf. Weil die Verbesserung der Exportleistung in Reaktion auf wirtschaftspolitische Maßnahmen ihre Zeit braucht, gingen die Länder ihre gravierenden außenwirtschaftlichen Ungleichgewichte zunächst schwerpunktmäßig durch eine Einschränkung ihrer Ausgaben an, insbesondere der Ausgaben für Importe. Viele Länder setzten Stabilisierungsprogramme in Gang, oft mit Hilfe des Internationalen Währungsfonds (IWF). Maßnahmen zur Drosselung der Staatsausgaben, zur Erhöhung der Steuern, zur Anpassung des Wechselkurses und zur Begrenzung der Kreditexpansion wurden ergriffen, um das innere und äußere Gleichgewicht der Wirtschaft in naher Zukunft wiederherzustellen.

Dies führte dazu, daß das zusammengefaßte Leistungsbilanzdefizit der Entwicklungsländer stark zurückging, und zwar vom Tiefstand im Jahr

1981 mit 105,6 Mrd Dollar auf 34,1 Mrd Dollar 1984 und 40,6 Mrd Dollar 1985 (vgl. Tabelle 2.13). Anfänglich wurde dies vor allem durch eine drastische Reduzierung der Importe erreicht. Die Verbesserung der Leistungsbilanz ging teilweise von den unumgänglichen Anpassungen der Wechselkurse und den Kürzungen der Staatsausgaben aus, teilweise beruhte sie aber auch auf einer nicht unbedenklichen Zunahme der Importbeschränkungen und einer strengeren Rationierung des Kreditangebots für den privaten Sektor. Gegen Ende der Periode, insbesondere im Jahr 1984, trug jedoch das durch Wechselkursanpassungen und handelspolitischen Reformen erzielte Exportwachstum beträchtlich zur Verringerung des Leistungsbilanzdefizits bei. Die lebhafte Entwicklung der Weltkonjunktur im Jahr 1984 unterstützte diese Anpassungsbemühungen.

Im Verlauf des Jahres 1985 hemmten jedoch ein Zusammenwirken ungünstiger Entwicklungen in der Weltwirtschaft und — in einigen Fällen — eine falsche Wirtschaftspolitik weitere Fortschritte. Auch Länder, die glaubwürdige wirtschaftspolitische Reformen durchgeführt hatten, stießen bei der Wiedergewinnung der Wachstumsdynamik weiterhin auf beträchtliche Probleme. Da die Schuldnerländer zur Bedienung ihrer Schulden Handelsbilanzüberschüsse erzielen mußten, erschwerten das langsamere Wachstum in den Industrieländern und der relativ noch stärkere Rückgang der Expansion des Welthandels im Jahr 1985 die Ausweitung der Exporte. Weil außerdem noch die Exportpreise zurückgingen, versuchten viele Entwicklungsländer eine Anpassung durch weitere Kürzungen der Importe und der inländischen Investitionen.

Der allgemeine Rückgang der Exportpreise für die Entwicklungsländer wird in Tabelle 2.7 gezeigt. Seit 1980 sind die Rohstoffpreise (ohne Erdöl) auf Dollarbasis um 26 Prozent gefallen, bzw. um 23 Prozent im Verhältnis zu den Preisen für Industrieprodukte. Der Rückgang kann dem schwächeren Wachstum der Nachfrage aus den Industrieländern, der Stärke des Dollars bis zum Frühjahr 1985 und den hohen Realzinsen, welche die Kosten der Lagerhaltung erhöhten, zugeschrieben werden. Das Sinken der Agrarpreise wurde durch das stark steigende Angebot an landwirtschaftlichen Rohstoffen verstärkt; ausgelöst wurde dieses zusätzliche Angebot durch die Preisstützung und den Handelsprotektionismus in den Industrieländern. Der Preisrückgang bei Metallen war die Folge weltweiter Überkapazitäten, in einigen Fällen (wie zum Beispiel bei Zinn) kam hinzu, daß frühere Abkommen der Produzenten zur Begrenzung des Angebots und der Lagervorräte zusammenbrachen. Der Rückgang der Rohstoffpreise im Verhältnis zu den Preisen für Industrieprodukte spiegelt aber auch den langfristigen Trend eines sparsameren Materialeinsatzes und einer zunehmenden Substitution durch Kunststoffe wider. Zyklische Schwankungen spielen allerdings ebenfalls eine wichtige Rolle; seit 1980 — das Jahr 1984 ausgenommen — wirkten sie sich im allgemeinen zum Nachteil der Entwicklungsländer aus.

Zusätzlich nahmen seit 1981 die langfristigen Nettokapitalzuflüsse zu den Entwicklungsländern weiter ab (vgl. Tabelle 2.14). Im Jahr 1985 betrugen die langfristigen Nettokapitalimporte etwa 35,5 Mrd Dollar, das waren 52 Prozent weniger als die 1981 erreichte Summe von 74,6 Mrd Dollar. Für die Gruppe der hochverschuldeten Länder beträgt der Rückgang etwa 76 Prozent, und zwar von 42,9 Mrd Dollar 1981 auf schätzungsweise 10,1 Mrd Dollar im Jahr 1985. Die Nettozuflüsse zu den afrikanischen Ländern mit niedrigem Einkommen schrumpften auf weniger als die Hälfte des Betrages von 1981, nämlich von 3,1 Mrd Dollar auf 1,4 Mrd Dollar. Im Fall der afrikanischen Länder mit nied-

Tabelle 2.13 Leistungsbilanzsalden von Entwicklungsländern, 1980 bis 1985
(Mrd $)

Ländergruppe	1980	1981	1982	1983	1984	1985
Länder mit niedrigem Einkommen	−15,5	−12,5	−6,7	−4,3	−7,9	−22,0
Afrika	−5,8	−6,3	−5,5	−4,4	−4,6	−5,1
Asien	−9,7	−6,2	−1,2	0,1	−3,3	−16,9
Ölexporteure mit mittlerem Einkommen	1,5	−27,3	−35,8	−11,0	−1,9	−5,5
Ölimporteure mit mittlerem Einkommen	−53,8	−65,8	−57,9	−37,1	−24,3	−13,0
Entwicklungsländer insgesamt	−67,8	−105,6	−100,4	−52,4	−34,1	−40,6

Anmerkung: Die Angaben beziehen sich auf eine Auswahl von neunzig Ländern. Angaben für 1984 und 1985 sind vorläufig. Leistungsbilanzsalden ohne öffentliche Übertragungen.

Tabelle 2.14 Öffentliche und private langfristige Kapitalzuflüsse zu Entwicklungsländern, 1975 und 1980 bis 1985
(Mrd $)

Ländergruppe und Position	1975	1980	1981	1982	1983	1984	1985
Entwicklungsländer insgesamt							
Auszahlungen	46,4	102,6	121,9	115,5	95,3	86,8	92,9
Von privaten Kreditgebern	31,4	75,3	91,4	84,2	64,8	54,3	55,5
Tilgungen	15,8	43,8	47,3	49,3	42,8	46,8	57,4
Nettozuflüsse	30,6	58,9	74,6	66,2	52,5	40,0	35,5
Afrikanische Länder mit niedrigem Einkommen							
Auszahlungen	2,0	4,2	4,0	3,3	3,0	2,5	3,4
Von privaten Kreditgebern	0,8	1,6	1,3	0,9	0,6	0,3	1,7
Tilgungen	0,4	0,8	0,8	0,9	0,8	1,0	2,0
Nettozuflüsse	1,6	3,4	3,1	2,3	2,2	1,4	1,4
Hochverschuldete Länder[a]							
Auszahlungen	21,3	53,1	69,0	57,6	38,3	32,5	31,9
Von privaten Kreditgebern	17,3	45,9	60,5	48,3	28,8	22,6	18,5
Tilgungen	8,9	24,7	26,1	25,7	18,1	18,2	21,8
Nettozuflüsse	12,4	28,4	42,9	31,8	20,2	14,3	10,1

Anmerkung: Die Angaben für 1984 und 1985 sind vorläufige Schätzungen der gezahlten, nicht der fälligen Beträge. Private nichtgarantierte Schulden wurden geschätzt, sofern Angaben eines Landes dazu nicht vorlagen. Ohne öffentliche nichtrückzahlbare Zuschüsse. Die Angaben beziehen sich auf eine Auswahl von neunzig Entwicklungsländern.
a. Argentinien, Bolivien, Brasilien, Chile, Costa Rica, Ecuador, Elfenbeinküste, Jamaika, Jugoslawien, Kolumbien, Marokko, Mexiko, Nigeria, Peru, Philippinen, Uruguay, Venezuela. Auf diese Länder entfiel Ende 1985 rund die Hälfte der gesamten Schulden der Entwicklungsländer.

rigem Einkommen bleiben jedoch die öffentlichen Übertragungen von Bedeutung — diese stiegen leicht, und zwar von 3,2 Mrd Dollar im Jahr 1981 auf 3,3 Mrd Dollar 1984.

Real gerechnet war der Rückgang der Nettokapitalzuflüsse sogar noch stärker. Außerdem betrugen 1985 die gesamten Zinszahlungen der Entwicklungsländer auf ihre öffentlichen und privaten langfristigen Auslandsschulden 57,6 Mrd Dollar (gegenüber 41,8 Mrd Dollar im Jahr 1981), was 11 Prozent ihrer Exporterlöse entsprach. Damit zahlten die Entwicklungsländer im Jahr 1985 für den langfristigen Schuldendienst etwa 22 Mrd Dollar mehr, als sie durch Auszahlungen langfristiger Kredite an Mitteln erhielten. Die hochverschuldeten Länder trugen zu diesem Nettotransfer am stärksten bei.

Im Gefolge der wachsenden Schuldenprobleme der Entwicklungsländer nahmen die Umschuldungsvereinbarungen im Jahr 1983 markant zu, und zwar sowohl nach der Zahl der Fälle als auch dem Umschuldungsvolumen nach (vgl. Schaubild 2.5). Der im Jahr 1984 zu verzeichnende Rückgang des Umschuldungsvolumens spiegelt Verzögerungen bei mehreren Vereinbarungen wider, die damals im Prinzip abgeschlossen waren, aber erst 1985 unterzeichnet wurden. Deshalb erreichten die

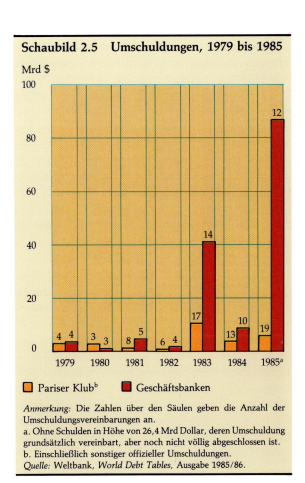

Schaubild 2.5 Umschuldungen, 1979 bis 1985

Anmerkung: Die Zahlen über den Säulen geben die Anzahl der Umschuldungsvereinbarungen an.
a. Ohne Schulden in Höhe von 26,4 Mrd Dollar, deren Umschuldung grundsätzlich vereinbart, aber noch nicht völlig abgeschlossen ist.
b. Einschließlich sonstiger offizieller Umschuldungen.
Quelle: Weltbank, *World Debt Tables*, Ausgabe 1985/86.

Umschuldungen 1985 mit 93 Mrd Dollar einen Rekordbetrag. Das herausragendste Beispiel bildete Mexikos mehrjährige Umschuldungsvereinbarung über 49 Mrd Dollar. Wichtige Vereinbarungen wurden auch mit Argentinien, Chile, Ecuador und den Philippinen abgeschlossen.

Gleichwohl verlangsamte sich im Vergleich zu 1983 das Tempo des Umschuldungsprozesses mit privaten Gläubigern. Von den elf Umschuldungen, die im Jahr 1984 grundsätzlich vereinbart, wenn auch noch nicht formell abgeschlossen werden konnten, wurden 1985 nur drei unterzeichnet. Offensichtlich müssen einige Hauptschuldnerländer noch einen weiten Weg zurücklegen, bis sie wieder über freiwillige kommerzielle Kredite verfügen können.

Der Schuldenüberhang

Geld- und finanzpolitische Reformen, der Abbau struktureller Verzerrungen, um die Effizienzeinbußen so gering wie möglich zu halten, und eine angemessene Wechselkurspolitik — all dies gehört zu dem unumgänglichen langfristigen Anpassungsprozeß der Entwicklungsländer. Die drängenden kurzfristigen Probleme einiger Entwicklungsländer veranlaßten diese jedoch, größere Anpassungsschritte rasch vorzunehmen. Außerdem haben einige Länder wirtschaftspolitische Maßnahmen ergriffen, die oft unnötige Konflikte zwischen der kurzfristigen Stabilisierung und dem längerfristigem Wachstum heraufbeschworen.

Zum Teil als Folge unvermeidlicher Stabilisierungsmaßnahmen sind die Reallöhne gesunken, während gleichzeitig die Zinszahlungen für die öffentlichen Schulden stiegen. Dies erschwerte es entweder den Privaten oder den Regierungen, die inländische Bruttoersparnis zu steigern. Da vielen Ländern auch der Rückgriff auf ausländische Ersparnisse beschnitten wurde, gingen die inländischen Bruttoinvestitionen zurück. Dies wird auf mittlere Frist die Erholung verzögern, auch wenn wirtschaftspolitische Reformen rentable Investitionsmöglichkeiten schaffen. Zusätzlich haben einige Regierungen — trotz hoher Zinszahlungen — andere Positionen der öffentlichen Ausgaben nicht entsprechend dem Rückgang des Volkseinkommens verringert. Das daraus resultierende Haushaltsdefizit führte zu einer strafferen Kreditrationierung oder höheren Realzinsen und hat somit die Verdrängung rentabler Privatinvestitionen verschärft. Es war auch zu beobachten, daß oft höhere Einfuhrzölle sowohl zur Erzielung zusätzlicher Einnahmen als auch zur Reduzierung des Außenhandelsdefizits eingeführt wurden. Dies verringert jedoch die relativen Exportanreize, wodurch das Exportwachstum, das zur Wiederherstellung der Kreditwürdigkeit notwendig ist, gebremst wird. In einigen Fällen wurden die Strukturverzerrungen noch dadurch verschlimmert, daß man für eine schnelle und unkomplizierte staatliche Einnahmenbeschaffung auf zusätzliche Exportsteuern zurückgriff.

Die Probleme sind besonders ernst in den afrikanischen Ländern mit niedrigem Einkommen. Die Exporterlöse sind zu einem Zeitpunkt gefallen, als die privaten Kapitalzuflüsse und die inländische Ersparnis sanken. Zu dem raschen Bevölkerungswachstum und dem unproduktiven Einsatz der Investitionen, wie sie für einen großen Teil der afrikanischen Länder mit niedrigen Einkommen in den siebziger Jahren kennzeichnend waren, trat so in den frühen achtziger Jahren noch eine absolute Verknappung von Sparkapital hinzu. Der daraus resultierende Rückgang der produktiven Investitionen gefährdet das zukünftige Wachstum. Wie im folgenden Kapitel erörtert, sind besondere Anstrengungen erforderlich, um Institutionen und Leistungsanreize in vielen Ländern Afrikas zu reformieren, und diese Reformen müssen durch international koordinierte Bemühungen zur Steigerung des Mittelzuflusses unterstützt werden.

Der sogenannte Schuldenüberhang beschränkt für viele hochverschuldete Länder, die ernsthafte wirtschaftliche Reformen in Angriff nehmen, die Verfügbarkeit der Mittel, die zur Steigerung der Investitionen und Stimulierung des Wachstums erforderlich sind. Zwar hilft der jüngste Ölpreisverfall den ölimportierenden Ländern, doch hat er die Lage für jene Hauptschuldnerländer — Indonesien, Mexiko, Nigeria und Venezuela —, die besonders auf den Export von Rohöl angewiesen sind, verschlimmert. Der Preisverfall geht unmittelbar zu Lasten ihrer Exporterlöse und schwächt ihre Fähigkeit, mehr kommerzielle Mittel an sich zu ziehen.

Somit beginnen viele Entwicklungsländer die zweite Hälfte der achtziger Jahre mit dem Problem, wie sie Stabilität und Wachstum in einem — für manche von ihnen — unwirtlichen internationalen Umfeld wiedergewinnen können. Die niedrigeren Zinsen und die sinkenden Ölpreise haben ohne Zweifel vielen Entwicklungsländern im Jahr 1985 und in der ersten Hälfte von 1986 geholfen. Das schwächere Welthandelswachstum, fallende oder stagnierende Exportpreise, zunehmende Handelsschranken und verringerte Netto-Kapitalzuflüsse haben jedoch für viele Länder diese Vorteile zunichte gemacht. Diejenigen Entwicklungsländer, die sich nicht um die Stabilisierung ihrer Volkswirtschaften bemühten oder auf halbem Weg aufgaben, werden die in diesem Kapitel erörterten wirtschaftspolitischen Reformmaßnahmen energisch in Angriff nehmen müssen. Auf jeden Fall aber werden die nationalen Reformbemühungen im Rahmen eines günstigeren internationalen Umfeldes mehr Erfolg bringen. Ein dauerhaftes Wachstum — wie es in den sechziger Jahren zu verzeichnen war — ist erreichbar. Es setzt jedoch das Festhalten am wirtschaftspolitischen Reformkurs in den Entwicklungs- wie in den Industrieländern sowie den Abbau von Handelsbeschränkungen voraus. Die wirtschaftspolitischen Maßnahmen und die internationalen Initiativen, die für eine erfolgreiche Anpassung bei Aufrechterhaltung des Wachstums notwendig sind, werden in Kapitel 3 erörtert.

3

Die Wachstumschancen

Bei nachlassendem Wirtschaftswachstum gilt die Aufmerksamkeit der Regierungen seiner Wiederbelebung sowie den Problemen, die ein langsameres Wachstum mit sich bringt. Die Entwicklungsländer haben viele Schritte unternommen, um ihre Wirtschaftsleistung zu verbessern und sich an den Wandel des weltwirtschaftlichen Umfelds anzupassen. Ein Blick auf den Rest dieses Jahrzehnts und darüber hinaus läßt jedoch Raum für weitere Fortschritte erkennen. Eine bessere Wirtschaftspolitik ist insbesondere deshalb notwendig, weil das internationale Umfeld voller Unsicherheiten steckt. Die Rohstoffpreise sind niedrig, die Realzinsen sind immer noch höher als in früheren Jahren, und der Schuldendienst bedeutet für viele Länder eine gravierende Belastung ihrer langfristigen Wachstumsaussichten.

Da die Volkswirtschaften der Welt zunehmend voneinander abhängig werden, hängen die Zukunftsaussichten für die Weltwirtschaft sowohl von der Wirtschaftspolitik der Industrieländer als auch der Entwicklungsländer ab. Dieses Kapitel beschreibt zwei mögliche Entwicklungspfade der Weltwirtschaft während der nächsten zehn Jahre sowie die Wirtschaftspolitik, die dazu erforderlich wäre. Sowohl der „günstige" als auch der „ungünstige Fall" setzen die gleichen moderaten Verbesserungen der Wirtschaftspolitik in den Entwicklungsländern voraus. Würde jedoch das Reformtempo beschleunigt oder eine größere Anzahl von Ländern Korrekturmaßnahmen ergreifen, wären die durchschnittlichen Wachstumsraten der Entwicklungsländer in beiden Fällen höher als hier geschätzt. Wie der jüngste Erfolg so unterschiedlicher Länder wie der Türkei und China zeigt, hängt es von der eigenen Wirtschaftspolitik der Entwicklungsländer ab, in welchem Maß sie die Veränderungen in der Weltwirtschaft nutzen oder auffangen können.

Die Entwicklungsländer können nicht von einem stabilen oder günstigen außenwirtschaftlichen Umfeld ausgehen. Es ist daher wichtig, die Umrisse jener Wirtschaftspolitik aufzuzeigen, die ihre Fähigkeit zur Anpassung an unvorhersehbare Umstände und zur produktivsten Nutzung von Kapitalzuflüssen verbessern würde, um mittelfristig das Wachstum aufrechtzuerhalten.

Wachstumspolitik in den Entwicklungsländern

Bei der Erörterung dieser Frage unterscheidet man zweckmäßigerweise zwischen Stabilisierungspolitik und struktureller Anpassungspolitik. Die Stabilisierungspolitik umfaßt die geld-, finanz-, wechselkurs- und einkommenspolitischen Maßnahmen, welche die Regierungen zur Erhaltung des gesamtwirtschaftlichen Gleichgewichts ergreifen. Strukturelle Anpassungsmaßnahmen betreffen jene Daten, die die Entscheidungen im Bereich von Produktion, Außenhandel und Verteilung beeinflussen: Veränderungen der wirtschaftlichen Anreize, der staatlichen Institutionen sowie der Regelungen bezüglich der Eigentumsrechte, der Haftungsverhältnisse und des Informationswesens. Beide Arten von Wirtschaftspolitik überschneiden sich offensichtlich und können sich gegenseitig ergänzen. Eine Wechselkursanpassung stabilisiert nicht nur die Leistungsbilanz, sondern wird auch den Exportanteil an der inländischen Erzeugung erhöhen. In ähnlicher Weise kann die Umstrukturierung eines öffentlichen Unternehmens seine Wirtschaftlichkeit verbessern und gleichzeitig das Defizit des öffentlichen Sektors verringern.

Manchmal wirken die zwei Wirtschaftspolitiken gegeneinander. Ein rascher Abbau von verzerrend wirkenden Außenhandelssteuern kann kurzfristig das Haushaltsdefizit erhöhen, wenn keine Maßnahmen zur Erzielung neuer Einnahmen ergriffen werden. Wenn die gesamtwirtschaftliche Politik mit den langfristigen strukturellen Zielen nicht vereinbar ist, läuft die Regierung Gefahr, wirtschaftspolitische Reformen aus den falschen Gründen rückgängig zu machen oder aufzugeben. Die Philippinen sind hierfür ein typisches Beispiel (vgl. Sonderbeitrag 2.3 in Kapitel 2).

Zwar variiert die jeweilige Kombination der geeigneten wirtschaftspolitischen Maßnahmen von Land zu Land, doch geht es überall um die Wiederherstellung und Erhaltung der wirtschaftlichen Stabilität bei gleichzeitiger Verbesserung des Systems der Leistungsanreize und der institutionellen Struktur, um die inländische Ersparnis und eine effiziente Allokation der Ressourcen zu fördern. Ob die ursprünglichen Probleme durch eine auf Dauer nicht haltbare nationale Wirtschaftspolitik (beispielsweise ein großes Haushaltsdefizit), durch plötzliche Veränderungen des außenwirtschaftlichen Umfeldes (wie etwa ein Ölpreisverfall) oder durch eine Kombination beider Faktoren verursacht wurden, je rascher die Wirtschaft unter angemessener Berücksichtigung der Anpassungskosten stabilisiert werden kann, umso größer ist die Chance, mit nachfolgenden Schocks fertig zu werden. Wenn sich Haushaltsdefizite oder außenwirtschaftliche Ungleichgewichte ungebremst fortsetzen können, wird das Land gezwungen, seine Devisenreserven aufzubrauchen und seine Verschuldungsmöglichkeiten im Ausland auszuschöpfen. Sobald dies eintritt, kann die inländische Nachfrage das Einkommen nicht länger übersteigen. In einer derartigen Situation haben die Regierungen nur zwei Möglichkeiten: die grundlegenden wirtschaftspolitischen Probleme anzugehen oder das Wachstum weiterhin zu beschränken. Dabei müssen sie ohne Verzögerung handeln. Die Flexibilität, die der Rückgriff auf Auslandskredite ermöglicht, haben sie dann aufgrund früherer wirtschaftspolitischer Fehler eingebüßt.

Ein Beispiel dafür sind jene Länder in Afrika südlich der Sahara und anderswo, die versäumten, ihre Ausgaben nach der Hausse der Rohstoffpreise Mitte der siebziger Jahre anzupassen. Sie hielten die Wechselkurse und ihre Ausgaben (insbesondere für öffentliche Investitionen) weiterhin auf einem Niveau, das auf Dauer nur durchzuhalten war, wenn die Exportpreise rasch auf die früheren Rekordhöhen zurückkehrten. Aber die Rohstoffpreise stiegen nicht, und zusätzlich mußten diese Länder bald mit dem zweiten Ölpreisschock, hohen Realzinsen und einer weltweiten Rezession fertig werden. Dies wäre unter allen Umständen eine Belastung gewesen, aber viele Länder hatten bereits ihre Möglichkeiten zur kurzfristigen Kreditaufnahme erschöpft und ihre Devisenreserven dezimiert.

Andere Länder haben gezeigt, welchen längerfristigen Nutzen eine Wirtschaftspolitik erbringt, die die gesamtwirtschaftliche Stabilität rasch wieder herstellt. Indonesien hatte zu Beginn der achtziger Jahre stark sinkende Einkommen zu gewärtigen. Die Ölpreise begannen nachzugeben, das weltwirtschaftliche Wachstum schwächte sich ab, und die Kapitalflucht begann die Leistungsbilanz zu belasten. Die Regierung beschnitt rasch die Subventionen für die Ölverbraucher, strich oder verschob nahezu fünfzig einfuhrintensive Investitionsprojekte, wertete die Währung ab und ging zum kontrollierten Floating über. Auf eine Stagnation des realen BIP im Jahr 1982 folgten 1983 ein Wachstum von 3,3 Prozent und in den Jahren 1984 und 1985 Wachstumsraten von 6,6 Prozent. Das Leistungsbilanzdefizit ging relativ zum BIP von 8,5 Prozent im Jahr 1982 auf 2,5 Prozent im Jahr 1984 zurück.

Die Türkei bietet ein Beispiel für ein Land, wo die nationale Wirtschaftspolitik — und nicht eine plötzliche Veränderung der außenwirtschaftlichen Daten — eine auf Dauer unhaltbare gesamtwirtschaftliche Situation hervorrief, die das Wirtschaftswachstum bremste, bis eine Kurskorrektur erfolgte. Die ganzen siebziger Jahre hindurch verfolgte die Regierung eine expansive Geld- und Finanzpolitik, finanzierte die Leistungsbilanzdefizite mit hohen Auslandskrediten und schützte die heimische Industrie durch hohe Einfuhrbarrieren. Als die Regierung keine weiteren Kredite mehr im Ausland erhielt, ergriff sie umfassende wirtschaftspolitische Maßnahmen, die sowohl die innere Stabilität wieder herstellen als auch die Wirtschaft mittelfristig umstrukturieren sollten. Eine Wechselkursanpassung, begleitet von einer restriktiveren Geld- und Finanzpolitik, führte zur Stabilität zurück. Dies schuf die erforderlichen Voraussetzungen für die Strukturanpassungspolitik, die darauf abzielte, die Wirtschaft nach außen zu öffnen, die Produktivität zu erhöhen und das Wachstum anzuregen. Im Ergebnis steigerte die Türkei den Dollarwert ihrer Warenexporte von 1980 bis 1984 um 120 Prozent — und dies zu einer Zeit, als die Weltexporte (ohne Öl) nur um rund 5 Prozent zunahmen. Das durchschnittliche jährliche Wachstum des realen BIP erhöhte sich während dieses Zeitraums auf 4,6 Prozent.

Dieses Beispiel zeigt, daß Stabilisierung kein Selbstzweck ist. Stabilisierungspolitik sollte vielmehr verstanden werden als Förderungsmaßnahme beim Übergang zu neuen Rahmenbedingungen, die ein höheres Wirtschaftswachstum, aber auf solider Grundlage, erlauben. Sobald die binnenwirtschaftliche Stabilität wieder hergestellt ist, muß das Wachstum durch Maßnahmen zur Förderung steigender Ersparnisse und Investitionen, größerer Effizienz und höherer Produktivität angeregt werden.

Im Mittelpunkt einer Politik der strukturellen Anpassung steht die Veränderung von Institutionen und wirtschaftlichen Anreizen. Die Hauptziele sollten darin bestehen (a) Ressourcen zu mobilisieren, indem die inländische Sparquote angehoben, ausländisches Kapital herangezogen und, falls nötig, das Fluchtkapital zurückgeholt wird; (b) den Ressourceneinsatz effizienter zu gestalten und die Produktivität des bestehenden Kapitalstocks zu steigern sowie (c) Beschäftigung und Einkommen in Bereichen zu schaffen, wo die Volkswirtschaft komparative Vorteile besitzt.

Inländische Ersparnis

Wenn die Investitionen auf ein Niveau angehoben werden sollen, das für dauerhaftes Wachstum erforderlich ist, während gleichzeitig die Schulden zu bedienen sind, werden viele Entwicklungsländer die inländische Ersparnis erhöhen müssen. Letztlich hängt die Zunahme der inländischen Ersparnis von der Bereitschaft der Regierung ab, die zur Schaffung eines stabilen gesamtwirtschaftlichen Umfeldes erforderlichen Maßnahmen zu ergreifen. Eine Verringerung der Haushaltsdefizite, eine angemessene Geldmengenexpansion und stabile reale Wechselkurse werden viel zur Anregung der Ersparnis beitragen. Eine solche Politik würde auch vom Transfer inländischer Ersparnisse ins Ausland abschrecken und diesen womöglich kehren. Die Kapitalflucht ist in vielen Volkswirtschaften mit inadäquaten Wechselkursen und Zinssätzen endemisch geworden. Eine Umkehr dieses Prozesses wird den ausländischen Investoren und Geschäftsbanken ein klares und wichtiges Signal geben, daß das Vertrauen der Bevölkerung eines Landes in die Wirtschaft durch eine glaubwürdige Regierungspolitik wiederhergestellt wurde.

Was die öffentliche Ersparnis betrifft, so hat die Regierung zwei grunsätzliche Möglichkeiten: sie kann entweder die Ausgaben senken oder die Einnahmen erhöhen. Viele Entwicklungsländer könnten ihre öffentlichen Ausgaben reduzieren, ohne das Wirtschaftswachstum zu verlangsamen oder die armen Bevölkerungsschichten zu beeinträchtigen. Erforderlich wären dazu Maßnahmen wie die Reduzierung der Militärausgaben, die Neuordnung der Lohn- und Preispolitik im öffentlichen Sektor, die Kürzung und Neuverteilung laufender Ausgaben sowie die Steigerung der Effizienz des öffentlichen Sektors. Für viele Entwicklungsländer wäre es beispielsweise von Vorteil, wenn sie die öffentliche Versorgung (mit Elektrizität, Wasser, Gas) sowie die Verkehrstarife verteuern würden, damit diese Preise die langfristigen Opportunitätskosten widerspiegeln, und wenn sie ihre landwirtschaftlichen Stützungsprogramme effizienter gestalten würden. Ein höherer Grad der Wirtschaftlichkeit im öffentlichen Sektor könnte durch Reformen des Managements und der institutionellen Struktur erreicht werden, die darauf abzielen, den Prozeß der Wirtschafts- und Haushaltsplanung zu verbessern und die Verantwortlichkeit im öffentlichen Sektor zu stärken.

Die Ausgaben an verlustreiche und ineffiziente öffentliche Unternehmen bilden eine wichtige potentielle Quelle von Ersparnissen im öffentlichen Sektor. In Argentinien beispielsweise machen die 353 staatseigenen Unternehmen jährlich Verluste von schätzungsweise 2 Mrd Dollar; auf sie entfallen 11 Mrd Dollar der insgesamt 46 Mrd Dollar Auslandsschulden des Landes. Viele afrikanische Länder südlich der Sahara könnten ebenfalls von einer Beseitigung der Defizite der halbstaatlichen Unternehmen profitieren; sie sollten die am schlechtesten wirtschaftenden Unternehmen schließen und Reformen zur Steigerung der Wirtschaftlichkeit und Verantwortlichkeit bei den übrigen einführen. Es gibt auch erheblichen Spielraum für eine rationellere Gestaltung des öffentlichen Sektors durch Privatisierung öffentlicher Betriebe. Dies würde zu einem einmaligen Anstieg der öffentlichen Ersparnis führen und den Einsatz der Produktionsfaktoren mittelfristig verbessern.

Die Regierungen können die öffentliche Ersparnis auch durch höhere Besteuerung (einschließlich der Inflationssteuer) steigern. Wo eine höhere Besteuerung unvermeidlich ist, sollte sie so gestaltet werden, daß sie die oben diskutierten Effizienzverluste und Steuerausweicheffekte minimiert. In Anbetracht des Rückgangs des Pro-Kopf-Verbrauchs in vielen lateinamerikanischen und afrikanischen Ländern muß außerdem der mögliche positive Effekt einer Steuererhöhung auf das Haushaltsdefizit gegen den negativen Effekt auf das reale Einkommensniveau abgewogen werden. Es gibt jedoch Spielraum für steigende Einnahmen durch Reformierung und Verbesserung der Steuerverwaltung. Dazu gehören Maßnahmen zur Vereinfachung des Steuersystems — Abbau von Ausnahmeregelungen oder Freibeträgen und erhöhte Strafen für Steuerhinterziehung — sowie zu Verbreiterung der Besteuerungsgrundlage.

Die private Ersparnis könnte ebenfalls durch eine Steuerreform gefördert werden. Durch eine Begrenzung der Besteuerung von Zinserträgen auf die inflationsbereinigten Einnahmen und eine Verringerung der Grenzsteuersätze kann die private Ersparnis gesteigert werden. Diese Maßnahmen sollten durch die Beseitigung von Verzerrungen auf den Kreditmärkten, insbesondere durch die Einführung angemessener Einlagezinsen, unterstützt werden. Eine kürzlich von der Weltbank durchgeführte Untersuchung über die Wirtschaftspolitik im Finanzsektor Bangladeschs, Kenias, Nigerias, Perus, Thailands, der Türkei und Uruguays kam zu dem Schluß, daß in vielen Fällen die Abschaffung der staatlichen Kontrolle von Zinsen und Bankgebühren sowie ein verstärkter Wettbewerb zwischen den Finanzinstituten die Vermittlungsfunktion des Finanzsektors verbessern und die private finanzielle Ersparnis erhöhen würde. Diese Maßnahmen würden auch den Kapitalabfluß begrenzen. Jedoch ist, um zum Ausgangspunkt zurückzukehren, die Wiederherstellung des Vertrauens der Privaten der entscheidende Faktor für eine Steigerung der inländischen Sparquote.

Höhe und Effizienz der Investitionen

Die Art und Weise, in der viele Entwicklungsländer sich an das veränderte außenwirtschaftliche Umfeld der frühen achtziger Jahre anpaßten, führte zu einem beträchtlichen Rückgang der inländischen Investitionen. Um das Wachstum auf mittlere Frist aufrechtzuerhalten, sind Maßnahmen erforderlich, die darauf abzielen, diesen Trend umzukehren und, was wichtiger ist, die Effizienz des Einsatzes sowie der Nutzung von Investitionen zu steigern.

Was die öffentlichen Investitionen betrifft, so waren jene Kürzungen, bei denen Projekte mit geringer Rendite zusammengestrichen oder ausgeschieden wurden (wie etwa das Majes-Bewässerungsprojekt in Peru oder die Erweiterung der Metrosysteme in Chile und Kolumbien) für die betreffenden Volkswirtschaften eindeutig vorteilhaft. Vor Beginn der achtziger Jahre war die Qualität der öffentlichen Investitionen in vielen Entwicklungsländern bestenfalls gemischt. Manche Regierungen sind jedoch nicht in der Lage oder nicht willens, selektive Kürzungen vorzunehmen. Öffentliche Investitionsprogramme wurden häufig durch abträgliche pauschale Kürzungen beschnitten. Die Schaffung der institutionellen Voraussetzungen für eine systematische Evaluierung der Projekte im Planungsstadium sowie für einen angemessenen Mitteleinsatz zur Erhaltung und Sanierung fertiggestellter Projekte würde daher beträchtliche Effizienzgewinne ermöglichen.

Die Anpassung an ein niedrigeres Niveau von (produktiveren) öffentlichen Investitionen könnte auch dadurch erreicht werden, daß die staatlichen Stellen klarer unterscheiden, welche Bereiche sich für ein Engagement des öffentlichen Sektors eignen und welche nicht. Für viele Entwicklungsländer wäre es von Vorteil, öffentliche Investitionen in Bereichen einzuschränken oder zu unterlassen, in denen der private Sektor komparative Vorteile hat (beispielsweise Produktion und Vermarktung in der Industrie, im Energiesektor und in der Landwirtschaft). Öffentliche Investitionen sollten sich auf Tätigkeiten mit externen Erträgen und langen Amortisationsperioden konzentrieren (beispielsweise die Entwicklung menschlicher Ressourcen und der physischen Infrastruktur).

Darüber hinaus kann der Staat zur Steigerung der Wirtschaftlichkeit von Investitionen beitragen — sowie zum Abbau der Arbeitslosigkeit und zur Linderung der Armut —, indem er ein wirtschaftspolitisches Umfeld schafft, das ausländischen und heimischen Privatinvestitionen förderlich ist. Damit private Investitionen wirtschaftlich sind, muß die Regierung über eine längere Zeit eine unzweideutige und nichtdiskriminierende Wirtschaftspolitik betreiben. Dazu würden viele der oben diskutierten Maßnahmen gehören: handelspolitische Reformen, der Abbau von Staatseingriffen, ein ausgewogeneres Steuersystem, die Beseitigung von Verzerrungen am Arbeits- und Kapitalmarkt, Abänderungen und Klarstellungen der Bestimmungen über Auslandsinvestitionen und so weiter. In vielen hochverschuldeten Ländern wie Argentinien, Brasilien, Chile und Mexiko war in den vergangenen Jahren außerdem die Rekordhöhe der Realzinsen ein Haupthindernis für neue Privatinvestitionen. Diese hohen Zinssätze spiegeln sowohl die Inflationserwartungen als auch den Druck wider, dem die Kreditmärkte durch den Finanzierungsbedarf großer Haushaltsdefizite und die Vorzugskreditprogramme für Sektoren wie die Landwirtschaft ausgesetzt sind. Die Inflationserwartungen zu brechen und die öffentliche Kreditaufnahme zu reduzieren, wird erheblich zur Senkung der Realzinsen beitragen und damit die privaten Investitionen anregen. Die jüngsten geld- und finanzpolitischen Reformen in Argentinien und Brasilien stellen ernsthafte Versuche zur Lösung dieses Problems dar.

Maßnahmen zur Exportförderung

Es gibt einen engen Zusammenhang zwischen dem Außenhandel, dem Wechselkursregime und der zur Erhaltung des Wachstums erforderlichen Flexibilität einer Volkswirtschaft. Ein wettbewerbsfähiger Wechselkurs und ein weitgehend neutrales Außenhandels- und Steuersystem halten tendenziell von übermäßiger Auslandsverschuldung ab und fördern den Export sowie eine wirtschaftliche Importsubstitution. Länder, die auf Weltmärkten verkaufen, können die Kostenersparnisse der Spezialisierung, des Großbetriebs und der Massenfertigung nutzen. Dies dient der Entwicklung einer effizienten Produktion, die im Inland wie im Ausland wettbewerbsfähig ist. In Binnenmarkt-orientierten Volkswirtschaften sind die Produzenten darauf beschränkt, ihre Produkte auf engen, stark geschützten Inlandsmärkten zu verkaufen. Die öffentlichen Investitionen sind in Binnenmarkt-orientierten Volkswirtschaften tendenziell höher, um einen Ausgleich für die mangelnde Aktivität des privaten Sektors zu schaffen — und ein Großteil dieser öffentlichen Investitionen wird wegen des verzerrten Anreizsystems fehlgeleitet. Schließlich fördern die effizienteren Investitionen in Weltmarkt-orientierten Volkswirtschaften die inländische Ersparnis, die durch Kredite oder Direktinvestitionen des Auslands ergänzt wird. In Binnenmarkt-orientierten Volkswirtschaften fungieren Auslandskredite dagegen häufig als Ersatz für inländische Ersparnisse.

So haben Korea, Thailand und, in jüngster Zeit, die Türkei auf ungünstige außenwirtschaftliche Schocks vor allem mit Reformen ihrer nationalen Wirtschaftspolitik reagiert. Indem sie ihre Wechselkurse anpaßten, die öffentlichen Ausgaben begrenzten und Maßnahmen zur Exportförderung ergriffen, erreichten sie eine kräftige Exportsteigerung, reduzierten ihren Bedarf an Auslandskrediten und dämpften die Inflation. Im Gegensatz dazu haben so unterschiedliche Länder wie Argentinien, Jamaika, Mexiko und Tansania versucht, ihre gestiegenen Leistungsbilanzdefizite mit höherer Auslandsverschuldung oder gestiegener Entwicklungshilfe zu finanzieren. Dies versetzte sie in die Lage, die bestehenden Wechselkursrelationen aufrechtzuerhalten, was die Importsubstitution und den Export beeinträchtigte, wodurch wiederum ihre Abhängigkeit von Auslandskrediten wuchs. Als die laufend steigenden Schulden diese Länder vom Zugang zu neuen Mitteln abschnitten, mußten sie durch eine Deflationspolitik Realeinkommen und Importnachfrage senken.

Eine auf Stabilisierung und Umstrukturierung der Volkswirtschaft ausgerichtete Wirtschaftspolitik wird das Wachstum auch in einem ungünstigen weltwirtschaftlichen Umfeld anregen. Der Handlungsspielraum der meisten hoch verschuldeten Entwicklungsländer wird durch den Schuldenüberhang jedoch derart eingeengt, daß eine wirtschaftspolitische Kurskorrektur allein noch keine tragbare Lösung ihrer Probleme bringt. Die Anpassungsbemühungen im Inland müssen durch zusätzliche Kapitalzuflüsse und wachsende Exportmärkte unterstützt werden. Wie unten ausgeführt, besteht die Möglichkeit, daß künftige Entwicklungstendenzen im außenwirtschaftlichen Umfeld die heimischen Anpassungsbemühungen dieser Länder unterminieren.

Diese Trends werden in unseren Szenarien eines „günstigen" und „ungünstigen Falles" illustriert. Die zukünftige Stabilität und das Wachstum der Weltwirtschaft sind von der Wirtschaftspolitik sowohl der Industrieländer als auch der Entwicklungsländer abhängig — insbesondere von der handelsrelevanten Politik — sowie vom Verhalten der Weltkapitalmärkte, die mit dieser Politik in Wechselwirkung stehen. Die beiden Szenarien illustrieren eine konsistente Reihe von Ergebnissen für eine Palette möglicher Wirtschaftspolitiken. Sie sind nicht als Vorausschätzungen gedacht und berücksichtigen keinerlei exogene Schocks der Weltwirtschaft, wie größere Verwerfungen der Rohstoff- oder Kapitalmärkte. Sie zeigen eher das Erreichbare als das, was wahrscheinlich erreicht wird.

Ein Jahrzehnt der Chancen, 1985 bis 1995

In beiden Szenarien wird unterstellt, daß sich die Wirtschaftspolitik der Entwicklungsländer allmählich in der im vorigen Abschnitt diskutierten Richtung verbessert. Aber auch mit diesen Verbesserungen stellt jedoch das ungünstige Szenario viele Länder vor gravierende Probleme. Ohne wirt-

Tabelle 3.1 Durchschnittsergebnisse für Industrie- und Entwicklungsländer, 1965 bis 1995
(durchschnittliche jährliche Veränderung in %)

				1985–95	
Ländergruppe	*1965–73*	*1973–80*	*1980–85*	*Günstiger Fall*	*Ungünstiger Fall*
Industrieländer					
BIP-Wachstum	4,7	2,8	2,2	4,3	2,5
Inflationsrate[a]	5,1	8,3	−0,3	4,8	7,0
Realzins[b,c]	2,5	0,7	6,7	2,6	4,5
Nominaler Kreditzins[c]	5,8	8,4	12,0	5,6	10,2
Entwicklungsländer					
BIP-Wachstum	6,6	5,4	3,3	5,9	4,0
Länder mit niedrigem Einkommen					
Afrika	3,9	2,7	0,9	4,0	3,2
Asien	5,9	5,0	7,8	6,4	4,4
Ölexporteure mit mittlerem Einkommen	7,1	5,8	1,4	4,8	3,4
Ölimporteure mit mittlerem Einkommen					
Hauptexporteure von Industrieprodukten	7,6	5,9	2,1	6,4	4,0
Sonstige ölimportierende Länder	5,4	4,5	1,7	5,5	3,8
Exportwachstum	5,0	4,6	4,1	7,1	3,2
Industrieprodukte	11,6	13,8	7,9	9,8	5,0
Rohstoffe	3,8	1,1	1,4	4,3	1,5
Importwachstum	5,8	5,9	0,9	7,7	3,4

Anmerkung: Die Projektionen der Wachstumsraten beruhen auf einer Auswahl von neunzig Entwicklungsländern.
a. Der gewogene BIP-Deflator ist in US-Dollar ausgedrückt. Die Inflationsrate der Vereinigten Staaten beträgt im günstigen Fall 3,0 Prozent pro Jahr und im ungünstigen Fall 5,7 Prozent. Für die Industrieländer insgesamt liegt sie in Dollar gerechnet wegen der zwischen 1985 und 1990 angenommenen Abwertung des Dollars jedoch höher.
b. Durchschnitt des Sechsmonatssatzes für Eurodollar, deflationiert mit der Veränderung des BIP-Deflators der Vereinigten Staaten.
c. Durchschnittliche Jahresrate.

schaftspolitische Fortschritte dürfte allerdings die Situation mancher Entwicklungsländer in jedem Szenario unhaltbar sein.

Der jüngste Rückgang der Ölpreise und der Realzinsen könnte den meisten Entwicklungsländern in der zweiten Hälfte der achtziger Jahre nützliche Impulse geben. Sowohl der günstige als auch der ungünstige Fall spiegeln die positiven Wirkungen wider, die von diesen Entwicklungen, wenn sie drei bis fünf Jahre andauerten, auf Inflation und Wachstum ausgingen. Viele Ölexporteure stellt jedoch der gesunkene Ölpreis vor ernste Schwierigkeiten. Wie erfolgreich die Regierungen bei der Nutzung dieses Impulses oder der Bewältigung ihrer Probleme sind, wird von der jeweils verfolgten Wirtschaftspolitik abhängen.

Die durch den günstigen Fall illustrierten vorteilhaften Ergebnisse beruhen auf der Annahme, daß der von den Haushaltsdefiziten der Industrieländer beanspruchte Anteil des Weltkreditvolumens ständig abnehmen wird. Dies würde zu einer höheren Wachstumsrate der Investitionen im Produktivvermögen führen. Ein gestiegener Kapitalstock wiederum würde höhere Produktion und Beschäftigung zur Folge haben, was soziale Spannungen abbauen und die Senkung von Handelsschranken erleichtern würde. Das Endergebnis wäre ein beschleunigtes Wirtschaftswachstum.

Unter diesen Umständen würde das Wachstum in den Industrieländern auf durchschnittlich etwa 4,3 Prozent im Jahr steigen. Dies ist mehr als im Durchschnitt der Jahre 1973 bis 1980, aber weniger als das rasche jährliche Wachstum von 4,7 Prozent zwischen 1965 und 1973. Die Industrieländer, insbesondere in Europa, könnten eine geringere Arbeitslosigkeit als in den letzten fünf Jahren erwarten, und die Inflation bliebe verhalten. Wenn die Vereinigten Staaten und andere Industrieländer mit großen Haushaltsdefiziten schrittweise den strukturellen Teil ihrer Defizite beseitigen würden, ginge die Weltkreditnachfrage zurück, und die nominalen Zinssätze fielen auf durchschnittlich rund 5,6 Prozent. Die Realzinsen würden sich dann auf etwa 2,6 Prozent, ihren langfristigen Durchschnittswert, zurückbilden.

Unter diesen Bedingungen könnten die meisten

Entwicklungsländer aufgrund eines rascheren Ausfuhrwachstums und niedrigerer Zinssätze ihre Schulden leichter bedienen. Die jährlichen Wachstumsraten des realen BIP in den Entwicklungsländern stiegen auf 5,9 Prozent bzw. 3,9 Prozent pro Kopf. Außerdem würde die Last der Auslandsschulden durch verbesserte Ausfuhrerlöse, eine wieder einsetzende Kreditgewährung der Geschäftsbanken und höhere Direktinvestitionen in den Entwicklungsländern erleichtert. Dieses insgesamt günstige Bild verdeckt jedoch einige Unsicherheiten. Selbst im günstigen Fall würde es einer Reihe afrikanischer Länder südlich der Sahara und einigen hoch verschuldeten Ölexporteuren sehr schwerfallen, sich anzupassen und Wachstum zu erreichen. Sollen sie an einer wachsenden Weltwirtschaft teilhaben, so müßten zusätzliche Maßnahmen ergriffen werden, die über die im günstigen Fall unterstellten hinausgehen.

Der ungünstige Fall illustriert, was geschähe, wenn die Industrieländer ihre in der ersten Hälfte der achtziger Jahre eingeleiteten vorsichtigen wirtschaftspolitischen Reformen aufgeben würden. Dieser Fall spiegelt die anhaltenden Haushaltsdefizite, insbesondere in den Vereinigten Staaten, wider. Selbst wenn die laxe Finanzpolitik zunächst mit einer restriktiven Geldpolitik einhergeht, dürfte wahrscheinlich unter dem vereinten Druck von Schulden und Defiziten die geldpolitische Disziplin gelockert werden. Dies hätte steigende Realzinsen zur Folge, da die Finanzmärkte in der Erwartung, daß die Defizite früher oder später monetisiert würden, einen Inflationsaufschlag fordern würden. Diese hohen Zinssätze würden die Kreditgewährung der Geschäftsbanken an die Entwicklungsländer tendenziell verringern. Gleichzeitig würden wachsende Handelsbilanzdefizite in den Industrieländern verschärft Forderungen nach mehr Protektionismus auslösen, der wiederum zu einer rückläufigen Nachfrage nach den Exporten der Entwicklungsländer und zu niedrigeren Rohstoffpreisen führen würde.

Für die Industrieländer ergäben sich daraus Wachstumsraten, die ähnlich gering wie in den schwachen siebziger Jahren oder sogar niedriger ausfielen. Der jährliche Zuwachs des BIP würde zwischen 1985 und 1995 durchschnittlich 2,5 Prozent betragen. Die Realzinsen blieben hoch — um 4,5 Prozent —, und die Inflationsraten stiegen auf etwa 5 bis 7 Prozent.

Die Konsequenzen für die Entwicklungsländer würden von „unangenehm" bis „schrecklich" reichen. Für die Entwicklungsländer insgesamt würde in den Jahren bis 1995 die durchschnittliche jährliche Zuwachsrate des BIP 4,0 Prozent betragen (vgl. Tabelle 3.1). Das Pro-Kopf-Wachstum läge mit 2,0 Prozent pro Jahr bedenklich niedrig.

Unter diesen Umständen könnten einige der mehr Weltmarkt-orientierten Länder mit mittlerem Einkommen, die Industrieprodukte exportieren, ihr Wachstum aufrechterhalten, wenn auch auf vergleichsweise niedrigem Niveau. Für andere Länder würde der ungünstige Fall jedoch ein weiteres Jahrzehnt mit niedrigem oder negativem Wachstum bedeuten. Ölexporteure mit mittlerem Einkommen wären vermutlich kaum in der Lage, eine ins Gewicht fallende Zunahme ihres Realeinkommens zu erzielen, und die afrikanischen Länder mit niedrigem Einkommen müßten eine weitere Dekade der Stagnation durchmachen (vgl. Tabelle 3.2).

Tabelle 3.2 Wachstum des Pro-Kopf-BIP, 1965 bis 1995
(durchschnittliche jährliche Veränderung in %)

				1985—95	
Ländergruppe	1965—73	1973—80	1980—85	Günstiger Fall	Ungünstiger Fall
Industrieländer	3,7	2,1	1,7	3,8	2,0
Entwicklungsländer	4,0	3,2	1,3	3,9	2,0
Länder mit niedrigem Einkommen	3,0	2,7	5,2	4,4	2,5
Afrika	1,2	—0,1	—2,0	0,8	0,0
Asien	3,2	3,0	5,9	4,8	2,8
Ölexporteure mit mittlerem Einkommen	4,5	3,1	—1,1	2,3	0,9
Ölimporteure mit mittlerem Einkommen	4,5	3,2	—0,1	4,1	1,9
Hauptexporteure von Industrieprodukten	5,2	3,7	0,2	4,6	2,2
Sonstige ölimportierende Länder	2,8	2,1	—0,8	3,1	1,4

Anmerkung: Die Projektionen der Wachstumsraten beruhen auf einer Auswahl von neunzig Entwicklungsländern.

Im ungünstigen Fall könnte es selbst für jene Länder, die ihre nationale Wirtschaftspolitik reformieren, schwierig werden, die für das Wirtschaftswachstum benötigten Mittel zu erwirtschaften oder aufzunehmen. Für die hochverschuldeten Länder mit mittlerem Einkommen hätten das schwache Wirtschaftswachstum in den Industrieländern und das begrenzte zusätzliche Finanzierungsangebot gravierende Folgen. Nach fünf Jahren der Stagnation und rückläufiger Pro-Kopf-Einkommen stünden diese Länder vor der schwierigen Entscheidung, in welchem Umfang sie ihre Ressourcen für die Bedienung ihrer Auslandsschuld einsetzen und wieviel sie für den laufenden Verbrauch und die Investitionen verwenden sollen. Es ist unmöglich, die Konsequenzen solcher Alternativen auch nur zu skizzieren. Hier können nur die Konflikte, nicht deren Ergebnisse, illustriert werden.

Wirtschaftspolitische Voraussetzungen des „günstigen Falles"

Neben der Annahme, daß die Entwicklungsländer ihre wirtschaftspolitischen Reformbemühungen in moderatem Tempo fortsetzen, erfordert der günstige Fall auch eine verbesserte Wirtschaftsentwicklung in den Industrieländern. Dies hängt wiederum von folgendem ab:

• *Geld- und Finanzpolitik.* Fortgesetzte große Haushaltsdefizite in den wichtigsten Industrieländern würden die Aufrechterhaltung eines höheren Wachstums der Weltwirtschaft sehr erschweren. Höhere Realzinsen würden schließlich von einer Beschleunigung des Preisanstiegs und zunehmendem Protektionismus begleitet. Die daraus resultierende Wirtschaftspolitik des Bremsens und Gasgebens, mit der die Regierungen versuchen würden, die Inflation, die Arbeitslosigkeit oder das Außenhandelsdefizit zu kontrollieren, würde das weltwirtschaftliche Wachstum bis auf die enttäuschende Rate der siebziger Jahre verlangsamen. Deshalb besteht ein vorrangiges wirtschaftspolitisches Erfordernis des günstigen Falles darin, daß Volkswirtschaften mit anhaltend großen Defiziten diese abbauen. Wie in Kapitel 2 dargelegt, sollte dies hauptsächlich durch Einschränkung der öffentlichen Ausgaben erreicht werden. Wo Steuererhöhungen unvermeidlich sind, sollte sorgsam darauf geachtet werden, die durch hohe Grenzsteuersätze entstehenden Verzerrungen und Effizienzverluste zu minimieren. Diese Kombination von Geld- und Finanzpolitik ist abzusichern durch die Herabsetzung der Ziele für das Geldmengenwachstum, um die Inflationsraten und die langfristigen Nominalzinsen zu senken. Eine solche Anpassung des aggregierten Defizits der Industrieländer könnte auf weniger belastende Weise geschehen, wenn die großen Volkswirtschaften ihre Wirtschaftspolitiken koordinieren. Der jüngste Erfolg bei der Rückführung der Zinsen und des Dollarkurses illustriert die potentielle Zweckmäßigkeit einer solchen Zusammenarbeit.

• *Arbeitsmärkte.* In Kapitel 2 wurde dargelegt, daß rigide und hohe Reallöhne zum Anstieg der Arbeitslosigkeit beitragen. Zur Schaffung von Arbeitsplätzen sind daher Maßnahmen erforderlich, welche die Flexibilität fördern und die Grenzkosten der Arbeit senken. Dies heißt: Förderung von Ausbildung und Mobilität, Kürzung der Leistungen der Arbeitslosenversicherung und der Sozialhilfe sowie Lohnabschlüsse im Einklang mit dem Produktivitätszuwachs. Dazu gehört auch der Abbau des Außenschutzes bestimmter Industrien, um so die Abwanderung von Arbeitskräften in produktivere und wettbewerbsfähigere Bereiche zu fördern.

• *Handelsliberalisierung.* Während die Regierungen in den Industrieländern damit begannen, einige der durch die Finanz- und Geldpolitik sowie die Rigiditäten am Arbeitsmarkt verursachten Verzerrungen zu korrigieren, bewegte sich ihre Handelspolitik häufig auf entgegengesetztem Kurs, nämlich in Richtung Protektionismus. Durch das Einschwenken auf eine Wirtschaftspolitik der oben diskutierten Art (insbesondere durch Abbau der Haushaltsdefizite) könnten die Industrieländer die Voraussetzungen für ein anhaltendes, kräftiges Wirtschaftswachstum schaffen. Dies würde die Importnachfrage der Industrieländer steigern und die Exporte wie die Importe der Entwicklungsländer kräftig ausweiten. Außerdem würden dadurch die zum Abbau der internationalen Handelsschranken erforderlichen Bedingungen geschaffen. Dies wiederum würde das Welthandelsvolumen zusätzlich zu dem unmittelbaren Effekt des stärkeren Wirtschaftswachstums weiter erhöhen. Um die Zuwachsraten des günstigen Falles zu erreichen, wäre eine neue Runde der Handelsliberalisierung für Industrieprodukte und Agrarimporte der Industrienationen erforderlich. Außerdem müßten bis 1995 die Zolläquivalente der wichtigsten nichttarifären Handelshemmnisse wesentlich unter den Stand von 1984 zurückgeführt werden (vgl. Sonderbeitrag 3.1).

Sonderbeitrag 3.1 Multilaterale Handelskonferenzen und das GATT

Während der gesamten Nachkriegszeit haben sich multilaterale Handelskonferenzen unter der Ägide des GATT als wirksame Mittel erwiesen, um die Flut des Protektionismus einzudämmen und einen umfassenden Abbau der Zollschranken im Außenhandel zu erreichen. Teilweise als Folge der begrenzten Teilnahme der Entwicklungsländer wurden die Zollschranken für deren Exporte in geringerem Umfang gesenkt. Die Entwicklungsländer haben jedoch davon profitiert, daß nach dem Grundsatz der Meistbegünstigung die zwischen den Industrieländern vereinbarten Zollsenkungen auf sie übertragen wurden.

In den letzten Jahren hat der Protektionismus in den Industrieländern im allgemeinen zugenommen, und nichttarifäre Handelshemmnisse (im Gegensatz zu Zöllen) haben sich auf Märkten stark ausgebreitet, die für Entwicklungsländer heute und in Zukunft von großem Interesse sind — etwa bei Textilien und Bekleidung, Stahl und Agrarprodukten. Nichttarifäre Handelshemmnisse spielen auch in den handelspolitischen Regelungen der Entwicklungsländer bei einer Vielzahl von Warengruppen weiterhin eine wichtige Rolle.

Nach umfassenden Diskussionen in den vergangenen zwei Jahren bereitet das GATT gegenwärtig eine neue Runde multilateraler Verhandlungen vor. Ein vorbereitender Ausschuß wird wahrscheinlich im Juli 1986 einen Bericht über die Themen und die Modalitäten der neuen GATT-Runde fertigstellen. Um substantielle Ergebnisse zu erzielen, sollte sich diese Konferenz mehr als in der Vergangenheit auf die nichttarifären Handelshemmnisse konzentrieren, denn diese stellen heute die wichtigsten Hindernisse im Außenhandel dar. Die neue Runde sollte auch institutionelle Reformen im GATT fördern, die das internationale Handelssystem stärken und dazu beitragen würden, eine weitere Zunahme des Protektionismus zu verhindern. Zu den wichtigen noch offenen Problemen, bei denen die Ansichten auseinandergehen, gehört die Frage, ob der Austausch von Dienstleistungen in die Verhandlungen einbezogen werden sollte und wenn ja, in welcher Form.

Für die Entwicklungsländer geht es in diesen Verhandlungen um wesentliche Interessen. Die Liberalisierung und rationellere Gestaltung ihrer eigenen Außenhandelssysteme bringt ihnen wahrscheinlich bedeutende wirtschaftliche Vorteile, und zwar durch eine gesteigerte Effizienz und den Abbau von Verzerrungen, welche die Produktion von Exportgütern benachteiligen. Die Reziprozität und Multilateralität der Verhandlungen bedeuten, daß den Entwicklungsländern die Chance geboten wird, als Gegenleistung für ihre eigenen Liberalisierungsbemühungen einen erweiterten Zugang zu den Märkten der Industrieländer zu erhalten. Die Stärkung des GATT-Systems könnte auch den eigenen Handelsinteressen der Entwicklungsländer dienen, insbesondere, wenn sie zu einem Abbau der willkürlichen und diskriminierenden protektionistischen Praktiken der Industrieländer gegen die Exporte der Entwicklungsländer führt.

Vom Standpunkt der Entwicklungsländer aus sind für den Erfolg multilateraler Verhandlungen die Fragen des Zugangs zu den Märkten der Industrieländer von entscheidender Bedeutung. Das Zugangsproblem stellt sich sowohl bei Industrie- als auch bei Agrarprodukten. Im Fall der Agrarprodukte bilden die nichttarifären Handelshemmnisse und die Subventionierung von Agrarprodukten der gemäßigten Zone durch viele Industrieländer die zentralen Probleme.

Die Entwicklungsländer werden nur dann nennenswerte Vorteile erzielen, wenn sie sich aktiv an diesen multilateralen Verhandlungen beteiligen. Eine aktive Teilnahme bedingt die Bereitschaft zum Angebot einiger Gegenleistungen an die Industrieländer in Form einer rationelleren Gestaltung und Liberalisierung ihrer eigenen Außenhandelssysteme. Bestimmte, in den Entwicklungsländern häufig angewandte Einfuhrkontrollen schaffen für die Exportwirtschaft der Industrieländer Probleme, und die Unterstützung durch die Exportwirtschaft kann durchaus für die Bereitschaft der Industrieländer zum Abbau von Einfuhrbeschränkungen bei Produkten der Entwicklungsländer entscheidend sein.

Wenn die fortgeschritteneren Entwicklungsländer nicht willens sind, einen wechselseitigen Abbau der Handelsschranken in die Verhandlungen einzubringen, laufen sie eine andere Gefahr: Die Industrieländer, die an einer Handelsliberalisierung durch multilaterale Vereinbarungen interessiert sind, — insbesondere die Vereinigten Staaten — werden die Entwicklungsländer bei ihren Verhandlungen ausschließen. Ein derartiges Ergebnis wäre

Die Aussichten der Entwicklungsländer

Die Wachstumsrate des BIP von 5,9 Prozent im günstigen Fall illustriert, wie rasch die Entwicklungsländer bei anhaltenden inländischen Wirtschaftsreformen und einem günstigen außenwirtschaftlichen Umfeld wachsen können. Diese Rate bedeutet, daß das Pro-Kopf-Einkommen mit ansehnlichen 3,9 Prozent wächst. Im ungünstigen Fall dagegen würde das Pro-Kopf-Einkommen nur um 2,0 Prozent zunehmen.

Da der günstige und der ungünstige Fall ähnliche Annahmen über die Verbesserung der Wirtschaftspolitik in den Entwicklungsländern enthalten, läßt sich anhand des Unterschieds zwischen den beiden Fällen für eine bestimmte Ländergruppe grob abschätzen, in welchem Ausmaß die Entwicklung dieser Gruppe von der Weltwirtschaft beeinflußt wird. In den asiatischen Ländern mit niedrigem Einkommen ist die Wachstumsrate des Pro-Kopf-Einkommens im günstigen Fall mit 4,8 Prozent hoch, im ungünstigen Fall beträgt sie 2,8 Prozent.

sowohl für die Entwicklungsländer als auch für das internationale Handelssystem abträglich: Der Abbau von Handelsschranken würde dann vor allem jene Produkte betreffen, die für die Industrieländer von Interesse sind, und gleichzeitig würde die Multilateralität des Handelssystems durch die Ausbreitung bilateraler Übereinkommen untergraben.

Die Reziprozität der Vereinbarungen sollte entsprechend dem unterschiedlichen Entwicklungsstand abgestuft werden. Nach der sogenannten „Ermächtigungs-Klausel" des GATT besteht seitens der „Entwicklungsländer die Erwartung, daß sie mit fortschreitender Entwicklung ihrer Volkswirtschaften und der Verbesserung ihrer Handelssituation in der Lage sein werden, in zunehmendem Maß am Rahmenwerk von Rechten und Pflichten des GATT teilzunehmen." In Übereinstimmung mit diesem Prinzip wäre zu erwarten, daß jene Entwicklungsländer, die bereits bedeutende Fortschritte in ihrer wirtschaftlichen Entwicklung erzielt haben und weiterem Wachstum in der Zukunft entgegensehen können, in einer neuen Runde multilateraler Verhandlungen zusätzliche Verpflichtungen übernehmen.

Viele institutionelle Änderungen wären zwar wünschenswert, am wichtigsten wäre aber wohl die Schaffung eines wirksamen Systems von Schutzklauseln. Ein solches System ist erforderlich, um sicherzustellen, daß der durch die Verhandlungen erzielte Abbau des Protektionismus nicht willkürlich und einseitig rückgängig gemacht wird, und daß bestimmten Wirtschaftszweigen bei Bedarf zeitweilig Schutz gewährt wird. Um die längerfristige Anpassung zu fördern, sollten daher Schutzmaßnahmen einheitlich anwendbar sein, nur vorübergehend erfolgen und im Zeitablauf progressiv abgebaut werden.

Die wirksame Anwendung eines Systems von Schutzklauseln würde auch bessere Vorkehrungen zur Beilegung von Handelsstreitigkeiten im Rahmen des GATT erfordern. Die institutionelle Stärkung des GATT wäre für die Entwicklungsländer deshalb hilfreich, weil gerade sie als die schwächeren Handelspartner am meisten davon profitieren könnten, wenn die Staaten die Regeln des internationalen Handels besser befolgten.

Der Prozeß der Handelsliberalisierung durch multilaterale Verhandlungen ging langsam voran und wird wahrscheinlich langsam bleiben. Nicht nur erfordern die eigentlichen Verhandlungen in der Regel mehrere Jahre bis zu ihrem Abschluß, sondern die vereinbarte Handelsliberalisierung erfolgt auch normalerweise in Stufen während der folgenden Jahre. Infolgedessen kann eine zu Buche schlagende Liberalisierung im Zuge der neuen multilateralen Handelsrunde nicht vor dem Ende dieses Jahrzehnts erwartet werden. Viele Entwicklungsländer, insbesondere die hoch verschuldeten, müssen jedoch ihre Exporteinnahmen innerhalb einer viel kürzeren Zeitspanne steigern. Die Ausweitung ihrer Exporte erfordert den Abbau der Hemmnisse für eine effiziente Exportproduktion, die durch ihre eigenen hoch protektionistischen Handelssysteme entstanden sind, sowie einen verbesserten Zugang zu den Märkten der Industrieländer. Sowohl die Industrie- als auch die Entwicklungsländer sollten auf jede Weise darin bestärkt werden, die erforderliche Rationalisierung und Liberalisierung des Handels jetzt zu unternehmen.

Die gegenwärtigen Vorbereitungen auf eine multilaterale Handelsrunde könnten jedoch viele Länder veranlassen, eine Verzögerung von Liberalisierungsmaßnahmen zu erwägen, um ihre Verhandlungsposition für die multilateralen Verhandlungen zu erhalten. Es wäre ausgesprochen ungünstig, wenn der Verhandlungsprozeß die Aussichten für entscheidende strukturelle Anpassungen unterminieren würde, weil man sich zu einer solchen Verhandlungsstrategie entschließt.

Ein möglicher Weg, diesem Problem zu begegnen, könnte darin bestehen, daß die Entwicklungsländer im Rahmen der multilateralen Verhandlungen eine Art „Gutschrift" für die vorherige Durchführung solcher Reformen erhalten. Für die Erteilung solcher „Gutschriften" gibt es Präzedenzfälle in den Verhandlungen zwischen Industrie- und Entwicklungsländer während der früheren Kennedy-Runde. Die Industrieländer könnten etwa zu Beginn der Verhandlungen grundsätzlich zustimmen, daß Liberalisierungsmaßnahmen oder andere Handelsreformen der Entwicklungsländer, die nach einem bestimmten Zeitpunkt erfolgen, honoriert würden. Ein solches Vorgehen könnte die Entwicklungsländer dazu ermutigen, ihre Handelssysteme dann zu liberalisieren, wenn sie die gewünschte strukturelle Umwandlung bewirken wollen, statt damit bis zum Abschluß der Handelsrunde zu warten.

Für die Hauptexporteure von Industrieprodukten bringt der günstige Fall ein Pro-Kopf-Wachstum von 4,6 Prozent, der ungünstige Fall nur 2,2 Prozent. In den afrikanischen Ländern mit niedrigem Einkommen jedoch beläuft sich im günstigen Fall die entsprechende Zuwachsrate nur auf 0,8 Prozent, und im ungünstigen Fall würde das Pro-Kopf-Einkommen überhaupt nicht wachsen.

Die ausgeprägten Unterschiede zwischen dem günstigen und dem ungünstigen Fall bei den asiatischen Ländern mit niedrigem Einkommen und den Hauptexporteuren von Industrieprodukten (2,0 bzw. 2,4 Prozentpunkte), im Vergleich zu dem geringen Unterschied bei den afrikanischen Ländern mit niedrigem Einkommen (0,8 Prozentpunkte), spiegeln die stärkere weltwirtschaftliche Integration der Schwellenländer wider. Veränderungen der Exportmärkte und der Zinssätze würden die Wirtschaftsleistung dieser Länder stärker fluktuieren lassen als die der mehr Binnenmarkt-orientierten und landwirtschaftlich fundierten afrikanischen Volkswirtschaften. Dies bedeutet jedoch nicht, daß die Schwellenländer schlechter dastünden. In der Tat wachsen sie im ungünstigen Fall noch rascher als die afrikanischen Länder mit niedrigem Einkommen im günstigen Fall. Entwicklungsländer, die sich von der Weltwirtschaft abzuschließen versuchen, können die Auswirkungen internationaler Konjunkturschwankungen reduzieren, aber sie zahlen dafür insofern einen hohen Preis, als ihr Wachstum bei jedem weltwirtschaftlichen Szenario niedriger ist. Die höhere Pro-Kopf-Wachstumsrate in den asiatischen Ländern mit niedrigem Einkommen beruht auch auf dem im Vergleich zu Afrika geringeren Bevölkerungswachstum. Dies spiegelt den relativen Erfolg wider, den die asiatischen Länder mit niedrigem Einkommen, insbesondere China, bei der Kontrolle des Bevölkerungswachstums erzielt haben.

Der „günstige Fall"

Bei starkem Wachstum in den OECD-Ländern würden die asiatischen Länder mit niedrigem Einkommen und die Hauptexporteure von Industrieprodukten die höchsten Wachstumsraten erzielen. Beide Gruppen würden ihre Warenexporte um mehr als 8,0 Prozent pro Jahr ausweiten (vgl. Tabelle 3.3). Das Wachstum des Pro-Kopf-Einkommens in den asiatischen Ländern mit niedrigem Einkommen spiegelt vor allem die Wirtschaftsleistung Chinas und Indiens wider. Ihre positive Entwicklung ist das Ergebnis anhaltender wirtschaftspolitischer Reformen und zusätzlicher Auslandskredite. Eine weitere Öffnung dieser beiden wichtigen Volkswirtschaften gegenüber dem Welthandel würde die Effizienz der heimischen Produktion erhöhen und das Ausfuhrwachstum beschleunigen. Diese Entwicklung, verbunden mit einem stärkeren Rückgriff auf die internationalen Kapitalmärkte (die Schuldenkennzahlen dieser Ländergruppe steigen), stützt das stärkere Wirtschaftswachstum ab, wie es in unserem günstigen Fall erscheint.

Den Hauptexporteuren von Industrieprodukten, wie Korea und Brasilien, würde ein kräftigeres Wachstum in den Industrieländern, begleitet von einem Abbau des Protektionismus, die wachsenden Märkte bieten, welche sie zur Ausweitung von Produktion und Ausfuhr benötigen. Zusammen mit höheren Zuflüssen von privatem Auslandskapital würde das Exportwachstum ihre Einfuhrkapazität um nahezu 9 Prozent pro Jahr steigern. Im Endergebnis könnten diese Volkswirtschaften während der nächsten Zehnjahresperiode ein rascheres Wachstum durchhalten.

Selbst wenn die Zuwachsraten unseres günstigen Falles erreicht werden, sind die Aussichten für die ölexportierenden Länder mit mittlerem und hohem Einkommen weniger günstig als im letzten Jahr. Bei den Ölexporteuren mit mittlerem Einkommen (bei

Tabelle 3.3 Wachstum des Handels der Entwicklungsländer, 1965 bis 1995
(durchschnittliche jährliche Veränderung in %)

| | Exporte von Gütern | | | | | Exporte von Industrieprodukten | | | | |
| | | | | 1985–95 | | | | | 1985–95 | |
Ländergruppe	1965–73	1973–80	1980–85	Günstiger Fall	Ungünstiger Fall	1965–73	1973–80	1980–85	Günstiger Fall	Ungünstiger Fall
Entwicklungsländer	5,0	4,6	4,1	7,1	3,2	11,6	13,8	7,9	9,8	5,0
Länder mit niedrigem										
Einkommen	1,9	5,4	5,0	8,0	4,3	2,3	8,3	7,4	11,1	6,5
Afrika	4,6	1,3	—1,5	5,3	2,6	5,4	2,0	—2,1	9,3	4,6
Asien	0,6	6,8	6,6	8,4	4,6	2,0	8,7	7,8	11,1	6,5
Ölexporteure mit mittlerem										
Einkommen	4,3	0,0	1,2	5,1	1,5	10,7	8,0	15,4	11,5	5,9
Ölimporteure mit mittlerem										
Einkommen	7,1	9,0	5,6	7,8	3,8	15,5	15,3	7,4	9,4	4,7
Hauptexporteure										
von Industrieprodukten	9,2	10,6	5,9	8,1	3,9	15,6	15,9	7,0	9,3	4,6
Sonstige ölimportierende										
Länder	2,4	3,5	4,3	6,6	3,4	14,8	9,1	13,0	10,6	6,5

Anmerkung: Die Wachstumsraten des Außenhandelsvolumens früherer Jahre spiegeln Revisionen sowohl der nominalen Handelszahlen als auch der Berechnungsmethode der zur Deflationierung verwendeten Indizes wider.

spielsweise Ägypten, Indonesien und Malaysia) hat der jüngste Verfall des Ölpreises die Geschäftsbanken veranlaßt, ihre Einschätzung der Verschuldungskapazität dieser Länder nach unten zu revidieren. Für jene Ölexporteure, bei denen Schuldendienstprobleme auftraten (beispielsweise Mexiko und Nigeria), verschärft der Ölpreisrückgang eine bereits schwierige Situation. Es müssen daher bedeutsame Schritte erfolgen, um den Rückgang ihrer Realeinkommen abzumildern. Vorrangig sind wirtschaftspolitische Maßnahmen zur Steigerung der inländischen Ersparnis sowie zur effizienten Allokation und Nutzung der Ressourcen. Ein Abbau der Benachteiligung neuer Exportaktivitäten wird besonders wichtig sein, ebenso wie ein Abbau von Handelshemmnissen in den Industrieländern. Wie später dargelegt wird, müssen diese internen Bemühungen um Anpassung in den hochverschuldeten ölexportierenden Ländern mit mittlerem Einkommen durch ein anhaltendes und wachsendes Angebot von Auslandskapital unterstützt werden. Unter diesen Bedingungen werden die ölexportierenden Länder mit mittlerem Einkommen als Gruppe in der Lage sein, eine tragbare Ausweitung der Importe zu finanzieren. Außerdem ist längerfristig eine Festigung des Ölpreises zu erwarten, wenn das raschere Wachstum der Weltölnachfrage gegen die bestehenden Angebotskapazitäten zu drücken beginnt. Somit könnten die ölexportierenden Länder in einer konjunkturell stärkeren Weltwirtschaft wieder ein jährliches Pro-Kopf-Wachstum von 2,3 Prozent im Verlauf der Dekade 1985 bis 1995 erreichen (vgl. Sonderbeitrag 3.2).

Länder mit mittlerem Einkommen, die nicht zu den Hauptexporteuren von Industrieprodukten gehören, könnten ebenfalls eine erhebliche Verbesserung ihres Ausfuhrwachstums auf 6,6 Prozent pro Jahr erzielen. Da jedoch diese größere Ländergruppe in höherem Maß von Rohstoffausfuhren abhängt, würde die zunehmende Weltnachfrage das Ausfuhrwachstum bei ihnen nicht so stark anregen wie bei den Exporteuren von Industrieprodukten. Die Nachfrage nach Rohstoffen ist vergleichsweise einkommensunelastisch — d. h. sie steigt nicht proportional zum Einkommen der Bevölkerung —, und Substitute werden zunehmend wettbewerbsfähiger. Gleichwohl würde ein kräftiges Wachstum in den OECD-Ländern jenen Ländern mit mittlerem Einkommen, die Wirtschaftsreformen durchführen (wie etwa die Elfenbeinküste, Marokko, Mauritius und Senegal), wachsende Weltmärkte bieten, die sie zur Realisierung der größtmöglichen Wachstumsgewinne aus ihren Reformbemühungen benötigen. Ihre Deviseneinnahmen würden steigen, und — ein adäquates Angebot von Auslandskapital vorausgesetzt — diese Länder wären in der Lage, ihre Einfuhren zu steigern wie auch ihre Schulden zu bedienen (vgl. den späteren Abschnitt „Kapitalbewegungen und Schulden").

In den afrikanischen Ländern mit niedrigem

	Exporte von Rohstoffen					*Importe von Gütern*					
				1985–95					1985–95		
1965–73	1973–80	1980–85		Günstiger Fall	Ungünstiger Fall	1965–73	1973–80	1980–85	Günstiger Fall	Ungünstiger Fall	Ländergruppe
3,8	1,1	1,4		4,3	1,5	5,8	5,9	0,9	7,7	3,4	Entwicklungsländer
											Länder mit niedrigem
1,6	3,6	3,1		4,6	2,0	0,8	6,1	5,9	6,0	1,7	Einkommen
4,5	1,2	−1,5		4,9	2,4	3,4	2,1	−3,0	3,9	1,2	Afrika
−0,6	5,2	5,4		4,4	1,9	−0,5	7,7	8,2	6,4	1,8	Asien
											Ölexporteure mit mittlerem
4,2	−0,4	−0,1		4,0	0,8	3,7	9,1	−2,0	7,0	1,6	Einkommen
											Ölimporteure mit mittlerem
3,8	3,3	2,8		4,5	2,1	8,0	4,7	0,9	8,3	4,4	Einkommen
											Hauptexporteure von
5,5	3,8	3,6		4,7	2,2	9,6	4,8	1,1	8,9	4,9	Industrieprodukten
											Sonstige ölimportierende
1,2	2,4	1,4		4,3	1,7	3,6	4,3	0,0	5,6	2,1	Länder

Sonderbeitrag 3.2 Wie ein Rückgang des Ölpreises die Entwicklungsländer beeinflußt

Profitieren die Entwicklungsländer von billigerem Öl? Insgesamt betrachtet, läßt sich dieses bejahen. Wenn der Ölpreis von rund 20 bis 22 Dollar je Barrel auf 10 bis 12 Dollar je Barrel sinken würde und für die nächsten fünf Jahre auf diesem Niveau bliebe, würden die unmittelbaren Einbußen der ölexportierenden Entwicklungsländer (Verluste an Öleinnahmen) die direkten Gewinne der Ölimporteure übertreffen. Für die Entwicklungsländer als Gruppe würden jedoch die indirekten Effekte eines Preisrückgangs um 10 Dollar je Barrel die direkten Auswirkungen mehr als ausgleichen.

Die entscheidenden indirekten Vorteile für die Entwicklungsländer resultieren aus den Auswirkungen des Ölpreisrückgangs auf die Industrieländer. Die Entwicklungsländer würden von der Steigerung der Exportnachfrage und den niedrigeren Zinsen profitieren, die billigeres Öl in den Industrieländern bewirken dürfte. Bei einem Ölpreisrückgang wie oben angenommen würde nach unseren Schätzungen das BIP-Wachstum der Industrieländer von 1986 bis 1990 um mindestens 0,4 Prozentpunkte pro Jahr höher ausfallen.[1] Dies würde zu einer größeren Nachfrage nach den Ausfuhren der Entwicklungsländer führen. Bei einigen Entwicklungsländern ergäbe sich jedoch eine kompensierende indirekte Belastung, und zwar infolge der sinkenden Heimatüberweisungen von Gastarbeitern, die in ölexportierenden Ländern mit hohem und mittlerem Einkommen beschäftigt sind.

[1] Andere Schätzungen gehen tendenziell darüber hinaus. In dem Maß, wie das OECD-Wachstum höher ausfällt als angenommen, wird der positive Netto-Effekt des Ölpreisrückgangs für die Entwicklungsländer ebenfalls die hier angegebenen Schätzungen übertreffen.

In den Industrieländern würde der fallende Ölpreis kurzfristig zu einem Rückgang von Inflation und Zinssätzen führen. Da Öl in den Preisindizes der Vereinigten Staaten ein größeres Gewicht hat als in denen der europäischen Länder, ist zu erwarten, daß Preisniveau und Zinssätze in den Vereinigten Staaten stärker als in Europa fallen; infolgedessen würde sich der Dollar tendenziell abwerten.

Obwohl der gesamte Ausfuhrwert der Entwicklungsländer sinken würde (wegen des weltweit niedrigeren Preisanstiegs), würden ihre Ausfuhrmengen steigen. Die Exportwerte der nicht-ölexportierenden Regionen gingen ebenfalls zurück, teilweise wegen der gesunkenen Inflationsrate und teilweise deshalb, weil jede Region Erdöl in gewissem Umfang exportiert. Die Tabellen 3.2A und 3.2B enthalten vorsichtige Schätzungen der Auswirkung eines Ölpreisrückgangs um 10 Dollar je Barrel auf die Entwicklungsländer. Die erste Tabelle zeigt die Auswirkung auf die Exporteinnahmen, die Zinszahlungen und die Kreditaufnahmen, und die zweite Tabelle zeigt die Auswirkung auf die Ausfuhr- und Einfuhrmengen.

Während die Angaben in diesen Tabellen deutlich machen, daß die ölimportierenden Entwicklungsländer profitieren würden, zeigen sie zugleich die Größenordnung der negativen Auswirkungen auf die ölexportierenden Entwicklungsländer. Bei Ölexporteuren mit mittlerem Einkommen würden die Exporterlöse zwischen 1986 und 1990 um 24 bis 28 Prozent zurückgehen (vgl. Tabelle 3.2A). Infolgedessen würden diese Länder wahrscheinlich weniger Auslandsmittel erhalten, und sie müßten deshalb ihre inländischen Ausgaben einschränken, um ihre realen

Tabelle 3.2A Geschätzte Auswirkungen eines Ölpreisrückgangs um 10 Dollar je Barrel auf Exporteinnahmen, Zinszahlungen sowie mittel- und langfristige private Kredite an Entwicklungsländer, 1986, 1987 und 1990

	Exporteinnahmen						Zinszahlungen auf mittel- und langfristige Schulden					
	Differenz in Mrd $			Differenz in %			Differenz in Mrd $			Differenz in %		
Ländergruppe	1986	1987	1990	1986	1987	1990	1986	1987	1990	1986	1987	1990
Entwicklungsländer	−42,8	−49,7	−54,4	−8,3	−8,6	−6,4	−0,7	−4,7	−3,6	−1,1	−7,0	−5,1
Länder mit niedrigem Einkommen	−3,2	−3,7	−3,2	−5,2	−5,4	−3,1	0,0	−0,4	−0,3	0,0	−7,3	−3,2
Afrika	−0,3	−0,4	−0,5	−2,9	−3,9	−3,1	0,0	−0,1	0,0	0,0	−4,9	0,0
Asien	−2,9	−3,3	−2,8	−5,6	−5,7	−3,1	0,0	−0,3	−0,3	0,0	−8,3	−3,4
Ölexporteure mit mittlerem Einkommen	−32,3	−36,1	−44,0	−27,9	−27,7	−24,0	−0,2	−1,5	−1,0	−1,1	−7,1	−5,0
Ölimporteure mit mittlerem Einkommen	−7,3	−9,8	−7,2	−2,2	−2,6	−1,3	−0,4	−2,7	−2,3	−1,1	−7,0	−5,5
Hauptexporteure von Industrieprodukten	−5,8	−7,5	−4,9	−2,1	−2,4	−1,1	−0,3	−2,2	−2,0	−1,1	−7,4	−6,4
Sonstige ölimportierende Länder	−1,5	−2,3	−2,3	−2,5	−3,4	−2,3	−0,1	−0,5	−0,3	−0,9	−5,6	−2,9

Anmerkung: Die Angaben basieren auf der Differenz zwischen dem Basis-Ölpreis je Barrel (1986: 20$, 1987: 22$, 1990: 23$) und dem um 10$ niedrigeren Szenario-Preis.
Quelle: Fleisig (Hintergrundpapier).

Tabelle 3.2B Geschätzte Auswirkungen eines Ölpreisrückgangs um 10 Dollar je Barrel auf den Außenhandel der Entwicklungsländer, 1986, 1987 und 1990

	Ausfuhren						Einfuhren					
	Differenz in Mrd $ von 1980			Differenz in %			Differenz in Mrd $ von 1980			Differenz in %		
Ländergruppe	1986	1987	1990	1986	1987	1990	1986	1987	1990	1986	1987	1990
Entwicklungsländer	2,4	9,2	17,6	0,5	1,8	3,0	8,7	11,2	5,9	1,6	2,0	0,9
Länder mit niedrigem Einkommen	0,2	1,0	2,2	0,4	1,7	3,1	2,8	3,8	4,8	3,1	4,2	4,8
Afrika	0,0	0,1	0,2	0,3	1,0	1,8	0,6	0,8	0,8	3,7	5,7	5,1
Asien	0,2	0,9	2,0	0,5	1,8	3,4	2,2	3,0	4,0	3,0	4,0	4,7
Ölexporteure mit mittlerem Einkommen	0,6	2,4	4,6	0,4	1,7	2,7	—19,0	—23,8	—31,3	—16,9	—21,7	—24,5
Ölimporteure mit mittlerem Einkommen	1,5	5,8	10,8	0,5	2,0	3,1	24,9	31,2	32,4	7,1	8,4	7,0
Hauptexporteure von Industrieprodukten	1,3	5,2	9,6	0,6	2,1	3,3	19,5	24,4	24,9	7,1	8,2	6,7
Sonstige ölimportierende Länder	0,2	0,6	1,2	0,3	1,2	2,1	5,4	6,8	7,5	7,2	8,9	8,6

Anmerkung: Die Angaben basieren auf der Differenz zwischen dem Basis-Ölpreis je Barrel (1986: 20$, 1987: 22$, 1990: 23$) und dem um 10$ niedrigeren Szenario-Preis.
Quelle: Fleisig (Hintergrundpapier).

Importe zu verringern. Der erforderliche Rückgang der realen Importe könnte eine Größenordnung von 20 bis 30 Mrd Dollar pro Jahr erreichen. Dies wäre über eine Schrumpfung des realen BIP zu erreichen, die durch höhere Steuern, niedrigere Staatsausgaben und eine restriktivere Geldpolitik herbeigeführt wird. Wenn die Ölexporteure ihre Importe durch diese Maßnahmen reduzieren würden, könnte ihr BIP gegenüber dem sonst zu erwartenden Niveau um 6 bis 12 Prozent sinken. Das würde während der Anpassungsperiode ihre durchschnittlichen Wachstumsraten um ungefähr vier Prozentpunkte pro Jahr senken. Der gleiche Ölpreisrückgang würde auch die Wachstumsaussichten der ölexportierenden Länder mit hohem Einkommen ungünstig beeinflussen. Es wird geschätzt, daß ein Rückgang des Ölpreises um 10 Dollar ihre Exporterlöse um insgesamt rund 60 Mrd Dollar reduzieren würde.

Die ölexportierenden Entwicklungsländer könnten den Druck auf ihr Sozialprodukt durch beträchtliche Abwertungen teilweise auffangen. Die Verteuerung der gehandelten Güter im Verhältnis zu den nichtgehandelten Gütern könnte die Ausfuhren steigern, die Einfuhren senken und so die Anpassung der Volkswirtschaft unterstützen. Dies würde einige der andernfalls eintretenden Produktionsverluste verhindern. Solche Anpassungen wären zwar notwendige, doch dürfte die Reaktion des Exportangebots Zeit benötigen, so daß kurzfristig gewisse Produktionseinbußen unvermeidlich wären.

	Mittel- und langfristige private Kredite					
Differenz in Mrd $			Differenz in %			
1986	1987	1990	1986	1987	1990	Ländergruppe
—1,4	—4,1	—15,9	—5,5	—16,6	—	Entwicklungsländer
0,0	—0,1	—0,4	—0,2	—0,7	—3,9	Länder mit niedrigem Einkommen
0,0	0,0	0,0	0,0	0,0	0,0	Afrika
0,0	—0,1	—0,4	0,0	—0,7	—3,4	Asien
—0,4	—1,3	—4,6	—	—	—	Ölexporteue mit mittlerem Einkommen
—1,0	—2,7	—11,0	—7,7	—24,0	—	Ölimporteure mit mittlerem Einkommen
—0,9	—2,6	—10,5	—10,0	—29,6	—	Hauptexporteure von Industrieprodukten
0,0	—0,1	—0,5	0,0	—5,0	20,4	Sonstige ölimportierende Länder

Sonderbeitrag 3.3 Das Schuldenproblem in Afrika südlich der Sahara

Zwar ist die absolute Höhe der Schulden der afrikanischen Länder südlich der Sahara relativ gering, doch gilt dies nicht für die Kosten des Schuldendienstes. Die gesamten lang- und kurzfristigen Verbindlichkeiten nahmen von 38,5 Mrd Dollar im Jahr 1978 auf nahezu 80 Mrd Dollar im Jahr 1984 zu, oder von 30 Prozent des gesamten BSP der Region auf 50 Prozent. Obwohl viele der Kredite der afrikanischen Länder mit niedrigem Einkommen von bilateralen und multilateralen Geldgebern zu konzessionären Bedingungen gewährt wurden, sind die Schuldendienstverpflichtungen in Prozent der Exporte von Waren und Dienstleistungen (ohne Faktoreinkommen) auf ein unhaltbares Niveau gestiegen.

Das Schaubild 3.3A enthält die letztverfügbaren Angaben über die Kosten des Schuldendienstes für die langfristigen Schulden im gesamten Afrika südlich der Sahara sowie in der Untergruppe der IDA-Länder mit niedrigem Einkommen und in den sonstigen Ländern. Die Angaben für 1979 bis 1984 zeigen, welche Beträge die Länder tatsächlich an Tilgung und Zinsen gezahlt haben, diejenigen für 1985 und die folgenden Jahre, welche Summen aufgrund der ausstehenden Schulden planmäßig zu bezahlen sind. Die fälligen Schuldendienstzahlungen übertrafen offenbar die tatsächlich geleisteten Zahlungen erheblich. Die gesamten Schuldendienstleistungen beliefen sich 1983 auf 6,4 Mrd Dollar und 1984 auf 7,9 Mrd Dollar, während die planmäßigen Leistungen für 1985 und 1986 jeweils ungefähr 12 Mrd Dollar betragen. Die Schuldendienstquote, die sich 1984 auf 21,6 Prozent belaufen hat, steigt 1985 auf Basis des planmäßigen Schuldendienstes für die Region als ganzes auf 33,2 Prozent. Bei den IDA-Ländern nimmt sie noch stärker zu, nämlich von 18,5 Prozent auf 39,6 Prozent.

Obwohl der Schuldendienst nicht der ausschlaggebende Grund für das geringe Wachstum Afrikas gewesen ist, wird das Schuldenproblem aus drei prinzipiellen Gründen zunehmend akut: Erstens nimmt der Anteil des Schuldendienstes, der für eine Umschuldung nicht in Frage kommt (hauptsächlich Kreditrückzahlungen an multilaterale Organisationen), rasch zu. Zweitens erweist sich der Prozeß, in dem hohe planmäßige Tilgungen in tragbare niedrigere Zahlungen umgewandelt werden, als sehr kostspielig. Er hat eine Atmosphäre von Unsicherheit geschaffen, die das Vertrauen mindert und private Investitionen abschreckt.

Drittens sind die Netto-Kapitalzuflüsse nach Afrika südlich der Sahara erheblich gesunken. Wie die Angaben in Tabelle 3.3A zeigen, ist die geringe Zunahme der Netto-Kapitalzuflüsse aus multilateralen Quellen im Jahr 1984 durch den Rückgang der bilateralen Nettozuflüsse kompensiert worden. Berücksichtigt man auch den steilen Fall der privaten Nettozuflüsse (sie sanken von einem Höhepunkt von 4,3 Mrd Dollar im Jahr 1982 auf einen negativen Wert von 0,3 Mrd Dollar im Jahr 1984), dann wird die Größenordnung des Problems sichtbar.

Darüber hinaus ist die Schuldenlast ungleichmäßig verteilt. In einigen Ländern wie Botsuana, Kamerun und Lesotho beträgt die Schuldendienstquote weniger als 15 Prozent; in anderen liegt sie bei über 50 Prozent. Während zudem in einigen Ländern die Schulden in erster Linie aus kommerziellen Quellen stammen (beispielsweise in der Elfenbeinküste, Nigeria und Simbabwe), haben andere vorwiegend öffentliche Quellen in Anspruch genommen (beispielsweise Sambia, Tansania und Zaire).

Insgesamt zehn Länder der Region schuldeten 1985 im Rahmen der Pariser Clubs um, ebensoviel wie in den Rekordjahren 1983 und 1984. Ein potentiell noch ernsteres Problem stellte sich jedoch 1985 ein. Verschiedene Länder südlich der Sahara schuldeten im Rahmen des Pariser Clubs hauptsächlich deshalb nicht um, weil sie sich mit ihren Gläubigern nicht über Anpassungsprogramme einigen konnten. Viele dieser Länder sind zusätzlich durch Zahlungsrückstände gegenüber dem IWF behindert, die technisch gesehen Umschuldungsverhandlungen verbieten.

Können die afrikanischen Länder rasch genug wachsen, um die bestehenden Verpflichtungen zu erfüllen und eine angemessene Investitionstätigkeit im Inland aufrechtzuerhalten? Die Aussichten sind schlecht. Zwar mag es möglich sein, die Schuldendienstverpflichtungen der Nicht-IDA-Länder durch Reformen der nationalen Wirtschaftspolitik und Umschuldung zu bewältigen (ein kräftiges Wachstum der Weltwirtschaft vorausgesetzt), doch wird dies für etwa ein Dutzend IDA-Länder nicht ausreichen. Selbst im günstigen Fall könnten diese Länder nicht die Exporteinnahmen erzielen, die sie benötigen, um ihre Schuldendienstverpflichtungen und die zur Aufrechterhaltung des Wachstums erforderlichen Investitionen zu finanzieren. Dies würde auch dann gelten, wenn ein Großteil der Schulden umgeschuldet würde.

Tabelle 3.3A Öffentliche Netto-Mittelaufnahmen in Afrika südlich der Sahara, 1978 bis 1984
(in Mio $)

Finanzierungsart	1978	1979	1980	1981	1982	1983	1984
Gesamte Nettozuflüsse	5.861,4	6.372,3	7.158,4	7.091,3	8.185,4	7.650,3	2.753,0
Öffentliche Kreditgeber	2.512,5	3.527,5	3.788,0	3.944,7	3.846,5	4.034,9	3.062,2
Multilaterale	1.347,5	1.281,0	1.799,7	1.649,8	1.890,9	1.782,5	1.834,1
Bilaterale	1.164,9	2.246,5	1.988,3	2.294,9	1.955,6	2.252,4	1.228,1
Private Kreditgeber	3.348,9	2.844,8	3.370,4	3.146,7	4.338,9	3.615,4	—309,2
Lieferantenkredite	341,2	87,5	409,0	140,7	122,0	41,8	170,7
Finanzmärkte	3.007,7	2.757,3	2.961,4	3.005,9	4.216,8	3.573,6	—479,9

Quelle: World Debt Tables der Weltbank, Ausgabe 1985 bis 1986.

Der diesjährige Bericht der Weltbank über Afrika südlich der Sahara (1986 a) argumentiert, daß es möglich ist, eine nachhaltige Lösung für das Schuldenproblem der Region zu erreichen. Dies erfordert jedoch koordinierte Anstrengungen der öffentlichen Stellen, der Geschäftsbanken und der afrikanischen Länder.

Der erste Schritt muß in einer Verpflichtung zu jener Art interner Wirtschaftsreformen bestehen, wie sie unlängst von Ghana, Sambia und Togo durchgeführt wurden. Der Bericht legt dar, daß sich die Regierungen auf das System der Leistungsanreize, die öffentlichen Investitionen und die inländische Ersparnis als Schlüsselbereiche konzentrieren sollten. Das Ziel sollte sein, die Benachteiligung der Landwirtschaft und der Exporte zu korrigieren, die häufig die städtischen Einkommensbezieher begünstigt. Wenn der Umfang und die Effizienz der Investitionen angehoben werden sollten, müssen Preise und Märkte verstärkt zum Zuge kommen. Dies würde eine Neudefinition der Rolle des öffentlichen Sektors bedeuten, um Ressourcen für den privaten Sektor frei zu machen und ein Umfeld zu schaffen, in dem die Gewinne von Investitionen wieder im Einklang mit ihren Risiken stünden.

Dies ist besonders wichtig, wenn ausländische Direktinvestitionen angeregt werden sollen, damit zusätzlich zur inländischen Ersparnis und den Auslandskrediten dringend benötigte Ressourcen verfügbar werden. In der Vergangenheit haben viele Länder südlich der Sahara ausländische Investitionen gezielt abgewehrt. Direktinvestitionen können jedoch eine nützliche Rolle spielen. Sie lenken Auslandskapital in Investitionen mit potentiellen Renditen, die höher sind als die Zinssätze; sie sind häufig mit dem Transfer von Technologie verbunden; noch wichtiger ist schließlich, daß das Risiko der Investitionen uneingeschränkt beim Kapitalgeber verbleibt. Wenn die Investition keine angemessene Rendite erbringt, trägt der Investor den Verlust, während bei der Fehlverwendung eines öffentlich garantierten Kredits die Rückzahlungsverpflichtungen bestehen bleiben.

Eine engere Abgrenzung der Aktivitäten, die richtigerweise der Staat zu übernehmen hat, würde ebenfalls dazu beitragen, öffentliche Ressourcen (einschließlich der Zeit überbeanspruchter Beamter) auf wichtige öffentliche Güter und Dienste zu konzentrieren. Viele Länder könnten erhebliche Effizienzgewinne erzielen, wenn sie sicherstellten, daß die Prioritäten der öffentlichen Investitionsprogramme nach Maßgabe ihrer Renditen festgelegt würden, und wenn die Investitionsausgaben mit den verfügbaren Mitteln in Einklang gehalten würden, wobei wichtige laufende und Erhaltungsaufwendungen vorab zu berücksichtigen sind.

Wirtschaftspolitische Maßnahmen zur Steigerung der inländischen Ersparnis sind ebenfalls nötig, um zu gewährleisten, daß die inländischen Investitionen durch den verminderten Zufluß von ausländischen Ersparnissen nicht über Gebühr eingeschränkt werden. Eine Steigerung der öffentlichen Ersparnis erfordert erneute Anstrengungen zum Abbau der Haushaltsdefizite, insbesondere der Betriebsverluste ineffizienter Staatsbetriebe. Die private Ersparnis könnte durch eine Steuerreform erhöht werden sowie durch eine Anpassung des inländischen Zinsniveaus an die inflationsbedingte Entwertung des Geldkapitals.

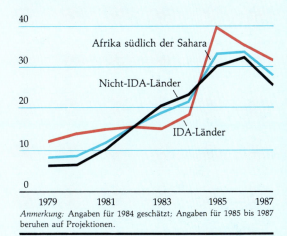

Schaubild 3.3A Langfristiger öffentlicher Schuldendienst der afrikanischen Länder südlich der Sahara in Prozent der Exporte, 1979 bis 1987
Prozent

Anmerkung: Angaben für 1984 geschätzt; Angaben für 1985 bis 1987 beruhen auf Projektionen.

Wenn diese Reformen auf einzelwirtschaftlicher Ebene wirken sollen, müssen sie durch eine konsistente Finanz-, Geld- und Wechselkurspolitik unterstützt werden. Wie in Teil II dieses Berichtes gezeigt wird, haben inadäquate Wechselkurse, große Haushaltsdefizite und inflationäre Geldpolitiken in Afrika südlich der Sahara die wirtschaftlichen Anreize stark verzerrt. Weder Ersparnis noch Investitionen werden zunehmen, wenn die Bevölkerung befürchten muß, daß durch eine wirtschaftspolitisch bedingte Instabilität der Volkswirtschaft jene bestraft werden, die auf laufenden Konsum verzichten.

Da der Rückgang der Zuflüsse nichtkonzessionärer Mittel angesichts der geringen Kreditwürdigkeit vieler afrikanischer Länder angemessen ist, müssen die internen Reformen, zumindest in der nächsten Zukunft, durch steigende bilaterale und multilaterale konzessionäre Darlehen unterstützt werden. Dies gilt insbesondere für die IDA-Länder, deren Schuldenproblem durch die konventionelle Umschuldung lediglich hinausgeschoben, aber nicht gelöst wird.

Wenn jedoch der wirtschaftliche Niedergang Afrikas aufgehalten werden soll, müssen solche konzessionären Ausleihungen mit wirtschaftspolitischen Reformen Hand in Hand gehen. Der diesjährige Bericht über Afrika südlich der Sahara empfiehlt, daß das Mandat der Konsultationsgruppe der Geberländer, die sich unter der Schirmherrschaft der Weltbank trifft, für die afrikanischen Länder mit niedrigem Einkommen modifiziert wird, um eine umfassendere Bewertung des Ressourcenbedarfs und der wirtschaftspolitischen Reformen zu ermöglichen. Während von den Geldgebern erwartet werden sollte, daß sie ihre Entscheidungen über den Ressourcentransfer am mittelfristigen finanziellen Bedarf des Landes orientieren, sollten andererseits die Empfängerregierungen das Anpassungsprogramm offenlegen, dem sie folgen wollen. Institutionen wie die Weltbank und der IWF werden dabei eine wichtige Rolle zu spielen haben, indem sie die wirtschaftspolitischen Reformen überwachen und mithelfen, Kredite und Zuschüsse den produktivsten Zwecken zuzuführen.

Einkommen würden im günstigen Fall die negativen Pro-Kopf-Wachstumsraten der jüngsten Vergangenheit durch positive Zuwächse abgelöst. Diese Länder würden von den niedrigeren Ölpreisen erheblich profitieren. Wenn die Weltwirtschaft aber in einem Tempo wachsen würde, wie es in unserem günstigen Fall unterstellt wird, käme ihnen außerdem auch der angenommene Abbau des Protektionismus auf den Agrarmärkten, insbesondere in Europa, zugute. Aber selbst unter diesen günstigen Bedingungen beläuft sich das Pro-Kopf-Wachstum lediglich auf 0,8 Prozent. Die afrikanischen Länder südlich der Sahara könnten nur dann ein besseres Ergebnis erzielen, wenn sie die wirtschaftspolitischen Reformen, die einige von ihnen eingeleitet haben, stärker vorantreiben würden. Diese internen Anpassungsbemühungen müßten durch koordinierte internationale Anstrengungen unterstützt werden, um das Volumen der verfügbaren Auslandsmittel und die Effizienz ihrer Verwendung zu steigern. Die notwendigen Maßnahmen auf internationaler Ebene sowie die unterstützenden internationalen Aktionen werden im Sonderbeitrag 3.3 erörtert.

Der „ungünstige Fall"

Die Rückwirkungen des ungünstigen Szenarios auf die einzelnen Ländergruppen fallen sehr unterschiedlich aus. In den asiatischen Ländern mit niedrigem Einkommen würde ein Rückgang des weltwirtschaftlichen Wachstums die Ausfuhrexpansion unter das zuletzt erreichte Niveau drücken (vgl. Tabelle 3.3). Da China ein Netto-Ölexporteur ist, wären größere Anstrengungen zur Stimulierung anderweitiger Exporte durch eine Reform der Handelspolitik nötig, um den ausgeprägten Rückgang seiner Ausfuhrerlöse auszugleichen. Zwar sind einige asiatische Länder mit niedrigem Einkommen in der Lage, ihre Auslandsschulden über den gegenwärtigen Stand zu erhöhen, doch würde ein schwächeres Ausfuhrwachstum letztlich ihre Einfuhrmöglichkeiten limitieren und damit das Wachstum beschränken.

Jene stark wachsenden ostasiatischen Länder mit mittlerem Einkommen, die mäßige Schuldenlasten aufweisen und über flexible Volkswirtschaften verfügen, könnten im ungünstigen Fall noch ein Pro-Kopf-Wachstum des BIP von nahezu 3 Prozent pro Jahr erreichen. Andere Ölimporteure mit mittlerem Einkommen würden durch anhaltend gedrückte Rohstoffpreise, hohe Zinssätze und reduzierte Kapitalzuflüsse belastet. Ihre Importe würden wahrscheinlich nicht mehr als 2,1 Prozent pro Jahr zunehmen, und die Investitionen müßten auf dem gegenwärtigen niedrigen Niveau verharren. Dies wiederum würde das Pro-Kopf-Wachstum auf durchschnittlich nur noch 1,4 Prozent im Jahr herunterdrücken. Die Verfügbarkeit von Auslandskapital wäre mitentscheidend dafür, in welchem Maße diese Länder mit mittlerem Einkommen die Inlandsnachfrage wegen des langsameren Wachstums in den Industrieländern dämpfen müßten (vgl. Sonderbeitrag 3.4).

Wegen des Ölpreisverfalls haben sich die Aussichten für die ölexportierenden Länder gegenüber dem im *Weltentwicklungsbericht* 1985 vorgelegten ungünstigen Fall drastisch verschlechtert. Unter den weltwirtschaftlichen Bedingungen des vergangenen Jahres war das Pro-Kopf-Wachstum des BIP der ölexportierenden Länder mit mittlerem Einkommen im ungünstigen Fall auf 2,0 Prozent im Zeitraum 1985 bis 1995 geschätzt worden; dieses Jahr wurde die Schätzung auf weniger als 1,0 Prozent revidiert. Billigeres Öl würde die Wachstumsraten der Ölexporteure unter allen Umständen vermindern, doch kommen im ungünstigen Fall die Auswirkungen wesentlich reduzierter Kapitalzuflüsse und einer geringeren Nachfrage hinzu. Wie im folgenden Abschnitt über Kapitalbewegungen und im Sonderbeitrag 3.2 erörtert wird, beschneidet diese Kombination von Einflüssen die Einfuhrkapazität der Ölexpoteure mit mittlerem und höherem Einkommen erheblich, und zwar gerade dann, wenn eine schwache Weltnachfrage das Umsteigen auf andere Ausfuhraktivitäten erschwert.

Für die afrikanischen Länder mit niedrigem Einkommen ergeben sich noch viel gravierendere Folgen. Eine schwache Nachfrage nach Rohstoffen und ein anhaltender Protektionismus in den Industrieländern würden nur ein langsames Wachstum der Ausfuhrerlöse vom derzeitigen niedrigen Niveau aus ermöglichen. Auch jenen Ländern, die gegenwärtig tiefgreifende wirtschaftspolitische Reformanstrengungen unternehmen (beispielsweise Guinea, Kenia und Malawi), würde es schwerfallen, das Wachstum aufrechtzuerhalten. Die Entwicklungshilfe würde nicht stark genug zunehmen, um den anhaltenden Rückgang der Nettozuflüsse von privatem Auslandskapital auszugleichen. Im Ergebnis würden die Einfuhren ihr bereits stark gedrücktes Niveau kaum überschreiten. Ohne Ressourcen zur Steigerung der Investitionen würden viele afrikanische Länder mit niedrigem Einkommen ein weiteres Jahrzehnt rückläufiger Pro-

Kopf-Einkommen durchmachen. Private Investoren würden sich weiter zurückhalten, und viele Länder liefen das Risiko, in einen Teufelskreis von wirtschaftlichem Verfall und politischer Instabilität abzugleiten.

Kapitalbewegungen und Schulden

Die Effizienz, mit der die Entwicklungsländer ihre Ressourcen nutzen, bestimmt weitgehend ihr Wirtschaftswachstum. Der Umfang solcher Ressourcen ist aber immer noch von Bedeutung. Zuflüsse von Auslandskapital sind eine dieser Ressourcen: Sie ergänzen die inländische Ersparnis und können zeitweise einen Devisenmangel kompensieren. Die Tabellen 3.4 und 3.5 vermitteln ein eindrucksvolles Bild davon, wie unterschiedlich die Verfügbarkeit dieser Ressourcen im günstigen und ungünstigen Fall ist. Im günstigen Fall würden die erhöhte Nachfrage nach Exporten der Entwicklungsländer, niedrigere Zinssätze und die Wiederaufnahme

---

Sonderbeitrag 3.4 Der Schuldenüberhang und die hoch verschuldeten Länder mit mittlerem Einkommen

Im Jahr 1985 setzte sich allgemein die Auffassung durch, daß die Schuldendienstprobleme einiger Entwicklungsländer länger anhalten würden, als man zunächst angenommen hatte, und daß ihre Lösung entscheidend von der Wiederherstellung eines dauerhaften Wachstums abhängt.

Die Größenordnung des Problems läßt sich an den während der ersten Hälfte der achtziger Jahre vorgenommenen Anpassungen ablesen. Die Anpassung erfolgte ganz überwiegend durch Nachfragebeschränkung, was in der Praxis geringere Einfuhren und Investitionen bedeutete. Das Importvolumen der hoch verschuldeten Länder mit mittlerem Einkommen war 1985 um 32 Prozent niedriger als 1981. Der Anteil der Investitionen am BIP ging von 25 Prozent im Jahr 1981 auf 18 Prozent im Jahr 1985 zurück. Das BIP hat seit 1980 stagniert, und die Pro-Kopf-Einkommen sind erheblich gesunken. Der Nachfragerückgang führte in der zusammengefaßten Handelsbilanz dieser Ländergruppe zu einem großen Überschuß, der ihre Leistungsbilanz etwa zum Ausgleich brachte. Dennoch waren die wichtigsten Schuldenkennzahlen Ende 1985 kaum niedriger als auf ihrem früheren Höchststand. Trotz ihrer Anpassungsbemühungen scheinen diese Länder soweit wie zuvor davon entfernt zu sein, Wachstum und Kreditwürdigkeit miteinander vereinbaren zu können.

Das Problem ist derart schwer zu bewältigen, daß für die größten Schuldner eine gesunde Wirtschaftspolitik und weltwirtschaftliches Wachstum, wenngleich unentbehrlich, nicht ausreichen werden, um das Wachstum wieder in Gang zu bringen. Da die Schuldendienstverpflichtungen in vielen Ländern 5 bis 7 Prozent des BSP in Anspruch nehmen, reicht die inländische Ersparnis nicht aus, um die Schulden zu bedienen und das für ein angemessenes Wachstum erforderliche Investitionsniveau aufrechtzuerhalten. Es werden daher erhebliche Beträge an zusätzlichen privaten und öffentlichen Krediten benötigt. Aber wieviel?

Nach Schätzungen der Weltbank muß die Wachstumsrate des realen BIP in siebzehn hoch verschuldeten Ländern in den nächsten zehn Jahren durchschnittlich mindestens 4 Prozent pro Jahr betragen. Dies erlaubt ein Wachstum des Pro-Kopf-Verbrauchs von jährlich 1 Prozent. Der Pro-Kopf-Verbrauch muß während der nächsten Dekade mindestens in diesem Umfang steigen. Andernfalls könnte es politisch unmöglich werden, den Anpassungskurs aufrechtzuerhalten.

Selbst um nur diese bescheidene Wachstumsrate zu erreichen, müssen die hoch verschuldeten Länder ihre Auslandsschulden relativ zum Sozialprodukt und zu den Exporteinnahmen abbauen. Die Effizienz der Investitionen müßte erhöht werden, und die inländische Sparquote wäre von ihrem gegenwärtigen Durchschnittswert von etwa 21 Prozent in den nächsten fünf Jahren auf etwa 26 Prozent zu steigern. Das Exportwachstum, das nicht nur durch eine bessere Wirtschaftspolitik der Entwicklungsländer, sondern auch durch einen anhaltenden Wiederaufschwung in den Industrieländern und durch handelspolitische Liberalisierung angekurbelt würde, müßte sich dem Volumen nach auf durchschnittlich rund 5 Prozent pro Jahr belaufen. Zudem müßten die Zinszahlungen durch niedrige Realzinssätze ermäßigt werden, wenn auch deren Auswirkungen von der Höhe und Zusammensetzung der Schulden jedes einzelnen Landes abhängen.

Selbst bei so beträchtlichen Anpassungen würde die Wiederherstellung von Wachstum und Kreditwürdigkeit in der hoch verschuldeten Ländergruppe während der nächsten fünf Jahre ein ausreichendes Wirtschaftswachstum der Industrieländer und Netto-Kapitalzuflüsse in der Größenordnung von 14 bis 21 Mrd Dollar pro Jahr erfordern. Diese Netto-Kapitalzuflüsse müßten durch Kredite von Geschäftsbanken, Exportkreditstellen und multilateralen Geldgebern sowie durch Beteiligungsfinanzierungen und aus repatriiertem Kapital aufkommen.

Trotz des Umfangs dieser projektierten Mittelzuflüsse würden aber die Schulden dieser Länder immer noch langsamer wachsen als ihr BIP, so daß die Relation der Schulden zum BIP ebenso deutlich zurückginge wie die gesamte Schuldendienstquote.

Anmerkung: Alle Angaben in diesem Sonderbeitrag beziehen sich auf siebzehn Länder: Argentinien, Bolivien, Brasilien, Chile, Costa Rica, Ecuador, Elfenbeinküste, Jamaika, Jugoslawien, Kolumbien, Marokko, Mexiko, Nigeria, Peru, die Philippinen, Uruguay und Venezuela.

Tabelle 3.4 Leistungsbilanzen der Entwicklungsländer und ihre Finanzierung, 1985 und 1995
(in Mrd $ von 1980)

Position	Entwicklungsländer insgesamt			Afrikanische Länder mit niedrigem Einkommen			Asiatische Länder mit niedrigem Einkommen		
		1995			1995			1995	
	1985[a]	Günstiger Fall	Ungünstiger Fall	1985[a]	Günstiger Fall	Ungünstiger Fall	1985[a]	Günstiger Fall	Ungünstiger Fall
Netto-Exporte von Gütern und Dienstleistungen (ohne Faktoreinkommen)	−4,1	−87,0	−24,0	−4,2	−4,3	−3,4	−23,0	−22,4	−9,0
Zinsen auf mittel- und langfristige Schulden	−58,5	−47,3	−49,4	−1,3	−0,8	−0,8	−2,2	−7,3	−5,6
Öffentlich	−13,1	−15,9	−16,1	−0,8	−0,8	−0,8	−1,2	−2,5	−2,3
Privat	−45,4	−31,4	−33,3	−0,4	0,0	0,0	−1,0	−4,8	−3,3
Leistungsbilanzsaldo[b]	−41,3	105,4	−50,3	−5,2	−4,3	−3,7	−17,1	−22,4	−7,8
Öffentliche Übertragungen (netto)	15,2	19,8	17,2	2,3	2,8	2,4	2,0	2,5	2,2
Mittel- und langfristige Kredite[c]	36,1	58,1	18,6	1,4	1,7	1,5	6,8	18,7	4,9
Öffentlich	21,2	28,8	15,5	0,5	1,9	1,6	4,8	7,4	5,0
Privat	15,0	29,3	3,1	0,9	−0,2	−0,2	2,0	11,4	−0,1
Ausstehende und ausgezahlte Schulden	722,9	864,2	560,9	28,9	28,6	23,4	60,1	167,4	92,7
In % des BSP	33,0	22,3	17,2	58,6	38,5	33,9	10,2	15,5	10,3
In % der Exporte	135,7	88,5	86,7	318,5	174,7	206,3	120,7	156,7	129,8
Schuldendienst in % der Exporte	21,9	13,4	16,7	35,8	13,5	17,2	11,9	18,0	18,0

Anmerkung: Die Tabelle beruht auf einer Auswahl von neunzig Entwicklungsländern. Sämtliche Positionen wurden mit dem BIP-Deflator der Industrieländer deflationiert. Differenzen in den Summen durch Runden der Zahlen. In den Netto-Exporten sind hier die Faktoreinkommen nicht enthalten; sie weichen somit von den Angaben in Tabelle 3,5 ab. Die Netto-Exporte zuzüglich der Zinszahlungen sind nicht identisch mit dem Leistungsbilanzsaldo, da die Netto-Überweisungen der Gastarbeiter, die privaten Übertragungen und die Kapitalerträge nicht berücksichtigt sind. Der nicht durch öffentliche Übertragungen und Kredite finanzierte Teil des Leistungsbilanzsaldos wird durch ausländische Direktinvestitionen, sonstige Kapitalbewegungen (darunter kurzfristige Kredite und Restposten) und Reservebewegungen abgedeckt. Die Verhältniszahlen wurden auf Grundlage von Angaben in jeweiligen Preisen berechnet.

spontaner Kapitalzuflüsse zu einer großen Zahl von Ländern das Wirtschaftswachstum anregen. Dies würde dann die Schuldenlast der Entwicklungsländer allmählich erleichtern. Im ungünstigen Fall jedoch würden hierzu konträre außenwirtschaftliche Umstände — insbesondere niedrigere Ausfuhren und eingeschränkte Kapitalzuflüsse — die Anpassungsfähigkeit der Entwicklungsländer auf eine ernste Probe stellen. Dies wiederum könnte eine Welle internationaler Umschuldungen heraufbeschwören.

Der günstige Fall

Im günstigen Fall würden niedrigere Zinssätze den Zinsaufwand für die mittel- und langfristigen Schulden von 58,5 Mrd Dollar im Jahr 1985 bis 1995 auf 47,3 Mrd Dollar vermindern (in konstanten Preisen, vgl. Tabelle 3,4). Das anhaltende Wachstum der realen Exporterlöse während dieses Zeitraums ließe die Schuldendienstleistungen in Prozent der Ausfuhren stark zurückgehen, nämlich von 21,9 Prozent 1985 auf 13,4 Prozent im Jahr 1995. Langfristig würde dies die Kreditwürdigkeit der Entwicklungsländer verbessern. Zusätzliche Kreditaufnahme ließen die ausstehenden und ausgezahlten Schulden von 723 Mrd Dollar im Jahr 1985 auf 864 Mrd Dollar im Jahr 1995 wachsen und würden damit die zusätzliche Finanzierung bereitstellen, die zur Aufrechterhaltung der höheren Leistungsbilanzdefizite erforderlich ist. Mehr als die Hälfte des 1995 zu erwartenden Leistungsbilanzdefizits geht auf die rasch wachsenden Volkswirtschaften in zwei Ländergruppen zurück, nämlich in der Gruppe der asiatischen Länder mit niedrigem Einkommen (vor allem Indien und China) und der Hauptexporteure von Industrieprodukten. Einigen asiatischen Ländern mit niedrigem Einkommen ist es in der Tat möglich, im günstigen Fall höhere Schuldendienstrelationen zu realisieren. Die Ölexporteure wären ebenfalls in der Lage, größere

Ölexporteure			Hauptexporteure von Industrieprodukten			Sonstige Ölimporteure			
	1995			1995			1995		
	Günstiger	Ungünstiger		Günstiger	Ungünstiger		Günstiger	Ungünstiger	
1985[a]	Fall	Fall	1985[a]	Fall	Fall	1985[a]	Fall	Fall	Position
15,2	−12,8	6,5	19,8	−35,1	−14,0	−12,0	−12,4	−4,2	Netto-Exporte von Gütern und Dienstleistungen (ohne Faktoreinkommen)
−21,1	−13,0	−10,5	−25,5	−20,3	−26,5	−8,4	−5,9	−6,0	Zinsen auf mittel- und langfristige Schulden
−3,3	−4,4	−4,4	−4,7	−4,1	−4,3	−3,0	−4,2	−4,4	Öffentl.
−17,8	−8,6	−6,1	−20,8	−16,2	−22,2	−5,4	−1,7	−1,6	Privat
5,6	−25,8	−4,9	−0,2	−43,8	−31,2	−13,1	−9,0	−2,7	Leistungsbilanzsaldo[b]
2,0	3,4	2,9	5,4	6,9	6,0	3,5	4,3	3,7	Öffentl. Übertragungen (netto)
1,8	12,7	−2,4	19,3	21,6	16,5	6,7	3,3	−1,8	Mittel- und langfristige Kredite[c]
4,4	7,8	3,7	5,7	4,4	1,9	5,8	7,3	3,2	Öffentl.
−2,6	4,9	−6,1	13,7	17,3	14,5	1,0	−4,0	−5,1	Privat
230,2	227,5	111,4	288,9	329,6	263,6	114,8	111,1	69,8	Ausstehende und ausgezahlte Schulden
39,4	24,6	13,6	37,9	22,9	22,9	54,5	30,4	22,2	In % des BSP
160,8	116,4	90,5	108,2	60,5	72,9	180,1	98,5	87,5	In % der Exporte
31,6	17,4	17,8	17,2	10,7	15,9	26,1	14,7	17,2	Schuldendienst in % d. Exporte

Länder mit mittlerem Einkommen

a. Geschätzt.
b. Ohne öffentliche Übertragungen.
c. Netto-Auszahlungen.

Leistungsbilanzdefizite durchzuhalten, da die Verbesserung des Ölmarktes zu Beginn der neunziger Jahre und die Ausweitung anderer Exportaktivitäten ihren Verschuldungsspielraum wieder erweitern.

Im günstigen Fall würde die verbesserte Kreditwürdigkeit vieler Entwicklungsländer zu einer Umkehr des jüngsten Rückgangs der Netto-Finanzierungsströme führen (vgl. Tabelle 3.5). Zu konstanten Preisen gerechnet, würden die Nettozuflüsse von 62,3 Mrd Dollar im Jahr 1985 auf 97,0 Mrd Dollar im Jahr 1995 steigen. Das bedeutet einen durchschnittlichen Zuwachs von 4,5 Prozent pro Jahr. Da angenommen wird, daß die Öffentliche Entwicklungshilfe (ÖEH) konstant 0,37 Prozent des BSP der DAC-Länder beträgt, bewegt sie sich in Übereinstimmung mit ihrer Wirtschaftsleistung. Eine expandierende Weltwirtschaft würde den Entwicklungsländern somit nicht nur verbesserte Exportmärkte bieten, sondern auch zu einer realen Ausweitung der konzessionären Finanzströme führen. Von zentraler Bedeutung ist diese reale Steigerung der ÖEH für die afrikanischen Länder südlich der Sahara, wo selbst das in unserem günstigen Fall angenommene höhere Niveau der ÖEH nicht ausreichen würde, um in einem Dutzend oder mehr Ländern künftige Probleme mit der Schuldentilgung zu vermeiden. Eine adäquate interne Wirtschaftspolitik, insbesondere in den Schwellenländern, würde vermehrt Auslandsinvestitionen anziehen. Die privaten Direktinvestitionen könnten daher um etwa 5,7 Prozent pro Jahr zunehmen, da das rasche Wachstum in den Industrieländern mehr anlagesuchendes Kapital hervorbringt und die positiven Realzinsen die Beteiligungsfinanzierung für Entwicklungsländer attraktiver machen.

Wenn die Entwicklungsländer konzentrierte Anpassungsanstrengungen unternehmen und die Unterstützung seitens bilateraler und multilateraler Stellen erhöht wird, würden die gesamten Kapitalzuflüsse zu Marktbedingungen ebenfalls steigen. Im günstigen Fall würden sie jährlich um moderate 5,3 Prozent wachsen, und zwar hauptsächlich aufgrund der wiederauflebenden privaten Kreditvergabe. Die Reaktion der Geschäftsbanken auf die verbesserte Kreditwürdigkeit der Entwicklungsländer vor dem Hintergrund einer stabileren und wachsenden Weltwirtschaft ließe die privaten Ausleihungen von ihrem Tiefstand von 15,0 Mrd Dollar im Jahr 1985 auf 29,3 Mrd Dollar im Jahr 1995 zunehmen, was einer Zuwachsrate von 7,0 Prozent pro Jahr während des nächsten Jahrzehnts entspricht. Dies ist — richtigerweise — viel weniger als die Zuwachsrate der privaten Kreditgewährung von 12,6 Prozent im Zeitraum 1970 bis 1980, als sich die Volkswirtschaften an die beiden Ölpreiserhöhungen anpaßten. Auch bei der öffentlichen nichtkonzessionären Kreditgewährung wird ein Wachstum erwartet, das mit etwa 3,1 Prozent pro Jahr veranschlagt wird. Die hier aufkommenden Nettozuflüsse öffentlicher nichtkonzessionärer Mittel von — real betrachtet — 19,0 Mrd Dollar im Jahr 1995, gegenüber 14,0 Mrd Dollar 1985, bilden die dritte Stütze einer gemeinsamen Anstrengung von bilateralen, multilateralen und privaten Geldgebern zur Unterstützung des Anpassungsprozesses der Entwicklungsländer.

Die Zunahme der gesamten Netto-Kapitalimporte und die entsprechend größeren Leistungsbilanzdefizite lassen sich im günstigen Fall aufrechterhalten, weil die Ausfuhrerlöse rascher steigen als die Schuldendienstzahlungen. Eine höhere Wachstumsrate der Weltwirtschaft und ein liberaler Welthandel schaffen hierfür die Voraussetzungen. Für die Entwicklungsländer als Gruppe würde der Gesamtbetrag der Schulden relativ zum BSP von 33,0 Prozent im Jahr 1985 auf 22,3 Prozent im Jahr 1995 abnehmen. Im Verhältnis zu den Exporten ergäben sich Kennzahlen von 135,7 Prozent bzw. 88,5 Prozent. Diese zusammenfassenden Kennzahlen belegen die Verbesserung der Kreditwürdigkeit im Zuge des „Herauswachsens" der meisten Entwicklungsländer aus dem Schuldenproblem. Bevor dies eintreten kann, müßten jedoch in naher Zukunft zusätzliche internationale Initiativen erfolgen, welche die drängenden Schuldenprobleme einiger hoch verschuldeter Länder und einer Gruppe afrikanischer Länder südlich der Sahara mit niedrigem Einkommen in Angriff nehmen. Die dafür erforderlichen Initiativen werden im letzten Abschnitt dieses Kapitels erörtert.

Der ungünstige Fall

Im ungünstigen Fall würden die gesamten Zinszahlungen abnehmen, aber nicht wegen niedriger Zinssätze (wie im günstigen Fall), sondern wegen eines Rückgangs der Kapitalzuflüsse zu den Entwicklungsländern. Die gesamten ausstehenden und ausgezahlten Schulden würden von 723 Mrd Dollar im Jahr 1985 auf 561 Mrd Dollar im Jahr 1995 schrumpfen (vgl. Tabelle 3.4). Dieser Rückgang des Realwerts der ausstehenden Schulden würde weit geringere Leistungsbilanzdefizite als im günstigen Fall bedingen. In Anbetracht des langsamen Ausfuhrwachstums würden Einfuhren und Investitionen unter das im günstigen Fall erreichte Niveau gedrückt, was unvermeidlich zu einer Abschwächung des Wirtschaftswachstum führen würde.

Bei sinkender Kreditwürdigkeit der Entwicklungsländer und nachlassendem Wachstum in den Industrieländern würden im ungünstigen Fall die Netto-Kapitalzuflüsse zu den Entwicklungsländern von 62,3 Mrd Dollar im Jahr 1985 auf 49,9 Mrd Dollar im Jahr 1995 sinken (vgl. Tabelle 3.5). Im ungünstigen Fall wird — vielleicht etwas optimistisch — angenommen, daß die Industrieländer ihre Entwicklungshilfe von 0,37 Prozent ihres BIP beibehielten. Das schwächere Wachstum des BIP der Industrieländer würde im ungünstigen Fall jedoch bedeuten, daß im Jahr 1995 die ÖEH um 3,9 Mrd Dollar niedriger wäre als im günstigen Fall. Weil die Geschäftsbanken ihr Engagement in nichtkreditwürdigen Ländern abbauen, ginge auch die private Netto-Kreditgewährung von dem bereits niedrigen Niveau von 15,0 Mrd Dollar im Jahr 1985 auf 3,1 Mrd Dollar im Jahr 1995 zurück. Diesem niedrigen Betrag liegt ein sehr begrenztes Umschuldungsvolumen zugrunde, da die Geschäftsbanken ihr Engagement gegenüber nichtkreditwürdigen Entwicklungsländern allmählich reduzieren. Unter diesen Bedingungen müßten die Entwicklungsländer sehr schmerzhafte Anpassungen an eine schwache Weltkonjunktur und verminderte Kapitalzuflüsse vornehmen.

Um die Kreditwürdigkeit aufrechtzuerhalten, müßten die Entwicklungsländer ihre Handelsbilanz verbessern, und zwar primär durch steigende Exporte und nicht durch weitere Importkürzungen. Bei einem langsam wachsenden Welthandel könnten dies jedoch nur die effizientesten Entwicklungsländer erreichen — hauptsächlich, indem sie ihren Anteil an den Exportmärkten ausweiten. Weltwirtschaftlich gesehen ist diese Situation unhaltbar. Von höheren Schuldendienstleistungen und reduzierten Kapitalzuflüssen unter Druck gesetzt, würden viele Entwicklungsländer vor einer nicht beneidenswerten Wahl stehen: Entweder die Importe durch Kürzung der Investitionen und Senkung des

Tabelle 3.5 Netto-Mittelzuflüsse zu den Entwicklungsländern in ausgewählten Jahren, 1980 bis 1995

	Betrag (Mrd $ zu konstanten Preisen)					Wachtumsraten (in %)[a]		
				1995			1985–95	
Finanzierungsart	1980	1984	1985	Günstiger Fall	Ungünstiger Fall	1970–80	Günstiger Fall	Ungünstiger Fall
Öffentliche Entwicklungshilfe[b]	23,4	21,6	22,4	29,6	25,7	5,9	2,8	1,4
Nichtkonzessionäre Kredite	47,1	33,4	28,9	48,3	10,1	12,6	5,3	−10,0
Öffentlich	8,7	13,9	14,0	19,0	7,0	12,6	3,1	−6,7
Privat	38,4	19,5	15,0	29,3	3,1	12,6	7,0	−14,7
Direktinvestitionen	10,6	10,8	11,0	19,1	14,2	5,8	5,7	2,6
Insgesamt	81,1	65,9	62,3	97,0	49,9	9,2	4,5	−2,2
Nachrichtlich:								
Netto-Exporte von Gütern und Dienstleistungen (ohne Faktoreinkommen)[c]	−92,8	−61,9	−66,5	−135,2	−76,5	8,9	7,4	1,4
Leistungsbilanzsaldo[d]	−67,8	−35,3	−41,3	−105,4	−50,3	7,5	9,8	2,0
ÖEH von DAC-Ländern in Prozent ihres BSP	0,38	0,38	0,37	0,37	0,37	—	—	—

Anmerkung: Alle Angaben netto, nach Abzug von Tilgungen. Die Angaben beziehen sich auf eine Auswahl von neunzig Entwicklungsländern.
a. Durchschnittliche jährliche Veränderung in %.
b. Einschl. Zuschüsse im Rahmen der ÖEH (öffentliche Übertragungen). Zuflüsse von ÖEH aus Staatshandelsländern sowie Zuschüsse im Rahmen der technischen Hilfe werden von der Statistik des DAC erfaßt, im Schuldenberichtssystem der Weltbank aber nicht berücksichtigt. Der Kreis der Empfängerländer ist in beiden Statistiken gleich abgegrenzt.
c. Netto-Exporte von Gütern und Dienstleistungen (ohne Faktoreinkommen) zuzüglich Netto-Kapitalerträge abzüglich Zinsen auf mittel- und langfristige Schulden.
d. Ohne öffentliche Übertragungen.

Verbrauchs weiter zurückzuschneiden, wodurch das Wachstum vermindert und die sozialen Spannungen verschärft werden, oder umzuschulden, soweit dies möglich ist. Ohne Wachstum kann die Kreditwürdigkeit nicht wieder hergestellt werden.

Internationale Initiativen und die Rolle der Weltbank

Dauer und Umfang der wirtschaftlichen und finanziellen Krise, die viele Entwicklungsländer während des letzten halben Jahrzehnts durchmachten, haben zunehmend zu der Erkenntnis geführt, daß es sich bei dem Schuldenproblem um eine längerfristige und nicht eine vorübergehende Problematik handelt. Die Überzeugung wächst, daß die Wiederherstellung des Wirtschaftswachstums in diesen Ländern der entscheidende Faktor für eine dauerhafte und durchgreifende Lösung ist. Die Verfolgung des Zieles „Anpassung bei Wachstum" macht eine enge Zusammenarbeit zwischen den Regierungen der Entwicklungsländer, denen der Industrieländer, den multilateralen Institutionen sowie in vielen Fällen den Geschäftsbanken erforderlich.

In jüngster Zeit standen die hoch verschuldeten Entwicklungsländer mit mittlerem Einkommen im Zentrum des Interesses, hauptsächlich wegen der potentiellen Rückwirkungen, die von der Bewältigung bzw. Nichtbewältigung ihrer Probleme auf die Weltwirtschaft ausgehen könnten. Im Herbst 1985 schlug der amerikanische Finanzminister James A. Baker III einen Aktionsplan vor, der sich mit den Problemen dieser Länder befaßt. Der Plan unterstrich die große Bedeutung einer Strategie der Anpassung mit Wachstum und unterstützte eine gemeinsame internationale Anstrengung von Schuldnern und Gläubigern. Die Wiederherstellung des Wirtschaftswachstums in den Ländern mit niedrigem Einkommen in Afrika südlich der Sahara ist nicht weniger wichtig. Diese Volkswirtschaften beeinflussen die Weltwirtschaft in geringerem Umfang, doch sind die Kosten eines weiteren Rückgangs ihrer Pro-Kopf-Einkommen, gemessen an den Auswirkungen auf die armen Bevölkerungsschichten, sehr hoch.

Erhöhte private und öffentliche Nettozuflüsse

Der Mobilisierung zusätzlicher Kapitalimporte aus privaten und öffentlichen Quellen kommt bei der

Schaffung der erforderlichen Voraussetzungen für das Wachstum eine entscheidende Rolle zu. Was die private Seite anbetrifft, so sah die Baker-Initiative anfänglich eine Zunahme des Engagements der Geschäftsbanken während der nächsten drei Jahre vor. Eine Schätzung der zusätzlichen Netto-Kapitalimporte, die erforderlich sind, um die hoch verschuldeten Länder mit mittlerem Einkommen bei ihrer Anpassung zu unterstützen, enthält Sonderbeitrag 3.4. Um diesen Kapitaltransfer zu erreichen, wird es nötig sein, den Verbund zwischen der Umstrukturierung der privaten Bankschulden, der Bereitstellung zusätzlicher Finanzierungsmittel und umfassenden wachstumsorientierten Reformen der Empfängerländer zu stärken. In einigen Fällen erfordert diese gemeinsame Anstrengung auch eine engere Zusammenarbeit zwischen den Geschäftsbanken und Institutionen wie der Weltbank, die in der Lage sind, bei der Formulierung und Überwachung von wirtschaftspolitischen Reformprogrammen Hilfe zu leisten. Diese Anstrengungen werden mit der Zeit dazu beitragen, privates Kapital zu mobilisieren, indem sie die Einschätzung des Risikos seitens der privaten Banken verbessern. Was die öffentlichen Gläubiger betrifft, so sind entsprechende Bemühungen notwendig, um die Kapitalzuflüsse von Exportkreditstellen zu steigern.

Die zunehmende wirtschaftliche Stabilität — herbeigeführt durch nationale Wirtschaftsreformen sowie die erneute Verfügbarkeit von Auslandskapital — wird auch dazu beitragen, das Vertrauen der ausländischen Privatinvestoren wiederherzustellen. Private ausländische Direktinvestitionen sind nicht nur eine zusätzliche Finanzierungsquelle, sondern bieten auch einen weiteren Vorteil: Die Risiken von Investitionen, die den Einsatz von Auslandskapital erfordern, bleiben voll und ganz bei den ausländischen Investoren und, anders als bei staatlich garantierten Krediten, nehmen die Verpflichtungen der Regierung nicht zu.

Eine Strategie der Anpassung mit Wachstum ist für die Länder mit niedrigem Einkommen in Afrika südlich der Sahara nicht weniger wichtig. Wenn auch einige Fortschritte bei der strukturellen Anpassung erzielt worden sind, so bleibt doch viel zu tun, um die in der Vergangenheit angesammelten wirtschaftspolitischen Verzerrungen zu korrigieren. Wie in den hoch verschuldeten Ländern mit mittlerem Einkommen liegt die Hauptverantwortung bei den einheimischen Wirtschaftspolitikern. Sie müssen Reformen durchführen, um Verzerrungen abzubauen, den Ressourceneinsatz zu verbessern und die inländische Ersparnis zu steigern. Zusätzliche Auslandsmittel werden die Anpassung in Richtung auf mehr Wachstum erleichtern. Anders als die Länder mit mittlerem Einkommen verfügen die meisten dieser Länder aber nur über eine sehr begrenzte Kreditwürdigkeit und Schuldendienstkapazität — etwa ein Dutzend von ihnen ist mit akuten Schuldenproblemen konfrontiert. Dies bedeutet, daß ihnen private nichtkonzessionäre Auslandsgelder mindestens für den Rest der Dekade nur in begrenztem Umfang zur Verfügung stehen dürften. Daraus ergibt sich ein Bedarf für eine beträchtliche Aufstockung der öffentlichen konzessionären Mittel zur Unterstützung der reformbereiten Länder. Bilaterale Kapitalzuflüsse könnten sowohl über zusätzliche Entwicklungshilfeleistungen als auch durch einen verstärkten Schuldenerlaß erfolgen.

Der Löwenanteil der multilateralen Kapitalzuflüsse wird vom Internationalen Währungsfonds und der Internationalen Bank für Wiederaufbau und Entwicklung kommen. Der IWF hat unlängst eine Strukturanpassungsfazilität geschaffen, in deren Rahmen in den nächsten fünf Jahren voraussichtlich insgesamt 2,7 Mrd SZR zu konzessionären Bedingungen an Länder mit niedrigem Einkommen vergeben werden, die gesamtwirtschaftliche und strukturelle Anpassungen vornehmen. Die andere wichtige Quelle von zusätzlichen multilateralen Mitteln wird wahrscheinlich die Internationale Entwicklungsorganisation (IDA) sein. Die Verhandlungen über die achte Wiederauffüllung der IDA (IDA-8) sind jetzt angelaufen. Der dringende Bedarf aller Länder mit niedrigem Einkommen, insbesondere jener Afrikas südlich der Sahara, in Verbindung mit der Rolle, welche die Weltbank bei der Ausarbeitung und Finanzierung von Anpassungsprogrammen in diesen Ländern zu spielen haben wird, spricht entschieden für eine substantielle Wiederauffüllung. Nahezu sämtliche Minister haben bei der Sitzung des Entwicklungsausschusses im April 1986 ihre große Hoffnung ausgedrückt, daß durch IDA-8 eine Wiederauffüllung um 12 Mrd Dollar erreicht wird. Real gesehen würde dadurch der Umfang der konzessionären Mittel, die jetzt durch IDA-7 und die Sonderfazilität für Afrika südlich der Sahara zur Verfügung stehen, aufrechterhalten.

Die Rolle des internationalen Handels

Die Steigerung der Ausfuhrerlöse der Entwicklungsländer ist die zweite Säule der Bemühungen um die Wiederherstellung eines dauerhaften

Wachstums und der Kreditwürdigkeit. Dazu müssen die Exporthemmnisse abgebaut werden, die von der eigenen Wirtschaftspolitik der Entwicklungsländer sowohl im industriellen Sektor als auch in der Landwirtschaft geschaffen wurden (vgl. Kapitel 4 und 5). Es ist daher wichtig, daß viele dieser Länder ihr Außenhandelsregime rationeller gestalten und liberalisieren, um das Ausfuhrpotential ihrer Volkswirtschaften zu entwickeln.

Die Ausfuhren der Entwicklungsländer werden aber auch von der Handelspolitik der Industrieländer beeinflußt. Die achtziger Jahre waren bisher durch einen Anstieg des protektionistischen Druckes sowohl im gewerblichen Bereich als auch in der Landwirtschaft gekennzeichnet. Besonders beunruhigend ist die zunehmende Anwendung nichttarifärer Maßnahmen zur Handelsbeschränkung. Die Zölle und nichttarifären Handelshemmnisse der Industrieländer wirken häufig bei den Produkten, die für die Entwicklungsländer von besonderem Interesse sind, restriktiver als bei anderen. Dies wird von den Beschränkungen im Agrar- und Textilhandel drastisch vorgeführt. Fragen des Agrarhandels wurden jedoch bei den früheren multilateralen Handelskonferenzen weitgehend ausgeklammert. Trotz anhaltender starker Widerstände ließen erste Gespräche innerhalb des GATT eine zunehmende Bereitschaft erkennen, das Problem des Agrarhandels in die internationale Diskussion einzubeziehen.

Die Erfahrung zeigt, daß ein multilaterales Vorgehen geeignet sein kann, um die Flut protektionistischer Maßnahmen einzudämmen und einen umfassenden Abbau von Handelsbeschränkungen zu erzielen. Im GATT wird gerade eine neue Runde multilateraler Verhandlungen vorbereitet. Wie im Sonderbeitrag 3.1 dargelegt wird, ist es wichtig, daß die Entwicklungsländer im allgemeinen und die Länder mit mittlerem Einkommen im besonderen an solchen Verhandlungen teilnehmen. Wegen ihrer potentiellen Vorteile für die Industrieländer wie für die Entwicklungsländer, insbesondere bei landwirtschaftlichen Erzeugnissen, verdienen diese Bemühungen um die Handelsliberalisierung eine starke internationale Unterstützung.

Die Rolle der Weltbank

Die erweiterten Möglichkeiten der Weltbank, Initiativen zur Wachstumsbelebung in den Entwicklungsländern zu ergreifen, haben vier Aspekte:
- Die Unterstützung der Entwicklung, Durchführung und Überwachung mittelfristiger Anpassungsprogramme zur Realisierung der Ziele von Mitgliedsländern, die zu wirtschaftspolitischen Reformen willens sind.
- Eine starke Expansion ihrer Kreditgewährung zur Unterstützung solcher Programme.
- Der Ausbau ihrer Rolle als Katalysator, um in ihrer Eigenschaft als bevorzugter Gläubiger dazu beizutragen, daß eine koordinierte Mobilisierung von privater und öffentlicher Unterstützung für die Anstrengungen der Entwicklungsländer in Gang kommt.
- Eine verstärkte Zusammenarbeit mit dem IWF.

Um dieser erweiterten Rolle Geltung zu verschaffen, müßte die Bank auch ihre eigenen personellen und finanziellen Ressourcen in noch effizienterer Weise nutzen.

Seit der Einführung ihrer Strukturanpassungsdarlehen im Jahr 1980 ist die Weltbank in die Aufstellung und Überwachung von Anpassungsprogrammen zur Erhaltung oder Wiederbelebung des Wachstums eingeschaltet. Infolgedessen betraf ein wachsender Anteil ihrer Ausleihungen rasch abfließende wirtschaftspolitisch orientierte Kredite sowie Darlehen zur Unterstützung von Erhaltungs- und Sanierungsprojekten. Das Engagement der Weltbank bei diesen Anpassungsbemühungen ist nicht nur erforderlich, um die Probleme der Entwicklung und Durchführung solcher mittelfristiger Programme lösen zu helfen, sondern auch, um ein wachsendes Vertrauen bei privaten und öffentlichen Gläubigern zu schaffen. Zusätzlich zu ihren Aktivitäten im Bereich der wirtschaftspolitischen Reformen fördert die Weltbank das Wachstum der ausländischen Direktinvestitionen durch eine erweiterte Rolle der Internationalen Finanz-Corporation (IFC) und durch die Errichtung der Multilateralen Investitionsgarantie-Agentur (MIGA), die mit ihrem Angebot einer Versicherung der nichtkommerziellen Risiken sowie durch umfassende Beratung und technische Unterstützung zunehmende Investitionen anregen soll.

Da die Geberländer bei der Finanzierung der Länder mit niedrigem Einkommen eine zunehmende Rolle spielen, wird auch eine stärkere Koordinierung zwischen den Gebern erforderlich, um die Effektivität der Hilfe zu verbessern. Einzelne Geberländer haben zeitweise ihre eigenen Ziele verfolgt, was den Nutzen ihrer Unterstützung drastisch vermindern kann. Manche Empfängerländer haben auch Schwierigkeiten mit dem Management einer großen Zahl von Geldgebern und Projekten.

Zusammen mit dem steigenden Bedarf an Entwicklungshilfe in rasch auszahlbarer Form zur Unterstützung wirtschaftspolitischer Maßnahmen, sowie für die Sanierung und Erhaltung von Projekten, führte diese Entwicklung bei Geber- und Empfängerländern zu dem Wunsch nach verstärkter Koordinierung durch die Weltbank.

Die Vereinbarungen zur Überwachung von Anpassungsprogrammen müssen nach den Bedingungen des jeweiligen Falles unter Berücksichtigung der Beziehung jedes Kreditnehmers zur Weltbank, zum IWF und zu anderen multilateralen Institutionen formuliert werden. Zweifellos ist dabei eine vertiefte Zusammenarbeit zwischen der Weltbank und dem IWF erforderlich. Die wirtschaftspolitischen Tätigkeitsbereiche der beiden Institutionen hängen zusammen und ergänzen sich, ebenso wie die finanzielle Unterstützung, die jede Institution bereitstellen kann. Außerdem müssen die gesamtwirtschaftliche Stabilisierung und die strukturelle Anpassung simultan und nach einheitlichem Konzept betrieben werden: Sie sind, kurz gesagt, die zwei Seiten ein und derselben Medaille, nämlich des Wirtschaftswachstums. Die Zusammenarbeit zwischen der Weltbank und dem Fonds hat sich in den letzten Jahren wesentlich vertieft, da die beiden Institutionen versucht haben, ihre Programme enger aufeinander abzustimmen und sie noch mehr auf die Bedürfnisse der Entwicklungsländer zuzuschneiden. Die Suche nach Möglichkeiten zu einer weiteren Verbesserung dieser Zusammenarbeit wird fortgesetzt.

Ein integraler Bestandteil dieser konzertierten internationalen Bemühungen um Anpassung mit Wachstum ist eine zunehmende Kreditvergabe der Weltbank an Länder, die wichtige Wirtschaftsreformen durchführen. Eine verstärkte Kreditgewährung ist sowohl erforderlich, um diese Reformprogramme zu unterstützen, als auch um andere Finanzströme anzuregen. Zeitpunkt und Umfang zusätzlicher Kredite der Weltbank werden natürlich von der Übernahme und Verwirklichung mittelfristiger Anpassungsprogramme durch diese Länder abhängen. Da eine höhere Kreditgewährung der Weltbank naturgemäß ihren eigenen Mittelbedarf beeinflußt, wird in naher Zukunft eine Aufstokkung ihrer Kapitalbasis erforderlich sein. Wie von den Ministern der Frühjahrstagung 1986 des Entwicklungsausschusses vereinbart, sollte die Weltbank in die Lage versetzt werden, vermehrte Darlehen hoher Qualität zu vergeben, und sie sollte bei der Erfüllung zukünftiger Anforderungen nicht durch einen Mangel an Kapital oder an Verschuldungsermächtigungen eingeengt werden. Infolgedessen wird dem möglichen Umfang und Zeitpunkt einer allgemeinen Kapitalerhöhung der Weltbank wachsende Aufmerksamkeit gewidmet.

Teil II: Handels- und Preispolitik
in der Weltlandwirtschaft

4

Agrarpolitik in den Entwicklungsländern:
Wechselkurse, Preise und Besteuerung

Eine Steigerung der Agrarproduktion für den Eigenbedarf und den Weltmarkt sowie höhere Agrareinkommen sind für die Regierungen der Entwicklungsländer immer wichtige Ziele gewesen. In Verfolgung dieser Ziele haben die Regierungen mit der Unterstützung des Auslands beträchtliche öffentliche Investitionen getätigt, um die physische Infrastruktur auf dem Land zu verbessern, die Bewässerung und den Hochwasserschutz auszubauen sowie die Agrarforschung und das Beratungswesen zu organisieren. Die Mittel sind auch Programmen zugute gekommen, die dazu dienen, die Produktivität durch rationellere landwirtschaftliche Betriebsführung sowie ein verbessertes ländliches Gesundheits- und Erziehungswesen zu erhöhen. Diese Bemühungen waren in vielen Fällen, wie in Kapitel 1 gezeigt, erfolgreich und führten zu einer wachsenden Nahrungsmittelproduktion. Die Ausbreitung der Grünen Revolution bei Reis und Weizen ist ein Zeugnis für die Wirksamkeit öffentlicher Ausgaben für Forschung und Bewässerung.

Die von den Entwicklungsländern verfolgte allgemeine Wirtschaftspolitik hat jedoch das Wachstum der Agrarproduktion beeinträchtigt und die Bekämpfung der Armut auf dem Lande behindert. In vielen Fällen hat auch die sektorbezogene Preis- und Steuerpolitik die Landwirtschaft erheblich benachteiligt. Außerdem haben staatliche Eingriffe auf allen Ebenen der Produktion, des Verbrauchs und des Vertriebs von Agrarprodukten und Produktionsmitteln, obwohl sie eigentlich die Markteffizienz verbessern sollten, häufig zu größerer Ineffizienz, geringerer Erzeugung und niedrigeren Einkommen geführt. Infolgedessen stagnieren in vielen Entwicklungsländern die Agrareinkommen, und bei der Überwindung der Armut werden nur geringe Fortschritte erzielt.

Paradoxerweise haben viele Länder, die auf die Agrarentwicklung besonderes Gewicht gelegt haben, ein komplexes System von Maßnahmen geschaffen, das die Landwirtschaft stark diskriminiert. So erheben einige Entwicklungsländer Steuern auf die Agrarexporte, während sie gleichzeitig die negativen Auswirkungen rückläufiger Rohstoffpreise auf die Landwirtschaft beklagen. Einige zahlen ihren Erzeugern für Getreide die Hälfte (oder weniger) des Weltmarktpreises und geben dann knappe Devisen für den Import von Nahrungsmitteln aus. Viele Länder haben die Erzeugerpreise verschiedentlich angehoben, aber eine Wirtschafts- und Wechselkurspolitik betrieben, die dazu führte, daß die realen Erzeugerpreise unverändert blieben oder zurückgingen. Viele Länder haben komplexe Systeme zur Besteuerung der Produzenten eingeführt und dann ebenso komplizierte und häufig ineffiziente Systeme zur Subventionierung von Produktionsmitteln geschaffen, um dieser Besteuerung entgegenzuwirken. Viele Länder subventionieren die Verbraucher, um den Armen zu helfen, was aber letztlich zu einem Einkommensrückgang der Bauern führt, die viel ärmer sind als viele der städtischen Verbraucher, denen die Subventionen tatsächlich zugute kommen. Die meisten Entwicklungsländer erklären die Selbstversorgung zum wichtigen Ziel, verfolgen jedoch eine Wirtschaftspolitik, bei der die Landwirte besteuert, die Verbraucher subventioniert werden und die Abhängigkeit von importierten Nahrungsmitteln zunimmt.

Die Diskriminierung der Landwirtschaft beruht auf verschiedenen Faktoren. In erster Linie ist sie ein integraler Bestandteil von Entwicklungsstrategien, welche die heimische Industrie im Schutze hoher Handelsschranken fördern. Solche Strategien zielen darauf ab, die Abwanderung von Ressourcen aus der Landwirtschaft durch eine Verringerung ihrer Rentabilität im Vergleich zur Industrie zu beschleunigen. Mit anderen Worten: durch Umkehr der internen Terms of Trade zwischen der Landwirtschaft und der Industrie soll die Landwirtschaft schlechter gestellt werden, als es der Fall wäre, wenn die inländischen Preise den relativen Weltmarktpreisen entsprechen würden. Darunter leiden im Ergebnis die Agrarexporte; das gleiche gilt für landwirtschaftliche Erzeugnisse, die mit Einfuhren im Wettbewerb stehen. Dies nicht nur, weil die Inlandspreise der Agrarprodukte relativ zu den Preisen der geschützten Industrieerzeugnisse sinken, sondern auch wegen der steigenden Kosten der industriellen Produktionsmittel der Landwirte. Darüber hinaus führen die protektionistischen Maßnahmen zu einer Aufwertung des realen Wechselkurses. Das bedeutet, daß international gehandelte Agrarprodukte weniger Gewinn abwerfen als nicht gehandelte Erzeugnisse, womit weitere ungünstige Auswirkungen auf die Agrarexporte der Entwicklungsländer verbunden sind.

Während der vergangenen fünfzehn Jahre ist diese traditionelle Benachteiligung der Landwirtschaft häufig durch das spezifische Verhalten der einzelnen Länder gegenüber Veränderungen des wirtschaftlichen Umfelds verstärkt worden. Einige Länder haben es versäumt, in Zeiten starker Inflation die Wechselkurse ausreichend anzupassen, ließen so eine Überbewertung ihrer Währungen zu und stützen sich stattdessen auf eine übermäßige Auslandsverschuldung sowie auf ad hoc eingeführte Devisen- und Handelsbeschränkungen. Solche ad hoc-Maßnahmen kommen üblicherweise zu den längerfristig angewendeten Handelsbeschränkungen hinzu und verschärfen die Diskriminierung der Landwirtschaft.

Sektorale Maßnahmen, welche die inländischen Erzeugerpreise für Agrarprodukte unterhalb ihrer Weltmarktpreise frei Grenze halten (bereinigt um Transport- und Vertriebskosten im Inland), haben ebenfalls erkennbar zur Benachteiligung der Landwirtschaft beigetragen. Von daher gesehen macht es wenig Unterschied, ob die Landwirte wegen der Steuern auf ihre Erzeugnisse niedrige Preise erzielen oder wegen überhöhter Gewinnspannen halbstaatlicher Vermarktungsstellen. Die Auswirkungen niedriger Preise auf die Agrarproduktion werden durch die Subventionen, die viele Regierungen der Landwirtschaft für Kredite und moderne Produktionsmittel gewähren, nicht generell ausgeglichen. Typischerweise führen diese Subventionen zu Rationierungen und Verknappungen und begünstigen größere und besser gestellte Bauern stärker als kleinere und ärmere.

Dieses Kapitel erörtert, in welchem Ausmaß die gesamtwirtschaftliche Handels- und Wechselkurspolitik wie auch die sektorale Steuer- und Preispolitik die Landwirtschaft in den Entwicklungsländern benachteiligen, und untersucht die Auswirkungen dieser Diskriminierung auf Agrarproduktion und -einkommen. Außerdem wird diskutiert, wie kostspielig die Besteuerung der Landwirtschaft in der Praxis sein kann, und es wird auf verschiedene Möglichkeiten zur Dämpfung dieser Kosten hingewiesen.

Das nächste Kapitel befaßt sich kritisch mit Regierungsprogrammen zur Preisstabilisierung, Verbrauchersubventionierung und Subventionierung der Produktionsmittel bei den Erzeugern — alles Methoden, die angewandt werden, um eine Vielzahl von Verteilungs- und Einkommenszielen zu fördern. Es wird gezeigt, daß die Wirksamkeit dieser Programme bei der Förderung eines effizienteren Einsatzes der Ressourcen wie auch einer gleichmäßigeren Einkommensverteilung weit geringer ist als angenommen.

Gesamtwirtschaftliche Politik und Agrarwirtschaft

Handels-, Wechselkurs-, Finanz- und Geldpolitik haben erhebliche Auswirkungen auf die Landwirtschaft der Entwicklungsländer; ihre Effekte überschatten häufig die von agrarspezifischen Maßnahmen. Solche gesamtwirtschaftlichen Maßnahmen sind wichtige Bestimmungsfaktoren für die Bewegung von Kapital und Arbeit zwischen der Landwirtschaft und den übrigen Wirtschaftssektoren, für Wachstum und Zusammensetzung der Agrarproduktion sowie für Umfang und Zusammensetzung des Agrarhandels. Sie sind häufig die Hauptursache für die Benachteiligung der Landwirtschaft und bremsen dadurch das Wachstum der Realeinkommen in den ländlichen Gebieten, wo sich die Armut am stärksten konzentriert.

Ursachen der Benachteiligung

Viele Entwicklungsländer haben fortgesetzt die Industrialisierung durch großzügigen Schutz der Industrie gefördert. Diese Strategie erhöht die Preise der industriellen Einfuhrsubstitute im Verhältnis zu den Preisen der landwirtschaftlichen Einfuhrsubstitute und Exporte. Sie erhöht außerdem die Preise geschützter Industrieprodukte, die in der Landwirtschaft eingesetzt werden. Durch den Druck auf die Preise landwirtschaftlicher Erzeugnisse, relativ zu denen der Industrie, und durch die Erhöhung der Kosten moderner Produktionsmittel führen binnenwirtschaftlich orientierte Strategien zu einer impliziten Besteuerung der Landwirtschaft. Tabelle 4.1 gibt einige Anhaltspunkte dafür, wie der höhere Außenschutz zugunsten der Industrie in vielen Ländern die relative Rentabilität der Agrarwirtschaft geschmälert hat. Die Verhältniszahlen in dieser Tabelle zeigen, in welchem Ausmaß die Wertschöpfung in der Landwirtschaft im Vergleich zur Wertschöpfung in der Industrie abgeschirmt worden ist. Mit der einzigen Ausnahme Koreas haben alle Länder in dieser Gruppe die Agrarwirtschaft diskriminiert, insbesondere Nigeria, Kolumbien und Ägypten.

Aber dies ist nicht der einzige Weg, auf dem binnenwirtschaftlich orientierte Strategien die Landwirtschaft beeinflussen. Es gibt einen anderen Effekt, der vom realen Wechselkurs (dem Verhältnis der Preise international gehandelter zu denen nicht gehandelter Güter) ausgeht. Der Schutz der Industrie nach außen führt zu einem realen Wechselkurs, der niedriger ist, als er sonst sein würde. Die Erzeugung von landwirtschaftlichen Einfuhrsubstituten und Agrarexporten wird daher aus zwei Gründen beeinträchtigt: wegen höherer Rentabilität sowohl der geschützten Industrieprodukte als auch der international nicht gehandelten Güter. Ressourcen wandern aus der Produktion international gehandelter Agrarerzeugnisse in diese anderen Sektoren ab, und im Zuge dieses Prozesses können die Reallöhne auf dem Land steigen; dies erhöht die Kosten der Landwirtschaft, die in den Entwicklungsländern typischerweise sehr arbeitsintensiv ist.

Verschiedene Untersuchungen haben gezeigt, wie protektionistische Maßnahmen zugunsten der Industrie die Preise von Agrarprodukten verglichen mit den Preisen geschützter Industrieprodukte und nicht gehandelter Güter beeinflussen. Auf den Philippinen hat von 1950 bis 1980 ein ausgeprägter Schutz industrieller Konsumgüter dazu geführt, daß die Preise der Agrarexporte relativ zu den Preisen der geschützten gehandelten Güter um 44 bis 71 Prozent (je nach Einfuhrkategorie) niedriger lagen; relativ zu den Preisen nicht handelbarer Güter waren die Agrarexporte um 33 bis 35 Prozent billiger. In Peru wurde festgestellt, daß eine zehn-

Tabelle 4.1 Schutz der Landwirtschaft im Vergleich zur Industrie in ausgewählten Entwicklungsländern

Land und Zeitraum	Jahr	Relative Protektionsquote[a]
In den sechziger Jahren		
Mexiko	1960	0,79
Chile	1961	0,40
Malaysia	1965	0,98
Philippinen	1965	0,66
Brasilien	1966	0,46
Korea	1968	1,18
Argentinien	1969	0,46
Kolumbien	1969	0,40
In den siebziger und achtziger Jahren		
Philippinen	1974	0,76
Kolumbien	1978	0,49
Brasilien[b]	1980	0,65
Mexiko	1980	0,88
Nigeria	1980	0,35
Ägypten	1981	0,57
Peru[b]	1981	0,68
Türkei	1981	0,77
Korea[b]	1982	1,36
Ecuador	1983	0,65

a. Berechnet als $(1+EPR_l) / (1+EPR_i)$, wobei EPR_l bzw. EPR_i die gewogenen Protektionsquoten der Landwirtschaft bzw. Industrie sind. Ein Verhältnis von 1,00 gibt an, daß der durchschnittliche Schutz in beiden Sektoren gleich ist; ein Verhältnis größer als 1,00 bedeutet, daß die Landwirtschaft relativ stärker geschützt wird.
b. Bezieht sich auf den Grundstoffsektor.

prozentige Zollerhöhung auf nichtlandwirtschaftliche Importwaren die Preise für gehandelte Agrarprodukte relativ zu den Preisen solcher Importwaren um 10 Prozent und um 5,6 bis 6,6 Prozent relativ zu den Preisen nicht handelbarer Güter vermindert. Zu ähnlichen Ergebnissen ist man in so unterschiedlichen Ländern wie Argentinien, Chile, Kolumbien, Nigeria und Zaire gekommen.

Geld- und Kreditpolitik, Einnahmen- und Ausgabenpolitik der öffentlichen Hand, die Steuerung der Auslandsverschuldung und der Auslandsinvestitionen sowie die Wechselkurspolitik sind im Verlauf der siebziger und achtziger Jahre alle von entscheidender Bedeutung gewesen. Wenn eine expansive Geld- und Finanzpolitik im Inland zu höheren Inflationsraten als im Ausland führte, haben die Regierungen häufig versäumt, die Wechselkurse anzupassen, und sich statt dessen auf einen verstärkten Einfuhrprotektionismus verlassen, wobei sie Methoden wie Kontingente, Devisenkontrollen und Lizenzierungen anwandten. Unter solchen

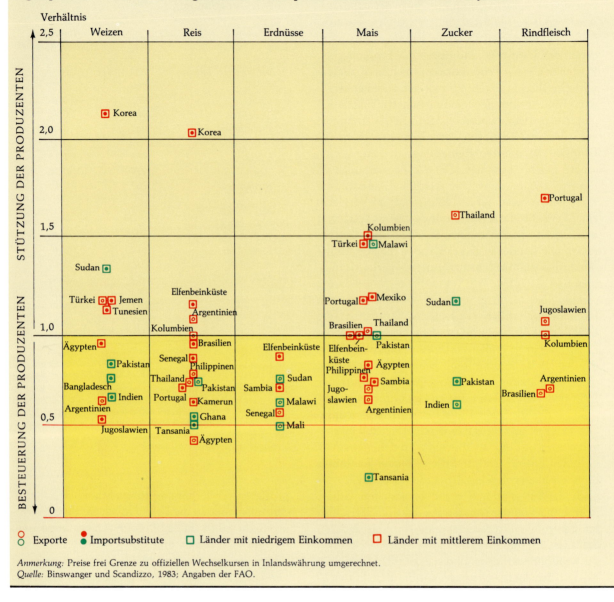

Schaubild 4.1 Verhältnis von Erzeugerpreisen zu Grenzübergangspreisen für ausgewählte Agrarprodukte von Entwicklungsländern in den späten 1970er und frühen 1980er Jahren

○ Exporte   ● Importsubstitute   □ Länder mit niedrigem Einkommen   □ Länder mit mittlerem Einkommen

Anmerkung: Preise frei Grenze zu offiziellen Wechselkursen in Inlandswährung umgerechnet.
Quelle: Binswanger und Scandizzo, 1983; Angaben der FAO.

Umständen kommt es zu einer Überbewertung der Währung, und die Landwirtschaft wird verstärkt diskriminiert, da der höhere Außenschutz gewöhnlich nur der Industrie zugute kommt. Typischerweise sind Nahrungsmittelimporte von den Handelsrestriktionen ausgenommen, damit die städtischen Lebensmittelpreise niedrig bleiben: Nahrungsmittelimporte werden somit versteckt subventioniert. Beim Versuch, die Haushaltsdefizite abzubauen, erhöhen zudem die Länder üblicherweise die Steuern auf Agrarexporte und kürzen die Subventionsprogramme für die Produktionsmittel der Landwirtschaft. Infolge der versteckten wie der offenen Besteuerung trägt die Landwirtschaft — und die von ihr abhängigen Bevölkerungsgruppen mit niedrigem Einkommen — tendenziell die Hauptlast der Anpassungsprogramme, die aus einer destabilisierenden Wirtschaftspolitik resultieren.

Besonders ausgeprägte Auswirkungen auf die Landwirtschaft können sich ergeben, wenn Einfuhrkontingente angewandt werden, da dann Änderungen des Inlandspreises eines Importgutes nicht vom — gegebenen — Angebot abhängen, sondern allein von der Nachfrage. Daher würde eine expansive Fiskalpolitik, welche die Gesamtnachfrage steigert, die Inlandspreise von Gütern erhöhen, deren

Verhältnis

	Tee	Kakao	Kaffee	Tabak	Kautschuk	Baumwolle

Chart data points (approximate):

- Bangladesch (Tee): ~1,2
- Malawi (Tee): ~1,0
- Sri Lanka (Tee): ~0,55
- Indien (Tee): ~0,5
- Elfenbeinküste (Kakao): ~0,55
- Ghana (Kakao): ~0,5
- Kamerun (Kakao): ~0,45
- Togo (Kakao): ~0,45
- Tansania (Kaffee): ~0,7
- Elfenbeinküste (Kaffee): ~0,55
- Kamerun (Kaffee): ~0,5
- Brasilien (Kaffee): ~0,5
- Kolumbien (Kaffee): ~0,45
- Togo (Kaffee): ~0,4
- Sambia (Tabak): ~0,95
- Türkei (Tabak): ~0,6
- Malawi (Tabak): ~0,4
- Tansania (Tabak): ~0,35
- Malaysia (Kautschuk): ~1,0
- Thailand (Kautschuk): ~0,9
- Indonesien (Kautschuk): ~0,9
- Sri Lanka (Kautschuk): ~0,85
- Argentinien (Baumwolle): ~1,3
- Thailand (Baumwolle): ~1,1
- Elfenbeinküste (Baumwolle): ~1,0
- Türkei (Baumwolle): ~1,0
- Mexiko (Baumwolle): ~0,95
- Kamerun (Baumwolle): ~0,9
- Burkina Faso (Baumwolle): ~0,85
- Jemen (Baumwolle): ~0,85
- Togo (Baumwolle): ~0,85
- Malawi (Baumwolle): ~0,8
- Sudan (Baumwolle): ~0,8
- Senegal (Baumwolle): ~0,75
- Ägypten (Baumwolle): ~0,6
- Mali (Baumwolle): ~0,5

Importe kontingentiert sind. Der Nettoeffekt bestünde in einer Verschlechterung der Preisrelationen für die Landwirtschaft, die verstärkt benachteiligt würde.

Kapitalzuflüsse aus dem Ausland und scharf steigende Weltmarktpreise wichtiger Exportprodukte verursachen ebenfalls eine Aufwertung des realen Wechselkurses. Aber dies wirkt für sich gesehen nicht verzerrend, obwohl besondere sektorale Maßnahmen zum Ausgleich der Auswirkungen auf den Agrarsektor erforderlich sein mögen, wenn der Rohstoffboom vorübergehend ist und wenn die Abwanderung von Produktionsfaktoren aus dem Agrarsektor sich schwer umkehren läßt. In der Regel reagieren die Länder jedoch auf eine Rohstoffhausse mit der Einleitung einer expansiven Geld- und Finanzpolitik, die zur Inflation und zu einer höheren Aufwertung des realen Wechselkurses führt, als sie sich allein durch die Verbesserung der Terms of Trade im Außenhandel ergeben würde. Die Auswirkungen dieses Verhaltens setzen sich auch nach dem Ende der Hausse fort, weil dann bereits Verpflichtungen aufgrund umfangreicher Investitionsprogramme oder laufender Kosten entstanden sind. Genau dies geschah in Kolumbien (vgl. Sonderbeitrag 4.1).

Sonderbeitrag 4.1   Kaffeepreise und gesamtwirtschaftliche Politik in Kolumbien

Die kolumbianische Landwirtschaft ist stark außenhandelsorientiert, wobei Kaffee eine wichtige Rolle spielt. Die Agrarexporte machen etwa zwei Drittel der gesamten Exporte aus, und der Agrarsektor ist im allgemeinen ein Netto-Devisenbringer gewesen. Schwankungen der Kaffeepreise stellen die Wirtschaftspolitik vor besondere Probleme, weil die Dauer einer Preishausse sowie das Ausmaß der erforderlichen Anpassung zur Bewältigung vorübergehender Veränderungen der außenwirtschaftlichen Lage schwer zu beurteilen sind.

In der zweiten Hälfte der siebziger Jahre zogen die Kaffeepreise scharf an; dies trug zu einer Höherbewertung des realen Wechselkurses bei, wodurch sich die Rentabilität anderer Exporte als Kaffee gegenüber der von nicht gehandelten Gütern und Dienstleistungen verschlechterte. Eine Reihe zusammenhängender Faktoren trug zu dieser Entwicklung bei:

- Das infolge des Kaffeebooms wachsende Devisenangebot senkte, für sich genommen, den realen Gleichgewichtswechselkurs während des Booms.
- Es kam zu einem Ausgabeneffekt. Der Kaffeeboom führte zu höheren verfügbaren Realeinkommen, die teils für andere Außenhandelsgüter als Kaffee und teils für international nicht gehandelte Erzeugnisse verwendet wurden. Da die Preise der international gehandelten Waren (außer Kaffee) im wesentlichen durch ihre Weltmarktpreise und den offiziellen Wechselkurs bestimmt werden, sanken sie im Verhältnis zu den Preisen der nicht gehandelten Güter.
- Die Reaktion der Wirtschaftspolitik verschärfte das Problem. Das inländische Kreditvolumen sowie die Inflationsrate stiegen beträchtlich an. Die höheren Einnahmen aus dem Kaffee-Export steigerten die Devisenreserven, eine Expansion des inländischen Geld- und Kreditvolumens durfte sich daran anschließen, und die Einfuhrbeschränkungen wurden nur teilweise gelockert. Somit wertete sich der reale Wechselkurs weiter auf.

Nachdem Anfang der achtziger Jahre die Kaffeepreise gefallen waren, wurde das Wachstum der gesamtwirtschaftlichen Nachfrage mit Hilfe höherer öffentlicher Ausgaben und durch Auslandsverschuldung aufrechterhalten, wodurch die Höherbewertung des realen Wechselkurses anhielt. Von 1975 bis 1984 stieg das Preisniveau im Inland, gemessen in US-Dollar zum offiziellen Wechselkurs, um 100 Prozent und damit etwa doppelt so rasch wie im Ausland. Das Wachstum der Exporte und der Agrarproduktion — jeweils ohne Kaffee gerechnet — ging in der ersten Hälfte der achtziger Jahre real gesehen zurück.

Als sich Anfang der achtziger Jahre die Zahlungsbilanz verschlechterte und Auslandskredite schwieriger zu bekommen waren, wurde man sich allmählich der Bedeutung einer rechtzeitigen gesamtwirtschaftlichen Anpassung bewußt. Um eine tragfähige Basis für die Entwicklung der Außenwirtschaft zu schaffen, wurde unlängst ein umfassendes gesamtwirtschaftliches Maßnahmenpaket ergriffen, das auf die Probleme der Überbewertung sowie der fiskalischen und monetären Expansion abzielt.

Seit der Einführung dieser wirtschaftspolitischen Reformen kam es erneut zu einer Hausse der Kaffeepreise, was die Zahlungsbilanz des Landes beträchtlich stärkte. Angesichts stark schwankender Kaffeepreise bleibt die Bewahrung der Stabilität von Geldmenge und Preisniveau eine ständige Herausforderung für die Wirtschaftspolitik.

SEKTORALE POLITIK. Maßnahmen im Agrarsektor — wie Außenhandelsabgaben, Subventionen und Gewinnspannen halbstaatlicher Organisationen — können offenbar die durch die allgemeine Wirtschaftspolitik verursachte implizite Besteuerung mildern oder verschärfen. Wie hoch sind die Außenhandelsabgaben und Subventionen in der Landwirtschaft? Wird die Landwirtschaft durch sektorale Maßnahmen tatsächlich besteuert oder wird sie subventioniert? Das Schaubild 4.1 gibt einen Überblick über sektorale Steuern und Subventionen im Agrarhandel verschiedener Entwicklungsländer. Sie werden gemessen als Differenz zwischen den Erzeugerpreisen landwirtschaftlicher Produkte und den zu amtlichen Wechselkursen umgerechneten Grenzübergangspreisen, bereinigt um inländische Transport- und Vermarktungskosten. Dieses Verfahren wird gewählt, weil — neben herkömmlichen Handelsabgaben und Subventionen — die Anwendung von Kontingenten und hohe Vertriebsspannen der halbstaatlichen Vermarktungsorganisationen zu den sektoralen Steuern und Subventionen beitragen können, von denen die Landwirte effektiv betroffen sind oder begünstigt werden.

- *Landwirtschaftliche Exportprodukte.* Das Schaubild 4.1 zeigt, daß viele Länder landwirtschaftliche Exportprodukte besteuern, einige mit sehr hohen Sätzen. In Togo betrug der Erzeugerpreis für Kaffee ein Drittel des Preises frei Grenze. In Mali erhielten Baumwoll- und Erdnußbauern die Hälfte des Ausfuhrpreises, und in Kamerun und Ghana bekamen die Kakaoproduzenten weniger als die Hälfte. Die Kosten einer hohen Besteuerung der Landwirtschaft werden später in diesem Kapitel diskutiert. Zunächst stellen sich folgende Fragen: Wie besteuern die Regierungen die Agrarproduktion sowie den Agrarexport und warum tun sie dies? In einigen Fällen werden bei der Besteuerung von Agrarexporten herkömmliche Grenzabgaben oder Kontingente angewandt, aber häufig ist die Besteuerung das Ergebnis der Preispolitik, die von den staatlichen Absatzorganisationen verfolgt wird. Dies ist insbesondere in Afrika der Fall, wo staatliche Monopole, sog. marketing boards (Absatzbehörden), seit langem den Agrarexport kontrollieren. Während der Kolonialzeiten ins Leben gerufen, waren die Absatzbehörden fast immer dazu verpflichtet, den größten Teil ihrer Mittel zugunsten der Landwirtschaft zu verwenden. Aber die meisten von ihnen entwickelten sich faktisch zu Steuerbehörden und wurden für den Staat ein wichtiges Instrument, um aus dem Agrarexport Mittel zur Unterstützung der forcierten Industrialisierung im Gefolge der Unabhängigkeit herauszuziehen. Hohe Exportsteuersätze, in der Größenordnung von 50 bis 75 Prozent, waren nicht ungewöhnlich.

Absatzbehörden sind auch in anderen Regionen üblich. Beispielsweise bestehen in Jamaika für praktisch alle wichtigen landwirtschaftlichen Exportprodukte, so für Zucker, Bananen, Zitrusfrüchte, Kokosnüsse, Kaffee, Kakao und Gewürze, sog. commodity boards auf gesetzlicher Grundlage. Während die Behörden anfänglich nur für das Sammeln, das Verpacken und den Export dieser Erzeugnisse veranwortlich waren, hat sich im Laufe der Jahre ihre Tätigkeit auf viele andere Funktionen wie die Preisstabilisierung, und in einigen Fällen die Verarbeitung, ausgedehnt. Eine Untersuchung ergab, daß sie während der siebziger Jahre die Produzenten je nach Ware mit Sätzen zwischen 17 und 42 Prozent effektiv besteuerten; die höchsten Steuersätze lagen dabei auf Bananen und Kaffee. Darüber hinaus waren die Inlandspreise in der Regel mindestens genauso variabel wie die Exportpreise, und in einigen Fällen schwankten sie sogar noch stärker.

Der Hauptgrund für die Erhebung von Exportsteuern ist natürlich die Erzielung von Einnahmen, und zwar entweder zugunsten der Absatzbehörden oder der Zentralregierung. Aber auch andere Gründe sind in der Praxis bedeutsam gewesen. Entwicklungsländer neigten zur Einführung von Exportsteuern, um die Monopolmacht zu nutzen, die sie ihrer Einschätzung nach am Weltmarkt besitzen. Viele Entwicklungsländer versuchten auch die Agrarindustrie zu fördern, indem sie die Exporte der von ihr verwendeten agrarischen Rohstoffe besteuerten oder durch Kontingente beschränkten. Ausfuhrsteuern auf landwirtschaftliche Exportprodukte wurden auch benutzt, um die heimische Nahrungsmittelproduktion zu fördern und die Selbstversorgung zu erreichen. Wie später ausgeführt wird, hat die Exportbesteuerung für diese Zwecke, gemessen am Volkseinkommen und der Leistung der Agrarwirtschaft, hohe Kosten verursacht.

● *Landwirtschaftliche Einfuhrsubstitute.* Einige wenige Entwicklungsländer haben landwirtschaftliche Einfuhrsubstitute geschützt, um die Selbstversorgung zu fördern — insbesondere mit Weizen und mit Produkten der Milch- und Viehwirtschaft. In den meisten Fällen erhalten die einheimischen Erzeuger von Einfuhrsubstituten jedoch Preise, die niedriger sind als die Einfuhrpreise (bereinigt um inländische Absatzkosten). In dem Bemühen, die städtischen Lebensmittelpreise niedrig zu halten, versuchen die Regierungen häufig, Nahrungsmittel zu niedrigeren Preisen als denen des Weltmarktes zu beschaffen. Auch für diesen Zweck wurden Absatzorganisationen geschaffen, manchmal mit gesetzlicher Monopolmacht versehen, um sicherzustellen, daß die Landwirte ihre Erzeugnisse nicht anderweitig verkaufen. Bei Nahrungsmitteln sind jedoch Kontrollen schwierig, und viele Landwirte finden lukrativere Märkte.

In Äthiopien beispielsweise kontrolliert die halbstaatliche Absatzorganisation etwa 30 Prozent des gesamten vermarktbaren Überschusses und fast 100 Prozent des interregionalen Getreidehandels aus zwei von drei wichtigen Getreideüberschußgebieten. Ihre Ankaufspreise auf Erzeugerebene lagen weit unter den vergleichbaren Importpreisen; so waren im Jahr 1985 die vergleichbaren Einfuhrpreise (zum amtlichen Wechselkurs umgerechnet) für Mais, Sorghum und Weizen um etwa 80 Prozent bzw. 50 Prozent und 45 Prozent höher als die Erzeugerpreise. Wie im Schaubild 4.1 gezeigt wird, betrug in Tansania der Ankaufspreis für Mais nur ein Viertel des Einfuhrpreises. In Kamerun, Ghana und Tansania erhielten die Reiserzeuger nur etwa die Hälfte des Einfuhrpreises. Dieses Phänomen tritt keineswegs nur in Afrika südlich der Sahara auf. Die Tendenz zur Benachteiligung der heimischen Erzeugung gegenüber Importen ist in Ägypten, Mexiko und anderen Entwicklungsländern mit großen Programmen zur städtischen Lebensmittelsubventionierung beobachtet worden, wenn auch das Ausmaß der Diskriminierung der heimischen Produzenten und die dabei angewandten Methoden variierten. Die Kosten dieser Diskriminierung werden später in diesem Kapitel diskutiert.

Vielfach herrscht die Meinung, daß dann, wenn die für ein Land wichtigen Einfuhrpreise durch wirtschaftspolitische Maßnahmen des Auslands — beispielsweise durch Exportsubventionen — gedrückt werden, das betreffende Land Ausgleichsmaßnahmen ergreifen sollte, um seine Inlandspreise höher zu halten. Das Problem besteht jedoch nicht darin, wie sich Einfuhrpreise bilden, sondern wie hoch sie in Zukunft voraussichtlich sein werden. Wenn ein Land Güter auf Dauer im Ausland billiger erhält als durch eigene Erzeugung, dann gelten die üblichen Argumente zugunsten des Freihandels. Falls ein Fortbestehen der geltenden Preise erwartet wird, werden somit Ausgleichsmaßnahmen eher schaden statt nützen. Sie können jedoch gerechtfertigt sein, wenn die Wahrscheinlichkeit besteht, daß der durchschnittliche Einfuhrpreis infolge wirtschaftspolitischer Veränderungen im Ausland kurzfristig stark steigt. Die Praxis, inländischen Produzenten von Importsubstituten und Exporterzeugnissen weniger als die Preise an der Grenze zu zahlen, ist natürlich gerade das Gegenteil einer Anwendung von Ausgleichsmaßnahmen.

SEKTORALE POLITIK UND REALER WECHSELKURS. Zwar verschärfen preis- und handelspolitische Maßnahmen im Agrarsektor häufig die allgemeine wirtschaftliche Diskriminierung der Landwirtschaft, doch müssen ihre Auswirkungen im Zusammenhang mit den Bewegungen des realen Wechselkurses gesehen werden. Bemühungen um eine bessere sektorale Politik können leicht durch einen Anstieg des realen Wechselkurses im Gefolge einer verfehlten gesamtwirtschaftlichen Politik konterkariert werden. Dies ist am leichtesten erkennbar in den afrikanischen Ländern südlich der Sahara, wo aus einer Vielzahl von Gründen die realen Wechselkurse während der siebziger und zu Beginn der achtziger Jahre am stärksten anstiegen. Insgesamt gesehen stiegen in den afrikanischen Ländern südlich der Sahara die realen Wechselkurse zwischen 1969/71 und 1981/83 um 31 Prozent (vgl. Tabelle 4.2). Besonders groß fiel die Überbewertung der Währung in Ghana, Nigeria und Tansania aus.

Da in Afrika südlich der Sahara — wie in vielen anderen Gebieten der Dritten Welt — die Kosten moderner landwirtschaftlicher Produktionsmittel, die importiert oder im Lande hergestellt werden, nur einen geringen Anteil der gesamten Betriebskosten der Bauern ausmachen, kann die Bedeutung der realen Aufwertung für die sektorale Politik am Trend der landwirtschaftlichen Erzeugerpreise abgelesen werden. Insoweit, wie die realen Arbeitskosten aufgrund der Abwanderung von Arbeitskräften aus der Landwirtschaft zunehmen, hat sich die gesamtwirtschaftliche Politik negativer ausgewirkt, als dies allein der Trend der Erzeugerpreise anzeigt.

Tabelle 4.2 Index der realen Wechselkurse in ausgewählten Ländern Afrikas
(1969–71 = 100)

Land	1973–75	1978–80	1981–83
Äthiopien	93	64	67
Elfenbeinküste	81	56	74
Ghana	89	23	8
Kamerun	75	58	80
Kenia	88	69	86
Malawi	94	85	94
Mali	68	50	66
Niger	80	56	74
Nigeria	76	43	41
Sambia	90	79	86
Senegal	71	60	85
Sierra Leone	100	90	73
Sudan	76	58	74
Tansania	85	69	51
Afrika südlich der Sahara insgesamt	84	62	69

Anmerkung: Der reale Wechselkurs ist definiert als offizieller Wechselkurs, deflationiert mit dem Verhältnis der inländischen Verbraucherpreise zum Konsumdeflator der Vereinigten Staaten. Ein sinkender Index zeigt eine Höherbewertung des Wechselkurses an. Die Angaben sind Dreijahresdurchschnitte.
Quelle: Kerr (Hintergrundpapier).

Es sei beispielsweise angenommen, daß die Landwirte in einem Jahr nur die Hälfte des Preises an der Grenze, umgerechnet zum amtlichen Wechselkurs, erhielten, d.h. der nominale Protektionskoeffizient betrug 0,5. Zudem wird angenommen, daß die Regierung diese Differenz während eines Zeitabschnitts eliminiert, in dem sich eine Überbewertung des Wechselkurses um 50 Prozent herausbildet, weil der Wechselkurs nicht entsprechend dem Gefälle der Inflationsraten zwischen In- und Ausland angepaßt wurde. Obwohl sich die Landwirte, nominal betrachtet, besser zu stellen scheinen, würden sie real betrachtet tatsächlich genauso schlecht dastehen wie ursprünglich.

Die in Tabelle 4.3 wiedergegebenen Tendenzen zeigen, wie bei realer Betrachtung die Produktionsanreize für die Landwirtschaft im Zeitablauf verloren gegangen sind, obwohl sie sich, nominal betrachtet, augenscheinlich verbesserten. Auf Grundlage amtlicher Wechselkurse würde man schließen, daß in Afrika die Anreize für die Getreideproduktion im Zeitraum von 1969/71 bis 1981/83 um 51 Prozent zugenommen haben, oder anders ausgedrückt, daß die Inlandspreise wesentlich stärker stiegen als die Preise an der Grenze. Werden jedoch die Preise an der Grenze unter Berücksichtigung der realen Aufwertung berechnet,

Tabelle 4.3 **Indizes der nominalen und realen Protektionskoeffizienten für Getreide und Agrarexportprodukte in ausgewählten Ländern Afrikas, 1972 bis 1983**
(1969–71 = 100)

	Getreide				Agrarexportprodukte			
	1972–83		1981–83		1972–83		1981–83	
Land	Nominaler Index	Realer Index	Nominaler Index	Realer Index	Nominaler Index	Realer Index	Nominaler Index	Realer Index
Äthiopien	73	55	73	49	88	71	101	66
Elfenbeinküste	140	98	119	87	92	66	99	71
Kamerun	129	90	140	108	83	61	95	75
Kenia	115	94	115	98	101	83	98	84
Malawi	85	79	106	100	102	94	106	97
Mali	128	79	177	122	101	83	98	70
Niger	170	119	225	166	82	59	113	84
Nigeria	126	66	160	66	108	60	149	63
Sambia	107	93	146	125	97	84	93	80
Senegal	109	79	104	89	83	60	75	64
Sierra Leone	104	95	184	143	101	93	92	68
Sudan	174	119	229	164	90	63	105	75
Tansania	127	88	188	95	86	62	103	52
Afrika südlich der Sahara insgesamt	122	89	151	109	93	71	102	73

Anmerkung: Der nominale Index mißt die Veränderung des nominalen Protektionskoeffizienten anhand von Grenzübergangspreisen, die zu offiziellen Wechselkursen in inländische Währung umgerechnet sind. Der reale Index mißt die Veränderung des nominalen Protektionskoeffizienten anhand von Grenzübergangspreisen, die zu realen Wechselkursen in inländische Währungen umgerechnet sind. Angaben für Ghana sind nicht verfügbar.
Quelle: Kerr (Hintergrundpapier).

dann betrug die tatsächliche Zunahme der Produktionsanreize nur 9 Prozent. Bei landwirtschaftlichen Exporterzeugnissen stiegen die Anreize nominal um rund 2 Prozent, tatsächlich aber gingen sie stark zurück, nämlich um 27 Prozent. Verglichen mit der Lage in den Jahren 1969/71 haben die realen Anreize für die landwirtschaftliche Exporterzeugung bis 1981/83 in sämtlichen in der Tabelle aufgeführten Ländern abgenommen. Das zeigt, daß Agrarreformen Hand in Hand mit allgemeinen Wirtschaftsreformen gehen müssen.

Ermittlung der Kosten

Es gibt viele Anzeichen dafür, daß die Diskriminierung der Landwirtschaft — entweder indirekt durch die gesamtwirtschaftliche Politik oder direkt durch die sektorale Politik — große Kosten verursacht hat. Ein wichtiger Grund hierfür liegt darin, daß entgegen einer langgehegten Ansicht die Landwirte in Entwicklungsländern — ebenso wie in Industrieländern — stark auf Preisänderungen reagieren. Die angebauten Kulturen, die produzierten Mengen und die angewandten Verfahren hängen weitgehend vom wirtschaftspolitischen Umfeld ab.

Es gibt eine Vielzahl von Belegen dafür, daß die Angebotselastizität in der Dritten Welt keineswegs gering ist. Tabelle 4.4 zeigt eine Auswahl der

Tabelle 4.4 **Übersicht über die Reaktion der Produktion auf Preisänderungen**

	Veränderung der Produktion in % bei einem Preisanstieg von 10 Prozent	
Produkt	Afrika	Sonstige Entwicklungsländer
Weizen	3,1–6,5	1,0–10,0
Mais	2,3–24,3	1,0–3,0
Sorghum	1,0–7,0	1,0–3,6
Erdnüsse	2,4–16,2	1,0–40,5
Baumwolle	2,3–6,7	1,0–16,2
Tabak	4,8–8,2	0,5–10,0
Kakao	1,5–18,0	1,2–9,5
Kaffee	1,4–15,5	0,8–10,0
Kautschuk	1,4–9,4	0,4–4,0
Palmöl	2,0–8,1	. .

Quelle: Askari und Cummings 1976; Scandizzo und Bruce 1980.

Sonderbeitrag 4.2 Flexible Märkte in Niger

Von den Bauern in Volkswirtschaften mit niedrigem Einkommen wird üblicherweise angenommen, sie seien unbeweglich, reagierten langsam auf Preisänderungen und träge in der Anpassung an wechselnde Umstände. Diese Annahme ist falsch oder stark übertrieben. Die jüngsten Entwicklungen der Landwirtschaft in Niger künden nicht von Passivität und Phlegma, sondern im Gegenteil von einer raschen Wahrnehmung der Anpassung an neue wirtschaftliche Realitäten.

Niger ist eines der ärmsten Länder der Welt. In den siebziger Jahren bezogen die Bauern ihr Geldeinkommen hauptsächlich aus dem Anbau von Erdnüssen; Baumwolle und Viehwirtschaft waren nur ergänzende Einkommensquellen. In den letzten Jahren begannen die bäuerlichen Haushalte ihre Einkommensquellen zu diversifizieren. Untersuchungen zeigen, daß die nicht-landwirtschaftlichen Einkommen jetzt mehr als 20 Prozent des gesamten Haushaltseinkommens ausmachen. Auf Viehverkäufe, traditionellerweise die wichtigste Einkommensquelle in der nicht-pflanzlichen Produktion, entfallen weitere 30 Prozent. Damit stammt jetzt die Hälfte des gesamten Agrareinkommens aus anderen Quellen als der Pflanzenproduktion. Eine Erhebung im Jahre 1980 zeigte, daß annähernd 6 Prozent aller in Niger auf dem Lande lebenden Männer Lohnempfänger sind. Weitere 12 Prozent haben irgendeine Beschäftigung außerhalb des Agrarsektors; bei den Männern im Alter von fünfunddreißig bis fünfundvierzig Jahren beträgt dieser Anteil 20 Prozent. Während der Trockenzeit wanderten aus 90 Prozent der Dörfer Arbeitskräfte nach Nigeria oder in andere weiter südlich gelegene Länder.

Zusätzlich zur Erschließung von Einkommensquellen außerhalb der Pflanzenproduktion haben die Landwirte Nigers ihr Anbauverhalten geändert. In den siebziger Jahren stiegen die Preise von Hirse, Sorghum und Langbohnen rascher als die von Erdnüssen. Gleichzeitig nahmen die Erdnußerträge ab, und nach der Dürre von 1973 waren die Bauern bestrebt, ihre Nahrungsmittelvorräte wieder aufzufüllen. All dies veranlaßte die Bauern dazu, vermehrt Nahrungsmittel anzubauen, insbesondere Sorghum und Langbohnen. Das höchst bemerkenswerte Ergebnis war, daß Langbohnen die Erdnüsse als wichtigstes landwirtschaftliches Exportprodukt des Niger überflügelten. Die Erzeugung von Langbohnen stieg in den siebziger Jahren um mehr als 250 Prozent, wobei die Anbaufläche um fast 70 Prozent ausgeweitet wurde. Die Einnahmen aus dem Anbau von Langbohnen machen erstmals einen nennenswerten Teil des Agrareinkommens aus, und zwar insgesamt 4 Prozent, bei kleineren Landwirten in Hauptanbaugebieten aber, einigen Umfragen zufolge, 12 Prozent. Der Erdnußabsatz ging währenddessen praktisch auf Null zurück.

Langbohnen bieten im Vergleich zu Erdnüssen eine Reihe von Vorteilen. Sie können auf einer Reihe unterschiedlicher Böden angebaut werden und ermöglichen den Landwirten die Anwendung flexibler Fruchtfolgen. Sie sind widerstandsfähiger gegen Trockenheit. In Nigeria gibt es einen großen und leicht erreichbaren Markt für Langbohnen, während die Exportmärkte für Erdnüsse hauptsächlich in Europa liegen. Langbohnen werden fast ausschließlich auf Parallelmärkten gehandelt, wo die Preise vielfach doppelt so hoch waren wie die offiziellen Preise, die von der staatlichen Vermarktungsorganisation SONARA gezahlt werden. Das Volumen der „inoffiziell" nach Nigeria exportierten Langbohnen ist schwer abzuschätzen, aber die jährliche Produktion wird auf 250 000 bis 300 000 Tonnen veranschlagt, während die legalen Ausfuhren nie höher waren als 30 000 bis 40 000 Tonnen.

Das Beispiel Nigers beleuchtet einige wichtige Punkte. Es zeigt, wie lebhaft sich offene Märkte entwickeln können, selbst an Plätzen, wo man dies nicht erwarten würde. Das Wachstum der Langbohnenproduktion kam angesichts der nicht hilfreichen offiziellen Wirtschaftspolitik fast ausschließlich durch die Parallelmärkte zustande. Die offizielle Preis- und Vermarktungsstruktur wurde umgangen. Das Beispiel zeigt zudem, daß Veränderungen außerordentlich rasch vor sich gehen können. In weniger als einem Jahrzehnt verschwand ein Hauptverkaufsprodukt und wurde durch ein anderes ersetzt. All dies geschah in erster Linie als Reaktion auf Marktsignale, trotz unzulänglicher Infrastruktur, dürftiger Marktinformationen und allgemein unvollkommener Marktstrukturen.

---

zahlreichen wissenschaftlichen Schätzungen der Angebotselastizität für einzelne Agrarprodukte. Der jeweils niedrigere Wert gibt die kurzfristige, der höhere Wert die langfristige Angebotselastizität an. Selbst auf kurze Frist sind die Angebotselastizitäten beachtlich, wenn man das hohe Besteuerungsniveau berücksichtigt, dem die Landwirte häufig ausgesetzt sind. Es ist eine weitverbreitete Annahme, daß die Angebotselastizität in Afrika besonders niedrig sei. Tatsächlich deuten jedoch viele Untersuchungen darauf hin, daß sie ebenso hoch sein kann wie anderswo. Die hohe Angebotselastizität der afrikanischen Landwirte, die mit einer schwachen Infrastruktur und unvollkommenen Märkten zurechtkommen müssen, zeigt sich in Niger (vgl. Sonderbeitrag 4.2).

Empirische Arbeiten haben ergeben, daß die Angebotselastizität für alle Produkte zusammengenommen niedriger ist als die Elastizität einzelner Agrarprodukte. Das kommt nicht ganz unerwartet: Besteuert die Regierung nur ein Agrarerzeugnis, dann brauchen die Ressourcen nicht aus dem gesamten Agrarsektor abgezogen zu werden. Sie können auf andere Kulturen verlagert werden, so

Sonderbeitrag 4.3 Handelspolitik und landwirtschaftliche Leistung: Der Fall Argentinien

Argentinien weist ideale Bedingungen für die Landwirtschaft auf und ist einer der größten Getreideexporteure der Welt. Die historische Entwicklung seiner Landwirtschaft war durch langanhaltendes Wachstum gekennzeichnet. Zwischen 1965 und 1983 betrug das Agrarwachstum jedoch durchschnittlich nur 0,8 Prozent pro Jahr, verglichen mit jährlich 1,9 Prozent im Zeitraum 1950 bis 1964 und ungefähr 2,6 Prozent vor dem Zweiten Weltkrieg. Das schlechte Abschneiden der Landwirtschaft in den letzten zwei Jahrzehnten ist die Folge ungenügender Anreize. Die internen Terms of Trade wurden bewußt zum Nachteil des Agrarsektors verändert, und zwar durch eine Kombination von Ausfuhrsteuern, Zöllen, Einfuhrbeschränkungen bei Industrieprodukten und Devisenkontrollen, die zu einer Überbewertung der Währung führten. Der argentinischen Wirtschaftspolitik lag die Auffassung zugrunde, daß die Exporte des Landes — in erster Linie Agrarprodukte — auf den Weltmärkten auf rückläufige reale Preise träfen und Argentinien daher seine Volkswirtschaft durch Förderung der Industrie diversifizieren müsse.

Zudem bildete in den fünfziger und sechziger Jahren die Vorstellung, daß die Agrarproduktion auf Preisänderungen nicht wesentlich reagiert, ein zentrales Element der Debatte über Wachstum, Inflation und Einkommensverteilung in der argentinischen Volkswirtschaft. Die Wirtschaftspolitiker argumentierten, daß die Besteuerung der Landwirtschaft, um damit die Produktion von Importsubstituten durch die heimische Industrie zu unterstützen, keine erheblichen Einbußen bei der Agrarproduktion nach sich ziehen würde; desgleichen wurde angenommen, daß eine Erhöhung der Agrarpreise durch Senkung der Ausfuhrsteuern oder Abwertung der Währung das Haushaltsdefizit vergrößern, die Inflation beschleunigen und arme Verbraucherschichten belasten würde, ohne das Angebot an Agrarprodukten nennenswert zu beeinflussen. Die Inflation selbst wurde in der Tat als strukturell angesehen, d.h. als Reflex der Nahrungsmittel- oder Devisenknappheit, die daraus resultierte, daß die Industrialisierung das Einkommen hochtrieb und die Inlandsnachfrage nach Nahrungsmitteln steigerte. Diese Sicht der Dinge hat sich seit den sechziger Jahren gewandelt, und mittlerweile wurde auch gezeigt, daß die Agrarproduktion in Argentinien hoch reagibel ist.

Eine unlängst durchgeführte Untersuchung der argentinischen Volkswirtschaft analysierte die Gesamtwirkungen wechselkurs-, finanz- und handelspolitischer Maßnahmen auf den Agrarsektor. Neben der Schätzung der Steuerbelastung der Landwirtschaft, die mit den genannten wirtschaftspolitischen Maßnahmen verbunden war, vermittelt die Untersuchung auch Einblicke in das Beziehungsgeflecht zwischen den verschiedenen gesamtwirtschaftlichen Maßnahmen. Sie zeigte beispielsweise, daß die Fiskalpolitik das Ausmaß, in dem die Handelspolitik Argentiniens die Landwirtschaft diskriminierte, stark beeinflußte, weil mengenmäßige Importbeschränkungen als Hauptinstrument zum Schutz der Industrie dienten. Während die Beschränkungen zwischen 1960 und 1983 weitgehend unverändert blieben, entfernten sich die Inlandspreise der durch protektionistische Maßnahmen geschützten Produkte erheblich von den Weltmarktpreisen, wenn sich die gesamtwirtschaftliche Politik änderte. In Zeiten hoher öffentlicher Ausgaben nahm die Importnachfrage zu, und die Inlandspreise der beschränkten Einfuhren sprangen kräftig in die Höhe, was die internen Terms of Trade der Landwirtschaft verschlechterte (vgl. Schaubild 4.3A).

Eine Simulation der Entwicklung, die ohne diese Maßnahmen eingetreten wäre, ergab folgendes:

- Die realen Preise sämtlicher Agrarprodukte wären im Durchschnitt des Zeitraums 1960 bis 1983 jährlich um rund 38 Prozent höher gewesen. Diese Preise sind nicht nur durch die Einfuhrkontrollen und die öffentliche Ausgabenpolitik gedrückt worden, wie oben beschrieben, sondern auch durch die hohe Besteuerung der Agrarausfuhren. Die Ausfuhren, die für den Agrarsektor sehr wichtig sind, wurden während dieser Periode im Jahresdurchschnitt mit einem Satz von rund 44 Prozent besteuert.

- Der jährliche Wert der Agrarproduktion hätte bis 1983 ein um 33 Prozent höheres Niveau erreicht, wären nicht die Agrarpreise als Ergebnis der sektoralen und gesamtwirtschaftlichen Politik um 38 Prozent gedrückt worden.

Schaubild 4.3A Implizite und erhobene Zollsätze sowie Haushaltsdefizite in Argentinien, 1960 bis 1982

- Impliziter Zoll
- Erhobener Zoll
- Haushaltsdefizit in Prozent des BIP

Anmerkung: Ein impliziter Zoll von 100 Prozent zeigt an, daß der Inlandspreis doppelt so hoch wie der entsprechende internationale Preis ist.
Quelle: Cavallo (Hintergrundpapier).

daß die gesamte Agrarerzeugung nicht im gleichen Maße zurückgeht wie die besteuerte Produktion. Die Schätzungen der Elastizität der gesamten Agrarerzeugung erfaßten typischerweise nur die kurzfristige Reaktion und haben die Tatsache nicht berücksichtigt, daß Preisänderungen sich langfristig auf die Bewegung von Ressourcen zwischen den Sektoren auswirken. Werden solche Effekte miteinbezogen, dann wird das Gesamtangebot ebenfalls preiselastisch.

Eine nachhaltige Diskriminierung der Landwirtschaft führt nicht nur zu einer Umverteilung von Ressourcen innerhalb des Agrarsektors, sondern auch zu einem Entzug von Ressourcen aus dem Sektor. Da Arbeit und Kapital abwandern und der technische Fortschritt sich verlangsamt, können auf lange Frist große Verluste entstehen:

• Das International Food Policy Research Institute (IFPRI) untersuchte die Entwicklung der argentinischen und der chilenischen Volkswirtschaft und die Auswirkungen der jeweiligen Preis- und Wechselkurspolitik auf die Landwirtschaft. Die Untersuchung ergab: Wenn die Agrarpreise in Argentinien zwischen 1950 und 1972 (als die Regierung den Agrarsektor hoch besteuerte) um 10 Prozent höher gewesen wären, so wäre die gesamte Agrarerzeugung allmählich auf ein Niveau gestiegen, das auf Jahresbasis gerechnet annähernd 9 Prozent höher

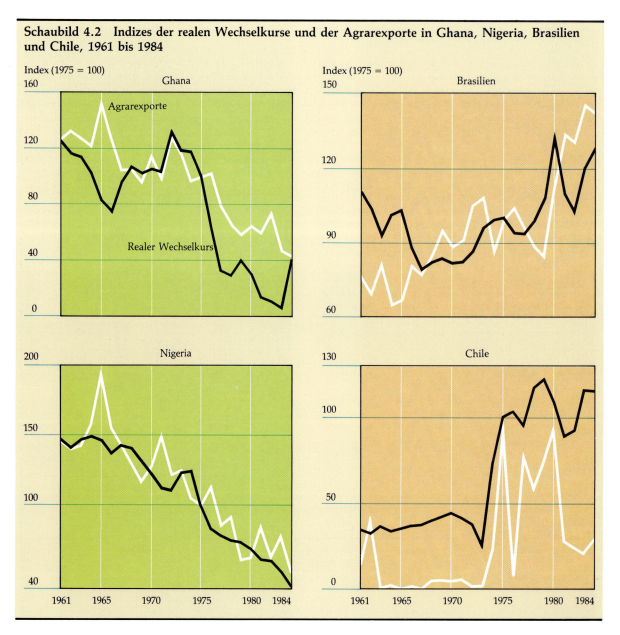

Schaubild 4.2 Indizes der realen Wechselkurse und der Agrarexporte in Ghana, Nigeria, Brasilien und Chile, 1961 bis 1984

Sonderbeitrag 4.4 Öl und Landwirtschaft: Nigeria und Indonesien

Der Ölboom der siebziger und frühen achtziger Jahre erwies sich für viele ölexportierende Länder als Segen und Fluch zugleich. Die Öleinnahmen erhöhten den Lebensstandard, schufen zusätzliche Beschäftigungschancen und erweiterten den wirtschaftspolitischen Handlungsspielraum der Regierungen. Sie veränderten aber auch die Anreizstruktur in der Volkswirtschaft, erhöhten die Erwartungen und führten zu raschen und häufig destabilisierenden Veränderungen. Besonders die Landwirtschaft wurde von diesem Wandel der Verhältnisse beeinflußt.

In vielen ölexportierenden Ländern gingen die Wachstumsraten der Landwirtschaft zurück. Die höheren Einkommen führten zu einem Preisanstieg der nicht handelbaren Güter zu Lasten handelbarer Güter wie der Agrarprodukte. Bauern gaben ihr Land zugunsten einer lukrativeren Beschäftigung in der boomartig wachsenden Bauindustrie auf. Da sich diese Länder höhere Importe von Nahrungsmitteln und anderen Agrarprodukten leisten konnten, die dann zu subventionierten Preisen verkauft wurden, sank die Rentabilität in der Landwirtschaft relativ zu der anderer Sektoren. Welcher Druck von solchen Verschiebungen der Produktionsanreize ausging, hing stark von der Politik der Regierung und der Struktur der Volkswirtschaft ab. Indonesien und Nigeria, zwei Volkswirtschaften mit mittlerem Einkommen, deren BIP vor dem Ölpreisanstieg des Jahres 1973 zu mehr als 40 Prozent in der Landwirtschaft entstand, bilden einen aufschlußreichen Gegensatz.

In Nigeria führte der Ölboom zu einer Zerrüttung der ländlichen Wirtschaft und einer massiven Landflucht. Von 1970 bis 1982 ging in Nigeria die jährliche Produktion der wichtigsten für den Markt bestimmten Erzeugnisse stark zurück: Kakao um 43 Prozent, Kautschuk um 29 Prozent, Baumwolle um 65 Prozent und Erdnüsse um 64 Prozent. Der Anteil der Agrarimporte an den gesamten Einfuhren stieg von rund 3 Prozent Ende der sechziger Jahre auf rund 7 Prozent zu Beginn der achtziger Jahre. Indonesien — und dies ist fast einzigartig unter den bevölkerungsreichen ölexportierenden Entwicklungsländern — konnte einen gravierenden Einschnitt in seine landwirtschaftliche Entwicklung erfolgreich vermeiden. Zwar schwächte sich das Agrarwachstum Mitte der siebziger Jahre ab, doch hatte es bis zum Ende der siebziger Jahre wieder das frühere Niveau erreicht (vgl. Tabelle 4.4A). Die Reiserzeugung stieg von 1968 bis 1978 um 4,2 Prozent im Jahr und von 1978 bis 1984 um 6,7 Prozent, und zwar weitgehend dank einer raschen Steigerung der Flächenerträge. Der Anteil der Agrareinfuhren an den gesamten Importen blieb mit ungefähr 1,0 Prozent unverändert. Indonesien steigerte sowohl den Anteil seiner landwirtschaftlichen Ausfuhren an den Agrarexporten der Dritten Welt als auch deren Anteil am Weltagrarexport. Diese Anteile nahmen von 1965 bis 1983 jährlich um 2,0 beziehungsweise um 0,5 Prozent zu. Nigerias entsprechende Marktanteile im Export gingen um 5,7 beziehungsweise 7,1 Prozent pro Jahr zurück.

Diverse Unterschiede in der Wirtschaftspolitik Nigerias und Indonesiens erklären diese gegensätzlichen Resultate. Der reale Wechselkurs ist zwischen 1970/72 und 1974/78 sowohl in Nigeria als auch in Indonesien um ungefähr 30 Prozent gestiegen. Danach jedoch hielt Indonesien seinen realen Wechselkurs stabil. Es verfolgte einen restriktiveren geld- und finanzpolitischen Kurs und wertete die Rupiah von November 1978 bis März 1983 um mehr als 50 Prozent gegenüber dem Dollar ab. Im Gegensatz dazu lehnte Nigeria, trotz einer raschen realen Aufwertung, jegliche Abwertung des Naira ab. Auf der Basis künftiger Öleinnahmen verschuldete sich Nigeria außerdem stark. Im Jahr 1982 war der reale Wechselkurs mehr als doppelt so hoch als im Zeitraum 1970/72.

Die beiden Länder unterscheiden sich auch in ihrem öffentlichen Ausgabenverhalten gegenüber der Landwirtschaft. Der Löwenanteil von Nigerias gestiegenen öffentlichen Ausgaben floß in die Grundschulausbildung, in das Verkehrswesen und in Bauinvestitionen. Indonesien verteilte seine Ausgaben gleichmäßiger auf die physische Infrastruktur, das Erziehungswesen, die kapitalintensive Industrie sowie die Entwicklung der Landwirtschaft, speziell des Reisanbaus.

In den letzten Jahren hat sich Nigeria bemüht, die wirtschaftlichen Anreize zu stärken und die Investitionen in der landwirtschaftlichen Infrastruktur sowie im Beratungswesen kräftig auszuweiten. Die Stagnation der Agrarproduktion hielt jedoch an. Die Umkehr des langanhaltenden Schrumpfungsprozesses in der Landwirtschaft erfordert eine nachhaltige Verbesserung der realen Erzeugerpreise und günstigere Wechselkurse sowie eine andauernde und verbesserte Unterstützung der Landwirtschaft.

Tabelle 4.4A Realer Wechselkurs und Agrarentwicklung in Nigeria und Indonesien in ausgewählten Jahren, 1965 bis 1983

A. Index des realen Wechselkurses

Jahr	Nigeria	Indonesien
1970–72	100,0	100,0
1974–78	76,3	74,7
1982–83	47,8	71,3

B. Wachstumsrate der Landwirtschaft
(durchschnittliche jährliche Veränderung in %)

	Agrarproduktion		Agrarexport	
Jahr	Nigeria	Indonesien	Nigeria	Indonesien
1965–73	2,8	4,8	—4,0	1,9
1974–78	—2,5	2,8	—4,2	5,3
1973–83	—1,9	3,7	—7,9	3,1

Quelle: Pinto (Hintergrundpapier).

gelegen hätte, als es tatsächlich in diesem Zeitraum der Fall war. Der Produktionsanstieg wäre weitgehend dadurch erreicht worden, daß der Agrarsektor mehr Kapital angezogen hätte und technische Fortschritte erzielt worden wären. Im Sonderbeitrag 4.3 über Argentinien wird erörtert, wie eine verfehlte gesamtwirtschaftliche und sektorale Politik zu einem starken Rückgang der Agrarproduktion führte. Eine ähnliche Simulation für die chilenische Wirtschaft im Zeitraum 1960 bis 1982 ergab eine noch größere Angebotselastizität: Auf lange Sicht wäre das Produktionsniveau bei einer dauerhaften Zunahme der Agrarpreise um 10 Prozent vermutlich um 20 Prozent pro Jahr höher gewesen als sonst. Eine permanente Besteuerung der Landwirtschaft kann somit die Rentabilität der Investitionen vermindern, den technischen Fortschritt beeinträchtigen und die Bauern zur Aufgabe des Landes veranlassen.

• Die langfristigen Auswirkungen von Preisänderungen auf die Landwirtschaft lassen sich auch dadurch belegen, daß man Situationen untersucht, in denen sich die realen Wechselkurse stark änderten, so daß die von den Produzenten erzielten realen Preise für Agrarerzeugnisse beeinflußt wurden. Zwei Länder, deren reale Wechselkurse sich stark aufwerteten — Ghana und Nigeria — können mit zwei Ländern verglichen werden, deren reale Wechselkurse sich abwerteten - Brasilien und Chile. Das Schaubild 4.2 zeigt einen engen Zusammenhang zwischen den Veränderungen der realen Wechselkurse dieser Länder und der Höhe ihrer Agrarexporte. Eingehende ökonometrische Untersuchungen zeigen, daß dies in größerem Umfang zutrifft. Im Durchschnitt vermindert ein Rückgang des realen Wechselkurses um einen Prozentpunkt die Agrarexporte in sämtlichen Entwicklungsländern um 0,6 bis 0,8 Prozentpunkte und um mehr als einen Prozentpunkt in Afrika südlich der Sahara. Die Ergebnisse für Afrika bestätigen nicht nur, daß die Angebotselastizität in dieser Region hoch ist, sondern sie zeigen auch, daß die Exporte empfindlich auf Wechselkursänderungen reagieren, wenn die Möglichkeit des Absatzes auf Parallelmärkten besteht. Korrelationen zwischen den Bewegungen des realen Wechselkurses und der Agrarproduktion ergaben in vielen Fällen einen ähnlich engen Zusammenhang. Die Auswirkungen realer Wechselkursbewegungen auf die Landwirtschaft in Nigeria und Indonesien werden im Sonderbeitrag 4.4 beleuchtet, der die unterschiedlichen Reaktionen der beiden Länder auf den Ölboom der siebziger Jahre vergleicht.

• Das Entstehen von Parallelmärkten — am auffälligsten in Afrika — deutet darauf hin, daß die von den staatlichen Absatzorganisationen erhobenen Steuern sowie die starken Überbewertungen der Wechselkurse weit über das hinausgegangen sind, was durchsetzbar ist. Der Hauptverlierer ist die Regierung selbst. Sie büßt Steuereinnahmen ein, wenn die Landwirte für den Export bestimmte Produkte „schwarz" verkaufen, und kann letztlich sogar schlechter dastehen, als dies bei niedrigeren Steuern und einem angemesseneren realen Wechselkurs der Fall gewesen wäre. So erlitt Sierra Leone große Devisenverluste, weil Kaffee, Kakao, Palmenkerne und Reis durch das benachbarte Liberia herausgeschmuggelt wurden. Die Erfahrungen mit Parallelmärkten spiegeln auch die Anpassung der Produktionsstruktur durch die Bauern wider, wenn Agrarprodukte auf den offiziellen Märkten benachteiligt werden. In Tansania führten höhere Nahrungsmittelpreise auf dem Parallelmarkt zu einem Rückgang der Erzeugung von Exportprodukten (wie Baumwolle, Tabak und Pyrethrum), da die Bauern statt dessen zum Maisanbau übergingen. Die Devisenverluste trugen zu einer weiteren Überbewertung der Währung bei, wodurch die Exportproduktion noch weiter sank (vgl. Sonderbeitrag 4.5).

DIE KOSTEN DER FEHLEINSCHÄTZUNG VON MONOPOLMACHT UND KOMPARATIVEN VORTEILEN. Den vielleicht schlagendsten Beweis für die ökonomischen Kosten der Exportbesteuerung bieten die gesunkenen Anteile vieler Entwicklungsländer am Weltmarkt. Viele Entwicklungsländern besteuern die Ausfuhren von Rohstoffen und Getränken in der Hoffnung, von ihrer vermeintlichen Monopolmacht im Außenhandel zu profitieren. Je weniger die Weltnachfrage auf Preisänderungen reagiert und je höher der Anteil eines Landes am Weltmarkt ist, umso größer ist die Monopolmacht eines Landes. Eine ganze Reihe von Entwicklungsländern verfügte über genügend große Marktanteile, um eine gewisse Monopolmacht ausüben zu können. In den frühen sechziger Jahren entfielen auf Burma und Thailand jeweils rund ein Fünftel des Weltexports an Reis, auf Indien und Sri Lanka jeweils rund ein Drittel des Welt-Teeexports, auf Nigeria und Zaire jeweils rund ein Viertel des Weltexports von Palmöl, auf Ghana zwei Fünftel des Welt-Kakaoexports, auf Bangladesch ungefähr vier Fünftel des Weltexports von Jute und auf Indonesien und Malaysia 30 Prozent bzw. 40 Prozent des Weltexports von Kautschuk. Alle diese Länder, wie auch Brasilien (bei Kaffee) und Ägypten (bei langfasriger Baum-

Tabelle 4.5 Produktions- und Ausfuhrwachstum sowie Exportmarktanteile bei Kakao und Palmöl in ausgewählten Entwicklungsländern, 1961 bis 1984

Produkt und Land	Durchschnittliche jährliche Produktionsveränderung in %, 1961–84	Durchschnittliche jährliche Ausfuhrveränderung in %, 1961–84	Exportmarktanteile	
			1961–63	1982–84
Kakao				
Afrika	0,1	−0,6	80,0	64,1
Elfenbeinküste	7,3	6,0	9,3	26,3
Ghana	−3,7	−4,2	40,1	14,4
Kamerun	1,5	0,5	6,8	6,9
Nigeria	−2,0	−1,9	18,0	11,2
Lateinamerika	3,2	0,9	16,7	18,5
Brasilien	4,5	2,7	7,3	10,9
Ecuador	2,5	2,2	3,2	2,6
Palmöl				
Afrika	1,8	−6,4	55,8	1,9
Nigeria	1,4	−23,6	23,3	0,2
Zaire	−1,8	−15,5	25,1	0,1
Asien	15,0	14,8	41,8	95,0
Indonesien	9,7	6,2	18,4	8,2
Malaysia	19,0	18,0	17,9	70,6

wolle) haben versucht, die Weltmarktpreise durch Beschränkung des Angebots hoch zu halten.

Die Gewinne, die aus der Ausnutzung der Monopolmacht gezogen wurden, sind im allgemeinen jedoch begrenzt gewesen, weil ausländische Verbraucher alternative Anbieter oder Substitute gefunden haben und weil die inländischen Produzenten weniger motiviert waren, in neue Produktionsverfahren zu investieren. Länder, die hohe Exportsteuern erhoben, mußten erleben, wie ihre Marktanteile von anderen Anbietern mit günstigeren Bedingungen für die Produzenten übernommen wurden. Ghana und Nigeria haben Weltmarktanteile bei Kakao verloren (vgl. Tabelle 4.5). Zu Beginn der sechziger Jahre exportierten Nigeria und Zaire mehr Palmöl als die Hauptproduzenten in Asien; zu Beginn der achtziger Jahre hatten die asiatischen Exportländer über 90 Prozent des Weltmarktes erobert. Der Anteil Ägyptens am Welt-Baumwollmarkt halbierte sich von Anfang der sechziger bis zu Anfang der achtziger Jahre. Sri Lanka hatte im gleichen Zeitraum einen Rückgang seines Anteils am Welt-Teemarkt von einem Drittel auf ein Fünftel zu verzeichnen. Im Gegensatz dazu nahm im gleichen Zeitraum der Anteil Kenias, das die Teeproduzenten unterstützte, von weniger als 3 Prozent auf über 9 Prozent zu. Im Sonderbeitrag 4.6 werden diese Entwicklungen erörtert.

Da die Preise von Nahrungsmitteln und Rohstoffen, real betrachtet, auf sehr lange Sicht tendenziell sinken, wird vielfach geglaubt, daß Investitionen im Agrarsektor — insbesondere bei Grundstoffen — nur Verluste bringen können und die Planer ihre Aufmerksamkeit anderen Dingen zuwenden sollten. Diese Ansicht ist aus verschiedenen Gründen irreführend. Erstens ist zugleich mit dem langfristigen Rückgang der realen Rohstoffpreise der technische Fortschritt in den Entwicklungsländern vorangeschritten — und hat ersteren teilweise sogar verursacht. Länder, die den technischen Fortschritt gefördert haben — beispielsweise Thailand bei Kautschuk und Malaysia bei Palmöl — finden die Spezialisierung auf Rohstoffexporte weiterhin gewinnbringend. Zweitens, wenn trotz des technischen Fortschritts die volkswirtschaftlichen Renditen von Investitionen in der landwirtschaftlichen Exportproduktion allmählich auf ein unannehmbares Niveau sinken, dann sollten die betreffenden Volkswirtschaften ihre Ressourcen in andere Bereiche verlagern. Eine solche Verlagerung sollte ohne besondere Eingriffe eintreten, da die Marktpreise die volkswirtschaftlichen Vor- und Nachteile weiterer Investitionen signalisieren. Es wäre eine unzweckmäßige und letztlich wirkungslose Politik, diesen Prozeß durch übermäßige Besteuerung der Exporte oder auf andere Weise forcieren zu wollen.

Sonderbeitrag 4.5 Agrarpreise und Vermarktung in Tansania

In Tansania kontrolliert die Regierung weitgehend die Vermarktung der Agrarprodukte. Absatzgenossenschaften, die den nationalen Behörden für landwirtschaftliche Vermarktung unterstellt sind, begannen diese Funktion während der sechziger Jahre von privaten Händlern zu übernehmen. Zwischen 1973 und 1976 wurden zehn staatliche Einrichtungen damit beauftragt, siebenundzwanzig verbreitet angebaute und fünfzehn weniger bedeutende Produkte aufzukaufen, zu verarbeiten und zu vermarkten. Der auf den Markt kommende Überschuß der meisten dieser Produkte konnte nur über staatliche Stellen verkauft werden. Die Regierung legte vor Beginn jeder Saison die Erzeugerpreise fest. Die Preise berücksichtigten die unterschiedlichen Transportbedingungen nicht und wurden häufig für das gesamte Land einheitlich festgesetzt.

Einige der Auswirkungen können dem Schaubild 4.5A entnommen werden. Die realen Erzeugerpreise schwankten, da die festgesetzten nominalen Preise alle paar Jahre überraschend und sprunghaft angepaßt wurden; daher wurde auch das Ziel einer Preisstabilisierung nicht erreicht. Noch ungünstiger wirkte sich aber für die Bauern aus, daß die durchschnittlichen realen Erzeugerpreise von 1970 bis 1975 stark zurückgingen, sich von 1975 bis 1978 etwas erholten und seitdem wieder fortgesetzt gesunken sind. Im Jahr 1984 lag der gewogene Durchschnitt der offiziellen Erzeugerpreise real betrachtet um 46 Prozent unter dem Niveau von 1970; die Preise der Exportprodukte waren nur

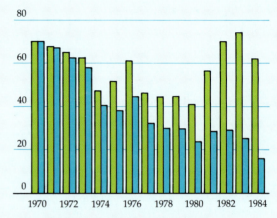

Schaubild 4.5B Verhältnisse von Erzeugerpreisen zu Grenzübergangspreisen in Tansania, 1970 bis 1984

Prozent

□ Verhältnis unter Verwendung offizieller Wechselkurse errechnet
□ Das gleiche Verhältnis bereinigt um die Überbewertung der Währung im Verhältnis zum offiziellen Wechselkurs von 1970

Anmerkung: Preise sind gewogene Durchschnittswerte für zehn Exportprodukte.
Quelle: Ellis (Hintergrundpapier).

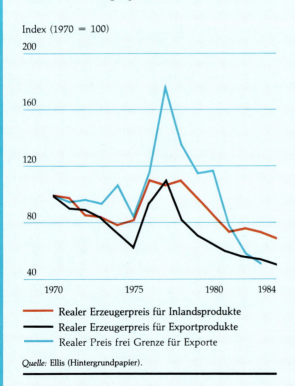

Schaubild 4.5A Agrarpreise in Tansania, 1970 bis 1984

Index (1970 = 100)

— Realer Erzeugerpreis für Inlandsprodukte
— Realer Erzeugerpreis für Exportprodukte
— Realer Preis frei Grenze für Exporte

Quelle: Ellis (Hintergrundpapier).

etwa halb so hoch wie 1970, obwohl der gewogene Durchschnitt der realen Weltmarktpreise für tansanische Agrarprodukte zu offiziellen Wechselkursen gerechnet, im Jahr 1980 um 17 Prozent höher war als 1970.

Steigende Ausfuhrsteuern und zunehmende Absatzkosten verminderten den Anteil der Bauern an den Endverkaufserlösen der Exportprodukte von 70 Prozent auf 41 Prozent im Jahre 1980, wenn er auch seitdem wieder gestiegen ist (siehe Schaubild 4.5B). Die Benachteiligung der landwirtschaftlichen Exportproduktion war jedoch viel gravierender, als dies bei Anwendung offizieller Wechselkurse zum Ausdruck kommt. Wird die Überbewertung der Währung während dieses Zeitraums rechnerisch ausgeschaltet, so ergibt sich eine weitaus stärkere Benachteiligung, was ebenfalls in Schaubild 4.5B dargestellt ist. In Wirklichkeit wurden die Exporte sogar noch stärker benachteiligt, weil die Erzeuger von Nahrungsmitteln ihre Produkte auf Parallelmärkten absetzen konnten, wo die Preise höher waren als bei den Absatzorganisationen, während die Erzeuger von Exportprodukten nur an den Staat verkaufen konnten.

Die Erzeugung einiger Exportprodukte, insbesondere von Cashewnüssen, Baumwolle und Pyrethrum, ging in den siebziger Jahren drastisch zurück. Ambitiöse Entwicklungsprogramme für Tee und Tabak erreichten ihre Ziele nicht. Auch die Kaffeeproduktion stagnierte, weil es für die Landwirte wenig Anreize gab, alte Bäume zu ersetzen. Gemessen am Gewicht der abgesetzten Exportprodukte vermarkteten die Absatzbehörden im Jahr 1984 insgesamt 30 Prozent weniger als im Jahr 1970.

Auf den ersten Blick scheint es, als wären die Behörden bei den inländischen Grundnahrungsmitteln erfolgreicher gewesen. In den Jahren 1978/79 wurden über diese Vermarktungskanäle mehr als doppelt soviel Grundnahrungsmittel (speziell Mais) verkauft wie 1970 (vgl. Schaubild 4.5C). Dies ist ein Reflex der guten Ernten, die der Dürre der Jahre 1974/75 folgten, sowie des Anstiegs der realen Erzeugerpreise im Gefolge der Weltmarktpreise (obwohl das absolute Niveau des Erzeugerpreises für Mais immer noch weniger als ein Drittel des Importpreises ausmachte). Die offizielle Vermarktung dürre-resistenter Produkte (Maniok, Sorghum und Hirse) war 1979 mehr als achtmal so umfangreich wie 1970 und die von Ölsaaten (Erdnüsse, Sesam, Sonnenblumenkerne und Rizinusöl) übertraf 1980 das Niveau von 1970 um etwa 30 Prozent. Doch es tauchten Probleme auf. Da die realen Erzeugerpreise der im Inland abgesetzten Produkte stark zurückgingen, wurden die Absatzbehörden zunehmend von Importen abhängig; die Bauern wichen auf die Parallelmärkte aus, wo die Preise zwar instabil waren, aber ein Vielfaches der amtlichen Preise betrugen (vgl. Sonderbeitragstabelle 4.5). Im Jahr 1984 wurde über amtliche Stellen weniger als ein Drittel der Maismenge des Spitzenjahres 1979 abgesetzt, und bei Reis

Tabelle 4.5A Offizielle und inoffizielle Preise für ausgewählte Agrarprodukte in dreizehn Dörfern Tansanias, 1979 bis 1981
(Tansanische Shilling je Kilogramm)

Produkt	Offizieller Preis		Preis auf dem Parallelmarkt	
	1979–80	1980–81	1979–80	1980–81
Mais	1,00	1,00	3,08	4,98
Roher Reis	1,50	1,75	2,31	4,23
Maniok	0,65	0,65	1,99	2,90
Sorghum	1,00	1,00	2,96	4,68
Hirse	2,00	1,50	4,73	6,95

Quelle: Raswant (Hintergrundpapier).

setzten die offiziellen Absatzorganisationen im Jahr 1984 weniger als ein Drittel der Menge um, die sie im Durchschnitt der siebziger Jahre verkauft hatten. Auch dürreresistente Produkte sowie Ölsaaten sind in erheblichem Maße auf Parallelmärkte umgelenkt worden. Nur bei dem einen wichtigen Produkt Tansanias, dessen Erzeugerpreis meistens oberhalb des Einfuhrpreises gehalten wurde, nämlich Weizen, war die staatliche Vermarktung beständiger.

In den letzten Jahren hat Tansania versucht, sein Vermarktungssystem stärker auf dörfliche Genossenschaften zu stützen. Die Bevölkerung darf nun bis zu 500 Kilogramm statt bisher 30 Kilogramm Getreide ohne Erlaubnis transportieren; jeder, der Devisen besitzt, kann sie zur Einfuhr von Waren verwenden; überdies werden die Absatzbehörden nur noch bei achtzehn Haupterzeugnissen die Preise kontrollieren statt bei mehr als vierzig wie vor einigen Jahren. Die Kontrollen der Einzelhandelspreise für Maismehl, das wichtigste Grundnahrungsmittel, sind 1984 aufgehoben worden.

Die Lockerung der Kontrollen bei der Vermarktung von Getreide dürfte der wichtigste einzelne Faktor gewesen sein, der zum jüngsten Anstieg des Getreideangebots und zum Rückgang der realen Nahrungsmittelpreise um 50 Prozent im Jahr 1985 beigetragen hat, doch ist der Erfolg der tansanischen Reformen noch keineswegs gesichert. Es wird viel davon abhängen, ob die Genossenschaften rasch genug errichtet werden können und ob ihnen erlaubt wird, auf die Forderungen der Landwirte einzugehen. Es sind nur geringe Verbesserungen der Agrarproduktion wahrscheinlich, wenn sich die Genossenschaften lediglich als andere Form eines Monopols herausstellen. Viel hängt außerdem davon ab, ob die Absatzsysteme für die wichtigsten Exportprodukte flexibel arbeiten; ob den offiziellen Preisen die Rolle zugewiesen wird, die sie in der Praxis tendenziell spielen, nämlich die von garantierten Mindestpreisen anstelle von fixierten Ankaufspreisen; ob die hohen Kosten der staatlichen Vermarktung gesenkt werden können, und ob schließlich die Regierung die zwischen 1979 und 1984 eingetretene beträchtliche Aufwertung der Währung rückgängig machen kann.

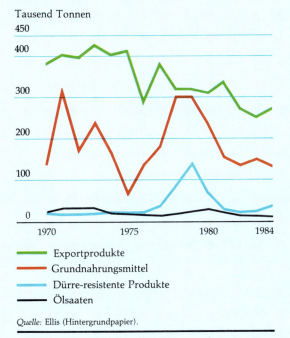

Schaubild 4.5C Vermarktete Erzeugung nach Produktgruppen in Tansania, 1970 bis 1984

Tausend Tonnen

— Exportprodukte
— Grundnahrungsmittel
— Dürre-resistente Produkte
— Ölsaaten

Quelle: Ellis (Hintergrundpapier).

Sonderbeitrag 4.6 Exportbesteuerung und Monopolmacht

Länder mit einem beträchtlichen Anteil am Weltexport eines Agrarproduktes können die Weltmarktpreise beeinflussen, zumindest auf kurze Frist. Jedoch kann der Versuch einer Besteuerung ausländischer Abnehmer leicht in eine übermäßige Besteuerung der heimischen Landwirte umschlagen. Das Ergebnis ist häufig eine Stagnation oder ein Rückgang der landwirtschaftlichen Exportproduktion.

Kakao in Ghana

Die Kakaopreispolitik in Ghana bietet hierfür ein Beispiel. Seit 1950 hat der Cocoa Marketing Board das Monopol für den Ankauf, Transport und Export von Kakao. Die Behörde nutzte ihre Monopolmacht, um erhebliche Steuereinnahmen aus dem Exportabsatz zu erzielen. Gleichzeitig hielt die Regierung den Außenwert der Währung hoch: Im Jahr 1979 war der reale Wechselkurs schätzungsweise 347 Prozent höher als 1972. Durch das Zusammenwirken beider Faktoren stieg im Endeffekt die durchschnittliche Ausfuhrbelastung von bereits hohen 54,3 Prozent in der zweiten Hälfte der sechziger Jahre auf 88,9 Prozent in der zweiten Hälfte der siebziger Jahre. Die Erzeugerpreise in Ghana lagen weit unter dem Niveau der entsprechenden Preise in den konkurrierenden westafrikanischen Ländern (siehe Tabelle 4.6A). Der Anteil Ghanas an den Exportmärkten sank von 40 Prozent in den Jahren 1961/63 auf 18 Prozent in den Jahren 1980/82; Togos Marktanteil stieg leicht an; der Anteil der Elfenbeinküste nahm von 9 Prozent in den Jahren 1961/63 auf 29 Prozent 1980/82 zu. Letztere Zunahme ging über das Wachstum des exportierbaren Überschusses hinaus: Die höheren Preise in der Elfenbeinküste führten zu einem umfangreichen Schmuggel von ghanaischem Kakao.

Tee in Sri Lanka

Zu Beginn der sechziger Jahre besaß Sri Lanka beträchtliche Möglichkeiten zur Beeinflussung der Weltmarktpreise für Tee. In den Jahren 1961/63 entfielen 33 Prozent der Weltexporte von Tee auf dieses Land, und Tee aus Sri Lanka verfügte über eine etablierte Marktposition. Auf Kenia entfielen damals nur 2,6 Prozent der Weltausfuhren. Abgesehen von anderen ebenfalls wichtigen Faktoren, verfolgten beide Länder eine sehr unterschiedliche Preispolitik. In Sri Lanka überstieg in den späten siebziger Jahren der durchschnittliche Steuersatz 50 Prozent; im Durchschnitt der letzten Jahrzehnte stellte er sich auf 35 Prozent. In Kenia fiel die Besteuerung weit moderater aus. In Tabelle 4.6B werden die Steuersätze des Jahres 1985 bei unterschiedlichen Weltmarktpreisen verglichen. Die Steuer in Sri Lanka schöpft den Überschuß über die geschätzten Produktionskosten zum größten Teil ab. Im Gegensatz dazu fließt in Kenia der größte Teil des Gewinns dem Produzenten zu. Wenn der Tee 2,40 Dollar je Kilogramm kostet, sind die Steuersätze in Sri Lanka zehnmal höher als in Kenia; bei 3,60 Dollar je Kilogramm sind sie immer noch mehr als dreimal so hoch. Bis 1980/82 ging der Anteil Sri Lankas am Weltmarkt auf 19 Prozent zurück, während sich der Anteil Kenias mit 9 Prozent mehr als verdreifacht hat.

Tabelle 4.6A Relative Preisanreize für Kakao-Erzeuger in Ghana, Togo und der Elfenbeinküste, 1965 bis 1982

Jahr	Verhältnis des Preises in Ghana zu dem in Togo	Verhältnis des Preises in Ghana zu dem in der Elfenbeinküste
1965	0,97	0,97
1970	0,56	0,60
1975	0,74	0,48
1980	0,23	0,18
1981	0,36	0,26
1982	0,40	0,30

Tabelle 4.6B Steuersätze auf Tee in Kenia und Sri Lanka, 1985
(in %)

F.o.b.-Preis ($ je Kilogramm)	Kenia		Sri Lanka	
	Durchschnittlicher Steuersatz	Grenzsteuersatz	Durchschnittlicher Steuersatz	Grenzsteuersatz
1,20	0,00	0	22,4	0
1,80	2,83	10	14,9	0
2,40	2,59	15	27,7	50
3,00	8,17	20	32,2	50
3,60	10,66	25	35,2	50
4,20	13,10	30	37,3	50
4,80	14,92	25	38,9	50

DIE KOSTEN DER FÖRDERUNG VON AGRARINDUSTRIEN. Entwicklungsländer subventionieren gelegentlich Ausfuhren verarbeiteter Agrarprodukte, um die mit steigendem Verarbeitungsgrad zunehmende Zollbelastung in Industrieländern auszugleichen (vgl. Kapitel 6). Solche Subventionen können direkt in Form von subventionierten Darlehen an die Verarbeiter gewährt werden oder indirekt, indem die Kosten heimischer Rohstoffe durch Exportkontingente oder -steuern gedrückt werden. Die systematische Besteuerung von Rohstoffen zur Sicherstellung der finanziellen Lebensfähigkeit von Verarbeitungsindustrien war in vielen Ländern, darunter Ghana und Tansania, üblich. Obwohl die Besteuerung von Rohstoffexporten den finanziellen Aufwand in der Verarbeitung reduzieren kann, werden die wirklichen Kosten der Subventionierung von den Entwicklungsländern selbst getragen.

Das Wachstum der Sojabohnen-Verarbeitungsindustrie in Brasilien illustriert, wie Subventionen an die Agrarindustrien kontraproduktiv werden können. Die Ausweitung der Sojabohnenerzeugung in Brasilien stellt einen bemerkenswerten Vorgang dar: Ausgehend von einer sehr schmalen Basis in den späten sechziger Jahren, nahm die Sojabohnenproduktion so rasch zu, daß Brasilien Anfang der achtziger Jahre nahezu 19 Prozent der Weltproduktion erzeugte. Die Expansion der Sojabohnenverarbeitung schritt noch rascher voran. Vor den siebziger Jahren bestand die Sojabohnenverarbeitung aus vielen kleinen und mittleren Unternehmen; die gesamte Verarbeitungskapazität betrug 800 000 Tonnen. Bis 1980 war die Verarbeitungskapazität auf 20 Millionen Tonnen oder ungefähr 160 Prozent der heimischen Sojabohnenerzeugung gestiegen. Brasilien begann, Sojabohnen zur Verarbeitung einzuführen. Im Jahr 1984 wurden über 63 Prozent der Sojabohnenerzeugung exportiert, davon aber nur 6 Prozent im Rohzustand.

Dieses Wachstum der Verarbeitungskapazität wurde durch eine in den frühen siebziger Jahren eingeleitete Politik ausgelöst, die in folgenden Maßnahmen bestand: Hohe Kreditsubventionen, Kontrolle und Besteuerung der Ausfuhr von Rohsoja, Importverbote für Sojaöl und Sojaschrot sowie Exportsubventionen an die Verarbeitungsindustrie. Im Zeitraum 1976 bis 1984 reichten die Spannen zwischen den Grenzübergangspreisen von Sojaöl und -schrot einerseits und Rohsoja andererseits nicht aus, um die Verarbeitungskosten zu decken. Wird der Einsatz von Rohsoja zu den Preisen bewertet, die am Weltmarkt dafür zu erzielen waren, so führte die Verarbeitung tatsächlich zu Devisenverlusten. Als Resultat der Förderung der Verarbeitungsindustrie durch die Regierung verlor die Volkswirtschaft von 1967 bis 1984 ungefähr 1,7 Mrd Dollar. Ohne die offenen und versteckten Subventionen wäre das Wachstum der Verarbeitungskapazitäten geringer gewesen, weil der private Sektor die wahren Kosten der Verarbeitung und die Risiken ungünstiger Entwicklungen der Weltmarktpreise erkannt hätte.

DIE KOSTEN DER SELBSTVERSORGUNG. Für die Entwicklungsländer gilt die Selbstversorgung mit Nahrungsmitteln als ein entscheidendes nationales Ziel. Dieses kann auf verschiedene Weise erreicht werden — beispielsweise durch Einfuhrbeschränkungen, durch öffentliche Investitionen zur Unterstützung der Nahrungsmittelproduktion und durch die Besteuerung von Erzeugnissen, die mit der Nahrungsmittelproduktion konkurrieren. Alle diese Methoden sind angewandt worden, wenn auch — wie zuvor erwähnt — ein systematischer Schutz der Einfuhrsubstitute nicht häufig vorkam. Weitaus üblicher war dagegen die Benachteiligung der heimischen Produzenten durch niedrige Ankaufspreise und durch die gesamtwirtschaftliche Politik. Die starke Diskriminierung des Agrarsektors hat in den afrikanischen Ländern südlich der Sahara die Abhängigkeit von importierten Nahrungsmitteln, insbesondere von Weizen und Reis, erhöht (Schaubild 4.3).

Paradoxerweise werden Afrikas Nahrungsmittelprobleme häufig einer Überbetonung des Anbaus von sonstigen Agrarprodukten zugeschrieben. Angaben für die Zeiträume 1960 bis 1970 und 1970 bis 1982 zeichnen dagegen ein anderes Bild. Länder, die

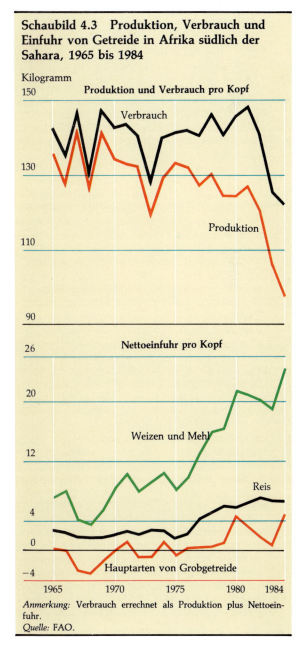

Schaubild 4.3 Produktion, Verbrauch und Einfuhr von Getreide in Afrika südlich der Sahara, 1965 bis 1984

Anmerkung: Verbrauch errechnet als Produktion plus Nettoeinfuhr.
Quelle: FAO.

in der einen Anbaurichtung ein befriedigendes Wachstum erzielten, erreichten dies auch bei den anderen Erzeugnissen. In 25 von 38 afrikanischen Ländern war von 1970 bis 1982 das Produktionswachstum sowohl bei Nahrungsmitteln als auch bei sonstigen Agrarprodukten geringer als in den sechziger Jahren. In sechs Ländern erhöhten sich beide Zuwachsraten; nur in fünf Ländern stieg die Zuwachsrate der Nahrungsmittelproduktion, während sie in der sonstigen Agrarproduktion sank. Und in nur zwei Ländern — Kenia und Malawi, die bei Nahrungsmitteln Selbstversorger sind — verlangsamte sich das Wachstum der Nahrungsmittelproduktion, während sich das Wachstum der sonstigen Agrarproduktion beschleunigte.

Der Anbau von Exportprodukten und von Nah-

Sonderbeitrag 4.7 Selbstversorgung mit Nahrungsmitteln in Asien

Die meisten asiatischen Länder erklären die Selbstversorgung mit Nahrungsmitteln zu einem wichtigen wirtschaftspolitischen Ziel, und viele von ihnen haben dieses Ziel erreicht oder sind auf dem Wege dazu. Indien erzielte 1985 einen hohen Überschuß an Weizen. Indonesien erreichte 1984 und 1985 die Selbstversorgung mit Reis. Bangladesch reduzierte in den achtziger Jahren seine Getreideimporte erheblich. Nachdem China in den siebziger Jahren ein wichtiger Importeur von Brotgetreide gewesen war, wandelte es sich in den achtziger Jahren zu einem Überschußland. Diese Leistungen spiegeln die gelungene Übernahme neuer Anbausorten und -techniken durch die Bauern Asiens sowie eine verbesserte Agrarpolitik wider.

Zwischen 1966 und 1982 wurde die bewässerte Fläche in Süd- und Südostasien um mehr als 22 Millionen Hektar erweitert, wodurch der Anteil der gesamten bewässerten Anbaufläche von rund 20 Prozent auf mehr als 28 Prozent stieg. Ende der siebziger Jahre wurden moderne Reiszüchtungen in China auf 80 Prozent des kultivierten Bodens angebaut, auf den Philippinen und in Sri Lanka auf mehr als 70 Prozent und in Indonesien und Pakistan auf mehr als 50 Prozent. In Indien wurden moderne Weizenzüchtungen verbreitet, auf die nun zwei Drittel der gesamten Weizenfläche entfallen. Zwischen 1966 und 1982 stieg der gesamte Düngemitteleinsatz in Südostasien um mehr als das Sechsfache und in Südasien um mehr als das Vierfache.

Solche Erfolge bedeuten aber nicht notwendigerweise, daß Selbstversorgung ein wünschenswertes Ziel darstellt. Das Streben nach Selbstversorgung kann dazu führen, daß man auf erhebliche volkswirtschaftliche Gewinne aus dem Handel verzichtet. Solche Verluste waren in China evident, als jede Provinz versuchte, bei Brotgetreide autark zu werden. Die gleichen Verluste können entstehen, wenn ein Land den internationalen Handel beschränkt. Von Interesse ist der Fall Sri Lankas, wo Forschungsausgaben, Preispolitik, Subventionierung von Produktionsmitteln und Bewässerungsinvestitionen alle auf die Selbstversorgung bei Reis ausgerichtet waren. Diese Anstrengungen waren teilweise angebracht, sie dürften aber unter wirtschaftlichen Gesichtspunkten übertrieben worden sein. Der Stützpreis der Regierung für ungeschälten Reis, der so festgesetzt wird, daß er den Landwirten einen angemessenen Ertrag ermöglicht, betrug 1983 je Bushel 65 Rupien. Wegen der Subventionierung der Produktionsmittel liegt dieser Preis in verschiedenen Gebieten weit unter den volkswirtschaftlichen Produktionskosten von Reis. Werden nur die für Düngemittel gezahlten Subventionen berücksichtigt, dann würden sich die volkswirtschaftlichen Kosten auf ungefähr 79 Rupien je Bushel belaufen. Am stärksten subventioniert wird jedoch die Bewässerung. Im Bereich des Mahaweli-Bewässerungssystems, wo die Kosten am höchsten liegen, beträgt der Erschließungsaufwand fast 400 000 Rupien pro Acre (ungefähr 17000 Dollar). In den Gebieten mit mittlerem Kostenniveau sind die Kosten etwa halb so hoch. Bei einem angenommenen Ertrag von 160 Bushel je zweifach abgeerntetem Acre und Opportunitätskosten von 10 Prozent würden sich die volkswirtschaftlichen Kosten der Reisproduktion in den Gebieten mit hohem Kostenniveau auf ungefähr 250 Rupien je Bushel und in denen mit mittlerem Kostenniveau auf ungefähr 165 Rupien belaufen. In Birma dagegen bieten die Bauern einen qualitativ hochwertigeren Rohreis zu 25 Rupien je Bushel an. Selbst wenn man die erheblichen Subventionen für Düngemittel in Birma berücksichtigt und einen Teil der Kosten des Mahaweli-Systems anderen Aktivitäten als dem Reisanbau zurechnet, bleibt eine sehr große Diskrepanz zwischen den Grenzkosten der Produktion in Sri Lanka und denen in Birma.

Aus einer Vielzahl von Gründen wird häufig versäumt, die potentiellen Gewinne aus dem Außenhandel zu realisieren. Erstens sind Länder möglicherweise nicht in der Lage, zu Preisen zu importieren, die den volkswirtschaftlichen Grenzkosten der Produktion in Exportländern mit niedrigem Kostenniveau entsprechen. So ist in Birma der Reisexport ein Staatsmonopol, und der Exportpreis liegt deutlich über den volkswirtschaftlichen Kosten von Produktion, Verarbeitung und Vermarktung. Thailand hat in Zeiten hoher Weltmarktpreise, wie etwa 1973 bis 1975, seine Reis-Ausfuhrsteuern häufig angehoben. Solche Maßnahmen haben in Ländern mit Reisdefiziten die Importsubstitution angeregt. Zweitens hemmen, umgekehrt betrachtet, Einfuhrbeschränkungen von Importländern die Bereitschaft von Exportländern, Investitionen im Reissektor vorzunehmen. Subventionen auf Reisausfuhren der Industrieländer hemmen ebenfalls die Produktionsausweitung in Ländern mit niedrigen Kosten. Drittens sind die hohen Kosten der Selbstversorgung häufig durch Zuschüsse und konzessionäre Kredite von Geberländern übernommen worden. Für sich betrachtet, mögen in jedem Land viele Einzelmaßnahmen der Agrarpolitik folgerichtig gewesen sein. In ihrer Gesamtheit bedeuten sie jedoch eine Abkehr von einer wirksamen Integration der Weltlandwirtschaft, durch die der Gewinn aus dem Außenhandel in vollem Umfang realisiert werden könnte.

rungsmitteln ergänzen sich gegenseitig noch mehr, wenn die Landwirte von traditionellen zu modernen Anbaumethoden übergehen. Die moderne Agrarwirtschaft erfordert einen größeren Einsatz von international handelbaren Produktionsmitteln. Im größten Teil Afrikas, aber auch in vielen Entwicklungsländern anderswo, müssen diese Produktionsmittel importiert werden. Ein naheliegender Weg, die erforderlichen Devisen zu verdienen, ist die Steigerung der Agrarexporte.

Wahrscheinlich wären viele Entwicklungsländer bei Verfolgung der richtigen Preispolitik dem Ziel Selbstversorgung näher gekommen, als dies tatsächlich der Fall war. Im Kern geht es jedoch nicht um die Selbstversorgung, sondern um komparative Vorteile. Wenn ein Land seine Ressourcen besser im Export — ob von Agrarprodukten oder anderen Erzeugnissen — einsetzen kann, dann gibt es wenig Grund, Ressourcen zu vergeuden, um die Selbstversorgung bei Nahrungsmitteln zu erreichen. In Chile nahmen beispielsweise nach der Anpassung der Preise in den frühen siebziger Jahren sowohl die Agrarexporte als auch die Agrarimporte dramatisch zu (vgl. Kapitel 5). Aber Selbstversorgung bleibt, wie im Sonderbeitrag 4.7 erörtert wird, ein populäres nichtökonomisches Ziel, das zu erreichen einige Länder hohe Kosten auf sich genommen haben.

DIE KOSTEN FÜR DIE UMWELT. Der Schutz der Umwelt ist eine Aufgabe, der man in letzter Zeit große Aufmerksamkeit widmet, insbesondere wegen der Erosion anbaufähiger Böden in Afrika

---

Sonderbeitrag 4.8 Agrarpreispolitik und Umwelt: Der Fall Haiti

Haiti ist mit einem Pro-Kopf-BSP von ungefähr 370 Dollar im Jahr 1985 das ärmste Land der westlichen Hemisphäre. Mit 5,3 Millionen Menschen auf einer Gesamtfläche von 2800 Quadratkilometern ist es auch das am dichtesten besiedelte Land. Ein Großteil des Landes ist bergig; 50 Prozent der Fläche weisen eine Neigung von mehr als 40 Grad auf und eignen sich ökologisch nur für Waldbewuchs. Die andere Hälfte ist landwirtschaftliche Anbaufläche oder natürliches Weideland. Die Größe der Bauernhöfe ist rückläufig; von den 600 000 landwirtschaftlichen Betrieben haben mehr als 65 Prozent weniger als einen Hektar. Die Deckung des inländischen Nahrungsmittelbedarfs beansprucht immer mehr Land, und zwar zu Lasten der Exportprodukte, insbesondere von Kaffee und Kakao. Weit verbreitet ist der gemischte Anbau durch Kleinbauern mit Hilfe herkömmlicher Verfahren, für die moderne Produktionsmittel kaum benötigt werden.

Der wachsende Bevölkerungsdruck, die Abholzung der Wälder zur Gewinnung von Brenn- und Bauholz sowie der zunehmende Anbau von Nahrungsmitteln in hügeligen Gebieten haben zu einer ausgedehnten Bodenerosion geführt. Andere Konsequenzen dieser Belastungen sind eine abnehmende Lebensfähigkeit der Bauernhöfe, rückläufige Pro-Kopf-Erzeugung, wachsende ländliche Armut, Unterernährung, Landflucht und Auswanderung.

Diese Entwicklungen haben komplexe Ursachen. Dazu gehören sowohl herkömmliche, nicht marktbedingte Faktoren als auch die landwirtschaftliche Preis- und Handelspolitik der Regierung. Die Produktionsanreize für die bäuerlichen Betriebe wurden durch eine allumfassende informelle, häufig feudalistische, Macht- und Abgabenstruktur ebenso gravierend beeinträchtigt wie durch die Unsicherheit der Besitzverhältnisse und das Fehlen einer wirksamen technischen Unterstützung seitens der Regierung. Für die Eigentümer größerer Besitzungen ist charakteristisch, daß sie nicht auf ihren Gütern leben.

Während der vergangenen fünfzehn Jahre hat sich die landwirtschaftliche Preis- und Handelspolitik der Regierung zunehmend von den komparativen Vorteilen entfernt, die das Land bei der Erzeugung von Kaffee und Kakao gegenüber Mais, Sorghum und Reis besitzt. Die Inlandpreise dieser Grundnahrungsmittel wurden durch Importkontingente auf einem Niveau oberhalb des Preises an der Grenze gestützt. Gleichzeitig setzte die Regierung ihre herkömmliche Besteuerung der Kaffee- und Kakaoexporte fort. Während der vergangenen fünf Jahre bewegten sich die Relationen der heimischen Erzeugerpreise zu den Preisen an der Grenze, gerechnet zu offiziellen Wechselkursen, bei Kaffee um 0,5 und bei Mais, Sorghum und Reis um 1,3. Die Verschlechterung des realen Wechselkurses der Währung Haitis gegenüber dem US-Dollar bedeutet, daß die Grundnahrungsmittel weniger stark geschützt wurden und Kaffee höher besteuert war, als es danach den Anschein hat.

Die Besteuerung von Kaffee und anderen landwirtschaftlichen Exportprodukten hat das Wachstum und die Verteilung des Einkommens, die Ernährung und die Erhaltung der nicht erneuerbaren Ressourcen negativ beeinflußt. Die Bodenerosion hat katastrophale Ausmaße erreicht. Jedes Jahr gehen rund 15 000 Hektar kultivierten Landes durch Erosion verloren. Fast 1,1 Millionen Hektar sind vom Humus entblößt und praktisch zu einer fast vegetationslosen Wildnis geworden. Kaffeebäume, die für die ehemals bewaldeten Hänge ökologisch geeignet sind, wurden durch Mais und Sorghum ersetzt, die den Boden nicht in gleicher Weise binden.

Ein breit angelegtes Paket sozialer und wirtschaftlicher Maßnahmen ist notwendig, sollen in den ländlichen Gebieten Haitis Anreize für Investitionen, Produktion und Ressourcenerhaltung gegeben werden. Reformen der landwirtschaftlichen Preis- und Handelspolitik müßten ein integraler Teil eines jeden solchen Paketes sein, wenn in diesem Sektor langfristiges Wachstum erreicht werden soll.

südlich der Sahara. Obwohl dies häufig nicht realisiert wird, kann auch im Hinblick auf dieses Ziel die von den Entwicklungsländern verfolgte Preispolitik bedeutsam sein. Wenn die Landwirtschaft unrentabel wird, fehlt den Bauern der Anreiz, mit ihrem Land sorgsam umzugehen. Gleichermaßen wichtig ist, daß die verschiedenen Erzeugnisse unterschiedliche Konsequenzen für die Bodenerhaltung haben und daß die Preispolitik die Bodenerosion verschlimmern kann, wenn sie die Landwirte dazu verleitet, die falschen Produkte anzubauen. In Haiti beispielsweise halten Kaffee und andere Baumkulturen den Boden an Hängen besser als Ackerkulturen. Die relativ höhere Besteuerung von Kaffee gegenüber Ackerkulturen hat als bedauerlichen Nebeneffekt die Bodenerosion verstärkt. Dies wird in Sonderbeitrag 4.8 diskutiert.

INTERSEKTORALE VERFLECHTUNGEN. Diese Beschreibung der Diskriminierung der Landwirtschaft und ihrer Kosten hat sich hauptsächlich auf den Agrarsektor konzentriert. Es kann aber die Frage gestellt werden, ob die Einbußen in der Agrarproduktion durch anderweitiges Wachstum ausgeglichen werden. Die Auswirkungen einer falschen Wirtschaftspolitik in einem Sektor sind niemals auf diesen Sektor allein begrenzt. Jahrzehntelange Erfahrungen legen nahe, daß eine gesunde Landwirtschaft für das nationale Wirtschaftswachstum von entscheidender Bedeutung ist. Die Besteuerung der Landwirtschaft zum Zweck der Ressourcenverlagerung zugunsten der Industrie wird das Agrarwachstum hemmen, das inländische Angebot an Nahrungsmitteln und an Rohstoffen für die Industrie vermindern und die Nachfrage nach Industrieprodukten reduzieren. Das wird langfristig die Aussichten für Landwirtschaft und Industrie verschlechtern. Von einigen Ausnahmen wie den Öl- und Mineralienexporteuren abgesehen, weisen Länder mit einem geringen Wachstum der Landwirtschaft auch ein niedriges industrielles Wachstum auf, während in Ländern mit hohem Agrarwachstum auch die industrielle Wachstumsrate hoch ist (vgl. Schaubild 4.4). Der enge Verbund der Landwirtschaft mit dem Wirtschaftswachstum und der gesamten Volkswirtschaft bedeutet, daß die Kosten der Diskriminierung des Agrarsektors nicht von diesem allein getragen werden.

Die Rolle des Wachstums der Landwirtschaft im Industrialisierungsprozeß ist für England, wo die industrielle Revolution begann, gut belegt; ähnlich verlief die Entwicklung in Japan zwischen der Meiji-Restauration des Jahres 1868 und dem Ersten Weltkrieg. Beträchtliche Übertragungen von Kapital und Arbeit aus dem Agrarsektor in die anderen Sektoren der Volkswirtschaft trugen erheblich zur industriellen Entwicklung Japans bei, doch erfolgten diese Übertragungen bei steigender Produktivität in der Landwirtschaft. Das japanische Beispiel ist für die Länder der Dritten Welt von besonderer Bedeutung, weil diese Entwicklung von einer Landwirtschaft mit kleinbäuerlicher Struktur zustande gebracht wurde und nicht mit einer Manipulation der Terms of Trade zu Lasten des Agrarsektors verbunden war (vgl. Sonderbeitrag 4.9).

Die Industrialisierung der stark wachsenden ostasiatischen Volkswirtschaften folgt weitgehend dem japanischen Muster einer rasch wachsenden Landwirtschaft, deren Schwung das industrielle Wachstum begünstigt. Die Tatsache, daß landwirtschaftliches und industrielles Wachstum einander ergänzen, wird auch durch jüngste Untersuchungen über Entwicklungsländer belegt. In Indien führt im statistischen Durchschnitt eine Zunahme des Agrarwachstums um 1 Prozentpunkt zu einem Anstieg des Industriewachstums um 0,5 Prozentpunkte und des Volkseinkommens um rund 0,7 Prozentpunkte.

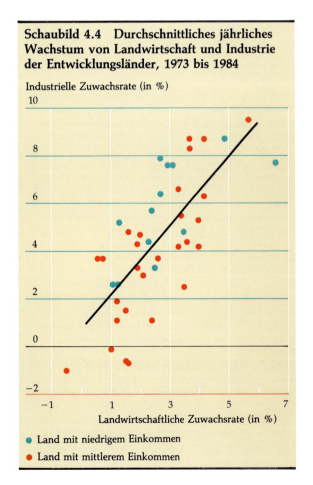

Schaubild 4.4 Durchschnittliches jährliches Wachstum von Landwirtschaft und Industrie der Entwicklungsländer, 1973 bis 1984

Sonderbeitrag 4.9   Agrarbesteuerung in Japan

Der Beitrag der Landwirtschaft zum japanischen Wirtschaftswunder ist ein Testfall für die Rolle des Agrarsektors im Entwicklungsprozeß. Augenscheinlich wies die Landwirtschaft in Japan viele der Charakteristika auf, die heute in Entwicklungsländern zu beobachten sind. Während des Großteils der vergangenen hundert Jahre betrug ihre Wachstumsrate weniger als 2 Prozent pro Jahr, ausgenommen die Zeit nach dem Zweiten Weltkrieg, als sie zu einem stark geschützten Sektor wurde. Die Kapitalabflüsse aus dem Agrarsektor waren beträchtlich; sie übertrugen Ressourcen auf andere Sektoren der Volkswirtschaft. Dem landwirtschaftlichen Steuersystem wird dabei eine wichtige Rolle zugeschrieben, doch tatsächlich sind die aus Japans Entwicklung zu ziehenden Lehren komplizierter.

Die Nettokapitalabflüsse aus dem Agrarbereich waren besonders im ersten Vierteljahrhundert des Entwicklungsprozesses Japans bedeutsam (vgl. Tabelle 4.9A). Zwischen 1888 und 1902 machten sie 27 Prozent und zwischen 1903 und 1922 23 Prozent der Bruttokapitalbildung in den übrigen Sektoren aus. Auf den öffentlichen Sektor entfielen in der frühen Periode ungefähr zwei Drittel der Übertragungen, in der späteren Periode aber nur ein Viertel. Steuerbedingte Übertragungen scheinen daher auf lange Sicht nicht die entscheidende Ursache der Umverteilung des Kapitals gewesen zu sein, aber in den Anfangsjahren der Entwicklung spielte die Agrarbesteuerung offensichtlich eine wichtige Rolle.

Diese Übertragungen an den öffentlichen Sektor sind jedoch nur ein Teil des Bildes. Zu berücksichtigen ist auch die Abwanderung von Arbeitskräften aus dem Agrarsektor. Zwischen 1888 und 1900 (vgl. Tabelle 4.9B) gingen zwei Drittel der Zunahme des Arbeitspotentials außerhalb der Landwirtschaft auf die Zuwanderung von Bauern und ihren Familien zurück; dieser Beitrag erhöhte sich in den nächsten beiden Jahrzehnten auf vier Fünftel. Ökonometrische Modelle, die simulieren, was ohne die Übertragung von Kapital oder Arbeit geschehen wäre, zeigen, welcher der beiden Faktoren im Entwicklungsprozeß die wichtigere Rolle spielte. Die Untersuchungen befassen sich mit den Zeiträumen von 1907 bis 1937 und von 1955 bis 1968. Ihre Ergebnisse deuten darauf hin, daß die Abwanderung von Arbeitskräften — und nicht, wie allgemein angenommen, der Zufluß von Ersparnissen — sich stärker auswirkte. Da in beiden Perioden die privaten Kapitalbewegungen die des öffentlichen Sektors durchweg übertrafen, scheint es, daß weder die Kapitalbewegungen noch das Steuersystem nennenswert zum japanischen Erfolg beitrugen. Dies galt aber wohl nicht für das erste Vierteljahrhundert der Entwicklung Japans, als die steuerbedingten Übertragungen am umfangreichsten waren. Bevor der private Sektor in der Lage war, private Ersparnisse auf die verschiedenen Sektoren der Volkswirtschaft zu verteilen, dürfte der öffentliche Sektor eine wichtige Rolle gespielt haben.

Von großer Bedeutung war auch die Art des in Japan angewandten Steuersystems. Völlig konträr zu dem in vielen heutigen Entwicklungsländern angewandten System erfolgte die Besteuerung in Form einer direkten Grundsteuer. Auf diese Weise wurden die landwirtschaftlichen Anreize nicht durch eine Senkung der Erzeugerpreise beeinträchtigt. Im Gegenteil, die Terms of Trade der Landwirtschaft verbesserten sich allgemein von 1888 bis in die dreißiger Jahre, als sie unter dem Einfluß des zunehmenden Angebots an Agrarprodukten aus Japans Kolonien leicht zurückgingen. Außerdem war die Agrarbesteuerung im Vergleich zu den Steuerlasten, die heute in Entwicklungsländern üblich sind, niedrig. Wie Tabelle 4.9C zeigt, betrug die Steuerbelastung weniger als 7 Prozent des Produktionswertes und weniger als 9 Prozent der Wertschöpfung, wobei sie während des gesamten Zeitraumes rückläufig war.

Tabelle 4.9B   Intersektorale Arbeitskraftbewegungen in der japanischen Volkswirtschaft, 1888 bis 1940

Zeitraum	Abwanderung landwirtschaftlicher Arbeitskräfte (in Mio)	Zunahme der Arbeitskräfte außerhalb der Landwirtschaft (in Mio)	Beitrag der Landwirtschaft (in %)
1888–1900	1,5	2,3	67
1900–1920	3,7	4,7	79
1920–1940	3,7	7,3	51

Quelle: Ueno (Hintergrundpapier).

Tabelle 4.9C   Steuerbelastung als Anteil an Produktion und Wertschöpfung in der Landwirtschaft Japans, 1888 bis 1937

Zeitraum	Direkte Steuern in Prozent der Bruttoproduktion	Direkte Steuern in Prozent der Wertschöpfung
1888–1902	6,8	8,6
1903–1922	5,8	7,2
1923–1937	5,1	6,4

Anmerkung: Die Wertschöpfung entspricht der Bruttoproduktion abzüglich des laufenden Betriebsaufwands.
Quelle: Ueno (Hintergrundpapier).

Tabelle 4.9A   Kapitalbewegungen von der Landwirtschaft in die nicht-landwirtschaftlichen Sektoren nach der Mittelherkunft, 1888 bis 1937

	Öffentlicher Sektor (netto)		Privater Sektor (netto)	
Zeitraum	Kapitalbewegungen (in Mio Yen)	In Prozent der nicht-landwirtschaftlichen Investitionen	Kapitalbewegungen (in Mio Yen)	In Prozent der nicht-landwirtschaftlichen Investitionen
1888–1902	36	18	19	9
1903–1922	65	6	198	17
1923–1937	—37	—2	—30	—1

Quelle: Ueno (Hintergrundpapier).

Die Landwirtschaft ist mit der Industrie über die Ausgaben der Landbevölkerung für Industrieprodukte verbunden. Eine Erhöhung der Agrarproduktion steigert die Einnahmen der privaten Haushalte und des Staates und die Nachfrage nach Verbrauchsgütern. Obwohl in Indien das Pro-Kopf-Einkommen in den Städten höher liegt als auf dem Lande, ist der absolute Umfang des Marktes für Industrieprodukte in ländlichen Gebieten größer. Zudem geben Dorfbewohner einen so hohen Anteil ihres zusätzlichen Einkommens für Industrieprodukte aus, daß die Zunahme des Agrareinkommens eine erhebliche Nachfrage nach Industriegütern schafft. Untersuchungen in anderen Ländern bestätigen, wie wichtig dieser Zusammenhang ist. In der Provinz Nueva Ciga auf den Philippinen führt eine einprozentige Zunahme des Agrareinkommens zu einem ein- bis zweiprozentigen Anstieg der Wertschöpfung in den meisten nichtagrarischen Bereichen der örtlichen Wirtschaft. Im Distrikt Muda in Malaysia erhöht ein Anstieg der Agrarproduktion um 1 Dollar die Wertschöpfung in der restlichen Dorfwirtschaft indirekt um 0,80 Dollar.

Die Rolle, die der Landwirtschaft bei der Strategie einer Industrialisierung hinter hohen protektionistischen Barrieren zugewiesen wird, ignoriert die Lehren der Geschichte. Auch wenn es richtig ist, daß auf lange Sicht der Anteil der Landwirtschaft am Volkseinkommen sinkt, sollte die Übertragung von Ressourcen aus dem Agrarsektor spontan durch dessen steigende Produktivität und nicht durch eine die Landwirtschaft stark diskriminierende Wirtschaftspolitik herbeigeführt werden.

Die Landwirtschaft als Steuerquelle

In vielen Entwicklungsländern bietet die Wirtschaft die größte Besteuerungsbasis, und eine gewisse Besteuerung ist unvermeidlich, um öffentliche Ausgaben im Agrarbereich und anderswo zu finanzieren. Die Hauptfrage ist nicht, ob die Landwirtschaft besteuert werden sollte, sondern wie Entwicklungsländer die übermäßigen Kosten einer Besteuerung der Landwirtschaft vermeiden können.

Ob die Einnahmen der Zentralregierung, einer Provinzregierung oder einer halbstaatlichen Organisation zufließen, nur allzuhäufig wird der Einnahmebedarf bereits als gegebene Größe angesehen, wenn die Steuerpolitik formuliert wird. Der verbreitetste Irrtum besteht in der Annahme, daß ein bestimmter Betrag an Einnahmen erzielt werden muß. Die öffentliche Ausgabenpolitik und die Steuerpolitik sind gemeinsam zu prüfen. Öffentliche Mittel werden häufig in großem Umfang ver- schwendet — beispielsweise in der Finanzierung unwirtschaftlicher Industrieprojekte mit hoher Kapitalintensität, wie sie forcierte Industrialisierungsstrategien mit sich bringen. Wie das nächste Kapitel zeigt, gibt es außerdem Gründe, an der Wirksamkeit von Ausgabenprogrammen zu zweifeln, die unmittelbar die Landwirtschaft betreffen. Neben der Prüfung der Möglichkeiten für eine Reduzierung der Gesamtsteuerlast des Agrarsektors sollten die Regierungen sich auch mit der Form der Besteuerung befassen.

Die vorigen Abschnitte haben einige Anhaltspunkte für die hohen Kosten der Besteuerung der Landwirtschaft vermittelt. Es gibt zwei Gründe für die Höhe dieser Kosten. Erstens haben sich Länder stark auf Ausfuhrsteuern oder auf die Preispolitik von Ausfuhrbehörden gestützt, weil sie die Erhebung direkter Steuern in ländlichen Gebieten als administrativ schwierig ansahen. Zweitens sind die Steuersätze auf einzelne Ausfuhrprodukte häufig hoch gewesen. Wie im Sonderbeitrag 4.10 gezeigt wird, steigen die mit Ausfuhrsteuern verbundenen Einbußen an realem Volkseinkommen überproportional zur Zunahme des Steuersatzes. Diese Verluste werden von Volkswirten als Effizienzkosten oder Effizienzeinbußen bezeichnet.

Die Abhilfe für die hohen Kosten der Besteuerung besteht in der Anwendung anderer Steuerinstrumente oder, sofern Länder genötigt sind, Ausfuhrsteuern zu erheben, in niedrigeren Steuersätzen. Die Suche nach Möglichkeiten einer effizienten Besteuerung des Agrarsektors ist in den Entwicklungsländern offensichtlich eine Aufgabe von hoher Priorität, doch sollte die Besteuerung nicht ein solches Ausmaß annehmen, daß sie zu jener Diskriminierung der Landwirtschaft führt, wie sie in diesem Kapitel bereits beschrieben wurde. Steuern auf einzelne Agrarprodukte sollten vorzugsweise auf den Verbrauch und nicht auf die Erzeugung abstellen. Produktbezogene Verbrauchssteuern und breit angelegte Mehrwertsteuern, die den Verbrauch von Agrarprodukten belasten, eignen sich gut zur Erzielung beträchtlicher Steuereinnahmen, ohne die Effizienz der Produktion zu beeinträchtigen. Wenn auch ihre Erhebung auf der Einzelhandelsstufe die administrativen Möglichkeiten der meisten Entwicklungsländer übersteigen dürfte, werden Steuern auf Verbrauchsgüter doch üblicherweise beim Grenzübergang oder ab Fabrik erhoben. In dem Umfang, wie ein größerer Teil dieser Güter von den relativ Wohlhabenderen verbraucht wird, trägt diese Art der Besteuerung zur Gesamtprogression des Steuersystems bei. Im Hinblick auf die Einnahmeerzielung bietet die breitere Anwendung von

> **Sonderbeitrag 4.10 Effizienzkosten von Exportsteuern**
>
> Die durch eine Steuer verursachten Einbußen an realem Volkseinkommen werden als Effizienzkosten dieser Steuer bezeichnet. Die Effizienzkosten einer Steuer entstehen zusätzlich zu den Verwaltungs- und Erhebungskosten und sind ein zusammenfassendes Maß der Nettoeffekte dieser Steuer auf die Produzenten, die Verbraucher und den Staatshaushalt.
>
> So wird im Fall eines Exportproduktes die Steuer den Preis für Produzenten und Verbraucher senken und Einnahmen für die Regierung schaffen. Die Verluste der Produzenten sind den Gewinnen von Verbrauchern und Regierung gegenüberzustellen. Die Effizienzkosten pro Einheit erzielter Staatseinnahmen sind in der Praxis ein nützlicher Indikator. An der Rentabilitätsgrenze nehmen die Kosten je Einheit der Staatseinnahmen proportional stärker zu als der Steuersatz.
>
> Zur Illustration sei angenommen, daß die Exporte eines Produktes proportional zu seinem Preis steigen, d.h., wenn der Preis an der Grenze um 10 Prozent zunimmt, erhöht sich das Ausfuhrvolumen ebenfalls um 10 Prozent. Unter dieser Annahme ist der Effizienzverlust für die letzte Einheit an Staatseinnahmen, die mittels einer Exportsteuer (t) erhoben werden, gleich $t/(1-2t)$.
>
> Danach kostet bei einer Exportsteuer von 5 Prozent die Erhebung des letzten Dollars an Steuereinnahmen nur 5,6 Cent. Beträgt der Steuersatz jedoch 40 Prozent, kostet die Erhebung des letzten Dollars an Steuereinnahmen 2 Dollar. Steigt der Steuersatz über 50 Prozent, so gehen die gesamten Einnahmen aus der Steuer in der Tat zurück, so daß es sinnlos wäre, den Steuersatz weiter zu erhöhen. Dieses Ergebnis ist aus zwei Gründen bedeutsam. Erstens dürfte die oben unterstellte Reaktion des Exportangebots eine vorsichtige Annahme sein. Dies ist recht wahrscheinlich, da bei einem Preisanstieg die Produzenten mehr erzeugen und die Verbraucher weniger konsumieren, so daß der exportierbare Überschuß von beiden Seiten her zunimmt. Zweitens sind Exportsteuern, wie im Text dargelegt, häufig sehr hoch, insbesondere wenn man die überhöhten Spannen der halbstaatlichen Absatzorganisationen mit berücksichtigt.

Verbrauchssteuern eine wichtige Alternative zu einer übermäßigen Besteuerung der Agrarproduktion.

Eine andere Alternative zu Export- oder Produktionssteuern sind die direkten Steuern. Die Besteuerung von Grund und Boden ist ein Weg, der in der Vergangenheit erfolgreich begangen wurde. Da Grundsteuern unabhängig von der Art der Bodennutzung erhoben werden, beeinträchtigen sie das Produktivitätswachstum weniger als eine Besteuerung mittels niedrig gehaltener Preise. Die japanischen Erfahrungen mit einer landwirtschaftlichen Grundsteuer sind ein Schulbeispiel dafür, wie durch die Besteuerung verursachte Verzerrungen vermindert werden (vgl. Sonderbeitrag 4.9). In diesem Fall war außerdem die Steuerbelastung mäßig — sie machte weniger als 7 Prozent der Wertschöpfung der Landwirtschaft aus, eines Sektors der vom Anstieg der relativen Preise profitierte. Die japanische Bodensteuer war Ende des neunzehnten und zu Beginn des zwanzigsten Jahrhunderts keineswegs einmalig. Das landwirtschaftliche Steuersystem in Thailand beispielsweise basierte ebenfalls auf einer Grundsteuer. Da es in Thailand unerschlossenes Land gab, und man befürchtete, daß eine Grundsteuer die Besiedelung von Neuland hemmen würde, wurde neu kultivierter Boden von der Steuer ausgenommen. Auf unterschiedliche Bodenarten wurden je nach Fruchtbarkeit verschiedene Steuersätze angewandt. Wie in Japan hielt man die Sätze niedrig (zwischen 5 und 10 Prozent der Agrarproduktion). Die Eigentumsrechte am Boden waren gebunden an die Fähigkeit eines Haushalts, diesen zu besiedeln und zu kultivieren sowie die Grundsteuern zu entrichten. Das Steuersystem und die Siedlungspolitik schufen ein System unabhängiger Kleinbauern, das sich immer noch in der weiten Verbreitung von Grundbesitz und den in Thailand üblichen Pachtvereinbarungen dokumentiert.

Trotz ihrer besonderen Vorzüge wird die Grundsteuer, die früher eine bedeutende Einnahmequelle war, heute selten angewandt. Ihr Verschwinden kann nicht allein mit hohen Verwaltungs- und Erhebungskosten erklärt werden. Ein Grundsteuerregister braucht bei weitem nicht so detailliert und genau zu sein wie ein Grundbuch zur Erfassung der Eigentumsrechte. Jüngste Entwicklungen der Satellitenbildtechnik sowie leicht verfügbare Informationen über die Wasserversorgung und die Marktnähe können genutzt werden, um eine brauchbare Bodenklassifikation vorzunehmen. Angesichts der Attraktivität der Grundsteuer dürfte sich der Aufwand zur Beschaffung solcher Informationen lohnen. Marktpreise für den Boden können ebenfalls zur Schätzung der Qualität verschiedener Bodenarten dienen.

Eine breitangelegte Grundsteuer ist aber nicht die einzige Alternative zur Besteuerung von Agrarprodukten. In den meisten Ländern gibt es andere Möglichkeiten. Wo etwa die steuerzahlende Wirtschaftseinheit sich einfach bestimmen läßt und pro Steuerzahler hohe Einnahmen erzielt werden können, ist die Anwendung der üblichen Einkommensteuern sowohl gerecht als auch kostengünstig. Dies ist eine einfache Möglichkeit in Ländern, wo ein beträchtlicher Teil der Agrarproduktion auf private oder öffentliche Großbetriebe entfällt. So werden die Tee- und Tabakplantagen in Malawi seit langem einer persönlichen Einkommensteuer — erhoben durch Abzug vom Lohn — und einer Körperschaftsteuer unterworfen. Dagegen sind die Plantagen mit einer unbedeutenden Ausnahme im Fiskaljahr 1985 nicht mit Exportsteuern belegt worden. Auf diese Weise wurden erhebliche Einnahmen erzielt, ohne die Produktionsanreize zu schmälern. Diese Methode könnte auch in anderen Ländern mit einer starken Konzentration des Landbesitzes nachgeahmt werden. So kontrolliert in Lateinamerika ungefähr 1 Prozent der Bevölkerung mehr als die Hälfte des Bodens und trägt mit fast einem Drittel zur Agrarerzeugung und mit mehr als einem Sechstel zum gesamten BSP bei. Unter solchen Umständen dürfte die Anwendung einer Einkommensteuer eine wirksamere Methode der Besteuerung sein als eine breit angelegte, aber unvollkommen durchgeführte Grundsteuer.

Dieses Vorgehen entspricht dem Verfahren in anderen Sektoren der Volkswirtschaft, wo Einkommensteuern üblicherweise auf Großunternehmen beschränkt werden. Im Zuge der Entwicklung des Steuersystems wird dann die Steuerbasis durch die schrittweise Einbeziehung immer kleinerer Unternehmen erweitert. In der Landwirtschaft kann dieser Prozeß durch die Anwendung von Exportsteuern als präsumtiver Einkommensteuern beschleunigt werden, das heißt, Export- oder andere Produktionssteuern können als Vorauserhebung der Einkommensteuer angesehen werden. Großbetriebe und andere Wirtschaftseinheiten, die regelmäßig Einkommensteuer zahlen, könnten die gezahlten Exportsteuern auf ihre Einkommensteuerschuld anrechnen. Kleineren Betrieben, die bisher vielleicht keine Einkommensteuer gezahlt haben, erhielten die Möglichkeit, eine Steuererklärung abzugeben, wenn sie der Meinung sind, zuviel Ausfuhrsteuern entrichtet zu haben. Da die Einkommen in der Landwirtschaft üblicherweise viel niedriger sind als die städtischen Einkommen und häufig unterhalb der normalen Freibeträge der Einkommensteuer liegen dürften, bedingt dieses Verfahren erheblich niedrigere effektive Ausfuhrsteuersätze als sie tatsächlich in vielen Ländern angewandt werden.

Eine weitere Option ist die Anwendung gespaltener Preise, wodurch eine Steuer auf das „Ablieferungssoll" statt auf den Überschuß erhoben wird. Das vor 1985 in China herrschende Agrarpreissystem ist ein Beispiel hierfür. Um Anreize für eine Produktionssteigerung zu geben, erhielten die Bauern für Lieferungen über ihr Soll hinaus einen höheren „Übersoll"-Preis (oder einen noch höheren vereinbarten Preis). Dies kam einer Grundsteuer nahe: Die Bauern waren im Effekt verpflichtet, einen festen Steuerbetrag zu zahlen (entsprechend dem Unterschied zwischen dem Sollpreis und dem höheren Preis für das Übersoll, multipliziert mit der Sollmenge) und durften die gesamte restliche Erzeugung zu Preisen des freien Marktes verkaufen. Das System entsprach jedoch nur ungefähr einer Grundsteuer. Die Ablieferungen im Rahmen des Solls waren auf die wichtigen Brotgetreidearten und einige andere Agrarprodukte beschränkt, die vom Vertriebssystem für subventionierte Nahrungsmittel abgenommen werden. Somit war ein Anreiz gegeben, der Belastung auszuweichen, und die freie Wahl der Anbaurichtung mußte eingeschränkt werden. Das Soll wurde in den einzelnen Regionen, je nach dem staatlichen Bedarf an bestimmten Produkten, unterschiedlich festgesetzt, so daß die Möglichkeiten der Landwirte, das Soll zu überschreiten und damit die höheren Preise für Zusatzmengen zu erhalten, stark variierten. Trotz der Nachteile einer solchen Preisspaltung dürfte dennoch dieses System gegenüber den hohen Grenzsteuersätzen, welche die halbstaatlichen Absatzorganisationen in vielen Ländern der Landwirtschaft auferlegen, eine Verbesserung darstellen.

Von Bedeutung ist auch, daß die Möglichkeiten der Anwendung direkter Steuern zur Kostendeckung bei den verschiedenen von der Regierung finanzierten Projekten untersucht werden. Staatliche Agrarprojekte erhöhen die Bodenwerte und schaffen damit eine potentielle Steuerbasis. Auch wenn die Anwendung von Grundsteuern nicht in allen Regionen eines Landes möglich ist, können in der Regel in Projektgebieten Wertzuwachsabgaben erhoben werden. Diese Frage wird im nächsten Kapitel im Zusammenhang mit Bewässerungsprojekten weiter untersucht.

Dieser Überblick über die Agrarpolitik in den Entwicklungsländern befaßte sich weder mit der Unterstützung, welche die Regierungen durch Maßnahmen zur Preisstabilisierung und durch Subventionierung von Produktionsmitteln der Landwirtschaft zu gewähren versuchen, noch mit der Wirksamkeit von Verbrauchersubventionen als Mittel zur Linderung der Armut und der Unterernährung. Verringern solche Programme die Diskriminierung der Landwirtschaft oder verschärfen sie diese? Das ist die zentrale Frage, die im nächsten Kapitel angesprochen wird.

5

Agrarpolitik in den Entwicklungsländern:
Vermarktung und Preisstabilisierung, Subventionen und wirtschaftspolitische Reformen

Überall in der Dritten Welt wollen die Regierungen eine angemessene Nahrungsmittelversorgung für die ärmeren Bevölkerungsschichten sicherstellen und einen produktiveren und leistungsfähigeren Agrarsektor fördern. Jedoch tendiert, wie in Kapitel 4 gezeigt wurde, sowohl ihre allgemeine Wirtschaftspolitik als auch die Besteuerung der landwirtschaftlichen Erzeugung dahin, die Landwirtschaft systematisch zu benachteiligen. Eine Überprüfung der entwicklungspolitischen Strategien und der überzogenen Besteuerung von Agrarerzeugnissen sollte daher obenan auf der Tagesordnung wirtschaftspolitischer Reformen stehen.

Gleichzeitig ist es wichtig, daß die Programme zur Preisstabilisierung, zur Subventionierung der Verbraucher und zur Verbilligung landwirtschaftlicher Produktionsmittel, mit deren Hilfe die Regierungen versuchen, die Benachteiligung der landwirtschaftlichen Produzenten auszugleichen und die Bevölkerungsgruppen mit niedrigerem Einkommen zu unterstützen, kritisch überprüft werden. Da in der Praxis der Nutzen derartiger Programme per saldo gering ist — wie in diesem Kapitel gezeigt werden wird —, müssen sie neu überdacht oder in ihrem Umfang beträchtlich reduziert werden. Die dadurch eingesparten Mittel können für produktivere Zwecke verwendet werden — darunter für die vielen nützlichen Dienstleistungen, die der Staat für die Landwirtschaft bereitstellt. Die Erfahrungen der Weltbank sprechen dafür, daß Investitionen im Agrarbereich, sofern sie sorgfältig geplant und durchgeführt werden, nicht weniger produktiv sind als Investitionen in anderen Wirtschaftssektoren. Ihre Rendite kann sehr hoch sein — und ist es auch in vielen Fällen. Der Ertrag landwirtschaftlicher Investitionen hängt jedoch entscheidend vom wirtschaftspolitischen Umfeld ab, in dem die privaten Märkte arbeiten. Die verschiedenen Reformansätze, die in Kapitel 4 und in diesem Kapitel erörtert werden, spielen bei der Verbesserung dieses Umfeldes eine wichtige Rolle. Viele Länder haben den engen Zusammenhang zwischen Projekten und wirtschaftspolitischen Maßnahmen erkannt und bedeutsame Reformen durchgeführt. Der Trend zu wirtschaftspolitischen Reformen in den Entwicklungsländern wird am Ende dieses Kapitels untersucht.

Vermarktung und Preisstabilisierung

Mit dem Ziel, die Preise auf der Erzeuger- und der Verbraucherebene zu beeinflussen, werden von den Regierungen oftmals staatliche Vermarktungsstellen geschaffen. Üblicherweise wird damit die Absicht verfolgt, die Produzenten in der Landwirtschaft zu unterstützen, indem „monopolistische" private Händler daran gehindert werden, die Landwirte auszubeuten. In der Praxis ist aber die richtig durchgeführte Vermarktung für staatliche Organisationen eine äußerst schwierige Aufgabe. Mit dem Funktionieren dieser Organisationen beschäftigt sich dieser Abschnitt.

Staatliche Vermarktung

Die Organisationsform, die Rechtsstellung und der Funktionsumfang solcher öffentlicher Stellen sind von Land zu Land sehr unterschiedlich. In Indien werden Lebensmittel sowohl auf nationaler als auch auf einzelstaatlicher Ebene von staatlichen Gesellschaften angekauft und verteilt. In Mexiko kontrolliert ein umfassendes Staatsmonopol die Importe, das inländische Aufkommen und die Verteilung eines breiten Sortiments von Agrarprodukten. Anders als solche Organisationen, die mit einer Vielzahl von Agrarprodukten handeln, sind zahlreiche Vermarktungsstellen — teils mit, teils ohne Monopolcharakter — für nur ein Produkt zuständig. In Afrika und auch anderswo werden häufig Monopole auf gesetzlicher Grundlage, sog. Absatzbehörden, mit der Steuerung des Ankaufs und des Exports einzelner Agrarprodukte betraut.

Die Regierungen rechtfertigen ihr Engagement in der Vermarktung oft mit dem Argument, daß der private Sektor unwirtschaftlich arbeitet und von einer kleinen Zahl von Händlern monopolisiert werden kann. Es spricht nur wenig dafür, daß dies generell der Fall ist. Verschiedene Studien haben die Wirtschaftlichkeit der privaten und der staatlichen Vermarktung verglichen. In Kenia verlangten staatliche Stellen für den Absatz von Mais und Bohnen 15 bis 20 Prozent mehr als der private Sektor. Andere Untersuchungen verglichen saisonale Preisschwankungen auf privaten Märkten mit den Lagerungskosten und regionale Preisunterschiede mit den Transportkosten. Beispielsweise zeigten Daten für Ghana und Nigeria saisonale Preisstaffelungen, die in enger Beziehung zu den Lagerungskosten standen, was dafür spricht, daß private Händler nicht in der Lage waren, eine Monopolstellung aufzubauen. Auch die Preisbewegungen von Gütern, die in Westafrika auf freien Märkten gehandelt werden, stützen die These, daß effiziente Vermarktungswege zu einer engeren Verbindung der Märkte beitragen.

Demgegenüber zeigten die Resultate zahlreicher Untersuchungen, daß staatliche Vermarktungsstellen relativ unwirtschaftlich arbeiten können. Ein Problem ist die Personalführung. Die Besetzung der leitenden Positionen erfolgt häufig nach politischen Kriterien. Auch wenn die Fachkompetenz des Spitzenmanagements gegeben ist, wird dieses dennoch aus politischen Gründen oft dazu gezwungen, den Mitarbeiterstab zu vergrößern. Häufig fehlt es im Personalbereich an der nötigen Flexibilität. Fachkompetenz und Arbeitsmoral verschlechtern sich oft; auch Finanzierungsprobleme sind weitverbreitet. Die vorhandenen Mittel können unzureichend sein oder zur falschen Zeit zur Verfügung stehen. Staatliche Vermarktungsstellen erhalten häufig auch unrealistische und sich widersprechende Mandate, nämlich für Staatseinnahmen zu sorgen, billige Lebensmittel bereitzustellen und Arbeitsplätze zu schaffen.

Vielleicht noch wichtiger ist, daß staatliche Vermarktungsstellen mit der äußerst komplexen Situation auf den Märkten ihre Schwierigkeiten haben, besonders in Gebieten, wo Kleinbetriebe dominieren. Die Stellen müssen kleine Mengen an Nahrungsmitteln von Zehntausenden, ja Millionen, einzelner weit verstreuter Bauern aufkaufen; und dies an Plätzen mit unzureichenden Verkehrsverbindungen, wo sich die lokalen Einzelmärkte von Ort zu Ort unterscheiden und schnell verändern. Während die Bauern eine verwirrende Fülle von Mais oder Hirse mit unterschiedlicher Herkunft, Frische oder geschmacklichen und qualitativen Nuancen verkaufen möchten, und zwar zu jeweils unterschiedlichen Preisen, bieten die staatlichen Absatzorganisationen in der Regel nur einen oder zwei Preise für jede Getreideart an. Manche geben nur einen einzigen Ankaufspreis bekannt, der während des ganzen Jahres und für alle Orte gültig ist.

Da zentralgelenkte komplexe Handelsorganisationen für Korruption anfällig sind, bestehen bei staatlichen Stellen Widerstände gegen die Einführung einer differenzierten Preispolitik, wie sie zur Förderung eines effizienten Handels notwendig ist. Aber die Kosten einer Unterlassung auf diesem Gebiet können erheblich sein. Wenn beispielsweise eine Ankaufstelle einen einzigen Preis für alle Qualitätsgrade eines Produktes bietet, dann versuchen die Bauern, ihr nur die jeweils schlechteste Qualität anzudienen. Falls der Stelle die Ausfuhr des Produktes übertragen wurde, wie dies zum Beispiel bei der Absatzbehörde für Reis in Guayana der Fall ist, werden ausländische Käufer durch die schlechte Qualität des Angebots abgeschreckt.

In den meisten afrikanischen Ländern südlich der Sahara verfügen die staatlichen Vermarktungsstellen über ein gesetzliches Monopol für den Handel mit einer Vielzahl von Agrarerzeugnissen, wenngleich das Wachstum von Parallelmärkten ihren Einfluß begrenzt hat. Auch wenn kein staatliches Handelsmonopol besteht, schwächt die undifferenzierte und unflexible Preisgestaltung den Handel im privaten Sektor; gleiches gilt für unrealistische Handelsspannen. Private Händler sind in zahlreichen Ländern — von Kolumbien und Peru bis hin zu Kenia und den Philippinen — vom Markt verdrängt worden.

Die Vermarktungsprobleme sind weniger gravierend, wenn staatliche Vermarktungsstellen nicht subventioniert oder durch eine gesetzliche Monopolstellung geschützt werden. Die Regierung Indonesiens zum Beispiel hält die Staatsfarmen dazu an, die Ernten von Kleinbauern aufzukaufen, um den Bauern einen „fairen" Preis zu garantieren. In einigen Fällen bestehen Staatsfarmen gleichzeitig neben privaten Märkten und beeinflussen durch die Konkurrenz deren Preise. In zahlreichen anderen Ländern (so in Sri Lanka bei der Vermarktung von Reis) war der staatliche Sektor in der Lage, neben dem privaten Sektor zu bestehen und mit ihm in Wettbewerb zu treten. In Indonesien und Sri Lanka hat sich der private Sektor als erfolgreicher erwiesen und konnte seinen Marktanteil — trotz der Subventionen, die die öffentlichen Unternehmen direkt oder indirekt erhalten — ausweiten.

Die staatlichen Vermarktungsstellen arbeiten zwar oft unwirtschaftlich und aufwendig, doch können sie gleichwohl nützliche Leistungen erbringen. Einige Ausfuhrmonopole haben zur Exportsteigerung beigetragen, indem sie Qualitätskontrollen durchführten, die Verschiffung arrangierten und die Produzenten mit technischer Beratung und Informationen versorgten. Es muß jedoch erwähnt werden, daß für diese Dienstleistungen die Verfügung über monopolistische Handelsmacht nicht erforderlich ist. Private Vereinigungen von Exporteuren oder Erzeugern könnten dieselben Aufgaben wirtschaftlicher wahrnehmen.

Dem Staat kommt bei der Förderung leistungsfähiger Märkte eine wichtige Rolle zu. Er kann den Wettbewerb unterstützen; durch die Errichtung staatlicher Monopole, um der Gefahr privater Monopole zu begegnen, trägt er aber nicht zum Wettbewerb bei. Die Leistungen staatlicher Vermarktungsstellen sprechen dafür, daß die Aufgabe des physischen Handels mit Agrarprodukten von privaten Märkten unter Wettbewerbsbedingungen besser erfüllt werden kann. Falls sich eine staatliche Vermarktung nicht vermeiden läßt, ist es wichtig, diese so durchzuführen, daß die Mitwirkung des privaten Sektors nicht verhindert wird.

Preisstabilisierung

Man geht im allgemeinen davon aus, daß die Preise von Agrarprodukten stärker schwanken als die Preise für industrielle Erzeugnisse, und zwar aus drei Gründen: Die Agrarmärkte sind stark witterungsabhängig; die kurzfristigen Reaktionen von Angebot und Nachfrage auf Preisänderungen sind

Tabelle 5.1 Indizes der Preisinstabilität, 1964 bis 1984

	Weltmarktpreis	
Ware	1964—84	1974—84
Zucker	90,8	51,5
Kakao	37,3	34,1
Reis	33,0	21,9
Kaffee	32,0	37,7
Palmkerne	27,5	32,5
Weizen	24,3	16,9
Tee	21,7	23,6
Jute	21,2	26,8
Sojabohnen	20,8	9,9
Rindfleisch	16,7	11,3
Mais	16,6	15,6
Kautschuk	16,1	14,0
Sorghum	15,6	13,6
Baumwolle	14,3	10,7

Anmerkung: Index =

$$\sqrt{\frac{1}{N} \Sigma \left(\frac{P_t - \bar{P}_t}{\bar{P}_t}\right)^2}$$

dabei ist P_t der jeweilige Preis und $\bar{P}_t$ der exponentielle Trendwert und N die Periodenlänge. Die Preise beziehen sich hauptsächlich auf die Londoner und New Yorker Warenmärkte, sie sind mit dem Index der Durchschnittswerte für Erzeugnisse der Verarbeitenden Industrie (Manufacturing Unit Value Index, MUV) deflationiert (1984=100).
Quelle: MacBean und Nguyen: „Commodity Price Instability" (Hintergrundpapier).

bei landwirtschaftlichen Produkten in der Regel schwächer als auf den Märkten für Industrieerzeugnisse, und die meisten Ernten fallen notwendigerweise zu bestimmten Jahreszeiten an. Wie Tabelle 5.1 zeigt, waren die Weltmarktpreise der wichtigsten Agrarprodukte in der Tat Schwankungen unterworfen. Die angegebenen Indexwerte messen den Durchschnitt der Abweichungen vom Preistrend in den einzelnen Jahren. So bedeutet der Index für Kakao im Zeitraum 1974 bis 1984, daß damit gerechnet werden kann, daß der Preis in einem typischen Jahr um 34 Prozent über oder unter dem Trendwert für dieses Jahr liegen wird. Die Indizes in der Tabelle wurden mit den entsprechenden Werten für eine größere Zahl von Erzeugnissen der Verarbeitenden Industrie in der gleichen Periode verglichen: In der Mehrzahl der Fälle lagen die Indizes für die industriellen Produkte unter 10 und nur in Ausnahmefällen kamen sie an den Wert 20 heran.

Die Variabilität der Agrarpreise erklärt, weshalb die Regierungen von Entwicklungsländern oft versuchen, durch Maßnahmen zur Preisstabilisierung die Bauern vor Preiseinbrüchen und die Verbraucher vor starken Preissteigerungen zu schützen. Wenn die größere Preisstabilität zu stabileren Einkommen führt, profitieren die Bauern von der Verringerung der Risiken. In der Praxis lassen sich diese Vorteile jedoch nur äußerst schwer abschätzen, obgleich es allgemein akzeptiert wird, daß die Landwirte in nicht geringem Maße „risikoscheu" sind — das heißt, sie sind bereit, zugunsten einer größeren Stabilität ihres Einkommens ein im zeitlichen Durchschnitt etwas niedrigeres Einkommen in Kauf zu nehmen (vgl. Sonderbeitrag 5.1). Auch die Konsumenten und die industriellen Verbraucher landwirtschaftlicher Rohstoffe können in ähnlicher Weise risikoscheu sein.

Der Vorteil der Preisstabilisierung kann jedoch auch überschätzt werden. Beispielsweise können Landwirte eher verlieren als gewinnen, wenn ihre Einkommen als Folge von Fluktuationen der Ernteerträge schwanken — stabile Preise können dann die Einkommen destabilisieren. Es ist auch möglich, daß — im Durchschnitt gesehen — die Rohstoffkosten je Produkteinheit in der Verarbeitungsindustrie bei schwankenden Preisen niedriger ausfallen als bei stabilen. Außerdem können Landwirte, Konsumenten, Händler und industrielle Verbraucher ihr Risiko dadurch vermindern, daß sie stärker diversifizieren, die Kapitalmärkte in Anspruch nehmen, Vorratshaltung betreiben und durch Termingeschäfte Risiken auf andere übertragen.

Die Preisstabilisierung ist für jede Regierung ein besonders kompliziertes Unterfangen, und die Kosten dafür können sehr hoch sein. Die Funktions-

---

Sonderbeitrag 5.1 Risikoaversion in der Landwirtschaft

Die landwirtschaftliche Produktion ist insofern mit Risiken behaftet, als die Erträge eines einzelnen Jahres erheblich über oder unter dem Durchschnittsniveau liegen können. Man nennt Landwirte „risikoscheu", wenn sie einen stetigen Einkommensstrom einem unstetigen vorziehen, auch wenn das Durchschnittseinkommen bei einer stetigen Entwicklung niedriger ist. Maßnahmen zur Stabilisierung der landwirtschaftlichen Einkommen ohne Schmälerung des Durchschnittseinkommens müßten daher für die Landwirte vorteilhaft sein und sie möglicherweise veranlassen, die Produktion auszuweiten.

Die Bedeutung einkommensstabilisierender Maßnahmen hängt davon ab, wie stark die Risikoaversion der Bauern ist und welcher Art die Risiken sind, denen sie ausgesetzt sind. Wirtschaftswissenschafter haben versucht, Ausmaß und Bedeutung der Risikoaversion der Bauern in verschiedenen Entwicklungs- und Industrieländern zu messen. Die Untersuchungen beruhen auf zwei allgemeinen Ansätzen: (a) auf der statistischen Überprüfung der Entscheidungen der Landwirte über den Einsatz von Produktionsmitteln und den Anbau vor dem Hintergrund variabler Preise oder Erträge; (b) auf Interviews und Versuchen mit kontrollierten Spielsituationen, mit deren Hilfe die individuelle Haltung gegenüber Risiken bestimmt werden sollte.

Eine statistische Studie, welche die Auswirkungen von Erlösschwankungen auf die Getreideanbauflächen im San Joaquin Valley in Kalifornien untersuchte, kam zu dem Ergebnis, daß sich stärkere Preisschwankungen um einen gegebenen Durchschnittspreis auf die Anbaufläche zwar nur gering, jedoch negativ auswirkten. Eine andere Untersuchung verglich den tatsächlichen Kunstdüngereinsatz durch Bauern in Puebla (Mexico) mit dem für die Gewinnmaximierung erforderlichen. Zwar legten die Bauern unterschiedliche Grade der Risikoaversion an den Tag, doch würden sie im Durchschnitt 11,2 Prozent mehr Einkommen gefordert haben, um eine 10prozentige Zunahme der Schwankung ihrer Einkommen hinzunehmen. Was die kontrollierten Experimente und die Interviews betrifft, so wurden mit landwirtschaftlichen Haushalten in Maharaschtra und Andhra Pradesch (Indien) bemerkenswerte Versuche mit Glücksspielen durchgeführt. Anders als bei vielen derartigen Experimenten ging es bei diesen kontrollierten Spielen um Geldbeträge von der gleichen Größenordnung, wie sie sonst bei wirtschaftlichen Entscheidungen der Bauernhaushalte auf dem Spiel standen. Bei niedrigen Spielgewinnen war die Einstellung zum Risiko zwischen den einzelnen Teilnehmern sehr unterschiedlich, aber bei Gewinnchancen in der Höhe eines monatlichen Arbeitseinkommens herrschte eine weitverbreitete Risikoaversion.

Die Schätzungen über die Risikoaversion differieren beträchtlich, und quantitative Richtwerte sind nicht verfügbar. Es kann nur festgestellt werden, daß eine mäßige Risikoaversion unter Landwirten weitverbreitet ist und diese daher davon profitieren, wenn Preisstabilisierungssysteme tatsächlich zu stetigen Einkommensströmen führen, ohne daß die Durchschnittseinkommen stärker sinken. Gleichwohl dürften derartige Gewinne — selbst wenn sie in Sonderfällen quantifiziert werden könnten — die Vorteile für die Landwirte überzeichnen, da letztlich die Höhe ihres Gesamteinkommens und dessen Schwankung entscheidend ist, und nicht das aus einem bestimmten Produkt erzielte Einkommen. Die Landwirte versuchen typischerweise ihre Risiken durch eine entsprechende Planung des Anbaus und ihrer nichtlandwirtschaftlichen Tätigkeiten zu begrenzen; außerdem können sie offizielle oder inoffizielle Kapitalmärkte in Anspruch nehmen, um Einkommensschwankungen auszugleichen. Der tatsächliche Nutzen von Systemen zur Einkommensstabilisierung ist deshalb äußerst schwer zu messen und kann leicht überschätzt werden. Vorsicht ist deshalb angebracht gegenüber Maßnahmen zur Preisstabilisierung, die mit der Risikoaversion der Landwirte begründet werden.

weise und die Kosten der Preisstabilisierung hängen davon ab, ob das betreffende Produkt international gehandelt wird oder nicht. Die folgende Erörterung betrifft nur die international gehandelten Waren.

Ernährungsgüter: Die Stabilisierung der Preise für Grundnahrungsmittel — wie Weizen, Reis oder Mais — ist in zahlreichen Entwicklungsländern, deren ärmere Bevölkerungsschichten einen großen Teil ihrer Einkommen für diese Lebensmittel ausgeben, ein besonderes Anliegen der Agrarpolitik. In vielen Ländern werden diese Grundnahrungsmittel importiert. Was geschieht, wenn ein privater Außenhandel, ohne Beschränkungen und ohne irgendwelche Einfuhrbelastungen erlaubt ist, und wie können dann Stabilisierungsmaßnahmen ergriffen werden?

Wenn es weder Zölle noch Kontingente gibt, werden die Inlandspreise durch die Weltmarktpreise an der Grenze, den Wechselkurs und die inländischen Vertriebsspannen bestimmt. Private Händler können importieren und Lager vorhalten, was sie auch tun. Private Märkte können die Risiken auch auf andere Weise bewältigen:

- Die Bauern können die Fruchtfolge, die Auswahl der Anbauprodukte und den Einsatz von Produktionsmitteln anpassen, um das Risiko von Einkommensschwankungen zu reduzieren; die Konsumenten können ihre Verbrauchsgewohnheiten anpassen, indem sie verschiedene Lebensmittel untereinander substituieren, und die Verarbeitungsindustrie kann Kostenschwankungen dadurch dämpfen, daß sie den Kapitalmarkt in Anspruch nimmt und die Rohstoffe auf Vorrat hält.

- Risiken können an den internationalen Terminmärkten abgedeckt werden, und Märkte für Optionsgeschäfte bieten Versicherungsschutz. Diese speziellen Marktformen — sie werden im Sonderbeitrag 7.2 des Kapitels 7 näher erklärt — haben gegenwärtig nur begrenzte Bedeutung; ihr Wachstum könnte jedoch gefördert werden, wenn die Entwicklungsländer bereit wären, sich ihrer zu bedienen.

Ein sich selbst überlassenes System kann natürlich Schwankungen in der Verfügbarkeit von Devisen zur Folge haben, und es ist nicht auszuschließen, daß in Zeiten hoher Weltmarktpreise beträchtliche Ausgaben für Importe getätigt werden müssen. Die Regierung kann solche Risiken dadurch verringern, daß sie größere Devisenreserven hält, die internationalen Kapitalmärkte in Anspruch nimmt oder auf die Kompensierende Finanzierungsfazilität des Internationalen Währungsfonds zurückgreift (vgl. Kapitel 7).

Der Gebrauch dieser Mechanismen kann natürlich die inländischen Preise nicht stabiler machen als die Weltmarktpreise. Wird eine größere Stabilität angestrebt, werden Eingriffe in den Außenhandel notwendig. So können in Zeiten niedriger Preise die Inlandspreise durch Importzölle über dem Preisniveau des Weltmarkts gehalten werden, und Importsubventionen oder Importrückvergütungen können angewendet werden, um die Inlandspreise niedriger zu halten, wenn die Weltmarktpreise hoch sind. Solche Maßnahmen wären bei einem international gehandelten Produkt völlig ausreichend; staatliche Ausgleichslager sind nicht erforderlich. Zwar dürften sich diese Systeme einfacher und kostengünstiger handhaben lassen als Ausgleichslager, doch kostenlos funktionieren sie nicht. Wie in Kapitel 4 gezeigt wurde, führen Eingriffe in den Außenhandel zu Effizienzeinbußen, die bei steigenden Zöllen und Rückvergütungen beträchtlichen Umfang annehmen können.

Bei Nahrungsmitteln werden solche Systeme jedoch von den Entwicklungsländern kaum angewendet. Statt Importzölle oder Rückvergütungen einzuführen, schaffen die Regierungen staatliche Handelsmonopole; statt sich auf die private Vorratshaltung zu verlassen, betreiben sie staatliche Ausgleichslager. In einigen Fällen — so in Brasilien — werden sie von besonderen öffentlichen Stellen verwaltet, während andere Länder — wie in Mexiko und Indien — die Funktion der Preisstabilisierung mit anderen Aufgaben verbinden, insbesondere mit der Subventionierung der Verbraucher in städtischen Ballungsgebieten.

Auch in anderer Beziehung gibt es Unterschiede in der praktischen Durchführung. In vielen Ländern Südasiens und Lateinamerikas werden Importe kaum auf Lager genommen, während man anderswo — so in Indonesien — großzügiger verfährt. Bei gegebener Größe eines Ausgleichslagers ist die Wahl zwischen der Beschaffung aus dem Inland und dem Bezug von Importen von zentraler Bedeutung für die Begrenzung der Kosten. Beispielsweise wären in Indien große Einsparungen möglich, wenn — wie im Sonderbeitrag 5.2 erörtert wird — verstärkt auf den Außenhandel zurückgegriffen würde.

Die wichtigsten Kostenelemente einer Einlagerungsaktion sind die Aufwendungen für die Lagereinrichtungen und für die Zinsen. Wegen der bei staatlichen Transaktionen auftretenden Unwirtschaftlichkeiten, wegen der Vielzahl der Zielsetzungen, die staatliche Stellen unter Umständen verfolgen müssen und auch, weil die Regierungen oft Stabilisierungsziele zu erreichen suchen, die not-

Sonderbeitrag 5.2 Ausgleichslager für Brotgetreide und Preisstabilisierung in Indien

Im Verlauf der letzten zwei Jahrzehnte gab es in Indiens Brotgetreide-Sektor einen ausgeprägten Wandel. Mitte der sechziger Jahre befand sich Indiens Getreidewirtschaft in einer schweren Krise, und das Land war stark abhängig von Weizenimporten, die vor allem durch das Nahrungsmittelhilfsprogramm der Vereinigten Staaten finanziert wurden. Seitdem hat sich die Situation allmählich gebessert, und eine beeindruckende Zunahme der Nahrungsmittelproduktion wurde durch umfangreiche Investitionen in die Bewässerung zusammen mit der Einführung hoch ertragreicher Getreidesorten und einer Anhebung der Erzeugerpreise erreicht. Neben den Bemühungen, die Brotgetreideerzeugung zu steigern, hat der Staat versucht, die Getreideversorgung für Verbraucher mit niedrigem Einkommen zu stabilen, subventionierten Preisen sicherzustellen.

Zu diesen Zwecken unterhält die indische Regierung durch die Food Corporation of India (FCI) und andere staatliche Organisationen eines der größten Lebensmittel-Verteilungssysteme der Welt. Charakteristisch für dieses System ist, daß die Regierung einen Teil des auf dem Inlandsmarkt angebotenen Getreides aufkauft, den Außenhandel monopolisiert, die bestehenden Ausgleichslager aufstockt oder abbaut und das verbleibende Angebot über spezielle Niedrigpreisläden verkauft. In einem Durchschnittsjahr verkauft die Regierung rund 10 Prozent des gesamten Getreideverbrauchs; in einem Dürrejahr steigt der Anteil auf etwa 15 Prozent. Es gelang mit Hilfe dieses Systems, den Verbrauchern eine größere Preisstabilität zu verschaffen, als sonst möglich gewesen wäre.

Trotz der Vorteile für die Erzeuger und für diejenigen Verbraucher, die zu den Niedrigpreisläden Zugang haben, gaben die Kosten des Systems ständig Anlaß zur Besorgnis. In den sechziger und frühen siebziger Jahren, als Indien ein bedeutender Importeur von Getreide war, arbeitete das Verteilungssystem mit relativ kleinen Ausgleichslagern, um den Importbedarf niedrig zu halten. In den letzten Jahren sind die Ausgleichslager — und damit die Kosten der Lagerhaltung — dramatisch gewachsen. Indien soll gegenwärtig mehr als 30 Mio. Tonnen Getreide eingelagert haben, was mehr als dem Doppelten eines Jahresumsatzes in den Niedrigpreisläden entspricht. Die hohen Ausgleichslager sind nicht sosehr das Resultat einer bewußten Entscheidung über den Lagerbestand, sondern die unbeabsichtigte Folge anderer Faktoren. Die Steigerung der Produktion von Brotgetreide übertraf das Nachfragewachstum, weil die Regierung mehrfach die Ankaufspreise erhöht hat.

Eine Studie des indischen Birla Institute of Scientific Research, die bereits 1977/78 erstellt wurde, als die Ausgleichslager rund 12 Mio Tonnen betrugen, zeigte, daß die gesamten Subventionen für die FCI sich auf 6,75 Mrd Rupien beliefen (etwa 44 Prozent des Gesamtumsatzes). Davon entfielen 5,66 Mrd Rupien auf direkte Zuschüsse, die zu rund 60 Prozent zur Finanzierung der Lagerhaltungskosten dienten. Wegen des zunehmenden Umfangs der Ausgleichslager stiegen die direkten Zuschüsse auf rund 11 Mrd Rupien in den Jahren 1984/85.

Die steigenden Kosten des Ausgleichslagers führten dazu, daß nach Maßnahmen zur Verbesserung der Wirtschaftlichkeit des Systems gesucht wurde. Eine Untersuchung des internationalen Forschungsinstituts für Ernährungspolitik, welche die in den Jahren vor 1983 vorhandenen Optionen prüfte, ergab, daß die Ziele des Weizenprogramms mit etwa einem Drittel der aktuellen Kosten erreicht werden könnten, wenn man sich stärker auf den Außenhandel verließe. Eine liberalere Handhabung des Imports hätte bei unveränderten Stabilisierungszielen eine drastische Verringerung der Ausgleichslager ermöglicht. Wenngleich auch andere Faktoren als die Lagerkosten für die Entscheidung über die Höhe der Ausgleichslager relevant sind, zeigt diese Studie doch, wie wichtig es ist, eine verstärkte Nutzung des internationalen Handels als Alternative zu großen Ausgleichslagern im Inland in Betracht zu ziehen.

---

wendigerweise Verluste zur Folge haben, benötigen die staatlichen Vorratsstellen häufig Subventionen — und zwar sowohl Kassenmittel als auch indirekte Subventionen in Form von niedrigen Darlehenszinsen (vgl. Sonderbeitrag 5.2).

Die Subventionierung der staatlichen Ausgleichslager verdrängt die private Vorratshaltung und führt zu wesentlich umfangreicheren staatlichen Vorräten — und zu höheren Kosten — als sie sonst nötig gewesen wären. Vor allem, wenn die Vorratsstelle auch für die Verteilung subventionierter Lebensmittel in städtischen Ballungsgebieten zuständig ist, können die Subventionen sehr hohe Beträge ausmachen. Im Gefolge heimischer Ernteschwankungen und internationaler Preisbewegungen kann sich außerdem der Zuschußbedarf verändern. Dies ist ein Grund, weshalb die Vorratsstellen zur Beschaffung von Nahrungsmitteln unter dem Marktpreis gezwungen sein können; dies führt notwendigerweise zu Eingriffen in den privaten Binnenhandel. Durch diese Politik wird die Absicht konterkariert, den heimischen Bauern zu helfen. Eingriffe in den Binnenhandel — die nicht nur in Afrika, sondern auch in China und Indien praktiziert wurden — führen, ebenso wie Behinderungen des internationalen Handels, zu stärkeren Preisausschlägen. In der Praxis können häufig auch drei weitere Probleme auftreten:

• Im Unterschied zur reinen Preisstabilisierung versuchen Regierungen auch, den Landwirten einen Mindestpreis zu garantieren. Die Frage, wie Mindestpreise festgelegt werden sollen, ist äußerst schwierig zu entscheiden. In der Regel dienen die Produktionskosten als Bezugsgröße; diese variieren aber mit dem Umfang der Produktion, und es stellt sich die Frage, welches Produktionsniveau im Inland erwünscht ist. Nicht selten kommt es dabei zu Fehlentscheidungen. Werden die Ankaufspreise zu hoch angesetzt, könnte die Vorratsstelle am Ende zu massiven Aufkäufen gezwungen sein — wie es jüngst in Indien (bei Weizen) und in Brasilien (bei Mais) der Fall war.

- Da staatliche Stellen Subventionen erhalten können, wird die Spanne zwischen dem Mindestpreis und dem Höchstpreis nicht von Rentabilitätserwägungen bestimmt. Die Mindest- und Höchstpreise — sowie die Fähigkeit der Ankaufsstellen, diesen auch Geltung zu verschaffen — verändern sich in der Praxis von Saison zu Saison, und zwar aufgrund der divergierenden politischen Einflüsse der verschiedenen Interessengruppen, der unterschiedlichen Verfügbarkeit von Subventionen aus Haushaltsmitteln und aufgrund von Änderungen der Handels- und Wechselkurspolitik des betreffenden Landes. Das Endresultat können größere Schwankungen der inländischen Preise sein. Ein Vergleich der jährlichen Schwankungen der Inlands- und der Weltmarktpreise für Getreide in siebenunddreißig Entwicklungsländern zeigt für den Zeitraum 1967 bis 1981, daß die Inlandspreise in vielen Fällen keine erkennbar höhere Stabilität aufwiesen als die Weltmarktpreise.

- Mit Hilfe genügend umfangreicher Subventionen ist eine vollständige Preisstabilität realisierbar,

Sonderbeitrag 5.3 Papua-Neuguineas Ausgleichsfonds

Bis 1977 zahlte die Regierung von Papua-Neuguinea den Bauern, die drei wichtige Exportprodukte anbauten — Kopra, Kaffee und Kakao — einen an den Produktionskosten orientierten Preis. Die staatlichen Ankaufstellen ermittelten einen Preis, der den Kleinbauern wenigstens einen Gewinn in Höhe des landwirtschaftlichen Mindestlohnes gestattete und setzten diesen als offiziellen Stützungspreis fest. Das Stabilisierungssystem für Kopra hat seit seiner Einführung auf dieser Basis gearbeitet. Die Regierung hat jedoch die Systeme für Kakao und Kaffee geändert und beabsichtigt, auch das für Kopra bald zu revidieren.

Zwei Probleme veranlaßten die Regierung, ihre Kakaopolitik zu überdenken. Zum einen bewegten sich die Weltmarktpreise ständig weit oberhalb der Mindestpreise, und es wurde offenkundig, daß der garantierte Mindestpreis für die Bauern nur selten eine effektive Absicherung bewirkte; in Wirklichkeit besteuerte sie das System, da es den durchschnittlich erzielten Preis drückte. Zum anderen erwiesen sich die Produktionskosten als ein zweifelhaftes Kriterium für die Festlegung des Stützungspreises, weil die Kosten von Betrieb zu Betrieb ganz verschieden sind und ein solches System sich mit den vom Markt ausgehenden Signalen kaum vereinbaren läßt. Wenn der Mindestpreis zu niedrig angesetzt wäre, würde er die Entwicklung einer leistungsfähigen Kakaoproduktion verhindern, wenn er zu hoch wäre, würde die Regierung Finanzierungsprobleme bekommen und müßte schließlich eine Produktion von unökonomischer Größenordnung stützen. Die Regierung entschied sich daher, die Preisstabilisierung enger an den Weltmarktpreisen auszurichten. Dazu wurde der Richtpreis von dem kostenbestimmten Niveau auf einen gleitenden Zehnjahresdurchschnitt der inflationsbereinigten Weltmarktpreise angehoben. Im Rahmen des neuen Programmes erhalten die Bauern in Höhe von 50 Prozent der Differenz zwischen dem Zehnjahresdurchschnitt und dem Weltmarktpreis eine Subvention, beziehungsweise haben eine Steuer zu zahlen. Die Erzeugerpreise bewegen sich daher in der Mitte zwischen den stark schwankenden Weltmarktpreisen und dem langsamer reagierenden gleitenden Durchschnitt.

Dieses System bietet drei Vorteile. Erstens muß sich der Cocoa Board nicht direkt in den An- oder Verkauf der Ernte einschalten, da er den Erzeugerpreis nur durch Besteuerung oder Subventionierung des Exporterlöses reguliert. Die Subventionen oder Steuern werden durch private Händler weitergeleitet. Zweitens vermeidet dieses System etliche der fiskalischen und monetären Nachteile anderer Programme. Der Ausgleichsfonds auf Basis des Steuer-/Subventionssystems finanziert sich selbst, so daß er nicht die Ausgabenpläne der Regierung stört. Drittens erfordert das Kakaoprogramm keine Lagerhaltung.

Der Coffee Industry Board führt seinen Ausgleichsfonds auf etwas andere Weise, da er eine zusätzliche Aufgabe zu erfüllen hat. Papua-Neuguinea ist Mitglied des Internationalen Kaffeeabkommens (International Coffee Organization, ICO) und muß seinen Export in die dem ICO angeschlossenen Verbraucherländer entsprechend dem Quotensystem des ICO kontrollieren. Wenn die heimische Produktion die Quote Papua-Neuguineas (zuzüglich eventueller Verkäufe an andere Verbraucherländer, die nicht dem ICO angehören) übersteigt, wird der Überschuß im Inland auf Kosten des Fonds eingelagert. Der Fonds braucht daher ausreichende Mittel, um die Lagerhaltung für mehrere Jahre finanzieren zu können. Wenn die Fondsmittel einen bestimmten Betrag unterschreiten, werden keine Subventionen gezahlt, wie niedrig der Weltmarktpreis auch sein mag. Ansonsten funktioniert das Kaffeesystem ähnlich wie das für Kakao: Sobald der Weltmarktpreis unter 90 Prozent des Zehnjahresdurchschnitts fällt, wird eine Subvention in Höhe der halben Differenz zwischen den beiden Preisen gezahlt, und sobald der Preis über den Zehnjahresdurchschnitt steigt, wird eine Steuer in Höhe der halben Differenz erhoben.

und es ist nicht ungewöhnlich, daß der Staat einen konstanten Verbraucherpreis das ganze Jahr hindurch aufrechterhält. Diese Politik kann außergewöhnlich kostspielig sein, nicht nur im Hinblick auf den Haushaltsaufwand, sondern auch gemessen an den damit verbundenen Verzerrungen des Produktions- und Verbrauchsverhaltens.

Die doppelte Zielsetzung, die Lebensmittelpreise zu stabilisieren und den Landwirten Mindestpreise zu garantieren, stellt jedes Entwicklungsland vor eine schwierige Wahl. Wenn die Garantiepreise zu hoch sind und die Stabilisierung zu weit getrieben wird, wird die Regierung eines Entwicklungslandes ihrer Volkswirtschaft am Ende vermutlich größere Kosten aufbürden, als ihr durch die Instabilität des Weltmarktpreises entstünden. Ineffizienz bei der Durchführung der Maßnahmen verschärft das Problem. Mit größerer Vordringlichkeit als bisher sollten deshalb bei der Preisstabilisierung und der Unterstützung der Erzeuger weniger anspruchsvolle Ziele verfolgt werden, sollte der Staat eine stetige und voraussehbare Politik betreiben und sollte die privatwirtschaftliche Aktivität gefördert werden.

EXPORTERZEUGNISSE. Die Preise exportfähiger Rohstoffe und Getränke können im Prinzip durch variable Exportsteuern oder Exportsubventionen stabilisiert werden. Exportsubventionen werden im allgemeinen nicht direkt ausgezahlt, sondern ergeben sich indirekt durch Veränderungen der Gewinnspanne der Absatzbehörden. Oft wird als einzige Maßnahme eine variable Exportsteuer erhoben, die entfällt, wenn die Weltmarktpreise zu niedrig liegen. Aber auch staatliche Ausgleichslager und Mindestpreise werden bei der Vermarktung von Exporterzeugnissen angewendet und führen dann zu den gleichen Problemen, wie sie oben erörtert wurden.

Ebenso wie bei den Grundnahrungsmitteln ist bei den Exporterzeugnissen die Einfachheit (des Absatzsystems) eine Tugend. Ein gutes Beispiel dafür ist der Ausgleichsfonds in Papua-Neuguinea (vgl. Sonderbeitrag 5.3). Die Förderung der Preisstabilisierung und des Risikomanagements auf privatwirtschaftlicher Basis verdient im Falle der Exportproduktion besondere Beachtung, weil die Erzeuger und Händler in diesen Sektoren oft kommerzieller arbeiten und besser organisiert sind als die des traditionellen Sektors. Die Erfahrungen mit der Tätigkeit der Absatzbehörden in Afrika und anderswo lassen jedoch darauf schließen, daß das Ziel der Stabilisierung im Laufe der Zeit vom Ziel der staatlichen Einnahmengewinnung zu Lasten der Erzeuger verdrängt werden kann. Außerdem legen diese Erfahrungen den Schluß nahe, daß die staatliche Vermarktung das Entstehen effizienter privater Märkte behindert.

Subventionierung des Verbrauchs

In vielen Entwicklungsländern sind die Regierungen bemüht, den ärmeren Bevölkerungsschichten Grundnahrungsmittel zu niedrigen und stabilen Preisen zur Verfügung zu stellen. Stabile Lebensmittelpreise tragen dazu bei, das sogenannte transitorische Ernährungsrisiko zu überwinden, d.h. das Risiko, daß die Armen nicht genug zu essen haben, wenn die Lebensmittelpreise plötzlich steigen oder ihre Einkommen plötzlich sinken. Stabile Lebensmittelpreise mögen aber allein noch nicht genügen, um eine ausreichende Versorgung für die Ärmsten der Armen sicherzustellen. Die Subventionierung von Grundnahrungsmitteln diente deshalb auch dazu, das „chronische Ernährungsrisiko", d.h. die langfristig unzureichende Ernährung der ärmsten Bevölkerungsschichten, zu überwinden. Eine derartige Investition zur Verbesserung der Ernährungslage ist eine Investition im wichtigsten Aktivum eines Landes — seinem menschlichen Kapital. Dieser Abschnitt untersucht das Paradoxon, daß die Regierungen zwar solche Investitionen zu Recht vornehmen, sie aber auf die falsche Art und Weise angehen.

Zwar ist die Subventionierung von Lebensmitteln in den Entwicklungsländern weit verbreitet, doch bestehen zwischen den einzelnen Programmen große Unterschiede hinsichtlich der einbezogenen Lebensmittel und der Zielgruppen, die begünstigt werden sollen. Auch die Art der Finanzierung ist unterschiedlich; in den meisten Ländern sind die Kosten jedoch in Form niedriger Erzeugerpreise auf die Bauern zurückgewälzt worden. Dies wurde erreicht durch die Erhebung von Exportsteuern in Ländern, die Nahrungsmittel exportieren; ferner durch gesetzliche Vermarktungsmonopole, die niedrige Preise für im Inland produzierte Nahrungsmittel zahlen, und durch Niedrigpreisverkäufe importierter Ernährungsgüter.

Wie in Kapitel 4 gezeigt wurde, hemmen diese Maßnahmen die Nahrungsmittelproduktion und können hohe Kosten verursachen, wenn sie über längere Zeit aufrechterhalten werden. Eine Alternative besteht darin, die Last der Nahrungsmittelsubventionierung auf den allgemeinen Steuerzahler zu verlagern. Der Staat kann dann die Agrarpreise erhöhen und Haushaltsmittel zur Subventionierung der Verbraucherpreise einsetzen. Wenn jedoch die Spanne zwischen dem hohen Erzeugerpreis und dem niedrigen Verbraucherpreis groß genug wird, läßt sich der Rückverkauf der subventionierten Waren an die staatlichen Stellen zum höheren Erzeugerpreis nur schwer verhindern. In diesem Fall kann es notwendig werden, die Subventionen für verarbeitete Waren zu gewähren, was sich aber nicht immer durchführen läßt. Selbst wenn eine Subventionierung der verarbeiteten Produkte möglich ist, bleiben Effizienzeinbußen bei Programmen zur Subventionierung des Verbrauchs unvermeidlich. Zwar dürften diese Verluste innerhalb der gesamten Volkswirtschaft breiter verteilt sein, sie verschwinden dadurch aber nicht - insbesondere dann nicht, wenn die Subventionierung des Verbrauchs einen großen Teil der Staatsausgaben beansprucht, wie im Schaubild 5.1 gezeigt wird.

Die Subventionierung von Lebensmitteln bringt noch andere Kosten mit sich. Die staatliche Preispolitik reagiert in der Regel nur langsam, wenn überhaupt, auf wechselnde Marktlagen. Preisanpassungen, die auf freien Märkten laufend erfolgen, machen komplizierte bürokratische Abläufe und Konsultationen erforderlich. Plötzliche Veränderungen der Marktlage können zu einem raschen Anstieg der Haushaltsbelastung führen. Die hohen Weltmarktpreise der Jahre 1972 bis 1974 hatten in den Ländern Bangladesch, Korea, Marokko, Pakistan, Sri Lanka und Tansania dramatische Auswirkungen auf die Budgets für die Lebensmittelsubventionierung. Die Stabilität der staatlich gelenkten Preise wurde erkauft durch Instabilität anderswo, und zwar beim Haushaltsdefizit oder in der Zahlungsbilanz, wenn die Subventionslasten auf andere Bereiche verlagert wurden, die um Devisen konkurrieren.

Ein Teil der Kosten der Lebensmittelsubventionierung wird deutlich sichtbar, wenn durch einen überhöhten Wechselkurs oder eine Subventionierung des Verbrauchs der Konsum importierter Nahrungsmittel zu Lasten der heimischen Erzeugnisse steigt. Der Pro-Kopf-Verbrauch von Weizenprodukten und Reis in Westafrika wuchs im Zeitraum 1966/1970 bis 1976/1980 durchschnittlich um 8,5 beziehungsweise 2,8 Prozent pro Jahr. Der Verbrauch traditioneller Nahrungsmittel hat sich kaum erhöht (um 0,27 Prozent bei Mais) oder ging zurück (um 1,5 Prozent bei Hirse und 1,69 Prozent bei Sorghum). Derartige Änderungen der Ernährungsgewohnheiten hingen zum Teil mit dem Anstieg der Einkommen und der zunehmenden Verstädterung zusammen. Der Hauptgrund war jedoch, daß der Verbrauch in den Städten indirekt subventioniert wurde durch überhöhte Wechselkurse, welche die Importe im Vergleich zu den heimischen groben Getreidesorten optisch verbilligten. Obgleich Reis auf dem Weltmarkt dreimal so teuer war wie Sorghum, kostete er in Westafrika kaum doppelt so viel und manchmal gerade nur gleich viel. Der Preis für Weizenmehl war in der Elfenbeinküste und in Nigeria etwa ebenso hoch wie der Preis von Mais, während in Entwicklungsländern mit liberaler Handelspolitik das Weizenmehl häufig mehr als doppelt so viel wie Mais kostete. Die enge Korrelation zwischen dem Weizenimport und dem realen Brotpreis, die aus Tabelle 5.2 hervorgeht, zeigt die Auswirkungen überhöhter Wechselkurse und einer verbraucherfreundlichen Preispolitik.

Der Ertrag der Lebensmittelsubventionierung ist weniger gut zu schätzen als ihre Kosten, da es schwierig ist, gesellschaftlichen Nutzen objektiv zu messen. Auch wenn man dies in Rechnung stellt, ist es aber möglich, daß die Programme die Empfänger nicht in der beabsichtigten Weise begünstigen. Man betrachte beispielsweise den Versuch, ungelernten Arbeitern in den Städten durch das Angebot billiger Lebensmittel zu helfen. Dies dürfte noch mehr ungelernte Arbeitskräfte vom Lande anlocken und schließlich dazu führen, daß das städtische Lohnni-

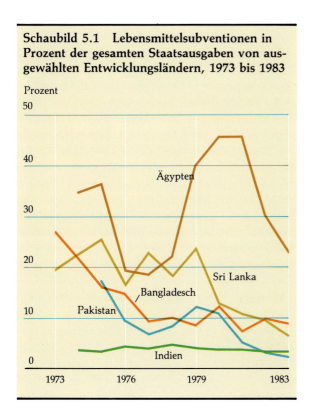

Schaubild 5.1 Lebensmittelsubventionen in Prozent der gesamten Staatsausgaben von ausgewählten Entwicklungsländern, 1973 bis 1983

Tabelle 5.2 Trend der Brotpreise und des Verbrauchs und Imports von Weizen in ausgewählten Jahren, 1969 bis 1981
(Durchschnittliche jährliche Veränderung in Prozent)

Ländergruppe	Realer Brotpreis 1970—1980	Weizen, 1969—71 bis 1979—81	
		Pro-Kopf-Verbrauch	Pro-Kopf-Import
Ägypten, Äthiopien, Algerien, Bolivien, Guatemala, Iran, Irak, Mexiko, Zaire	unter —5,0	3,5	11,7
Brasilien, Dominikanische Republik, El Salvador, Gambia, Ghana, Kenia, Paraguay, Tansania	—3,0 bis —5,0	3,2	4,9
Burundi, Ecuador, Indien, Kamerun, Kuwait, Libyen, Malawi, Pakistan, Panama, Saudi-Arabien, Somalia, Sudan	0,0 bis —3,0	2,1	—1,9
Burkina Faso, Elfenbeinküste, Hongkong, Korea, Mauritius, Sambia, Singapur, Türkei, Uruguay	0,0 bis 3,0	0,7	—3,7
Costa Rica, Kolumbien, Thailand, Venezuela	3,0 bis 5,0	0,1	—4,4
Argentinien, Bangladesch, Burma, Indonesien, Malaysia, Peru, Philippinen, Senegal	über 5,0	0,1	—11,5

Quelle: CIMMYT 1983.

veau auf das der Landwirtschaft absinkt. Wenn ein Teil der Lasten dieses Programms durch niedrigere Agrarpreise auf die Landwirtschaft zurückgewälzt wird, werden die Agrarlöhne gedrückt, wodurch ungelernte Arbeitskräfte sowohl in ländlichen als auch in städtischen Regionen belastet werden. Genau dies geschah in Thailand, wo die Reispreise niedrig gehalten wurden, um die städtischen Verbraucher zu begünstigen.

Die arme Landbevölkerung (die Kleinbauern, Kleinhändler und Landarbeiter) lebt in der Regel weit verstreut, ist unorganisiert und vermag sich politisch nicht zu artikulieren. Städtische Eliten (die organisierte Arbeiterschaft, die Mittelklasse, das Militär und der öffentliche Dienst) sind typischerweise organisiert und einflußreich. Wenn der Staat eingreift, um den Preis einer Ware festzusetzen, kommt es in der Regel zu einer politischen Entscheidungsfindung, bei der die Preise durch die relative Macht der Interessengruppen bestimmt werden. Beschränkte Haushaltsmittel haben oft zur Folge, daß nur ein Teil des gesamten Angebots zum subventionierten staatlichen Preis verfügbar ist. Wenn dies der Fall ist, bekommen häufig die einflußreichen städtischen Gruppen die billigen Lebensmittel als erste, während die übrigen Konsumenten letzten Endes ihre Lebensmittel auf den teuren Parallelmärkten kaufen müssen.

Eine Reform der Verbrauchssubventionierung wäre zwar wünschenswert, ist aber nicht einfach. Solche Reformen haben oft steigende Lebensmittelpreise für die ärmere Stadtbevölkerung zur Folge, die manchmal auf subventionierte Lebensmittel angewiesen ist. Wird diesem Problem nicht irgendwie Rechnung getragen, dürften sich notwendige Reformen nicht durchführen lassen, oder — falls es dennoch dazu kommt — dürften sie keinen Bestand haben. Im Sonderbeitrag 5.4 wird beispielhaft eine Reform von Programmen zur Lebensmittelsubventionierung erörtert, wie sie Sri Lanka durchgeführt hat. Dort wurden mit Erfolg die Probleme vermieden, die bei einer allzu plötzlichen Umstellung der Politik auftreten.

Gruppen, die unter chronischer Fehl- oder Unterernährung leiden, verdienen Unterstützung und Regierungsprogramme zu ihrer Unterstützung sind umso wirtschaftlicher, je besser sie auf die Zielgruppe abgestimmt sind. Beispielsweise können Programme, bei denen die Subventionierung auf die ärmste Region oder auf lokale Schwerpunkte der

Armut in Regionen mit niedrigem Einkommen beschränkt wird, ein günstiges Kosten-Nutzen-Verhältnis aufweisen und zieladäquat sein. Subventionen können auch dann kostengünstiger sein, wenn man sie gezielt für Nahrungsmittel einsetzt, die primär von den ärmeren Bevölkerungsschichten verbraucht werden. Ein hoher Anteil des subventionierten Getreides in Bangladesch wird in den städtischen Regionen konsumiert. In den Jahren 1973/74 verbrauchten die ärmsten ländlichen Haushalte pro Kopf jährlich 167 Pfund Getreide, wovon 14 Prozent als Lebensmittelzuteilung zur Verfügung gestellt wurden. Vergleichbare Einkommensgruppen in städtischen Regionen verbrauchten pro Kopf 263 Pfund, wovon 90 Prozent aus Lebensmittelzuteilungen stammten. Die Ungleichgewichtigkeit des Verteilungssystems ist — den Ergebnissen von Haushaltsbefragungen in den Jahren 1982/83 zufolge — immer noch gegeben, obgleich sie weniger ausgeprägt ist als 1973/74; und zwar bekommen städtische Haushalte etwa doppelt so viel subventioniertes Getreide wie die ländlichen Haushalte. Als ein möglicher Weg zu einem gezielteren Einsatz der Lebensmittelzuteilungen wurde in einem städtischen und zwei ländlichen Distrikten versuchsweise die Subventionierung von Sorghum eingeführt, einem bei der städtischen Bevölkerung im Vergleich zu Reis oder Weizen weniger beliebten Getreide. Wie erwartet, kauften weniger als 5 Prozent der städtischen Haushalte das subventionierte Sorghum, aber mehr als zwei Drittel der ärmsten Familien in ländlichen Regionen und mehr als die Hälfte der Haushalte der unteren Mittelklasse.

In Brasilien dürften Subventionen für Maniok den Armen wahrscheinlich wirksamer helfen als Subventionen für Reis, Brot oder Mais. Eine Unter-

---

Sonderbeitrag 5.4 Reform der Lebensmittelsubventionierung in Sri Lanka

In Sri Lanka haben Subventionierungsprogramme für Lebensmittel eine lange Tradition. Lebensmittelzuteilungen wurden 1943 eingeführt, und in den folgenden drei Jahrzehnten wurde die Lebensmittelversorgung der gesamten Bevölkerung ununterbrochen subventioniert. Regierungen verschiedener politischer Richtungen hielten aus Gründen der politischen Stabilität und der sozialen Gerechtigkeit ausnahmslos an den Subventionen fest.

Überwiegend dienten die Programme zur Verbilligung von Reis, gelegentlich wurden auch Weizenmehl, Zucker und Milchpulver subventioniert. Die ursprüngliche Reisration von vier Pfund pro Person wurde an die gesamte Bevölkerung zu 40 bis 70 Prozent des Marktpreises verteilt. Mitte der siebziger Jahre wurden ein Pfund gratis und zwei Pfund mit einer Subvention in Höhe von etwa 30 Prozent zur Verfügung gestellt. Der zugeteilte Reis deckte im Regelfall rund 20 Prozent der gesamten Kalorienaufnahme. In den Jahren 1969/70 gingen jedoch für jede zusätzliche Kalorieneinheit, die von unzureichend ernährten Personen verbraucht wurde, dreizehn Kalorien an solche mit ausreichender Ernährung, oder ersetzten Käufe zum Marktpreis. Über die Hälfte der Vorteile kam den Familien mit mittleren und höheren Einkommen zugute.

Als sich Ende der siebziger Jahre — zum Teil als Folge hoher Sozialausgaben zu Lasten der Investitionen — das Wirtschaftswachstum verlangsamte, wurden die Kosten für dieses Programm zu hoch. Da die Regierung versuchte, die Kosten der Lebensmittelzuteilungen zu begrenzen, wurden die Ankaufspreise für die inländischen Erzeuger niedrig gehalten, was die heimische Reisproduktion behinderte. Das Ergebnis war, daß die Zahlungsbilanz zusätzlich belastet wurde, da in den späten siebziger Jahren über 30 Prozent des Angebots importiert werden mußten. Im Jahr 1977 stellte die Regierung ein umfassendes wirtschaftliches Reformprogramm auf, das eine erhebliche Anpassung des Wechselkurses, die Freigabe der Preise und die Zulassung privater Händler bei der Vermarktung von Reis enthielt. Dies brachte einen kräftigen Produktionszuwachs mit sich; zugleich ergriff die Regierung aber auch Maßnahmen, um die ärmeren Verbraucher während der Übergangsperiode zu unterstützen. Anfangs beschränkte die Regierung die Berechtigung zum Empfang von Lebensmittelsubventionen ausschließlich auf die Gruppen mit niedrigem Einkommen. Im Jahre 1979 wurden die Lebensmittelzuteilungen durch Lebensmittelmarken ersetzt und die Programme auf Haushalte mit einem Jahreseinkommen von weniger als 3.600 Rupien (240 Dollar) begrenzt. Zwar hatte eine Haushaltsbefragung in den Jahren 1978/79 ergeben, daß nur 7,1 Prozent der Bevölkerung solchen Haushalten angehörten, doch scheint es fast der Hälfte der Bevölkerung gelungen zu sein, an Lebensmittelmarken heranzukommen. Nichtsdestoweniger gehörten die Begünstigten in der Regel — am Einkommen gemessen — zur unteren Hälfte der Bevölkerung.

Indem sie die Subventionen dem Werte nach konstant hielt, stellte die Regierung sicher, daß die realen Kosten der Lebensmittelsubventionierung allmählich sanken, ohne daß es zu abrupten Leistungsrückgängen kam. Die Staatsausgaben wurden von Sozialprogrammen in Richtung auf Investitionen umgeschichtet. Im Jahre 1984 beanspruchten die Lebensmittelsubventionen nur noch 4 Prozent der Staatsausgaben, verglichen mit 19 Prozent 1978 und 23 Prozent 1970.

Dieser Prozeß verlief nicht ohne Rückschläge und Schwierigkeiten. Die Regierung fühlte sich jedoch hinreichend bestätigt, um eine neue Reformrunde ins Auge zu fassen, mit der eine gezieltere Verteilung der Lebensmittelmarken und eine Anhebung ihres Wertes erreicht werden soll.

suchung zeigt, daß ein Subventionsbetrag von einem Dollar bei Maniok den Gruppen mit niedrigem Einkommen einen Nutzen von 60 Cent bringen würde, verglichen mit 40 Cent bei Mais, 23 Cent bei Reis und 18 Cent bei Brot. Obgleich Subventionen für Sorghum oder Maniok ein kostengünstigeres Mittel sein können, um den ärmeren Bevölkerungsschichten zu helfen, bringen sie dennoch einige potentielle Probleme mit sich. Viele Nahrungsmittel der Ärmsten dienen auch als Viehfutter. Subventionen zur Verbilligung von Nahrungsmitteln für die Armen können zugleich die Produktionskosten der Viehwirtschaft senken, wodurch im Effekt die Reichen subventioniert werden. Die Zweckentfremdung von billigen Nahrungsmitteln zur Viehfütterung stellte sowohl in Ägypten als auch in Simbabwe ein Problem dar. Auch wenn dies nur in geringem Umfang eintritt, ist es schwierig, durch eine breitgestreute Nahrungsmittelsubventionierung einen gesamtwirtschaftlichen Nettogewinn zu erzielen, wenn man den Verwaltungsaufwand und die Kosten der Verzerrungen voll berücksichtigt, die mit der Erhebung der erforderlichen Einnahmen verbunden sind.

Viele dieser Probleme treten nicht auf, wenn die Subventionen gezielt auf die Unterstützung von ernährungsmäßig gefährdeten Gruppen ausgerichtet werden, wie der schwangeren und stillenden Frauen, der Allerjüngsten, der Kranken, der sehr Alten oder der Behinderten. Viele Regierungen haben für solche Projekte Anreize geschaffen, indem sie nichtstaatlichen Organisationen Steuervorteile einräumten. Direkte staatliche Ausgaben zugunsten genau definierter Zielgruppen sind ebenso gerechtfertigt. Die Weltbank unterstützt ein derartiges Projekt in Tamil Nadu (Indien) mit vielversprechenden Ergebnissen (vgl. Sonderbeitrag 5.5).

Programme zur Unterstützung der Produzenten

Ein Großteil des Wachstums der Agrarproduktion in vielen Entwicklungsländern ist auf den zunehmenden Einsatz der künstlichen Bewässerung zurückzuführen (vgl. Kapitel 1). Zwischen 1950 und 1983 hat sich die künstlich bewässerte Fläche in den Entwicklungsländern mehr als verdoppelt. Auch wenn sich das Wachstum abgeschwächt hat,

---

Sonderbeitrag 5.5 Ausrichtung von Unterstützungsleistungen auf Zielgruppen in Tamil Nadu, Indien

In Tamil Nadu (Südindien) läuft derzeit ein erfolgreiches Hilfsprojekt für ernährungsmäßig gefährdete Kinder und Mütter. Eine in den frühen siebziger Jahren von der Staatsregierung durchgeführte Befragung hatte gezeigt, daß die Hälfte aller landwirtschaftlichen Familien weniger als 80 Prozent ihres täglichen Kalorienbedarfs konsumierte. Ungefähr 50 Prozent der Kinder zwischen einem und vier Jahren wurden als unterernährt klassifiziert; 45 bis 50 Prozent der Sterbefälle bei Kindern waren eine direkte Folge der Unterernährung. Die Behandlung der auf Unterernährung zurückzuführenden Krankheiten kostete jährlich rund 5,5 Mio Dollar, oder nahezu ein Drittel der jährlichen Ausgaben des Bundesstaates für die Gesundheitsfürsorge. Die Regierung entschloß sich, diese Situation, insbesondere für Kinder unter drei Jahren, zu verbessern. Im Jahr 1980 existierten fünfundzwanzig Ernährungs- und Verpflegungsprogramme mit einem gesamten Kostenaufwand von 8,8 Mio Dollar. Die Programme brachten jedoch nicht die volle Wirkung, weil sie nicht genügend auf die Zielgruppen ausgerichtet waren und nicht sachgerecht überwacht wurden.

Im Jahr 1980 initiierte die Regierung ein Fünfjahresprojekt, um die Unterernährung zu bekämpfen und gegen sie vorzusorgen und um die Gesundheit zu fördern. Das Programm bietet eine Ernährungs- und Gesundheitsfürsorge für sechs bis sechsunddreißig Monate alte Kinder und für schwangere und stillende Frauen. Ein besonderes Team örtlicher Ernährungsberater wurde ausgebildet, um das Programm in den Dörfern zu verwirklichen; sie werden bei ihrer Arbeit von Frauengruppen unterstützt, denen im Durchschnitt fünfundzwanzig Frauen in jedem Dorf angehören. Die Kinder werden monatlich gewogen, um ihre Gewichtszunahme festzustellen. Kinder, die zu langsam an Gewicht zunehmen, werden in ein spezielles Neunzig-Tage-Programm aufgenommen, in dessen Rahmen sie täglich in Gemeindezentren ernährt werden. Ihre Mütter werden über die Möglichkeiten zur Früherkennung von Unterernährung und deren Behandlung beraten. Kinder mit gravierender Unterernährung empfangen doppelte Rationen. Außerdem wird eine ergänzende Gesundheitsfürsorge gewährt. Pränatale Gesundheitsfürsorge ist für werdende Mütter routinemäßig verfügbar; Mütter, die sich in besonderen Notlagen befinden, bekommen zusätzlich Lebensmittel für den häuslichen Verbrauch. Ernährungs- und Gesundheitsberatung stellen einen entscheidenden Teil des Projekts dar. Diese Methode, bei der durch ein genaues, jedoch praktisches Verfahren zur Überwachung des kindlichen Wachstums die ernährungsmäßig gefährdeten Kinder bestimmt werden, macht es möglich, die Zusatzverpflegung sehr exakt zuzuteilen und auf kurze Frist zu beschränken — zwei Merkmale des Programms, die dessen Wirtschaftlichkeit verbessern und eine dauernde Abhängigkeit von Ernährungshilfen vermeiden.

Das Projekt wird gegenwärtig in 9.000 Dörfern von

nimmt die künstlich bewässerte Fläche jährlich immer noch um etwa 3,2 Mio. Hektar zu, wobei über 40 Prozent dieses Zuwachses auf Asien entfallen. Parallel zu dieser Ausweitung der Bewässerung, jedoch nicht allein deswegen, hat auch der Einsatz moderner Produktionsmittel wie Kunstdünger und Maschinen rasch zugenommen.

Um die zunehmende Anwendung dieser Produktionsmittel und eine verstärkte Kreditaufnahme zu fördern, verfolgten die Regierungen in Entwicklungsländern im allgemeinen eine Politik der Subventionierung des Einsatzes von Produktionsmitteln in der Landwirtschaft. Das Ziel war nicht allein eine Steigerung der Produktion — wichtig war auch die Verbesserung der Einkommensverteilung auf dem Land. Die Programme zur Subventionierung von Produktionsmitteln und zur Kreditverbilligung brachten jedoch viele Probleme mit sich, darunter die hohen Budgetkosten. Damit stellt sich die Frage, ob es nicht besser wäre, die Subventionierung einzustellen oder wesentlich zurückzunehmen und die damit ersparten Mittel für andere Zwecke, wie etwa einen Abbau der Besteuerung der Agrarproduktion, einzusetzen. Die wichtigsten Probleme und Fragen, die sich in der Praxis bei der Subventionierung von Produktionsmitteln und Krediten ergeben, werden im folgenden erörtert.

Subventionierung des Kunstdüngers

In vielen Ländern wird die ganze Palette der Produktionsmittel subventioniert — vom Pflug bis zum Schädlingsbekämpfungsmittel. Weit verbreitet sind jedoch Subventionen für Kunstdünger. Der Subventionsanteil bei Kunstdünger lag zu Anfang der achtziger Jahre kaum unter 30 Prozent des Preises bei Anlieferung und erreichte in einigen Fällen 80 bis 90 Prozent (zum Beispiel in Nigeria). Anteile von 50 bis 70 Prozent sind üblich. In Saudi-Arabien und Venezuela zahlen die Landwirte die Hälfte des Preises ab Fabrik bzw. ab Kai; in Sri Lanka wird Harnstoff zu 56 Prozent und in Gambia zu 60 Prozent unter den Kosten verkauft.

Die Zweckmäßigkeit der Subventionierung von Kunstdünger (oder andern Produktionsmitteln) wurde schon immer skeptisch beurteilt. Bis etwa zur Mitte der siebziger Jahre herrschte die Auffassung vor, daß zwar eine vorübergehende Subventionie-

---

Tamil Nadu durchgeführt; rund eine Million Kinder und über 300.000 schwangere und stillende Frauen profitieren davon. Die Beteiligungsquote ist ungewöhnlich hoch; 80 bis 95 Prozent der in Frage kommenden Kinder nahmen daran teil. Etwa ein Viertel von ihnen benötigte zeitweise eine zusätzliche Ernährung, und 95 Prozent der berechtigten Kinder nahmen an der Zusatzverpflegung teil. Von denen, die eine Zusatzverpflegung erhielten, wiesen 65 Prozent innerhalb von 90 Tagen ein angemessenes Wachstumstempo auf, weitere 15 Prozent innerhalb von 120 Tagen; nur 20 Prozent benötigten die Zusatzverpflegung für längere Zeit.

Die Wirkung des Projekts wurde durch einen Vergleich der Verhältnisse in zwei Gruppen von Dörfern — mit jeweils 100.000 Einwohnern — kontrolliert. Die eine Dörfergruppe, die Pilotgruppe, profitierte von dem Projekt; die andere, die Kontrollgruppe, war nicht einbezogen. Nach drei Jahren ergab ein Vergleich die folgenden Auswirkungen des Projekts auf die Ernährungslage der Bevölkerung, die gesundheitlichen Verhältnisse und die Sterblichkeit:

• Die Fälle gravierender Unterernährung gingen in der Pilotgruppe um 32 Prozent zurück, aber nur um 12 Prozent in der Kontrollgruppe.

• Die Fälle der mittleren Unterernährung gingen in der Pilotgruppe um 9 Prozent zurück, stiegen aber um 19 Prozent in der Kontrollgruppe.

• Die als „normalernährt oder leicht unterernährt" eingestuften Fälle gingen in der Pilotgruppe um 20 Prozent und in der Kontrollgruppe um 5 Prozent zurück.

• Das Durchschnittsgewicht der Kinder stieg in der Pilotgruppe und sank in der Kontrollgruppe. Die Ernährungsvorteile aufgrund des Projekts ließen sich bis zum Alter von fünf Jahren aufzeigen. In diesem Alter waren Kinder, die am Projekt teilgenommen hatten, um 1,75 Kilogramm schwerer als Kinder in anderen Regionen. Außerdem schienen die Krankheits- und Sterblichkeitsziffern der am Projekt beteiligten Kinder rückläufig zu sein.

Vorläufige Schätzungen ergeben, daß die Kosten für Ernährung und Beratung etwa 72 Rupien (6,50 Dollar) pro Kind und Jahr tragen, bzw. täglich 0,20 Rupien (0,02 Dollar) pro Kind. Bei Einbeziehung des ganzen Bundsstaates würden die Gesamtkosten weniger als 1 Prozent der Staatseinnahmen ausmachen. Verglichen mit den geschätzten Kosten ähnlicher Programme in anderen Teilen Indiens ist dies ein günstiges Ergebnis. Durch die Ausrichtung der Ernährungshilfen auf die Risikogruppen und die zeitliche Beschränkung sind die Lebensmittelkosten wesentlich geringer als bei den meisten Ernährungsprogrammen für Kinder im Vorschulalter. Das Projekt könnte ein Modell bilden für einen kostengünstigen Weg zur Sicherung der Ernährung und zum Schutz der Gesundheit des am stärksten gefährdeten Teils der Bevölkerung.

rung gerechtfertigt sein könne, eine längerfristige Subventionierung aber zu einem nicht optimalen Faktoreinsatz und Produktionssortiment führen würde. In neueren Analysen wird den Unvollkommenheiten der Märkte und der Existenz anderer staatlicher Ziele als der Einkommensmaximierung besser Rechnung getragen. Daraus resultierte eine lange Liste von Argumenten zugunsten der Subventionierung von Kunstdünger: Förderung von Lernprozessen durch die Praxis, Überwindung der Risikoaversion und von Kreditbeschränkungen, Hilfe für die armen Bauern, Erhaltung der Bodenfruchtbarkeit, Ausgleich für negative Anreizwirkungen der Steuer- oder Preispolitik, oder einfach Steigerung des Ernteertrags von wichtigen Produkten. Insgesamt scheint diese Phalanx volkswirtschaftlicher Argumente die Subventionierung des Kunstdüngereinsatzes wirksam zu begründen. Tatsächlich rechtfertigen die meisten dieser Argumente jedoch nur eine zeitlich begrenzte oder geringe Subventionierung. Und alle Argumente ignorieren die negativen institutionellen Wirkungen, die fast immer mit der Subventionierung des Kunstdüngereinsatzes verbunden sind. Zum Beispiel:

• Mit dem Ziel, das Lernen durch die Praxis zu fördern, können im besten Fall vorübergehende Subventionen begründet werden, und es gibt wahrscheinlich nur wenige Gegenden, für die das Argument zutrifft. Sogar in den am wenigsten dynamischen Agrarsystemen (beispielsweise in den halbtrockenen Gebieten Westafrikas) ist Kunstdünger seit mindestens einer Generation in Gebrauch. Dort, wo die landwirtschaftliche Beratung funktioniert, wird das Wissen über die Anwendung von Kunstdünger nach ein paar Jahren allgemein verbreitet sein. Auch wenn die landwirtschaftliche Beratung unzulänglich ist, haben die Bauern im allgemeinen davon gehört, was künstliche Düngung bewirken kann, oder die Erfolge in der Nachbarschaft gesehen.

• Risikoaversion, welche die Bauern dazu verleitet, weniger Kunstdünger einzusetzen als zur Gewinnmaximierung erforderlich, kann eine gewisse Subventionierung in einigen Regionen rechtfertigen, jedoch nur in begrenztem Umfang. Außerdem muß der Einsatz von Kunstdünger nicht zu einer substantiellen Erhöhung des Risikos führen; zum Beispiel wenden die Bauern eine Spitzendüngung mit Harnstoff erst an, wenn sie sicher sehen können, daß die Pflanzen gedeihen. Gemessen an der Differenz zwischen dem günstigsten und dem tatsächlichen Einsatz von Kunstdünger scheint der Einfluß der Risikoaversion gering zu sein. Eine Untersuchung der Weltbank kommt zu dem Ergebnis, daß selbst sehr risikoscheue Bauern höchstens 15 Prozent weniger Kunstdünger einsetzen als bei gewinnmaximierendem Verhalten.

• Kreditbeschränkungen entstehen durch Unvollkommenheiten des Kapitalmarktes, wie einem unzureichenden Informationsfluß, hohen Transaktionskosten und der Erfordernis von Kreditsicherheiten. Grundsätzlich ist es besser, die Ursachen eines Problems zu beseitigen, als dafür einen Ausgleich zu schaffen. Bei Unvollkommenheiten der Agrarkreditmärkte besteht die langfristige Lösung in der Verbesserung ihrer Funktionsweise, nicht in der Subventionierung des sonstigen Einsatzes von Produktionsmitteln.

• Das Argument der Verteilungsgerechtigkeit wirft viele empirische Fragen auf; diese betreffen die Struktur der Nachfrage nach Kunstdünger durch Haushalte unterschiedlicher Einkommensklassen, und die Angemessenheit und Gerechtigkeit der Zuteilungssysteme, die mit der Subventionierung von Produktionsmitteln oft Hand in Hand gehen. Eine Untersuchung über den Kunstdüngereinsatz im Senegal brachte zu Tage, daß die Subventionierung zumeist den bessergestellten Bauern zugute kam — denen in den besser bewässerten Gebieten. Dies gilt auch generell: Jene Bauern, die von der künstlichen Bewässerung am stärksten profitieren, ziehen auch aus der Subventionierung des Kunstdüngers den größten Nutzen, und sie gehören zumeist zu den bessergestellten Bauern.

• Das Argument, eine Subventionierung des Kunstdüngers sei zur Verbesserung und Bewahrung der Bodenqualität nützlich, hält einer strengen Analyse nicht stand. Eine zeitlich begrenzte Subventionierung könnte vielleicht dort angebracht sein, wo sich das Bevölkerungswachstum beschleunigt hat und die Bauern die Kunstdüngeranwendung nicht schnell genug gelernt haben, um eine schwerwiegende Schädigung der Bodenqualität zu verhindern. In den am stärksten gefährdeten Gebieten — den halbtrockenen Tropenzonen — geht es jedoch meistens darum, daß billigere und besser geeignete organische Dünger eingesetzt werden und Maßnahmen zur Rückhaltung von Feuchtigkeit erfolgen, zum Beispiel die Anlage von Erdwällen, um das Abfließen des Regenwassers zu verhindern. Nichts davon wird durch die Subventionierung des Kunstdüngers begünstigt; tatsächlich wird dadurch die Verwendung von organischem Dünger verhindert. Außerdem gibt es manche Belege dafür, daß ein anhaltender Gebrauch von Kunstdünger die Bodenfruchtbarkeit sogar verringern kann. In Burkina Faso beispielsweise sank der Ertrag an Sorghum nach sieben Jahren künstlicher Düngung durch Übersäuerung der Böden, Kaliummangel und Vergiftung mit Aluminium. Nur durch die Kombination großer Mengen von tierischem Dünger mit Kunstdünger konnte die Bodenfruchtbarkeit erhalten oder verbessert werden.

Neben solchen Überlegungen werden oft spezielle Argumente vorgebracht, um eine Subventionierung des Kunstdüngereinsatzes anzuregen. Oft wird die Meinung vertreten, daß Subventionen für Kunstdünger im Rahmen eines Steuerpakets notwendig sind, um die Effizienzeinbußen zu minimieren, die entstehen, wenn ein vorgegebenes Steuervolumen aufzubringen ist. Wenn der Staat die Kleinbauern besteuern will und der einzig gangbare Weg eine steuerliche Belastung ihrer vermarkteten Überschüsse ist, dann mag manchmal die beste Methode zur Erzielung eines bestimmten Steueraufkommens darin bestehen, gleichzeitig den Kunstdüngereinsatz zu subventionieren, um die Produktion und das Volumen der vermarkteten Überschüsse zu steigern. Gegenüber diesem Argument ist aber Vorsicht angebracht. Erstens sollten die Einnahmeziele sorgfältig geprüft und nicht als gegebene Größe angesehen werden. Zweitens können sich die Subventions- und Steuersätze im Laufe der Zeit drastisch ändern, so daß rasche Reaktionen der Wirtschaftspolitik erforderlich sind. Drittens wird unterstellt, daß eine Subventionierung des Kunstdüngers die negative Reaktion des Angebots auf niedrige Erzeugerpreise ausgleichen kann — eine Annahme, die im besten Fall zweifelhaft ist. Auch wenn eine Subvention in besonderen Fällen gerechtfertigt sein kann, lassen sich die in der Praxis oft anzutreffenden umfangreichen und pauschalen Subventionierungen nicht vertreten.

Die Subventionierung von Kunstdünger erfolgt typischerweise im Rahmen staatlicher Verteilungssysteme. Abgesehen davon, daß diese Systeme unwirtschaftlich sein können, werden durch derartige Verteilungsmaßnahmen potentielle private Anbieter, wie Händler, Ladenbesitzer, Fuhrunternehmer, örtliche Handwerker und Großbauern abgeschreckt. In der Tat dürften die gravierendsten Kosten der Subventionierungsprogramme auf längere Sicht in den Schwierigkeiten bestehen, die sie privaten Anbietern in den Weg legen, deren Dienstleistungen zur Modernisierung zurückgebliebener Agrarwirtschaften von entscheidender Bedeutung sind. Als einige der Probleme, die mit staatlichen Monopolen für den Kunstdüngervertrieb verbunden sind, seien genannt:

- Der von den staatlichen Stellen vertriebene Kunstdünger wird häufig zu spät geliefert, um mit dem größtmöglichen Effekt eingesetzt werden zu können. Die Erträge, die oft sehr stark vom Zeitpunkt der Düngung abhängen, sind dann nicht so hoch, wie sie sein sollten. Die Gründe für die verspätete Auslieferung sind von Land zu Land verschieden, aber einige Ursachen sind oft dem staatlichen Vertrieb als solchem inhärent. Die betreffende Vertriebsstelle erfährt möglicherweise erst in einem relativ späten Stadium des Anbauzyklus den Umfang ihrer Haushaltmittel. Wenn es eine zentrale Behörde gibt, die Ausschreibungen für alle staatlichen Käufe durchführt, ist die Abwicklung zeitraubend. Die Verteilung geringer Mengen von Kunstdünger auf weit verstreut liegende Betriebe kann außergewöhnlich aufwendig sein. Dort, wo der Staat das Transportsystem kontrolliert, überfordert diese Aufgabe oft dessen Kapazität.

- Staatliche Anbieter halten nur wenige Arten von Kunstdünger bereit, obgleich spezielle Agrarprodukte oder Böden auch spezielle Nährstoffe benötigen. Der Staat berechnet oft allen Abnehmern den gleichen Preis, unabhängig von ihrem Standort. Er bietet in seinem Sortiment nur wenige Nährstoffkombinationen an. In Kamerun zum Beispiel wurden Anfang der achtziger Jahre nur drei Arten von Kunstdünger importiert: Ammoniumsulfat, NPK 20-10-10 und Harnstoff. Spezielle Agrarprodukte und spezielle Regionen (Böden) haben aber einen stärker differenzierten Bedarf. Gleichwohl wird mit der Methode „Schrotflinte" beispielsweise NPK 20-10-10 sowohl für Kaffee als auch Mais, für feuchte Waldzonen und für halbtrockene Regionen geliefert. In großen Teilen der Sahelzone basiert die für Hirse und Sorghum am häufigsten empfohlene Kunstdüngermischung auf dem vorhandenen Mehrnährstoffdünger für Baumwolle. Einige Anhaltspunkte über den Umfang der Verschwendung, der mit dieser undifferenzierten Anwendung verbunden ist, ergab eine Untersuchung im Senegal, bei der die optimale Mischung der Nährstoffzufuhr mit der Standardzusammenstellung von Kunstdünger verglichen wurde. Die Untersuchung ergab, daß rund 20 Prozent der Kosten von Kunstdünger ohne negative Auswirkungen auf die Bodenproduktivität hätten gespart werden können. Dabei werden noch nicht einmal die zusätzlichen Erträge voll in Rechnung gestellt, die durch den Einsatz differenzierter Nährstoffkombinationen möglich wären.

- In vielen Fällen kann die gesamte Nachfrage der Bauern nicht zu den subventionierten Preisen befriedigt werden. Dies führt zur Rationierung. Wer dann wieviel Kunstdünger bekommt, hängt vom Rationierungssystem ab. Typischerweise werden bei der Zuteilung die größeren Betriebe begünstigt, wodurch mögliche Gewinne an Verteilungsgerechtigkeit, die sonst vielleicht erzielt worden wären, ausgeschlossen werden.

• Das Rationierungssystem führt auch zu zufälligen Schwankungen des tatsächlichen Aufwands für den Erwerb von Kunstdünger, und dies behindert den Lernprozeß. Auch wenn die Bauern die zweckmäßigste Anwendung des Kunstdüngers lernen, ist die Reaktion der staatlichen Stellen häufig langsam und unzureichend. Beispielsweise empfehlen die landwirtschaftlichen Beratungsdienste in Burkina Faso weiterhin, daß für Baumwolle bestimmte Kunstdüngermischungen auch für Hirse und Sorghum verwendet werden, obwohl sich belegen läßt, daß die langfristigen Auswirkungen auf den Ertrag eher negativ sind.

Die oben erörterten Probleme treten auch beim Einsatz von Schädlingsbekämpfungsmitteln auf. Die Subventionierung von Pestiziden kann die relative Rentabilität von chemieintensiven gegenüber arbeitsintensiven Programmen zur Schädlingsbekämpfung drastisch verändern. Zum Beispiel zeigte sich, daß Schädlinge in den Baumwollfeldern Ägyptens auf verschiedene Weise bekämpft werden können: a) durch eine Wahl der Pflanzzeit, die saisonale Höhepunkte des Schädlingsbefalls vermeidet, b) durch Zugaben von Heizöl bei der Bewässerung der vorangegangenen Ernte, c) durch das manuelle Entfernen der Schädlingseier von den Baumwollpflanzen, d) durch sorgfältiges Überwachen des Insektenbefalls, um den Zeitpunkt und das Ausmaß der Besprühung mit Chemikalien richtig zu steuern und e) durch Verbrennen der befallenen Samenkapseln am Ende der Saison. Auch die Reisbauern in Südchina konnten die Anwendung von Pestiziden einschränken, und zwar durch Einführung resistenter Reissorten, durch die Haltung von insektenvertilgenden Enten auf den Reisfeldern, durch das Aussetzen räuberischer Insekten und bakterieller Krankheitserreger sowie durch sorgfältige Überwachung der Schädlingspopulationen. Bei diesen Methoden wird der Einsatz chemischer Mittel durch Arbeit und andere Produktionsfaktoren ersetzt. Eine starke Subventionierung von Pestiziden mit dem Ziel, die Schädlingsbekämpfung zu fördern, kann kostspielig sein und unerwartete Auswirkungen auf die Wahl der Methoden haben, die zu diesem Zweck eingesetzt werden. Besonders in Ländern mit einem Überschuß an Arbeitskräften kann es eine Verschwendung von Ressourcen bedeuten, die Substitution menschlicher Arbeit durch chemische Pestizide anzuregen.

Subventionen für die Mechanisierung

Viele Entwicklungsländer fördern die Mechanisierung der Landwirtschaft. Sehr hohe Subventionen ergeben sich implizit dann, wenn eine Überbewertung der Währung und eine bevorzugte Zuteilung von Devisen für landwirtschaftliche Maschinen zusammen auftreten; eine Politik, die zu dem einen oder anderen Zeitpunkt in so verschiedenen Ländern wie Ägypten, Indien, Kolumbien oder Pakistan verfolgt wurde. Oft werden für die Einfuhr von Agrarmaschinen Vorzugszölle gewährt, verglichen mit dem Zollsatz, der sich bei einem einheitlichen Finanzzoll auf alle landwirtschaftlichen und industriellen Produktionsmittel ergeben würde. In Kolumbien waren beispielsweise zu Anfang der sechziger Jahre der zweiprozentige Einfuhrzoll und die dreiprozentige Umsatzsteuer auf importierte Traktoren im Vergleich zur Überbewertung der Währung gering, während in Peru der Einfuhrzoll für Traktoren mit 20 Prozent den durchschnittlichen Importzoll noch unterschritt und weit unter dem Prozentsatz lag, um den die Währung 1967 abgewertet wurde. In einigen Fällen gewähren die Einkommensteuervorschriften für die Landwirtschaft eine weitere Subvention, da sie es erlauben, durch Investitionen in landwirtschaftlichen Maschinen Steuern zu sparen. Dies geschieht meistens durch beschleunigte Abschreibungsmöglichkeiten. Ein extremes Beispiel für eine solche Steuerbegünstigung findet sich im Einkommensteuergesetz von Brasilien: Es gestattet im ersten Jahr der Investition einen Abzug vom landwirtschaftlichen Einkommen in Höhe des sechsfachen Wertes der Maschine, so daß ein steuerlicher Verlust entsteht, wenn umfangreiche Maschinenkäufe vorgenommen werden. Andere landwirtschaftliche Investitionen, beispielsweise in lebendem Inventar, werden weniger begünstigt, und natürlich genießen die Arbeitskosten überhaupt keine steuerliche Vorzugsbehandlung.

Die Subventionsvorteile kommen in der Regel nur den großen Betrieben zugute sowie den Regionen mit günstigem Klima und guter Infrastruktur. Auf Kosten der ärmeren Bevölkerungsgruppen verschaffen die Subventionen der wohlhabenden Landbevölkerung einen Wettbewerbsvorteil. Als beispielsweise in Brasilien die Industrialisierung im Staat São Paulo einsetzte, wurden aufgrund der wachsenden Nachfrage nach Arbeitern in der Stadt Arbeitskräfte vom Land abgezogen. Angesichts der Knappheit an Landarbeitern wäre der Mechanisierungsgrad durch die Zuwanderung von Arbeitskräften aus dem Nordosten in Grenzen gehalten worden. In der Absicht, eine Landmaschinenindustrie aufzubauen, gewährte die Regierung jedoch umfangreiche Subventionen und beseitigte die Möglichkeit der Naturalentlohnung von Arbeitskräften; dies hielt vom Einsatz von Arbeitskräften ab und versetzte die Südregion in die Lage, die niedrigeren Arbeitskosten des Nordostens zu neutralisieren und bei der Erzeugung von Zuckerrohr wettbewerbsfähig zu werden. Während der Zuckerrohranbau im Süden rentabel wurde, wurden Ressourcen von der Produktion anderer Agrarerzeugnisse, die einen höheren internationalen Marktwert hatten, abgezogen.

Es gibt in der Regel keine volkswirtschaftliche Rechtfertigung für die Subventionierung des Maschineneinsatzes. Dies bedeutet nicht, daß die Mechanisierung nicht rentabel sein kann — sie ist es dann, wenn die Löhne hoch sind oder wenn die Art des Produktionsprozesses die Mechanisierung besonders vorteilhaft macht (wie etwa Pumpen für die künstliche Bewässerung). Wenn die Mechanisierung rentabel ist, dann können die Landwirte sie sich auch leisten — selbst Kleinbauern können durch die Miete von Maschinen davon profitieren.

Kreditsubventionen

In fast allen Entwicklungsländern gibt es spezielle Regierungsprogramme für die Bereitstellung von Agrarkrediten, im allgemeinen zu niedrigen Zinssätzen. Subventionierte Kreditprogramme sind in der Regel mit schädlichen Nebenwirkungen auf die Kreditinstitute, die ländlichen Finanzmärkte und die allgemeine Volkswirtschaft verbunden.

Viele der in der Praxis auftretenden Probleme resultieren daraus, daß zwei nicht zu vereinbarende Zielsetzungen verfolgt werden: die Förderung einer leistungsfähigen Agrarproduktion und die Vornahme von Einkommensübertragungen zugunsten der Armen. Wie im folgenden gezeigt wird, eignet sich der Kredit nicht als Instrument des Einkommenstransfers für die ärmeren Bevölkerungsteile. Was das Ziel der Produktionssteigerung betrifft, so bewirkt ein Kredit allein noch keine höhere Produktivität — er bietet nur die Chancen dazu, die der Landwirt nutzen kann. Wenn die Bauern die weniger produktiven Anbaumöglichkeiten vor den produktiveren nutzen, so spricht dies für andere Mängel, auf die man die Aufmerksamkeit richten sollte. Die Kreditpolitik sollte nicht als Instrument zum Ausgleich anderweitiger Verzerrungen und der davon hervorgerufenen Fehlleitung von Ressourcen angesehen werden.

Die Kreditpolitik ist häufig durch die Auffassung motiviert, daß die Kleinbauern wegen unzureichender Sicherheiten keine Kredite erhalten, obwohl sie zu deren Rückzahlung in der Lage sind — das heißt, die privaten Kreditinstitute überschätzen die Risiken einer Kreditvergabe an die Kleinbauern. Wenn sich das so verhielte, wäre es völlig unangebracht, den Kreditgebern vorzuschreiben, derartige Kredite zu hoch subventionierten Konditionen zu vergeben. Ein besserer Weg wäre, anstelle der Bauern die Kreditinstitute zu subventionieren, um diese zu veranlassen, die höheren Risiken einer Darlehensvergabe an die Kleinbauern zu übernehmen. Dies würde einen Anreiz geben, sich über die zuvor vernachlässigten Kreditnehmer und deren Investitionschancen besser zu informieren.

EINKOMMENSVERTEILUNG UND KREDIT. Reiche Landwirte haben kaum Probleme bei der Kreditaufnahme. Es sind die Kleinbauern, die sich mit Kreditbeschränkungen konfrontiert sehen, insbesondere wenn sie keine fundierten Rechtsansprüche auf ihr Land nachweisen können. Auch wenn Kredit für sie verfügbar ist, scheint er oft überteuert zu sein.

Es ist schwierig, billige Kredite zu den Gruppen mit niedrigem Einkommen zu leiten. Niedrige Zinsen regen die Nachfrage nach Krediten stark an, doch ist das Mittelaufkommen begrenzt. Verbreitet kommt es daher zur Übernachfrage nach Krediten (Sonderbeitrag 5.6 bietet ein Beispiel aus Brasilien). Irgendeine Form der Rationierung muß dann eingeführt werden; diese bedeutet eine effektive Verteuerung des Kredits über das von den subventionierten Zinssätzen angezeigte Niveau hinaus. Die effektive Erhöhung des Zinssatzes kann unterschiedliche Formen annehmen. Sie kann vom Kreditgeber auf den Kreditnehmer dadurch übergewälzt werden, daß umfangreichere Unterlagen gefordert werden, mehr Fahrten in die Stadt notwendig sind oder die Warteschlange länger wird. Sie kann sich auch darin zeigen, daß vom Kreditnehmer verlangt wird, einen bestimmten Prozentsatz des Kredits als unverzinsliches Guthaben zu hinterlegen oder zusätzliche Sicherheiten zu stellen, beziehungsweise solche, die für den Kreditgeber besonders vorteilhaft sind. Bauern mit niedrigem Einkommen werden durch den Zuteilungsprozeß tendenziell ausgegrenzt. Da die Bearbeitungsgebühren häufig an die Höhe des

Sonderbeitrag 5.6 Kreditsubventionen in Brasilien

Kreditsubventionen und Kreditkontrollen haben die Agrarfinanzmärkte Brasiliens erheblich beeinflußt. In den siebziger Jahren nahm der Umfang der Kreditsubventionen rasch zu. Dies geschah teilweise unbeabsichtigt, da die Kreditverträge auf nominale Größen lauteten und die tatsächlichen Inflationsraten über den vorausgeschätzten lagen.

Von 1969 bis 1976 stieg der Realwert der jährlich ausgezahlten Agrarkredite um das Viereinhalbfache, während die Wertschöpfung in der Landwirtschaft sich etwa verdoppelte. Es ist nicht sicher, ob diese Kredite immer für die angestrebten Zwecke Verwendung fanden. Da der Agrarkredit in den Jahren 1975 bis 1978 ein Volumen erreichte, das der gesamten Wertschöpfung in der Landwirtschaft entsprach, müssen vorher in der Tat beträchtliche Beträge in andere Verwendungen geleitet worden sein. Für eine Zweckentfremdung von Krediten sprechen auch zahlreiche Fälle, in denen die mit bestimmten Produkten angebauten Flächen, auf deren Grundlage die Bauern subventionierte Kredite erhalten hatten, größer waren als die tatsächliche Ernteflache. Das ist umso bemerkenswerter, als nur eine Minderheit von Landwirten überhaupt subventionierte Kredite erhielt. Die Volkszählung von 1975 ergab annähernd 5 Mio landwirtschaftlicher Betriebe; demgegenüber existierten 1976 nur 1,8 Mio Kreditverträge, wobei die meisten Landwirte, die Kredite in Anspruch nehmen, mehr als einen Vertrag abschließen. Nach Schätzungen des Verbandes der Entwicklungsbanken sind 23 Prozent des Agrarkredits zweckentfremdet worden.

Es ist zweifelhaft, ob die Kreditsubventionierung per saldo einen nennenswerten Nutzen gebracht hat, selbst innerhalb des kleinen Bereichs der Landwirtschaft, den diese Programme erreichten. Da Landbesitz eine Basis für die Inanspruchnahme subventionierter Kredite bietet, stiegen die Bodenwerte rasch an. Komplizierte Vorschriften wurden erlassen, um die Zweckentfremdung subventionierter Kredite zu verhindern. Der Aufwand an Zeit und Sachverstand bei Landwirten und Beratern, der nötig war, um sich durch den Irrgarten der Kreditbestimmungen hindurchzuarbeiten, dürfte eines der wichtigsten Kostenelemente dieser Programme gewesen sein.

Das Problem der Zweckentfremdung von Kreditmitteln macht es außergewöhnlich schwierig, den Einfluß der Kredite, sei er positiv oder negativ, auf die Tätigkeit der Landwirte abzuschätzen. Es gibt einige Indizien dafür, daß eine überzogene Mechanisierung und Verwendung von Kunstdünger durch die subventionierten Kredite begünstigt wurde, aber es gibt keine eindeutigen empirischen Belege dafür, daß Kreditsubventionen die Produktion oder die Ertragsleistung gesteigert haben. Es ist auch zweifelhaft, ob die Subventionsprogramme den Bauern mit niedrigem Einkommen genützt haben, obwohl sie speziell dem ärmeren Nordosten und den Kleinbauern zugute kommen sollten. Die höheren Verwaltungskosten beim Kreditgeschäft mit einer Großzahl von Kleinbauern hielten die Banken eher von einer Kreditvergabe ab.

Die Kreditsubventionen förderten die Inflation und trugen dazu bei, die Gesamtwirtschaft zu destabilisieren. Das Wachstum des Kreditvolumens führte in Verbindung mit der zunehmenden Lücke zwischen den niedrigen Zinsen und den Refinanzierungskosten dazu, daß die Subventionsaufwendungen in den späten siebziger Jahren zeitweise 5 Prozent des BIP überstiegen. Ende der siebziger Jahre wurde dies nicht mehr tragbar. Von 1980 an wurden die Subventionen durch eine Verringerung des realen Kreditvolumens allmählich zurückgeführt. Seit 1983 sind die Kreditbeträge indexiert. Der Rückgang der Investitionskredite war besonders ausgeprägt (vgl. Tabelle 5.6). Da das

---

Darlehens gebunden sind, besteht eine Tendenz, kleine Kreditbeträge als erste zu kontingentieren. Untersuchungen in so unterschiedlichen Ländern wie Bangladesch, Bolivien, Brasilien und Honduras zeigten, daß durch solche Kosten die optisch niedrigen Zinsen, real betrachtet, nahezu ebenso hoch werden wie die viel teureren Zinssätze, die Geldverleiher auf den nicht reglementierten Märkten verlangen.

Billige Kredite sind deshalb für eine Einkommensumverteilung zugunsten der ärmeren Landbevölkerung ungeeignet. Der Subventionswert ist proportional zur Höhe des Darlehens, und Kleinbauern erhalten in der Regel nur kleine Darlehensbeträge. Untersuchungen haben gezeigt, daß sich niedrig verzinsliche Agrarkredite typischerweise in große Beträge bei relativ wenigen Kreditnehmern konzentrieren, die im allgemeinen besser gestellt sind und politischen Einfluß besitzen (vgl. Sonderbeitrag 5.6).

Der Staat kann Kreditnehmern mit niedrigem Einkommen zu Krediten verhelfen, indem er Hindernisse beseitigt, die ihren Zugang zu kommerziellem Kredit erschweren. Untersuchungen in einer Reihe von Ländern, darunter Kenia und Thailand, zeigen, daß der Zugang zu Krediten teilweise von der Art der Eigentumsrechte an Grund und Boden abhängt, denn Land ist eines der wenigen Aktiva, das Bauern als Sicherheit bieten können. Die Regierungen beider Länder versuchen nun, die Qualität dieser Eigentumsrechte zu verbessern. Durch die Aufhebung von Zinsbindungen kann der Staat es für Finanzinstitute attraktiv machen, ihre Aktivitäten im Agrarkreditgeschäft auszuweiten. Indonesien hat einige Schritte in dieser Richtung unternommen, wie im Sonderbeitrag 5.7 erörtert wird.

KREDITPROGRAMME UND VORRANGIGE PRODUKTE. Viele Agrarkreditprogramme wenden Zinssubventionen an, um die Bauern zum Einsatz bestimmter Produk-

Kreditvolumen der Bundes- und Staatsbanken rascher abnahm, mußten die Geschäftsbanken in wachsendem Umfang Belastungen durch die Vergabe unrentabler Kredite übernehmen. Die Geschäftsbanken wiederum überwälzten die Kosten auf die nichtsubventionierten Kredite, was dann zu Realzinssätzen von über 25 Prozent für nichtsubventionierte Kreditnehmer beitrug. Diese Erfahrung verdeutlicht, wie das Vorhaben, das reale Wachstum des Agrarkredits aufrechtzuerhalten, durch eine übertriebene Subventionierung und die Unbeweglichkeit der Nominalzinspolitik zum Scheitern gebracht werden kann.

Tabelle 5.6 A **Indizes des Realwertes der Agrarkredite des Bankensystems in Brasilien, 1975 bis 1984**
(1979 = 100)

Jahr	Gesamte Kredite	Kurzfristige Kredite	Investitionskredite
1975	86	79	108
1976	88	80	115
1977	79	80	76
1978	80	80	80
1979	100	100	100
1980	96	104	71
1981	83	93	51
1982	80	93	42
1983	61	67	41
1984	37	43	18

tionsmittel oder zum Anbau besonderer Produkte zu veranlassen. Subventionierte Kredite werden jedoch in hohem Maße zweckentfremdet. Eine sorgfältige Überwachung kann diese Umlenkung von Krediten in Grenzen halten; sie ist jedoch kostspielig und schwierig, da die Bauern ihre sonstigen Gelder umverteilen können. Eine Zweckentfremdung von Krediten deutet darauf hin, daß das eigene Urteil der Bauern über die günstigsten Investitionsmöglichkeiten von den im Kreditprogramm gesetzten Prioritäten abweicht.

Auch wenn die Zweckentfremdung von Krediten kontrolliert werden könnte, dürften Kreditsubventionen kein rationales Mittel zur Förderung bestimmter Agrarprodukte oder Produktionstechniken sein. Ein Großteil der Vorteile wird durch unzulängliche Beratung und verzögerte Bereitstellung oder große Schwankungen in der Verfügbarkeit von Krediten wieder aufgehoben. Werden Kredite an bestimmte Produktionstechniken oder Agrarprodukte gebunden, so kann das Programm die wirtschaftlichen Entscheidungen des Bauern verzerren. Werden Kredite subventioniert, um den Kauf von Traktoren zu finanzieren, kann dies eine verfrühte Mechanisierung fördern.

Wenn das wirtschaftspolitische Umfeld stimmt und die angewendete Technologie rentabel ist, erbringt der private Sektor als Anbieter von Produktionsmitteln und Krediten gute Leistungen. Als sich auf den Philippinen die moderne Anbautechnik durchsetzte, wurde der Verkauf von landwirtschaftlichen Produktionsmitteln gewinnbringender, wodurch auf dem Markt für landwirtschaftliche Geräte neue Anbieter auftraten. Diese Entwicklung wurde nicht durch Kreditbeschränkungen behindert. Die meisten der neuen Anbieter waren Landwirte, die mit Hilfe von Krediten Kunden anlockten. Sie konkurrierten erfolgreich mit offiziellen Kreditprogrammen, da sie schnelle Entscheidungen trafen und Verträge anboten, die den örtlichen Verhältnissen angepaßt waren. Manche von ihnen ließen sogar die Rückzahlung in Naturalien zu. Sie minimierten das Risiko von Zahlungsausfällen nicht nur durch maßgeschneiderte Tilgungsvereinbarungen entsprechend den Kundenwünschen, sondern auch dadurch, daß sie den Rat ortsansässiger Bauern bei der Einschätzung der Kreditrisiken einholten, konsequente Maßnahmen gegen säumige Zahler ergriffen und den Bauern eine zuverlässige und beiderseits gewinnbringende Geschäftsverbindung boten, die auch für die Zukunft zusätzliche Vorteile erwarten ließ. An die dörflichen Geldgeber wurden viel höhere Tilgungsraten geleistet als an staatliche Finanzinstitute, obgleich dieselben Gruppen von Landwirten beide Kreditquellen in Anspruch nahmen.

AUSWIRKUNGEN AUF DIE FINANZMÄRKTE. Subventionierte Kredite beeinflussen sowohl die Agrarkreditmärkte als auch das Finanzsystem. Wo Finanzinstitute gezwungen sind, einen vorgeschriebenen Anteil ihrer Mittel bestimmten Kreditnehmern oder Wirtschaftssektoren vorrangig zur Verfügung zu stellen, müssen die Kosten für diese versteckte Subvention durch eine höhere Marge zwischen den Refinanzierungskosten des Instituts und den Kreditzinsen für die sonstigen Darlehensnehmer hereingeholt werden. Die nicht bevorrechtigten Kreditnehmer werden weniger Kredite erhalten und sie teurer zu bezahlen haben, und die Einleger werden niedrigere Zinsen bekommen.

Die Fixierung nominaler Zinssätze über lange Zeiträume hinweg — eine Gepflogenheit in den meisten Ländern — bedeutet, daß der Realzins mit der Inflationsrate schwankt. Bei fallendem (oder steigendem) Realzins verändern sich das Ausmaß der Kreditrationierung und die Anforderungen an die Sicherheiten derart, daß sich nur schwer beurteilen läßt, wie sich die effektiven Kreditkosten bewegen, um den Ausgleich zwischen Angebot und Nachfrage herzustellen. Damit verliert der Staat die Kontrolle gerade über das Instrument, das er zur Durchsetzung seiner kreditpolitischen Ziele einsetzen will. Darüber hinaus können — je nach der angewendeten Finanzierungsmethode — Versuche, in Inflationsphasen den Agrarkredit real auszuweiten, die Inflationsrate beträchtlich steigen lassen oder auf anderen Märkten zu sehr hohen Realzinssätzen führen. Agrarkreditformen sollten mit einer allgemeinen Reform des Finanzsektors verbunden werden, und auf flexible und marktorientierte Zinssätze sollte ein viel größeres Gewicht gelegt werden.

Subventionierte Kreditprogramme erschweren es auch, durch höhere Einlagenzinsen das Sparen der Landbevölkerung zu fördern. Höhere Einlagenzinsen lassen die Budgetkosten für das Subventionsprogramm steigen. Auch braucht ein Schuldner, der ein niedrig verzinsliches Darlehen aufnimmt, nur den Erlös anzulegen, um einen Profit zu erzielen. Daher gehen Kreditsubventionierungen oft Hand in Hand mit niedrigeren Einlagenzinsen. Die Auswirkungen auf das Sparen der Landbevölkerung können sehr bedeutsam sein. Zinssätze, die unter der Inflationsrate liegen, beeinträchtigen die Spareignung. Manchmal wird argumentiert, daß ein negativer Zins die Landbevölkerung nicht vom Sparen abhält, weil man meint, daß dieses Sparen nicht sonderlich zinsreagibel ist. In Indien, wo ländliche Bankfilialen hauptsächlich deshalb eröffnet worden waren, um Kredite an die Landwirtschaft auszuzahlen, führten jedoch durchweg positive Zinssätze zu einem so hohen Aufkommen von Spareinlagen, daß manche Regierungsstellen über den Abfluß von Geldern aus den ländlichen Gebieten besorgt waren. Die Reaktion in Indien wiederholte sich auch in vielen anderen Ländern, in denen die Sparanreize für die Landbevölkerung verbessert wurden. In Japan waren seit Anfang der zwanziger Jahre die Einlagen bei landwirtschaftlichen Genossenschaften höher als die durch diese Genossenschaften finanzierten Agrarkredite und trugen zu den im Sonderbeitrag 4.9 von Kapitel 4 erörterten privaten Kapitalbewegungen bei. Im Japan der Nachkriegszeit stieg mit zunehmendem Agraraufkommen die Ersparnis der landwirtschaftlichen Haushalte stark an. Ähnliches gilt für Korea, wo sich nach 1965 die Zinsen für Kredite und Einlagen nahezu verdoppelten, so daß Realzinsen von über 8 Prozent erreicht wurden. Die durchschnittliche Ersparnis der landwirtschaftlichen Haushalte stieg Mitte der siebziger Jahre kräftig an. Eine deutliche Reaktion der Ersparnis war kennzeichnend für die in Indonesien durchgeführte Reform des dörflichen Bankwesens (vgl. Sonderbeitrag 5.7) und für die in Kenia von Kaffee-Genossenschaften entwickelten Spar- und Darlehensprogramme.

Programmspezifische Anreize

Subventionen und Steuern unterschiedlicher Art stellen oft einen Teil der Maßnahmenpakete dar, mit denen die Regierungen die Entwicklung bestimmter Regionen und Agrarprodukte fördern wollen. Diese Anreize sollen in der Regel dazu dienen, die unmittelbaren Ziele von Entwicklungsprogrammen zu erreichen: So sollen die Bauern zur Mitarbeit gewonnen und veranlaßt werden, sich für bestimmte Produktionsmittel, Produkte und sonstige Aktivitäten zu entscheiden, die für den Erfolg der Programme als notwendig erachtet werden.

Ein entscheidender Aspekt für den Erfolg eines Förderungsprogramms ist dessen andauernde finanzielle und wirtschaftliche Lebensfähigkeit nach Ablauf der Anfangsjahre, so daß die staatliche Hilfe abgezogen oder substantiell verringert werden kann. Dies erfordert nicht nur, daß Bauern, Händler und andere am Programm Beteiligte von vornherein programmgemäß arbeiten, sondern auch, daß sie motiviert sind, ihre Entscheidungen zu revidieren, wenn sich die Verhältnisse ändern. Zur langfristigen Existenzfähigkeit des Programms müssen die anfangs gewährten speziellen Anreize allmählich wieder entzogen werden. Falls eine staatliche Stelle für lange Zeit beteiligt ist, muß sie auf eine flexible Entscheidungsfindung besonderes Gewicht legen und die verzweigten Auswirkungen der verschiedenen Maßnahmen berücksichtigen, die zur Unterstützung der Programmbeteiligten getroffen wurden.

ENTWICKLUNG VON BAUMKULTUREN. Entwicklungsprogramme für Baumkulturen illustrieren einige der Probleme, die bei stark subventionierten Programmen auftreten. Viele Regierungen fördern die Kultivation neuer Baumarten und die Anwendung moderner Techniken durch die Landwirte, indem sie spezielle Dienststellen schaffen, die für die Umpflanzung oder Neubepflanzung von Flächen

Planvorgaben aufstellen. Manchmal demonstrierten die Regierungsstellen für bestimmte Zeit auf begrenzten Arealen den Anbau der neuen Arten oder die neuen Verfahren. Wenn sie so vorgehen, stören sie nicht die Märkte, besonders dann nicht, wenn die Begünstigten die Kosten zu tragen haben. Solche Projekte können die hohen Erträge der empfohlenen Maßnahmen demonstrieren, und

---

Sonderbeitrag 5.7 Ausbau der Agrarfinanzmärkte in Indonesien

Zu Beginn der siebziger Jahre startete die Regierung von Indonesien ein Kreditprogramm, das die Reiserzeugung fördern sollte. Die Kredite wurden — hauptsächlich für den Kauf von Kunstdünger — zu niedrigen Zinsen gewährt (12 Prozent, was während der meisten Jahre der Laufzeit des Programms negative Realzinsen bedeutete). Die Kunstdüngerpreise wurden subventioniert, die Regierung hob die Reispreise um etwa 30 Prozent über die Importpreise an und stellte landwirtschaftliche Beratung zur Verfügung. Die subventionierten Kredite wurden von der Bank Rakyat Indonesia (BRI), einer staatseigenen, vorwiegend landwirtschaftlichen Bank abgewickelt, und zwar durch ein Netz dörflicher Zweigstellen, die in Bewässerungsgebieten, wo das Potential zur Steigerung der Reiserzeugung am größten war, eröffnet wurden.

Die Reiserzeugung stieg erwartungsgemäß, wesentlich gefördert, wie man glaubte, durch die subventionierten Kredite. Obgleich jedoch in der zweiten Hälfte der siebziger Jahre das Volumen der ausgezahlten Programmkredite deutlich zurückging, stieg die Reiserzeugung weiter an; dies deutet darauf hin, daß die Kreditsubventionierung weniger wichtig war als andere Faktoren, wie das bessere Beratungswesen und die höheren Erzeugerpreise für Reis. Warum aber hatte das Volumen der ausgezahlten Kredite abgenommen? Teilweise, weil die Programmkredite nicht so billig waren, wie der subventionierte Zinssatz von 12 Prozent vermuten läßt. Die tatsächlichen Kreditkosten waren höher, insbesondere weil man versuchte, die Verwendung der Kredite an den Einsatz bestimmter Kombinationen von Betriebsmitteln zu binden. Die Auszahlungen sanken auch deshalb, weil viele Schuldner die Darlehen nicht zurückzahlten und damit für weiter Programmkredite nicht mehr in Frage kamen. Diese Tilgungsprobleme machten zusätzliche staatliche Subventionen notwendig und ließen zusätzliche Zweifel am Nutzen verbilligter Kredite aufkommen.

Die dörflichen Zweigstellen der BRI wurden in zwei weitere Regierungsprogramme eingeschaltet, die Mitte der siebziger Jahre anliefen. Das erste Programm hatte zum Ziel, die Ersparnis dadurch zu fördern, daß Einlegern mit kleinem Guthaben 15 Prozent Zinsen pro Jahr auf ihr monatliches Mindestguthaben gezahlt wurden. Da dieser Zinssatz höher war, als derjenige, den die Bank für ihre Darlehen fordern konnte, war eine staatliche Subvention notwendig. Das zweite Programm bot kleine Darlehensbeträge zu einem subventionierten Zinssatz von 12 Prozent pro Jahr an, wobei die Finanzierung durch Zuschüsse des Finanzministeriums für die Diversifizierung in landwirtschaftlichen Regionen erfolgte.

Als Anfang der achtziger Jahre der Ölpreis zu sinken begann, konnte es sich die Regierung offensichtlich nicht länger leisten, die Kreditsubventionierung für die Reiserzeugung zu unterstützen. Es zeichnete sich auch ab, daß andere Aktivitäten der BRI (wie die Programme für Kleinsparer und für Kleinkredite) eingeschränkt oder aufgegeben werden mußten. Da die Regierung die Betriebsverluste der dörflichen Zweigstellen ebenso übernommen hatte wie sie sich am Kreditausfallrisiko beteiligt hatte, sah es so aus, als würde die BRI mit ihren gut 3.000 Zweigstellen — und mehr als 14.000 Beschäftigten — ohne erkennbare Möglichkeit zu deren Fortführung dastehen.

Mitte 1983 kam schließlich eine radikale Reform: Direkte Kontrollen der Zinssätze und des Kreditvolumens wurden abgeschafft. Die BRI entschied sich dafür, ihre dörflichen Zweigstellen nicht zu schließen (und damit beträchtliche Investitionen für die Ausbildung ihres Personals abzuschreiben), sondern eine Sanierung durchzuführen. Die Zinsen für die meisten Darlehen wurden auf über 20 Prozent pro Jahr angehoben, wobei die Darlehen für nahezu jeden Zweck verwendet werden konnten. Dies stand in völligem Gegensatz zum Kreditprogramm. Die dörflichen Zweigstellen verzinsten Einlagen weiterhin mit 15 Prozent jährlich (was über der Inflationsrate lag). Sie waren auch daran interessiert, Ersparnisse an sich zu ziehen, weil ihr Kreditgeschäft Gewinne abwarf, und sie umso mehr Kredite gewähren konnten, je höhere Einlagen sie hatten. Außerdem brauchten sie die Ersparnisse, um die verringerte Finanzierung durch die Zentralbank zu ersetzen.

Die Beendigung der Subventionierung begünstigte sogar diejenigen, denen die Subventionen eigentlich helfen sollten. Von Mitte 1983 bis Mitte 1985 haben sich die Einlagen der dörflichen Zweigstellen nahezu verdoppelt. Dies machte zusätzliche Mittel für das Kreditgeschäft verfügbar, und das Volumen der Ausleihungen im Rahmen des neuen Programms für Kleinkredite erreichte mehr als 300 Mio Dollar. Außerdem erreichten die dörflichen Zweigstellen der BRI im Durchschnitt die Rentabilitätsschwelle. Weit mehr Schuldner als früher zahlten ihre Darlehen zurück: Nur bei 1 bis 2 Prozent aller ausstehenden Kredite waren Mitte 1985 Zahlungen überfällig — eine weitaus niedrigere Verzugsrate als beim alten Programm.

Weil die Darlehensmittel nicht für den Reisanbau oder überhaupt für landwirtschaftliche Zwecke verwendet werden mußten, könnte es so aussehen, als ob die Kredite eine Gelegenheit geboten hätten, Mittel aus der Landwirtschaft herauszuziehen. Von den 900.000 Kreditnehmern gaben fast 750.000 an, daß sie sich verschuldet hätten, um Handel zu treiben: 75 Prozent dieser ,,Händler", so ergab eine jüngste Umfrage, waren gleichzeitig Bauern. Wenn auch andere Kreditprogramme weiterhin hoch subventioniert werden, so war die Reform des dörflichen Kreditwesens doch ein wichtiger Beitrag zur langfristigen Funktionsfähigkeit der Agrarfinanzmärkte und für ein höheres Sparaufkommen der Landbevölkerung.

zwar sowohl den Bauern als auch den potentiellen Anbietern von Produktionsmitteln und Krediten. Sie stimulieren den privaten Sektor eher, als daß sie ihn zurückdrängen.

Die Interventionen staatlicher Stellen können aber auch kontraproduktiv sein, vor allem, wenn sie ihre Aktivitäten bei der Entwicklung neuer Anbaurichtungen nach Zeit und Umfang nicht begrenzen. Leistungsanreize, die mit den Programmen verbunden sind, können sowohl innerhalb als auch außerhalb des Programmgebietes Fehlentwicklungen auslösen, und Entscheidungen über derart zentrale Fragen wie die Wahl der Produktionsrichtung und der Anbaumethoden können unelastisch und schwer revidierbar werden.

Die verschiedenen Fragen, die bei der Ausarbeitung von programmbezogenen Anreizsystemen für Baumkulturen bedacht werden müssen, können recht diffizil sein. Sonderbeitrag 5.8 illustriert dies anhand des Programms zur Neuanpflanzung von Gummibäumen in Thailand.

BEWÄSSERUNG UND DIE DECKUNG IHRER KOSTEN. Zwar war in den Entwicklungsländern die Ausweitung der öffentlichen Bewässerung während der letzten Jahrzehnte eine bedeutende Leistung; die künstliche Bewässerung brachte jedoch wegen unzureichender Instandhaltung und mangelhafter Betriebsleitungen häufig weniger Vorteile, als möglich gewesen wären. In vielen Ländern — so in Ägypten und Pakistan — wurden Sanierungsmaßnahmen dringlicher als die Bewässerung zusätzlicher Flächen. Ein verschwenderischer Umgang mit Wasser trug in einigen Fällen zur Versumpfung und Versalzung der Böden bei: In Peru beispielsweise gibt es bei 25 Prozent der 800.000 Hektar, die in der Küstenregion für eine künstliche Bewässerung erschlossen wurden, Versalzungsprobleme.

Der Nutzen der Bewässerung kann dadurch erhöht werden, daß man den Bauern ihren Wasserverbrauch in Rechnung stellt. Wenn sie für ihren tatsächlichen Verbrauch zahlen müssen, wird das Wasser sparsam verwendet, und die Auswahl der

Sonderbeitrag 5.8 Programme zur Rekultivierung von Kautschukpflanzungen in Thailand

Seit fünfundzwanzig Jahren unterstützt die Regierung von Thailand Projekte, welche die Bauern zur Umpflanzung von Gummibäumen bewegen sollen. Die Hauptelemente dieser Politik bilden Zuschüsse an die Bauern, welche etwa die Hälfte der Kosten für die Anpflanzung hochertragreicher geklonter Neuzüchtungen decken, eine Gummiabgabe, die zur Finanzierung des Rekultivierungsprogrammes beim Export von Kautschuk erhoben wird, und schließlich eine spezielle Exportsteuer zur Erzielung von Einnahmen für den Staatshaushalt. Die Zuschüsse für die Rekultivierung werden innerhalb eines Sechsjahreszeitraums unter der Aufsicht eines Pflanzenamtes ausgezahlt, um sicherzustellen, daß die Bauern die empfohlenen Verfahren auch anwenden.

Das Umpflanzungsprogramm Thailands verfolgt zwei Ziele: Erstens sollen auf großen Flächen die wenig ertragreichen Gummibäume durch moderne, hochertragreiche Neuzüchtungen ersetzt werden, zweiten sollen die Farmer mit neuen Anbautechniken vertraut gemacht werden. Nach einem langsamen und etwas unsicheren Beginn in den sechziger Jahren wurden bis Anfang der achtziger Jahre rund eine halbe Million Hektar — etwa 50 Prozent der gesamten Anbaufläche für Kautschuk — neu bepflanzt. Die beträchtliche Unterstützung bei der Rekultivierung motivierte die Bauern, trotz der Gummiabgabe und der Exportsteuer, am Programm teilzunehmen. Das Pflanzungsamt konnte viele der bei der praktischen Durchführung auftretenden Probleme erfolgreich überwinden, die in anderen Ländern die Arbeit beträchtlich erschwert hatten. Programmevaluierungen ergaben zufriedenstellende volkswirtschaftliche Ertragsraten. Das von der Weltbank unterstützte Programm kann als Beispiel für einen erfolgreichen Eingriff des Staates gewertet werden.

Derartige Programme können jedoch Nebeneffekte haben, wenn sie nicht sorgfältig ausgearbeitet wurden. Der Erfolg einer Kautschukplantage hängt nicht nur von der angepflanzten Baumsorte ab, sondern auch von der Qualität der Anzapfungsarbeiten. Eine nicht zu häufige, sorgfältig durchgeführte Anzapfung und aufwendige Pflegemaßnahmen sind erforderlich, um die produktiven Jahre der Bäume zu verlängern und den Gesamtertrag zu steigern, bevor eine Neuanpflanzung notwendig wird. Kostenerstattungen und preispolitische Maßnahmen beeinflussen jedoch die Wahl der angewendeten Verfahren: Die Gummiabgaben und die Exportsteuer behindern tendenziell die Produktion, während hohe Zuschüsse für Rekultivierungsmaßnahmen die Bauern dazu verleiten können, die Bäume zu häufig anzuzapfen und die Pflege zu vernachlässigen. Unter diesen Umständen wären die von der Regierung geförderten Verfahren weniger vorteilhaft, die Erträge wären niedriger und die produktiven Jahre der Bäume kürzer als geplant.

Das System kann auch die Erschließung zusätzlicher Flächen für Kautschukplantagen behindern. Bauern, welche neue Flächen bepflanzen, sind nicht zuschußberechtigt, obgleich sie ebenfalls durch die Gummiabgaben und die Exportsteuer belastet werden. Zusätzliche Anpflanzungen waren der Hauptgrund für die Steigerung der Kautschukerzeugung, bis in den letzten Jahren — mit einer Verzögerung von sieben Jahren, welche die Gummibäume zur Reifung benötigen — das forcierte Rekultivierungsprogramm an Bedeutung gewann. Der abnehmende Umfang der jährli-

angebauten Produkte würde die Kosten des Wassers ebenso wie der anderen Produktionsmittel widerspiegeln. Die erzielten Einnahmen würden die Finanzierung der Erhaltungsmaßnahmen und weiterer Bewässerungsprojekte erleichtern. Bei gut geführten Bewässerungssystemen wird die Zahlungsfähigkeit der Bauern kaum Probleme aufwerfen, besonders dann nicht, wenn Kunstdünger und Saatgut auf den örtlichen Märkten ohne weiteres verfügbar sind. Das Nettoeinkommen der Bauern kann um ein Mehrfaches höher sein und zudem sicherer und stetiger fließen, als dies auf unbewässerten Flächen der Fall wäre.

Leider gibt es nur wenige Länder, wo die Installationen zur Regulierung des Wasserverbrauchs die Erhebung von Wassergebühren nach Kubikmetern ermöglichen. Dort, wo die Wasserleitungen unter Druck stehen, wie in Frankreich, den Vereinigten Staaten und Zypern, kann der Verbrauch durch Wasseruhren ebenso erfaßt werden wie der Strom- oder Gasverbrauch. Volumetrische Wassergebühren lassen sich auch bei oberirdischen Bewässerungssystemen erheben, wenn geeichte Schleusenöffnungen vorhanden sind — wie in Jordanien, Marokko und Tunesien. Solche Gebühren werden auch bei den öffentlichen Rohrbrunnensystemen in Uttar Pradesch in Indien angewendet. Selbst wenn der Wasserverbrauch nicht direkt erfaßt werden kann — wie bei den meisten oberirdischen Bewässerungssystemen in den Entwicklungsländern — lassen sich auf den bewässerten Flächen jährliche Abgaben erheben, die in einem gewissen Zusammenhang mit dem Wasserverbrauch stehen, wenn sie nach dem jeweiligen Wasserbedarf der angebauten Produkte differenziert werden.

Wenn eine Belastung nach dem tatsächlichen Wasserverbrauch nicht möglich ist, spricht vieles dafür, eine Wertzuwachsabgabe oder eine Anschlußgebühr einzuführen. Solche Gebühren können pauschal sein — so und so viel Dollar je Hektar — oder sie können in Anlehnung an die Einkommenshöhe differenziert werden. Dem liegt eine einfache Überlegung zugrunde. Die Regierungen vieler Länder geben große Summen für Bewässerungsvorhaben aus — oftmals die Hälfte des gesamten landwirtschaftlichen Investitionsbudgets.

Wie in Kapitel 4 erörtert wurde, kann die Aufbringung staatlicher Mittel in Höhe von einem Dollar wegen der mit der Steuererhebung verbundenen Effizienzeinbußen — insbesondere bei der Besteuerung von Agrarprodukten — oft viel mehr als einen Dollar kosten. Demgegenüber würden die volkswirtschaftlichen Kosten einer Wertzuwachsabgabe je Hektar minimal sein. Solange sich die Abgabe im normalen Rahmen bewegt, würden die Kosten nur in der Verwaltung und Einziehung der Abgabe bestehen. Wie die in Kapitel 4 diskutierten Grundsteuern eignen sich Wertzuwachsabgaben weitaus besser zur staatlichen Einnahmeerzielung als eine Besteuerung von Agrarprodukten. Damit bieten die hohen Ausgaben für die Bewässerung nicht nur Vorteile für die Bauern, sondern sie ermöglichen auch eine sehr viel effizientere Einnahmebeschaffung als die allgemeine Besteuerung. Darüber hinaus ist die Erhebung von Wertzuwachsabgaben eine gerechte Maßnahme — ähnlich einer kommunalen Vermögenssteuer zur Finanzierung der städtischen Infrastruktur.

Wie kommt es dann, daß die Einnahmen aus Wassergebühren und Wertzuwachsabgaben in bewässerten Gebieten von Entwicklungsländern regelmäßig nicht einmal ausreichen, um die Wartungsarbeiten und die Betriebskosten zu bezahlen? Ein Grund ist die in einigen Ländern beharrlich

---

chen Neuanpflanzungen könnte mit einer früheren Erhöhung der Exportsteuer und mit dem Umpflanzungsprogramm selbst zusammenhängen, da dieses die Unterstützung des öffentlichen Sektors auf die Rekultivierung konzentrierte.

Schließlich kann das Programm die Diversifizierung der Erzeugung durch Anbau anderer und möglicherweise rentablerer Agrarprodukte behindern. Eine Diversifizierung zugunsten anderer Agrarprodukte könnte die Finanzierung des Pflanzungsamtes und dessen Programm gefährden, das von der Gummiabgabe abhängig ist. Die Beamten des Pflanzungsamtes sind mit dem Anbau von Kautschukbäumen bestens vertraut und neigen deshalb dazu, die Förderung so auszurichten, daß wieder Gummibäume durch Gummibäume ersetzt werden. Zudem werden für andere Anpflanzungen niedrigere Zuschüsse gewährt als bei Kautschuk, und es müssen jeweils ganz bestimmte Bedingungen erfüllt sein. Diese Gründe dürften dazu beigetragen haben, daß trotz der Bezuschussung einer Vielzahl von Agrarprodukten, andere Umpflanzungen als mit Gummibäumen nur auf unbedeutenden Flächen erfolgten.

Solche Bedenken wurden bei der schrittweisen Fortentwicklung von Thailands Gummi-Umpflanzungsprogramm im Auge behalten. Obwohl derartige negative Auswirkungen potentiell auftreten können, blieb das Programm volkswirtschaftlich nützlich. Dieses Beispiel zeigt auch, daß sich Entwicklungsländer durch Förderung neuer Agrartechniken erfolgreich auf die Exportproduktion agrarischer Rohstoffe spezialisieren können, ungeachtet langfristig sinkender realer Weltmarktpreise.

vertretene Auffassung, daß das Wasser ein freies Naturgut ist, das kostenlos zur Verfügung stehen sollte. Wichtiger ist, daß der Spielraum zur Erhebung von Wertzuwachsabgaben von den tatsächlich eingetretenen Verbesserungen abhängt. Diese wiederum hängen ab von der Zuverlässigkeit der rechtzeitigen Wasserversorgung für die Bauern, von den Produktpreisen und den Preisen komplementärer Produktionsmittel sowie von der Qualität der landwirtschaftlichen Beratungsdienste. Der geringe Erfolg bei der Kostendeckung in Entwicklungsländern deutet darauf hin, daß die möglichen Vorteile, die Investitionen in Bewässerungsanlagen bieten können, bei weitem nicht realisiert werden.

Im Bereich der künstlichen Bewässerung — eine so entscheidende Voraussetzung für nachhaltige Erfolge in der Agrarwirtschaft — besteht die Herausforderung darin, Systeme und Maßnahmen zu entwickeln, die eine bessere Realisierung der Vorteile der Bewässerung und eine höhere Kostendeckung erlauben. Angesichts der hohen Kosten der öffentlichen Finanzierung ist ein System, das einen größeren Anteil der Kosten wieder hereinholt, unter sonst gleichen Bedingungen einem anderen vorzuziehen, das nur eine geringe Kostendeckung ermöglicht. Es kann in manchen Fällen durchaus gerechtfertigt sein, Bewässerungssysteme mit höheren Kapitalkosten zu wählen, wenn dadurch eine bessere Kostendeckung gewährleistet ist.

Wirtschaftspolitische Reformen

In diesem Kapitel sowie in Kapitel 4 wurden zahlreiche Probleme beleuchtet, die durch ungeeignete preispolitische, handelspolitische und gesamtwirtschaftliche Maßnahmen für die Landwirtschaft entstehen. Einige wichtige Erkenntnisse sind:
- Die makroökonomische Politik kann zu einer schwerwiegenden systematischen Benachteiligung der Landwirtschaft führen. Die Wechselkurse und die allgemeine Struktur von Preisen und Steuern müssen sich gegenüber den verschiedenen Wirtschaftsbereichen neutral verhalten.
- Maßnahmen zur Subventionierung der Verbraucher sind kostspielig und bringen den Gruppen mit niedrigem Einkommen oft weniger Vorteile als geplant, während die Gruppen mit mittlerem und höherem Einkommen davon beträchtlich profitieren. Subventionen zugunsten der Verbraucher können nur dann wirksam sein, wenn sie auf die Bevölkerungsgruppen mit den niedrigsten Einkommen beschränkt werden und wenn ihre Kosten auf einem Niveau bleiben, das die meisten Entwicklungsländer sich leisten können, ohne auf stark verzerrende oder inflationäre Finanzierungsmethoden zurückgreifen zu müssen.
- Die Subventionierung von Produktionsmitteln ist keine wirksame Methode, um die negativen Effekte niedriger Produktpreise auszugleichen; sie ist auch kein geeignetes Instrument zur Einkommensumverteilung, da der größte Teil der Subventionen den Großbetrieben und den bessergestellten Landwirten zufließt.
- Zwar haben die Regierungen bei der Entwicklung der Landwirtschaft eine wichtige Rolle gespielt, da sie Aktivitäten finanzierten, die der private Sektor wegen fehlender Anreize nicht übernimmt, doch sollte ihre Rolle als Gestalter eines verläßlichen Umfeldes für die privaten Märkte nicht unterschätzt werden. Während in einigen wenigen Ländern beträchtliche Fortschritte erzielt wurden, könnten andere Regierungen mehr tun, indem sie halbstaatliche Monopole beseitigen und die gesetzlichen und institutionellen Rahmenbedingungen verbessern, die für das Funktionieren privater Wettbewerbsmärkte erforderlich sind.

Der obige Katalog ist nicht neu: Viele Entwicklungsländer sind sich der Notwendigkeit von Reformen bewußt, und einige sind dabei, Reformprogramme durchzuführen. Die im vergangenen Jahrzehnt gemachten Erfahrungen beginnen, die pessimistische Einstellung zum Verschwinden zu bringen, daß eine wirkliche Reform wegen politischer Handlungsbeschränkungen unmöglich sei. Es gab radikale — man könnte sagen revolutionäre — Reformen, und es gab weniger durchgreifende, die sich aber nichtsdestoweniger deutlich positiv auswirkten.

Wirtschaftspolitische Reformen in China

Die weitreichendsten Agrarreformen des letzten Jahrzehnts wurden in der Volksrepublik China durchgeführt. Wegen der Reichweite der Reformen, die alle Aspekte der Organisation der Agrarproduktion, der Preisbildung und der Vermarktung sowie der Verteilung des Agrareinsatzes auf landwirtschaftliche und andere Tätigkeiten berührten, ist eine relativ detaillierte Analyse der Reformen und ihrer Auswirkungen angebracht.

Vor 1955 bestand die Landwirtschaft in China aus ungefähr 100 Millionen Familienbetrieben, die im Durchschnitt etwas weniger als einen Hektar

Land bewirtschafteten. Zwischen 1955 und 1958 wurde die Landwirtschaft zunächst in Form von Genossenschaften organisiert, die danach in etwa 55.000 Kommunen umgewandelt wurden; außerdem führte man die zentrale Planung und Ablieferungsvorschriften ein. Die wichtigsten Instrumente der Politik waren die Vorgaben für die bestellte Fläche, die Produktion und die Ablieferung an den Staat. Man konnte einige Erfolge aufweisen: Die Entwicklung und verbreitete Anwendung modernen Saatgutes (besonders von hochertragreichem, halbwüchsigem Reis, von Hybridmais und Hybridsorghum); eine Zunahme der bewässerten Flächen um zwei Drittel und eine noch größere Ausweitung des Flächenanteils, der von Pumpstationen mit Wasser versorgt wird, sowie der Aufbau einer modernen und bedeutenden Kunstdüngerindustrie.

Gleichwohl trug die Landwirtschaft in den Jahren 1958 bis 1977 nur wenig zum insgesamt bescheidenen Wirtschaftswachstum bei. Die Hauptgründe dafür waren die übereilte Einführung des Kommunensystems, die Überbetonung des Gleichheitsprinzips bei der Entlohnung innerhalb der Wirtschaftseinheiten, das Verbot privater Getreideverkäufe, die Beschränkungen im Binnenhandel sowie die Förderung der Selbstversorgung mit Hauptnahrungsmitteln auf Provinzebene.

Mitte der siebziger Jahre war die Pro-Kopf-Erzeugung von Getreide nicht höher als zwei Jahrzehnte zuvor. Die Produktion von Sojabohnen lag in den Jahren 1975 bis 1977 um 30 Prozent unter dem Stand von 1965/66, und die Baumwollproduktion war pro Kopf um ein Viertel niedriger als 1965/66. Das langsame Wachstum der Agrarproduktion, verbunden mit der strikten Reglementierung der nichtlandwirtschaftlichen Tätigkeit der Landbevölkerung, ließ die landwirtschaftlichen Einkommen nahezu stagnieren. Das durchschnittliche Realeinkommen in der Landwirtschaft lag 1977/78 im günstigsten Fall nur geringfügig über dem Niveau der Jahre 1955 bis 1957. Im Jahr 1978 konnte China sich nicht mehr mit Getreide selbst versorgen und mußte dieses importieren, um rund 40 Prozent seiner städtischen Bevölkerung versorgen zu können.

Die 1979 einsetzenden Reformen zielten darauf ab, die Leistungsanreize für die landwirtschaftliche Bevölkerung zu verbessern und die Eingriffe der Planungsbürokratie zu reduzieren. Einige Elemente der Reform stammten eher von der „Basis" der Landbevölkerung als von hohen Regierungsstellen. Der erste große Schritt war die Anhebung der Agrarpreise um 25 bis 40 Prozent im Jahr 1979 — die erste nennenswerte Anpassung dieser Preise in zwölf Jahren. Das mehrstufige Preissystem, das damals geschaffen wurde, brachte günstigere Preise, eine höhere Produktion und eine verstärkte Vermarktung über das staatliche Vertriebssystem, wie in Kapitel 4 erwähnt wurde. Zugleich wurden die Preisrelationen verschiedener Agrarprodukte modifiziert, und der Staat lockerte das lange aufrechterhaltene Verbot des Getreideverkaufs auf den ländlichen Märkten. Das Ziel war, die verschiedenen Regionen zu veranlassen, sich auf diejenigen Agrarprodukte zu spezialisieren, die sie am wirtschaftlichsten anbauen konnten. In einigen Fällen garantierte der Staat auch die Lieferung von Getreide, um eine Spezialisierung auf andere Agrarprodukte als Getreide zu fördern. Handelsbeschränkungen zwischen den Regionen wurden gelockert. Die Regierung gestattete auch die versuchsweise Auflösung der Kollektive in den ärmsten Regionen des Landes. Diese Reformen waren populär und erfolgreich, und gegen Ende 1983 bewirtschafteten 95 Prozent der bäuerlichen Haushalte ihre eigenen Parzellen im Rahmen von Vereinbarungen mit den Kollektiven. Um größere Sicherheit und stärkere Anreize für bodenverbessernde Investitionen zu bieten, erhielten viele Haushalte das garantierte Recht, ihre Bauernhöfe für mindestens fünfzehn Jahre zu bewirtschaften. Es gibt nun etwas Spielraum für die Verpachtung von Land, und in einigen Provinzen gestatten neue Gesetze den Eltern, Bauernhöfe an ihre Kinder weiterzugeben. Die kollektive Landwirtschaft hat Mitte der achtziger Jahre der individuellen Bewirtschaftung durch die Bau-

Tabelle 5.3 Produktionssteigerung bei ausgewählten Agrarprodukten in China, 1957 bis 1984

(Durchschnittliche jährliche Veränderung in Prozent)

Produkt	1957—78	1978—84
Getreide	2,1	4,9
Sojabohnen	—1,1	4,2
Baumwolle	1,3	18,7
Ölsaaten	1,0	14,6
Zuckerrohr	3,4	11,1
Zuckerrüben	2,8	20,5
Tee	4,2	7,4
Tabak	7,0	15,2
Fleisch	3,7	10,1
Fisch	1,9	4,6

Quelle: Lardy (Hintergrundpapier).

ernfamilien, wenn nicht dem formellen Eigentum, Platz gemacht.

Das Tempo des landwirtschaftlichen Wachstums seit dem Beginn der Reform war beispiellos (vgl. Tabelle 5.3). Die Getreideproduktion wuchs von 305 Millionen Tonnen im Jahr 1978 auf 407 Millionen Tonnen 1984, was einer durchschnittlichen Zuwachsrate von fast 5 Prozent pro Jahr entspricht. Die Getreideproduktion pro Kopf überstieg sowohl den von der Regierung im Jahr 1957 festgelegten Richtwert von 302 Kilogramm als auch das Produktionsniveau, das in den frühen dreißiger Jahren erreicht worden war — den letzten normalen Jahren vor dem Zweiten Weltkrieg. Der Erfolg war bei anderen Agrarprodukten als Getreide sogar noch eindrucksvoller. Nach zwei Jahrzehnten schwachen Wachstums schnellte die Produktion seit 1978 in die Höhe. Bei Baumwolle, traditionell Chinas zweitwichtigstem Agrarprodukt (nach Getreide), haben sich die Ernteergebnisse von 1978 bis 1984 fast verdreifacht. Die Erzeugung von Ölsaaten hat sich mehr als verdoppelt. Die Produktion von Schweine-, Rind- und Hammelfleisch überstieg 15 Mio Tonnen im Jahr 1984 und war damit um 80 Prozent höher als 1978. Mit Ausnahme der Fischereiwirtschaft übertraf das Ende 1984 erreichte Niveau der Agrarproduktion bei weitem die Produktionsziele für 1985, die das Zentralkomitee aufgestellt hatte, als es im Dezember 1978 die ersten Schritte zur Reform der Landwirtschaft beschloß. China hat auch seine wachsende Abhängigkeit von Getreideimporten ins Gegenteil verkehrt und wurde ein Nettoexporteur von grobkörnigem Getreide (besonders Mais), Sojabohnen und Rohbaumwolle — alles Produkte, die China noch vor wenigen Jahren auf den Weltmärkten kaufen mußte. Im Jahr 1984

Sonderbeitrag 5.9 Agrarpolitische Reformen in Bangladesch

Das Beispiel von Bangladesch zeigt, daß die in den Kapiteln 4 und 5 diskutierten agrarpolitischen Reformen selbst in den ärmsten Ländern außerordentliche Erfolge bringen können. Bangladesch ist eines der am dichtesten besiedelten Länder der Welt, und seine 100 Millionen Menschen hatten 1983 ein durchschnittliches Pro-Kopf-Einkommen von nur 130 Dollar. Es besitzt fruchtbare Böden und ein relativ reichliches Wasserangebot, aber nur wenig andere natürliche Ressourcen. Das im größten aktiven Flußdelta der Welt gelegene Land wird während der Monsunzeit häufig von Überschwemmungen und Wirbelstürmen und während der Trockenzeit von Dürreperioden heimgesucht. Die Landwirtschaft ist das Zentrum der Wirtschaft Bangladeschs; auf sie entfallen etwa 50 Prozent des BIP und rund drei Viertel der Beschäftigung und des Exports.

Die Regierung begann ihre agrarpolitischen Reformen in den späten siebziger Jahren unter außergewöhnlich schwierigen Umständen. Nach dem Unabhängigkeitskrieg sank die Agrarproduktion, die heimischen Nahrungsmittelpreise stiegen deutlich über das Weltmarktniveau, und die Reallöhne in der Landwirtschaft gingen in den Jahren 1971 bis 1975 zurück. Im Jahr 1974 trat eine Hungersnot ein, und Bangladesch wurde stark von Nahrungsmittelhilfen abhängig. Obwohl sich gegen Ende der siebziger Jahre das Wachstum der Agrarproduktion auf 3 Prozent jährlich erholte, stieg die Erzeugung nur geringfügig schneller als die Bevölkerung, die mit einer jährlichen Wachstumsrate von 2,6 Prozent zunahm. Im Jahr 1979 trat nach einer schweren Dürre erneut Hungersnot auf.

Die Regierung reagierte auf diese Notlage mit einer Ausweitung der öffentlichen Investitionen in der Landwirtschaft, wobei sie sich auf kleine Bewässerungsprojekte konzentrierte, die geringe Kosten verursachen und rasche Erträge versprachen; ferner stärkte sie die Rolle des privaten Sektors und verbesserte die Effektivität der staatlichen Einrichtungen. Der für die Landwirtschaft bestimmte Anteil des Entwicklungsbudgets, ohne Subventionen für Kunstdünger gerechnet, stieg von 1978/79 bis 1984/85 wieder auf durchschnittlich 28 Prozent. Er war von 34 Prozent in den Jahren 1973/74 auf nur noch 19 Prozent 1977/78 zurückgegangen. Die mit modernen Anlagen bewässerte Fläche verdoppelte sich, womit sie dreimal so schnell wuchs wie in den vorangegangenen fünf Jahren.

Die Steigerung der öffentlichen Investitionen in der Landwirtschaft wäre ohne eine einschneidende Kürzung der Subventionen, vor allem der Kunstdüngersubvention, nicht möglich gewesen. Zwischen 1978/79 und 1984/85 wurden die Subventionen für Kunstdünger von rund 10 Prozent des Entwicklungsbudgets auf 2,4 Prozent reduziert. Der Subventionsanteil bei Kunstdünger ging von 50 Prozent der Kosten auf 17 Prozent zurück. Gleichwohl wuchs der Kunstdüngerabsatz weiterhin mit gut 10 Prozent pro Jahr. Ein Grund dafür ist, daß der Vertrieb des Kunstdüngers an die Endabnehmer dem privaten Sektor übertragen wurde, der aus Gewinnstreben den Kunstdünger im ganzen Land zur rechten Zeit verteilte — ein deutlicher Gegensatz zu den häufigen Verknappungen in den siebziger Jahren, die oft dazu führten, daß Kunstdünger nur weit über den offiziellen Preisen erhältlich war. In ähnlicher Weise war die Einschaltung des privaten Sektors in den Vertrieb kleinerer Bewässerungsausrüstungen ein wichtiger Grund für das rasche Wachstum der Mechanisierung in der Landwirtschaft während der letzten Jahre.

Vergleichbare Erfolge wurden bei der Verteilung von Brotgetreide erzielt. Die Regierung suspendierte die gegen das Horten erlassenen Gesetze, schaffte das Zulassungssystem ab, durch das Getreidehändler zum Ankauf von Getreide namens der Regierung ermächtigt wurden, und

verzeichnete China im Agrarhandel seinen höchsten Exportüberschuß seit fünfunddreißig Jahren.

Die bemerkenswerte Expansion der chinesischen Landwirtschaft seit 1978 wurde ohne eine deutliche Zunahme des gesamten landwirtschaftlichen Produktionsmitteleinsatzes erreicht; nur der Verbrauch von Kunstdünger erhöhte sich. Die bewirtschaftete Fläche nahm von 1978 bis 1983 um rund 4 Prozent ab, ebenso der Einsatz anderer Produktionsmittel wie Wasser und Pestizide. Sowohl die Fläche des gesamten bewässerten Bauernlandes als auch die durch motorbetriebene Pumpen bewässerte Fläche sowie der Einsatz von Traktoren bei der Bodenbearbeitung gingen von 1979 bis 1983 den absoluten Zahlen nach zurück. In Anbetracht der gestiegenen Beschäftigungsmöglichkeiten in ländlichen Kleinbetrieben dürfte die Zahl der Arbeitskräfte in der Landwirtschaft wahrscheinlich ebenso gesunken sein. Das durchschnittliche Pro-Kopf-Einkommen in der Landwirtschaft stieg zu jeweiligen Preisen von 134 Yuan im Jahr 1978 auf 355 Yuan 1984. Auch wenn man den Preisanstieg in Rechnung stellt, dürften die Realeinkommen auf dem Land in den vergangenen sieben Jahren beträchtlich gestiegen sein und wahrscheinlich stärker zugenommen haben als in den drei Jahrzehnten zuvor.

Es gibt keine Anzeichen für einen Durchbruch in der Agrartechnik, der die in Tabelle 5.4 aufgezeigten Ertragszuwächse bewirkt haben könnte, Baumwolle vielleicht ausgenommen. Es trifft zu, daß die Zahl kleiner Traktoren, die Zahl der im landwirtschaftlichen Transportwesen eingesetzten Lastwagen und der Verbrauch von Kunstdünger gestiegen sind. Der größte Teil des Produktivitätswachstums, das den Hintergrund für Chinas bemerkenswerten Erfolg bildet, ist jedoch auf die wirtschaftliche

---

hob Restriktionen auf, welche die Einfuhr von Brotgetreide durch den privaten Sektor unterbunden hatten. Der private Sektor vermarktet im Inland nun rund 85 Prozent des Getreides. Unterstützt durch die Einrichtung ausreichender Lagerkapazitäten gelang es dem privaten Sektor insbesondere, die zwischen den Ernten auftretende saisonale Verteuerung des Getreides in Grenzen zu halten. Die Kürzung der Subventionen für die städtischen Verbraucher machte es der Regierung möglich, die Agrarinvestitionen und die Unterstützungsprogramme für die Landbevölkerung beschleunigt auszuweiten, in deren Rahmen Lebensmittel für die Teilnahme an Infrastrukturvorhaben und Verpflegung für die Armen bereitgestellt wurden. Die durch die Investitionen geschaffenen Arbeitsplätze auf dem Lande entsprachen einer Ganztagsbeschäftigung von fast einer Million besitzloser Landarbeiter; sie dienten zur Instandhaltung von Straßen, Kanälen und Dämmen, die für eine expandierende Agrarwirtschaft unentbehrlich sind.

Die Regierung kombinierte die Kürzung der Subventionen und die Ausweitung der landwirtschaftlichen Hilfsprogramme mit einer realistischen Wechselkurspolitik und der Gewährung von Exportanreizen. Sie reduzierte oder beseitigte die Exportsteuern auf Jute, Tee, Krabben und andere land- oder fischereiwirtschaftliche Ausfuhren, wodurch das Wachstum der Agrarexporte gefördert wurde. Folgende Ergebnisse wurden erzielt:

• Die Agrarproduktion stieg um rund 3,5 Prozent pro Jahr.
• Die Landwirtschaft hat direkt oder indirekt den größten Teil des Beschäftigungswachstums bewirkt, und die Löhne in der Landwirtschaft stiegen um 15 Prozent stärker als die Preise für Brotgetreide.
• Die Verwendung hoch-ertragreicher Pflanzensorten hat zugenommen, der Kunstdüngereinsatz ist um über 10 Prozent pro Jahr gestiegen, und die Bewässerungs-, Entwässerungs- und Deichanlagen erfassen nun fast ein Viertel des kultivierten Landes — verglichen mit weniger als 10 Prozent zu Anfang der siebziger Jahre.
• Die Landwirtschaft ist jetzt gegen Naturkatastrophen weniger anfällig. In vier der letzten fünf Jahre erreichte die Getreideernte neue Rekorde, trotz schlimmer Monsunregen, Überschwemmungen und Dürreperioden.
• Die Importe von Brotgetreide — wenngleich immer noch hoch — gingen in Relation zum gesamten Verbrauch zurück, und Bangladesch ist jetzt weniger abhängig von Nahrungsmittelhilfe. Ein großer und zunehmender Teil dieser Hilfe, gegenwärtig etwa 50 Prozent, dient zur Finanzierung spezieller Hilfsprogramme für die arme Landbevölkerung.
• Die Bauern haben ihre Produktion durch Weizenanbau zulasten des Reisanbaus diversifiziert. Weizen wird zwischen den Reisernten in der trockenen Jahreszeit angebaut, während der die Felder sonst brachliegen würden; seine Erzeugung ist billiger, und er ist ernährungsmäßig wertvoller. Im vergangenen Jahrzehnt stieg die Weizenproduktion von nahezu Null auf fast 10 Prozent der gesamten Erzeugung von Brotgetreide. Der Weizenverbrauch nahm von rund 10 Prozent auf fast 20 Prozent des gesamten Getreideverbrauchs zu.
• Die Exporte stiegen und wurden stärker diversifiziert. Die Jute-Exporteure erhöhten ihren Weltmarktanteil, trotz fallender Preise und sinkender Nachfrage. Die Ausfuhren anderer land- und fischereiwirtschaftlicher Erzeugnisse, wie Krabben, Tee und Leder, stiegen um über 10 Prozent pro Jahr und erreichen nun 30 Prozent des Gesamtexports, verglichen mit rund 15 Prozent während der frühen siebziger Jahre.

Tabelle 5.4 Ertragszuwachs bei ausgewählten Agrarprodukten in China, 1957 bis 1983
(Durchschnittliche jährliche Veränderung in Prozent)

Produkt	1957—78	1978—83
Getreide	2,6	6,1
Baumwolle	2,1	11,5
Erdnüsse	1,4	6,0
Raps	3,1	10,2
Zuckerrohr	0,0	4,3

Quelle: Lardy (Hintergrundpapier).

Nutzung der vorhandenen Ressourcen zurückzuführen.

Die Reformen enthielten zahlreiche andere Einzelmaßnahmen neben den bereits erwähnten. Insbesondere wurde den Familien erlaubt, nichtlandwirtschaftliche Tätigkeiten aufzunehmen, was in den meisten Kommunen verboten gewesen war. Ländliche Messen oder Märkte, die während der Kulturrevolution eingeschränkt worden waren, wurden wieder gefördert, und es gibt jetzt 43.000 solcher Märkte in ländlichen Gebieten und 4.500 in den Städten. Der Direktverkauf durch Bauern an städtische Verbraucher war vor 1979 verboten. Kommunale Unternehmen beschäftigten Ende 1980 60 Millionen Landarbeiter, die freigesetzt worden waren. Mindestens 20 Millionen bäuerlichen Familien wurde eine Spezialisierung gestattet, so daß sie nicht länger gezwungen sind, Getreide oder bestimmte andere Agrarprodukte anzubauen.

Die Reformen sind noch nicht abgeschlossen. In den Jahren 1984 und 1985 wurden die vorgeschriebenen Ablieferungen an den Staat für die meisten

---

Sonderbeitrag 5.10 Reform des Baumwollsektors im Sudan

Baumwolle ist für den Sudan das wichtigste für den Markt produzierte Agrarprodukt. In den Jahren 1980/81 entfielen 56 Prozent der Exporterlöse des Landes auf Baumwolle. Im Zentrum des Baumwollanbaus stehen die staatlichen Bewässerungssysteme. Das erste große Bewässerungsprojekt wurde 1925 in der Gezira in Angriff genommen, wo sich jetzt das weltweit größte Bewässerungssystem mit einheitlicher Verwaltung befindet. Insgesamt werden über 4 Millionen Acres mit Nilwasser bewässert, davon dient mehr als ein Viertel dem Baumwollanbau. Es gibt sechs große Systeme, die von halbstaatlichen landwirtschaftlichen Organisationen betrieben werden und jeweils aus 200.000 Pachtflächen von einheitlicher Größe bestehen. Die halbstaatlichen Organisationen stellen den größten Teil der Betriebsmittel und der Maschinen zur Verfügung, das Ministerium für Bewässerung (Ministry of Irrigation, MOI) sichert die Wasserversorgung, und die Pächter stellen die Arbeitsleistung, versorgen die Pflanzen, verteilen das Wasser, pflücken die Baumwolle und bringen sie zur Entkörnung. Die entkörnte Baumwolle wird dann an die staatliche Baumwollgesellschaft zum Export weitergeleitet.

Die Baumwollerzeugung ging in den siebziger Jahren stark zurück; sie fiel von 659.000 Tonnen in den Jahren 1974/75 auf 259.000 Tonnen in den Jahren 1980/81. Sowohl die mit Baumwolle bepflanzte Fläche als auch der Flächenertrag sanken. Die Hauptgründe für den Rückgang waren:

• Niedrige und sinkende Erzeugerpreise. Einige der Probleme waren auch für andere Entwicklungsländer typisch: Eine überbewertete Währung; Exportabgaben auf Baumwolle; hohe Gewinnmargen der halbstaatlichen Organisationen und schleppende Bezahlung der Pächter — manchmal erst nach zwei Jahren. Andere Probleme waren für den Sudan spezifisch: Ein sechzig Jahre altes System zur Verteilung des Erlöses zwischen der Regierung, der halbstaatlichen Organisation und dem Pächter, (der sog. Joint Account), mittels dessen die Regierung 36 Prozent des Gesamterlöses an sich zog und den Rest derart verteilte, daß die produktiver arbeitenden Pächter besteuert wurden, und schließlich die Praxis, die Betriebsmittel für andere Produkte (Erdnüsse, Weizen und Sorghum), die von den halbstaatlichen Organisationen vermarktet wurde, mit den Einnahmen aus dem Baumwollgeschäft zu verrechnen. Dies war zwar eine verwaltungstechnische Vereinfachung, erweckte aber den Anschein, daß die Betriebsmittel für andere Produkte kostenlos seien, während die Baumwolle dadurch zusätzlich an Attraktivität verlor.

• Knappheit an Devisen und an heimischer Währung, die für die Instandhaltung der Bewässerungsanlagen und die laufende Vermarktung notwendig waren. Niedrige Baumwollpreise hatten zur Folge, daß die halbstaatlichen Organisationen nicht kostendeckend arbeiten konnten, was zur Devisenknappheit führte. Staatliche Gelder wurden eher für Investitionen als für Instandhaltungsarbeiten ausgegeben. Ausländische Entwicklungshilfe-Organisationen vernachlässigten Instandhaltung und Sanierung vorhandener Systeme und investierten stattdessen in neue Projekte.

• Ungenügende Leistungen der halbstaatlichen Organisationen. Führungs- und Fachkräfte wanderten in die Ölförderländer ab, die attraktivere Beschäftigungsmöglichkeiten boten. Die verbleibenden Manager wurden bei ihrer Arbeit durch Bürokratie und ein schwaches Rechnungswesen behindert. Den Agrarwissenschaftlern der halbstaatlichen Organisationen und den Wasserbauingenieuren des Ministeriums für Bewässerung gelang es nicht, die Wasserversorgung zu koordinieren. Schließlich stand keine landwirtschaftliche Beratung zur Verfügung und

Agrarprodukte, einschließlich Baumwolle und Getreide, abgeschafft. Das zweistufige Preissystem wurde durch einheitliche Preise und Verträge der staatlichen Ankaufstellen mit den Bauern ersetzt.

Andere Reformen

Weitreichende Änderungen in der Landwirtschaftspolitik gab es auch andernorts — so in Chile und der Türkei. Die Veränderungen in der Agrarpolitik, welche die allgemeine wirtschaftliche Liberalisierung in Chile nach 1973 begleiteten, führten zu einem spektakulären Wachstum des Agrarhandelsvolumens. Der Agrarexport stieg von 18 Mio Dollar im Jahr 1972 auf 375 Mio Dollar 1984, zum Teil aufgrund einer Zunahme des Ausfuhrvolumens von Obst und Gemüse um mehr als das Zehnfache. Die Ausfuhr von forstwirtschaftlichen Erzeugnissen, Zellstoff und Nutzholz, erhöhte sich von 26 Mio Dollar im Jahr 1972 auf 376 Mio Dollar 1984. Obgleich sich die Bilanz des Außenhandels mit Agrarprodukten deutlich verbesserte, stieg in den siebziger Jahren auch die Einfuhr von Nahrungsmitteln, insbesondere von Weizen, Reis und Mais. Als Folge einer verbesserten Wechselkurspolitik wuchs jedoch die heimische Getreideerzeugung von 1982 bis 1984 um rund 48 Prozent, und die Getreideimporte gingen beträchtlich zurück.

Die Reformen in der Türkei sind sehr viel jüngeren Datums. Im Rahmen der von der Regierung 1980 durchgeführten umfassenden Reformen wurden die Subventionierung von Produktionsmitteln und die Stützung der Erzeugerpreise eingeschränkt

---

vorhandene Agrartechniken wurden nicht angewendet. Die Baumwolle wurde stark von Schädlingen befallen, die sich mit den verfügbaren Verfahren nur schwer bekämpfen ließen.

Ende 1979 geriet das Land in eine Zahlungsbilanzkrise. Das Leistungsbilanzdefizit erreichte 11 Prozent des BIP, die Auslandsschulden stiegen auf das Fünffache der jährlichen Exporteinnahmen, und die Schuldendienstquote überschritt 40 Prozent. Dies gab den Anstoß für Reformen zur Stabilisierung der Finanzen und zur Förderung des Exports.

Die Regierung beseitigte die Exportsteuer, senkte den für Baumwollexporte geltenden Wechselkurs, setzte den Inlandpreis in der Nähe des Exportpreises fest, gab vor Beginn der Ernte die Preise bekannt und bezahlte sofort, nachdem die Pächter ihre Baumwolle abgeliefert hatten. Das Ergebnis war, daß die Pächter erstmals seit über fünfzig Jahren in der Lage waren, ihr Einkommen aus dem Baumwollanbau zuverlässig abzuschätzen, ihren politischen Einfluß bei der Preissetzung geltend machen und einen vorteilhaften Preis für die Baumwolle aushandeln konnten. Gleichzeitig wurden verschiedene Maßnahmen ergriffen, um die Leistungsfähigkeit der halbstaatlichen Organisationen zu verbessern. Diese Maßnahmen reichten vom Erlaß neuer Satzungen und der besseren Ausbildung der Mitarbeiter bis hin zu einer Schwerpunktbildung in den Bereichen Forschung, Beratung und Vermarktung.

Unterstützt durch günstige Witterungsbedingungen und Lieferungen von neuen Gerätschaften, Ersatzteilen und anderen Betriebsmitteln, lebte die Baumwollerzeugung in eindrucksvoller Weise wieder auf (vgl. Tabelle 5.10).

Der Erfolg der sudanesischen Baumwollfarmer überdauerte sogar die gravierenden Probleme, die das Land 1984 bedrängten: Die abrupte Einführung des islamischen Rechts, die Eskalation des Bürgerkriegs im Süden und die beispiellose Dürre im Westen. Die Kreditwürdigkeit des Landes verfiel, und es kam zur Kapitalflucht. Weil aber die heimischen Baumwollpreise hoch genug waren, um die Wirkung des überhöhten Wechselkurses auszugleichen, setzte sich der Anstieg der Baumwollerzeugung fort. Es wurden spezielle Vereinbarungen getroffen, damit gewährleistet war, daß die Devisen (die meistens von Geberländern stammten) für die Finanzierung des Importbedarfs der Baumwollproduktion zur Verfügung standen. Während sich das staatliche Haushaltsdefizit vergrößerte, besserte sich die Finanzlage der halbstaatlichen Organisationen aufgrund höherer Flächenerträge, eines rationelleren Betriebsmitteleinsatzes und höherer Produktpreise.

Tabelle 5.10 A Erzeugung und Flächenertrag von Rohbaumwolle im Sudan, 1980 bis 1985

Position	1980—81	1981—82	1982—83	1983—84	1984—85
Erzeugung (in Tausend Tonnen)	306	461	573	586	625
Flächenertrag (in Tonnen je Hektar)	0,82	1,39	1,57	1,54	1,69

und die Kreditsubventionen gekürzt. Der reale Wechselkurs wurde beträchtlich angehoben, mit der Zusicherung, daß das neue Kursniveau Bestand haben würde. Die Ausfuhren wurden gefördert. Zwar wuchs die landwirtschaftliche Wertschöpfung im Jahr 1981 nur langsam, was teilweise durch Treibstoffmangel und schlechtes Wetter bedingt war, doch stieg das Wachstum in den Jahren 1982 und 1983 wieder auf eine Jahresrate von rund 3,0 Prozent und auf 3,7 Prozent im Jahr 1984. Demgegenüber reagierten die Agrarexporte unmittelbar; sie wuchsen in den Jahren 1980/81 mit einer Jahresrate von 17,7 Prozent. Aufgrund der sinkenden Agrarpreise auf den Weltmärkten ging die jährliche Zuwachsrate des Ausfuhrwertes danach deutlich zurück; doch glich die Zunahme der Ausfuhren der Agrarindustrie diesen Rückgang zum Teil aus. Umfangreiche Reformen in der Landwirtschaft, die 1984 einsetzten, haben bereits zu mehr Handlungsfreiheit der halbstaatlichen Organisationen geführt.

Auch in Bangladesch sind grundlegende agrarpolitische Reformen durchgeführt worden, die Sonderbeitrag 5.9 erörtert. Die Hauptelemente der neuen Agrarpolitik bildeten eine kräftige Kürzung der Subventionen für Kunstdünger (die im Entwicklungshaushalt des Jahres 1979 noch einen Anteil von 10 Prozent beansprucht hatten); eine Erhöhung und Umorientierung der Infrastrukturausgaben mit stärkerer Betonung von Bewässerungsmaßnahmen in kleinem Maßstab, der Entwässerung und des Überschwemmungsschutzes; die Liberalisierung der Vermarktung (mit einer Privatisierung der Verteilung von Kunstdünger an die Endabnehmer); die Aufhebung oder Senkung der Exportsteuern auf viele Agrarprodukte sowie eine realistischere Wechselkurspolitik.

Ernsthafte Reformanstrengungen sind auch in Afrika südlich der Sahara zu verzeichnen. Die Reform auf dem Baumwollsektor in Sudan verdeutlicht, wieviel durch eine Politik der kleinen Schritte trotz ungünstiger gesamtwirtschaftlicher Entwicklungen gewonnen werden kann. Der mit künstlicher Bewässerung arbeitende Teil der sudanischen Landwirtschaft hat durch eine Neuordnung der Beziehungen zwischen Bauern und Verwaltung in Bewässerungssystemen wie dem der Gezira wieder Kraft gewonnen. Dazu gehörte auch die Abschaffung der Exportsteuer auf Baumwolle (das wichtigste Agrarprodukt der Gezira), die Herabsetzung des für die Baumwollexporte geltenden nominalen Wechselkurses, die Bekanntgabe der Erzeugerpreise vor Erntebeginn und die prompte Bezahlung der Bauern für ihre Baumwollernte. Die Produktion von Baumwolle verdoppelte sich im Zeitraum 1980/81 bis 1984/85 (vgl. Sonderbeitrag 5.10).

In vielen anderen Ländern Afrikas wurden die realen Erzeugerpreise für Nahrungsmittel erhöht; es ist damit nun rentabler geworden, die Grundnahrungsmittel zum Zweck einer rationellen Importsubstitution anzubauen. Auch die realen Erzeugerpreise herkömmlicher Exportprodukte sind gestiegen. Ungelernte Arbeiter können in der Landwirtschaft höhere Einkommen als in der Industrie erzielen — ein radikaler Wandel gegenüber den Verhältnissen zehn Jahre zuvor. Die Preispolitik bei Lebensmitteln ändert sich ebenfalls in den afrikanischen Ländern, wo viele Jahrzehnte lang der Verbrauch der Stadtbevölkerung kräftig subventioniert worden ist. Von Madagaskar bis Mauretanien und von Sambia bis Mali lösten starke Preisanhebungen die traditionelle Subventionspolitik ab.

Stärker wettbewerbsorientierte Vermarktungssysteme sind im Entstehen. In einigen westafrikanischen Ländern wurden halbstaatliche Vermarktungsstellen für den Export entweder abgeschafft (zum Beispiel in Mali für Erdnüsse) oder dem Wettbewerb ausgesetzt. In Somalia wurde das Monopol der halbstaatlichen Organisationen für Mais, Sorghum und importierte Nahrungsmittel aufgehoben. Madagaskar hat die inländische Vermarktung von Reis liberalisiert, und Zaire hat seine halbstaatlichen Vermarktungsstellen für Lebensmittel aufgelöst. Diese Tendenz gilt nicht generell, und es gibt auch Fälle, in denen Eingriffe in die Vermarktung während der letzten Jahre eher verstärkt als abgebaut wurden. Die allgemeine Entwicklung aber geht in Richtung einer weiteren Öffnung der Vermarktungssysteme und preispolitischer Maßnahmen, die für das Wachstum der Agrarwirtschaft förderlicher sind.

Auch in der Preispolitik für Kunstdünger sind bemerkenswerte Reformen zu verzeichnen. Nach den ersten Jahren der Grünen Revolution haben sich nur wenige Auffassungen so festgesetzt wie die Meinung, daß Kunstdünger subventioniert werden müsse, um den raschen Wandel der Agrartechnik zu fördern. In den letzten Jahren haben aber viele Länder Ostasiens die Subventionierung des Kunstdüngers aufgegeben; in Bangladesch und in Pakistan wurden diese Subventionen abgebaut. In Benin, Burkina Faso, Mali, Niger, Senegal und Togo hat man sie beträchtlich gekürzt. Die Subventionierung von Kunstdünger und sonstigen Betriebsmitteln scheint sich überall in der Dritten Welt eindeutig auf dem Rückzug zu befinden.

Diese Beispiele illustrieren die zahlreichen Reformen, die in Entwicklungsländern durchgeführt wurden oder geplant werden. Ob die Reformen weitreichend waren oder sich auf spezielle Aspekte sektoraler Maßnahmen beschränkten, sie machen gleichwohl deutlich, daß politische Institutionen über die Fähigkeit und die Bereitschaft verfügen können, bedeutsame wirtschaftspolitische Änderungen zu planen und durchzuführen. Dies zeigte sich auch im Fall von Sri Lanka bei der Reform des lange etablierten Programms zur Subventionierung des Reisverbrauchs, die im Sonderbeitrag 5.4 erörtert wird.

Zwar veranschaulichen diese Reformtendenzen, welcher Spielraum in den Entwicklungsländern für eine bessere Wirtschaftspolitik vorhanden ist, man darf aber nicht die Politik der Industrieländer aus den Augen verlieren, die das außenwirtschaftliche Umfeld stark beeinflußt. Mildert oder verschärft die Politik der Industrieländer die Probleme, denen sich die Entwicklungsländer gegenübersehen? Welche binnenwirtschaftlichen Ziele verfolgen die Industrieländer und können diese Ziele zu geringeren Kosten — für sie selbst und für die Entwicklungsländer — erreicht werden? Diese Fragen werden im nächsten Kapitel erörtert.

6

Agrarpolitik in den Industrieländern

In den Vereinigten Staaten leistet der Staat Zahlungen an die Landwirte, damit sie kein Getreide anbauen; in der Europäischen Gemeinschaft werden den Landwirten hohe Preise gezahlt, selbst wenn sie Überschüsse produzieren. In Japan erhalten die Reisbauern das Dreifache des Weltmarktpreises für ihr Erzeugnis; sie produzieren so viel, daß ein Teil der Ernte als Tierfutter verkauft werden muß, und zwar zur Hälfte des Weltmarktpreises. Die Landwirte der EG erhielten 1985 18 Cent für ein Pfund Zucker, der auf dem Weltmarkt dann für 5 Cent pro Pfund verkauft wurde; gleichzeitig importierte die EG das Pfund Zucker für 18 Cent. Die Milchpreise werden in fast jedem Industrieland hochgehalten, und das Resultat sind Produktionsüberschüsse: Die kanadischen Farmer zahlen für das Recht, die Milch einer Kuh zum offiziellen Stützpreis verkaufen zu können, bis zum Achtfachen des Preises einer Kuh. Die Vereinigten Staaten subventionieren die Bewässerung und Kultivation von Land und gewähren den Farmern dann Beihilfen, damit sie den Boden nicht landwirtschaftlich nutzen.

Die vorrangige Zielsetzung solcher Maßnahmen ist einfach: Die Einkommen der Landwirte sollen über das Niveau angehoben werden, das sie ohne solche Eingriffe erreichen würden. Wie kommt es aber dazu, daß diese Maßnahmen zu derart ungereimten Ergebnissen führen? Welche Kosten bürden sie den Industrieländern auf, die zu solchen Maßnahmen greifen, und welche Kosten sind damit in den Entwicklungsländern verbunden, zu deren Lasten diese Maßnahmen gehen? Dieses Kapitel geht in drei Abschnitten auf diese Fragen ein:

• Im ersten Abschnitt werden die besonderen Merkmale der Agrarpolitik in Industrieländern erläutert. Es wird gezeigt, daß diese Politik komplexe Ergebnisse zeitigte, obwohl die Zielsetzung einfach ist, nämlich die Anhebung der landwirtschaftlichen Einkommen. Sobald einzelne Maßnahmen zu Schwierigkeiten führten, kam es zu neuen Eingriffen. Dadurch wird die Verwaltung der Agrarpolitik immer komplexer, die Kosten steigen und die Landwirtschaft wird mehr und mehr zum Gegenstand politischer anstelle ökonomischer Entscheidungen

• Im zweiten Abschnitt werden Kosten und Nutzen solcher Maßnahmen für die Industrieländer einander gegenübergestellt, und es wird der Schluß gezogen, daß sie den Steuerzahlern und Konsumenten hohe Kosten aufbürden, während sie auf lange Sicht die Einkommen in der Landwirtschaft erstaunlich wenig beeinflussen. Die Nettokosten in den Industrieländern sind beträchtlich — und zwar mehr als 40 Mrd Dollar pro Jahr.

• Im letzten Abschnitt wird der Einfluß der Agrarpolitik in den Industrieländern auf die Entwicklungsländer untersucht. Zwar werden manche Entwicklungsländer davon weniger stark als andere belastet, doch ist die Landwirtschaft in allen diesen Ländern davon betroffen. Die Preise ihrer Erzeugnisse werden gedrückt, weil die Industrieländer weniger importieren und mit ihren subventionierten Exporten sie sogar die Landwirte der Entwicklungsländer auf deren eigenen Märkten unterbieten.

Die besonderen Merkmale der Agrarpolitik

Die Hauptziele der Agrarpolitik in den Industrieländern bestehen darin, die Einkommen in der Landwirtschaft zu stabilisieren und zu steigern sowie die Abwanderung der Bevölkerung aus diesem Sektor zu bremsen. Diesen Bestrebungen liegen soziale und politische Ziele zugrunde, und zwar die Stabilität der Lebensmittelpreise und die Selbstversorgung, insbesondere in Ländern, die in Kriegszeiten unter Lebensmittelknappheit gelitten haben. Mit diesen Zielen gehen andere einher, wie etwa Umweltschäden auf dem Lande zu verhindern und den traditionellen landwirtschaftlichen Betrieb zu erhalten. Die Stützung der landwirtschaftlichen Einkommen hat jedoch zu raschem technischen Wandel und höherer Produktion beigetragen. Das Grundproblem, dem sich viele Industrieländer nunmehr gegenübersehen, liegt darin, wie der Überproduktion begegnet werden kann, ohne daß die landwirtschaftlichen Einkommen unter ein politisch akzeptables Niveau absinken.

Wie es zu agrarpolitischen Maßnahmen kommt

Die meisten Industrieländer üben Kontrollen aus über die Agrarpreise, die Agrarproduktion und die landwirtschaftliche Nutzfläche sowie den Außenhandel mit Agrarprodukten. Die Agrarpolitik reagiert nicht in vorhersehbarer Weise auf jeden wirtschaftlichen „Schock" oder jede Verschiebung der Prioritäten. Sie entwickelt sich vielmehr sprunghaft, da sie wechselnde wirtschaftliche Umfeldbedingungen und eine Vielzahl häufig widerstreitender Kräfte zum Ausgleich bringen muß: Die Nachwirkungen früher getroffener Maßnahmen, den politischen Einfluß der landwirtschaftlichen Interessengruppen sowie die Sachzwänge, die durch knappe Haushaltsmittel, verwaltungsmäßige Beschränkungen und Verpflichtungen aufgrund internationaler Abkommen entstehen. Obwohl direkte Beihilfezahlungen das effizienteste Mittel sein dürften, um die Einkommen der Landwirte zu erhöhen, versuchen die Regierungen fast ausnahmslos, dieses Ziel durch die Stützung der Agrarpreise oder kostenmindernde Subventionen zu erreichen. Innerhalb dieses allgemeinen Rahmens werden jedoch verschiedene Maßnahmen je nach den gegebenen Umständen ergriffen:

• Wenn ein Land einen ausreichend großen Anteil am Weltmarkt besitzt, um den Preis zu beeinflussen, wird es als Netto-Importeur Maßnahmen bevorzugen, welche die Weltmarktpreise drücken; ein Netto-Exporteur tendiert zur entgegengesetzten Politik. Die EG, die zu der Zeit, als ihre Gemeinsame Agrarpolitik (GAP) konzipiert wurde, ein Großimporteur von Getreide war, stützt die Getreideproduzenten durch Zölle und Importabschöpfungen, wodurch die Weltmarktpreise tendenziell gedrückt werden. Die Vereinigten Staaten — gegenwärtig der größte Getreideexporteur der Welt — beschränken die Anbaufläche, was die Preise tendenziell anheben soll.

• Wenn die öffentlichen Mittel sehr knapp sind, werden die Regierungen — unter sonst gleichen Bedingungen — Importzöllen gegenüber Exportsubventionen den Vorzug geben. Durch beide Maßnahmen werden die Inlandspreise von den Weltmarktpreisen abgekoppelt; allerdings erhöhen Importsteuern die Einnahmen des Fiskus, während Exportsubventionen mit Ausgaben verbunden sind.

• Einige Märkte sind einfacher zu stützen als andere. Agrarprodukte und ihre Verarbeitungserzeugnisse, bei denen Angebot und Nachfrage unelastisch sind (d.h. die Mengen reagieren nur schwach auf Preisänderungen), lassen sich am einfachsten und billigsten stützen. Erfahrungsgemäß weisen bodenintensive Erzeugnisse niedrigere kurzfristige Elastizitäten auf als andere Produkte. Es ist kein Zufall, daß Regierungen häufiger am Getreidemarkt als an den Märkten für Geflügel oder Schweinefleisch intervenieren. Wichtig ist außerdem, daß kein unangemessener Verwaltungsaufwand entsteht. Bei heterogenen Produkten und verstreuten Märkten sind kompliziertere Regelungen erforderlich. Die Preissteuerung von Obst und Gemüse, das schnell verdirbt, ist für die Regierung schwieriger als die Preissteuerung bei Getreide, Zucker und Milch. Da Zucker und Milch fast gänzlich durch relativ zentralisierte Verarbeitungsbetriebe abgesetzt werden, sind die Regierungen in der Lage, die Produktion dieser Betriebe ohne große Schwierigkeiten zu überwachen.

• Schwankungen der Wechselkurse und der Konjunktur hatten in den Jahren seit 1972 zeitweise entscheidenden Einfluß auf die Agrarpolitik. Zu Beginn der siebziger Jahre trieben die weltweite Hausse an den Rohstoffmärkten und der schwache Dollar die Weltmarktpreise für Getreide über das Niveau der Stützpreise in den Vereinigten Staaten hinaus. In den frühen achtziger Jahren erschienen aufgrund des starken Dollars selbst nominal unveränderte Stützpreise der Vereinigten Staaten aus der Sicht anderer Getreideexportländer und von Importländern als sehr hoch. Dies führte dazu, daß die Vereinigten Staaten ihre Stützpreise 1986 drastisch herabsetzten.

• Gelegentlich beschränken internationale Verpflichtungen den nationalen Handlungsspielraum. Aufgrund internationaler Bindungen, die aus der

Sonderbeitrag 6.1 Preisstützung in der Milchwirtschaft

Der Weltmarkt für Milchprodukte ist ein Geschöpf des Protektionismus. Fast alle Industrieländer schirmen ihre Milcherzeuger vom Weltmarkt ab und schützen sie durch Einfuhrschranken und Interventionen auf dem Inlandsmarkt. Die Erzeugerpreise werden vom Staat festgesetzt und stehen in keinem Zusammenhang mit dem Wert von Milchprodukten im Außenhandel. In den OECD-Ländern waren die Inlandspreise in den vergangenen zwanzig Jahren durchschnittlich etwa doppelt so hoch wie die Weltmarktpreise; da jedoch derart große Mengen von Milchprodukten zu Schleuderpreisen auf dem Weltmarkt angeboten werden, sind die Weltmarktpreise stark gedrückt. Die Bauern haben auf die hohen Binnenpreise rational reagiert: Sie haben stark in den Viehbestand und in Anlagen investiert, technische Innovationen durchgeführt um den Ertrag zu steigern, und infolgedessen die Milchproduktion erhöht (vgl. Schaubild 6.1.A). Die Regierungen sahen sich gezwungen, wachsende Mengen anzukaufen und häuften enorme Lagerbestände an. Diese Vorräte müssen gewöhnlich auf dem flauen Weltmarkt abgesetzt oder als Lebensmittelhilfe verschenkt werden.

In einigen Extremfällen haben die Landwirte in der EG für importierte Futtermittel für ihre Kühe mehr bezahlt, als sie auf den Weltmärkten für die mit Hilfe dieses Futters produzierte Milch erhalten hätten. Nicht nur wurde kein Überschuß erwirtschaftet, der die Kosten der im Inland eingesetzten Produktionsmittel — Arbeit, Transportleistungen, milchwirtschaftliche Maschinen, Verarbeitung usw. — abgedeckt hätte, die EG verlor sogar noch Devisen. Die Europäische Gemeinschaft hätte sich als Ganzes besser gestellt, wenn einige Landwirte überhaupt nicht gearbeitet hätten — ja, wenn man sie für ihr Nichtstun noch bezahlt hätte.

Die Unwirtschaftlichkeit der europäischen Milchmarktstützung wird durch die Haushaltsregeln der EG verschärft. An der Finanzierung der Agrarstützung beteiligen sich die Mitgliedsstaaten in etwa entsprechend ihrem Anteil am BSP, die Einnahmen aus der Preisstützung stehen aber in direktem Verhältnis zur Milchproduktion. Dementsprechend setzen die Mitgliedsländer alles daran, ihre nationale Milcherzeugung zu steigern, denn im Rahmen der Gemeinsamen Agrarpolitik erhalten sie den vollen Interventionspreis, während sie nur einen Bruchteil dieses Preises zur Finanzierung beisteuern müssen. Tatsächlich werden sie sogar dazu ermuntert, die Milcherzeugung zu subventionieren, da sie einen Teil ihrer Subventionen von der EG erstattet bekommen. All dies führte zu einer dramatischen Entwicklung. Die nationalen Subventionen der Mitgliedstaaten entsprachen fast 8 Prozent des Bruttomilchwertes zu inländischen Preisen. Die Ausgaben der GAP für die Milchmarktstützung sind im Verlauf einer Dekade Jahr für Jahr um über 20 Prozent gestiegen; die Übertragungen von Verbrauchern und Steuerzahlern erreichten 1982 den Betrag von 6 200 Dollar pro Milchbauer (bzw. 410 Dollar pro Kuh).

Im April 1984 war die Last der EG-Milchpolitik untragbar geworden. Statt aber die Garantiepreise zu senken, griff die EG zu Produktionsquoten. Diese Quoten sind auf nationaler Ebene festgelegt und werden im allgemeinen innerhalb eines jeden Landes den einzelnen Landwirten zugeteilt. Über die Quoten hinausgehende Mengen werden höchstens zum Weltmarktpreis abgenommen, so daß ein starker Anreiz zur Einschränkung der Produktion besteht. Die Milcherzeugung ist auch tatsächlich unter das Quotenniveau gefallen, weil die Bauern Milch nicht bloß zum Weltmarktpreis verkaufen wollten. Die Produktion übersteigt aber weiterhin deutlich den Verbrauch. Obwohl durchschnittlich 85 Mio Tonnen pro Jahr konsumiert werden, ist die Quote auf 99 Mio Tonnen festgelegt. Das Quotensystem benachteiligt somit die Verbraucher durch hohe Preise, fördert eine unwirtschaftliche Produktionsstruktur und schreibt die gegenwärtige überhöhte Erzeugung der EG fest. In Reaktion auf diese Probleme hat die EG beschlossen, die Milchquote ab 1987/88 um 3 Prozent zu kürzen.

Die Vereinigten Staaten haben ähnliche Erfahrungen gemacht. Angesichts niedriger Weltmarktpreise wurden die Stützpreise für Milch in den siebziger Jahren ständig angehoben. Die Nettoausgaben zur Stützung der Milchwirtschaft wuchsen von jährlich 150 Mio Dollar zu Mitte der siebziger Jahre auf 3 Mrd Dollar in den Jahren 1983/84 (wobei die verschenkten Milchprodukte mit ihren Einstandskosten für die öffentliche Hand angesetzt sind); die Übertragungen an die Erzeuger dürften 1982 schätzungsweise 26 000 Dollar pro Farmer (bzw. 835 Dollar je Kuh) erreicht haben. Die Regierung senkte den Erzeugerpreis für Rohmilch von 13,1 Cents je Pfund in den Jahren 1982/83 auf 11,6 Cents Mitte 1985, doch die Lagerbestände nahmen

---

Kolonialzeit stammen, importiert die EG immer noch Zucker, obwohl sie sich zum Selbstversorger entwickelt hat und sogar Überschußzucker exportiert.

• Die laufende Politik steht immer stark unter dem Einfluß früherer Maßnahmen. Politiker sind nur ungern bereit, eine mühsam aufgebaute Verwaltungsmaschinerie zu demontieren. Die bäuerlichen Interessengruppen verteidigen geschickt ihre durch frühere agrarpolitische Maßnahmen geschaffenen Besitzstände. Selbst wenn das Versagen einer bestimmten Politik aufgezeigt werden kann, ist es schwierig, sie zu verändern; vielmehr werden neue Maßnahmen ergriffen, um ihre Mängel zu korrigieren. In den siebziger Jahren wurden die Kosten der Milcherzeugung durch höhere Milcherträge unter die Stützpreise für Milch gedrückt. Die Regierungen sahen sich enormen Milchüberschüssen gegenüber und die Ausgaben schnellten in die Höhe — von 1974 bis 1984 stiegen sie in der EG auf das Sechsfache und

weiter zu. Die Regierung wurde im Dezember 1985 gesetzlich ermächtigt, die Milchproduktion durch Ankauf und Schlachtung von bis zu 1 Million Kühen einzudämmen; es ist aber unwahrscheinlich, daß das Problem damit langfristig gelöst werden kann.

Der größte Teil der Überschüsse landet in den Lagern, da nach einer in der Tokio-Runde des GATT getroffenen Vereinbarung Butter nicht billiger als zu 1 200 Dollar je Tonne exportiert werden darf. Die Lagerhaltung von Milchprodukten ist teuer, und die Qualität läßt sich nur unter Schwierigkeiten aufrechterhalten. Aber Geduld hat ihren eigenen Lohn. Im Jahr 1984 erklärte die EG, die Qualität ihrer Lagerbutter habe sich derart verschlechtert, daß aus ihr ein neues, geringerwertiges Produkt, nämlich Butteröl geworden sei. Da für Butteröl keine internationalen Vereinbarungen bestehen, war die EG in der Lage, einen Teil ihrer Vorräte zu 450 Dollar je Tonne an die UdSSR zu verkaufen; dies entsprach gerade nur 14 Prozent des an die Bauern gezahlten Preises.

Schaubild 6.1A Milchproduktion in der EG, 1974 bis 1984

Anmerkung: Die Angaben umfassen Butter, Käse und Milchpulver, die in Milchäquivalente umgerechnet wurden.
Quelle: Bureau of Agricultural Economics (Australien) 1985.

in den Vereinigten Staaten auf das Fünffache. Statt aber die Preise zu senken und die Konsumenten vom technischen Fortschritt profitieren zu lassen, versuchten die Regierungen, die zu garantierten Preisen verkaufte Milchmenge zu begrenzen (vgl. Sonderbeitrag 6.1).

Die Bestimmung des Protektionsgrades

Der erste und offenkundige Effekt der von den Industrieländern verfolgten Agrarpolitik besteht in der Anhebung der Preise. In Tabelle 6.1. werden für sieben Industrieländer bzw. -gruppen Schätzungen nominaler Protektionskoeffizienten (d.h. Quotienten aus Inlandspreisen und Einfuhrpreisen frei Grenze) aufgeführt.

Solchen Schätzungen gegenüber ist Vorsicht angebracht. Bei veränderlichen Weltmarktpreisen, gleichzeitig aber relativ stabilen Inlandspreisen, unterliegen nominale Protektionskoeffizienten im Zeitablauf größeren Schwankungen. Tabelle 6.1. enthält Angaben für die Jahre 1980 bis 1982; bezeichnenderweise war aber der Protektionsgrad 1985 größer, da die Weltmarktpreise niedriger lagen. Die Inlandspreise können auf verschiedenen Stufen gemessen werden: Beim Erzeuger, bei der Interventionsstelle oder beim Großhandel. Da sich die von einzelnen Ländern genannten Preise auf unterschiedliche Stufen beziehen, werden Vergleiche schwierig; außerdem gibt es bei den einzelnen Agrargütern Qualitäts- und Artunterschiede; so werden z.B. viele verschiedene Reissorten konsumiert, und ihre Bedeutung fällt von Land zu Land unterschiedlich aus. Da agrarpolitische Maßnahmen die Weltmarktpreise beeinflussen, läßt sich aus den Schätzungen nicht ablesen, wie die Weltmarktpreise reagieren würden, wenn diese Maßnahmen entfielen. Schließlich erfassen die nominalen Protektionskoeffizienten auch die Effekte solcher nationalen Maßnahmen nicht, bei denen auf Einfuhrbelastungen verzichtet wird: in solchen Fällen sind die Inlands- und die Weltmarktpreise identisch. So beeinflussen z.B. die Kontrollen der landwirtschaftlichen Anbauflächen und die Ausgleichszahlungen in den Vereinigten Staaten den inneramerikanischen Maispreis und den Einfuhrpreis per Grenze in gleicher Weise.

Dennoch können aus der Tabelle bestimmte Schlußfolgerungen gezogen werden. Erstens erhalten die Milcherzeuger ebenso wie die Reis- und Zuckerproduzenten fast überall großzügige Unterstützung. Zweitens sind die Bauern in Japan und Europa stärker durch Schutzmaßnahmen abgeschirmt als die Landwirte in Ländern, die traditionell von Agrarexporten abhängig sind. Drittens fällt der relative Protektionsgrad der einzelnen Agrarprodukte von Land zu Land unterschiedlich aus; somit sind auch die relativen Inlandspreise von Land zu Land unterschiedlich. Selbst innerhalb einzelner Länder gibt es daher Verzerrungen, wenn die Landwirte auf agrarpolitisch bestimmte Preise und nicht auf relative Knappheits- und Kostenverhältnisse reagieren.

Tabelle 6.1 Nominale Protektionskoeffizienten (NPK) in Industrieländern für Erzeuger- und Verbraucherpreise ausgewählter Agrarprodukte, 1980 bis 1982

Land- oder Ländergruppe	Weizen		Sonstiges Getreide		Reis		Rind- und Lammfleisch	
	Erzeuger NPK	Verbraucher NPK	Erzeuger NPK	Verbraucher NPK	Erzeuger NPK	Verbraucher NPK	Erzeuger NPK	Verbraucher NPK
Australien	1,04	1,08	1,00	1,00	1,15	1,75	1,00	1,00
EG[b]	1,25	1,30	1,40	1,40	1,40	1,40	1,90	1,90
Sonstiges Europa[c]	1,70	1,70	1,45	1,45	1,00	1,00	2,10	2,10
Japan	3,80	1,25	4,30	1,30	3,30	2,90	4,00	4,00
Kanada	1,15	1,12	1,00	1,00	1,00	1,00	1,00	1,00
Neuseeland	1,00	1,00	1,00	1,00	1,00	1,00	1,00	1,00
Vereinigte Staaten	1,15	1,00	1,00	1,00	1,30	1,00	1,00	1,00
Gewogener Durchschnitt	1,19	1,20	1,11	1,16	2,49	2,42	1,47	1,51

a. Gewogen mit den Produktions- und Verbrauchswerten zu Weltmarktpreisen frei Grenze.
b. Ohne Griechenland, Portugal und Spanien.

Eingriffe in den Außenhandel

Diese komplizierten Verhältnisse beruhen darauf, daß es einerseits Maßnahmen an der Zollgrenze gibt, die sich auf Importe und Exporte auswirken, andererseits Eingriffe in den Binnenmarkt, die Angebot und Nachfrage im Inland direkt beeinflussen. Zunächst zu den Maßnahmen an der Zollgrenze. Die einfachste Methode im Einfuhrland ist die Zollerhebung, also die Besteuerung der Einfuhr; im

Sonderbeitrag 6.2 Schutzmaßnahmen für Zuckerproduzenten

Zucker und seine eng verwandten Ersatzstoffe, wie Glukosezucker und Maissirup mit hohem Fruchtzuckeranteil (High fructose corn syrup, HFCS), stammen hauptsächlich aus drei Quellen, nämlich Zuckerrohr, Zuckerrüben und stärkereichen Produkten wie Mais. Zuckerrohr ist der älteste und billigste Zuckerlieferant; die anderen Quellen erhielten erst dann eine größere Bedeutung, als das Angebot von Zuckerrohr eingeschränkt wurde. Auf die Zuckergewinnung aus Rüben stieß man im späten achtzehnten Jahrhundert, wirtschaftlich lohnend wurde das Verfahren aber erst durch die britische Kontinentalsperre während der Napoleonischen Kriege. Zwischen 1811 und 1813 wurden in Frankreich über 300 Zuckerrübenfabriken errichtet. Der Frieden und die Wiederaufnahme des Zuckerimports führten aber zu ihrer Schließung, und die europäische Rübenproduktion lebte erst im späteren Verlauf des neunzehnten Jahrhunderts wieder auf - abermals durch Handelsbarrieren abgeschirmt. Seit dieser Zeit erfreut sich der Zuckerrübenanbau eines hohen Protektionsgrades.

Dieses Protektionsniveau wurde für die Industrieländer zu einer kostspieligen Angelegenheit, insbesondere als in den siebziger Jahren der neue Süßstoff HFCS verfügbar wurde. HFCS entwickelte sich unter dem Schutzdach des Protektionssystems für Zucker, weil die Binnenpreise für Rüben- und Rohrzucker stärker über die Weltmarktpreise angehoben wurden als der Preis von Mais, aus dem HFCS gewonnen wird.

Die EG und die Vereinigten Staaten reagierten zwar unterschiedlich auf die Produktion von HFCS, doch waren die Auswirkungen auf den Weltzuckerhandel und die Entwicklungsländer ähnlich. Die EG, bereits zu Beginn der siebziger Jahre ein wichtiger Zuckerexporteur, dehnte ihr Quotensystem für Zuckerrüben auf die Produktion von Glukosezucker aus und bewirkte damit noch höhere subventionierte Exportüberschüsse. Der Anteil der EG am weltweiten Zuckerexport stieg von weniger als 9 Prozent in den sechziger Jahren auf mehr als 20 Prozent in den achtziger Jahren, womit die EG 1982 zum weltweit größten Exporteur wurde. Im Gegensatz dazu durfte in den Vereinigten Staaten die Produktion von HFCS hinter der Schutzmauer eines Einfuhrkontingents expandieren. Infolgedessen stieg der Anteil von HFCS am Inlandsverbrauch von Süßstoffen, und 1984 wurden erstmals mehr Zuckeraustauschstoffe auf Maisbasis als Zucker konsumiert. Der Anteil der Vereinigten Staaten an der Welteinfuhr von Rohzucker fiel in den frühen achtziger Jahren auf rd. 10 Prozent, verglichen mit durchschnittlich 20 Prozent in der Zeit von 1960 bis 1973. Der internationale Zuckerhandel wird auch weiterhin von Präferenzabkommen dominiert, während der freie Markt nur die Rolle einer Restgröße spielt.

Die Erfahrungen der Vereinigten Staaten veranschaulichen, wie schwierig es ist, Handelsbeschränkungen praktisch zu handhaben. Bis 1983 konnte Zucker, der mit nur 6 Prozent Maissüßstoffen vermischt war, ohne quantitative Beschränkungen importiert werden. Die Verbraucher konnten dadurch Zucker praktisch zu Weltmarktpreisen

Schweinefleisch und Geflügel		Milchprodukte		Zucker		Gewogener Durchschnitt[a]		
Erzeuger NPK	Verbraucher NPK	Erzeuger NPK	Verbraucher NPK	Erzeuger NPK	Verbraucher NPK	Erzeuger NPK	Verbraucher NPK	Land- oder Ländergruppe
1,00	1,00	1,30	1,40	1,00	1,40	1,04	1,09	Australien
1,25	1,25	1,75	1,80	1,50	1,70	1,54	1,56	EG[b]
1,35	1,35	2,40	2,40	1,80	1,80	1,84	1,81	Sonstiges Europa[c]
1,50	1,50	2,90	2,90	3,00	2,60	2,44	2,08	Japan
1,10	1,10	1,95	1,95	1,30	1,30	1,17	1,16	Kanada
1,00	1,00	1,00	1,00	1,00	1,00	1,00	1,00	Neuseeland
1,00	1,00	2,00	2,00	1,40	1,40	1,16	1,17	Vereinigte Staaten
1,17	1,17	1,88	1,93	1,49	1,68	1,40	1,43	Gewogener Durchschnitt

c. Finnland, Norwegen, Österreich, Schweden, Schweiz.
Quelle: Tyers and Anderson (Hintergrundpapier).

Exportland ist es die Ausfuhrsubvention. Zumeist aber sind die Verhältnisse komplizierter. Veränderliche Einfuhrbelastungen und Ausfuhrsubventionen — Einfuhrabschöpfungen und Exporterstattungen genannt — sind eher die Regel.

kaufen, doch führten die zunehmenden Importe zu Beschwerden der heimischen Produzenten, bis das „Schlupfloch" verstopft wurde. Angesichts eines Zuckerpreises auf dem Inlandmarkt, der vier- bis siebenmal so hoch war wie der Weltmarktpreis, lohnte es sich für die Wirtschaft jedoch, Zucker aus verarbeiteten Produkten wie etwa Kuchenmischungen zurückzugewinnen. Im Januar 1985 wurde durch Notverordnungen ein Kontingent für sämtliche Einfuhren von gesüßten „eßbaren Zubereitungen" für den Zeitraum von neun Monaten festgesetzt. Unglücklicherweise stellten auch Hühnerpasteten, Pizzen und Nudeln (mit einem Zuckergehalt von 0,002 Prozent) solche „eßbaren Zubereitungen" dar; innerhalb von zwei Monaten war das Neunmonatskontingent ausgeschöpft und die Einfuhr eines breiten Sortiments von Gütern kam unbeabsichtigterweise zum Erliegen.

Weder die EG noch die Vereinigten Staaten waren in der Lage, ihre Zuckerpolitik dem Wandel des wirtschaftlichen Umfelds anzupassen. Vielmehr haben sie zunehmende Marktverzerrungen und wachsende volkswirtschaftliche Kosten hingenommen. Zusätzlich haben sie ihren Handelspartnern, hauptsächlich den Entwicklungsländern, große Anpassungslasten aufgebürdet. Einer Schätzung zufolge kostete die Zuckerpolitik der Industrieländer die Entwicklungsländer im Jahr 1983 ungefähr 7,4 Mrd Dollar an verlorengegangenen Exporteinnahmen, reduzierte deren Realeinkommen um etwa 2,1 Mrd Dollar und vergrößerte die Instabilität der Preise auf dem residualen Weltmarkt für Zucker um rund 25 Prozent.

EINFUHRABSCHÖPFUNGEN. Die veränderlichen Abschöpfungen bei der Einfuhr sind das zentrale Element der Gemeinsamen Agrarpolitik in der EG. Abschöpfungen werden auch von anderen europäischen Ländern angewendet, nämlich von Österreich, Schweden und der Schweiz. Die Abschöpfung entspricht dem Unterschied zwischen dem Weltmarktpreis frei Grenze und einem offiziell festgesetzten Einfuhrpreis, zu dem ausländische Agrarprodukte verkauft werden können. Der Einfuhrpreis - in der EG als Schwellenpreis bekannt - entspricht dem Mindestpreis von Importen für inländische Abnehmer. Die Inlandspreise werden jährlich von den Landwirtschaftsministern der Mitgliedstaaten festgesetzt. Solange Einfuhren erfolgen und der Inlandspreis über dem Weltmarktpreis frei Grenze liegt, schwanken die mit dem Schwellenpreissystem verbundenen Kosten, da Weltmarktpreise und Wechselkurse Veränderungen unterliegen, während die Inlandspreise festgeschrieben sind.

Einfuhrabschöpfungen können Landwirte und Verbraucher gegenüber den Einflüssen des Weltmarkts isolieren, doch ist diese Abschirmung kostspielig. Konsumenten kaufen auch weiterhin Erzeugnisse, deren Weltmarktpreise stark gestiegen sind, die Landwirte fahren mit der Erzeugung fort, auch wenn die Preise gefallen sind. Importländer können daher ebensowenig wie Exportländer einen Vorteil aus Veränderungen der Weltmarktpreise ziehen. Noch negativer zu bewerten ist, daß Abschöpfungen die Effizienz und Stabilität der Weltmärkte vermindern, indem sie weltweit einen Teil des Konsums und der Produktion von den Weltmarktpreisen isolieren. Im Sonderbeitrag 6.2. sind diese Zusammenhänge am Beispiel der Zuckerpolitik dargelegt.

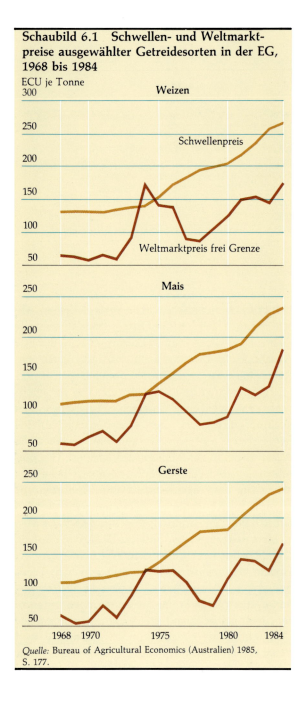

Schaubild 6.1 Schwellen- und Weltmarktpreise ausgewählter Getreidesorten in der EG, 1968 bis 1984

Quelle: Bureau of Agricultural Economics (Australien) 1985, S. 177.

AUSFUHRERSTATTUNGEN. Das Gegenstück zu Einfuhrbelastungen sind die Ausfuhrerstattungen in den Exportländern. Durch Erstattungen werden die Inlandspreise von den Weltmarktpreisen abgekoppelt und können über diesen liegen. Im Ergebnis werden die Weltmarktpreise gedrückt und destabilisiert. Obwohl Ausfuhrerstattungen in gleicher Weise wirken wie Einfuhrbelastungen, sind sie weniger verbreitet. In der Tat dienen Ausfuhrerstattungen in aller Regel zur Abstützung eines übermäßig ausgebauten Systems von Einfuhrbelastungen:

Nachdem Einfuhrbelastungen eingeführt wurden, um die heimischen Landwirte vor billigen Importen zu schützen, führt das hohe Stützungsniveau dazu, daß die Inlandsproduktion über die Nachfrage hinauswächst und die Regierungen sehen sich steigenden Überschüssen gegenüber. Da die preisstützenden Maßnahmen aus politischen Gründen nicht aufgegeben werden können, nimmt man Zuflucht zu Ausfuhrerstattungen, um die Überschüsse im Ausland abzusetzen. Die EG bietet das beste Beispiel für dieses Phänomen: Importierte sie in den sechziger Jahren noch in großem Ausmaß Getreide, so wurde sie in den achtziger Jahren zu einem bedeutenden Exporteur, ohne daß der Umschwung Ergebnis eines komparativen Vorteils in der Getreideerzeugung gewesen wäre.

Exporterstattungen belasten die Volkswirtschaft in gleicher Weise wie Einfuhrabgaben. Sie können aber noch schwieriger zu handhaben sein, und zwar besonders dann, wenn — wie in der EG — die Erstattungen je nach Abnehmerland der Exporte variieren. Darüber hinaus sind sie eine starke Beanspruchung der öffentlichen Kassen. Dies führt häufig dazu, daß die Regierung das Niveau der Preisstützungen reduziert, wenn sich ein Land vom Netto-Importeur zum Netto-Exporteur bestimmter Produkte entwickelt. So stiegen z.B. die Garantiepreise innerhalb der EG zwischen 1973 und 1978 real um durchschnittlich 0,3 Prozent jährlich, sie fielen aber um jährlich 1,1 Prozent in den Jahren 1979 bis 1986, als die Überschüsse und der Bedarf an Ausfuhrerstattungen zunahmen.

Einfuhrabschöpfungen und Ausfuhrerstattungen können hohe Beträge erreichen. Die Einfuhrabgaben Schwedens heben die Inlandspreise für Rindfleisch auf ca. 250 Prozent der Weltmarktpreise an. Schaubild 6.1. zeigt die Kluft zwischen den Schwellenpreisen und den Weltmarktpreisen frei Grenze für Getreide in der EG seit 1968. Es wird geschätzt, daß 1982/83 durch die Marktordnung für Getreide 7,9 Mrd Europäische Währungseinheiten (ECU) bzw. 8,9 Mrd Dollar von den Konsumenten und 2,3 Mrd ECU von den Steuerzahlern auf die Erzeuger übertragen wurde.

ZÖLLE. Feste Zölle sind im Agrarhandel weniger verbreitet als variable Einfuhrabgaben. Durch Zölle können die Inlandspreise nicht stabilisiert und die landwirtschaftlichen Einkommen nicht einmal auf kurze Frist garantiert werden, da die Inlandspreise entsprechend den Weltmarktpreisen schwanken. Hohe Zölle sind tendenziell auf Märkte beschränkt, die entweder für variable Abgaben zu heterogen sind oder bei der Einführung der Maßnahmen nicht als wichtig genug erachtet wurden. Die meisten Industrieländer erheben Zölle auf Obst und Gemüse, ebenso sind Zölle auf Fleischwaren, Ölsaaten und Tabak recht verbreitet. Zölle spielen eine relativ wichtige Rolle als Schutzmaßnahme für verarbeitete Agrarerzeugnisse; mit zunehmendem Verarbeitungsgrad der Produkte steigen sie tendenziell steil an. Hierdurch wird es den Entwicklungs-

---

Sonderbeitrag 6.3 Bodenbeschränkungen und nebenberufliche Landwirtschaft

Die Agrarpolitik in Japan basiert auf zwei in den vierziger Jahren verabschiedeten Gesetzen. Das Gesetz über die Bewirtschaftung der Grundnahrungsmittel von 1942 zielte darauf ab, die Selbstversorgung mit Reis sowie stabile Verbraucherpreise zu gewährleisten und sorgte für eine Abkopplung der Verbraucher- von den Erzeugerpreisen. In diesem Gesetz heißt es, daß die offiziellen Ankaufspreise „mit dem Ziel festgesetzt werden sollen, die Produktion unter Berücksichtigung der Produktionskosten, der Preise und anderer wirtschaftlicher Bedingungen sicherzustellen". Die Verbraucherpeise „sollen mit dem Ziel festgelegt werden, die Ausgaben der Konsumenten unter Berücktigung der Lebenshaltungskosten, der Preise und anderer wirtschaftlicher Bedingungen zu stabilisieren".

Das zweite Gesetz betrifft die Landreform. Die landwirtschaftlichen Reformen zwischen 1945 und 1950 übertrugen das Eigentum an annähernd einem Drittel des gesamten landwirtschaftlichen Bodens auf frühere Pächter, legte Höchstgrenzen für den landwirtschaftlichen Grundbesitz fest, verbot den Besitz von Agrarland durch andere als bäuerliche Grundeigentümer, beschränkte die Verpachtung von bäuerlichem Grundbesitz auf höchstens einen Hektar und untersagte praktisch den Verkauf von Land unter Bauern. Diese Maßnahmen reduzierten den Prozentsatz der von Pächtern bewirtschafteten Betriebe von 46 Prozent im Jahr 1945 auf 10 Prozent im Jahr 1950 und 5 Prozent im Jahr 1965. Die Verpachtung war bis zu einem gewissen Umfang zugelassen, sie war aber durch Pachtobergrenzen und die Schwierigkeiten, verpachtetes Land wieder in Besitz zu nehmen, unattraktiv. Selbst nach der späteren Liberalisierung waren in Japan 1978 nur 4 Prozent der landwirtschaftlichen Nutzfläche gepachtet.

Das Bodengesetz verhinderte das Entstehen größerer Höfe. Die durchschnittliche Betriebsgröße stieg in Japan von 1,01 Hektar im Jahr 1950 auf 1,17 Hektar im Jahr 1977, während sich die Farmen in den Vereinigten Staaten um durchschnittlich 50 Prozent ausdehnten. Zugleich ging die bestellte Fläche in Japan um ungefähr 8 Prozent zurück und der Anteil des zweimal jährlich abgeernteten Bodens fiel von rund einem Drittel auf fast Null. Die Beschäftigung in der Landwirtschaft nahm in etwa gleichem Umfang wie in anderen Ländern ab.

Da die landwirtschaftlichen Betriebe Japans klein sind, ist die Faktorproduktivität insgesamt - d. h. das Produktionsergebnis dividiert durch einen Index des gesamten Produktionsmitteleinsatzes - nicht so rasch gestiegen wie in anderen Teilen der Welt. Seit 1960, als die Agrartechnik anspruchsvoller und kapitalintensiver wurde, ist die Betriebsgröße der kritische Produktionsfaktor. Im Jahre 1960 waren die Kosten des Reisanbaus in Betrieben mit 0,3 bis 0,5 Hektar um 20 Prozent höher als bei Betrieben mit mehr als 3,0 Hektar; 1975 belief sich dieses Kostengefälle auf mehr als 60 Prozent.

Die japanische Landwirtschaft erschien im Jahr 1955 einigermaßen konkurrenzfähig — ganz bestimmt im Vergleich zur westeuropäischen. Der Erzeugerpreis von Reis lag nur 13 Prozent über dem Einfuhrpreis, und Japan war fast Selbstversorger. Danach drückte das von Japans industriellem Erfolg getriebene Wachstum der Arbeitskosten das Kostenniveau der Landwirtschaft stärker in die Höhe als in den sonstigen Bereichen der Volkswirtschaft, wobei zusätzlich die Kosten eines intensiven Kapitaleinsatzes in derart kleinen Betrieben eine Rolle spielten. In Anbetracht der agrarpolitischen Zielsetzungen — Selbstversorgung und Einkommenstützung im Agrarsektor — wurde ein stärkerer Importschutz gegen Einfuhren notwendig. Im Schutz strenger Einfuhrbeschränkungen stieg der Reispreis vom Eineinhalbfachen des Einfuhrpreises im Jahr 1961 auf mehr als das Doppelte im Jahr 1970 und auf das Vierfache im Jahr 1979. Zu ähnlichen, wenn auch weniger drastischen Verschiebungen der relativen Preise kam es bei Produkten wie Weizen, Rindfleisch und Milcherzeugnissen.

Die Beschränkungen des Grundbesitzes und der Verpachtung haben die Landwirte dazu veranlaßt, einzelne Tätigkeiten wie die Unkrautbeseitigung, die Bodenbearbeitung und das Abernten an andere zu vergeben. Häufiger jedoch führten diese Restriktionen dazu, daß die Bauern eine Teil- oder Vollzeitbeschäftigung außerhalb der Landwirtschaft aufnahmen. Nur in 20 Prozent der bäuerlichen Haushalte Japans ist mindestens ein Familienmitglied als Vollzeitkraft in der Landwirtschaft tätig; 70 Prozent dieser Haushalte beziehen mehr als die Hälfte ihres Einkommens aus Tätigkeiten außerhalb der Landwirtschaft. Der Lebensstandard dieser letzteren Gruppe ist um rund 25 Prozent höher als der von ausschließlich landwirtschaftlich tätigen Familien.

Die 20 Prozent der Betriebe mit mindestens einer Vollerwerbskraft erzeugen ungefähr 60 Prozent der gesamten Agrarproduktion auf 48 Prozent des Bodens. Im Reisanbau — der sich für den Nebenerwerb besonders eignet — überwiegen jedoch die Nebenerwerbsbetriebe. Sie produzieren etwa zwei Drittel der gesamten Ernte.

Im Jahr 1980 ließ ein neues Gesetz größere Betriebe zu und veranlaßte die Nebenerwerbsbauern, ihr Land zu verpachten. Gleichzeitig versuchte man, den Stützpreis unterhalb der Durchschnittskosten der Kleinstbetriebe zu halten. Zwar ging der Inlandspreis während der achtziger Jahre auf nur noch das Dreifache des Einfuhrpreises zurück, doch hat sich die Agrarstruktur nicht nennenswert verändert. Die Hauptnutznießer der japanischen Reispolitik sind nach wie vor die Nebenerwerbsbauern. Den Vollerwerbsbauern haben es die Langzeitwirkungen der restriktiven Bodengesetzgebung verwehrt, von ihrer Tüchtigkeit vollen Gebrauch zu machen.

ländern erschwert, eine eigene Verarbeitungsindustrie aufzubauen.

EINFUHRKONTINGENTE. Ein Einfuhrkontingent beschränkt die Importe eines Erzeugnisses auf eine bestimmte Menge oder einen bestimmten Geldbetrag (die manchmal gleich Null gesetzt werden). Kontingente werden verbreitet für Milchprodukte, Zucker, Rindfleisch, Gemüse und Obst festgelegt und von einer Vielzahl von Ländern angewendet, u.a. von der EG, Japan, Kanada, der Schweiz und den Vereinigten Staaten. Gelegentlich werden Einfuhrkontingente als freiwillige Vereinbarungen über Exportbeschränkungen zwischen Ausfuhr- und Einfuhrländern kaschiert. Beispiele hierzu bieten u.a. Australiens Einfuhren von Milcherzeugnissen aus Neuseeland und Rindfleischeinfuhren der USA aus Australien. In anderen Fällen stehen Einfuhrbeschränkungen in Verbindung mit speziellen Handelsvereinbarungen, in denen sowohl Einfuhrpreise als auch Einfuhrmengen festgelegt sind. Beispiele hierfür sind die Zuckereinfuhren der USA aus der Karibik sowie Rindfleisch- und Zuckereinfuhren der EG aus bestimmten Entwicklungsländern.

Ebenso wie variable Einfuhrabgaben schirmen Kontingente ein Land von den Bewegungen der Weltmärkte ab und erhöhen die Inlandspreise. Für das Kontingente anwendende Land können sie sogar noch kostspieliger sein. Der Unterschied zwischen Inlandspreisen und Weltmarktpreisen frei Grenze kann vom Exportland vereinnahmt werden, anstelle daß dem Fiskus Einnahmen in Form von Zöllen zufließen. Auch brauchen die Einfuhren nicht unbedingt aus den billigsten Lieferländern zu stammen, da Kontingente für die Ausfuhren verschiedener Länder fast zwangsläufig Kostenunterschiede unberücksichtigt lassen.

Ein bekanntes Beispiel sind die Einfuhrkontingente oder Mengenbeschränkungen Japans. Abgesichert durch sehr strenge Beschränkungen für Reis- und Rindfleischeinfuhren, hat die japanische Regierung die inländischen Erzeugerpreise auf etwa das Dreifache der Weltmarktpreise angehoben (vgl. Sonderbeitrag 6.3.). Aufgrund dieser Preise kam es zu erheblichen Reisüberschüssen, die teilweise als Tierfutter verkauft oder als subventionierte Exporte abgesetzt wurden. Allein auf diesem Markt beliefen sich 1980 die Verluste auf ca. 6 Mrd Dollar.

Es wird häufig gesagt, daß Gesundheits- und Qualitätsnormen zur Beschränkung der Einfuhren mißbraucht werden. Niemand zweifelt an der Notwendigkeit solcher Regelungen, ihre exzessive oder diskriminierende Anwendung kann jedoch versteckten protektionistischen Zielen dienen. Vergleiche von Einfuhrbeschränkungen in vier Ländern, für welche umfassende Angaben vorliegen, zeigen, daß sich der von Gesundheitsnormen erfaßte Anteil der Lebensmitteleinfuhren in Japan auf 95 Prozent und in Norwegen auf 94 Prozent beläuft, in der Schweiz aber nur bei 55 Prozent und in Australien bei 60 Prozent liegt. Aus diesen Prozentsätzen geht jedoch nicht der gesamte Protektionsumfang hervor, da generelle Einfuhrverbote für bestimmte Erzeugnisse unberücksichtigt bleiben.

Tabelle 6.2. enthält zusammenfassende Angaben über die an der Zollgrenze wirksamen agrarpolitischen Maßnahmen der Industrieländer. Sie zeigt, welche Einfuhren in Industrieländer nichttarifären Handelshemmnissen (NTH) unterliegen. Die Zahlen geben nicht an, in welchem Umfang die einzelnen Einfuhrpositionen betroffen sind oder welcher Einfuhrwert den Restriktionen unterliegt, sondern zeigen lediglich, welche Restriktionen jeweils angewendet werden. Der Tabelle ist zu entnehmen, daß die Rohstoffeinfuhren der Industrieländer ebenso wie ihre Importe tropischer Getränke von nichttarifären Hindernissen kaum behindert werden. Dagegen werden die Einfuhren von Zucker und Zuckerwaren zu 70 Prozent und die Importe von Fleisch und Lebendvieh sowie von Milchprodukten zu mehr als der Hälfte durch mindestens ein Handelshemmnis behindert. Obst und Gemüse sowie andere Getränke als Tee, Kaffee und Kakao (hauptsächlich Wein und Fruchtsäfte) werden kaum durch variable Abgaben belastet; ihre Einfuhr wird entweder durch Quoten oder durch saisonal erhobene Zölle begrenzt. Im Falle von Zucker, Milchprodukten, Fleisch und Getreide sind variable Belastungen von Bedeutung.

Produktionsquoten und Kontrolle der Produktionsmittel

Produktionsquoten berechtigen Landwirte, eine bestimmte Menge eines Erzeugnisses zu einem festgelegten Preis zu verkaufen. Produziert der Landwirt mehr, so muß er zu niedrigeren Preisen verkaufen. Damit das Quotensystem funktioniert, muß die Regierung die Produktionsmenge der einzelnen Bauern überwachen. Unter dem Gesichtspunkt des Verwaltungsaufwands hat sich dieses Verfahren bisher nur bei Zucker, Milch, Erdnüssen und Tabak als brauchbar erwiesen.

Quoten werden in der Regel eingeführt, wenn die Haushaltsbelastungen durch die Überschüsse un-

Tabelle 6.2 Anwendungshäufigkeit verschiedener nichttarifärer Handelshemmnisse in Industrieländern, 1984
(in %)

Agrarprodukt	Zollkontingente und saisonale Zölle (1)	Mengenmäßige Beschränkungen (2)	Mindestpreisregelungen		Insgesamt[a] (5)
			Alle Arten (3)	Variable Abgaben (4)	
Fleisch und Lebendvieh	12,3	41,0	26,0	23,8	52,2
Milchprodukte	6,9	29,6	28,6	25,6	54,6
Obst und Gemüse	15,7	18,8	4,9	0,8	33,1
Zucker und Süßwaren	0,0	21,7	58,0	58,0	70,0
Getreide	1,7	10,9	21,7	21,7	29,0
Sonstige Nahrungsmittel	0,8	16,3	13,5	13,2	27,0
Tee, Kaffee, Kakao	0,4	4,0	2,5	2,5	6,6
Sonstige Getränke	18,5	22,9	18,4	0,6	42,3
Rohstoffe	0,0	7,5	0,3	0,3	7,8
Sämtliche Agrarprodukte	8,2	17,2	11,5	8,2	29,7
Industrieprodukte	2,2	6,7	0,6	0,0	9,4

Anmerkung: Die Daten zeigen die Anzahl der Einfuhrpositionen, die nichttarifären Handelshemmnissen unterliegen, und zwar in Prozent der Gesamtzahl aller Einfuhrpositionen. Einbezogen wurden die Märkte folgender Industrieländer: Australien, EG, Finnland, Japan, Norwegen, Österreich, Schweiz, Vereinigte Staaten.

a. Diese Spalte zeigt geringere Werte als die Summe der Spalten (1), (2) und (3), wenn bestimmte Einfuhren mehr als einer Beschränkung unterliegen.

tragbar werden. Können die Garantiepreise aus politischen Gründen nicht gesenkt werden, sind Quoten die einzige Möglichkeit, um den Abfluß öffentlicher Gelder einzudämmen. Zwar verursachen Produktionsquoten keine direkten Haushaltsbelastungen, sie sind aber mit erheblichen volkswirtschaftlichen Kosten verbunden. Durch die höheren Preise werden die Verbraucher benachteiligt, die Produktionsrechte kommen häufig den ineffizienten Betrieben zugute und die Quoten können die Märkte konkurrierender Produkte verzerren. In den Vereinigten Staaten haben die Zuckereinfuhrquoten die Erzeugung von Glukose künstlich angeregt. Ähnlichen Konsequenzen ist man in der EG durch inländische Produktionsquoten für auf Mais basierenden Ersatzstoffen zuvorgekommen.

Das Tabakprogramm der Vereinigten Staaten ist das älteste, noch heute wirksame System von Produktionsquoten. Einer neueren Untersuchung zufolge, kostete es die Verbraucher in den Jahren 1980 bis 1984 ungefähr 1 Mrd Dollar jährlich. Das Programm kam nicht einmal allen Tabakfarmern zugute. Es ist zwar richtig, daß die Quoteninhaber um 800 Mio Dollar bessergestellt waren, viele von ihnen hatten aber ihre Quoten verpachtet. Produzenten ohne Quoten waren um 200 Mio Dollar schlechtergestellt. Dem Gesamtgewinn der Produzenten und Quoteninhaber von 600 Mio Dollar stand ein Verlust von 1 Mrd Dollar auf seiten der Konsumenten gegenüber, d.h. für alle Beteiligten zusammen ergab sich ein Verlust von 400 Mio Dollar.

Einmal gewährte Produktionsquoten sind schwer abzuschaffen, da sie zu wertvollen Eigentumsrechten werden. In Britisch Kolumbien (Kanada) kostet das Recht, die Milch einer Kuh zu verkaufen, ungefähr achtmal mehr als eine Kuh selbst. Durch solche Renten entstehen beträchtliche Zugangsbeschränkungen zum Agrarsektor. Sie erhöhen das erforderliche Anfangskapital, obwohl sie die langfristige Rendite von Agrarinvestitionen nicht beeinflussen. Tabelle 6.3 zeigt die Preise übertragbarer Quoten und den daraus resultierenden Kapitalbedarf für Familienbetriebe in Ontario (Kanada).

Eingriffe in den Faktoreinsatz erfolgen häufiger als Beschränkungen des Produktionsergebnisses. Am verbreitetsten ist die Einschränkung der Anbaufläche, die in den Vereinigten Staaten seit langem angewendet wird. Das erste Gesetz — es betraf Getreide und Baumwolle — wurde 1933 verabschiedet; das neueste Regelwerk, das sog. Sachleistungsprogramm (payment-in-kind program), trat 1983 erstmals in Kraft und wird 1986 neu aufgelegt. Auch Japan hat zu solchen Maßnahmen gegriffen, und zwar zunächst um die Anbaufläche für Reis zu reduzieren, dann um die Produktion von Zitrusfrüchten einzuschränken. In manchen Fällen

Tabelle 6.3 Der Marktwert von Produktionsquoten in Ontario (Kanada), 1984

Erzeugnis	Preis je Einheit	×	Größe eines Familienbetriebs	=	Kosten der Produktionsquote beim Erwerb eines Betriebs
Eier	23 Dollar je Henne		25 000 Hennen		580 000 Dollar
Milch	3 500 Dollar je Kuh		40 Kühe		140 000 Dollar
Tabak	1,50 Dollar je Pfund		40 Acres		310 000 Dollar
Truthähne	54 Cents je Pfund		25 000 Truthähne pro Jahr		270 000 Dollar

Quelle: Johnson, "Agricultural Protection" (Hintergrundpapier).

zahlte die Regierung, um Zitrushaine zu roden, die auf den durch ein früheres Programm brachgelegten Reisfeldern angepflanzt worden waren.

In einer großen und offenen Volkswirtschaft sind freiwillige Beschränkungen der Anbaufläche einfacher zu verwalten als Produktionsquoten. Im Falle von Quoten müssen die gesamte Erzeugung überwacht und eventuelle Ernteüberschüsse vernichtet werden. Eine Begrenzung der Anbaufläche erfordert nur die Überwachung der Bodennutzung; die Regierungen können die Landwirte zur Teilnahme bewegen, indem sie ihnen für jeden Acre nicht bebauten Landes einen bestimmten Betrag zahlen oder ihnen höhere Abnahmepreise als Gegenleistung für die Brachlegung einer bestimmten Anbaufläche anbieten (was der gegenwärtigen Praxis in den Vereinigten Staaten entspricht).

Die Verwaltungskosten von Programmen, die auf einzelne Erzeugnisse abstellen, sind gewaltig. Die amerikanische Behörde für die Stabilisierung und Erhaltung der Landwirtschaft (U.S. Agricultural Stabilization und Conservation Service), beschäftigt etwa 2600 Vollzeitangestellte, einige tausend zusätzlicher Teilzeitkräfte und unterhält rd. 3000 Ausschüsse auf dem Lande, die von jeweils 3 ortsansässigen Personen, und zwar gewöhnlich Farmern, gebildet werden. Im Jahr 1985 beliefen sich die Kosten hierfür auf 400 Mio Dollar. Unzählige Entscheidungen müssen getroffen werden: Wie hoch ist die programmgemäße Anbaufläche (die für Zahlungen in Betracht kommt) eines jeden Farmers, und zwar differenziert nach einzelnen Agrarprodukten? Wie hoch ist der programmgemäße Ertrag, — denn davon hängt der Betrag ab, den der Farmer je Flächeneinheit erhält, wenn der Garantiepreis je Bushel festgelegt ist. Wie kann der Farmer — wenn überhaupt — sein brachgelegtes Land nutzen? Ist seine Lagerkapazität angemessen? Erfüllt er die Programmvorschriften? Fraglos ist es zu kostspielig, jede einzelne Auflage zu überwachen, und die Vertreter der Behörde vor Ort mögen versucht sein, im Zweifelsfall zugunsten der Farmer zu entscheiden.

Da Anbaubeschränkungen die Kosten der Produktionsmittel der Farmer verzerren, führen sie außerdem zur Vergeudung von Ressourcen. Sie verleiten die Farmer dazu, die zulässige Anbaufläche intensiver und aufwendiger zu bewirtschaften. Eine gewisse Ironie liegt darin, daß Farmer möglicherweise Land, das sonst als Weideland, Waldung oder Sumpf belassen worden wäre, unter den Pflug nehmen, um dadurch Vorteile zu erzielen, wenn ihre programmgemäße Anbaufläche neu festgelegt wird. Anbaubeschränkungen und eine Subventionierung der Produktionsmittel widersprechen einander; eine Maßnahme erhöht jeweils die Kosten der anderen.

Im Rahmen des Sachleistungsprogramms von 1983 verpflichteten sich die amerikanischen Farmer, eine Gesamtfläche von 77 Mio Acres nicht zu bewirtschaften; dies waren 37 Prozent der Fläche, auf der im Jahr 1982 Getreide, Baumwolle oder Reis angebaut worden war. Als 1983 dann die Agrarstaaten im mittleren Westen unter einer Trockenheit zu leiden hatten, fielen diese Ernten um 41 Prozent geringer aus. Die Preise stiegen um durchschnittlich 16 Prozent. Die Farmer profitierten auch davon, daß sie durch das Sachleistungsprogramm für brachgelegtes Land bis zu 80 Prozent der Menge erhielten, die sie normalerweise hätten ernten können. Diese Sachleistungen stammten aus den Lagerbeständen der Regierung. Der gesamte Transfer von Verbrauchern und Steuerzahlern belief sich auf einen Wert von ungefähr 20 Mrd Dollar. Hinzu kommt noch, daß das Sachleistungsprogramm die Viehzuchtbetriebe und die Produzenten von Vorleistungen für die Landwirtschaft Milliarden von Dollar kostete, da die Preissteigerungen für Futtergetreide nicht in vollem Umfang auf die Verbraucher überwälzt werden konnten und die Farmer weniger Kunstdünger, Saatgut und andere Produktionsmittel einsetzten.

Interventions- und Richtpreise

In nahezu jedem Industrieland erklärt sich die Regierung bereit, Agrarprodukte zu einem festen Preis anzukaufen. Der Interventionspreis stellt für die Landwirte den Mindesterlös dar und bestimmt ihr Produktionsniveau — falls sie nicht durch Quoten eingeschränkt sind. Der öffentlichen Hand wird es im Zeitablauf zu kostspielig, den angekauften Bestand zu halten, und in aller Regel verkauft sie die Vorräte irgendwann im Inland oder im Ausland unter Einstandskosten.

In den Vereinigten Staaten „leiht" die bundesstaatliche Agrarkreditgesellschaft (Commodity Credit Corporation, CCC) den an der Gesellschaft beteiligten Farmern Barmittel, wobei ihr das in anerkannte Lager eingebrachte Getreide als Sicherheit dient. Die Farmer können die Darlehen zurückzahlen, erhalten dann ihre Ernte zurück und können sie verkaufen; es steht ihnen aber auch offen, die Ernte an die CCC als Rückzahlung abzutreten. Der Beleihungspreis — der Preis, zu dem die CCC Getreide beleiht — ist der Mindestpreis, den der Farmer erzielen kann. Da die Vereinigten Staaten der weltweit wichtigste Getreideexporteur sind und die an ihrer Zollgrenze geltenden Maßnahmen bei weitem nicht ausreichen, um den amerikanischen Inlandspreis vom Weltmarktpreis abzukoppeln, bestimmt dieser Beleihungspreis der CCC die Preisuntergrenze auf dem Weltgetreidemarkt. Verfügt die CCC über hohe Vorräte, wie dies in den achtziger Jahren der Fall war, so entspricht der Dollarpreis auf dem Weltmarkt dem Beleihungspreis; zusammen mit dem Wechselkurs des Dollars ergeben sich daraus die Weltmarktpreise frei Grenze für andere Länder. Infolgedessen sahen sich viele Länder mit einem bedeutenden Getreidehandel Problemen gegenüber, als die CCC im Jahre 1986 ihre Preise für Weizen und Futtergetreide um 25 bis 30 Prozent herabsetzte und der Dollar sich gleichzeitig beträchtlich abwertete. Noch stärker gesenkt wurde der Stützpreis für Reis.

Seit Mitte der siebziger Jahre haben die Vereinigten Staaten zudem einen Richtpreis festgelegt, der über dem Beleihungspreis der CCC liegt. In Höhe des Unterschieds zwischen Markt- und Richtpreisen werden Ausgleichszahlungen geleistet; an und für sich würden solche Zahlungen die Produktion anregen und damit die Inlands- und Weltmarktpreise drücken. Dies wird jedoch dadurch verhindert, daß die Farmer nur dann Ausgleichszahlungen erhalten, wenn sie sich an Programmen zur Beschränkung der Anbaufläche beteiligen. Für Getreide beliefen sich die Ausgleichszahlungen 1985 auf 48 Cents pro Bushel — mehr als 20 Prozent des Marktpreises. Für Weizen, Reis und Baumwolle liegt der Prozentsatz höher. In Zukunft werden diese Zahlungen aller Wahrscheinlichkeit nach sogar weiter steigen, wenn durch die neuen Agrargesetze in den Vereinigten Staaten die Beleihungspreise der CCC und damit die Marktpreise herabgesetzt werden. Ausgleichszahlungen werden häufig mit dem Argument verteidigt, daß sie Farmern zugute kommen, die sich in finanziellen Schwierigkeiten befinden. Nach Schätzungen des amerikanischen Landwirtschaftsministeriums gingen jedoch im Jahr 1985 zwei Drittel der in den Vereinigten Staaten vorgenommenen Ausgleichszahlungen an Landwirte, die wohlhabender waren als der Durchschnittsbürger.

Verbrauchersubventionen

Subventionen an die Verbraucher tragen ebenfalls zu den Kosten der Preisstützung in der Landwirtschaft bei. Da sie Lebensmittel verhältnismäßig billig machen, erhöhen Subventionen die Nachfrage nach der Inlandsproduktion. Zeitlich begrenzte oder selektive Subventionen können dazu beitragen, staatliche Lagerbestände an Überschußerzeugnissen abzubauen. Europäische Rentner haben regelmäßig Stücke des EG-Butterberges erhalten. In den Vereinigten Staaten verschenkte 1985 die CCC Lagerbestände im Gegenwert von 2,5 Mrd Dollar zur Verteilung im In- und Ausland. Subventionen schirmen die Verbraucher vor den hohen Erzeugerpreisen ab und mindern vermutlich die politischen Kosten der Preisstützung in der Landwirtschaft. In Japan besteht das offizielle Ziel der Preisstützung für Reis darin, den Verbrauchern angemessene Reismengen zu günstigen Preisen zu garantieren. Nachdem sich die Regierung einmal für eine Politik der Selbstversorgung mit Reis entschieden hatte — aus Sorge wegen möglicher Störungen des Weltmarktes — wurden Verbrauchersubventionen erforderlich. Die japanischen Lebensmittelsubventionen kosten ungefähr 3,5 Mrd Dollar jährlich.

Andere Maßnahmen

Neben den aufgeführten Maßnahmen gibt es noch weitere Eingriffsmöglichkeiten. Staatliche Absatzeinrichtungen spielten bei bestimmten Erzeugnissen in Kanada, Australien und Neuseeland eine wichti-

Sonderbeitrag 6.4 Versteckte Subventionen — der Crow's Nest-Frachttarif

Nicht alle Ausfuhrsubventionen belasten die öffentlichen Kassen unmittelbar und gerade diese können sehr langlebig sein. Im Jahr 1897 unterstützte die kanadische Regierung den Bau einer Eisenbahn über den Crow's Nest-Pass in den Rocky Mountains. Als Gegenleistung erklärten sich die Eisenbahngesellschaften bereit, ihre Frachtraten für den Transport von Weizen und anderem Getreide zwischen den Prärieprovinzen und den Exporthäfen einzufrieren.

In den Jahren 1981/82 zahlten die Farmer schätzungsweise nur ein Sechstel der Frachtkosten, die bei Getreideexporten anfielen. Die Bahngesellschaft — oder vielmehr ihre andere Kundschaft — trug den größten Teil der verbleibenden fünf Sechstel. Die Subvention belief sich auf ca. 30 Dollar pro Tonne, das waren ungefähr 15 Prozent des Weizenpreises oder 25 Prozent des Gerstepreises. Die Subvention führte in den Prärieprovinzen zu höheren Preisen für Getreide und Ölsaaten sowie zu höheren Pachten und beeinträchtigte die Entwicklung anderer Wirtschaftszweige wie der Holzindustrie und der Kohleförderung (die höhere Transportkosten zahlen müssen) oder der Verarbeitung von Agrarprodukten und der Viehwirtschaft (die höhere Getreidepreise zu zahlen haben). Als eine versteckte Steuer auf die Eisenbahngesellschaften hat diese Subvention auch dazu geführt, daß in die Bahnanlagen viel zu wenig investiert wurde, was der gesamten wirtschaftlichen Aktivität in den Prärieprovinzen hinderlich war. Schließlich hat die Subvention zu zusätzlichen Verzerrungen in anderen Bereichen der Volkswirtschaft geführt. Um die Viehwirtschaft im Osten für die Auswirkungen der Frachtsubvention auf die inländischen Futtergetreidepreise zu entschädigen, wurden weitere Subventionen beschlossen, die den Transport von Futtergetreide aus Westkanada zum Inlandverbrauch im Osten fördern sollen.

In jüngster Zeit hat die Regierung eine Reform des Crow's Nest-Tarifsystems eingeleitet. Sie zahlt den Bahngesellschaften jetzt 659 Mio Dollar im Jahr und beteiligt sich zusätzlich mit einem abnehmenden Anteil an jeder Erhöhung der Frachtraten. Es wird geschätzt, daß die Farmer im Jahr 1990 ungefähr die Hälfte der Frachtkosten selbst tragen werden.

---

ge Rolle. In einigen Ländern bestehen Staatsmonopole für die Einfuhr, die Ausfuhr oder den Inlandsabsatz, die häufig mit gleichen Wirkungen verbunden sind wie Subventionen und Maßnahmen an der Zollgrenze. Subventionen treten in den unterschiedlichsten Bereichen der Agrarwirtschaft auf: im Transportwesen (in Kanada, vgl. Sonderbeitrag 6.4), im Versicherungswesen (in Kanada und in den Vereinigten Staaten), beim Düngemitteleinsatz (in Australien), bei der Wasserversorgung (in den Vereinigten Staaten) und in Form von Vergünstigungen bei der Einkommensteuer (in Frankreich, Großbritannien, Italien und in den Vereinigten Staaten). Schätzungsweise 20 Prozent der in der amerikanischen Landwirtschaft in jüngster Zeit getätigten Anlageinvestitionen hängen mit besonderen Steuervorteilen zusammen.

Nationale Gewinne und Verluste durch agrarpolitische Maßnahmen

Durch die Agrarpolitik der Industrieländer wird Einkommen von Verbrauchern und Steuerzahlern auf Landwirte und Landbesitzer übertragen. Außerdem verringern die agrarpolitischen Eingriffe auf verschiedene Weise das Volkseinkommen. Durch die Subventionen kommt es bei den Landwirten zu einem ineffizienten Einsatz von Produktionsmitteln. Künstlich hochgehaltene Lebensmittelpreise verleiten die Erzeuger dazu, Ressourcen im Übermaß für die Lebensmittelproduktion zu verwenden — Mittel, die besser zur Herstellung anderer Produkte eingesetzt werden könnten. Auch fragen die Konsumenten dadurch weniger Lebensmittel nach, als dies sonst der Fall wäre. Zwar lassen sich diese Effekte nur schwer abschätzen, doch haben Volkswirte eine Fülle von Belegen angesammelt, die klar gegen eine solche Politik sprechen. Dieser Abschnitt gibt darüber einen Überblick.

Nettoverluste

In Tabelle 6.4 werden einige Schätzungen der inländischen, realen Volkseinkommensverluste in Industrieländern zusammengefaßt. Die Schätzungen weichen in der Reichweite der Daten, der Methodik und der betrachteten Zeitspanne voneinander ab, sie zeigen aber durchweg, daß der Schutz der Landwirtschaft hohe Kosten verursacht. Allein der Schutz der Reisproduktion hat die japanische Gesellschaft 1980 schätzungsweise 2,9 Mrd Dollar gekostet; 1976 hatten sich die Kosten auf 3,9 Mrd Dollar belaufen — dies entsprach 0,6 Prozent des japanischen BSP. Die gemeinsame Agrarpolitik kostete die EG im Jahr 1980 15,4 Mrd Dollar oder 0,6 Prozent des BIP. Sogar traditionelle Agrarländer waren vor Verlusten nicht gefeit. Kanada verlor durch den Schutz seiner Milchwirtschaft von 1976 bis 1979 400 Mio Dollar und die Vereinigten Staaten büßten durch ihre gesamten Stützmaßnahmen zugunsten der Landwirtschaft 1984/85 fast 4 Mrd Dollar ein.

Diese Effizienz- oder Realeinkommensverluste sind als untere Grenzwerte anzusehen, da die Verwaltungskosten und die durch hohe Agrarpreise langfristig verursachten Verzerrungen (z.B. die Umlenkung von Anlageinvestitionen und Forschungsaufwand von der Industrie zur Landwirtschaft) in den Schätzungen nicht berücksichtigt sind. Aufgrund des raschen Wandels der Landwirtschaft können derartige Effekte erheblich sein. Ein Beispiel für das Ausmaß von Veränderungen in der Landwirtschaft gibt die Art und Weise, wie sich neun EG-Länder zwischen 1965 und 1983 aus Nettoimporteuren von 20 Mio Tonnen Weizen pro Jahr zu Nettoexporteuren von 10 Mio Tonnen entwickelten. Ein weiteres Beispiel ist das Aufkommen von Zuckeraustauschstoffen in den Vereinigten Staaten; durch Verwendung der Ersatzstoffe schrumpften die Zuckerimporte von 5 Mio Tonnen im Jahr 1981 (dies entsprach der Hälfte des amerikanischen Verbrauchs) auf 3 Mio Tonnen im Jahr 1982 und möglicherweise 1½ Mio Tonnen im Jahr 1986.

Erheblich höher als die Nettokosten der Stützmaßnahmen in der Landwirtschaft liegen die von Verbrauchern und Steuerzahlern getragenen Kosten. In Tabelle 6.5 werden Schätzungen der beiden Kostenkomponenten den Vorteilen der Erzeuger gegenübergestellt. Die Angaben sind zwangsläufig ungenau, sie machen aber den massiven Umfang der Einkommensübertragungen deutlich. Durchweg gewinnen die Erzeuger weniger, als die Verbraucher und Steuerzahler verlieren. Das Verhältnis zwischen inländischen Verlusten und Gewinnen ist als Transferquote wiedergegeben; sie entspricht dem durchschnittlichen Verlust der Konsumenten und Steuerzahler je Dollar, der auf die Erzeuger übertragen wird.

Die hohe Transferquote in Japan spiegelt das

Tabelle 6.4 Die inländischen Effizienzverluste durch Interventionen in der Landwirtschaft ausgewählter Industrieländer

Land oder Region und Quelle	Einbezogene Erzeugnisse	Jahr	Effizienzverlust (in Mrd Dollar) von 1980
Kanada			
Josling 1981	Milchprodukte	1976-1979	0,4
Barichello 1986	Weizen, Gerste, Milch, Geflügel, Eier	1980	0,3
Harling 1983	Weizen, Gerste, Hafer, Kartoffeln, Rindfleisch, Geflügel, Eier	1976	0,1
Europa			
Bale und Lutz 1981[a]	Weizen, Mais, Zucker, Gerste, Rindfleisch	1976	1,9
Buckwell und andere 1982[b]	Sämtliche GAP Erzeugnisse	1980	15,4
Bureau of Agricultural Economics, (Australien) 1985[b]	Sämtliche GAP Erzeugnisse	1978	9,4
Bureau of Agricultural Economics, (Australien) 1985[c]	Sämtliche GAP Erzeugnisse	1983	6,7
Tyers und Anderson (Hintergrundpapier)[b]	Getreide, Fleisch, Milchprodukte, Zucker	1980-1982	24,1
Japan			
Bale und Lutz 1981	Weizen, Gerste, Zucker, Rindfleisch, Reis	1976	6,0
Otsuka und Hayami 1985	Reis	1980	2,9
Tyers und Anderson (Hintergrundpapier)	Getreide, Fleisch, Milchprodukte, Zucker	1980-1982	27,4
Vereinigte Staaten			
Rosine und Helmberger 1974	Sämtliche Agrarerzeugnisse	1970-1971	5,5
Gardner, "Economic Consequences" (Hintergrundpapier)	Getreide, Milchprodukte, Zucker, Baumwolle, Tabak, Erdnüsse	1984-1985	3,9
Johnson, Womack, und andere 1985	Getreide, Sojabohnen, Baumwolle	1981-1984	0,3

a. Die Angaben beziehen sich auf Deutschland, Frankreich und Großbritannien
b. Die Daten beziehen sich auf die EG, ohne Griechenland, Portugal und Spanien
c. Die Daten beziehen sich auf die EG, ohne Portugal und Spanien

Tabelle 6.5 Die jährlichen Kosten und Vorteile des Agrarprotektionismus für inländische Verbraucher, Steuerzahler und Produzenten in der EG, Japan und den Vereinigten Staaten
(Mrd Dollar, falls nicht anders angegeben)

Land und Jahr	Kosten für Verbraucher +	Kosten für Steuerzahler −	Vorteile der Produzenten =	Gesamte inländische Kosten	Transferquote
EG (1980)[a]	34,6	11,5	30,7	15,4	1,50
Japan (1976)	7,1	−0,4	2,6	4,1	2,58
Vereinigte Staaten (1985)	5,7	10,3	11,6	4,4	1,38

a. Ohne Griechenland, Portugal und Spanien.
Quelle: Für die EG: Buckwell und andere 1982; für Japan: Bale und Lutz 1981; für die Vereinigten Staaten: Gardner, "Economic Consequences" (Hintergrundpapier).

hohe Schutzniveau wider. Allerdings sind die Kosten für den japanischen Steuerzahler niedriger. Die Vereinigten Staaten und die EG geben Milliarden für Zahlungen an die Landwirte und Subventionen des Exports und des Inlandsverbrauchs aus, während Japans Importbeschränkungen sogar zu Einnahmen durch Zölle führen. Die Maßnahmen in den Vereinigten Staaten kosten je übertragenem Dollar weniger, weil die Verzerrungen der Preisrelationen geringer sind. Da die amerikanische Erzeugung die Weltmarktpreise beeinflußt, werden die Kosten der Kontrolle der Anbaufläche teilweise von den ausländischen Verbrauchern getragen.

Die Angaben in Tabelle 6.5 legen den Schluß nahe, daß der Schutz der Landwirtschaft eine kostspielige Methode der Einkommensumverteilung innerhalb der Gesellschaft ist. In Japan büßten Verbraucher und Steuerzahler für jeden Dollar, der den Erzeugern übertragen wurde 2,58 Dollar ein, wobei die Effizienzverluste aufgrund von Steuererhebungen zur Finanzierung von Agrarsubventionen noch nicht berücksichtigt sind. Außerdem können Schutzmaßnahmen dazu führen, daß Einkommen von den Armen auf die Reichen übertragen wird. In den meisten Ländern sind Landbesitzer und Quoteninhaber die Hauptnutznießer von Preisstützungen, und die Armen tragen einen überproportionalen Teil der Kosten, weil sie einen größeren Prozentsatz ihres Einkommens für Lebensmittel ausgeben.

Die Zahlen in den Tabellen 6.4 und 6.5 umreißen das Ausmaß der Ressourcenvergeudung, das bei einer Liberalisierung des Handels vermieden werden könnte. Die Daten geben an, was die einzelnen Länder gewinnen würden (nachdem sich die Volkswirtschaft voll angepaßt hat), wenn sie auf ihre agrarpolitischen Eingriffe verzichten würden. Kurzfristig würde sich das Angebot trotz einer veränderten Agrarpolitik nicht verringern, da Boden, Kapital und Arbeit in der Landwirtschaft verblieben. Folglich ergäbe sich kurzfristig ein stärkerer Preisdruck als auf lange Sicht.

Langfristige Probleme

Zugunsten der Stützung von Agrarpreisen wird vorgebracht, daß dadurch die Agrartechnik gefördert und die Ernteerträge gesteigert werden. In der Tat ist dies der Fall. Höhere Flächenerträge entsprechen jedoch wirtschaftlichen Gewinnen, welche die Kosten der eingesetzten Mittel wie Kunstdünger, Öl oder Pestizide nur teilweise aufwiegen. Durch Investitionen in der Landwirtschaft werden anderen Sektoren der Volkswirtschaft geschulte Arbeitskräfte und hochentwickelte Kapitalgüter entzogen. Diese Ressourcen könnten anderswo wirtschaftlicher genutzt werden. Investitionen sind kein Fortschritt, wenn dadurch von einem Erzeugnis, das bereits mehr kostet als es wert ist, ständig steigende Mengen produziert werden.

Der Agrarinterventionismus bedeutet zudem eine schwere Last für die Staatskassen der meisten Länder. In der Tat gehen Mitte der achtziger Jahre vom raschen Wachstum des Haushaltsaufwands die Hauptimpulse für eine Reform der Agrarpolitik aus. In der EG machen die Ausgaben für die Landwirtschaft rund 70 Prozent des Gesamthaushalts der Gemeinschaft aus. Von den 18,6 Mrd ECU (23,5 Mrd Dollar), die 1984 für die Preisstützung ausgegeben wurden, stammten etwa 1,9 Mrd ECU aus Zolleinnahmen und Abschöpfungen bei Agrareinfuhren; der Rest wurde aus dem allgemeinen Steueraufkommen finanziert. Noch 1974 beliefen sich die Agrarausgaben auf nur 4,7 Mrd ECU (5,6 Mrd Dollar), wovon 3,0 Mrd ECU durch Einfuhrbelastungen auf Agrarprodukte erhoben wurden. Sowohl die Ausgaben als auch die Belastung des allgemeinen Steueraufkommens haben somit ganz beträchtlich zugenommen.

In den Vereinigten Staaten und in Japan werden ebenfalls beträchtliche Ausgaben getätigt. Im Jahr 1984 beliefen sich die von der amerikanischen Regierung geleisteten Ausgaben auf 11,9 Mrd Dollar (verglichen mit etwa 3,0 Mrd Dollar in den Jahren 1980 und 1981). Durch das 1985 verabschiedete „Gesetz zur Ernährungssicherung" (Food Security Act) werden sie von 1986 bis 1988 wahrscheinlich auf 20 Mrd Dollar jährlich ansteigen. In Japan hatte der Gesamthaushalt für Landwirtschaft, Fischerei und Forstwesen im Jahr 1984 einen Umfang von 14,7 Mrd Dollar, wovon 3,4 Mrd Dollar für Lebensmittelsubventionen eingesetzt wurden. Gegenüber 1980 sind diese Ausgaben allerdings zurückgegangen.

Der Nutzen all dieser Ausgaben ist fraglich. Das Hauptziel ist es, die Einkommen in der Landwirtschaft anzuheben und Einkommensschwankungen zu vermeiden. Vermutlich ist ein gewisser Grad an Einkommensstabilität erreicht worden; es ist aber zweifelhaft, ob höhere Produktpreise die Agrareinkommen auf lange Sicht angehoben haben, auch wenn dadurch Pachten und Bodenpreise gestützt wurden.

Will man den Einfluß der Agrarpolitik auf die Einkommen der Landwirte beurteilen, so ist dies mit Problemen verbunden. In vielen Industrieländern sind Angaben über die Einkommen der Bauern nicht verläßlich oder nicht verfügbar. Steigende Preise heben die Einkommen auf kurze Sicht tendenziell an, ihre langfristigen Effekte werden aber durch die Wirkungen ständig neuer Eingriffe über-

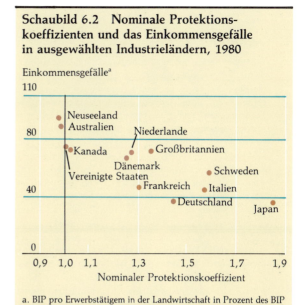

Schaubild 6.2 Nominale Protektionskoeffizienten und das Einkommensgefälle in ausgewählten Industrieländern, 1980

a. BIP pro Erwerbstätigem in der Landwirtschaft in Prozent des BIP pro Erwerbstätigem in der Gesamtwirtschaft.
Quelle: Auf Grundlage von Anderson, Hayami und Honma 1986 sowie von Angaben der OECD.

lagert. Da die agrarpolitischen Maßnahmen zum Teil vom Einkommen der Landwirte abhängen, ist es schwierig, zwischen Ursache und Wirkung zu unterscheiden.

Die vorhandene Evidenz läßt nicht darauf vertrauen, daß die Marktordnungspolitik die wirtschaftlichen Probleme der Landwirte lösen kann. Preisstützungen und Beihilfen konnten den Anstieg der Konkurse in der Landwirtschaft, der sich in den USA seit 1981 vollzogen hat, nicht aufhalten. Auch ist es den Produzenten von ungeschützten Erzeug-

---

Sonderbeitrag 6.5   Alter Wein in neuen Schläuchen

Die Aussagen dieses Kapitels über die Beziehung zwischen den Preisen der Agrarprodukte und der Grundrente sind alles andere als neu. Sie gehen auf den englischen Ökonom David Ricardo zurück, der als einer der ersten die Vorteile des Freihandels formal analysierte. Seine Einwände gegen den Agrarprotektionismus des frühen neunzehnten Jahrhunderts, Großbritanniens sogenannte Getreidegesetze, sind heute so zutreffend wie damals:

• „Der Getreidepreis ist nicht hoch, weil eine Rente entrichtet wird, sondern eine Rente wird gezahlt, weil der Getreidepreis hoch steht" (Ricardo [1821] 1923, S. 61).

• „Die einzige Wirkung höherer Zölle auf die Einfuhr von Fabrikaten oder von Getreide, oder einer Prämie auf ihre Ausfuhr ist die, einen Teil des Kapitals einer Verwendung zuzuführen, welche es natürlicherweise nicht suchen würde. Sie erzeugt eine verderbliche Verteilung des Vermögens der Gesellschaft, sie besticht einen Fabrikanten, ein verhältnismäßig weniger gewinnbringendes Unternehmen anzufangen oder fortzuführen. Sie ist die schlechteste Art von Besteuerung, denn sie gibt dem Auslande nicht alles, was sie dem Inlande entzieht, da der Bilanzverlust durch die weniger vorteilhafte Verteilung des Gesamtkapitals ausgeglichen wird." (Ebenda, S. 320)

• „Der Marktpreis des Getreides (würde) bei einer durch die Wirkungen einer [Export-]prämie gesteigerten Nachfrage .... erhöht werden. Durch eine ständige Prämie auf die Getreideausfuhr würde daher eine Tendenz zu einem dauernden Steigen des Getreidepreises erzeugt werden, was, wie ich anderwärts gezeigt habe, unfehlbar die Rente steigert." (Ebenda S. 318 f)

Sonderbeitrag 6.6   Agrarpreise, Bodenrenten und Kapitalrenditen

Wenn der Preis eines Agrarproduktes steigt, so erhöht sich dadurch unmittelbar die Rendite der Landwirte. Wenn sie den Preisanstieg als dauerhaft ansehen, werden sie mehr produzieren. Normalerweise würde dies tendenziell den Preis drücken. Wenn der Preis aber durch Eingriffe des Staates gestiegen ist und durch Subventionen oder Stützungskäufe gehalten werden kann, bleibt er möglicherweise lange Zeit auf hohem Niveau. Die Landwirte versuchen dann, ihre Produktion auszuweiten und konkurrieren dabei mit anderen Unternehmen der Volkswirtschaft um die verfügbaren Ressourcen. Solange sie bereit sind, einen etwas höheren Preis für Arbeit und Kapital zu bieten, gelingt es den Landwirten, diese Produktionsfaktoren für den Einsatz in der Landwirtschaft zu gewinnen. Die Arbeits- und Kapitalkosten in der Landwirtschaft werden deshalb durch die in anderen Sektoren erzielten Erträge bestimmt und sind von den Agrarpreisen und der Agrarpolitik unabhängig. Langfristig gilt dies selbst für das Einkommen der Landwirte. Wenn deren Gewinne tief genug fallen, werden die Landwirte den Agrarsektor schneller verlassen.

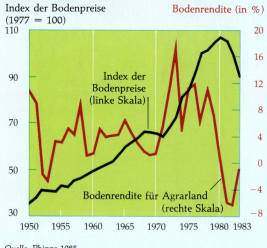

Schaubild 6.6B   Reale Bodenpreise und Bodenrendite in den Vereinigten Staaten, 1950 bis 1983

Quelle: Phipps 1985.

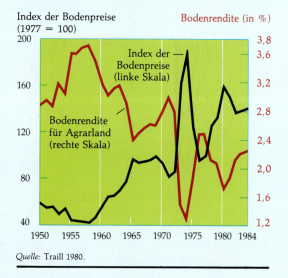

Schaubild 6.6A   Reale Bodenpreise und Bodenrendite in Großbritannien, 1950 bis 1984

Quelle: Traill 1980.

Für den Produktionsfaktor Boden gelten andere Bedingungen. Der Bestand anbaufähigen Bodens ist in den Industrieländern mehr oder weniger vorgegeben, so daß eine Übernachfrage aufgrund hoher Agrarpreise und -einkommen tendenziell die Bodenrente steigen läßt. Diese Entwicklung hält an, bis die Übernachfrage abgebaut ist, d. h. bis die Pächter des Bodens nur noch durchschnittliche Gewinne erzielen. Damit dies eintritt, muß der gesamte durch höhere Preise entstandene Zusatzerlös sich im Pachtwert niedergeschlagen haben. Mit den Bodenrenten werden natürlich auch die Bodenpreise steigen, da die Nachfrage nach Boden so lange anhält, bis sich die Bodenrendite dem Renditeniveau in anderen Bereichen der Volkswirtschaft angeglichen hat. Auf lange Sicht profitieren weder Kapitalanbieter noch Bodenkäufer von höheren Agrarpreisen. Lediglich die Bodenbesitzer ziehen daraus Nutzen, weil sie ihr Land zu höheren Preisen verpachten oder verkaufen können.

Schaubild 6.6 A stellt die Bodenrendite der Entwicklung der Bodenpreise in Großbritannien gegenüber. Die Bodenrendite ergibt sich, indem der jährliche Pachtwert durch die Bodenpreise dividiert wird. Der starke Anstieg der Agrareinkommen in den sechziger Jahren und im Jahr 1973 (als Großbritannien der EG beitrat) spiegelt sich in den Bodenpreisen wider, nicht aber in der Bodenrendite, die seit 1955 überwiegend rückläufig war.

Das Schaubild 6.6 B zeigt ähnliche Angaben für die Vereinigten Staaten; allerdings umfaßt die Bodenrendite hier nicht nur das erzielte laufende Einkommen, sondern auch den Wertzuwachs des Bodens. Eine Untersuchung dieser Daten deutete darauf hin, daß durch Beihilfen für die Landwirtschaft und die Umwidmung von Agrarboden die Pachterträge angehoben wurden. Eine permanente Zunahme der staatlichen Zahlungen um 1 Mrd Dollar ließ die Rendite je Acre um 0,96 Dollar und den Bodenpreis um 15,21 Dollar je Acre steigen. Die Investitionsrendite in der Landwirtschaft blieb davon unbeeinflußt. In den Vereinigten Staaten war die Agrarpolitik weniger stetig als in Großbritannien und die Agrarpreise schwankten stärker. Es kam zu heftigen kurzfristigen Preisausschlägen, insbesondere während der Hausse der Agrarpreise in den siebziger Jahren und des Preisverfalls in den achtziger Jahren. Insgesamt betrachtet folgte die Rendite in der Landwirtschaft aber der Ertragsentwicklung in der Gesamtwirtschaft und wurde durch agrarpolitische Maßnahmen nicht beeinflußt.

nissen nicht schlechter ergangen als Erzeugern geschützter Produkte. Durch die Einführung der Getreidemarktordnung der EG in den Jahren 1967/68 sanken in Deutschland die Agrarpreise um durchschnittlich 8 Prozent, der landwirtschaftliche Betriebsgewinn je beschäftigter Familienarbeitskraft ist aber gestiegen. Zugenommen hat auch die Wertschöpfung je Beschäftigtem in der Landwirtschaft, verglichen mit der Entwicklung der Wertschöpfung in anderen Sektoren der Wirtschaft. In Schaubild 6.2 werden Protektionsquoten der Relation zwischen dem Pro-Kopf-BIP in der Landwirtschaft und in anderen Wirtschaftsbereichen gegenübergestellt. Es zeigt sich eine inverse Beziehung, d.h. je höher die Protektionsquote ist, desto niedriger fällt das relative Einkommen aus. Aufgrund von Unterschieden der Betriebsgrößen, des Umfanges der Teilzeitarbeit in der Landwirtschaft und anderer Faktoren, kann die abgebildete Relation keine kausalen Zusammenhänge aufzeigen. Die Vorstellung, daß umfassend geschützte Produktmärkte den Bauern eines Landes Vorteile bringen, wird dadurch aber in keiner Weise gestützt.

Im allgemeinen ist die Erwartung unbegründet, daß ein verstärkter Schutz zu höheren Einkommen der Landwirte führt; David Ricardo hat dies bereits vor vielen Jahren eindrucksvoll dargelegt (vgl. Sonderbeitrag 6.5). Sonderbeitrag 6.6 veranschaulicht, wie zusätzliche Einkünfte aufgrund höherer Agrarpreise durch steigende Boden- und Pachtpreise verloren gehen, weil die Landwirte um die Produktionsmittel konkurrieren, die sie zur Herstellung der überteuerten Erzeugnisse benötigen. Die Preissteigerungen führen bei den Produzenten, die bei Einführung des Programms Land besitzen, zu unerwarteten Marktlagengewinnen, während das höhere Bodenpreisniveau für die später hinzukommenden Betriebe einen Bestandteil der Kosten darstellt. Jedenfalls trägt die Landwirtschaft in den Industrieländern nur in geringem Umfang zum BIP bei, so daß die Ertragsraten im Agrarbereich langfristig überwiegend durch andere Sektoren der Volkswirtschaft bestimmt werden.

In den Vereinigten Staaten ging das Nettoeinkommen aus der Landwirtschaft, relativ zum Gesamteinkommen der Farmer, von 58 Prozent im Jahr 1960 auf 36 Prozent im Jahr 1982 zurück. In Japan, wo die kleinbäuerliche Landwirtschaft eine größere Bedeutung hat, bezogen im Jahr 1980 die Bauernhaushalte 75 Prozent ihres Einkommens aus Quellen außerhalb der Landwirtschaft. Darüber hinaus stellten sich Familien von nebenberuflichen Landwirten mit fester Anstellung außerhalb des Agrarsektors ungefähr 25 Prozent besser als Familien mit einer oder mehreren Vollzeitkräften in der Landwirtschaft.

In vielen Ländern heißt es, daß die Selbstversorgung mit Agrarprodukten ein Ziel — und ein Ergebnis — ihrer Programme zugunsten der Landwirtschaft ist. Selbstversorgung soll zur Sicherung der Lebensmittelversorgung, zu stabilen Lebensmittelpreisen und gelegentlich auch — paradoxerweise — zu günstigen Preisen beitragen. Keines dieser Argumente ist stichhaltig.

Was die Preisstabilität betrifft, so besteht kein Zweifel, daß die variablen Einfuhrabschöpfungen in Europa und die fixierten Interventionspreise in Japan die Verbraucher- und Erzeugerpreise stabilisieren. Um dies zu erreichen, ist jedoch die Selbstversorgung nicht erforderlich. Variable Abschöpfungen und Subventionen könnten den gleichen Effekt auch bei niedrigeren Durchschnittspreisen erzielen, ohne daß die inländische Erzeugung ausgeweitet würde. Die Selbstversorgung trägt zum Ziel günstiger Preise nichts bei, da sie die Gesamtkosten der Lebensmittelherstellung erhöht.

Die Behauptung, daß Selbstversorgung eine höhere Ernährungssicherheit ermöglicht, erscheint eindeutig — sie ist es aber nicht. Da Industrieländer immer in der Lage sind, Lebensmittel auf dem Weltmarkt zu kaufen, braucht es bei ihnen eine Lebensmittelknappheit aufgrund von Mißernten nicht zu geben. Beim Argument der wirtschaftlichen Sicherheit geht es um die Kosten — wahrscheinlich wäre es auf lange Sicht billiger, selbst jedes fünfte Jahr Knappheitspreise aufzubringen, als jedes Jahr verhältnismäßig hohe Preise zu zahlen. Wie in Kapitel 1 gezeigt, weist der langfristige Trend der realen Weltmarktpreise nach unten und nicht nach oben.

Wie steht es mit der sogenannten strategischen Sicherheit, d.h. der Fähigkeit, Lebensmittel in Zeiten politischer Unruhe zu produzieren? Nur bei einer weltweiten Krise wäre ein Ausfall sämtlicher Bezugsquellen von Lebensmitteln denkbar. Jedenfalls ist es der UdSSR trotz des Getreideembargos der Vereinigten Staaten im Jahr 1980 gelungen, eine Rekordmenge zu importieren. Eine solche Krise würde auch die Versorgung mit Produktionsmitteln wie Öl, Kunstdünger und Pestiziden unterbinden, von denen das gegenwärtige hohe Prduktionsniveau in Europa und Japan abhängt. Strategische Sicherheit erreichen zu wollen, ist illusorisch.

Internationale Konsequenzen

Die Agrarpolitik der Industrieländer mag darauf abzielen, heimische Probleme zu lösen, ihre Auswirkungen betreffen aber auch den Rest der Welt. Indem die Erzeugung ausgeweitet und die inländische Nachfrage gedämpft wird, drückt diese Politik auf die Weltmarktpreise und verzerrt die Preisrelation zwischen Agrar- und Industrieerzeugnissen. Durch die Gewährung besonderer Handelsprivilegien, die dem Schaden teilweise abhelfen sollen, können die Industrieländer die Lage sogar verschlechtern. Durch die Destabilisierung der internationalen Märkte kann die Agrarpolitik der Industrieländer die Schwankungen der Agrarpreise verstärken anstatt sie zu dämpfen. In diesem Abschnitt werden solche Effekte quantifiziert, wobei die Ergebnisse neuerer Untersuchungen herangezogen werden, die sich mit den Wirkungen einer Liberalisierung der Agrarpolitik auf den Handel beschäftigen.

Angebots- und Preiseffekte

Der Druck, der von der Agrarpolitik der Industrieländer auf die Weltmarktpreise ausgeht, hängt von vier Faktoren ab: dem Protektionsniveau, dem Ausmaß, in dem inländische Produktionsüberschüsse zu rückläufigen Importen oder subventionierten Exporten führen, dem Anteil der Industrieländer an der weltweiten Produktion und am Weltverbrauch sowie der Preiselastizität von Angebot und Nachfrage auf den Weltmärkten.

Die Agrarpreise und -kosten sind ausschlaggebend für die Rentabilität der Investitionen in der Landwirtschaft. In den Industrieländern werden Ressourcen von anderen Sektoren in die Landwirtschaft gelenkt. In den Entwicklungsländern, die sich niedrigen Weltmarktpreisen für Agrarerzeugnisse gegenübersehen, aber dennoch die Inlandsproduktion besteuern, werden Ressourcen von der Landwirtschaft in den industriellen Sektor gelenkt. Im Endeffekt wird die Agrarproduktion in Industrieländern, wo in einigen Fällen die Produktionskosten höher sind als in vielen Entwicklungsländern, gefördert. Dies führt dazu, daß die Entwicklungsländer weniger exportieren und mehr importieren, obgleich sie sich durch Investitionen die erforderliche Technologie aneignen könnten, um eine wirtschaftliche Produktion aufzubauen — sofern diese noch nicht vorhanden ist. Je länger der Agrarprotektionismus in den Industrieländern aufrechterhalten wird, desto größerer Schaden wird der Weltwirtschaft zugefügt.

Die einzelnen Entwicklungsländer sind von den Schutzmaßnahmen der Industrieländer unterschiedlich stark betroffen. Die wichtigste Rolle spielt dabei, ob ein Land Nettoimporteur oder -exporteur eines bestimmten Erzeugnisses ist. Am stärksten gefährdet sind Exportländer, von deren Produkten in den Industrieländern Überschüsse erzeugt werden. Thailand, das stark von der Reisausfuhr abhängig ist, wird durch die jüngste Senkung des Ausfuhrpreises für Reis in den Vereinigten Staaten vor gravierende Probleme gestellt. Um ihre Überschüsse abzubauen, senkten die Vereinigten Staaten den Reispreis drastisch auf etwa die Hälfte, und zwar von 8,00 Dollar pro Zentner im Jahr 1985 auf etwa 4,20 Dollar ab Mitte April 1986. Im Gegensatz dazu profitieren die Nettoimporteure von Lebensmitteln von den durch die gegenwärtige Politik herbeigeführten niedrigen Weltmarktpreisen, und auf den ersten Blick mag es so scheinen, als ob sie durch eine Liberalisierung Verluste erleiden würden. Hierzu muß es aber nicht kommen, wenn sie ihre heimische Agrarpolitik liberalisieren und es ermöglichen, daß die Inlandsproduktion Einfuhren verdrängt. Darüber hinaus wären einige Entwicklungsländer in der Lage, ihre Ausfuhren zu steigern oder erstmals zu exportieren.

Die Protektionsquote fällt von Agrarprodukt zu Agrarprodukt unterschiedlich aus. Der Agrarprotektionismus drückt deshalb nicht nur das Niveau der Weltmarktpreise herunter, er verzerrt auch die relativen Preise der Agrarprodukte. Die Preise für die am stärksten geschützten Erzeugnisse — Milchprodukte, Rindfleisch und Zucker — werden weiter heruntergedrückt als die Preise anderer Agrarprodukte. Solche Preisverzerrungen machen den Ressourceneinsatz in der Weltagrarwirtschaft noch weniger effizient. Wenn Japan seine Schutzmaßnahmen für Reissorten abbauen würde, bei denen andere asiatische Länder einen komparativen Vorteil besitzen, könnten diese mehr Reis erzeugen. In den Niederlanden produzierten Landwirte bis vor kurzem Gemüse in Treibhäusern, weil die Energiekosten subventioniert wurden. Dies führte dazu, daß die Mittelmeerländer ihre natürlichen Vorteile bei diesen Erzeugnissen nicht voll ausnutzen konnten.

Unterschiedliche Protektionsquoten treffen die Entwicklungsländer vor allem dann besonders hart, wenn verarbeitete Agrarerzeugnisse relativ stärker geschützt werden als unverarbeitete. Die Industrieländer belasten Weizenmehl, Nudeln, Käse und Geflügel mit höheren Zöllen als Weizen, Milch oder Futtergetreide (vgl. Sonderbeitrag 6.7). Infolgedessen exportieren die Industrieländer höhere Mengen (und importieren geringere Mengen) von Verarbei-

Sonderbeitrag 6.7 Zollschutz und Verarbeitung von Agrarprodukten

Die meisten Agrarprodukte werden nicht in ihrem Naturzustand gekauft, sondern machen verschiedene Verarbeitungsstufen durch. Internationale Handelsbeziehungen können auf jeder Stufe vorkommen, so daß der Standort der verschiedenen Verarbeitungsaktivitäten von großer Bedeutung ist.

In manchen Fällen bedingen Transportkosten und Produktionsverfahren den Standort. Um Transportkosten einzusparen, werden Konzentrate alkoholfreier Getränke in der Nähe der Absatzmärkte verdünnt und abgefüllt. Aus dem gleichen Grund wird Maniok vor der Ausfuhr im Ursprungsland zu Pellets geformt. In vielen Fällen hängt jedoch der optimale Standort der Verarbeitungsindustrie von einer Vielzahl kostenrelevanter Faktoren ab. Insbesondere in arbeitsintensiven Produktionszweigen sollten die Entwicklungsländer im Kreis der Verarbeitungsländer gut vertreten sein. Dies ist allerdings viel weniger der Fall, als man erwarten würde.

Ein Hauptgrund hierfür ist die Protektionsstruktur der Industrieländer. Sie erheben auf die meisten Produkte stufenprogressive Zölle — d. h. die Zollsätze nehmen mit steigendem Verarbeitungsgrad zu. Bei zahlreichen Agrarprodukten werden die hohen Zölle durch ein stattliches Aufgebot von nichttarifären Handelshemmnissen flankiert. Mit zunehmendem Verarbeitungsgrad ihrer Erzeugnisse — d. h. je mehr Arbeits- und Kapitalleistungen die Verarbeitungsprodukte enthalten — sehen sich die Entwicklungsländer auf den wichtigsten Märkten der Welt wachsenden Absatzbarrieren gegenüber. Die Tabelle 6.7 veranschaulicht die für eine Reihe von Agrareinfuhren der Industrieländer geltenden tarifären und nichttarifären Handelshemmnisse.

Schon eine leichte Progression der Zollsätze kann Entwicklungsländer, die eine Verarbeitungsindustrie aufzubauen versuchen, gravierend benachteiligen. Angenommen, 70 Prozent der Kosten verarbeiteten Leders entfallen auf die Rohhäute, die von allen Ländern auf dem Weltmarkt zum gleichen Preis bezogen werden können. Ein Unternehmer eines Entwicklungslandes, der Leder im Weltmarktwert von 1 Dollar herstellt, verdient 0,30 Dollar; dieser Betrag steht zur Bezahlung der Arbeits- und Kapitalkosten sowie für den Gewinn zur Verfügung. Dagegen kann ein Fabrikant eines Industrielandes, der durch einen Zoll von 4 Prozent geschützt wird, das auf dem Weltmarkt für 1 Dollar absetzbare Leder im Inland für 1,04 Dollar verkaufen. Somit verdient er 0,34 Dollar, das sind 13,3 Prozent mehr als der Produzent im Entwicklungsland. Will dieser Produzent seine Ware im Industrieland absetzen, muß er folglich um 13,3 Prozent wirtschaftlicher arbeiten als der inländische Anbieter. Die Nationalökonomen bezeichnen diese 13,3 Prozent — der Prozentsatz, um den die Wertschöpfung hinter der Zollmauer die Wertschöpfung zu Weltmarktpreisen übersteigt — als effektive Protektionsquote.

Die in der Tabelle aufgezeigte Progression der Zollsätze geht häufig über 4 Prozent hinaus, so daß die effektive Protektionsquote sehr hoch ausfallen kann. In einem Extremfall, und zwar dem Schwedens in den Jahren 1969/70, beliefen sich die effektiven Protektionsquoten auf nicht weniger als 1480 Prozent (Sojaöl), 1050 Prozent (Kokosöl), 165 Prozent (Maismasse) und 102 Prozent (Mehl).

Da sie diesen ersten und naheliegendsten Schritt in Richtung Industrialisierung blockieren, bedeuten progressive Schutzmaßnahmen für die Verarbeitung von Agrarerzeugnissen eine gravierende Beeinträchtigung des Entwicklungsprozesses. Häufig reagieren die Entwicklungsländer darauf, indem sie die heimische Verarbeitungsindustrie subventionieren. Dies führt fast zwangsläufig zur Unwirtschaftlichkeit und vergrößert damit den unmittelbar durch die Zölle der Industrieländer angerichteten Schaden.

Tabelle 6.7A Tarifäre und nichttarifäre Handelshemmnisse in Industrieländern

Produkt und Produktionsstufe	Durchschnittliche Zollsätze[a] (in %)	Prozentsatz der von NTH betroffenen Importe[b]
Fisch		
Stufe 1: frisch	3,5	35
Stufe 2: zubereitet	5,5	31
Gemüse		
Stufe 1: frisch oder getrocknet	8,9	39
Stufe 2: zubereitet	12,4	48
Obst		
Stufe 1: frisch	4,8	20
Stufe 2: zubereitet	14,4	54
Kaffee		
Stufe 1: grün, geröstet	6,8	11
Stufe 2: verarbeitet	9,4	17
Kakao		
Stufe 1: Bohnen	2,6	0
Stufe 2: verarbeitet	4,3	0
Stufe 3: Schokolade	11,8	14
Öle		
Stufe 1: Kerne	2,7	33
Stufe 2: gehärtete Pflanzenöle	8,1	56
Tabak		
Stufe 1: unverarbeitet	55,8	11
Stufe 2: verarbeitet	81,8	22
Kautschuk		
Stufe 1: roh	2,3	0
Stufe 2: verarbeitet	2,9	6
Stufe 3: Gummiwaren	6,7	14
Leder		
Stufe 1: Rohfelle und Häute	0,0	0
Stufe 2: verarbeitet	4,2	13
Stufe 3: Leder- und Schuhwaren	9,6	26

a. Die Angaben gelten für Australien, die EG-Länder (ohne Griechenland, Portugal und Spanien), Finnland, Japan, Kanada, Neuseeland, Norwegen, Österreich, Schweden und die Schweiz.
b. Die Angaben gelten für Australien, die EG-Länder (ohne Griechenland, Portugal und Spanien), Finnland, Israel, Japan, Kanada, Neuseeland, Norwegen, Österreich, Schweden, Schweiz und die Vereinigten Staaten.
Quelle: Yeats 1981 und Angaben der UNCTAD.

tungsprodukten als von den entsprechenden Grunderzeugnissen. Auf die EG entfallen 11,4 Prozent der Weltweizenexporte, aber 48,9 Prozent der Exporte von Weizenmehl.

Subventionen und Handelspräferenzen

Einige Industrieländer müssen Subventionen zahlen, um Ernteerträge auf den Weltmärkten abzusetzen. Die Konkurrenzfähigkeit der Entwicklungsländer hängt deshalb weniger von ihrer eigenen Leistungsfähigkeit als von politischen Entscheidungen in den Industrieländern ab. Ihre Wettbewerbsfähigkeit kann zudem jederzeit durch eine höhere Subventionierung der Ausfuhren der Industrieländer untergraben werden. Selbst wenn Industrieländer dem Anschein nach für Entwicklungsländer zusätzliche Absatzmöglichkeiten einräumen, können sich die Gewinne als kurzlebig erweisen. Hohe Getreidepreise in der EG schufen neue Märkte für Futterweizenersatz wie z.B. Maniok, Maiskleberfutter und Zitruspellets. China, Indonesien und Thailand, die Maniok anbauen, mußten aber „freiwillige" Abkommen über Exportbeschränkungen unterzeichnen.

Wird ein mit hohen Kosten produzierendes Einfuhrland zum Exportland, dann gehen mögliche Gewinne aus dem Außenhandel verloren. Solche Verluste werden häufig durch besondere Handelspräferenzen verschlimmert, welche Industrieländer an Entwicklungsländer gewähren, in der Hoffnung, diese Verzerrungen abzumildern. In einigen Fällen müssen Industrieländer, die ein für die Ausfuhr geeignetes Agrarprodukt im Überschuß produzieren, dieses Erzeugnis im Rahmen eines Handelsabkommens einführen. Die EG importiert Milchprodukte aus Neuseeland und Rindfleisch aus Ländern Afrikas, der Karibik und des Pazifiks. Solche Handelsbeziehungen steigern das Einkommen der exportierenden Länder, die an dem Präferenzabkommen beteiligt sind; Importländer und potentielle Exportländer, mit denen solche Abkommen nicht bestehen, werden aber umso mehr geschädigt. Durch die zusätzlichen Produktionskosten sowie den Transportaufwand und andere Absatzkosten entstehen weltweit betrachtet Nettoverluste.

Destabilisierung der Weltmärkte

Wenn sich die Weltmarktpreise verändern, halten die meisten Industrieländer die inländischen Verbraucherpreise relativ konstant. Ein weltweiter Ausfall der Produktion hat keinen Einfluß auf die Nachfrage eines Landes, das seine inländischen Märkte abschirmt. Irgendwo auf der Welt muß aber der Verbrauch zurückgehen; wenn einige Länder sich weigern, ihren Verbrauch zu reduzieren, müssen andere ihren Konsum überdurchschnittlich einschränken. Zum Marktausgleich müssen die Weltmarktpreise in stärkerem Ausmaß steigen. Wenn der Fleischverbrauch und die Nachfrage nach Futtergetreide auf Veränderungen der Weltmarktpreise reagieren dürften, dann würden die Getreidepreise weniger stark fluktuieren und das Risiko von Lebensmittelknappheiten in den Entwicklungsländern wäre geringer. Schaubild 6.3 zeigt, daß unter den wichtigsten Industrieländern lediglich die Vereinigten Staaten den Futtermitteleinsatz pro Kopf beträchtlich verminderten, als die Preise in den Jahren 1974/75 steil anstiegen. In der EG, in anderen Industrieländern und in den osteuropäischen Staatshandelsländern veränderte sich der Verbrauch kaum.

Durch „Schocks" auf der Angebots- oder Nach-

Schaubild 6.3 Futtermitteleinsatz pro Kopf und Maispreise in ausgewählten Regionen der Industrieländer, 1960 bis 1984

Legende für die linke Skala:
— EG   Vereinigte Staaten
— Japan Osteuropäische Staatshandelsländer

Quelle: USDA 1985d.

Tabelle 6.6 Veränderungen der Ausfuhrerlöse und der Einfuhrkosten sowie Effizienzgewinne bei ausgewählten Agrarprodukten in den Entwicklungsländern durch einen Abbau der Zollsätze um 50 Prozent in den OECD-Ländern, 1975 bis 1977
(Mio Dollar von 1980)

	Absolute Zunahme		
Agrarprodukte	Alle Entwicklungsländer	Länder mit niedrigem Einkommen	Länder mit mittlerem und hohem Einkommen
Veränderung der Ausfuhrerlöse			
Zucker	2 108	394	1 714
Getränke und Tabak	686	191	495
Fleisch	655	33	620
Kaffee	540	123	417
Pflanzenöl	400	60	339
Kakao	287	21	265
Obst und Gemüse der gemäßigten Zone	197	60	137
Ölsaaten und Ölnüsse	109	19	90
Sonstige Agrarprodukte	883	96	788
Gesamtzunahme der Ausfuhren	5 866	998	4 867
Veränderung der Einfuhrkosten			
Getreide	−876	−530	−345
Sonstige Agrarprodukte	−497	−152	−345
Gesamtzunahme der Einfuhren	−1 373	−683	−690
Nachrichtlich: Effizienzgewinne	922	−4	926

Anmerkung: Wie in Kapitel 4 erläutert, ist der Effizienzgewinn eine Schätzung des Saldos zusätzlicher Gewinne und Verluste auf seiten der Erzeuger und der Verbraucher und zwar unter Berücksichtigung der Veränderung der Steuereinnahmen; er mißt nicht die Differenz zwischen dem Anstieg der Ausfuhrerlöse und der Einfuhrkosten. Ergebnisse weiterer Untersuchungen für spätere Zeiträume, wie sie von Zietz und Valdes (1985) für Zucker und Rindfleisch berichtet werden, deuten auf etwas höhere Gewinne bei den Exporterlösen hin als hier angegeben.
a. Umfaßt Entwicklungsländer mit einer Bevölkerung von mehr als 4 Millionen Menschen zur Jahresmitte 1985.
Quelle: Valdes und Zietz 1980, S. 31, 47.

frageseite verursachte Preisschwankungen können durch eine öffentliche Vorratshaltung aufgefangen werden. Kapitel 7 befaßt sich mit den Versuchen, die Vorratspolitik international zu koordinieren. Nicht weniger wichtig ist aber die nationale Lagerhaltung. Theoretisch könnten die Weltmarktpreise selbst bei einer Abschottung der Binnenmärkte der meisten Länder stabilisiert werden, wenn die auf dem freien Markt agierenden Länder oder privaten Stellen ausreichend große Vorratsbestände halten würden. Die Lager müßten freilich umso größer ausfallen, je mehr Länder ihre Volkswirtschaften abschirmten. Eine Untersuchung von vierzehn Regionen kam zu dem Ergebnis, daß die Lagerbestände achtmal größer als bei freiem Handel sein müßten, wenn die Regionen ihre Volkswirtschaften vollständig gegenüber dem Weltmarkt isolieren. Die mit der zusätzlichen Lagerhaltung verbundenen Kosten sind ein Indikator für mögliche Gewinne aus der Liberalisierung. Bei pflanzlichen Erzeugnissen, die unter sehr verschiedenen Bedingungen zu ähnlichen Kosten angebaut werden können, bringen temporäre Handelsströme beträchtliche Handelsgewinne, da die Ernteerträge der einzelnen Länder von Jahr zu Jahr Schwankungen unterliegen. Eine Agrarpolitik, welche die Inlandsmärkte abschirmt, macht diese Gewinnmöglichkeit zunichte.

Häufig entscheiden nicht private Händler, sondern Regierungsstellen über den Aufbau oder Abbau von Lagerbeständen. Ebenso wie in Entwicklungsländern (vgl. Kapitel 5) orientieren sich die Regierungen der Industrieländer bei der Entscheidung über den Umfang der öffentlichen Vorräte nicht am Ziel der Marktstabilisierung, sondern an den zur Verfügung stehenden Haushaltsmitteln oder sonstigen politischen Einflüssen. Mitte der siebziger Jahre stockten einige Länder ihre Lager auf, obwohl sie besser daran getan hätten, diese abzubauen, wodurch die Welternährungskrise verschärft wurde. Im Juni 1973, nachdem sich die Weltmarktpreise für Weizen innerhalb von zwölf Monaten fast verdoppelt hatten, sind die Weizenvorräte in der UdSSR schätzungsweise um 2,0 Mio Tonnen und in Japan um 0,2 Mio Tonnen gestiegen.

Bis zum Juni des folgenden Jahres, als die Preise nochmals um 30 Prozent angezogen hatten, waren die Lagerbestände in der EG und in der UdSSR um jeweils weitere 0,3 bzw. 14,0 Mio Tonnen gestiegen. Selbst weizenexportierende Länder erhöhten ihre Lagerhaltung vom Wirtschaftsjahr 1972/73 zum Wirtschaftsjahr 1973/74, nämlich Kanada um 0,2 Mio Tonnen und Australien um 1,4 Mio Tonnen.

Die Berechnung der Kosten des Protektionismus

Aufgrund der Verzerrungen, die in allen am Agrarhandel beteiligten Ländern auftreten, wäre die Welt insgesamt besser gestellt, wenn die Industrieländer den Agrarprotektionismus aufgeben und den Agrarhandel liberalisieren würden. In welchem Umfang aber würde die Weltwirtschaft davon profitieren? Bei der Quantifizierung der mit einer Liberalisierung verbundenen Gewinne machten neuere Untersuchungen einige Fortschritte.

Die Effekte einer Liberalisierung von Agrarhandel und inländischer Agrarpolitik lassen sich dann beobachten, wenn diese Liberalisierung tatsächlich erfolgt. Leider sind Liberalisierungsversuche selten. Die Auswirkungen einer multilateralen oder weltweiten Liberalisierung können nur mit Hilfe von Simulationsmodellen abgeschätzt werden.

Tabelle 6.6 zeigt die Ergebnisse einer Studie von Valdes und Zietz. Sie stellten sich die Frage, welche Effekte in den Entwicklungsländern zu verzeichnen gewesen wären, wenn die OECD-Länder ihre Zölle auf neunundneunzig Agrarprodukte um 50 Prozent gesenkt hätten. Die Untersuchung basiert auf den Daten der Jahre 1975-1977. Valdes und Zietz zufolge wären die Einkommen der Entwicklungsländer im Jahr 1977 um 922 Mio Dollar und ihre Exporteinnahmen um fast 6 Mrd Dollar gestiegen. Die gesamten Exporterlöse hätten um 11,0 Prozent zugenommen, und die Exporte der Länder mit niedrigen Einkommen wären um 8,5 Prozent gestiegen. Da die Schutzmaßnahmen in den OECD-Ländern seit 1977 verstärkt wurden, wäre der Nutzen einer Liberalisierung unter den Verhältnissen des Jahres 1985 wesentlich höher anzusetzen.

Die Gewinne der Entwicklungsländer wären hauptsächlich durch steigende Preise für Ausfuhren tropischer Produkte entstanden. Röstkaffee wäre um 10,8 Prozent, Kaffee-Extrakte um 6,4 Prozent, Kakaoteigkuchen um 11 Prozent und Kakaobutteröl um 9 Prozent teurer gewesen. Verluste wären entstanden durch höhere Preise für importierte pflanzliche Produkte der gemäßigten Zonen, insbesondere für Getreide. Der Anstieg der Exporteinnahmen hätte aber solche Verluste mehr als ausgeglichen. Valdes und Zietz schätzen, daß die Preise der meisten tropischen Erzeugnisse stärker gestiegen wären als der Preis für Weizen, den wichtigsten Agrarimport der Entwicklungsländer. Diese Schätzungen lassen einige nichttarifäre Handelshindernisse außer Betracht. Auch vernachlässigen sie andere wichtige Langzeitwirkungen. Eine Liberalisierung der Agrarpolitik in den Industrieländern würde zu einer weltmarktorientierten Wirtschaftspolitik in den Entwicklungsländern ermuntern, Investitionen und Forschung im Agrarbereich anregen und das Exportpotential für tropische Erzeugnisse stärker ausweiten, als dies die Zahlen in Tabelle 6.6 vermuten lassen. Ebenso ist es wahrscheinlich, daß einige Entwicklungsländer aufgrund ihrer Kostenvorteile zu Exporteuren von Erzeugnissen würden, die sie unter den gegenwärtigen Bedingungen der Agrarpolitik der Industrieländer importieren. Die Schätzungen erfassen daher vermutlich nur den von einer Liberalisierung mindestens zu erwartenden Nutzen.

Da sich agrarpolitische Maßnahmen gegenseitig beeinflussen, ist es schwierig zu beurteilen, welche Effekte sich weltweit aus einer Liberalisierung seitens einzelner Ländergruppen ergeben würden. Die Agrarpolitik Europas und Japans drückt tendenziell die Weizen- und Reispreise am Weltmarkt; das Programm zur Anbaubeschränkung in den Vereinigten Staaten führte dazu, daß sie tendenziell stiegen. Es ist möglich, daß sich die Wirkungen dieser Maßnahmen gegenseitig aufheben, so daß die Industrieländer Verluste zu verzeichnen hätten, während der Handel der Entwicklungsländer relativ wenig beeinflußt würde. Wenn sich aber die agrarpolitischen Maßnahmen der Industrieländer gegenseitig verstärken (wie bei Zucker und Milchprodukten), dann wären die Konsequenzen einer Liberalisierung für die Entwicklungsländer ausgeprägter.

Eine wichtige Rolle spielen auch die Querverbindungen zwischen den Märkten der verschiedenen Produkte. Die Industrieländer verzichten im großen und ganzen auf Eingriffe in die Märkte für Pflanzenöle (wie etwa Palmöl oder Kokosnußöl). Dennoch können diese Märkte von Maßnahmen der Industrieländer auf anderen Märkten betroffen sein. Die Futtergetreidepolitik der EG erhöht die Nachfrage nach Austauschstoffen für Futtergetreide wie z.B. Sojabohnenschrot. Dies kommt Exportländern von Ölsaaten wie Argentinien, Brasilien und den Vereinigten Staaten zugute; da aber Sojaschrot und Sojaöl verbundene Produkte sind, beeinflussen die Maßnahmen bei Futtergetreide auch die Märkte für Pflanzenöl. Ähnliches gilt für die Stützung der Getreidepreise und die Kontrolle der Anbaufläche in den Vereinigten Staaten, welche die Erzeugung von Sojabohnen anregt, die keinen Kontrollen unterliegt. So wird als Nebenprodukt der Politik der Industrieländer die Sojaerzeugung gefördert, was den Weltmarktpreis für Pflanzenöle drückt und damit die Exporterlöse der Entwicklungsländer aus Palm- und Kokosnußöl schmälert.

Schätzungen von Liberalisierungseffekten können die Komplexität der Weltmärkte erfassen, wenn sie die Verbindungen zwischen den Märkten einzelner Produkte besonders berücksichtigen. Tyers und Anderson haben dies in einer Studie gezeigt (vgl. Sonderbeitrag 6.8). Ihnen gelang es, die Auswirkungen einer einseitigen Handelsliberalisierung sei-

---

Sonderbeitrag 6.8 Simulation einer Liberalisierung der Agrarpolitik

Im Rahmen einer Untersuchung von Tyers und Anderson wurde ein Modell konstruiert, mit dem die Effekte eines Abbaus von Handelsschranken simuliert werden können. Das Modell bildet die Weltagrarwirtschaft durch ein System von Angebots- und Nachfragegleichungen ab, das sieben Produktgruppen und dreißig Länder bzw. Ländergruppen umfaßt. An Produkten wurden Weizen, Reis, Mais und Sorghum, Rindfleisch und Schaffleisch, Schweinefleisch und Geflügel, Milchprodukte sowie Zucker berücksichtigt. Die Effekte von Zöllen und nichttarifären Handelshemmnissen werden durch nominale Protektionskoeffizienten für jedes Produkt abgebildet, die für den Zeitraum 1980 bis 1982 ermittelt wurden (vgl. Tabelle 6.1).

Zur Lösung des Modells bestimmt ein Computer die Weltmarktpreise, bei denen sich Weltangebot und -nachfrage für jedes Produkt ausgleichen und die Inlandspreise, bei denen die Binnenmärkte eines jeden Landes geräumt werden. Die Effekte einer Liberalisierung können herausgearbeitet werden, indem man das Modell zweifach löst: Die erste Lösung erfolgt unter der Annahme der gegenwärtigen Agrarpolitik, in der zweiten Lösung wird unterstellt, daß die Handelsschranken beseitigt und die Interventionen auf dem Binnenmarkt eingestellt wurden. In den Unterschieden der Preissysteme kommen die Liberalisierungseffekte zum Ausdruck. Sind die Preise bekannt, so können die Handelsströme und die Einkommensübertragungen für jedes Land und für jedes Produkt berechnet werden.

In das Modell von Tyers und Anderson lassen sich auch zufällige „Schocks" einbauen, so daß Faktoren wie das Wetter oder Pflanzenkrankheiten berücksichtigt werden können. Für jede der beiden Annahmen — gegenwärtige Handelspolitik und Liberalisierung — wird das Modell hundertmal gelöst, wobei jeweils die gleiche Serie von Schocks vorgegeben wird. Diese Simulationen geben Hinweise darauf, wie unterschiedliche Marktsysteme weltwirtschaftliche Risiken bewältigen.

Ergebnisse dieser Modellrechnungen werden in den Texttabellen 6.7 und 6.8 wiedergegeben. Die Relevanz dieser Ergebnisse für eine Beurteilung der Langzeiteffekte einer Liberalisierung im Jahr 1986 hängt von einer Reihe von Fragen ab:

• Sind die Schätzungen des Protektionsgrades und der Reaktionen von Angebot und Nachfrage auf Preisänderungen zutreffend? Zwar lassen sich solche Größen nie mit Sicherheit bestimmen, die verwendeten Schätzwerte beruhen jedoch auf den neuesten verfügbaren Daten und der denkbar gründlichsten Analyse.

• Gibt es Veränderungen des Protektionsgrades seit den Jahren 1980/82, dem Basiszeitraum des Modells?

• Unterscheidet sich das Verhalten auf lange Sicht — wenn Investitionen und Forschungsaufwand neu orientiert und Produktionstechniken verändert werden können — von den mittelfristigen Verhaltensschätzungen, die dem Modell zugrunde liegen?

• Wie bedeutsam ist der begrenzte Umfang des Modells, das die tropische Landwirtschaft und die gesamte Wirtschaftsaktivität sowie das Einkommen außerhalb des Agrarsektors nicht berücksichtigt?

• Wie verläßlich sind die Modellannahmen über die Reaktion der Länder, die im Modell selbst nicht liberalisieren, auf die Liberalisierungsschritte ihrer Handelspartner?

Diese Aufzählung legt zwar die Vermutung nahe, daß die Modellergebnisse sehr ungenau sind, sie stellt jedoch die zentrale Aussage des Textes nicht in Frage. Tatsächlich ist es so, daß die Vorteile einer Handelsliberalisierung für die Entwicklungsländer durch die zitierten Beträge mit ziemlicher Sicherheit unterschätzt werden, und zwar aus folgenden Gründen:

• Die Protektionskoeffizienten in den Industrieländern sind gegenwärtig höher als im Zeitraum 1980 bis 1982.

• Auf lange Sicht werden durch höhere Preise Investitionen und Forschung in der Landwirtschaft der Entwicklungsländer angeregt.

• Eine „Entfesselung" der Landwirtschaft stimuliert die Ersparnis, das Wachstum und die Produktivität in allen Sektoren agrarisch geprägter Volkswirtschaften.

• Wenn die Exporterzeugnisse der Entwicklungsländer ebenso liberalisiert würden wie die von ihnen importierten Produkte der gemäßigten Zone, käme es zu einer Ausweitung des Handels.

• Wenn die Entwicklungsländer die von einer Liberalisierung der Industrieländer gebotenen Chancen durch eine Deregulierung ihrer eigenen Landwirtschaft ausnutzen würden, wäre eine beträchtliche Angebotsexpansion erreichbar.

Auch wenn somit das Computermodell die ökonomische Analyse tatsächlicher agrarpolitischer Maßnahmen nicht ersetzen kann, so lassen die Modellschätzungen der Gewinne aus einer Handelsliberalisierung, insgesamt gesehen, jedoch die Überlegenheit einer solchen Politik deutlich werden.

Tabelle 6.7 Internationale Preis- und Handelswirkungen einer Liberalisierung ausgewählter Produktmärkte, 1985

Liberalisierende(s) Land oder Ländergruppe	Weizen	Sonstiges Getreide	Reis	Rind- und Lammfleisch	Schweinefleisch und Geflügel	Milch-produkte	Zucker
Prozentuale Veränderung des internationalen Preisniveaus nach Liberalisierung							
EG	1	3	1	10	2	12	3
Japan	0	0	4	4	1	3	1
Vereinigte Staaten	1	—3	0	0	—1	5	1
OECD	2	1	5	16	2	27	5
Entwicklungsländer	7	3	—12	0	—4	36	3
Alle marktwirtschaftlichen Länder	9	4	—8	16	—2	67	8
Prozentuale Veränderung des Welthandelsvolumens nach Liberalisierung							
EG	0	4	0	107	3	34	—5
Japan	0	3	30	57	—8	28	1
Vereinigte Staaten	0	14	—2	14	7	50	3
OECD	—1	19	32	195	18	95	2
Entwicklungsländer	7	12	75	68	260	330	60
Alle marktwirtschaftlichen Länder	6	30	97	235	295	190	60

Anmerkung: Die Angaben beziehen sich auf eine Abschaffung der 1980–82 bestehenden Protektionsquoten. Angaben für die EG ohne Griechenland, Portugal und Spanien.
Quelle: Tyers und Anderson (Hintergrundpapier).

tens einzelner Länder oder Ländergruppen ebenso zu simulieren wie die einer gleichzeitigen Liberalisierung durch Industrie- und Entwicklungsländer. Zwar deckt die Untersuchung von Tyers und Anderson nur die wichtigsten Erzeugnisse der gemäßigten Zone ab (und vernachlässigt somit die wichtigsten Quellen möglicher Gewinne der Entwicklungsländer); dennoch beleuchtet diese Studie wichtige Aspekte der Liberalisierung von Agrarhandel und -politik. Zu qualitativ ähnlichen Ergebnissen kommt eine Untersuchung über den Freihandel im Agrarbereich, die am Internationalen Institut für angewandte Systemanalyse durchgeführt wurde.

Tabelle 6.7 zeigt, wie sich die Weltmarktpreise und der Welthandel, den Schätzungen von Tyers und Anderson zufolge, unter alternativen Annahmen — einseitige Liberalisierung durch die EG, Japan und die Vereinigten Staaten; multilaterale Liberalisierung durch alle Industrie- und Entwicklungsländer; weltweite Liberalisierung — entwickeln würden. Sämtliche Simulationen deuten darauf hin, daß der Welthandel in den betrachteten Erzeugnissen volumenmäßig zunehmen würde, wobei allerdings aufgrund von Kreuzpreiseffekten bei einigen wenigen Produkten kleinere Einbußen zu erwarten wären. Eine einseitige Liberalisierung durch die EG würde den Weltzuckerhandel vermindern, weil sowohl ihre subventionierten Exporte als auch ihre Importe im Rahmen von Präferenzabkommen ein Ende fänden.

Die meisten Projektionen deuten darauf hin, daß die Weltmarktpreise steigen würden — mit zwei Ausnahmefällen: Eine Liberalisierung in den Vereinigten Staaten würde die Weltmarktpreise leicht verringern, da eine Abschaffung der Anbaukontrollen die Getreide- und Reisproduktion zunehmen ließe. Eine Liberalisierung bei Reis und einigen Viehprodukten durch die Entwicklungsländer würde die Weltmarktpreise senken, da die Besteuerung inländischer Produzenten wegfiele, die gegenwärtig die Produktion einschränkt.

Die Entwicklungsländer sehen sich höheren Einfuhrpreisen gegenüber, wenn die Industrieländer ihren Agrarhandel liberalisieren. Infolgedessen importieren sie weniger und exportieren mehr. Da die Importe die Exporte übersteigen, ergibt sich aus den errechneten höheren Preisen ein Nettoverlust (in Tabelle 6.8 auf 11,8 Mrd Dollar geschätzt) für Verbraucher und Produzenten. Die Folgerung, daß die Entwicklungsländer deshalb Einbußen erleiden, ist aus drei Gründen irreführend. Erstens werden in der Studie Anbauprodukte der gemäßigten Zone betrachtet, bei denen die Entwicklungsländer die Hauptimporteure sind. Wenn tropische Erzeugnisse mit einbezogen würden (wie bei Valdes und Zietz), so wären wesentlich andere Ergebnisse zu erwarten. Zweitens könnten auf lange Sicht einige Entwicklungsländer bei freiem Handel zu Exporteuren dieser Produkte werden. Drittens zeigt selbst die Studie von Tyers und Anderson, daß die Entwicklungsländer 18,3 Mrd Dollar gewinnen könnten, wenn sie ihre eigene Agrarpolitik gleichzeitig mit den Industrieländern liberalisieren würden.

In der Studie von Tyers und Anderson bedeutet eine Liberalisierung durch die Entwicklungsländer, daß sechzehn einzelne Staaten und vier regionale Gruppen von Entwicklungsländern die Verzerrungen bei ihren Einfuhrpreisen beseitigen und die Wechselkurse nicht weiter auf überhöhtem Niveau gehalten werden. Als Ergebnis (siehe Tabelle 6.7) fiele der Weltmarktpreis für Reis um 12 Prozent, während die Preise für Getreide, Zucker und Milchprodukte steigen würden. Die Preise für Getreide und Milchprodukte stiegen an, weil die wichtigsten der in der Studie berücksichtigten Entwicklungsländer diese Erzeugnisse einführen und die Inlandspreise über den Weltmarktpreisen halten. Durch eine Abschaffung dieser Schutzmaßnahmen würden ihre Importe zunehmen und damit die Preise steigen. Eine Liberalisierung der Getreidepolitik der Entwicklungsländer hätte einen stärkeren Einfluß auf die Preise als eine Liberalisierung durch die OECD-Länder, da sich die Getreidepolitiken der OECD-Länder im Untersuchungszeitraum tendenziell gegenseitig neutralisierten.

Die Projektionen zeigen, daß die Hauptnutznießer einseitiger Liberalisierungen die liberalisierenden Länder selbst sind (vgl. Tabelle 6.8). Die Industrieländer würden 48,5 Mrd Dollar gewinnen, wenn sie einseitig liberalisieren; die Entwicklungsländer würden 28,2 Mrd Dollar gewinnen, wenn sie gleiches unternehmen. Jede Seite erlegt aber der anderen Verluste auf. Wenn beide Gruppen liberalisierten, würde zwar keine von beiden so stark profitieren wie im Fall einseitiger Maßnahmen, die Welt als Ganzes wäre jedoch besser gestellt.

Warum also geben die Länder ihre Agrarpolitik nicht auf? Der Grund liegt natürlich darin, daß die Interessengruppen, deren Unterstützung man sich durch die Agrarpolitik verschaffen will, dabei Einbußen erleiden würden. Im Falle einer Liberalisierung in der OECD beliefe sich der Gesamtgewinn der Industrieländer auf 48,5 Mrd Dollar. Diese Zahl setzt sich jedoch zusammen aus einem Nettogewinn von 104,1 Mrd Dollar für die Verbraucher und Steuerzahler in der OECD und einem Verlust von 55,6 Mrd Dollar auf seiten der Erzeuger.

Es ist von Interesse anzumerken, daß die OECD-Länder in den Jahren 1980 bis 1984 jährlich 27 Mrd Dollar an offizieller Entwicklungshilfe leisteten. Im Falle einer weltweiten Liberalisierung würden Industrie- und Entwicklungsländer zusammen jährlich etwa 64 Mrd Dollar gewinnen — mehr als das Doppelte der öffentlichen Entwicklungshilfeleistungen der OECD-Länder.

Die Landwirte würden tendenziell geringere Einbußen erleiden, wenn die Länder bei der Liberalisierung gemeinsam und nicht isoliert vorgingen. Der Rückgang der Erzeugerpreise wäre dann nämlich geringer. Am Beispiel der Milchprodukte, die in den Industrieländern zu den am stärksten geschützten Erzeugnissen gehören, wird dies deutlich. Bei einer einseitigen Aufhebung der Milchmarktordnung in den Vereinigten Staaten würden die Weltmarktpreise um 5 Prozent steigen (vgl. Tabelle 6.7), was eine Kürzung der US-Erzeugerpreise um nicht weniger als 46 Prozent bedeuten würde. Wenn aber alle Industrieländer gleichzeitig liberalisierten, würden die Weltmarktpreise für Milchprodukte um 27 Prozent ansteigen, und der Erzeugerpreis in den Vereinigten Staaten müßte nur um 24 Prozent fallen. Würden die Entwicklungsländer ebenfalls liberalisieren, dann stiegen die Weltmarktpreise

Tabelle 6.8 Effizienzgewinne durch eine Liberalisierung bei ausgewählten Agrarprodukten, nach Ländergruppen, 1985
(Mrd Dollar von 1980)

Ländergruppe	Liberalisierung durch Industrieländer	Liberalisierung durch Entwicklungsländer	Liberalisierung durch Industrie- und Entwicklungsländer
Entwicklungsländer	—11,8	28,2	18,3
Marktwirtschaftliche Industrieländer	48,5	—10,2	45,9
Osteuropäische Staatshandelsländer	—11,1	—13,1	—23,1
Weltweit	25,6	4,9	41,1

Anmerkung: Die Angaben beziehen sich auf eine Abschaffung der 1980–82 bestehenden Protektionsquoten.
Quelle: Tyers und Anderson (Hintergrundpapier).

Tabelle 6.9 **Wirkungen einer Liberalisierung auf die Instabilität der Preise, 1985**

	Variationskoeffizient[a]			
Agrarprodukt	Ohne Liberalisierung	Bei Liberalisierung der Industrieländer	Bei Liberalisierung der Entwicklungsländer	Bei weltweiter Liberalisierung
Weizen	0,45	0,30	0,23	0,10
Sonstiges Getreide	0,19	0,17	0,14	0,08
Reis	0,31	0,25	0,14	0,08
Rind- und Lammfleisch	0,06	0,04	0,05	0,03
Schweinefleisch und Geflügel	0,09	0,07	0,06	0,04
Milchprodukte	0,16	0,07	0,07	0,04
Zucker	0,20	0,17	0,07	0,04

a. Erwartete Abweichung vom langfristigen Durchschnittspreis in jedem einzelnen Jahr; in Prozent des Durchschnittspreises.
Quelle: Tyers und Anderson (Hintergrundpapier).

sogar über den früheren Marktordnungspreis hinaus.

Die größten Gewinner der gegenwärtigen Politik sind in erster Linie die osteuropäischen Staatshandelsländer. Sie würden 11 Mrd Dollar einbüßen, wenn die Industrieländer liberalisierten, 13 Mrd Dollar, wenn die Entwicklungsländer liberalisierten, und 23 Mrd Dollar bei einer weltweiten Liberalisierung. Sie würden ihre Importe nicht so stark einschränken wie die Entwicklungsländer und sie hätten weniger Spielraum für den Export von Agrarprodukten, die höhere Preise erzielen würden.

Gäbe es stärkere Preisschwankungen, wenn man Agrarpolitik und -handel liberalisierte? Zwei neuere Studien zeigen, daß eine Liberalisierung zur Preisstabilität beitragen würde. So wird geschätzt, daß eine Abschaffung der Schutzmaßnahmen für Weizen in allen Ländern die Variabilität der Weizenpreise am Weltmarkt um 48 Prozent vermindert. Eine zweite Untersuchung kommt zu dem Schluß, daß eine Liberalisierung durch die Industrieländer die Variabilität der Preise aller Haupterzeugnisse der gemäßigten Zone reduzieren würde. Die Variabilität der Weizenpreise würde um 33 Prozent und die der Zuckerpreise um 15 Prozent (vgl. Tabelle 6.9) zurückgehen. Eine Liberalisierung durch die Entwicklungsländer könnte die Preise noch stärker stabilisieren, weil diese Länder die Abschirmung ihrer Inlandsmärkte weiter treiben als manche Industrieländer; zudem haben die Entwicklungsländer einen größeren Anteil am Weltverbrauch. Diese zweite Studie muß mit besonderer Vorsicht interpretiert werden: Unter anderem wird dort angenommen, daß sich die Binnenpreise in China und in Indien parallel zu den Weltmarktpreisen bewegen. Dies ist wenig wahrscheinlich; vermutlich wird sich der Verbrauch nicht vollständig an Knappheit oder Überfluß auf dem Weltmarkt anpassen. Selbst wenn die beiden Studien die Bedeutung der Entwicklungsländer als Weltmarktfaktor überzeichnen, so bestätigen sie doch, daß ein liberalisierter Agrarhandel die Preise wirkungsvoller stabilisieren könnte als jedes noch so sorgfältig ausgearbeitete internationale Lagerhaltungsprogramm. Solche Versuche kommen im Kapitel 7 zur Sprache.

7

Internationale Initiativen im Agrarhandel

Die internationale Zusammenarbeit im Agrarhandel ist seit langem als wirkungsvolles Mittel zur Förderung des Wirtschaftswachstums in den Entwicklungsländern anerkannt. Der Enthusiasmus für die Zusammenarbeit hat jedoch unter dem fortgesetzten Fehlschlag der Liberalisierung des Agrarhandels sowie unter rückläufigen und stark schwankenden landwirtschaftlichen Terms of Trade mancher Entwicklungsländer gelitten. Dies hat Anlaß zur Suche nach Wegen gegeben, um den Interessen der Entwicklungsländer anders als durch den freien Handel entgegenzukommen.

Das vorliegende Kapitel beschreibt, wie diese Initiativen das internationale Handelssystem beeinflußt haben, und bewertet ihre Ergebnisse. Der erste Abschnitt untersucht die Ökonomie der Rohstoffabkommen und kommt zum Schluß, daß sie die Erwartungen nicht erfüllt haben. Der nächste Abschnitt befaßt sich mit Systemen zur Entschädigung von Rohstoffproduzenten für Einbußen bei ihren Exporteinnahmen. Er kommt zu dem Schluß, daß solche Systeme bestimmte praktische Probleme mit sich bringen, jedoch wirksamer sind als Rohstoffabkommen. Sodann werden die Versuche erörtert, den Entwicklungsländern einen besseren Zugang zu den Märkten der Industrieländer zu verschaffen. Diese Bemühungen nahmen häufig die Form von Präferenzen an, die bestimmten Gruppen von Entwicklungsländern gewährt wurden — eine Methode, die nur von begrenztem Nutzen ist, weil sie zusätzliche Verzerrungen im Welthandel schaffen und daher anderen Entwicklungsländern schaden kann. Der letzte Abschnitt des Kapitels untersucht die Nahrungsmittelhilfe. In Notfällen hat die Linderung des Hungers offensichtlich humanitären Charakter, und unter besonderen Umständen kann längerfristige Nahrungsmittelhilfe ebenfalls nützlich sein. Da sie jedoch die örtliche Nahrungsmittelproduktion leicht beeinträchtigen kann, sollte sie nur unter sorgfältiger Beachtung der Marktkonsequenzen angeboten werden.

Internationale Rohstoffabkommen

Ein internationales Rohstoffabkommen (IRA) ist eine förmliche Vereinbarung zwischen Produzenten- und Verbraucherländern, den Markt eines Rohstoffs in bestimmter Hinsicht zu kontrollieren. Seit 1931 sind etwa 40 IRA über 13 Rohstoffe abgeschlossen worden. Obwohl sie im einzelnen unterschiedliche Ziele verfolgten, waren sie praktisch alle darauf gerichtet, den Preis des betreffenden Rohstoffs sowohl zu stabilisieren als auch zu erhöhen. Die meisten gerieten in ernste Schwierigkeiten. Ende 1985 waren nur noch vier Abkommen mit Vorkehrungen zur Preisbeeinflussung in Kraft, und nur eines davon wurde zu diesem Zweck angewendet. Es ist fraglich, ob 1986 irgendeines dieser Abkommen die Preise wirksam stabilisiert.

Ziele und Instrumente

Die genauen Zweckbestimmungen der IRA unterscheiden sich zwar von Fall zu Fall, aber zwei Hauptziele sind klar erkennbar: Erstens die Stabilisierung der Rohstoffpreise. Zweitens die Sicherung „fairer", „einträglicher" oder „gerechter" Preise — d. h. im allgemeinen deren Anhebung. Zwar werden diese beiden Ziele oft kombiniert, doch handelt es sich natürlich um selbständige Zielsetzungen, die sogar potentiell widersprüchlich sind. Ihre verteilunspolitischen Implikationen sind unterschiedlich, und sie erfordern verschiedene wirtschaftspolitische Instrumente. Die zwei Hauptinstrumente der IRA sind Ausgleichslager sowie Maßnahmen zur Lenkung von Produktion oder Exporten.

AUSGLEICHSLAGER. Die Problematik internationaler Ausgleichslager ist der von nationalen Ausgleichslagern ähnlich, wie sie in Kapitel 5 erörtert wurde. Die Grundfragen lauten: Weshalb sind solche Lager nützlich und wie können sie funktionieren? Wenn der Manager eines Ausgleichslagers einen Rohstoff bei niedrigem Preis kauft und bei hohem Preis verkauft, verhält er sich ebenso wie ein gewinnorientierter Spekulant. Warum sollte in diesem Fall die Stabilisierung nicht privaten Spekulanten überlassen bleiben? Warum sollen Regierungen Transaktionen durchführen, die privaten Händlern nicht attraktiv erscheinen? Es gibt drei mögliche Arten von Gründen. Erstens dürfte die Spekulation nicht immer stabilisierend wirken; der Manager eines Ausgleichslagers kann vielleicht durch sein Eingreifen oder dessen bloße Möglichkeit die destabilisierende Spekulation ausgleichen oder abschrecken. Zweitens könnte der Manager eines Ausgleichslagers über bessere Informationen verfügen als private Spekulanten und daher in der Lage sein, den Markt direkter in Richtung des langfristigen Preisniveaus zu führen. Der Manager könnte beispielsweise Zugang zu vertraulichen Unterlagen über Handelspläne von Staatshandelsländern haben. Drittens könnte dem Manager des Ausgleichslagers mehr oder billigeres Kapital zur Verfügung stehen als privaten Händlern. Diese Vorteile würden ihm erlauben, größere Mengen zu handeln oder bessere Margen zu erzielen und damit seine Eingriffsmöglichkeiten zur Preisstabilisierung verstärken. Diese Argumente sind weitgehend hypothetisch. Empirische Untersuchungen haben nicht ergeben, daß die private Spekulation destabilisierend wirkt. Desgleichen scheinen Insiderinformationen oder die Verfügbarkeit von Kapital in der Praxis den öffentlichen Stabilisierungsstellen keine erheblichen Vorteile zu bieten.

Auch wenn eine größere Preisstabilität als auf nicht regulierten Märkten für wünschenswert gehalten wird, wäre ein internationales Ausgleichslager nur dann ein kostengünstiges Mittel zur Realisierung dieses Zieles, wenn verschiedene gravierende Probleme bei folgenden Aufgaben gelöst würden:

• *Festlegung der Preis-Zielzone.* Je schmaler die Zone ist, um so größer ist die Wahrscheinlichkeit, daß sie durchbrochen wird. Diese Möglichkeit kann in der Tat Fluktuationen auslösen, die bei Abwesenheit von Ausgleichslagern nicht auftreten würden; die bloße Existenz einer schmalen Preis-Zielzone kann nicht nur zur Spekulation gegen das obere und das untere Preislimit ermutigen, sondern auch den Umfang der privaten Lager reduzieren, die ansonsten zur Dämpfung der Preisbewegung außerhalb der festgelegten Zone beitragen könnten.

• *Wahl des Referenzpreises, um den die Zielzone zentriert ist.* Längerfristig sollten Ausgleichslager konstant bleiben, daher muß die Zielzone den Preis einschließen, zu dem langfristig der Markt geräumt wird. Dieser Preis ändert sich jedoch im Lauf der Zeit, was es dem Manager eines Ausgleichslagers erschwert, herauszufinden, ob die geltende Zielzone letztlich zum Verbrauch seines Lagerbestands oder seiner finanziellen Mittel führen wird.

• *Definition der Preis-Zielzone bezüglich des Lagerorts und der Qualität des Rohstoffs sowie der Denominationswährung.* Auch wenn ein Ausgleichslager den ausgewählten Preis perfekt stabilisiert, bleiben für Produzenten, die an anderen Qualitäten und anderen Währungen interessiert sind, Unsicherheiten bestehen.

• *Festlegung des Umfangs eines Ausgleichslagers.* Es gibt keine Garantie, daß bei einem Ausgleichslager niemals die Bestände oder die Geldmittel erschöpft werden: es können immer Folgen von guten (oder schlechten) Jahren auftreten. Damit ein IRA jedoch glaubwürdig ist, muß die Wahrscheinlichkeit einer Erschöpfung des Lagers gering sein. Die optimale Größe eines Lagers ist abhängig vom Austauschverhältnis zwischen den Lagerhaltungskosten und dem Nutzen einer erhöhten Glaubwürdigkeit.

• *Berücksichtigung der abschreckenden Wirkung von Ausgleichslagern auf die private Lagerhaltung.* Nach Schätzungen wurde für jede Tonne, um die die Vereinigten Staaten zwischen 1977 und 1982 ihr Weizenlager aufstockten, zwischen einer halben und einer dreiviertel Tonne aus privaten Beständen abgegeben. Solche Abgaben heben offenbar einen Großteil der stabilisierenden Wirkung von Ausgleichslagern auf und führen zu einer erheblichen zusätzlichen Belastung der finanziellen Mittel.

Diese Schwierigkeiten schließen den Betrieb eines Ausgleichslagers nicht aus, mindern jedoch seine Erfolgschancen. Den möglichen Erfolgen müssen die bekannten Kosten eines Ausgleichslagers entgegengehalten werden. Dazu gehören die Verwaltungsaufwendungen derjenigen Stellen, die das IRA aushandeln und überwachen, die entgangenen Zinsen auf den Wert der Bestände, Lagerungskosten, physische Verluste sowie die Zinsdifferenz zwischen den Erträgen langfristiger produktiver Investitionen und dem kurzfristigen Zinsertrag, den der Manager des Ausgleichslagers für die nicht in Anspruch genommenen liquiden Mittel erwirtschaften kann. Durch billigen Einkauf und teuren Verkauf können natürlich Gewinne erzielt werden, allerdings nur dann, wenn das Ausgleichslager seine Ziele erreicht. Da überschüssige Lagerbestände verkauft werden müssen, erweisen sich potentielle Gewinne häufig als tatsächliche Verluste.

Ein grundsätzliches Problem der Stabilisierung durch Ausgleichslager besteht darin, daß sie eher auf die Stabilisierung der Preise als auf die der Exporterlöse abzielen. Wenn ein Land Einnahmeschwankungen dadurch ausgleichen kann, daß es sich verschuldet oder Währungsreserven einsetzt, dann schaden ihm Preisschwankungen als solche wahrscheinlich wenig. Außerdem braucht die Preisstabilisierung nicht zur Stabilisierung der Ausfuhrerlöse zu führen. Dies wird am Beispiel witterungsbedingter Produktionsschwankungen leicht erkennbar, bei denen die Marktkräfte dazu führen, daß der Preis eines Agrarprodukts im gleichen Ausmaß steigt, wie die Menge fällt. Der Handel wird dann dem Werte nach gleich bleiben, wenn die Preise sich frei bewegen können, während eine Preisstabilisierung die Erlöse destabilisieren würde.

KONTROLLEN VON PRODUKTION UND AUSFUHR. Das zweite Ziel von IRA — die Anhebung der Rohstoffpreise — kann letztlich nur durch Kontrolle der Produktion erreicht werden. Rohstoffabkommen, die solche Kontrollen anwenden, fungieren grundsätzlich als Produzentenkartelle und sind mit den bekannten Problemen konfrontiert, denen alle Kartelle ausgesetzt sind. Ein IRA wird unwirksam sein, wenn wichtige Anbieter sich nicht daran beteiligen. Es wird ihm nicht gelingen, die Erlöse der Produzenten zu steigern (im Gegensatz zu den Preisen), wenn das Erzeugnis leicht durch andere Güter ersetzt werden kann, was die Nachfrage nach ihm preisreagibel machen würde. Soll es erfolgreich sein, so müssen den Produzenten Quoten zugeteilt und die Beschränkungen überwacht werden. Selbst im Fall des Erdöls, das als vielversprechendster Kandidat für eine Kartellierung angesehen wurde, sind diese Probleme nicht bewältigt worden.

Nur wenige IRA für Agrarerzeugnisse haben versucht, die Produktion durch international ausgehandelte Produktionsquoten zu kontrollieren: Die früheren Kaffeeabkommen (1962) und Kakaoabkommen (1972 und 1975) sind vielleicht die bekanntesten Beispiele. Häufiger haben sich die Produzenten selbst Produktionsquoten auf nationaler Ebene auferlegt, um damit international vereinbarte Exportbeschränkungen einzuhalten.

Tabelle 7.1 Laufende internationale Rohstoffabkommen auf dem Gebiet der Agrarwirtschaft

Position	Kakao	Kaffee	Kautschuk	Zucker
Jahr des ersten Abkommens	1972	1962	1980	1954
Jahr des laufenden Abkommens	1981[a]	1983	1980	1978[b]
Laufzeit (Anzahl der Jahre)	3	6	5	5
Verlängerungen (Anzahl der Jahre)	2	..[c]	2	2
Welthandel (in Mrd. Dollar, 1984)	2,6	11,0	3,6	10,1
Anteil der Exporte von Entwicklungsländern (in Prozent)	79	76	93	75
Anteil der Exporte von Ländern mit niedrigem Einkommen (in Prozent)	14	16	6	2
Abhängigkeit[d]	6	21	3	9
Hauptinstrument des Abkommens	Ausgleichslager	Exportquoten	Ausgleichslager	Exportquoten
Zugelassene Preisschwankung (Prozent)	±18	±15	±20	±13
Höhe der Ausgleichslager in Prozent des Durchschnittsverbrauchs der Jahre 1980 bis 1983	16	..	15	..

a. Läuft im September 1986 aus; Verhandlungen über eine Erneuerung des Abkommens wurden im Frühjahr 1986 eingestellt.
b. Die wirtschaftlichen Vereinbarungen liefen im Dezember 1984 aus.
c. Verlängert auf unbestimmte Zeit.
d. Zahl der Länder, in denen das Agrarprodukt jeweils mehr als 10 Prozent des Exports im Jahr 1980 ausmachte. Berechnet auf Basis einer Auswahl von 88 Ländern.
Quelle: Gilbert 1984, Tabellen 7.1 (A) bis (E).

Schaubild 7.1 Internationale Rohstoffabkommen: Preisspannen und Preise

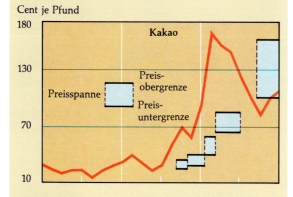
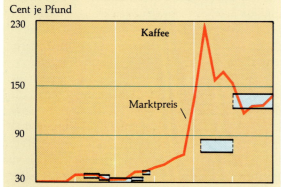
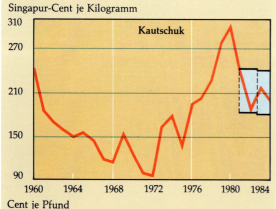
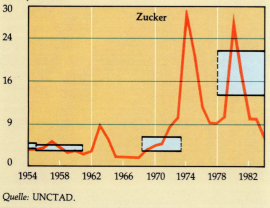

Quelle: UNCTAD.

Sonderbeitrag 7.1 Neuere Rohstoffabkommen auf dem Gebiet der Agrarwirtschaft

Das am längsten bestehende IRA ist das Internationale Kaffeeabkommen. Auf der Basis von Exportkontrollen ist es ihm vermutlich gelungen, die Kaffeepreise etwas über ein Niveau anzuheben, das sich sonst ergeben hätte. Wenngleich die Kaffeepreise in den letzten Jahren zumeist innerhalb der spezifizierten Bandbreiten gehalten werden konnten, war das Kaffeeabkommen langfristig gesehen bei der Preisstabilisierung nur wenig erfolgreich. Das Abkommen funktioniert seit über zwanzig Jahren (mit einer fünfjährigen Unterbrechung Mitte der siebziger Jahre). Ein wichtiger Grund für die Langlebigkeit des Internationalen Kaffeeabkommens war die von seiten der Hauptverbraucherländer — weitgehend aus außenpolitischen Erwägungen — gewährte Unterstützung. Periodisch auftretende Angebotsverknappungen — zumeist verursacht durch ungünstige Witterungsbedingungen in Brasilien, wie die Dürreperiode von 1985 — haben ebenfalls zu seiner Langlebigkeit beigetragen, da sie den Abbau der Lagerbestände ermöglichten.

Das Kaffeeabkommen wurde in letzter Zeit mit zwei gravierenden Problemen konfrontiert, die voraussichtlich wieder auftreten, wenn die gegenwärtige Angebotskrise überwunden ist. Zum einen haben die Vereinigten Staaten, der größte Verbraucher, ihre Position gegenüber dem Abkommen überprüft. Zweitens ist in wachsendem Ausmaß Kaffee unter Umgehung der Exportbeschränkungen des Abkommens verkauft worden. Das Abkommen erlaubt Verkäufe außerhalb der Quoten — Exporte von geringem Umfang zusätzlich zu den normalen Exportquoten, die dazu dienen, neue Märkte zu erschließen. In jüngster Zeit haben die Verkäufe außerhalb der Quoten zugenommen, und ein Teil dieser Exporte wurde von den neuen Märkten in die traditionellen, an die Quoten

---

Beispiele hierfür sind brasilianischer Kaffee und amerikanischer Weizen. In letzter Zeit wurden jedoch Ausfuhrkontrollen mehr durch nationale Lagerhaltung als durch Produktionsbeschränkungen unterstützt. Somit ist der Gesamteffekt der Ausfuhrkontrollen dem von Ausgleichslagern ähnlich, denn die IRA sehen typischerweise vor, daß die Ausfuhrquoten erhöht und die nationalen Lagerbestände abgebaut werden können, wenn der Weltmarktpreis eine gewisse Grenze überschreitet. Anders als Produktionsquoten tragen deshalb Ausfuhrkontrollen grundsätzlich mehr zur Stabilisierung der Preise als zu deren Erhöhung bei.

Ausfuhrkontrollen begegnen den bereits erwähnten praktischen Schwierigkeiten, werfen aber auch einige spezifische Probleme auf. Erstens tendieren Quoten dazu, die Angebotsstruktur zu zementieren. Auch wenn die Quoten zunächst den Produzenten mit niedrigen Kosten zugeteilt werden und

gebundenen Märkte reexportiert. Zwar mag diese Entwicklung insofern effizient sein, als sie für alle Handelspartner vorteilhaft ist, doch ist sie nicht so effizient wie ein freier Kaffeehandel, denn sie bringt höhere Transaktions- und Transportkosten mit sich und schafft unnötige Unsicherheiten.

Die internationalen Kakaoabkommen waren nahezu völlige Fehlschläge. Das 1972 unterzeichnete erste Kakaoabkommen sollte vor allem zur Verteidigung eines Mindestpreises dienen. Seine Einführung fiel in eine Phase steigender Preise, die das Ergebnis rückläufiger Produktion und stark wachsender Nachfrage waren. Dadurch lagen die Marktpreise während der gesamten siebziger Jahre über den Richtpreisen. Weil das Abkommen nicht über Lagerbestände verfügte, war es nicht in der Lage, die Preise zu senken.

Die Verhandlungen über das dritte Kakaoabkommen begannen 1981 und erwiesen sich als langwierig und kompliziert. Weder das Hauptverbraucherland (die Vereinigten Staaten) noch der wichtigste Anbieter (die Elfenbeinküste) nahmen daran teil. Die Vereinigten Staaten meinten, der Richtpreis-Korridor läge zu hoch; die Elfenbeinküste hielt ihn für zu niedrig. Die folgenden Ereignisse bestätigten die Ansicht der USA. Der Kakaopreis ist seit 1981 beträchtlich gesunken, da eine zusätzliche Produktion, die durch die vorausgegangenen hohen Preise angeregt worden war, auf den Markt kam. Während der Laufzeit des dritten Kakaoabkommens lag deshalb der Marktpreis fast immer unterhalb des Zielkorridors. Die Verwaltungsstelle des Abkommens intervenierte, um den Preis zu stützen, angesichts der fehlenden Mitwirkung durch die Vereinigten Staaten und die Elfenbeinküste jedoch ohne Erfolg. In den Verhandlungen über ein viertes Kakaoabkommen, die 1985 begonnen haben, kam es wieder zu den alten Meinungsverschiedenheiten zwischen den Erzeugerländern, die 1,10 Dollar pro Kilo forderten, und den Verbraucherländern, die nur 0,85 Dollar pro Kilo zahlen wollten. Eine Vorlage zur Absicherung der Ausgleichslager durch Exportkontrollen führte zu zusätzlichen Meinungsverschiedenheiten. Die Verhandlungen wurden seitdem zumindest vorläufig eingestellt.

Dem internationalen Naturkautschukabkommen, das nach seiner Gründung im Jahr 1980 einen Mindestpreis über mehrere Jahre erfolgreich verteidigt hatte, gelang es nicht, trotz einer Senkung der Richtpreise, seine hohen Lagerbestände abzubauen. Das Abkommen wurde in letzter Minute bis 1987 verlängert, wobei offen bleibt, ob sich die Erzeuger- und Verbraucherländer auf eine weitere Verlängerung verständigen werden können.

Die internationalen Zuckerabkommen der letzten Jahre haben den Weltmarktpreis für Zucker nicht nennenswert beeinflußt. Über den freien Markt werden nur 15 Prozent des internationalen Zuckerhandels abgewickelt; der Rest wird im Rahmen langfristiger Liefervereinbarungen oder von Präferenzabkommen exportiert. Dies hat zur Folge, daß der freie Marktpreis für Zucker von allen Preisen landwirtschaftlicher Rohstoffe die größten Schwankungen aufweist. Das Zuckerabkommen mußte damit zurechtkommen, daß sich die EG von einem Hauptimporteur zu einem Hauptexporteur wandelte: Die EG weigerte sich, das Zuckerabkommen von 1977 zu unterzeichnen, da sie die ihr zugestandene Exportquote für zu niedrig hielt. Marktstützende Maßnahmen wurden 1984 eingestellt, und das Zuckerabkommen beschränkt sich nun auf die Sammlung von Daten sowie die Förderung des Meinungsaustauschs.

auf diese Weise die weltweiten Kosten des Angebots einer bestimmten Produktmenge minimieren, ist diese Leistung selten von Dauer, da sich die wirtschaftlichen Bedingungen ändern. Potentielle neue Anbieter werden vom Markt ferngehalten, selbst wenn sie über komparative Vorteile verfügen. Zweitens führt eine dezentrale Verwaltung der Quoten tendenziell zu „klumpigen" Lagerbewegungen. Sobald der Marktpreis auf ein Niveau steigt, bei dem die Länder ihre Ausfuhren erhöhen dürfen, entsteht ein starker Anreiz, die Ausfuhr rasch zu steigern, bevor wieder Kontrollen eingeführt werden. Drittens kann die Überwachung der Abkommen sehr schwierig sein.

Fazit

Aus all den hier erörterten Gründen sind IRA in der Praxis nicht erfolgreich gewesen. In den vergangenen Jahren gab es vier davon im Agrarsektor — für Kaffee, Kakao, Kautschuk und Zucker — und ein weiteres für Zinn. Die Hauptmerkmale der landwirtschaftlichen IRA sind in Tabelle 7.1 und ihre Ergebnisse in Schaubild 7.1 zusammengestellt. Im Sonderbeitrag 7.1 werden die jüngsten Erfahrungen mit ihnen im einzelnen erörtert. Sämtliche Abkommen (mit Ausnahme des Kaffee-Abkommens) sehen einer ungewissen Zukunft entgegen. Bei Kakao und Zucker sind die Verhandlungen gescheitert; über Kautschuk wird weiter verhandelt, doch mit ungewissem Ausgang.

Die Aussichten für die IRA sind daher düster. Nicht nur haben sich die Durchführung und Neuverhandlung von Abkommen für einzelne Rohstoffe als schwierig erwiesen, sondern es wurden auch umfassendere Pläne zur Verstärkung der Markteingriffe nicht realisiert. Das bedeutendste Beispiel war der von der UNCTAD 1976 vorgeschlagene gemeinsame Fonds innerhalb des „Integrierten Rohstoffprogramms". Dadurch wäre eine gemeinsame Finanzierung für Abkommen über zehn wichtige Rohstoffe geschaffen worden. Der Plan führte zu den IRA für Kakao und Kautschuk, doch dabei blieb es.

Zugunsten der IRA wird angeführt, daß Preisschwankungen und Unsicherheit schädlich sind. Statt jedoch zu versuchen, Preisschwankungen zu unterbinden und dabei fast sicher zu scheitern, dürfte es nützlicher sein, Mittel zu finden, die ihre Auswirkungen abfangen. Als Abhilfe bietet sich an, die Inanspruchnahme der Märkte für Zeit-, Termin- und Optionsgeschäfte durch den Handel zu fördern. Ungeachtet gewisser Unterschiede im Detail, kann ein Händler grundsätzlich auf jedem dieser Märkte die Bedingungen vereinbaren, zu denen er zukünftige Handelsgeschäfte abwickelt, und damit die Risiken von Preisschwankungen auf die Spekulanten in diesen Märkten übertragen. Dies vermindert die Unsicherheit und führt grundsätzlich zum gleichen Ergebnis wie ein erfolgreicher Versuch der Preisstabilisierung. Außerdem kann jeder Marktteilnehmer selbst bestimmen, wieviel Stabilität (bei dem gegebenen Preis) er wünscht, statt die Preisentscheidung eines Ausgleichslager-Managers akzeptieren zu müssen. Diese Märkte sind gegenwärtig nicht auf die Bedürfnisse kleiner Rohstoffproduzenten eingestellt, aber sie könnten diesen angepaßt und weiter ausgebaut werden (vgl. Sonderbeitrag 7.2).

Kompensierende Finanzierung

Zugunsten der Stabilisierung der Rohstoffpreise wird vor allem vorgebracht, daß sie die Ausfuhrerlöse der Rohstoffproduzenten verstetigt und damit die belastenden Schwankungen ihrer Importe, Investitionen und öffentlichen Defizite minimiert. Im vorigen Abschnitt wurde gezeigt, daß Ausgleichslager mittelfristig kein zuverlässiges Mittel zur Preisstabilisierung waren und daß sie selbst dann, wenn sie dazu geeignet wären, in der Unterhaltung zu teuer sind und die Stabilität der Ausfuhrerlöse nicht garantieren können. In diesem Abschnitt wird eine alternative Methode untersucht, nämlich die Verschuldung zur Stabilisierung der finanziellen Situation eines Landes bei Schwankungen der Ausfuhrerlöse. Die kompensierende Verschuldung bietet einen billigeren Weg zur Stabilität, weil sich Geld billiger verwahren und verwalten läßt als Rohstoffe. Diese Methode kann auch unschwer erweitert werden, um beispielsweise zeitweise Einfuhrpreissteigerungen oder auch einen erhöhten Einfuhrbedarf bei Mißernten abzudecken.

Einzelnen Ländern stehen zwei Möglichkeiten der kompensierenden Finanzierung zur Verfügung. Erstens können sie in guten Jahren Währungsreserven ansammeln, die sie in schlechten Jahren verwenden. Sie verzichten dabei jedoch auf Erträge, die erzielt worden wären, wenn sie produktive Investitionen vorgenommen statt liquide Aktive gehalten hätten. Zweitens könnten sie sich auf den privaten Märkten verschulden, wenn ihre Ausfuhrerlöse sinken. Mögliche Nachteile dieser Methode sind die Kosten und Schwierigkeiten einer privaten Verschuldung, insbesondere für die ärmsten Länder. Da die Nutzung dieser zwei Möglichkeiten für Entwicklungsländer besonders schwierig ist, profitiert diese Ländergruppe von offiziellen Systemen der kompensierenden Kreditvergabe am meisten.

Den beiden gegenwärtig bestehenden Systemen liegen unterschiedliche Ansätze der kompensierenden Finanzierung zugrunde. Die im Jahr 1963 eingeführte Fazilität zur kompensierenden Finanzierung (Compensatory Financing Facility, CFF) des IWF soll Belastungen der Gesamtzahlungsbilanz eines Landes infolge von Exporterlösausfällen beggnen. Das System zur Stabilisierung der Ausfuhrerlöse (STABEX) der EG ist eine produktbezogene Vereinbarung, die Ausgleichszahlungen an einzelne mit der EG assoziierte Länder im Falle von Erlösausfällen bei bestimmten Agrarexporten vorsieht. Während für die Inanspruchnahme der CFF das Vorliegen eines Zahlungsbilanzproblems eine Grundvoraussetzung ist, wird dies im Rahmen des STABEX nicht gefordert.

Die Fazilität zur kompensierenden Finanzierung des IWF

Zweck der CFF ist es, „Mitgliedsländern finanzielle Unterstützung zur Verfügung zu stellen, deren Zahlungsbilanzschwierigkeiten von Exporterlösausfällen hervorgerufen werden, die vorübergehender Art sind und weitgehend auf Umständen beruhen, welche sich der Kontrolle des Mitgliedslandes entziehen" (Internationaler Währungsfonds 1984 b, S. 47). Die Fazilität steht allen IWF-Mitgliedern offen; da jedoch die Bedingungen ihrer Inanspruchnahme überwiegend häufiger auf Länder zutreffen, die stark vom Handel mit Rohstoffen abhängig sind, beschränkte sich ihre Inanspruchnahme in der Praxis weitgehend auf Entwicklungsländer. Die Fazilität wurde 1981 auf Getreideimporte ausgedehnt, in den meisten Fällen aber wurde die CFF zum Ausgleich von Erlösausfällen bei der Warenausfuhr in Anspruch genommen.

Der Zugang zur CFF hängt von bestimmten Kriterien ab: Erstens muß ein Zahlungsbilanzbedarf vorliegen; zweitens müssen die Exporterlösausfälle temporär sein und auf Umständen beruhen, die weitgehend außerhalb der Kontrolle des Mitgliedslandes liegen, und drittens muß der IWF überzeugt sein, daß das Mitglied mit ihm zusammenarbeiten wird, um angemessene Lösungen für seine Zahlungsbilanzprobleme zu finden. Außerdem muß der IWF bei Anträgen, die dazu führen würden, daß die ausstehenden Ziehungen im Rahmen der CFF 50 Prozent der Quote (die obere Tranche) übersteigen, feststellen können, daß sich das Mitgliedsland in Zusammenarbeit mit dem IWF bereits um angemessene Lösungen für seine Zahlungsbilanzschwierigkeiten bemüht hat. Alle diese Abwägungen können in der Praxis schwierig sein.

Eine Sonderregelung für die Landwirtschaft ermöglicht den Ländern Kreditaufnahmen bei Zahlungsbilanzproblemen aufgrund erhöhter Aufwendungen für Getreideimporte, die durch Umstände bedingt sind, die außerhalb der Kontrolle des

---

Sonderbeitrag 7.2 Termingeschäfte und Optionen an den Warenmärkten

Terminmärkte ermöglichen den Kauf und Verkauf von Waren zum gegenwärtigen Zeitpunkt bei Lieferung zu einem späteren Termin. Solche Märkte existieren in London, New York, Winnipeg, Sydney und an anderen Plätzen, doch die Börsen mit den weitaus größten Umsätzen befinden sich in Chicago, wo Kontrakte über Mais, Sojabohnen, Weizen, Rinder und Schweine mit Lieferung bis zu achtzehn Monate nach Abschluß des Vertrages gehandelt werden. Termingeschäfte können zur Preisspekulation dienen, sie ermöglichen es aber auch Käufern und Verkäufern, einen Preis für Waren festzulegen, die erst später erworben oder verkauft werden sollen. Somit können die Kontrakte dazu dienen, die Risiken von Preisschwankungen von den risikoscheuen Farmern auf die risikobereiten Spekulanten zu übertragen. Ein Weizenfarmer kann einen Weizenkontrakt verkaufen, wenn er seinen Weizen anbaut. Wenn später der Weizen geerntet wird, kann er den Weizen veräußern und gleichzeitig den Kontrakt zurückkaufen. Der ganze Vorgang, den man als Deckungsgeschäft bezeichnet, entspricht insofern einem Vorausverkauf, als in beiden Fällen der Preis, den der Farmer erzielt, schon zum Zeitpunkt des Anbaus des Produktes fixiert wird. Ähnlich kann ein Weizenverarbeiter durch den Erwerb eines Terminkontraktes künftige Käufe absichern.

Deckungsgeschäfte durch Terminkontrakte verringern zwar das Risiko, können es aber nicht beseitigen. Wenn ein Farmer 1 000 Tonnen Weizen per Termin verkauft und seine Ernte dann zu niedrig ausfällt, muß er eventuell zu teuren Preisen dazukaufen, um den Verpflichtungen aus dem Terminkontrakt nachzukommen. In ähnlicher Weise können Terminkäufe zu einer Schieflage führen. In Entwicklungsländern können für Landwirte große Probleme entstehen, wenn sich der örtliche Preis aufgrund von Wechselkursschwankungen oder staatlichen Eingriffen nicht parallel zu dem Preis an der Chicagoer Warenbörse oder an anderen Terminbörsen bewegt: Diese Möglichkeit wird als Basisrisiko bezeichnet. Ein Verkauf per Termin in Chicago nützt einem Produzenten wenig, wenn der örtliche Preis im Vergleich zum Preis in Chicago fällt. Falls dies ein ernstes Problem darstellt, sollte als Alternative die Entwicklung eines örtlichen Terminmarktes, wo in heimischer Währung abgeschlossen wird, in Betracht gezogen werden.

Viele Käufer und Verkäufer wollen sich nicht an einen festen Preis binden, weil dadurch neben Verlusten auch Gewinne ausgeschlossen werden. Statt dessen möchten die Verkäufer sich lieber gegen extrem niedrige Preise absichern und die Käufer entsprechend gegen extrem hohe Preise. Eine solche Absicherung kann durch Optionen auf Terminkontrakte erreicht werden. Optionen für Zucker und Baumwolle werden in New York gehandelt und solche für Sojabohnen, Mais, Schweine und Rinder in Chicago. Ein Landwirt kann sich gegen niedrige Preise absichern, indem er eine Verkaufsoption erwirbt, die ihm das Recht gibt, zu einem bestimmten Basispreis zu verkaufen. Wenn der tatsächliche Preis unter den Basispreis fällt, übt er die Option aus; wenn der Preis darüber hinausgeht, verliert er den Einsatz für die Option, kann jedoch sein Produkt zu einem höheren Kassapreis verkaufen. Unterhalb eines Terminpreises gibt es jeweils zahlreiche Basispreise, so daß unterschiedliche Preisniveaus abgesichert werden können. In ähnlicher Weise sichert sich ein Käufer gegen hohe Preise dadurch ab, daß er eine Kaufoption erwirbt, die ihm das Recht gibt, zu einem Basispreis seiner Wahl zu kaufen. Der Marktpreis der Optionen bestimmt die Kosten der Preisabsicherung.

Für die Entwicklungsländer wird die Nützlichkeit der internationalen Termin- und Optionsmärkte durch das Basisrisiko erheblich eingeschränkt. Örtliche Terminmärkte könnten eine funktionsfähige Alternative sein, doch setzen sie aktiv spekulierende Marktteilnehmer voraus, die das Risiko von den absichernden Teilnehmern übernehmen. Außerdem ist ein stabiles finanzielles und administratives Umfeld erforderlich, wenn die Terminmärkte florieren sollen. Zwar haben Landwirte, Unternehmen und halbstaatliche Organisationen in den Entwicklungsländern von Termin- und Optionsgeschäften wenig Gebrauch gemacht, doch haben sich die Möglichkeiten dafür erweitert. Diese Geschäfte könnten besonders dann an Bedeutung gewinnen, wenn ein liberalisierter Agrarhandel die landwirtschaftlichen Rohstoffmärkte weltweit noch enger zusammenschließt.

Landes liegen — wie etwa ein witterungsbedingter Rückgang des heimischen Nahrungsmittelangebots. Die Sonderregelung für Getreideimporte sieht vor, daß die Höhe einer Ziehung, vorbehaltlich bestimmter Quotenbegrenzungen, durch die Summe des Exporterlösausfalls und der Mehrkosten des Getreideimports bestimmt ist. Seit Januar 1984 beträgt das Ziehungsrecht im Zusammenhang mit der Getreide-Regelung 83 Prozent der Quote und das Ziehungsrecht bei Exportausfällen ebenfalls 83 Prozent der Quote, wobei für beide Komponenten zusammengenommen ein Limit von 105 Prozent der Quote gilt.

Seit Mai 1981 haben im Rahmen dieser Regelung dreizehn Ziehungen im Gesamtbetrag von 1,1 Mrd SZR stattgefunden, wovon 0,5 Mrd SZR ausschließlich auf Mehrkosten bei Getreideimporten entfielen. Die begrenzte Inanspruchnahme dieser Fazilität spiegelt weitgehend die Weltmarktsituation bei Nahrungsmitteln wider, die von 1981 bis 1985 durch ein Rekordniveau der Weltgetreideproduktion, große Lagerbestände, rückläufige Getreidepreise und ein beträchtliches Volumen an Nahrungsmittelhilfe gekennzeichnet war. Alle dreizehn Ziehungen im Rahmen dieser Fazilität wurden durch die Folgen ungünstiger Witterungsbedingungen für das inländische Nahrungsmittelangebot ausgelöst.

Die CFF betrifft keine bestimmten Rohstoffe und finanziert landwirtschaftliche Exportausfälle nur insoweit, wie diese zu den gesamten Exporteinbußen beitragen. Da jedoch Agrarprodukte größeren Schwankungen unterliegen als andere Erzeugnisse und ein bedeutender Anteil der gesamten Ausfuhrerlöse der Entwicklungsländer auf Agrarprodukte entfällt, haben Einnahmeausfälle im Agrarexport zu zahlreichen Ziehungen durch Entwicklungsländer beigetragen.

STABEX

Das STABEX-System der EG zur kompensierenden Finanzierung wurde im Rahmen des ersten Lome-Abkommens von 1975 eingeführt. Es ist auf die mit der EG assoziierten afrikanischen, karibischen und pazifischen Länder (AKP-Staaten) begrenzt und dient der Stabilisierung ihrer Ausfuhrerlöse. Erfaßt werden die Exporte von achtundvierzig Agrarerzeugnissen, während die Mineralien-Exporte Gegenstand eines gesonderten Systems sind. Für die Laufzeit des ersten Abkommens (1975 bis 1979) wurde ein Gesamtbetrag von 375 Mio ECU (460 Mio Dollar) zugeteilt, für das zweite (1980 bis 1984) 550 Mio ECU und für das dritte (1985 bis 1989) 925 Mio ECU, wobei die Mittel jeweils gleichmäßig auf die betreffenden Jahre verteilt wurden.

Unter Berücksichtigung der weiter unten diskutierten Schwellenwerte werden die kompensierbaren Exporteinbußen für jedes Produkt getrennt errechnet, so daß Erlösausfälle bei einem Produkt nicht durch Mehreinnahmen anderswo ausgeglichen werden. Ausgleichszahlungen sollen den von den Erlöseinbußen betroffenen Produzenten zugute kommen, und die STABEX-Mittel beanspruchenden Länder müssen zuvor darlegen, wie sie die Mittel verwenden wollen und danach, wie sie verwendet wurden. Üblicherweise werden nur Exporte in die EG berücksichtigt, doch wurde in bestimmten Fällen die Anwendung auf Exporte in andere AKP-Staaten oder den gesamten Export erweitert.

Ausgleichszahlungen im Rahmen des dritten STABEX, das seit 1985 angewandt wird, setzen im allgemeinen voraus, daß auf ein Produkt 6,5 Prozent der Ausfuhrerlöse eines Landes entfallen und der Preis 6,5 Prozent unter dem Bezugsniveau liegt. (Für einige Länder betragen beide Limits 1,5 Prozent.) Das Bezugsniveau wird als arithmetischer

Tabelle 7.2 Die Hauptempfänger von Zuschüssen im Rahmen des STABEX, 1975 bis 1983

A. Absolute Beträge

Land	Einnahmen (in Mio Dollar von 1983)	In Prozent des Exports im Jahr 1983
Senegal	77	13,2
Sudan	61	9,8
Elfenbeinküste	33	1,6
Mauretanien	30	10,5
Tansania	23	6,2

B. Betrag pro Kopf

Land	Einnahmen (in Dollar von 1983)	In Prozent des geschätzten BSP pro Kopf im Jahr 1983
Dominica	62	6,6[a]
Kiribati	53	11,5
Tonga	43	5,8
Westsamoa	40	7,1
Vanuatu	38	6,5

a. BIP pro Kopf
Quelle: Koester und Herrmann (Hintergrundpapier).

Mittelwert der Exporte in den vorangegangenen vier Jahren ermittelt. Exporteinbußen dürfen nicht auf nationale Maßnahmen zurückzuführen sein.

Die Rückzahlungsbestimmungen sind großzügig. Die am wenigsten entwickelten Länder brauchen nichts zurückzuzahlen. Sämtliche Kredite sind zinslos. Im Zeitraum 1975 bis 1982 erfolgten im Rahmen von STABEX 205 Ausgleichszahlungen an 44 AKP-Staaten, die etwa 800 Mio Dollar betrugen. Die STABEX-Überweisungen übertrafen in verschiedenen Fällen die Zuflüsse von Entwicklungshilfe aus dem Europäischen Entwicklungsfonds (EEF) und machten bei knapp der Hälfte der AKP-Länder einen erheblichen Anteil (10 bis 66 Prozent) der Entwicklungshilfeleistungen des EEF aus. Die Ausgleichszahlungen verteilten sich ungleichmäßig auf die verschiedenen Produkte, Länder und Zeiträume. So entfielen bei STABEX I (1975 bis 1979) auf drei Begünstigte — Mauretanien, Senegal und Sudan — 30 Prozent und auf vier andere weitere 20 Prozent der Zahlungen. Unter den gestützten Produkten spielten Baumwolle, Sisal, Kaffee, Kakao und Erdnüsse die größte Rolle. Die EG-Kommission schätzt, daß 69 Prozent der Ausgleichszahlungen auf die Verschlechterung der wirtschaftlichen Bedingungen und 31 Prozent auf lokale Umstände wie Dürre, Pflanzenkrankheiten und Überschwemmungen zurückgingen.

Die EG lehnt einen erheblichen Teil der Anforderungen als unberechtigt ab — im Zeitraum 1975 bis 1979 waren es 28 Prozent und von 1980 bis 1982 32 Prozent. In den Jahren 1980 und 1981 erschöpfte STABEX seine Mittel und konnte nur 53 bzw. 43 Prozent der berechtigten Ansprüche befriedigen, doch konnte später die Deckungsquote durch Einsatz ungenutzter Mittel der folgenden Jahre auf 65 Prozent erhöht werden.

Für die AKP-Länder ist das attraktivste Merkmal von STABEX sein hohes Zuschußelement. Für die am wenigsten entwickeltsten Länder — die keine Rückzahlung zu leisten haben — sind sämtliche Leistungen Zuschüsse; für die übrigen Länder bedeuteten die Unverzinslichkeit und der mögliche Rückzahlungsverzicht bei anhaltender Exportschwäche in den Jahren 1975 bis 1983 ein Zuschußelement von etwa 60 Prozent. Die Zuschüsse waren jedoch sehr ungleich verteilt, und es besteht keine erkennbare Beziehung zwischen den Zuschußkomponenten einerseits und den Indikatoren für Armut oder Hilfsbedürftigkeit andererseits. Die Hauptbegünstigten sind in Tabelle 7.2 aufgeführt.

STABEX beeinflußt die Allokation der Ressour-

Tabelle 7.3 Charakteristische Merkmale der CFF und des STABEX

Position	CFF	STABEX
Jahr der Einführung	1963	1975
Berechtigte	Mitgliedsländer des IWF (137)	Sechsundsechzig AKP-Staaten
Inanspruchnahme in den Jahren 1977 bis 1982		
Zahl der Fälle	112	171
Betrag	7,3 Mrd Dollar	0,8 Mrd Dollar
Mindereinnahmen	11,9 Mrd Dollar	1,3 Mrd Dollar
Entschädigungsanteil	62 Prozent	59 Prozent
Deckungsrahmen	Gesamte Exporte (kann Dienstleistungen einschließen und Getreideimporte ausschließen)	Achtundvierzig Rohstoffe
Einnahmeausfall	Netto	Brutto (Summe der jeweiligen Fehlbeträge)
Referenzniveau	Gleitender Fünfjahresdurchschnitt, zentriert auf das Jahr des Einnahmeausfalls	Gleitender Vierjahresdurchschnitt, zentriert auf zweieinhalb Jahre vor dem Jahr des Einnahmeausfalls
Höchstgrenzen	Länderspezifische Quoten	Allgemeine Budgetgrenzen
Zinssatz	IWF Standardzins (gegenwärtig 7,8 Prozent)	Keiner
Tilgung	Drei bis fünf Jahre nach dem Kredit	Zwei bis sieben Jahre nach dem Kredit
Tilgungsverpflichtung	In voller Höhe	Keine für Länder mit niedrigem Einkommen, für andere Länder unter bestimmten Voraussetzungen
Zuschußelement	Rund 20 Prozent	Über 80 Prozent

cen sowohl innerhalb der Länder als auch zwischen ihnen. Durch die produktbezogene Stützung dürfte STABEX beispielsweise die Überschußproduktion der betreffenden Erzeugnisse begünstigen, insbesondere solcher mit dem größten Marktrisiko. International gesehen werden Nicht-AKP-Länder, die STABEX-Erzeugnisse produzieren, benachteiligt, weil sie keinen Risikoschutz erhalten, und sie könnten gezwungen sein, auf die Produktion von Gütern auszuweichen, bei denen ihre komparativen Vorteile geringer sind. Desgleichen führt die Begrenzung von STABEX auf Exporte in den EG-Markt zu Umlenkungen und Verzerrungen des internationalen Handels.

In Tabelle 7.3 werden die Hauptmerkmale der CFF und von STABEX zusammengefaßt. Wenngleich sie sich hinsichtlich vieler praktischer Aspekte unterscheiden, sind sie auf ähnliche Probleme zugeschnitten. Ein umfassendes Urteil über ihren Nutzen ist schwierig. Beide haben einer großen Zahl von Ländern geholfen. Es liegt jedoch in der Natur der Sache, daß sie Erlöseinbußen nicht gänzlich ausgleichen. Der Zweck kompensierender Finanzierung besteht darin, angesichts eines zeitweisen Rückgangs der Ausfuhrerlöse das Ausgabenniveau aufrechtzuerhalten. Um erfolgreich zu sein, müssen Ausgleichssysteme klar definierte Ziele haben, eine rasche Feststellung der Einnahmeausfälle ermöglichen sowie prompte Zahlungen ohne komplizierte Bedingungen bieten. Weder die CFF noch STABEX waren in dieser Hinsicht ideal. Während im Durchschnitt die Ausgleichsrate bei rund 60 Prozent lag, gibt es von Land zu Land erhebliche Unterschiede, die sich weder mit der Bedürftigkeit noch mit der Rückzahlungsfähigkeit eindeutig erklären lassen. Es gab Verzögerungen, die vermeidbar gewesen wären. Dennoch haben beide Systeme bei einigen Gelegenheiten wertvolle Unterstützung geboten.

Handelspräferenzen

Die Industrieländer haben verschiedene Systeme eingeführt, die Importe aus Entwicklungsländern zu reduzierten oder Nullzöllen ermöglichen. In der

---

Sonderbeitrag 7.3 Das Abkommen von Lome

Die Vereinbarungen der EG mit den Entwicklungsländern Afrikas, der Karibik und des Pazifik, die frühere Präferenzsysteme der Kolonialzeit ablösten, erhielten mit dem ersten Abkommen von Jaunde im Jahr 1963 eine vertragliche Basis und wurden dann durch das Abkommen von Lome abgelöst, dessen dritte Fassung 1984 unterzeichnet wurde. Ein Hauptbestandteil des Lome-Abkommens ist das System zur Stabilisierung der Ausfuhrerlöse (STABEX). Andere Elemente sind die Vereinbarungen über den freien Zugang fast aller Erzeugnisse der AKP-Staaten zu den Märkten der EG sowie der Europäische Entwicklungsfonds, über den die Finanzhilfen an die AKP-Staaten geleitet werden.

Dem Abkommen von Lome gehören die meisten ehemaligen Kolonien der EG-Länder an, mit Ausnahme der industrialisierten Länder und der asiatischen Mitgliedsländer des britischen Commonwealth. Diesen wurde 1973 der Beitritt mit der Begründung verweigert, daß sie entweder sehr viel größer oder viel wohlhabender seien als die ursprünglich assoziierten Staaten. Gegenwärtig sind sechsundsechzig Entwicklungsländer Mitglied des Lome-Abkommens, von denen die Mehrzahl zu den kleinsten und ärmsten Nationen gehört.

Die den AKP-Staaten im Handel mit Agrarprodukten gewährten Präferenzen erstrecken sich auf drei Bereiche. Erstens werden geringe Präferenzen für Produkte gewährt, die der Gemeinsamen Agrarpolitik unterliegen. Da es sich dabei zumeist um Agrarprodukte der gemäßigten Zone handelt, ist dies jedoch für die AKP-Staaten, die ingesamt gesehen tropische Länder sind, kaum von Belang. Zweitens gelten Präferenzen für solche tropischen Produkte, die hauptsächlich von AKP-Staaten angeboten werden und die den inländischen Erzeugern der EG kaum gefährlich werden können. Solche Produkte haben in der Regel einen ungehinderten, zollfreien Zugang zu den Märkten der Gemeinschaft. Da jedoch durch andere Präferenzabkommen der EG zahlreichen sonstigen Exporteuren ähnliche Rechte eingeräumt wurden, oder da ohnehin Null-Zölle gelten, sind die Vorteile, die die AKP-Staaten gegenüber anderen Entwicklungsländern genießen, begrenzt. Über die Hälfte der Exporte aus dem AKP-Raum wird von sonstigen Präferenzabkommen der EG erfaßt.

Drittens bestehen für eine kleine Gruppe von Produkten spezielle Regelungen — und zwar für Rum, Bananen, Rindfleisch, Reis und Zucker. Die den AKP-Staaten eingeräumten Kontingente für Rum werden nicht ausgenützt, und die AKP-Staaten waren auch nicht in der Lage, ihren Exportmarktanteil bei Bananen zu steigern. Demgegenüber räumen die Vereinbarungen für Zucker den AKP-Staaten sowohl das Recht als auch die Pflicht ein, die Produktion in den EG-Ländern zu einem Festpreis abzusetzen. Im allgemeinen liegt dieser Preis weit über dem Weltmarktpreis, so daß bei Zucker, ebenso wie bei Rindfleisch, dieses System mit einem Einkommenstransfer zugunsten der AKP-Staaten verbunden ist. In manchen Jahren erreichten diese Transfers enorme Größenordnungen. Im Jahr 1979

Theorie sollten solche Präferenzen die Ausfuhren der Entwicklungsländer steigern, und zwar weitgehend zu Lasten derjenigen Länder, die davon ausgeschlossen sind. Das Ziel ist die Verbesserung der wirtschaftlichen Lage der Entwicklungsländer; der tatsächliche Nutzen blieb jedoch, zum Teil wegen der einschränkenden Bedingungen der Präferenzen, begrenzt. Die Systeme erfassen gerade solche Produkte nicht, oder setzen ihrer Einfuhr enge Grenzen, bei denen die Entwicklungsländer sehr konkurrenzfähig sein könnten. Zu den am wenigsten begünstigten Erzeugnissen gehören viele Agrarprodukte. Insgesamt haben diese Vereinbarungen im Agrarhandel nur wenig bewirkt.

Handelspräferenzen haben eine lange Geschichte. Obwohl das Allgemeine Zoll- und Handelsabkommen (GATT) das Prinzip der Nicht-Diskriminierung enthält, ließ es von Anfang an die Fortgeltung besonderer Systeme zu, wie etwa der Commonwealth-Präferenzen. Später führten die EG-Länder für ihre früheren Kolonien Präferenzen ein, die heute im Abkommen von Lome fortbestehen, das die EG mit sechsundsechzig AKP-Staaten verbindet. Im Jahre 1964 ist der Grundsatz der Nicht-Diskriminierung weiter ausgehöhlt worden, als das GATT den Entwicklungsländern Präferenzen beim Zugang zu den Märkten der Industrieländer zugestand. Dieser Abschnitt befaßt sich mit dem Allgemeinen Präferenzsystem (APS), das sämtlichen Entwicklungsländern offensteht, sowie mit begrenzten Systemen, wie dem Lome-Abkommen der EG mit den AKP-Staaten und der Initiative für das Karibische Becken (IKB) der Vereinigten Staaten.

Das Allgemeine Präferenzsystem (APS)

Im Rahmen des APS werden die Zölle auf Exporte von Entwicklungsländern in die Industrieländer reduziert oder ausgesetzt. Das System hat sich auf die Exporte jedoch nur wenig ausgewirkt, teilweise deshalb, weil die davon erfaßte Produktpalette zu begrenzt ist. Die Einfuhren aus den begünstigten Ländern stellen nur einen Bruchteil der gesamten Einfuhren der Industrieländer dar. Viele Importe

stammten fast 7 Prozent des BSP von Botsuana aus Transfers im Rahmen des Rindfleischexports, und 22 Prozent des BSP von Mauritius waren in den Jahren 1975/76 auf Transfers im Rahmen des Zuckerexports zurückzuführen. Die im Zuckersektor getroffenen Abmachungen führen jedoch zu volkswirtschaftlichen Einbußen, da sie einige AKP-Staaten dazu verleiten, ihre Zuckererzeugung übermäßig auszuweiten. Sie verursachen auch einen überhöhten Transportaufwand, weil die EG, die mehr Zucker erzeugt als sie verbraucht, selbst Zucker exportiert.

Das Abkommen von Lome gewährt den AKP-Staaten auch Präferenzen für den Export von verarbeiteten Produkten und Halbwaren. Da jedoch die Mehrzahl der industriellen Erzeugnisse nur mit niedrigen allgemeinen Zollsätzen belastet ist und von dem Allgemeinen Präferenzsystem (APS) erfaßt wird, ist der Vorteil nur gering. Nur bei den Waren, für die das APS den zollfreien Marktzugang durch niedrige Plafonds beschränkt, konnten die AKP-Länder ihre Präferenzen ausnutzen.

Die Auswirkungen des Lome-Abkommens auf den Welthandel festzustellen, erwies sich als schwierig, nicht zuletzt deshalb, weil die historischen Handelsbeziehungen zwischen den ehemaligen Kolonien und Europa sich lockern. Seit 1965 haben die meisten AKP-Staaten ihre Exporte zu Lasten Europas diversifiziert, obwohl ihr Anteil an den Importen der EG sich nicht drastisch verändert hat. Sind die AKP-Länder trotzdem weiterhin vom EG-Markt überproportional abhängig? In einer Studie der AKP-Staaten werden Indizes der Handelsverflechtung untersucht — das Verhältnis zwischen dem Anteil eines Exportlandes an einem bestimmten Markt und seinem Anteil am Weltmarkt. Zwischen „verwandten" Ländern war immer schon die Handelsverflechtung hoch — zum Beispiel zwischen Großbritannien und dem Commonwealth. Sie ist entsprechend niedrig zwischen Handelspartnern, die weniger enge Beziehungen aufweisen. Im Gefolge des Abkommens von Lome sank jedoch die Handelsverflechtung der AKP-Staaten mit den Märkten außerhalb der EG, während sie mit den EG-Ländern stieg. Dies wurde besonders deutlich im Außenhandel der AKP-Länder mit den Vereinigten Staaten.

Zwar deuten diese Entwicklungen darauf hin, daß das Abkommen von Lome die Struktur des Welthandels beeinflußt hat, doch war der Effekt nicht groß. Außerdem ist es schwierig zu beurteilen, ob das Lome-Abkommen den Handel gesteigert oder bloß umgelenkt hat. Die AKP-Staaten könnten lediglich Marktanteile in der EG zu Lasten von anderen Entwicklungsländern gewonnen haben, indem sie ihre Exporte von anderen Märkten umlenkten. Um es überspitzt zu formulieren: Es ist möglich, daß das Abkommen von Lome allein eine Richtungsänderung, nicht aber eine Ausweitung der Welthandelsströme bewirkte und damit nur die Transportkosten erhöhte.

165

unterliegen bereits im Normalfall keiner Zollbelastung. Insgesamt betrachtet werden ungefähr 2 Prozent der OECD-Einfuhren von den Präferenzen erfaßt, das entspricht etwa 7 Prozent der gesamten Exporte der Entwicklungsländer.

Viele Agrarprodukte sind vom APS ausgeschlossen. Die Vereinigten Staaten beispielsweise nehmen Zucker und Milchprodukte (beide unterliegen allgemeinen Importquoten) sowie Erdnüsse und langfaserige Baumwolle davon aus. Dies geschieht deshalb, weil erhöhte Einfuhren die Preisstützung zugunsten der heimischen Landwirte erschweren würden. Aus dem gleichen Grund schließen die EG und Japan ebenfalls die meisten Agrarerzeugnisse aus.

Das Abkommen von Lome

Das Abkommen von Lome, das im Sonderbeitrag 7.3 beschrieben wird, ist von den anderen Präferenzsystemen das bekannteste. Zwar schmälern die im Rahmen des APS gewährten Präferenzen die effektive Präferenzierung durch das Abkommen, doch fallen die Präferenzen bei einigen Erzeugnissen wie Thunfischkonserven, bestimmten tropischen Früchten und Tabak erheblich ins Gewicht. Im Bereich der Agrarerzeugnisse ist das Zuckerabkommen von Bedeutung; achtzehn AKP-Staaten verfügen über Kontingente für den Zuckerexport in die EG. Wie Sonderbeitrag 7.4 zeigt, schirmen diese Kontingente die AKP-Herstellungsländer sowie die Verbraucher in der EG von den Weltmarktpreisen ab und destabilisieren daher den freien Weltzuckermarkt. Sie beeinträchtigen die Wirtschaftlichkeit des Angebots, hindern die Verbraucher am billigen Einkauf, erhöhen die Transport- und Umschlagskosten, diskriminieren effiziente Zuckerproduzenten außerhalb des Abkommens und regen die Weltzuckererzeugung an. Den Kontingentsinhabern verschaffen sie jedoch große Einnahmen.

Wenn auch die ökonomischen Auswirkungen des Abkommens von Lome schwierig zu quantifizieren sind, gibt es doch verschiedene Gründe für die Annahme, daß sie sich in relativ engen Grenzen halten: Erstens sind die Präferenzmargen knapp; zweitens scheint der Haupteffekt der meisten Präferenzen darin bestanden zu haben, den Handel umzulenken statt ihn anzuregen; drittens können aufgrund der Marktstrukturen monopsonistische europäische Importeure manchmal die Zollvorteile selbst vereinnahmen und viertens haben die AKP-Länder nicht immer alle durch das Abkommen sich eröffnenden Handelschancen wahrgenommen

---

Sonderbeitrag 7.4   Das Zuckerprotokoll der EG

Das Zuckerprotokoll im Rahmen des Lome-Abkommens gestattet achtzehn Entwicklungsländern, bestimmte Zuckermengen außerhalb der üblichen Importbeschränkungen in die EG-Mitgliedsländer zu exportieren. Neben den Unterzeichnerstaaten des Zuckerprotokolls profitiert auch Indien von ähnlichen Vereinbarungen.

Die Vorteile dieser Abmachungen für die begünstigten Exportländer hängen vom Umfang ihrer Quoten ab, die recht unterschiedlich sind. In den Jahren 1981/82 entfielen auf fünf Länder 77 Prozent der Gesamtquote, wobei Mauritius allein 38 Prozent erhielt. Vier Länder verfügten über Quoten, welche die Hälfte oder mehr ihrer Inlandsproduktion ausmachten (80 Prozent bei Mauritius), während vier Länder Quoten von weniger als 10 Prozent ihrer inländischen Erzeugung besaßen (vgl. Tabelle 7.4A).

Eine der Besonderheiten des Zuckerprotokolls ist, daß sogar Netto-Importeure von Zucker in die EG exportieren. Obwohl Kenia in den Jahren 1976 bis 1978 weniger Zucker erzeugte als es verbrauchte, exportierte es noch in die EG. Zu diesen Eigentümlichkeiten kommt noch hinzu, daß die EG selbst ein Netto-Exporteur ist und damit den im Rahmen des Protokolls importierten Zucker reexportiert. Da Transport-, Versicherungs-, Umschlagskosten und Schwundverluste bis zu 20 Prozent des Umsatzes im Zuckerhandel ausmachen, sind die damit verbundenen Verluste beträchtlich — in den Jahren 1981/82 betrugen sie etwa 42 Millionen Dollar.

Da den Produzenten ein höherer Preis als der Weltmarktpreis für Zucker gezahlt wird, führt das Zuckerprotokoll zu einem Einkommenstransfer von den Verbrauchern in der EG zu den Erzeugern in den Entwicklungsländern. Weil der Weltmarktpreis für Zucker stark schwankt, variiert der Umfang des Transfers von Jahr zu Jahr, doch ist er fast immer positiv. Zu negativen Transfers kommt es dann, wenn der Weltmarktpreis über dem Garantiepreis liegt, zu dem die Entwicklungsländer Zucker anbieten müssen.

Die in der Tabelle angegebenen Schätzungen über die Einkommenstransfers sind insoweit übertrieben, wie das Zuckerprotokoll den Weltmarktpreis senkt. Wenn die Exportländer sich nach dem Prinzip der Gewinnmaximierung verhielten, würden die Weltmarktpreise durch das Zuckerprotokoll nicht beeinflußt. Dies deshalb, weil der hohe Garantiepreis nur für ein bestimmtes Zuckerkontingent gilt, so daß kein Anreiz besteht, mehr Zucker für den EG-Markt zu produzieren, als die Quote erlaubt. Einem

---

(oder waren dazu nicht in der Lage). Der letzte Punkt betrifft insbesondere die kleinsten und am wenigsten entwickelten Länder. Als Gegenleistung für diese im allgemeinen geringen und unsicheren Vorteile sind die AKP-Länder in den Protektionismus der EG eingebunden. Aus Furcht vor einer Aushöhlung ihrer Präferenzen opponieren sie tendenziell gegen eine umfassende Handelsliberalisierung.

AKP-Land steht es außerdem frei, den an die EG gelieferten Zucker sich auf dem billigsten Weg zu beschaffen. Wenn es ohne Existenz des Protokolls Zucker importiert hätte, weil seine heimischen Produktionskosten über dem Weltmarktpreis lagen, dann müßte es in Anbetracht des Protokolls nur Zucker importieren und ihn in die EG reexportieren.

Das geschieht jedoch nur selten. Die vom Zuckerprotokoll begünstigten Länder tendieren eher dazu, den inländischen Erzeugern einen Preis zu zahlen, der irgendwo zwischen dem EG-Preis und dem Weltmarktpreis liegt. Die Vermarktungsbehörde in Maurititus zahlt beispielsweise den Erzeugern für Zucker, der über die EG-Quote hinaus produziert wird, einen höheren Preis, als sie am Weltmarkt erzielen könnten. Ein Teil der Transfers der EG wird auf diese Weise an die Erzeuger weitergeleitet. Das als Folge dieser Politik entstehende zusätzliche Angebot senkt den Weltmarktpreis für Zucker.

Weil die Quoten weitgehend durch den Umfang früherer Zuckerexporte bestimmt sind, bewirkt das Zuckerprotokoll tendenziell eine Verfestigung der Welthandelsstrukturen. Dies benachteiligt neue Erzeuger oder Länder, die ihre Wettbewerbsfähigkeit verbessert haben.

Als ein Teil des Systems zur Stabilisierung des Zuckerpreises innerhalb der EG trägt das Protokoll schließlich dazu bei, die Gemeinschaft vom Weltmarkt abzuschirmen. Es isoliert tendenziell auch die Erzeuger in den AKP-Staaten. Dies erhöht die Anpassungslasten für andere Produzenten und die Instabilität der Weltmarktpreise.

Tabelle 7.4A EG-Zuckerquoten und Einkommenstransfers, 1981/82

Begünstigte Länder	*Jährliche Lieferquoten im Zeitraum 1981/82*		Exporte in Prozent der Quote, 1981	Quote in Prozent der Zuckerproduktion, 1981	*Maximaler Einkommenstransfer, 1981/82[a]*		
	Menge (Tonnen)	Prozent der Gesamtquote			Insgesamt (Mio ECU)	ECU pro Kopf	In Prozent des BIP oder BSP
Barbados	49.300	3,8	100	51	7,5	28,8	0,8
Belize	39.400	3,1	111	38	6,0	40,0	4,1
Fidschi	163.600	12,7	116	34	21,8	33,0	2,3
Guayana	157.700	12,2	127	49	23,9	26,5	4,7
Indien	25.000	1,9	0	0	3,4	0,0	0,0
Jamaika	118.300	9,2	105	58	17,9	7,9	0,6
Kenia	93	0,0	0	0	1,4	0,1	0,0
Madagaskar	10.000	0,8	0	9	1,5	1,6	0,5
Malawi	20.000	1,6	105	11	3,0	0,5	0,2
Mauritius	487.200	37,8	94	80	75,8	79,8	6,4
St. Christoph und Nevis	14.800	1,1	107	45	2,2	36,6	4,3
Surinam	2.667	0,2	..	33	0,4	10,8	0,3
Swasiland	116.400	9,0	106	32	18,9	32,0	3,5
Tansania	10.000	0,8	0	8	1,5	0,1	0,0
Trinidad und Tobago	69.000	5,4	98	74	10,5	8,7	0,2
Uganda	409[b]	0,0	..	..	..	..	..
Zaire	4.957	0,4	0	31	0,8	0,5	0,0
Insgesamt	1.288.826	100,0	100	14	196,5	0,2	..

a. Unter Berücksichtigung von Transport-, Versicherungs- und Umschlagskosten.
b. Quote 1981 aufgehoben.

Die Initiative für das Karibische Becken (IKB)

Die im August 1983 unterzeichnete IKB der Vereinigten Staaten gewährte siebenundzwanzig karibischen Staaten für die meisten ihrer Exporte zollfreien Zugang zu den USA. Als Gegenleistung stimmten die karibischen Staaten bestimmten Änderungen in der Steuer- und Wirtschaftspolitik zu. Zwar verschafft die IKB allen Beteiligten verschiedene offensichtliche Vorteile, doch haben sich die Handelsbestimmungen bisher nicht nennenswert ausgewirkt. Textilien, Bekleidung, Schuhwerk, Thunfischkonserven und Öl gehören zu den Positionen, die von den Präferenzen ausgeschlossen sind; für Zucker und Rindfleisch gelten besondere Regelungen. Die Zuckerkontingente der IKB-Länder wurden von rund 1,5 Mio Tonnen im Jahr 1980 auf 1,0 Mio Tonnen im Jahr 1986 gekürzt. Der

Sonderbeitrag 7.5   Agrarhandel zwischen Entwicklungsländern

Im Jahr 1980 belief sich der Agrarhandel zwischen Entwicklungsländern auf 21 Mrd Dollar; er machte damit 25 Prozent des gesamten Agrarexports der Entwicklungsländer aus. Von 1970 bis 1980 erhöhten sich die Agrarexporte der Entwicklungsländer untereinander stärker als ihre entsprechenden Ausfuhren in die Industrieländer; sie nahmen jedoch immer noch schwächer zu als die Agrarimporte der Entwicklungsländer aus den Industrieländern.

Etwa zwei Drittel des Handels mit landwirtschaftlichen Produkten unter den Entwicklungsländern findet zwischen verschiedenen Regionen statt. Asien treibt mit anderen Entwicklungsregionen am stärksten Handel, Afrika und der Nahe Osten am wenigsten. Im Handel der Entwicklungsländer untereinander dominieren wenige Produkte — hauptsächlich Reis, Zucker, Rohbaumwolle und Kaffee.

Es mag gute Gründe dafür geben, weshalb dieser Handel relativ unbedeutend bleibt. Die Expansion des Handels zwischen Entwicklungsländern sollte im Rahmen der allgemeinen entwicklungspolitischen Zielsetzungen verfolgt werden; sie ist für sich genommen kein eigenständiges Ziel. Der geringe Umfang des Agrarhandels der Entwicklungsländer untereinander ist jedoch auch Folge einer Reihe von Handelshemmnissen:

• Die Struktur der Zölle in den Entwicklungsländern benachteiligt tendenziell jene Produktgruppen, die von anderen Entwicklungsländern exportiert werden; nichttarifäre Handelsschranken behindern tendenziell den Agrarhandel stärker als den Handel mit Industrieprodukten. Die fünfzehn größten Importeure unter den Entwicklungsländern wenden Kontingentierungen, bedingte Einfuhrverbote und Lizenzierungen auf 31 Prozent der Agrareinfuhren an, aber nur auf 23,5 Prozent der industriellen Einfuhren. Obwohl die Zölle auf Reisimporte niedrig sind, unterliegt die Hälfte des gesamten Weltimports von Reis direkten staatlichen Kontrollen, und weitere 20 Prozent werden durch Einfuhrlizenzen reguliert.

• Die Verkehrs- und Nachrichtenverbindungen zwischen den Entwicklungsländern sind häufig unzureichend. Es ist leichter, billiger und gewinnbringender, sich Informationen über große Märkte zu beschaffen; dies hat zur Folge, daß das Handelspotential anderer Entwicklungsländer nicht voll ausgeschöpft werden dürfte.

• Subventionierte Exporte aus den Industrieländern, oft im Verein mit überbewerteten Währungen der Entwicklungsländer, verschlechtern tendenziell die Wettbewerbsfähigkeit der Entwicklungsländer.

• Das langsame Wachstum der Nachfrage nach importierten Nahrungsmitteln von seiten der Industrieländer hält die Entwicklungsländer von einer Ausweitung der Produktion ab und beschränkt ihre Möglichkeiten, die für Importe aus anderen Entwicklungsländern benötigten Devisen zu erwerben.

Es sind verschiedene Maßnahmen zur Steigerung des Agrarhandels zwischen den Entwicklungsländern vorgeschlagen worden, darunter ein weltweites System von Handelspräferenzen und ein internationales Informationssystem über Handelsfinanzierungen. Handelspräferenzen — ob allgemeine oder regional begrenzte — sind wahrscheinlich nicht sehr wirkungsvoll. Derzeit bestehen unter den Entwicklungsländern elf Integrations- oder Verrechnungsabkommen. Die meisten dieser Abkommen bieten den Mitgliedern Zollpräferenzen, dagegen nur geringe Lockerungen der nichttarifären Handelsbeschränkungen. Ein beträchtlicher Teil des gesamten Agrarhandels zwischen den Entwicklungsländern entfällt auf diese Gruppierungen, die aber selten mehr als 20 Prozent des Handels ihrer Mitgliedsländer an sich ziehen. Um die Entwicklungsländer bei der Ausweitung ihrer Agrarexporte zu unterstützen, sind Maßnahmen erfolgversprechender, die ein stärkeres Gewicht auf Marktinformationen und Marktbeobachtung legen. Die Entwicklung solcher Systeme ist nicht billig, und da diejenigen Länder, die ähnliche Agrarprodukte exportieren, gleichartige Informationen brauchen, wäre es für Regionen oder Ländergruppen am wirtschaftlichsten, beim Aufbau von Marktinformationssystemen zusammenzuarbeiten. Diese Kooperation könnte durch technische Zusammenarbeit, Angleichung der Qualitätsstandards, vermehrte Anwendung längerfristiger Verträge und durch Gründung von Gemeinschaftsunternehmen ergänzt werden.

---

amerikanische Food Security Act von 1985 sieht eine weitere Reduzierung vor, falls die Kontingente mit dem Programm zur Stützung des heimischen Zuckerpreises in Konflikt geraten. Die Rindfleischkontingente stehen ebenfalls unter dem Vorbehalt der inneramerikanischen Agrarpolitik.

Präferenzsysteme zwischen Entwicklungsländern

Neben den bereits beschriebenen Systemen gibt es verschiedene andere Präferenzabkommen, die Entwicklungsländer im Handel untereinander anwenden; diese betreffen normalerweise regionale Gruppierungen. Sofern diese Abkommen zusätzlichen Handel schaffen, sind sie nützlich; wie andere Präferenzsysteme lenken sie aber tendenziell mindestens ebenso viel Handelsströme um, wie sie neue hervorbringen. Eine zu starke Konzentration auf regionale Märkte läßt die Länder leicht die Vorteile einer Belieferung des Weltmarktes übersehen, der mehr Möglichkeiten für die Ausnutzung komparativer Vorteile und mehr Sicherheit vor regionalen Wirtschaftsschocks bietet. Sonderbeitrag 7.5 erörtert den Agrarhandel zwischen den Entwicklungsländern.

Nahrungsmittelhilfe

Während der sechziger und der frühen siebziger Jahre befürchteten viele Regierungen und Beobachter eine allgemeine Nahrungsmittelknappheit. Die Organisation für Ernährung und Landwirtschaft der Vereinten Nationen (FAO) hatte lange Zeit die Auffassung vertreten, daß das Nahrungsmittelangebot zur Befriedigung des Grundbedarfs vieler Menschen in der Welt chronisch unzureichend sei und daß es auch periodischen Krisen unterworfen sei. Infolgedessen wurden verschiedene multilaterale und bilaterale Vorkehrungen getroffen, um chronische und temporäre Nahrungsmittelknappheiten zu bewältigen (vgl. Sonderbeitrag 7.6).

Sonderbeitrag 7.6 Institutionen der Nahrungsmittelhilfe

Mit der Verabschiedung des Public Law 480 der Vereinigten Staaten setzte im Jahr 1954 die internationale Nahrungsmittelhilfe ein. Dieses Gesetz sah die Weitergabe von Getreideüberschüssen ins Ausland vor,

> „um den internationalen Handel zwischen den Vereinigten Staaten und befreundeten Nationen auszuweiten ... um zur Unterstützung der Außenpolitik der Vereinigten Staaten überschüssige Agrarprodukte bestmöglich einzusetzen, und um die Ausweitung des Außenhandels mit Agrarprodukten der Vereinigten Staaten zu fördern und zu erleichtern, indem dieses Gesetz ermöglicht, daß überschüssige Agrarprodukte, die zusätzlich zum normalen Absatz dieser Produkte anfallen, durch den privaten Handel verkauft werden können" (68 Stat. 457).

Die Vereinigten Staaten und andere Geberländer nahmen außerdem die Regeln der FAO über die Verteilung von Überschüssen an, die dazu dienen, die leistungshemmenden Effekte der Nahrungsmittelhilfe auf die kommerziellen Märkte zu minimieren. Ein beratender Unterausschuß wurde eingesetzt, um die Verteilung der Nahrungsmittelhilfe zu überwachen und um sicherzustellen, daß die sogenannten üblichen Vermarktungsregeln eingehalten wurden. Diese Regeln verlangen von den Empfängerländern, weiterhin kommerzielle Importe in einem bestimmten Umfang zu tätigen, auch wenn sie Nahrungsmittelhilfe erhalten. Auf diese Vorschrift wird nach wie vor Wert gelegt, und ihre Einhaltung wird vom Unterausschuß überwacht, obwohl ihre Wirksamkeit fraglich ist.

Die Auswirkungen des Dumpings von überschüssigen Nahrungsmitteln gaben zu beträchtlicher Besorgnis Anlaß; die Absicht, diesen Wirkungen gegenzusteuern, war eines der Motive für die Schaffung des Welternährungsprogramms (World Food Program, WFP) im Jahr 1961. Unter der Schirmherrschaft der Vereinten Nationen und der FAO ins Leben gerufen, war das WFP die erste multilaterale Einrichtung der Nahrungsmittelhilfe. Sie hat zum Ziel, Nahrungsmittelhilfe nicht nur zur Unterstützung und in Notfällen, sondern auch für Entwicklungsprojekte bereitzustellen und zu koordinieren. Sie wird jedoch in ihrer Tätigkeit dadurch behindert, daß ihre Nahrungsmittelspenden nicht auf den Märkten der Empfängerländer verkauft werden dürfen. Gespendete Nahrungsmittel können für Projekte nur verwendet werden, wenn die Verteilung über umständliche Kanäle, wie durch unmittelbare Speisungen oder im Rahmen von Arbeitsprogrammen mit Naturalentlohnung erfolgt. In den Jahren 1983/84 wurden rund 25 Prozent aller Lieferungen von Nahrungsmittelhilfe durch das WFP abgewickelt, verglichen mit 5 Prozent Ende der sechziger Jahre.

Die Nahrungsmittelhilfe erreichte in den Jahren 1965/66 Rekordhöhen — und zwar 17 Millionen Tonnen. Wenig später kam die Sorge auf, daß ein angemessener Nahrungsmittelzufluß nicht mehr aufrechterhalten werden könne, weil die Vereinigten Staaten ihre Politik zur Begrenzung der Getreideanbauflächen zu forcieren schienen. Diese Besorgnisse manifestierten sich in der Konvention über Nahrungsmittelhilfe von 1967, die als Teil des Internationalen Weizenabkommens verabschiedet wurde. Im Rahmen der Konvention versprachen die Mitgliedsländer, jährlich 4,5 Millionen Tonnen Getreide als Nahrungsmittelhilfe zur Verfügung zu stellen.

Die sogenannte Welternährungskrise der Jahre 1972 bis 1974 führte zur Einberufung der Welternährungskonferenz von 1974. Die Konferenz schuf mehrere Institutionen zur Förderung der Nahrungsmittelproduktion, darunter den Internationalen Fonds für landwirtschaftliche Entwicklung (International Fund for Agricultural Development, IFAD) und den Welternährungsrat (World Food Council). Die Konferenz verfolgte auch das Ziel, die Nahrungsmittelhilfe zu steigern. Im Jahr 1979 empfahl die Konferenz als Richtgröße eine jährliche Nahrungsmittelhilfe von 10 Millionen Tonnen Getreide sowie die Bildung einer internationalen Notreserve von 500 000 Tonnen, die jährlich wiederaufgefüllt werden sollte. Die gegenwärtige Konvention über Nahrungsmittelhilfe, die 1980 unterzeichnet wurde, garantiert eine Mindestbereitstellung von 7,6 Millionen Tonnen jährlich durch zweiundzwanzig Geberländer.

Die Welternährungskrise gab auch den Anstoß dazu, die Nahrungsmittelhilfe nicht nur zur Unterstützung im Notfall, sondern auch zu entwicklungspolitischen Zwecken einzusetzen. Im Jahr 1977 ergänzten die Vereinigten Staaten ihr Public Law 480 durch die Einfügung eines neuen Abschnitts III „Nahrungsmittel für die Entwicklung", der die Umwandlung von kreditärer Nahrungsmittelhilfe in Zuschüsse gestattet. Ziel ist es, den Kleinbauern, Pächtern und landlosen Tagelöhnern bei der Steigerung der Nahrungsmittelproduktion zu helfen und die ländliche Entwicklung generell zu fördern. Auch die EG führte 1983 neue Richtlinien über die Nahrungsmittelhilfe ein, um diese besser auf die entwicklungspolitischen Strategien der Empfängerländer abzustimmen und die negativen Effekte einer derartigen Hilfe auf die Struktur von Produktion und Verbrauch im jeweiligen Land zu verringern.

Tabelle 7.4 Getreidelieferungen im Rahmen der Nahrungsmittelhilfe, 1971 bis 1983

Region	Prozentualer Anteil		
	1971/72	1976/77	1982/83
Afrika	8,3	28,4	50,4
Afrika südlich der Sahara	2,5	10,4	26,9
Asien	52,7	59,7	32,3
Bangladesch	3,4	17,3	13,6
Indien	10,1	16,2	3,1
Indonesien	6,1	2,0	1,7
Lateinamerika	3,9	7,7	13,7
Kolumbien	0,9	3,8	0,0
Honduras	0,0	0,2	1,0
Nachrichtlich:			
Länder mit niedrigem Einkommen	43,1	79,0	84,2
Am wenigsten entwickelte Länder	1,3	26,7	32,3
Gesamte Welt (in Tausend Tonnen)	17.513	6.847	9.198

Quelle: FAO 1985 und Weltbank.

Die Hungerhilfe stellt zwar die sichtbarste Form der Nahrungsmittelhilfe dar, doch ist sie weniger verbreitet als die projektgebundene Nahrungsmittelhilfe (in Form von Nahrungsmitteln gewährte unentgeltliche oder geliehene Unterstützung für bestimmte Entwicklungsprojekte) und die Nahrungsmittel-Hilfsprogramme (Schenkungen von Nahrungsmitteln zur Stützung der Zahlungsbilanz oder des Staatshaushalts). Die Nahrungsmittelhilfe in ihren verschiedenen Formen macht nur einen relativ geringen Anteil an der gesamten Auslandshilfe für die Entwicklungsländer aus. Zu Weltmarktpreisen bewertet betrug die Nahrungsmittelhilfe in den letzten Jahren rund 2,6 Mrd Dollar jährlich, das waren etwa 10 Prozent der öffentlichen Entwicklungshilfe. In den Jahren 1984/85 stellten fünfundzwanzig Geberländer für mehr als 100 Entwicklungsländer ungefähr 12 Mio Tonnen Getreide, 430 000 Tonnen pflanzlicher Öle, 356 000 Tonnen Magermilchpulver, 98 000 Tonnen anderer Milchprodukte und 21 000 Tonnen Fleisch- und Fischwaren zur Verfügung. Davon waren nur rund 660 000 Tonnen, weniger als 5 Prozent der gesamten Nahrungsmittelhilfe, für Notfälle bestimmt. Die Vereinigten Staaten sind der größte Geber (mit rund 50 Prozent der Nahrungsmittelhilfe), gefolgt von der EG (rund 30 Prozent) sowie Australien, Kanada und Japan, die zusammen rund 14 Prozent beitragen.

Verteilung, Menge und Art der Nahrungsmittelhilfe stehen manchmal mit den Ernährungsmängeln kaum in Zusammenhang. So gehen 20 Prozent aller Hilfslieferungen von Getreide nach Ägypten — ein Land mit mittlerem Einkommen, wo die durchschnittliche Kalorienaufnahme ungefähr 28 Prozent höher liegt, als für eine gesunde Ernährung erforderlich ist. Im Gegensatz dazu erhält Togo — ein Land mit niedrigem Einkommen und Nahrungsmitteldefizit — pro Kopf der Bevölkerung nur 6 Prozent von dem, was Ägypten bekommt. Im vergangenen Jahrzehnt haben sich die Geberländer darum bemüht, mehr Nahrungsmittelhilfen in die Gebiete mit den größten Ernährungsdefiziten zu senden; dabei haben sie einige Fortschritte erzielt (vgl. den unteren Teil der Tabelle 7.4). Die Nahrungsmittelhilfe wird nun im allgemeinen auf ärmere Länder konzentriert, aber auch einige Länder, die nicht zu den armen zählen, erhalten beträchtliche Hilfslieferungen.

Der Umfang der Nahrungsmittelhilfen hängt mehr von den Bedürfnissen der Geberländer als von denen der Empfängerländer ab. So enthält die amerikanische Gesetzgebung über die Nahrungsmittelhilfe — das Gesetz 480 — ausdrücklich Hinweise auf außenpolitische Erwägungen, die Verwertung von Überschüssen und die Vermeidung von Konflikten zwischen kommerziellen und konzessionären Exporten. Die Geberländer sahen in der Nahrungsmittelhilfe einen bequemen Weg zum Abbau überschüssiger Lagerbestände, insbesondere von Milchprodukten. Das Niveau der Nahrungsmittelpreise beeinflußt ebenfalls den Umfang der Nahrungsmittelhilfe. In den Jahren 1973/74, als das Nahrungsmittelangebot knapp und die Preise hoch waren, wurden weniger als 4 Mio Tonnen Weizen verschifft, verglichen mit ungefähr 10 Mio Tonnen pro Jahr in den späten sechziger Jahren.

Die internationale Nahrungsmittelhilfe beantwortet das Problem des Hungers nur zum Teil. Zunächst ist festzustellen, daß sie die großen Probleme der Nahrungsmittelverteilung im jeweiligen Land nicht löst. Indiens jüngste Erfolge bei der Bekämpfung der Hungersterblichkeit sind vor allem seiner Fähigkeit zuzuschreiben, Getreide von Überschuß- in Defizitregionen umzulenken und die Hilfe den Bedürftigen zukommen zu lassen, entweder in Form von Nahrungsmitteln oder als Transferzahlung. Im Gegensatz dazu hatten die jüngsten Hilfsmaßnahmen in Äthiopien und im Sudan mit hartnäckigen Transport- und Kommunikationsmän-

Sonderbeitrag 7.7 Anforderungen an die Nahrungsmittel-Nothilfe

Die Verteilung kostenloser Nahrungsmittel könnte als eine unkomplizierte Lösung des unmittelbaren Hungerproblems erscheinen. Nahrungsmittelhilfen werden im Notfall jedoch nur dann wirksam sein, wenn bestimmte Voraussetzungen vorliegen.

Die erste notwendige Bedingung ist die Information. Hungersnöte treten nicht plötzlich auf. Die Bauern in Afrika, die an wechselhaften Niederschlag gewöhnt sind, haben seit langem Methoden zur Überwindung von Nahrungsmittelverknappungen entwickelt, insbesondere im ersten Jahr einer Dürre. Im zweiten Jahr kann jedoch eine allgemeine Mangelsituation nicht mehr beherrschbar sein und internationale Hilfe notwendig werden. Angesichts der langen Zeit, die von den ersten Anzeichen einer Mißernte bis zu dem Zeitpunkt vergeht, an dem eine große Zahl von Menschen Hunger leidet, sollte die Verfügbarkeit rechtzeitiger Informationen kein allzu großes Problem sein. In vielen Fällen haben die Regierungen der betroffenen Länder jedoch detaillierte Informationen über eine drohende Hungersnot zurückgehalten und haben internationalen Einrichtungen (sowohl staatlichen als auch privaten) Schwierigkeiten in den Weg gelegt, wenn sie den Notfall öffentlich bekanntmachen wollten. Logistische Probleme (wie in Äthiopien in den Jahren 1973/74 und 1983/84 und in Mosambik in den Jahren 1983/84) oder einfach fehlendes Problembewußtsein (wie in Mali und im Tschad in den Jahren 1983/84) haben die Beschaffung der erforderlichen Informationen erschwert.

Die zweite Bedingung ist eine prompte Reaktion der Geberländer. Im Fall der Dürre in der Sahelzone gegen Ende der sechziger und Anfang der siebziger Jahre setzten umfassende Hilfsmaßnahmen erst 1973 ein, fünf Jahre nach Beginn der Trockenheit und Hungersnot. Die FAO kündigte Ende 1982 an, daß Äthiopien im folgenden Jahr große Lieferungen von Nahrungsmittelhilfe benötigen würde. Umfassende Hilfsmaßnahmen setzten jedoch erst Ende 1984 ein. Eine Möglichkeit, solche politische Schwierigkeiten zu überwinden, ist die Übertragung größerer Kompetenzen auf dem Gebiet der Nothilfe an multilaterale Einrichtungen, insbesondere an das Welternährungsprogramm. Diese Stellen wickeln gegenwärtig nur zwischen 10 und 20 Prozent der gesamten Nothilfen ab.

Es wäre jedoch ein Irrtum, anzunehmen, daß der Hunger allein durch die Lieferung von Nahrungsmitteln beseitigt werden könnte. In vielen Fällen brachten die Hilfslieferungen beträchtliche Probleme für die wenig belastbaren Lagerhaltungs- und Verteilungssysteme. Im Sudan wurden in den Jahren 1984/85 nur 64 Prozent der zugesagten Nahrungsmittelhilfe verteilt, obwohl 91 Prozent in den Häfen angeliefert wurden. In Äthiopien wurden nur drei Viertel der gelieferten Nahrungsmittel auch tatsächlich verteilt.

Das Transportproblem ist besonders gravierend in Binnenstaaten ohne Zugang zum Meer. Einfuhren nach Burkina Faso, Mali, Niger, Sambia und Tschad müssen in den Häfen von Nachbarländern umgeschlagen werden. Häufig wird über Verzögerungen berichtet. Als Beispiel sei Mali angeführt, das Nahrungsmittel über Senegal, die Elfenbeinküste oder Togo importieren kann. Der Transport durch den Senegal erfolgt mit der Eisenbahn, deren Kapazität begrenzt ist. Häufig ist es schwierig, Lastwagen für die Fahrt durch die Elfenbeinküste zu bekommen, weil es in Mali vielleicht keine Ladung für die Rückfahrt gibt und weil Lastwagen nicht immer verfügbar sind, vor allem nicht während der Erntesaison von November bis Juni, wenn sie für den Transport der landwirtschaftlichen Exportprodukte der Elfenbeinküste in die Häfen gebraucht werden. Der Weg von Togo führt durch Niger, wo man wegen der unbefestigten Straßen nur langsam vorankommt, insbesondere während der Regenzeit. Nahrungsmittel könnten auch über Nigeria angeliefert werden, doch sind Nigerias Häfen häufig überlastet.

Nahrungsmittellieferungen können auch auf See oder auf den Entladekais aufgehalten werden. Es wird geschätzt, daß die Verluste, die 1985 in Somalia durch Verzögerungen beim Seetransport oder der Entladung auftraten, zwischen 10 und 30 Prozent der gesamten Nahrungsmittelhilfe ausmachten. Wenn sich die Hilfe verzögert, kann sie sogar die Erholung von der Hungersnot behindern. Als die Ende 1984 versprochenen Nahrungsmittel sechs Monate später im Sudan und in Äthiopien ankamen, hatte die Regenzeit eingesetzt. Viele Straßen waren unpassierbar, so daß die Nahrungsmittel nicht verteilt werden konnten. Als aber die Regenzeit vorüber war und die Ernte eingebracht wurde, war die Nahrungsmittelhilfe nicht nur weniger dringlich, sondern auch potentiell kontraproduktiv, weil dadurch die Preise sogar noch unter den saisonalen Tiefstand gedrückt wurden. Kenia verfügte 1985 nicht über ausreichende Lagerkapazitäten für eine eigene Rekordernte an Nahrungsmitteln, doch traf gleichzeitig Nahrungsmittelhilfe in Reaktion auf die Dürre von 1984 ein. Als Folge davon könnte die Vermarktungsbehörde von Kenia (die über das Ankaufsmonopol für Mais verfügt) gezwungen sein, die Abnahme von Mais teilweise zu verweigern, die Zahlungen an die Bauern zu verzögern und sogar Mais mit Verlusten zu exportieren.

Frühwarnsysteme, schnellere Reaktionen der Geberländer und verbesserte Verteilungssysteme sind gleichermaßen notwendig, um die Nahrungsmittel-Nothilfe wirkungsvoller zu gestalten.

geln sowie anderen Schwierigkeiten zu kämpfen, die den Fluß der Hilfslieferungen in viele der am meisten betroffenen Gebiete behinderten. Diese und andere Probleme der Nahrungsmittel-Nothilfe werden im Sonderbeitrag 7.7 erörtert.

Nahrungsmittelhilfe wird auch in normalen Zeiten zur Ergänzung der inländischen Erzeugung gewährt. Als Resultat können die Preise auf dem Inlandsmarkt sinken, was die heimische Produktion beeinträchtigt und die Rentabilität der Landwirtschaft vermindert. Um diese Auswirkungen so gering wie möglich zu halten, kann die Nahrungsmittelhilfe auf die allerärmsten Schichten ausgerichtet werden, bei denen sie wahrscheinlich weniger zu Lasten der Nachfrage nach heimischen Nahrungsmitteln geht. In der Praxis wurde die Nahrungsmittelhilfe jedoch in wenigen Fällen so gezielt eingesetzt. In den Jahren 1982/83 erhielt beispielsweise Bangladesch Getreide-Hilfslieferungen im Wert von rund 160 Mio Dollar (zu Weltmarktpreisen gerechnet). Diese Hilfe wurde durch das allgemeine System zur Lebensmittelsubventionierung verteilt, das sowohl die armen als auch die relativ wohlhabenden Schichten begünstigt — wie dies bei solchen Systemen in vielen anderen Ländern der Fall ist.

Es gibt zwei Möglichkeiten, mit denen im Prinzip vermieden werden kann, daß Nahrungsmittelhilfe die heimische Produktion beeinträchtigt. Erstens könnten die Empfängerländer die Nahrungsmittel am Weltmarkt verkaufen und nur soviel zurückkaufen, wie als zusätzliches Angebot wirklich benötigt wird. Zweitens könnten sie die kommerziellen Einfuhren im Umfang der Nahrungsmittelhilfe kürzen. Die Geber der Nahrungsmittelhilfe stellen üblicherweise Bedingungen, die beide Möglichkeiten ausschließen, und zwar um sicherzugehen, daß die Hilfe die kommerzielle Nachfrage nach ihren Nahrungsmitteln nicht vermindert. Ist dieses Verbot wirksam, so wird das Nahrungsmittelangebot in den Empfängerländern überproportional zu den Einkommen steigen, wodurch sich negative Anreizwirkungen besonders schwer vermeiden lassen. Diese Bestimmungen werden jedoch in so geringem Maß durchgesetzt, daß die negativen Anreize in der Praxis gering sein düften.

Da Nahrungsmittelhilfen vertragsgemäß nicht in Barmittel umgewandelt werden können, müssen sie in natura verteilt werden. Dies belastet die Regierungen der Empfängerländer mit zusätzlichen Verwaltungs- und häufig auch Transportkosten. Die „Lebensmittel für Arbeit"-Projekte — bei denen mit Lebensmitteln die Infrastrukturentwicklung bezahlt wird — sind gelegentlich ineffizient und schlecht konzipiert, so daß sie den echten Nutzen der Nahrungsmittelhilfe weiter reduzieren. Um eine zusätzliche Nachfrage nach ihren Überschußprodukten zu fördern, stellen die Exportländer durch ihre Nahrungsmittelhilfe manchmal Lebensmittel zur Verfügung, die in den Empfängerländern nicht zur normalen Kost gehören. Die daraus resultierenden Störungen der Verbrauchsgewohnheiten verstärken tendenziell die Abhängigkeit der Empfängerländer von einer fortgesetzten Nahrungsmittelhilfe. Wenngleich diese Probleme die Nahrungsmittelhilfe nicht grundsätzlich in Frage stellen, so zeigen sie doch, wie die Grenzen ihrer Einsatzmöglichkeiten den Wert dieser Hilfe wesentlich reduzieren können. Wie im Sonderbeitrag 7.6 ausgeführt wird, sind sich die Geber dieser Grenzen zunehmend bewußt.

8

Nationale und internationale Prioritäten in der Landwirtschaft

Der Entwicklungsprozeß der vergangenen Jahrzehnte hat bewiesen, daß die Produktion und die Produktivität in der Landwirtschaft der Entwicklungsländer mindestens so rasch wachsen können wie in den Industrieländern. Wie in Kapitel 1 erörtert, hat die Vergangenheit gezeigt, daß die Landwirtschaft in Entwicklungsländern ein dynamischer Sektor sein kann, der wesentlich zum Wachstum der Realeinkommen, der Beschäftigung, der Deviseneinnahmen und zur Linderung der Armut beiträgt. Obgleich sich noch viel verbessern ließe, hat die von den Regierungen vieler Entwicklungsländer zunehmend verfolgte Politik und die Umorientierung der Investitionen einen vorsichtigen Optimismus aufkommen lassen, daß langfristig die Nahrungsmittelproduktion rascher gesteigert werden kann als gleichzeitig die Bevölkerung zunimmt. Diese optimistische Einschätzung verdrängt den malthusianischen Pessimismus, der im Zusammenhang mit der außergewöhnlichen Verteuerung von Ernährungsgütern zu Anfang der siebziger Jahre hochgekommen war. Angesichts des seitdem eingetretenen starken Rückgangs der Agrarpreise besteht gegenwärtig kaum Grund zu der Annahme, daß der langfristige Trend real sinkender Nahrungsmittelpreise nachhaltig unterbrochen wurde.

Vorübergehende Hausse- oder Baissephasen auf den Märkten der Agrarprodukte sind ebensowenig neu wie Mangellagen oder Hungersnöte, die weiterhin periodisch auftreten, wenn auch bei weitem nicht mehr so häufig wie in früheren Zeiten. Solche Episoden sollten nicht von den bereits erzielten Fortschritten ablenken; ebensowenig sollten sie davon abhalten, den Tatbestand einer weltweiten gegenseitigen Abhängigkeit der Agrarpolitiken anzuerkennen. Die von Industrie- und Entwicklungsländern verfolgte Preis- und Handelspolitik wird das zukünftige Wachstum der Agrareinkommen sowie die Linderung von Armut und Hunger maßgeblich beeinflussen. Auf dem Spiele steht das Wohlergehen von Hunderten von Millionen sehr armer Menschen in der Welt, deren Lebensunterhalt von der Landwirtschaft abhängt.

Dieses Kapitel beginnt mit einem Überblick über die Prioritäten im Bereich der Preis- und Handelspolitik der Entwicklungsländer. Von den empfohlenen Veränderungen werden die Entwicklungsländer individuell und in ihrer Gesamtheit profitieren. Diese Gewinne werden jedoch — ebenso wie die Vorteile für die Industrieländer — viel größer ausfallen, wenn die Liberalisierung des Handels nennenswerte Fortschritte macht. Auf die Option der Liberalisierung wird im letzten Abschnitt eingegangen.

Prioritäten in den Entwicklungsländern

Viele Entwicklungsländer haben die Reform ihrer Agrar- und Handelspolitik in Angriff genommen. In einigen Fällen betrafen diese Reformen einzelne Programme, Agrarprodukte oder öffentliche Einrichtungen, in anderen Fällen erfolgten durchgreifende Änderungen in Verbindung mit breiter angelegten Reformen der gesamten Volkswirtschaft. Da die Eigenart, die Ausgestaltung und das Timing wünschenswerter Reformen maßgeblich von den Bedingungen in den einzelnen Ländern abhängen, lassen sich dafür keine allgemeingültigen Kriterien aufstellen. Allenfalls lassen sich jene Bereiche aufzeigen, die als mögliche Kandidaten für eine Reform gründliche Überprüfung verdienen.

Eine Neugestaltung der agrarspezifischen Politik sollte nicht von der Reform solcher gesamtwirtschaftlicher Maßnahmen und Entwicklungsstrategien abgekoppelt werden, welche die Agrarproduktion und den Agrarexport systematisch benachteiligen. Wie in Kapitel 4 dargelegt, haben viele Entwicklungsländer die Landwirtschaft durch massive Schutzmaßnahmen zugunsten der heimischen Industrie und eine ungeeignete Wirtschafts- und Wechselkurspolitik diskriminiert. Die implizite Besteuerung der heimischen Produzenten durch einen überbewerteten Wechselkurs kann die Effekte sektorspezifischer Steuern und Subventionen ohne weiteres völlig überlagern. Der Verbund zwischen sektoralen und gesamtwirtschaftlichen Maßnahmen ist gewöhnlich derart eng, daß Reformen der Agrarpolitik am besten in Verbindung mit Reformen der allgemeinen Wirtschaftspolitik durchgeführt werden.

Für die Landwirtschaft ist es von höchster Bedeutung, daß die Rentabilität der Agrarproduktion nicht durch makroökonomische oder sektorale Maßnahmen künstlich gedrückt werden. Wie jedoch in Kapitel 4 gezeigt wurde, kann sowohl die sektorale als auch die gesamtwirtschaftliche Politik zu einer systematischen Benachteiligung der Landwirtschaft führen.

Exportsteuern und Kontingentierungen sind allgegenwärtig und werden häufig exzessiv angewendet — ob sie nun dazu dienen, Monopolstellungen im Außenhandel auszunutzen, die Agrarverarbeitung zu subventionieren, Einnahmen zu beschaffen oder die heimische Produktion von konkurrierenden Erzeugnissen zu fördern. Sie können die Vorteile, die Entwicklungsländer aus dem Außenhandel ziehen könnten, wesentlich schmälern. Was die Einfuhr betrifft, so würde man erwarten, daß das Ziel der Selbstversorgung die Länder zur Unterstützung der heimischen Produzenten veranlaßt. Der Staatshandel auf den Binnen- und Auslandsmärkten sowie die kostspielige Subventionierung der Lebensmittelversorgung der Stadtbevölkerung können aber zu heimischen Ankaufspreisen führen, die unter den Einfuhrpreisen liegen; dies bedeutet eine indirekte Subventionierung der Einfuhren, die in einigen Fällen sehr hoch ausfiel.

Eine gewisse Besteuerung der Landwirtschaft ist natürlich unvermeidbar, und sei es nur, weil Einnahmen benötigt werden. Es gibt jedoch eine Vielzahl unterschiedlicher Besteuerungsformen. Die Besteuerung von Exporterzeugnissen und Produkten, die mit Einfuhren konkurrieren, ist vielleicht die schlechteste aller Möglichkeiten für Entwicklungsländer. Gemessen am entgangenen realen Volkseinkommen waren die Kosten einer solchen Besteuerung extrem hoch. Es wäre zu wünschen, daß von Grund- und Einkommensteuern oder Umsatz- und Mehrwertsteuern, die den Konsum belasten, stärker Gebrauch gemacht würde.

Abgesehen von einer Steuerentlastung für die landwirtschaftliche Produktion, müssen auch die wichtigsten öffentlichen Ausgabenprogramme, welche die Rentabilität der Agrarproduktion beeinflussen, überprüft werden. Viele Länder subventionieren den Einsatz moderner Produktionsmittel und die Aufnahme von Krediten, in der Meinung, damit einen Ausgleich für die Besteuerung der Agrarproduktion zu schaffen. Wie aber in Kapitel 5 dargelegt wurde, kommen solche Subventionen in der Regel nur kleinen und relativ wohlhabenden Teilen der Landbevölkerung zugute. Eine Übernachfrage führt bei subventionierten Preisen zur Rationierung, so daß Bauern für die Produktionsmittel effektiv mehr aufwenden müssen als die offiziell festgelegten Preise. Den Bauern in der ganzen Dritten Welt geht es weniger um die Preise dieser Produktionsmittel, sondern um deren leichte und zeitgerechte Verfügbarkeit. Subventionen für die Produktionsmittel schränken deren Verfügbarkeit tendenziell ebenso ein wie Leistungsmängel der öffentlichen Vertriebsstellen. Darüber hinaus verleiten solche Subventionen zu einer ineffizienten Kombination der Produktionsmittel und führen zu Verzerrungen bei der Anwendung neuer Agrartechniken. So hat die Subventionierung von Krediten und Maschinenkäufen zur Folge, daß die Landwirtschaft weniger Arbeitskräfte nachfragt. Die öffentlichen Ausgaben lassen sich durch die Abschaffung oder Kürzung der Programme zur Subventionierung von Produktionsmitteln wesentlich reduzieren — wobei die Ersparnisse dazu verwendet werden können, die Besteuerung der Agrarproduktion abzubauen.

Reformen der Preis- und Handelspolitik, die sich auf die Bauern auswirken, lassen sich von den institutionellen Fragen nicht trennen. In der Praxis ergeben sich nämlich viele dieser Probleme im Zusammenhang mit den weitverbreiteten öffentlichen Vermarktungsstellen, die überhöhte Handelsspannen fordern, ineffizient arbeiten und häufig hohe Zuschüsse der Regierung benötigen. Das von vielen dieser Stellen verfolgte Ziel der Preisstabilisierung führt in aller Regel zu hohen Kosten, zu einer wechselhaften unstetigen Politik und zur

Verdrängung privater Aktivitäten im Bereich der Stabilisierung und des Risikomanagements. Auch dies ist ein Gebiet, dem bei der Neuordnung der Agrarpolitik besondere Bedeutung zukommt.

Der Preispolitik zum Nachteil der Bauern liegt häufig die Absicht zugrunde, die Lebensmittelpreise für die städtischen Konsumenten niedrigzuhalten. Die Vorteile der Subventionierung des städtischen Lebensmittelkonsums sind im allgemeinen breitgestreut über sämtliche Einkommensklassen; gewöhnlich sind diese Subventionen ein ineffizientes Mittel der Hilfe für die Ärmsten. Da solche Programme häufig sehr kostspielig sind und die Kosten bei Schwankungen der Weltmarktpreise abrupt steigen können, führen sie fast immer zu einem Druck auf die Erzeugerpreise; dies führt zu Einkommensverlusten in den ländlichen Gebieten, wo sich oftmals die extreme Armut konzentriert.

Überschaubare und gezielte Lebensmittel-Verteilungsprogramme sind ein wirksames Mittel, um spezifische Ernährungsziele bei besonders benachteiligten Gruppen zu fördern. Wenn die Regierungen die Auswirkungen hoher Lebensmittelpreise generell auffangen wollen, so müssen sie offenbar zu anderen Maßnahmen greifen, die auf Einkommens- und Beschäftigungssteigerung abzielen; nur wenn die Einkommen zunehmen, kann die chronische Unterernährung beseitigt werden.

Der Staat stellt viele unentbehrliche Dienstleistungen und Einrichtungen bereit, welche die privaten Märkte nicht anbieten können, wie Bewässerung, Forschung, Beratung, Landstraßen und Erziehung. Auf diese Bereiche sollte der Großteil der öffentlichen Ausgaben für die Landwirtschaft entfallen. Gleichzeitig muß aber betont werden, daß eine rationellere Gestaltung der Preis- und Absatzpolitik nach den oben beschriebenen Grundsätzen erforderlich ist, wenn der Nutzen öffentlicher Ausgaben voll realisiert werden soll.

Eine ausgewogene Strategie im Agrarsektor von Entwicklungsländern setzt nicht nur öffentliche Ausgaben für unentbehrliche landwirtschaftliche Dienstleistungen voraus, sondern auch vernünftige wirtschaftspolitische Rahmenbedingungen für das effiziente Funktionieren privater Märkte. Beide Aufgaben zu erfüllen, ist die primäre Herausforderung, der sich die Regierungen in den Entwicklungsländern zu stellen haben. Viele Regierungen haben Maßnahmen ergriffen, um das wirtschaftspolitische Umfeld zu verbessern; andere müssen ihre gesamtwirtschaftliche und sektorale Politik kritisch überprüfen, um Strukturverzerrungen zwischen den Sektoren und teure Subventionsprogramme für Konsumenten oder Produzenten zu vermeiden, die weder dem Wachstum noch anderen Zielen förderlich sind. Sie sollten auch ihre Steuersysteme einer Prüfung unterziehen, um die volkswirtschaftlichen Kosten der Einnahmebeschaffung zu senken. Von entscheidender Bedeutung ist, daß die Rolle des Staates beim Vertrieb landwirtschaftlicher Erzeugnisse und Produktionsmittel eingeschränkt wird und die Monopolrechte der halbstaatlichen Vermarktungsstellen aufgehoben werden. Diese Maßnahmen erlauben es dem privaten Sektor, eine größere Rolle zu übernehmen, und verbessern die Wirtschaftlichkeit der Vermarktung auf dem Binnenmarkt und dem Weltmarkt.

Handelsliberalisierung

In diesem Bericht wird argumentiert, daß Handelsschranken, die insbesondere in Industrieländern die Binnenmarktpolitik absichern, ein wirtschaftspolitisches Grundproblem für die internationale Gemeinschaft darstellen. Eine Handelsliberalisierung würde nämlich nicht nur zu einem höheren Wirtschaftswachstum der Entwicklungsländer beitragen, sondern auch den Industrieländern große Vorteile bringen.

Der gesamte Zuwachs des Welteinkommens im Falle einer Liberalisierung des Außenhandels mit Agrarprodukten und deren Verarbeitungserzeugnissen läßt sich nicht verläßlich schätzen. Die in Kapitel 6 zitierten Schätzungen betreffen lediglich eine Auswahl bestimmter Erzeugnisse. Sie berücksichtigen weder die langfristig möglichen Gewinne für Industrie- und Entwicklungsländer aus einer Allokation von Investitionen und Forschungsaktivitäten, die sich am komparativen Vorteil des einzelnen Landes orientiert, noch erfassen sie die Gewinne in der Industrieproduktion und beim Außenhandel mit Agrarprodukten, die bei Liberalisierung des Handels aus einem stärkeren Wachstum des Welteinkommens resultieren würden. Dennoch sind die Schätzungen von Bedeutung, da sie den Schluß nahelegen, daß die potentiellen Gewinne in der Tat sehr hoch ausfallen können und zunächst vor allem den Ländern mit den höchsten Protektionsniveaus zufallen würden. Zwar dürften manche Entwicklungsländer wegen höherer Importrechnungen für einige Produkte Verluste erleiden, doch werden diese Verluste wahrscheinlich durch Gewinne beim Export anderer Produkte mehr als ausgeglichen — insbesondere dann, wenn diese Länder und die Industrieländer ihre jeweilige Binnenmarktpolitik zur gleichen Zeit neu ordnen.

Obwohl die in Kapitel 6 angegebenen Schätzwerte für die potentiellen Freihandelsgewinne eher zu niedrig angesetzt sind, würden die Gewinne der Industrieländer fast doppelt so hoch ausfallen wie ihre gesamte öffentliche Entwicklungshilfe. Die Redensart „Handel ist besser als Hilfe" trifft offenkundig auf die Landwirtschaft voll zu.

Eine Verringerung der staatlichen Eingriffe, insbesondere auf seiten der Industrieländer, wird ebenfalls zur Stabilisierung der Weltmarktpreise beitragen; sowohl den Industrie- als auch den Entwicklungsländern wird es dadurch leichter fallen, ihr gemeinsames Ziel stabiler Agrareinkommen und -preise zu erreichen. Internationale Rohstoffabkommen — die in Kapitel 7 erörtert wurden — sind häufig eine kostspielige und unwirtschaftliche internationale Antwort auf die von schwankenden Weltmarktpreisen verursachten Probleme. Nicht selten entarten sie zu Bemühungen von Produzentengruppierungen, die Preise anzuheben anstatt sie zu stabilisieren. Ausgleichseinrichtungen wie die IWF-Fazilität zur kompensierenden Finanzierung von Exporterlösschwankungen sind geeignetere Instrumente zur Förderung der Stabilität von Erlösen oder Ausgaben. In Kapitel 7 wurde auch gezeigt, daß der Agrarprotektionismus durch das Allgemeine Präferenzsystem oder durch regionale Vereinbarungen wie das Lome-Abkommen der EG und die Initiative der Vereinigten Staaten für die Länder der Karibik nicht abgeschwächt wird. Untersuchungen über die von solchen Präferenzsystemen ausgelöste Expansion des Außenhandels deuten darauf hin, daß sie nur sehr begrenzte Effekte erzielen, insbesondere auf seiten der ärmsten Länder. Die Präferenzsysteme scheinen außerdem das Interesse ihrer Nutznießer an einer generellen Handelsliberalisierung zu schwächen, da hierdurch im allgemeinen Sondervorteile aufgrund bestehender Präferenzregelungen abgebaut werden.

Zwar ist eine vollständige Liberalisierung unwahrscheinlich, doch gibt es gute Gründe, mit einer partiellen und schrittweisen Liberalisierung jetzt zu beginnen. Ein Weg zur Teilliberalisierung bei Agrarprodukten würde darin bestehen, daß jedes Land überprüft, wie es seine Protektionsmaßnahmen bei den am stärksten geschützten Produkten abbauen könnte. Ein Großteil der durch den Agrarprotektionismus entstehenden Nettoverluste, ebenso wie ein Großteil der Kosten für Steuerzahler und Konsumenten, konzentriert sich auf eine kleine Anzahl von Produkten mit erheblich über dem Durchschnitt liegenden Protektionsquoten. In den Vereinigten Staaten weichen die Preise für Zucker, Baumwolle, Reis, Weizen und Erdnüsse am stärksten von dem Niveau ab, auf dem sie liegen sollten; in der EG trifft dies auf Milch, Rindfleisch, Zucker und Getreide zu. Man sollte sich besonders darum bemühen, die Protektionsquoten dieser Produkte abzubauen; um den Landwirten den Übergang zu einem niedrigeren Schutzniveau zu erleichtern, müßten alternative Maßnahmen zur Einkommensstützung ergriffen werden.

Wie in den Entwicklungsländern, so erwägen viele Regierungen in den Industrieländern eine Reform der Agrarpolitik. Dies ist vor allem der Fall in der EG, in Japan, Kanada und den Vereinigten Staaten, wo die Agrarprogramme gegenwärtig mit sehr hohen Kosten für die Bürger dieser Länder, als Verbraucher wie als Steuerzahler, verbunden sind. Die Vereinigten Staaten haben den Stützpreis für Milch herabgesetzt, und Japan baute schrittweise die Preisstützung für Reis ab (gemessen an seinem erklärten Ziel, die Produktionskosten voll abzudecken). Wie aber das 1985 in Kraft getretene Ernährungssicherungsgesetz der Vereinigten Staaten zeigt, das die meisten Garantiepreise für die Erzeuger bis 1990 etwa auf dem gegenwärtigen Niveau festschreibt, haben die erforderlichen Reformen noch kaum begonnen.

Wenn das Protektionsniveau nicht durch eine veränderte Agrarpolitik gesenkt wird, steigen die binnenwirtschaftlichen Kosten in den kommenden Jahren weiter, unabhängig davon, welche Maßnahmen zur Bewältigung des wachsenden Überschußangebots ergriffen werden. Drei Hauptprobleme stellen sich hier:

- Die Einlagerung, wie sie die EG und die Vereinigten Staaten bei Getreide und Milchprodukten betrieben haben, wird zunehmend kostspieliger und schließlich untragbar, da die Vorräte im Verhältnis zum jährlichen Inlandsverbrauch immer größer werden oder sich die vorhandene Lagerkapazität erschöpft.
- Begrenzungen der Produktionsmenge durch direkte Eingriffe, wie die Milchquoten in der EG oder die Programme zur Beschränkung der Anbaufläche in den Vereinigten Staaten, sind sowohl ökonomisch als auch politisch wenig attraktiv. Zwangsmaßnahmen sind bei den Erzeugern unbeliebt; bei Maßnahmen auf freiwilliger Basis verursacht selbst eine mäßige Einschränkung der Produktion, wie die Erfahrungen der Vereinigten Staaten zeigen, hohe Haushaltsbelastungen und volkswirtschaftliche Kosten.
- Eine Anregung des heimischen oder ausländi-

schen Verbrauchs mit Hilfe von Subventionen erfordert sogar noch höhere öffentliche Ausgaben.

Schutzmaßnahmen für die Landwirtschaft werden hauptsächlich damit gerechtfertigt, daß sie die Einkommen der Landwirte und ihrer Angehörigen verbessern, und zwar vor allem derjenigen mit finanziellen Schwierigkeiten. Von Schutzmaßnahmen profitieren aber in erster Linie die bessergestellten Landwirte, während höhere Lebensmittelpreise unverhältnismäßig stark die ärmeren Verbraucherschichten belasten. Hinzu kommt, daß die wirtschaftlichen Vorteile von Agrarprogrammen sich zumeist im Zeitpunkt des Inkrafttretens der Programme unmittelbar in den Bodenpreisen niederschlagen. Landwirte, die Boden nach Inkrafttreten von Agrarprogrammen kaufen, profitieren, wenn überhaupt, nur wenig von deren Fortsetzung, müssen aber beträchtliche Verluste in Kauf nehmen, wenn die Schutzmaßnahmen zugunsten der Landwirtschaft eingeschränkt oder aufgehoben werden.

Die Verhandlungen im Rahmen des GATT

Gegenwärtig werden Verhandlungen über die Schutzmaßnahmen in der Landwirtschaft im Rahmen einer neuen GATT-Runde vorbereitet. Offenbar erkennt man in Westeuropa und Nordamerika in zunehmendem Maße, daß ein Anhalten der jüngsten Trends im Wachstum der Produktion bei nur sehr langsam zunehmender in- und ausländischer Nachfrage unausweichlich zu immer höheren Protektionskosten führen wird. Für die meisten OECD-Mitglieder wird eine Anpassung ihrer Agrarprogramme bald notwendig werden, um die Kosten, die sie sich aufgeladen haben, zu reduzieren.

Die für diesen Bericht herangezogenen analytischen Untersuchungen liefern handfeste Beweise für die Kosten der gegenwärtigen Agrarpolitik und die bei einer Verringerung der Markteingriffe realisierbaren Vorteile. Die Tatsache, daß die verschiedenen Untersuchungen zu ähnlichen Folgerungen gelangen, sollte es den Regierungen leichter machen, diese Ergebnisse als wichtigen Bestandteil des Informationsmaterials anzuerkennen, das die Grundlage für Verhandlungen bilden könnte.

Die bevorstehenden Verhandlungen müssen sich mit außerordentlich komplizierten Bewertungen der Auswirkungen von modifizierten Agrarprogrammen befassen. Früher angewendete Methoden, mit deren Hilfe die wechselseitigen Aus- und Einfuhrsteigerungen aufgrund von Zollsenkungen geschätzt wurden, eignen sich kaum, um die kombinierten Effekte von Modifikationen der Binnenmarktpolitik der verschiedenen Länder auf den Agrarhandel eines bestimmten Landes abzuschätzen. Mit zunehmender Verbreitung von Ausgleichszahlungen, direkten Exportsubventionen, variablen Einfuhrabgaben und anderen, nichttarifären Handelshemmnissen werden die Effekte veränderter Agrarpolitiken auf den Saldo von Aus- und Einfuhren zur entscheidenden Größe. Angesichts der Komplexität und Vielfalt der gegenwärtigen Markteingriffe kann es schwierig sein, dies abzuschätzen. Die Teilnehmer an den GATT-Verhandlungen über landwirtschaftliche Erzeugnisse müssen bereit sein, die verschiedenen Aspekte ihrer Binnenmarktpolitik als Verhandlungsgegenstand anzusehen. Dies bedeutet nicht, daß irgendein spezielles System der Preis- oder Einkommensstützung — wie die variablen Einfuhrabgaben und die Ausfuhrerstattungen der EG oder das System von Richtpreisen und Ausgleichszahlungen in den Vereinigten Staaten — aufgegeben werden muß. Die Regierungen müssen aber willens sein, den Protektionsgrad, der durch ihre Maßnahmen zur Preis- und Einkommensstützung bewirkt wird, und die Folgen dieser Politik für Produktion, Verbrauch, Außenhandel und Weltmarktpreise zum Gegenstand der Verhandlung zu machen. Mit anderen Worten, es muß die Bereitschaft bestehen, über die Konsequenzen einzelner Maßnahmen auf den Binnenmärkten für den Marktzugang anderer Länder zu verhandeln.

Die Rolle der Weltbank

Seit ihrer Gründung war die Entwicklung des Ernährungs- und Agrarsektors ein wichtiges Ziel der Weltbank. Im vergangenen Jahrzehnt wurden zwischen 25 und 30 Prozent der Darlehen der Bank für die Entwicklung der Landwirtschaft und des ländlichen Raumes vergeben. Der Schwerpunkt lag auf Projekten der Bewässerung und Entwässerung sowie anderen wasserwirtschaftlichen Maßnahmen, gefolgt von Projekten zur regionalen und ländlichen Entwicklung sowie im Kreditwesen (vgl. Tabelle 8.1). Da die Bank nur einen Teil der gesamten Projektkosten finanziert, haben die von der Bank seit 1975 herausgelegten 33 Mrd Dollar dazu beigetragen, Investitionen in Höhe von insgesamt etwa 87 Mrd Dollar zu finanzieren.

Tabelle 8.1 Mittelvergabe der Weltbank für landwirtschaftliche und ländliche Entwicklung, nach Verwendungszweck und Zeitraum

Hauptverwendungszweck	1975–79		1980–85	
	Betrag (Mrd $)	Prozent	Betrag (Mrd $)	Prozent
Agrarkredit	1,64	14,2	3,71	17,5
Agrarsektordarlehen	0,17	1,4	1,32	6,2
Gebietsentwicklung	2,92	25,2	4,34	20,4
Bewässerung	3,72	32,1	6,49	30,6
Forschung und Beratung	0,59	5,1	0,92	4,3
Sonstiges (Forstwirtschaft)	2,54	21,9	4,44	20,9
Landwirtschaft insgesamt	11,58	100,0	21,22	100,0
Gesamte Mittelvergabe	38,02	—	81,17	—

Die Erfahrungen der Bank mit der Finanzierung der Landwirtschaft haben gezeigt, daß die volkswirtschaftlichen Ertragsraten im Agrarsektor mit denen in anderen Sektoren vergleichbar sind. Investitionen in das landwirtschaftliche Kreditwesen, die Bewässerung, Forschung und Beratung, die ländliche Entwicklung und in viele andere Projekte haben sich als erfolgreiche Maßnahmen erwiesen, um die landwirtschaftliche Produktivität und die Einkommen der armen Landbevölkerung zu heben. Es gab jedoch auch Fehlschläge. Agrarprojekte können durch viele Faktoren beeinträchtigt werden; einer der wichtigsten davon ist das wirtschaftspolitische Umfeld.

Seit langem geht es bei den von der Bank unterstützten Projekten nicht allein um die Investitionsfinanzierung, sondern auch um eine Reihe wirtschaftspolitischer Fragen, die für die Leistung des Projektes und des Sektors besonders bedeutsam sind. Hierzu gehören Fragen der Kostendeckung, der Zinssätze, der institutionellen Anpassung und der Aufbringung von Gegenwertmitteln. Es wurde jedoch zunehmend deutlicher, daß umfassende Reformen wie die Anpassung der Preis- und Handelspolitik zwecks Förderung des Strukturwandels nicht durch eine projektbezogene Darlehensvergabe angegangen oder finanziert werden können.

Seit 1980 beteiligt sich die Bank an der Ausarbeitung und Unterstützung von strukturellen und sektoralen Anpassungsprogrammen. Durch Strukturanpassungsdarlehen (SAD) werden Mittel zur Unterstützung grundlegender Reformprogramme, und nicht für eine bestimmte Investition, herausgelegt. Die kreditaufnehmende Regierung und die Bank einigen sich über spezifische Reformmaßnahmen, und die Freigabe der Mittel erfolgt auf der Basis des von der Bank überwachten Reformfortschritts. Im allgemeinen unterstützten die SAD Anpassungen der Preis- und Handelspolitik sowie der Maßnahmen im öffentlichen Sektor ebenso wie die Neuordnung der staatlichen Einflußnahme in verschiedenen Wirtschaftsbereichen. Da eine wirtschaftliche Umstrukturierung normalerweise mehrere Jahre beansprucht, können sich die SAD auf eine Laufzeit von fünf oder mehr Jahren erstrecken und aus bis zu fünf Einzeldarlehen zusammensetzen: Seit 1980 hat die Bank zweiunddreißig SAD in achtzehn Ländern mit einer Gesamtsumme von über 4,6 Mrd Dollar genehmigt.

Von diesen SAD betreffen viele mittelbar die Probleme der Landwirtschaft, da sie gesamtwirtschaftliche Reformen und Anpassungen des Agrarhandels, der Agrarpreise und der Institutionen fördern. In einigen Ländern richtete sich die Unterstützung von Reformmaßnahmen durch die Bank aber direkt auf den Agrarsektor. Seit 1979 wurden siebzehn Anpassungsdarlehen für die Landwirtschaft vergeben; die Mehrzahl (dreizehn) wurden nach 1983 bewilligt. Die Darlehenssummen reichten von 5 Mio Dollar für Malawi bis zu 303 Mio Dollar für Brasilien. Die meisten dieser Sektoranpassungsdarlehen betrafen schwerpunktmäßig Einkaufs- und Verkaufspreise der Landwirte, Eingriffe in die Finanzmärkte, Leistungen der halbstaatlichen Organisationen, Handelsschranken sowie Umfang und Zusammensetzung öffentlicher Ausgaben. In einigen Fällen — so in Ecuador, Jugoslawien und der Türkei — wurden landwirtschaftliche Sektoranpassungsdarlehen zusammen mit SAD oder mit Anpassungsdarlehen für andere Sektoren vergeben und koordiniert. Ebenso wird die Koordinierung mit anderen Mittelvergaben für die Landwirtschaft gepflegt, da der Erfolg solcher Darlehen häufig von der Existenz angemessener wirtschaftspolitischer Rahmenbedingungen abhängig ist.

Die SAD und die Sektoranpassungsdarlehen haben sich als wichtige Instrumente zur Unterstützung gesamtwirtschaftlicher oder sektoraler Reformprogramme erwiesen. Die Reform der Agrarpolitik kann ein langwieriger Prozeß sein; in der Regel ist deshalb eine Serie von Darlehen erforderlich, wobei manchmal sowohl SAD als auch Sektoranpassungsdarlehen eingesetzt werden. In Ländern, wo sich der Anpassungsprozeß durchgesetzt hat, erfolgt die Unterstützung der Bank im allgemeinen in Form von Sektoranpassungsdarlehen, die eine tiefgreifende Umstrukturierung von Politik und Programmen fördern.

Statistischer Anhang

Die Tabellen dieses Statistischen Anhangs enthalten Daten für eine repräsentative Auswahl von Entwicklungsländern, dazu entsprechende Angaben für Industrieländer und Ölexporteure mit hohem Einkommen. Die Tabellen zeigen Daten über Bevölkerung, Volkswirtschaftliche Gesamtrechnungen, Außenhandel und Auslandsverschuldung. Hinsichtlich der in diesen Tabellen verwendeten Definitionen und Konzepte wird der Leser auf die Technischen Erläuterungen zu den „Kennzahlen der Weltentwicklung" verwiesen.

TABELLE A.1

Bevölkerungswachstum, 1965 bis 1985 und Projektion bis zum Jahr 2000

Ländergruppe	Bevölkerung (in Mio) 1985	Durchschnittliches jährliches Wachstum (in %)				
		1965—73	1973—80	1980—85	1985—90	1990—2000
Entwicklungsländer	3.451	2,5	2,1	2,0	2,0	1,8
Länder mit niedrigem Einkommen	2.305	2,6	2,0	1,9	1,8	1,7
Asien	2.071	2,5	1,9	1,8	1,7	1,5
Indien	765	2,3	2,3	2,2	2,0	1,7
China	1.041	2,7	1,5	1,2	1,3	1,2
Afrika	234	2,8	2,9	3,0	3,2	3,1
Länder mit mittlerem Einkommen	1.146	2,5	2,4	2,3	2,3	2,0
Ölexporteure	502	2,5	2,6	2,6	2,6	2,3
Ölimporteure	643	2,4	2,2	2,1	2,0	1,8
Hauptexporteure von Industrieprodukten	420	2,4	2,1	1,9	1,8	1,6
Ölexporteure mit hohem Einkommen	20	4,6	5,4	4,3	3,9	3,3
Marktwirtschaftliche Industrieländer	737	0,9	0,7	0,6	0,5	0,4
Welt, ohne osteuropäische Staatshandelsländer	4.209	2,2	1,9	1,8	1,7	1,6
Osteuropäische Staatshandelsländer	393	0,8	0,8	0,8	0,7	0,6

TABELLE A.2

Bevölkerung und BSP pro Kopf (1980) und Wachstumsraten, 1965 bis 1985

Ländergruppe	BSP (in Mrd $) 1980	Bevölkerung (in Mio) 1980	BSP pro Kopf (in $) 1980	Durchschnittliches jährliches Wachstum des BSP pro Kopf (in %)					
				1965—73	1973—80	1981	1982	1983	1984[a]	1985[b]
Entwicklungsländer	2.064	3.124	660	4,1	3,2	1,0	—0,7	0,0	3,3	2,4
Länder mit niedrigem Einkommen	550	2.102	260	3,0	2,7	3,0	3,2	6,1	7,4	6,1
Asien	497	1.900	260	3,3	3,0	3,5	3,7	6,9	8,3	6,6
China	287	978	290	5,0	3,8	3,5	6,1	8,8	12,8	9,6
Indien	162	687	240	1,6	1,8	3,5	0,5	5,1	2,2	1,9
Afrika	53	202	260	1,2	0,1	—1,3	—2,4	—2,7	—2,8	—0,4
Ölimporteure mit mittlerem Einkommen	963	580	1.660	4,6	3,1	—0,8	—2,0	—1,6	1,8	1,0
Ostasien und Pazifik	212	162	1.310	5,7	5,7	3,9	1,8	4,7	4,7	1,0
Naher Osten u. Nordafrika	25	31	820	3,5	4,2	—1,9	4,4	0,3	—0,9	1,6
Afrika südlich der Sahara[c]	26	33	780	2,0	0,5	3,8	—5,0	—5,5	—4,5	—0,6
Südeuropa	213	91	2.340	5,4	2,9	0,2	0,0	—0,9	0,9	1,1
Lateinamerika u. Karibik	411	234	1.760	4,5	2,9	—4,2	—4,9	—4,5	1,2	2,1
Ölexporteure mit mittlerem Einkommen	551	441	1.250	4,6	3,4	1,5	—2,8	—4,4	0,7	0,0
Ölexporteure mit hohem Einkommen	226	17	13.290	4,1	5,9	0,7	—7,6	—15,7	—3,0	—8,5
Marktwirtschaftliche Industrieländer	7.540	716	10.530	3,7	2,1	1,1	—1,3	1,6	3,9	2,4

a. Geschätzt. b. Geschätzt auf Basis des BIP. c. Ohne Südafrika.

TABELLE A.3
BIP (1980) und Wachstumsraten, 1965 bis 1985

Ländergruppe	BIP (in Mrd $) 1980	Durchschnittliches jährliches Wachstum des BIP (in %)						
		1965—73	1973—80	1981	1982	1983	1984[a]	1985[b]
Entwicklungsländer	2.094	6,6	5,4	3,5	2,0	2,0	5,4	4,3
Länder mit niedrigem Einkommen	549	5,6	4,7	5,0	5,3	7,8	9,4	7,8
Asien	495	5,9	5,0	5,4	5,7	8,6	10,2	8,3
China	287	7,8	5,8	4,9	7,7	9,6	14,0	10,6
Indien	162	4,0	4,1	5,8	2,8	7,7	4,5	4,0
Afrika	53	3,9	2,7	1,6	0,8	0,3	0,7	2,1
Ölimporteure mit mittlerem Einkommen	979	7,0	5,5	2,1	0,8	0,8	4,1	3,0
Ostasien und Pazifik	214	8,6	8,1	6,5	3,9	6,4	6,4	2,7
Naher Osten und Nordafrika	24	5,6	7,1	1,0	7,8	2,9	1,9	4,1
Afrika südlich der Sahara[c]	27	5,1	3,6	6,9	—1,0	—1,4	—1,1	2,9
Südeuropa	212	7,0	4,8	2,0	2,1	0,9	2,7	2,5
Lateinamerika und Karibik	422	7,1	5,4	—1,0	—1,5	—1,7	3,7	4,1
Ölexporteure mit mittlerem Einkommen	566	7,1	5,8	4,4	1,0	—1,9	3,1	2,5
Ölexporteure mit hohem Einkommen	225	9,2	7,7	1,6	—1,7	—7,1	1,3	—5,0
Marktwirtschaftliche Industrieländer	7.440	4,7	2,8	1,9	—0,6	2,3	4,6	2,8

a. Geschätzt. b. Prognose. c. Ohne Südafrika.

TABELLE A.4
Bevölkerung und Zusammensetzung des BIP in ausgewählten Jahren, 1965 bis 1985
(in Mrd $, falls nicht anders angegeben)

Ländergruppe und Kennzahl	1965	1973	1980	1981	1982	1983	1984[a]	1985[b]
Entwicklungsländer								
BIP	327	740	2.094	2.216	2.141	2.048	2.089	2.219
Inländische Absorption[c]	331	747	2.141	2.288	2.198	2.066	2.083	2.223
Nettoexporte[d]	—4	—7	—47	—72	—57	—18	5	—4
Bevölkerung (in Mio)	2.207	2.691	3.124	3.187	3.255	3.319	3.386	3.451
Länder mit niedrigem Einkommen								
BIP	141	252	549	541	539	571	571	627
Inländische Absorption[c]	143	253	569	557	551	584	584	654
Nettoexporte[d]	—2	—1	—20	—16	—12	—13	—13	—27
Bevölkerung (in Mio)	1.493	1.827	2.102	2.141	2.185	2.225	2.265	2.305
Ölimporteure mit mittlerem Einkommen								
BIP	128	333	978	1.034	1.027	942	946	993
Inländische Absorption[c]	130	340	1.018	1.079	1.059	953	948	986
Nettoexporte[d]	—2	—7	—40	—45	—32	—11	—2	8
Bevölkerung (in Mio)	412	497	580	593	605	618	631	643
Ölexporteure mit mittlerem Einkommen								
BIP	58	155	566	641	576	535	571	598
Inländische Absorption[c]	58	153	553	652	587	528	551	583
Nettoexporte[d]	0	2	13	—11	—11	7	20	15
Bevölkerung (in Mio)	301	369	441	453	465	477	489	502
Ölexporteure mit hohem Einkommen								
BIP	7	28	225	264	257	222	211	..
Inländische Absorption[c]	5	16	144	171	191	..	..	..
Nettoexporte[d]	2	12	81	93	66	..	..	..
Bevölkerung (in Mio)	8	11	17	17	18	19	20	20
Marktwirtschaftliche Industrieländer								
BIP	1.369	3.240	7.502	7.600	7.505	7.760	8.099	8.475
Inländische Absorption[c]	1.364	3.231	7.562	7.612	7.504	7.757	8.124	8.505
Nettoexporte[d]	6	9	—60	—12	1	3	—25	—30
Bevölkerung (in Mio)	632	681	716	721	725	730	734	737

a. Geschätzt. b. Prognose. c. Privater Verbrauch zuzüglich Staatsverbrauch und Bruttoinlandsinvestitionen.
d. Güter und Dienstleistungen ohne Faktoreinkommen.

TABELLE A.5
Produktionsstruktur des BIP in ausgewählten Jahren, 1965 bis 1984
(in % des BIP)

Ländergruppe	1965		1973		1980		1981		1982		1983		1984	
	Land-wirt-schaft	Indu-strie	Land-wirt-schaft	Indu-strie	Land-wirt-schaft	Indu-strie	Land-wirt-schaft	Indu-strie	Land-wirt-schaft	Indu-strie	Land-wirt-schaft	Indu-strie	Land-wirt-schaft	Indu-strie
Entwicklungsländer	31	29	26	33	20	38	19	37	19	36	20	36	21	37
Länder mit niedrigem Einkommen	44	27	40	33	36	36	36	34	36	34	37	34	36	35
Asien	42	28	39	34	35	38	35	36	36	35	36	35	36	36
Indien	47	22	50	20	37	25	35	26	33	26	36	26	35	27
China	39	38	33	44	33	48	35	46	37	45	36	45	36	44
Afrika	47	15	42	19	41	18	41	17	43	17	43	15	38	16
Länder mit mittlerem Einkommen	22	31	17	35	14	39	14	38	14	37	14	37	14	39
Ölexporteure	22	26	18	33	14	42	13	40	14	40	15	40	15	39
Ölimporteure	21	33	17	35	14	37	14	36	13	36	13	36	14	37
Hauptexporteure von Industrieprodukten	20	35	15	37	12	39	12	38	12	38	12	38	12	38
Ölexporteure mit hohem Einkommen	5	65	2	72	1	77	1	76	1	74	2	64	2	62
Marktwirtschaftliche Industrieländer	5	40	5	39	4	38	3	37	3	36	3	35	3	37
Welt, ohne osteuropäische Staatshandelsländer	10	38	9	38	7	39	7	38	7	37	7	36	10	38

TABELLE A.6
Wachstumsraten einzelner Wirtschaftssektoren, 1965 bis 1984

Ländergruppe	Landwirtschaft			Industrie			Dienstleistungssektor		
	1965–73	1973–80	1980–84	1965–73	1973–80	1980–84	1965–73	1973–80	1980–84
Entwicklungsländer	3,2	2,7	3,9	8,5	6,0	2,2	7,4	6,4	2,9
Länder mit niedrigem Einkommen	3,0	2,5	6,2	8,7	7,3	7,7	6,8	4,8	6,4
Asien	3,1	2,6	6,5	8,8	7,6	8,0	7,3	4,9	7,7
Indien	3,7	2,0	2,8	3,7	5,0	4,2	4,5	5,7	8,0
China	2,8	2,8	10,1	12,1	8,6	9,3	11,7	3,4	6,2
Afrika	2,2	2,2	1,1	8,1	1,3	—1,2	4,3	4,0	1,4
Länder mit mittlerem Einkommen	3,4	2,9	1,7	8,4	5,6	0,3	7,5	6,6	2,4
Ölexporteure	3,9	2,0	2,2	8,3	5,2	—2,3	7,4	7,9	4,9
Ölimporteure	3,1	3,3	1,4	8,5	5,9	1,8	7,5	6,0	1,6
Hauptexporteure von Industrieprodukten	3,0	3,2	1,6	9,2	6,4	2,1	8,1	6,2	3,8
Ölexporteure mit hohem Einkommen	..	..	2,0	..	2,9	—16,4	..	..	27,4
Marktwirtschaftliche Industrieländer	1,7	0,9	0,4	5,1	2,3	1,0	4,6	3,3	2,4

TABELLE A.7
Kennzahlen für Verbrauch, Ersparnis und Investitionen in ausgewählten Jahren, 1965 bis 1984
(in % des BIP)

Ländergruppe und Kennzahl	1965	1973	1980	1981	1982	1983	1984[a]
Entwicklungsländer							
Verbrauch	79,8	76,7	75,6	77,2	78,1	78,0	76,9
Investitionen	21,1	24,1	26,7	26,0	24,6	22,9	22,3
Ersparnis	20,2	23,3	24,4	22,8	21,9	22,0	23,1
Asiatische Länder mit niedrigem Einkommen							
Verbrauch	79,8	75,4	75,8	76,8	75,8	75,5	75,7
Investitionen	21,3	24,8	27,2	25,4	25,7	26,1	26,5
Ersparnis	20,2	24,6	24,2	23,2	24,2	24,5	24,3
Afrikanische Länder mit niedrigem Einkommen							
Verbrauch	88,6	85,7	91,0	91,6	93,1	92,8	95,7
Investitionen	14,2	17,0	19,2	18,5	16,9	15,3	11,8
Ersparnis	11,4	14,3	9,0	8,4	6,9	7,2	4,3
Ölimporteure mit mittlerem Einkommen							
Verbrauch	79,1	77,0	77,2	78,5	79,4	79,7	78,3
Investitionen	22,0	24,9	26,9	25,9	23,8	21,7	20,5
Ersparnis	20,9	23,0	22,8	21,5	20,6	20,3	21,7
Ölexporteure mit mittlerem Einkommen							
Verbrauch	79,9	76,8	71,0	74,0	76,4	76,0	75,3
Investitionen	19,8	22,3	26,7	27,6	25,4	22,8	21,6
Ersparnis	20,1	23,2	29,0	26,0	23,6	24,0	24,7
Marktwirtschaftliche Industrieländer							
Verbrauch	76,7	75,0	78,4	78,4	80,1	80,3	81,1
Investitionen	22,9	24,7	22,5	21,9	20,1	19,6	19,6
Ersparnis	23,3	25,0	21,6	21,6	19,9	19,7	18,9

a. Geschätzt.

TABELLE A.8
Exportwachstum, 1965 bis 1984

Länder- und Warengruppe	*Durchschnittliche jährliche Veränderung des Exportvolumens (in %)*						
	1965—73	1973—80	1981	1982	1983	1984[a]	1985[b]
Exportvolumen, nach Warengruppen							
Entwicklungsländer							
Industrieprodukte	11,6	13,8	8,6	0,1	10,0	16,6	3,3
Nahrungsmittel	3,3	3,9	9,7	—2,3	—1,1	7,6	3,9
Sonstige Agrarprodukte	3,1	1,1	2,5	—1,6	1,5	1,0	4,5
Metalle und Mineralien	4,8	7,0	—2,6	—2,8	0,5	3,4	4,8
Brennstoffe	4,0	—0,8	—9,2	0,6	2,3	7,1	—1,4
Welt, ohne osteuropäische Staatshandelsländer							
Industrieprodukte	10,2	5,9	4,2	—2,4	4,8	11,1	4,2
Nahrungsmittel	4,7	5,9	8,7	1,6	—0,1	7,8	—3,2
Sonstige Agrarprodukte	3,4	4,0	3,7	—2,0	—1,1	5,4	0,7
Metalle und Mineralien	6,9	8,5	—14,0	—6,4	4,6	4,9	2,8
Brennstoffe	9,1	—0,8	—12,1	—6,8	—2,4	2,1	0,6
Exportvolumen, nach Ländergruppen							
Entwicklungsländer	5,0	4,6	2,1	—0,5	4,7	10,7	2,3
Industrieprodukte	11,6	13,8	8,6	0,1	10,0	16,6	3,3
Rohstoffe	3,8	1,1	—2,0	—0,9	1,0	6,2	1,5
Länder mit niedrigem Einkommen	1,9	5,4	5,9	3,1	5,8	6,3	3,5
Industrieprodukte	2,3	8,3	11,0	2,8	10,7	9,2	2,7
Rohstoffe	1,6	3,6	2,4	3,3	2,1	4,0	4,1
Asien	0,6	6,8	9,1	6,3	7,2	6,6	3,8
Industrieprodukte	2,0	8,7	12,6	3,1	11,0	9,4	2,6
Rohstoffe	—0,6	5,2	5,4	9,9	3,2	3,5	5,1
Afrika	4,6	1,3	—4,5	—9,3	—0,2	4,9	2,0
Industrieprodukte	5,4	2,0	—20,1	—5,4	2,8	3,1	6,7
Rohstoffe	4,5	1,2	—3,1	—9,6	—0,4	5,0	1,7
Ölimporteure mit mittlerem Einkommen	7,1	9,0	7,4	—0,4	5,0	12,8	3,7
Industrieprodukte	15,5	15,3	7,9	—0,4	8,6	17,0	3,2
Rohstoffe	3,8	3,3	6,8	—0,4	—0,1	6,0	4,6
Hauptexporteure von Industrieprodukten	9,2	10,6	8,1	—1,2	6,6	13,1	3,2
Industrieprodukte	15,6	15,9	7,5	—1,3	8,9	16,4	2,7
Rohstoffe	5,5	3,8	9,5	—1,1	2,0	5,9	4,5
Sonstige Ölimporteure mit mittlerem Einkommen	2,4	3,5	4,3	3,7	—2,1	11,5	6,0
Industrieprodukte	14,8	9,1	14,4	12,6	4,7	25,7	8,7
Rohstoffe	1,2	2,4	1,6	1,1	—4,4	6,3	4,8
Ölexporteure mit mittlerem Einkommen	4,3	0,0	—7,2	—1,9	3,6	8,6	—0,8
Industrieprodukte	10,7	8,0	13,7	1,9	27,2	25,2	5,1
Rohstoffe	4,2	—0,4	—8,6	—2,2	1,6	6,8	—1,5
Ölexporteure mit hohem Einkommen	12,7	0,0	—10,6	—25,0	—16,6	—0,5	—4,3
Marktwirtschaftliche Industrieländer	9,2	5,5	2,4	—1,6	3,2	9,1	4,0
Welt, ohne osteuropäische Staatshandelsländer	8,8	3,9	0,1	—3,0	2,6	8,6	2,5

a. Geschätzt. b. Prognose.

TABELLE A.9
Veränderung der Exportpreise und der Terms of Trade, 1965 bis 1985
(durchschnittliche jährliche Veränderung in %)

Ländergruppe	1965—73	1973—80	1981	1982	1983	1984[a]	1985[b]
Veränderung der Exportpreise							
Entwicklungsländer	6,3	14,2	0,6	−4,7	−3,7	−1,2	−2,2
Industrieprodukte	7,2	8,1	0,2	−3,2	−2,5	−1,9	1,3
Nahrungsmittel	5,0	9,6	−8,2	−8,8	5,6	2,0	−8,1
Sonstige Agrarprodukte	4,2	10,5	−14,4	−8,6	5,7	−2,0	−10,0
Metalle und Mineralien	2,4	4,8	−7,6	−8,5	−0,1	−1,7	−4,9
Brennstoffe	7,9	27,2	12,5	−3,2	−12,4	−2,1	−2,5
Ölexporteure mit hohem Einkommen	7,7	25,9	14,0	−0,9	−14,2	−2,1	−4,5
Industrieländer							
Insgesamt	4,9	10,9	−4,0	−4,2	−3,3	−3,4	0,0
Industrieprodukte	4,7	10,6	−6,0	−2,1	−4,3	−3,4	1,3
Veränderung der Terms of Trade							
Entwicklungsländer	0,8	1,5	−1,0	−0,1	−1,3	0,4	−1,1
Länder mit niedrigem Einkommen	2,3	−2,3	−1,7	1,2	0,0	2,1	−2,4
Asien	3,2	−2,4	1,1	1,2	−1,2	1,5	−1,9
Afrika	0,1	−1,8	−11,8	−0,9	4,8	5,0	−5,6
Ölimporteure mit mittlerem Einkommen	0,0	−3,0	−4,4	−0,6	2,3	0,1	−0,1
Ölexporteure mit mittlerem Einkommen	−0,4	8,5	5,4	0,2	−7,7	0,3	−2,9
Ölexporteure mit hohem Einkommen	2,1	13,2	19,9	1,9	−11,0	0,7	−4,2
Industrieländer	0,3	−1,6	−1,0	2,0	1,0	−1,0	2,0

a. Geschätzt.   b. Prognose.

TABELLE A.10
Wachstum der langfristigen Schulden der Entwicklungsländer, 1970 bis 1985
(durchschnittliche jährliche Veränderung in %)

Ländergruppe	1970—73	1973—80	1981	1982	1983	1984[a]	1985[a,b]
Entwicklungsländer							
Ausstehende und ausgezahlte Schulden	18,4	21,0	14,1	12,2	14,0	7,0	5,6
Öffentlich	15,6	17,3	10,5	10,8	10,3	8,2	9,0
Privat	20,9	23,6	16,2	12,9	16,0	6,4	3,8
Länder mit niedrigem Einkommen							
Ausstehende und ausgezahlte Schulden	13,2	16,3	6,5	9,3	8,6	4,6	11,0
Öffentlich	12,8	14,5	8,2	10,7	10,1	4,4	8,1
Privat	16,0	25,4	0,2	3,8	2,7	5,6	23,2
Asien							
Ausstehende und ausgezahlte Schulden	11,3	13,5	4,4	10,7	9,4	7,3	12,8
Öffentlich	11,8	11,4	6,2	10,3	8,0	5,0	11,1
Privat	4,1	33,6	−4,5	13,0	16,4	18,0	19,8
Afrika							
Ausstehende und ausgezahlte Schulden	20,2	32,2	10,2	6,9	7,2	−0,1	7,5
Öffentlich	17,8	24,9	12,5	11,7	14,1	3,4	2,4
Privat	24,2	19,9	5,1	−4,9	−12,6	−13,0	30,2
Ölimporteure mit mittlerem Einkommen							
Ausstehende und ausgezahlte Schulden	19,5	21,0	15,6	12,9	11,4	7,5	7,4
Öffentlich	17,8	18,2	13,4	11,7	12,7	11,2	10,1
Privat	20,5	22,3	16,6	13,4	10,9	6,0	6,2
Hauptexporteure von Industrieprodukten							
Ausstehende und ausgezahlte Schulden	22,3	20,8	15,7	12,7	12,1	7,7	7,7
Öffentlich	21,0	18,1	12,3	9,9	11,3	13,4	9,8
Privat	22,7	21,7	16,6	13,5	12,3	6,2	7,1
Sonstige Ölimporteure mit mittlerem Einkommen							
Ausstehende und ausgezahlte Schulden	13,5	21,4	15,5	13,3	9,9	7,1	6,5
Öffentlich	14,6	18,4	14,6	13,6	14,2	8,9	10,5
Privat	12,1	25,0	16,4	13,0	6,0	5,3	2,4
Ölexporteure mit mittlerem Einkommen							
Ausstehende und ausgezahlte Schulden	20,1	23,6	14,8	12,1	20,8	7,0	0,8
Öffentlich	16,2	19,6	8,1	9,5	6,2	6,9	7,9
Privat	22,7	25,8	17,8	13,1	26,5	7,1	−1,5

a. Die Zunahme der ausstehenden und ausgezahlten Schulden und die Verlagerung von privaten auf öffentliche Schulden ist teilweise durch Umschuldungen bedingt.   b. Geschätzt.

TABELLE A.11
Ersparnis, Investitionen und Leistungsbilanzsaldo, 1965 bis 1984
(in %)

Land	Bruttoinlands-investitionen/BSP			Bruttoersparnis der Inländer/BSP			Leistungsbilanzsaldo/BSP[a]		
	1965—72	1973—78	1979—84	1965—72	1973—78	1979—84	1965—72	1973—78	1979—84
Lateinamerika und Karibik									
*Argentinien	20,4	24,6	19,3	20,3	26,2	16,7	—0,1	1,6	—2,6
Bolivien	17,5	21,1	13,6	12,9	16,4	3,4	—4,6	—4,7	—10,2
*Brasilien	25,8	28,1	21,1	24,0	24,0	16,9	—0,8	—4,1	—4,2
*Chile	15,3	15,3	16,9	13,0	11,9	6,7	—2,3	—3,4	—10,2
Costa Rica	21,2	24,5	25,3	11,9	13,7	10,6	—9,3	—10,8	—14,7
Ecuador	18,6	26,4	23,9	11,3	20,4	19,6	—7,3	—6,0	—4,3
Guatemala	13,2	19,3	14,6	10,2	14,8	9,8	—3,0	—4,5	—4,8
Jamaika	32,2	21,0	21,9	22,3	13,2	6,1	—9,9	—7,8	—15,8
Kolumbien	19,0	18,8	20,0	15,4	19,1	15,3	—3,6	—0,3	—4,7
*Mexiko	21,3	23,4	25,9	19,2	20,2	24,0	—2,1	—3,2	—1,9
Peru	17,3	18,0	16,8	15,9	10,5	12,9	—1,4	—7,5	—3,9
Uruguay	11,9	14,4	15,0	11,8	10,6	10,1	—0,1	—3,8	—4,9
*Venezuela	29,3	35,4	22,4	29,8	36,1	26,4	0,5	0,7	4,0
Afrika									
Äthiopien	13,1	9,5	10,6	10,7	7,6	3,1	—2,4	—1,9	—7,5
Elfenbeinküste	21,3	26,8	25,9	15,6	24,8	12,5	—5,7	—2,0	—13,4
Ghana	12,4	10,0	5,0	8,8	9,1	4,2	—4,3	—0,9	—0,8
Kamerun	15,9	22,0	25,7	11,9	18,8	24,7	—4,0	—3,2	—1,0
Kenia	21,7	25,4	25,2	17,0	17,3	15,3	—4,7	—8,1	—9,9
Liberia	24,7	33,9	26,2	23,6	16,7	9,0	—1,1	—17,2	—17,2
Malawi	19,6	29,8	24,4	4,6	17,9	11,2	—15,0	—11,9	—13,2
Niger	15,9	29,3	29,5	6,5	12,3	13,0	—9,4	—17,1	—16,5
Nigeria	20,0	28,0	21,9	15,2	28,8	19,8	—4,8	0,8	—2,1
Sambia	31,9	31,4	18,4	39,1	27,0	8,1	7,2	—4,4	—10,3
Senegal	13,7	18,6	17,1	6,8	7,4	—2,7	—6,9	—11,2	—19,8
Sierra Leone	14,0	13,2	12,3	8,0	3,1	0,0	—6,0	—10,1	—12,3
Sudan	11,9	17,3	15,7	11,0	9,1	0,4	—0,9	—8,2	—15,3
Tansania	19,7	20,5	21,2	17,5	11,3	9,3	—2,2	—9,2	—11,9
Zaire	27,7	29,8	23,4	20,9	9,9	19,0	—6,8	—19,9	—4,4
Südasien									
*Indien	18,3	21,7	24,6	13,4	19,2	21,6	4,9	2,5	—3,0
Pakistan	16,3	15,9	15,8	10,2	10,0	12,1	—6,1	—5,9	—3,7
Sri Lanka	16,1	16,2	29,2	11,3	11,9	12,5	—4,8	—4,3	—16,7
Ostasien									
*Indonesien	12,6	20,6	22,8	6,9	18,8	34,2	—5,7	—1,8	—11,4
*Korea	24,1	29,0	30,0	15,3	24,6	27,8	—8,8	—4,4	—2,2
Malaysia	19,8	25,3	33,6	20,8	26,7	26,8	1,0	1,5	—6,8
Papua-Neuguinea	31,0	20,1	29,0	1,8	16,7	10,2	—29,2	—3,4	—18,8
Philippinen	20,7	28,0	28,0	18,5	23,5	21,9	—2,2	—4,5	—6,1
Thailand	23,8	25,4	24,9	21,1	21,3	18,3	—2,7	—4,1	—6,6
Europa und Nordafrika									
*Ägypten	14,1	26,1	28,3	8,8	17,4	16,6	—5,3	—8,7	—11,7
Algerien	30,2	48,3	39,7	25,8	39,0	38,0	—4,4	—9,3	—1,7
*Jugoslawien	30,2	33,1	35,2	27,6	27,3	30,0	—2,6	—5,8	—5,2
Marokko	14,5	24,9	22,3	12,5	16,5	12,2	—2,0	—8,4	—10,1
Portugal	25,9	28,2	33,3	21,5	14,7	13,5	—4,4	—13,5	—19,8
Tunesien	23,7	28,8	30,7	16,1	21,5	22,7	—7,6	—7,3	—8,0
*Türkei	18,0	21,9	20,3	17,1	17,9	16,1	—0,9	—4,0	—4,2

Anmerkung: Ein Stern kennzeichnet ein Hauptschuldnerland.
a. Ohne unentgeltliche Übertragungen (netto).

TABELLE A.12
Zusammensetzung der ausstehenden Schulden, 1970 bis 1984
(in % der Gesamtschulden)

Land	Schulden aus öffentlichen Quellen			Schulden aus privaten Quellen			Variabel verzinsliche Schulden[a]		
	1970—72	1980—82	1984	1970—72	1980—82	1984	1973—75	1980—82	1984
Lateinamerika und Karibik									
*Argentinien	12,6	8,8	9,2	87,4	91,2	90,8	13,9	53,7	37,5
Bolivien	58,7	52,6	65,3	41,3	47,4	34,7	7,5	35,7	29,0
*Brasilien	29,7	11,8	13,8	70,3	88,2	86,2	43,5	66,0	79,1
*Chile	47,2	10,5	8,8	52,8	89,5	91,2	9,6	58,1	81,2
Costa Rica	39,9	37,6	39,8	60,1	62,4	60,2	24,6	50,2	56,9
Ecuador	51,1	31,0	27,9	48,9	69,0	72,1	12,7	50,9	71,5
Guatemala	47,6	71,9	72,9	52,4	28,1	27,1	5,2	8,6	20,3
Jamaika	7,4	66,3	76,0	92,6	33,7	24,0	35,7	22,6	21,9
Kolumbien	68,0	45,3	43,1	32,0	54,7	56,9	6,2	39,4	42,7
*Mexiko	19,5	11,1	8,8	80,5	88,9	91,2	46,9	74,3	83,0
Peru	15,7	40,3	38,4	84,3	59,7	61,6	31,0	28,2	40,6
Uruguay	48,7	20,8	15,3	51,3	79,2	84,7	11,6	33,5	66,4
*Venezuela	28,5	2,4	0,7	71,5	97,6	99,3	20,6	81,4	93,8
Afrika									
Äthiopien	87,8	92,4	86,9	12,2	7,6	13,1	1,5	2,1	7,7
Elfenbeinküste	51,3	23,3	32,1	48,7	76,7	67,9	20,5	43,5	51,3
Ghana	57,3	82,5	88,7	42,7	17,5	11,3	0,0	0,0	0,0
Kamerun	81,6	57,0	58,2	18,4	43,0	41,8	2,0	12,3	5,7
Kenia	58,4	52,6	70,2	41,6	47,4	29,8	3,3	11,8	6,6
Liberia	80,3	74,7	78,7	19,7	25,3	21,3	0,0	15,9	16,7
Malawi	77,5	67,8	82,5	22,5	32,2	17,5	2,3	21,2	12,8
Niger	96,5	42,4	62,1	3,5	57,6	37,9	0,0	20,2	16,1
Nigeria	70,2	15,1	17,2	29,8	84,9	82,8	0,7	65,8	56,0
Sambia	22,0	70,6	76,7	78,0	29,4	23,3	22,6	10,0	17,4
Senegal	59,0	70,7	86,8	41,0	29,3	13,2	26,0	8,8	7,4
Sierra Leone	61,0	70,3	73,9	39,0	29,7	26,1	3,8	0,1	0,6
Sudan	86,3	74,4	83,3	13,7	25,6	16,7	2,2	10,2	2,9
Tansania	63,6	76,6	80,3	36,4	23,4	19,7	0,4	0,6	0,4
Zaire	24,5	65,7	82,4	75,5	34,3	17,6	32,8	11,8	8,8
Südasien									
*Indien	95,2	91,5	79,6	4,8	8,5	20,4	0,0	3,1	7,9
Pakistan	90,9	92,4	90,7	9,1	7,6	9,3	0,0	3,1	6,8
Sri Lanka	81,8	79,6	72,8	18,2	20,4	27,2	0,0	11,9	14,7
Ostasien									
*Indonesien	71,5	51,7	48,1	28,5	48,3	51,9	10,2	18,2	23,6
*Korea	37,8	35,3	32,3	62,2	64,7	67,7	15,6	35,2	46,8
Malaysia	49,1	21,6	16,4	50,9	78,4	83,6	23,0	47,3	61,6
Papua-Neuguinea	7,2	23,9	20,8	92,8	76,1	79,2	0,0	37,4	46,3
Philippinen	21,4	32,4	37,8	78,6	67,6	62,2	18,8	39,5	41,0
Thailand	40,1	40,1	43,6	59,9	59,9	56,4	0,9	30,7	29,4
Europa und Nordafrika									
*Ägypten	66,0	82,2	80,8	34,0	17,8	19,2	3,1	3,2	1,7
Algerien	45,0	16,7	21,2	55,0	83,3	78,8	34,0	24,2	26,4
*Jugoslawien	37,3	24,1	25,7	62,7	75,9	74,3	7,6	31,8	56,0
Marokko	79,2	52,0	62,7	20,8	48,0	37,3	2,7	31,9	31,4
Portugal	39,1	25,7	24,6	60,9	74,3	75,4	0,0	23,5	31,5
Tunesien	72,4	62,4	69,2	27,6	37,6	30,8	0,0	14,1	15,5
*Türkei	92,1	65,7	68,0	7,9	34,3	32,0	0,8	22,7	28,5

Anmerkung: Ein Stern kennzeichnet ein Hauptschuldnerland.
a. In % der öffentlichen Schulden.

Anmerkung zu den verwendeten Quellen

Der vorliegende Bericht stützt sich auf die unterschiedlichsten Weltbank-Arbeiten und auf zahlreiche externe Quellen. Zu den Weltbank-Quellen gehören laufende Wirtschaftsanalysen und Forschungsvorhaben sowie projekt- und sektorbezogene Arbeiten über einzelne Länder. Zu den externen Quellen gehören Forschungspublikationen sowie veröffentlichte und unveröffentlichte Berichte anderer Organisationen, die sich mit weltwirtschaftlichen und entwicklungspolitischen Fragen befassen. Die für die einzelnen Kapitel verwendeten Hauptquellen werden unten kurz kommentiert. Diese und andere Quellen werden dann alphabetisch nach Autor oder Organisation in zwei Gruppen aufgeführt: Hintergrundpapiere und Ausarbeitungen, die für diesen Bericht in Auftrag gegeben wurden, sowie ausgewählte Literatur. Die Hintergrundpapiere, von denen einige in späteren Publikationen verfügbar sein werden, verknüpfen die einschlägige Literatur mit den Arbeiten der Bank. Die in diesen Papieren zum Ausdruck gebrachten Auffassungen stimmen nicht notwendigerweise mit denen der Weltbank oder den in diesem Bericht enthaltenen Ansichten überein.

Zusätzlich zu den aufgeführten Quellen haben viele Personen innerhalb und außerhalb der Weltbank zu Erstellung dieses Berichtes beigetragen, indem sie informelle Vermerke anfertigten oder ausführliche Kommentare abgaben. Dazu gehören Paul Armington (Sonderbeitrag 3.4), Bela Balassa (Kapitel 2–4), Elliot Berg (Kapitel 4 und 5), Dipak Dasgupta (Sonderbeitrag 5.9), Isabel Guerrero (Sonderbeitrag 2.3), Ralph Hanan (Sonderbeitrag 4.8), D. Gale Johnson (Kapitel 1 und 4–8), John Joyce (Sonderbeitrag 5.6), Ulrich Koester (Kapitel 6 und 7), Ernesto May (Kapitel 4), Yair Mundlak (Kapitel 4), John Nash (Kapitel 5), Shlomo Reutlinger (Kapitel 5), Jayasankar Shivakumar (Sonderbeitrag 5.10), G. Edward Schuh (Kapitel 1–8), Lyn Squire (Kapitel 4) und Vinod Thomas (Sonderbeitrag 4.1). Keiner der oben genannten ist jedoch für die in diesem Bericht zum Ausdruck gebrachten Auffassungen verantwortlich.

Kapitel 1

Die wichtigsten Datenquellen dieses Kapitels sind Veröffentlichungen der FAO sowie Datensammlungen der Weltbank. Zwei wichtige Quellen für die nominalen Protektionskoeffizienten sind die Arbeiten von Scandizzo und Bruce (1980) sowie von Binswanger und Scandizzo (1983). Zur Struktur des Außenschutzes und der Effizienz der Weltlandwirtschaft enthält die Arbeit von Johnson (1973) eine vergleichbare These. Sonderbeitrag 1.2 basiert auf Smith (1789) und Sen (1981 sowie 1986). Sonderbeitrag 1.3 stützt sich auf einen Beitrag von Johnson; vgl. auch Anderson (1983), Anderson, Hayami und Honma (1986) sowie Johnson (1985a und 1985b).

Kapitel 2 und 3

Die in diesen Kapiteln benutzten Daten stammen aus Veröffentlichungen des GATT, des IWF, der OECD und der UNCTAD sowie aus Quellen der Weltbank. Die Ausführungen zu den Schulden der Entwicklungsländer stützen sich auf veröffentlichte Weltbankberichte, insbesondere World Bank (1986a und 1986c). Die Ausführungen über reale Wechselkurse in Kapitel 2 stützen sich auf Hintergrundpapiere von Cavallo, Cottani und Khan sowie Harberger. Die Diskussion in Kapitel 3 über gesamtwirtschaftliche Wachstumspolitik in Entwicklungsländern basiert auf Hintergrundpapieren von Balassa und Buiter. Die Sonderbeiträge 2.2, 2.4 und 3.2 stützen sich auf Papiere von Kalantzopoulos bzw. Harberger bzw. Fleisig.

Kapitel 4 und 5

Diese Kapitel stützen sich hauptsächlich auf die Arbeitserfahrungen der Weltbank, ihre Länder- und Sektoranalysen sowie auf verschiedene Beiträge des Arbeitsstabs der Bank. In Kapitel 4 waren die

Hauptquellen für die Ausführungen über Wechselkurse und Landwirtschaft die Hintergrundpapiere von Balassa, Cavallo, Harberger und Kerr; für die Frage der Angebotsreaktion waren das Papier von Mundlak, Mundlak (1979) sowie Cavallo und Mundlak (1982) die Quellen, und für die Beziehungen zwischen Landwirtschaft und Industrie waren es Hazell und Roell (1983) sowie Rangarajan (1982). Die Analyse der Besteuerung und Sonderbeitrag 4.10 basieren teilweise auf einer Arbeit von Squire. Zur Frage, wie diese Analyse mit der öffentlichen Ausgabenpolitik zusammenhängt, vgl. Ray (1984, S. 86, 92–99). Sonderbeitrag 4.4 beruht auf den Papieren von Pinto sowie Pearson und Dorosch, Sonderbeitrag 4.5 auf denen von Ellis und Raswant und Sonderbeitrag 4.9 auf dem Papier von Ueno.

Der Abschnitt über Vermarktung und Preisstabilisierung in Kapitel 5 stützt sich auf Arbeiten von Jones, Knudsen und Nash sowie von Lewis, wie auch auf Bates (1981) und Bauer (1954). Der Abschnitt über Maßnahmen zur Produzentenstützung basiert vor allem auf Hintergrundpapieren von Berg, Vogel und Virmani, wie auch auf Binswanger (1984), Hanson und Neal (1985), Virmani (1982 und 1985). Die Ausführungen über die Reformen in China stützen sich auf das Papier von Lardy. Sonderbeitrag 5.2 basiert auf Krishna und Chhibber (1983), Sonderbeitrag 5.6 auf Mathew (1984).

Kapitel 6 und 7

Die Schätzungen der nominalen Protektionsquoten und der nichttarifären Handelshemmnisse beruhen auf Daten der Weltbank sowie auf dem Hintergrundpapier von Tyers und Anderson über Verzerrungen auf den Weltmärkten für Nahrungsmittel. Die Diskussion der Agrarpolitik in den OECD-Ländern stützt sich weitgehend auf Hintergrundpapiere von Gardner, Johnson sowie Koester und Tangermann und auf folgende Veröffentlichungen: Bale und Lutz (1981), Barichello (1986), Buckwell u.a. (1982), Harling (1983), Hayami und Honma (1983), Josling (1980) sowie Schuh (1974). Die Simulation der Ergebnisse einer Handelsliberalisierung basiert vor allem auf dem Hintergrundpapier von Tyers und Anderson sowie auf Valdes und Zietz (1980). Die Ausführungen zur Preisstabilität bei Handelsliberalisierung beruhen auf Johnson und Sumner (1976) sowie Schiff (1983). Sonderbeitrag 6.6 stützt sich auf Phipps (1985) und Traill (1980). In Kapitel 7 basieren der Abschnitt über internationale Rohstoffabkommen und Sonderbeitrag 7.1 auf den Hintergrundpapieren von Gardner sowie MacBean und Nguyen, außerdem auf Gilbert (1984) und auf UNCTAD-Quellen. Der Abschnitt über kompensierende Finanzierung stützt sich auf Materialien des IWF und auf das Papier von Koester und Herrmann. Die Hauptquelle für die Erörterung der EG-Handelspräferenzen und für die Sonderbeiträge 7.3 und 7.4 ist ebenfalls das Papier von Koester und Herrmann. Das Papier von Johnson behandelt andere Arten von Präferenzsystemen.

Hintergrundpapiere

Anderson, Kym, and Rodney Tyers. "China's Economic Growth and Re-entry into World Markets: Implications for Agricultural Trade."

Balassa, Bela. "Economic Incentives and Agricultural Exports in Developing Countries."

———. "Incentive Policies and Agricultural Performance in Sub-Saharan Africa."

Berg, Elliot. "Economic Issues in Fertilizer Subsidies in Developing Countries."

Bertrand, Trent. "Agricultural Taxation and Subsidy Policies in the Agricultural Sector in Sri Lanka."

———. "Issues Concerning the Scope and Design of Public Sector Support Programs for Agriculture."

———. "Public Sector Support Programs for Agriculture: A Case Study of the Rubber Sector in Thailand."

Bucci, Gabriella. "The Effects of Abolishing Major Nontariff Barriers on Intra-OECD Trade."

Buiter, Willem H. "Macroeconomic Responses by Developing Countries to Changes in External Economic Conditions."

Cavallo, Domingo F. "Exchange Rate Overvaluation and Agriculture: The Case of Argentina."

Cavallo, Domingo F., Joaquin Cottani, and M. Shahbaz Khan. "Real Exchange Rate Behavior and Economic Performance in LDC's."

Chhibber, Ajay. "Trade and Exchange Rate Policies and Agricultural Performance in LDC's."

Ellis, Frank. "Agricultural Price Policy in Tanzania."

Fleisig, Heywood. "How a $10 per Barrel Oil Price Drop Would Affect the Developing Countries."

Gardner, Bruce. "Economic Consequences of U.S. Agricultural Policies."

———. "Estimating Effects of Commodity Policy and Trade Liberalization in Agriculture."

———. "International Commodity Agreements."

Harberger, Arnold C. "Reacting to a Debt Crisis."

———. "The Real Exchange Rate."

Johnson, D. Gale. "Agricultural Protection: Japan, Canada and Australia."

———. "Import Restrictions: Tariff and Non-Tariff Barriers."

———. "Notes on Agricultural Policy Trends and Priorities."

———. "Trade Preferences."

Jones, William O. "Agricultural Marketing Boards in Tropical Africa."

Kalantzopoulos, Orsalia. "The Costs of Voluntary Export Restraints for Selected Industries in the U.S. and EEC."

———. "The Effects on World Trade of a Decrease in Post–Tokyo Round Tariffs and Major Nontariff Barriers."

Kerr, T. C. "Trends in Agricultural Price Protection, 1967–83."

Knudsen, Odin, and John Nash. "Lessons from Price Stabilization Schemes in Developing Countries."

Koester, Ulrich, and Roland Herrmann. "The EEC-ACP Convention of Lomé."

Koester, Ulrich, and Stefan Tangermann. "European Agricultural Policies and International Agriculture."

Lardy, Nicholas. "Agricultural Reform in China."

Lewis, Clifford M. "Managing Agricultural Risks."

MacBean, Alasdair, and Duc Tin Nguyen. "Commodity Price Instability: Evidence."

———. "Compensatory Financing."

———. "Prospects for Processing Agricultural Products in Developing Countries."

———. "Terms of Trade: The Facts."

———. "The NIEO Proposals on Food and Trade in Agriculture."

Meyers, Kenneth. "Agricultural Performance and Policy in Kenya."

———. "Agricultural Performance and Policy in Tanzania."

Minford, Patrick. "Assessment of Policy Scenarios Using the Liverpool World Model."

Mundlak, Yair. "The Aggregate Agricultural Supply."

Pearson, Scott R., and Paul A. Dorosh. "Macroeconomic Policy and Agricultural Development in Indonesia: How an Oil-Exporting Country Achieved Food Self-Sufficiency."

Pinto, Brian. "Nigeria during and after the Oil Boom: A Policy Comparison with Indonesia."

Raswant, V. "The Impact of Parallel Markets on Agriculture."

Scobie, Grant M. "Food Consumption Policies."

Sherbourne, Lynn. "Macroeconomic Policies and Agricultural Performance: Ghana."

———. "Macroeconomic Policies and Agricultural Performance: Ivory Coast."

Squire, Lyn. "Agricultural Pricing in Malawi."

Stryker, J. Dirck, and Lewis E. Brandt. "Price Policy in Africa."

Subbarao, K. "India's Agricultural Performance and Policy: A Note."

Tyers, Rodney, and Kym Anderson. "Distortions in World Food Markets: A Quantitative Assessment."

Ueno, Hiroshi. "Intersectoral Factor Transfers: Case of Japan."

Vaubel, Roland. "Would the Developing Countries Benefit from a New International Monetary System?"

Virmani, Arvind. "Credit Markets and Credit Policy in Developing Countries: Myths and Reality."

Vogel, Robert. "Government Intervention in Rural Financial Markets."

Ausgewählte Literatur

Acharya, Shankar, and Bruce Johnston. 1978. *Two Studies of Development in Sub-Saharan Africa*. World Bank Staff Working Paper 300. Washington, D.C.

Agarwala, Ramgopal. 1983. *Price Distortions and Growth in Developing Countries*. World Bank Staff Working Paper 575. Washington, D.C.

Anderson, Kym. 1983. "Growth of Agricultural Protection in East Asia." *Food Policy* 8, 4 (Nov.): 327–36.

Anderson, Kym, Yujiro Hayami, and Masayoshi Honma. 1986. "Growth of Agricultural Protection." In Kym Anderson, Yujiro Hayami, and others. *Political Economy of Agricultural Protection: The Experience of East Asia*. Sydney, Australia: George Allen & Unwin.

Anderson, Kym, and Rodney Tyers. 1986. "International Effects of Domestic Agricultural Policies." In R. H. Snape, ed. *Issues in World Trade Policy: GATT at the Crossroads*. London: Macmillan.

Askari, Hossein, and J. T. Cummings. 1976. *Agricultural Supply Responses: A Survey of Econometric Evidence*. New York: Praeger.

Balassa, Bela. 1985. "Public Finance and Social Policy—Explanations of Trends and Developments: The Case of Developing Countries." In *Public Finance and Social Policy*. Detroit, Mich.: Wayne University Press.

———. 1986. "Policy Responses to Exogenous Shocks in Developing Countries." *American Economic Review* 76.

Balassa, Bela, and Carol Balassa. 1984. "Industrial Protection in the Developed Countries." *World Economy* 7:179–96.

Balassa, Bela, and Constantine Michalopoulos. 1985. *Liberalizing World Trade*. Development Policy Issues Series. Report VPERS4. Washington, D.C.: World Bank, Office of the Vice President.

Bale, Malcolm D., and B. L. Greenshields. 1978. "Japanese Agricultural Distortions and Their Welfare Value." *American Journal of Agricultural Economics* 60, 1:59–64.

Bale, Malcolm D., and Ernst Lutz. 1978. *Trade Restrictions and International Price Instability*. World Bank Staff Working Paper 303. Washington, D.C.

———. 1981. "Price Distortions in Agriculture and Their Effects: An International Comparison." *American Journal of Agricultural Economics* 63, 1:8–22.

Barichello, Richard. 1986. "Government Policies in Support of Canadian Agriculture: Their Costs." In T. Kelly White and C. Hanrahan, eds. *Consortium on Trade Research and Agriculture: A Comparative Look at U.S., Canadian, and EC Policies*. Report AGES850208. Washington, D.C.: U.S. Department of Agriculture, Economic Research Service.

Barker, Randolph, Robert W. Herdt, and Beth Rose. 1985. *The Rice Economy of Asia*. Washington, D.C.: Resources for the Future.

Bates, Robert H. 1981. *Markets and States in Tropical Africa: The Political Basis of Agricultural Politics*. Berkeley: University of California.

Bauer, P. T. 1954. *West African Trade*. London: Routledge & Kegan Paul.

Bautista, Romeo M. 1985. "Effects of Trade and Exchange Rate Policies on Export Production Incentives in Philippine Agriculture." Washington, D.C.: International Food Policy Research Institute. Processed.

Bertrand, Trent. 1980. *Thailand—Case Study of Agricultural Input and Output Pricing.* World Bank Staff Working Paper 385. Washington, D.C.

Binswanger, Hans. 1980. "Attitudes toward Risk: Experimental Measurement in Rural India." *American Journal of Agricultural Economics* (Aug.).

———. 1984. *Agricultural Mechanization: A Comparative Historical Perspective.* World Bank Staff Working Paper 673. Washington, D.C.

Binswanger, Hans, and P. L. Scandizzo. 1983. *Patterns of Agricultural Protection.* Report ARU15. Washington, D.C.: World Bank, Agriculture and Rural Development Department, Operations Policy Staff.

Buckwell, Allan E., D. R. Harvey, K. J. Thomson, and K. A. Parton. 1982. *The Costs of the Common Agricultural Policy.* London: Croom Helm.

Bureau of Agricultural Economics. Australia. 1985. *Agricultural Policies in the European Community: Their Origin, Nature and Effects on Production and Trade.* Policy Monograph 2. Canberra: Australian Government Publishing Service.

Cavallo, Domingo, and Yair Mundlak. 1982. *Agriculture and Economic Growth in an Open Economy: The Case of Argentina.* Research Report 36. Washington, D.C.: International Food Policy Research Institute.

Cheong, Kee-Cheok, and Emmanuel H. D'Silva. 1984. *Prices, Terms of Trade, and the Role of Government in Pakistan's Agriculture.* World Bank Staff Working Paper 643. Washington, D.C.

Chow, Gregory C. 1985. *The Chinese Economy.* New York: Harper and Row.

CIMMYT. The International Maize and Wheat Improvement Center. 1983. *World Wheat Facts and Trends.* Report 2: *An Analysis of Rapidly Rising Third World Consumption and Imports of Wheat.* El Batan, Mexico.

Commission of the European Communities. 1984. *The Agricultural Situation in the Community: Report.* Brussels.

Cuddihy, William. 1980. *Agricultural Price Management in Egypt.* World Bank Staff Working Paper 388. Washington, D.C.

Dell, S. 1985. "The Fifth Credit Tranche." *World Development* 13:245–49.

FAO. Food and Agriculture Organization. 1983. *The State of Food and Agriculture, 1983.* FAO Agriculture Series 16. Rome.

———. 1984. *FAO Production Yearbook.* Vol. 37. Rome.

———. 1984. *FAO Trade Yearbook 1983.* Vol. 37. Rome.

———. 1984. *Statistics on Prices Received by Farmers.* Rome.

———. 1985. *Agricultural Price Policies.* Rome.

———. 1985. "The Contribution of Food Aid to Food Security." Committee on World Food Security. Rome. Processed.

———. 1985. *The Fifth World Food Survey.* Rome.

Finger, J. M., and D. DeRosa. 1977. "Commodity-Price Stabilization and the Rachet Effect." *World Economy* 1:195–204.

———. 1980. "The Compensatory Finance Facility and Export Instability." *Journal of World Trade Law* 14:14–22.

Garcia, Jorge G. 1981. *The Effects of Exchange Rates and Commercial Policy on Agricultural Incentives in Colombia: 1953–1978.* Research Report 24. Washington, D.C.: International Food Policy Research Institute.

Gardner, Bruce. 1979. "Robust Stabilization Policies for International Commodity Agreements." *American Economic Review* 69:169–72.

Gary, V. K. 1980. *State in Foodgrain Trade in India.* New Delhi: Vision Books.

Gemmill, G. 1985. "Forward Contracts or International Buffer Stocks? A Study of Their Relative Efficiencies in Stabilizing Commodity Export Earnings." *Economic Journal* 95:400–17.

Gilbert, Christopher L. 1984. "International Commodity Agreements: Design and Performance." Oxford: Institute of Economics and Statistics, Oxford University. Processed.

Gordon-Ashworth, Fiona. 1984. *International Commodity Control: A Contemporary History and Appraisal.* London: Croom Helm.

Gulhati, Ravi, Swadesh Bose, and Vimal Atukorala. 1985. *Exchange Rate Policies in Eastern and Southern Africa, 1965–83.* World Bank Staff Working Paper 720. Washington, D.C.

Hamilton, Carl. 1980. *Effects of Non-Tariff Barriers to Trade on Prices, Employment, and Imports: The Case of the Swedish Textile and Clothing Industry.* World Bank Staff Working Paper 429. Washington, D.C.

Hanson, James A., and Craig R. Neal. 1985. *Interest Rate Policies in Selected Developing Countries, 1970–82.* World Bank Staff Working Paper 753. Washington, D.C.

Harberger, Arnold C., ed. 1984. *World Economic Growth: Case Studies of Developed and Developing Nations.* San Francisco: Institute for Contemporary Studies.

———. 1985. "Tax Policy in a Small, Open Developing Economy." In Michael Connolly and John McDermott, eds. *The Economics of the Caribbean Basin.* New York: Praeger.

Harling, K. 1983. "Agricultural Protectionism in Developed Countries: Analysis of Systems of Intervention." *European Review of Agricultural Economics* 10:223–47.

Hayami, Yujiro, and Masayoshi Honma. 1983. *Agricultural Protection Level of Japan* (in Japanese). Tokyo: Forum for Policy Innovation.

Hazell, Peter B. R., and Ailsa Roell. 1983. *Rural Growth Linkages: Household Expenditure Patterns in Malaysia and Nigeria.* Research Report 41. Washington, D.C.: International Food Policy Research Institute.

Hemmi, Kenzo. 1982. "Agriculture and Politics in Japan." In E. Castle and K. Hemmi, eds. *U.S.-Japanese Agricultural Trade Relations.* Washington, D.C.: Resources for the Future.

Hickok, Susan. 1985. "The Consumer Cost of U.S. Trade Restraints." Federal Reserve Bank of New York *Quarterly Review* (summer): 1–12.

Honma, Masayoshi, and Yujiro Hayami. Forthcoming. "The Structure of Agricultural Protection in Industrial Countries." *Journal of International Economics.*

Howarth, Richard W. 1971. *Agricultural Support in Western Europe.* London: Institute of Economic Affairs.

Idachaba, Francis S. 1980. *Agricultural Research Policy in Nigeria.* Research Report 17. Washington, D.C.: International Food Policy Research Institute.

International Agricultural Economics Association. Forthcoming. "Exchange Rates and Trade Policy: Help or Hindrance to Agricultural Growth?" Proceedings of the Nineteenth International Conference of Agricultural Economists, held in Malaga, Spain, Aug. 26–Sept. 4, 1985.

International Monetary Fund. 1984a. *Balance of Payments Statistics Yearbook.* Vol. 35, part 1. Washington, D.C.

———. 1984b. "The International Monetary Fund: Its Evolution, Organization, and Activities." Pamphlet 37. Washington, D.C.

———. 1985. *International Financial Statistics Yearbook.* Washington, D.C.

International Wheat Council. 1984. *World Wheat Statistics.* London.

Jaspersen, Frederick. 1981. *Adjustment Experience and Growth Prospects of the Semi-Industrial Countries.* World Bank Staff Working Paper 477. Washington, D.C.

Johnson, D. Gale. 1973. *World Agriculture in Disarray.* London: Macmillan.

———. 1982. *Progress of Economic Reform in the People's Republic of China.* Washington, D.C.: American Enterprise Institute.

———. 1985a. "Agriculture in the Overall Liberalization Process." Chicago: University of Chicago, Office of Agricultural Economics Research.

———. 1985b. *International Perspectives of Agricultural Development.* Paper 81:10. Chicago: University of Chicago, Office of Agricultural Economics Research.

Johnson, D. Gale, Kenzo Hemmi, and Pierre Lardinois. 1985. *Agricultural Policy and Trade.* New York: New York University Press.

Johnson, D. Gale, and Daniel Sumner. 1976. "An Optimization Approach to Grain Reserves for Developing Countries." In David J. Eaton and W. Scott Steele, eds. *Analyses of Grain Reserves.* Washington, D.C.: U.S. Department of Agriculture.

Johnson, Stanley R., A. W. Womack, W. H. Meyers, R. E. Young, and J. Brandt. 1985. "Options for the 1985 Farm Bill." In B. L. Gardner, ed. *U.S. Agricultural Policy: The 1985 Farm Legislation.* Washington, D.C.: American Enterprise Institute.

Jones, W. I. 1983–84. "Agriculture's Changing Role in International Trade and Aid: Tastes and Techniques." *Annales d'Etudes Internationales* 13:53–68.

Josling, Timothy. 1980. *Developed-Country Agricultural Policies and Developing-Country Supplies: The Case of Wheat.* Research Report 14. Washington, D.C.: International Food Policy Research Institute.

———. 1981. *Intervention and Regulation in Canadian Agriculture: A Comparison of Costs and Benefits between Sectors.* Technical Report E-14. Ottawa: Economic Council of Canada.

Just, R. E. 1974. "The Importance of Risk in Farmers' Decisions." *American Journal of Agricultural Economics* (Feb.).

Kennedy, Eileen, and Odin K. Knudsen. 1985. "A Review of Supplementary Feeding Programmes and Recommendations on Their Design." In Margaret Biswas and Per Pinstrup-Andersen, eds. *Nutrition and Development.* Oxford: Oxford University Press.

Knudsen, Odin K. 1981. *Economics of Supplemental Feeding of Malnourished Children: Leakages, Costs, and Benefits.* World Bank Staff Working Paper 451. Washington, D.C.

Koester, Ulrich. 1985. "Agricultural Market Intervention and International Trade." *European Review of Agricultural Economics* 12:87–103.

Koester, Ulrich, and Malcolm D. Bale. 1984. *The Common Agricultural Policy of the European Community: A Blessing or a Curse for the Developing Countries?* World Bank Staff Working Paper 630. Washington, D.C.

Krishna, Raj. 1982. "Some Aspects of Agricultural Growth, Price Policy and Equity in Developing Countries." *Food Research Institute Studies* 18, 3:219–54.

Krishna, Raj, and Ajay Chhibber. 1983. *Policy Modeling of a Dual Grain Market: The Case of Wheat in India.* Research Report 38. Washington, D.C.: International Food Policy Research Institute.

Krishna, Raj, and G. S. Raychaudhuri. 1980. *Some Aspects of Wheat and Rice Price Policy in India.* World Bank Staff Working Paper 381. Washington, D.C.

Krueger, Anne O. 1982. "Analysing Disequilibrium Exchange-Rate Systems in Developing Countries." *World Development* 10, 12:1059–68.

———. 1983. *Exchange-Rate Determination.* New York: Cambridge University Press.

Krumm, Kathie L. 1985. *The External Debt of Sub-Saharan Africa: Origins, Magnitude, and Implications for Action.* World Bank Staff Working Paper 741. Washington, D.C.

Lardy, Nicholas R. 1983. *Agricultural Prices in China.* World Bank Staff Working Paper 606. Washington, D.C.

———. 1986. "Agricultural Reform." *Journal of International Affairs* 39, 2:91–104.

———. 1986. "Prospects and Some Policy Problems of Agricultural Development in China." *China in Transition*, a special issue of *American Journal of Agricultural Economics* 68, 2 (May).

Liebenthal, Robert. 1981. *Adjustment in Low-Income Africa.* World Bank Staff Working Paper 486. Washington, D.C.

Liepmann, H. 1938. *Tariff Levels and Economic Unity of Europe.* London: George Allen & Unwin.

MacBean, A. L. 1966. *Export Instability and Economic Development.* Cambridge, Mass.: Harvard University Press.

McCalla, A. F. 1969. "Protectionism in International Agricultural Trade, 1850–1968." *Agricultural History* 43, 3 (July): 329–44.

McCrone, Gavin. 1962. *The Economics of Subsidizing Agriculture.* London: George Allen & Unwin.

Mathew, Susan. 1984. *Tamil Nadu Integrated Nutrition Project: A Presentation.* Madras, India: Department of Social Welfare, Government of Tamil Nadu.

Meilke, Karl D., and T. K. Warley. 1986. "Agricultural Protectionism in the Developing World." Paper prepared for Resources for the Future, Washington, D.C.

Moscardi, E., and Alain de Janvry. 1977. "Attitudes toward Risk among Peasants." *American Journal of Agricultural Economics* (Nov.).

Mundlak, Yair. 1979. *Intersectoral Factor Mobility and Agricultural Growth.* Research Report 6. Washington, D.C.: International Food Policy Research Institute.

Newbery, David, and Joseph E. Stiglitz. 1981. *The Theory of Commodity Price Stabilization.* Oxford: Clarendon Press.

OECD. Organisation for Economic Co-operation and Development. 1983. *The Generalized System of Preferences: Review of the First Decade.* Paris.

———. 1985a. *Employment Growth and Structural Change.* Paris.

———. 1985b. *Labour Force Statistics: 1963–1983.* Paris.

———. 1985c. *OECD Economic Outlook* 38 (December). Paris.

———. 1985d. *Quarterly Labour Force Statistics* 2. Paris.

———. 1985e. *Quarterly National Accounts* 1. Paris.

Otsuka, K., and Y. Hayami. 1985. "Goals and Consequences of Rice Policy in Japan, 1965–80." *American Journal of Agricultural Economics* 67, 3:529–38.

Parikh, Kirit S., and others. 1986. *Towards Free Trade in Agriculture.* Laxenburg, Austria: International Institute for Applied Systems Analysis.

Peterson, Arthur G. 1928. *Historical Study of Prices Received by Producers of Farm Products in Virginia, 1801–1927.* Richmond, Va.: Virginia Agricultural Experiment Station and the Bureau of Agricultural Economics of the U.S. Department of Agriculture.

Phipps, Tim. 1985. *Farm Policies and the Rate of Return on Investment in Agriculture.* Occasional paper. Washington, D.C.: American Enterprise Institute.

Pick's Currency Yearbook. 1976. New York: Pick.

Rangarajan, C. 1982. *Agricultural Growth and Industrial Performance in India.* Research Report 33. Washington, D.C.: International Food Policy Research Institute.

Ray, Anandarup. 1984. *Cost-Benefit Analysis: Issues and Methodologies.* Baltimore, Md.: Johns Hopkins University Press.

Reca, Lucio G. 1980. *Argentina: Country Case Study of Agricultural Prices, Taxes, and Subsidies.* World Bank Staff Working Paper 386. Washington, D.C.

Ricardo, David. [1821] 1923. *Grundsätze der Volkswirtschaft und Besteuerung.* Hrsg. Heinrich Waentig. Jena: Gustav Fischer.

Roger, Neil. 1985. "Trade Policy Regimes in Developing Countries." Washington, D.C.: World Bank, Office of the Vice President, Economic Research Staff. Processed.

Rosine, John, and Peter Helmberger. 1974. "A Neoclassical Analysis of the U.S. Farm Sector." *American Journal of Agricultural Economics* 56, 4 (Nov.): 717–30.

Salathe, Larry, M. Price, and D. Banker. 1984. "An Analysis of the Farmer-Owned Reserve Programs." *American Journal of Agricultural Economics* 66 (Feb.): 1–11.

Saxon, Eric, and Kym Anderson. 1982. *Japanese Agricultural Protection in Historical Perspective.* Pacific Economic Paper 92. Canberra: Australian National University.

Scandizzo, Pasquale L., and Colin Bruce. 1980. *Methodologies for Measuring Agricultural Price Intervention Effects.* World Bank Staff Working Paper 394. Washington, D.C.

Schiff, Maurice W. 1985. *An Econometric Analysis of the World Wheat Market and Simulation of Alternative Policies, 1960–80.* ERS Staff Report AGES850827. Washington, D.C.: U.S. Department of Agriculture, International Economics Division.

Schmitz, P. M. 1984. "European Community Trade Preferences for Sugar and Beef." In *Recent German Research in International Economics.* Bonn: Deutsche Forschungsgemeinsche.

Schuh, G. Edward. 1974. "The Exchange Rate and U.S. Agriculture." *American Journal of Agricultural Economics* (Feb.): 1–12.

Schuh, G. Edward, and Helio Tollini. 1979. *Costs and Benefits of Agricultural Research: The State of the Art.* World Bank Staff Working Paper 360. Washington, D.C.

Schultz, Theodore W., ed. 1978. *Distortions of Agricultural Incentives.* Bloomington, Ind.: Indiana University Press.

Scobie, Grant M. 1981. *Government Policy and Food Imports: The Case of Wheat in Egypt.* Research Report 29. Washington, D.C.: International Food Policy Research Institute.

Sen, Amartya. 1981. *Poverty and Famines: An Essay on Entitlement and Deprivation.* Oxford: Clarendon Press.

———. 1986. *Food, Economics, and Entitlements.* Helsinki: World Institute for Development Economics Research, United Nations University.

Singh, Inderjit, Lyn Squire, and James Kirchner. 1985. *Agricultural Pricing and Marketing Policies in an African Context: A Framework for Analysis.* World Bank Staff Working Paper 743. Washington, D.C.

Smith, Adam. [1789] 1974. *Der Wohlstand der Nationen.* Aus dem Englischen übertragen von Horst C. Recktenwald. München: C.H. Beck.

Squire, Lyn. 1981. *Employment Policy in Developing Countries: A Survey of Issues and Evidence.* New York: Oxford University Press.

Strauss, Frederick, and Louis H. Bean. 1940. *Gross Farm Income and Indices of Farm Production and Prices in the United States, 1869–1937.* U.S. Department of Agriculture Technical Bulletin 703. Washington, D.C.: Government Printing Office.

Sumner, D. A., and J. M. Alston. 1984. *Effects of the Tobacco Program.* Occasional paper. Washington, D.C.: American Enterprise Institute.

Thomas, Vinod. 1985. *Linking Macroeconomic and Agricultural Policies for Adjustment with Growth.* Baltimore, Md.: Johns Hopkins University Press.

Tolley, George S., Vinod Thomas, and C. M. Wong. 1982. *Agricultural Price Policies and the Developing Countries.* Baltimore, Md.: Johns Hopkins University Press.

Tracy, M. 1982. *Agriculture in Western Europe—Challenge and Response, 1880–1980.* Second edition. London: Granada.

Traill, W. B. 1980. *Land Values and Rents: The Gains and Losses from Farm Price Support Programmes.* Department of Agricultural Economics Bulletin 175. Manchester, England: University of Manchester.

Tyers, Rodney. 1985. "Agricultural Protection and Market Insulation: Model Structure and Results for the European Community." *Journal of Policy Modeling* 7, 2:219–51.

UNCTAD. United Nations Conference on Trade and Development. 1983. *Review of the Operation of the Compensatory Financing Facility of the IMF.* Document TD/B/C.1/243. Geneva.

———. 1985. *Compensatory Financing of Export Earnings Shortfalls.* Document TD/B/1029/Rev. 1. Geneva.

———. 1985. *Review of the Implementation, Maintenance, Improvement and Utilization of the Generalized System of Preferences.* Ninth General Report, TD/B/C.5/96/Corr. 1. Geneva.

United Nations. 1984. *Handbook of International Trade and Development Statistics.* Supplement. New York.

U.S. Bureau of the Census. Department of Commerce. 1975. *Historical Statistics of the United States: Colonial Times to 1970.* Bicentennial edition. Washington, D.C.: Government Printing Office.

———. 1982, 1985. *Statistical Abstract of the United States.* Washington, D.C.: Government Printing Office.

USDA. U.S. Department of Agriculture. 1973, 1976, 1984, 1985. *Agricultural Statistics.* Washington, D.C.: Government Printing Office.

———. 1984. *Background for 1985 Legislation.* Agricultural Information Bulletins 467-78. Economic Research Service. Washington, D.C.

———. 1984. *Report of Financial Condition and Operations.* Commodity Credit Corporation. Washington, D.C.

———. 1985a. *Economic Indicators of the Farm Sector: Farm Sector Review.* Economic Research Service. Washington, D.C.

———. 1985b. *Feed Outlook and Situation Yearbook.* Washington, D.C.

———. 1985c. *Foreign Agricultural Trade of the U.S.* Fiscal 1985 supplement. Economic Research Service. Washington, D.C.

———. 1985d. *Foreign Agriculture Circular—Grains: World Grain Situation and Outlook* (September). Washington, D.C.

———. 1985e. *Rice Outlook and Situation Report.* Washington, D.C.

———. 1985f. *Sugar and Sweetener Outlook and Situation Report.* Washington, D.C.

———. 1985g. *Wheat Outlook and Situation Report.* Washington, D.C.

Valdes, Alberto. 1985. "Exchange Rates and Trade Policy: Help or Hindrance to Agricultural Growth?" Washington, D.C.: International Food Policy Research Institute. Processed.

Valdes, Alberto, ed. 1981. *Food Security in Developing Countries.* Boulder, Colo.: Westview.

Valdes, Alberto, and Suzanne Gnaegy. 1984. "Trends and Structure of Agricultural Trade among Developing Countries, 1962-1979." Paper prepared for the Food and Agriculture Organization. Rome.

Valdes, Alberto, and J. Zietz. 1980. *Agricultural Protection in OECD Countries: Its Cost to Less Developed Countries.* Research Report 21. Washington, D.C.: International Food Policy Research Institute.

Verreydt, E., and J. Waelbroeck. 1980. *European Community Protection against Manufactured Imports from Developing Countries: A Case Study in the Political Economy of Protection.* World Bank Staff Working Paper 432. Washington, D.C.

Virmani, Arvind. 1982. *The Nature of Credit Markets in Developing Countries: A Framework for Policy Analysis.* World Bank Staff Working Paper 524. Washington, D.C.

———. 1985. *Government Policy and the Development of Financial Markets: The Case of Korea.* World Bank Staff Working Paper 747. Washington, D.C.

Von Pischke, J. D., Dale Adams, and Gordon Donald. 1983. *Rural Financial Markets in Developing Countries.* Baltimore, Md.: Johns Hopkins University Press.

Wallich, Christine. 1981. *An Analysis of Developing Country Adjustment Experiences in the 1970s: Low-Income Asia.* World Bank Staff Working Paper 487. Washington, D.C.

Webb, A. J. 1984. *Protection in Agricultural Markets.* Economic Research Service Staff Report AGES840524. Washington, D.C.: U.S. Department of Agriculture.

World Bank. 1982. *World Development Report 1982.* New York: Oxford University Press.

———. 1983. *Accelerated Development in Sub-Saharan Africa: An Agenda for Action.* Washington, D.C.

———. 1984. *Toward Sustained Development in Sub-Saharan Africa: A Joint Program of Action.* Washington, D.C.

———. 1986a. *Financing Adjustment with Growth in Sub-Saharan Africa, 1986-90.* Washington, D.C.

———. 1986b. *Poverty and Hunger: Issues and Options for Food Security in Developing Countries.* Washington, D.C.

——— 1986c. *World Debt Tables.* 1985-86 edition. Washington, D.C.

World Currency Yearbook. 1985. Brooklyn, N.Y.: International Currency Analysis Inc.

Yagci, Fahrettin, Steve Kamin, and Vicki Rosenbaum. 1985. *Structural Adjustment Lending: An Evaluation of Program Design.* World Bank Staff Working Paper 735. Washington, D.C.

Yeats, Alexander. 1981. *Shipping and Development Policy: An Integrated Assessment.* New York: Praeger.

Zietz, Joachim, and Alberto Valdes. 1986. *The Costs of Protectionism to Developing Countries: An Analysis for Selected Agricultural Products.* World Bank Staff Working Paper 769. Washington, D.C.

Anhang

Kennzahlen der Weltentwicklung

Inhalt

Länderschlüssel		200
Einführung		201
Karten		202
Tabelle	1. Grundlegende Kennzahlen	206
	Bevölkerung □ Fläche □ BSP pro Kopf □ Inflation □ Lebenserwartung	
Tabelle	2. Wachstum der Produktion	208
	BIP □ Landwirtschaft □ Industrie □ Verarbeitendes Gewerbe □ Dienstleistungen	
Tabelle	3. Produktionsstruktur	210
	BIP □ Landwirtschaft □ Industrie □ Verarbeitendes Gewerbe □ Dienstleistungen	
Tabelle	4. Wachstum von Verbrauch und Investition	212
	Öffentlicher Verbrauch □ Privater Verbrauch □ Bruttoinlandsinvestition	
Tabelle	5. Struktur der Nachfrage	214
	Öffentlicher Verbrauch □ Privater Verbrauch □ Bruttoinlandsinvestition □ Bruttoinlandsersparnis □ Ausfuhr von Gütern und Dienstleistungen (ohne Faktoreinkommen) □ Ressourcensaldo	
Tabelle	6. Landwirtschaft und Nahrungsmittel	216
	Wertschöpfung □ Getreideeinfuhr □ Nahrungsmittelhilfe □ Kunstdüngerverbrauch □ Nahrungsmittelproduktion pro Kopf	
Tabelle	7. Industrie	218
	Anteil der Wertschöpfung in Nahrungsmittelproduktion und Landwirtschaft □ bei Textilien und Bekleidung □ bei Maschinen, Elektrotechnik und Fahrzeugen □ in der chemischen Industrie □ im übrigen Verarbeitenden Gewerbe □ Wertschöpfung im Verarbeitenden Gewerbe	
Tabelle	8. Kommerzielle Energie	220
	Wachstum der Energieerzeugung □ Wachstum des Energieverbrauchs □ Energieverbrauch pro Kopf □ Energieeinfuhr in Prozent der Warenausfuhr	
Tabelle	9. Wachstum des Warenhandels	222
	Ausfuhrwerte □ Einfuhrwerte □ Ausfuhrwachstum □ Einfuhrwachstum □ Terms of Trade	
Tabelle	10. Struktur der Warenausfuhr	224
	Brennstoffe, Mineralien und Metalle □ Sonstige Rohstoffe □ Textilien und Bekleidung □ Maschinen, Elektrotechnik und Fahrzeuge □ Übriges Verarbeitendes Gewerbe	

Tabelle 11. Struktur der Wareneinfuhr	226

Nahrungsmittel □ Brennstoffe □ Sonstige Rohstoffe
□ Maschinen, Elektrotechnik und Fahrzeuge
□ Übriges Verarbeitendes Gewerbe

Tabelle 12. Regionale Struktur der Warenausfuhr	228

Marktwirtschaftliche Industrieländer □ Osteuropäische Staatshandelsländer
□ Ölexportländer mit hohem Einkommen □ Entwicklungsländer

Tabelle 13. Regionale Exportstruktur für Industrieprodukte	230

Ausfuhr in marktwirtschaftliche Industrieländer □ in osteuropäische
Staatshandelsländer □ in Ölexportländer mit hohem Einkommen
□ in Entwicklungsländer □ Ausfuhr von Industrieprodukten

Tabelle 14. Zahlungsbilanzen und Reserven	232

Leistungsbilanzsaldo □ Zufließende Gastarbeiterüberweisungen □ Private
Nettodirektinvestition □ Bruttowährungsreserven □ Einfuhrdeckung in Monaten

Tabelle 15. Brutto-Auslandsverbindlichkeiten	234

Langfristige öffentliche und öffentlich garantierte Auslandsschulden
□ Langfristige private nicht garantierte Schulden □ Ausstehende IWF-Kredite
□ Kurzfristige Schulden □ Gesamte Brutto-Auslandsverbindlichkeiten

Tabelle 16. Zufluß von öffentlichem und privatem Auslandskapital	236

Öffentliche, öffentlich garantierte und private nicht garantierte
langfristige Darlehen □ Bruttozufluß □ Tilgung □ Nettozufluß

Tabelle 17. Gesamte öffentliche und private Auslandsschulden sowie Schuldendienstrelationen	238

Gesamte langfristige ausgezahlte und ausstehende Auslandsschulden
□ in Prozent des BSP □ Gesamte Zinszahlungen auf die langfristigen Schulden
□ Gesamter langfristiger Schuldendienst in Prozent des BSP □ in Prozent der
Ausfuhr von Waren und Dienstleistungen

Tabelle 18. Öffentliche Auslandsschulden und Schuldendienstrelationen	240

Ausstehende und ausgezahlte öffentliche Auslandsschulden
□ in Prozent des BSP □ Zinszahlungen auf die öffentlichen Auslandsschulden
□ Schuldendienst in Prozent des BSP □ in Prozent der Ausfuhr von Waren
und Dienstleistungen

Tabelle 19. Konditionen der öffentlichen Kreditaufnahme	242

Zusagen □ Durchschnittlicher Zinssatz □ Durchschnittliche Laufzeit
□ Durchschnittlicher tilgungsfreier Zeitraum □ Öffentliche Darlehen mit
variablen Zinsen in Prozent der öffentlichen Schulden

Tabelle 20. Öffentliche Entwicklungshilfe der OECD- und OPEC-Mitgliedsländer	244

Beträge in Dollar □ in Prozent des BSP der Geberländer
□ in nationalen Währungen □ Bilateraler Nettozufluß in Länder mit niedrigem
Einkommen in Prozent des BSP der Geberländer

Tabelle 21. Einnahmen aus öffentlicher Entwicklungshilfe	246

Netto-Auszahlungen □ pro Kopf □ in Prozent des BSP

Tabelle 22.	**Ausgaben der Zentralregierung**	248
	Verteidigung ☐ Erziehung ☐ Gesundheit ☐ Wohnungswesen; Gemeinschaftseinrichtungen; Sozialversicherung und Wohlfahrt ☐ Wirtschaftsförderung ☐ Sonstiges ☐ Gesamtausgaben in Prozent des BSP ☐ Gesamtüberschuß/-defizit in Prozent des BSP	
Tabelle 23.	**Laufende Einnahmen der Zentralregierung**	250
	Steuereinnahmen ☐ Laufende Einnahmen ohne Steuern ☐ Laufende Gesamteinnahmen in Prozent des BSP	
Tabelle 24.	**Einkommensverteilung**	252
	Prozentuale Anteile am Haushaltseinkommen nach prozentualen Haushaltsgruppen	
Tabelle 25.	**Bevölkerungswachstum und -projektionen**	254
	Bevölkerungswachstum ☐ Bevölkerungsumfang ☐ Hypothetischer Umfang der stationären Bevölkerung ☐ Angenommenes Jahr, in dem eine Nettoreproduktionsrate von 1 erreicht wird ☐ Bevölkerungseigendynamik	
Tabelle 26.	**Demographie und Fruchtbarkeit**	256
	Unbereinigte Geburtenziffern ☐ Unbereinigte Sterbeziffern ☐ Zusammengefaßte Geburtenziffern ☐ Quote der verheirateten Frauen, die empfängnisverhütende Mittel verwenden	
Tabelle 27.	**Kennzahlen zur Lebenserwartung**	258
	Lebenserwartung ☐ Säuglingssterblichkeitsziffern ☐ Kindersterblichkeitsziffern	
Tabelle 28.	**Gesundheitsbezogene Kennzahlen**	260
	Bevölkerung je Arzt ☐ je Beschäftigten in der Krankenpflege ☐ Tägliches Kalorienangebot pro Kopf	
Tabelle 29.	**Erziehungswesen**	262
	Zahl der Besucher von Grundschulen ☐ von weiterführenden Schulen ☐ von höheren Schulen und Universitäten, in Prozent der jeweiligen Altersgruppe	
Tabelle 30.	**Erwerbspersonen**	264
	Bevölkerung im arbeitsfähigen Alter ☐ Erwerbspersonen in der Landwirtschaft ☐ in der Industrie ☐ im Dienstleistungssektor ☐ Bisherige Zunahme der Erwerbspersonenzahl und Prognosen	
Tabelle 31.	**Verstädterung**	266
	Prozentualer Anteil der Stadtbevölkerung an der Gesamtbevölkerung ☐ Zunahme der Stadtbevölkerung ☐ Prozentualer Bevölkerungsanteil der größten Stadt ☐ der Städte mit über 500 000 Einwohnern ☐ Anzahl der Städte mit über 500 000 Einwohnern	

Technische Erläuterungen	268
Sonderbeitrag A.1 Tabelle mit grundlegenden Kennzahlen für kleine Länder	269
Verzeichnis der Datenquellen	285

Länderschlüssel

In jeder Tabelle sind die Länder innerhalb ihrer Gruppen in steigender Rangfolge nach der Höhe ihres BSP pro Kopf aufgeführt, außer jenen Ländern, für die sich ein BSP pro Kopf nicht berechnen läßt. Letztere sind am Ende ihrer Gruppe kursiv in alphabetischer Reihenfolge wiedergegeben. Die unten ausgewiesenen Ordnungsnummern bestimmen die Reihenfolge in den Tabellen.

Die Zahlen in den farbigen Zwischenzeilen sind zusammenfassende Kennzahlen für Ländergruppen. Die Abkürzung *w* nach einer zusammenfassenden Kennzahl gibt an, daß es sich um einen gewogenen Durchschnitt handelt; der Buchstabe *m* steht entsprechend für Medianwert und *s* für Summe.

. . Nicht verfügbar.
(.) Weniger als die Hälfte der angegebenen Einheit.
Alle Zuwachsraten beziehen sich auf reale Größen.
Kursiv geschriebene Zahlen gelten für andere als die angegebenen Zeiträume oder Jahre.

Afghanistan	30
Ägypten, Arabische Republik	51
Albanien	123
Algerien	88
Angola	72
Argentinien	86
Äthiopien	1
Australien	115
Bangladesch	2
Belgien	107
Benin	18
Bhutan	31
Birma	7
Bolivien	41
Botsuana	57
Brasilien	78
Bulgarien	124
Burkina Faso	5
Burundi	11
Chile	77
China	20
Costa Rica	66
Dänemark	114
Deutschland, Bundesrepublik	113
Deutschland, Demokr. Republik	126
Dominikanische Republik	58
Ecuador	62
Elfenbeinküste	45
El Salvador	49
Finnland	112
Frankreich	110
Ghana	25
Griechenland	90
Großbritannien	106
Guatemala	64
Guinea	24
Haiti	23
Honduras	48
Hongkong	92
Indien	15
Indonesien	42
Irak	96
Iran, Islam. Republik	95
Irland	103
Israel	91
Italien	104
Jamaika	63
Japan	111
Jemen, Arabische Republik	43
Jemen, Demokr. Volksrepublik	44
Jordanien	70
Jugoslawien	85
Kamerun	54
Kamputschea, Demokratisches	33
Kanada	117
Kenia	21
Kolumbien	69
Kongo, Volksrepublik	61
Korea, Demokr. Volksrepublik	74
Korea, Republik	84
Kuba	73
Kuwait	100
Laos, Demokr. Volksrepublik	34
Lesotho	40
Libanon	75
Liberia	38
Libyen	38
Madagaskar	16
Malawi	8
Malaysia	80
Mali	3
Marokko	47
Mauretanien	37
Mauritius	60
Mexiko	83
Mongolische Volksrepublik	76
Mosambik	35
Nepal	6
Neuseeland	105
Nicaragua	55
Niederlande	109
Niger	9
Nigeria	52
Norwegen	118
Oman	97
Österreich	108
Pakistan	28
Panama	81
Papua-Neuguinea	50
Paraguay	67
Peru	59
Philippinen	46
Polen	122
Portugal	79
Ruanda	19
Rumänien	127
Sambia	39
Saudi-Arabien	99
Schweden	116
Schweiz	120
Senegal	29
Sierra Leone	22
Simbabwe	53
Singapur	94
Somalia	17
Sowjetunion	128
Spanien	102
Sri Lanka	26
Südafrika	87
Sudan	27
Syrien, Arabische Republik	71
Tansania	10
Thailand	56
Togo	13
Trinidad und Tobago	93
Tschad	32
Tschechoslowakei	125
Tunesien	68
Türkei	65
Uganda	12
Ungarn	121
Uruguay	82
Venezuela	89
Vereinigte Arabische Emirate	101
Vereinigte Staaten	119
Vietnam	36
Zaire	4
Zentralafrikanische Republik	14

Anmerkung: Bezüglich der VN- und Weltbank-Mitgliedsländer mit einer Bevölkerung von weniger als 1 Million vgl. Sonderbeitrag A.1.

Einführung

Die Kennzahlen der Weltentwicklung vermitteln Informationen über die wichtigsten Grundzüge der wirtschaftlichen und sozialen Entwicklung. Die von der Bank gesammelten Daten betreffen überwiegend ihre noch nicht entwickelten Mitgliedsländer. Die Kennzahlen enthalten aber auch vergleichbare Angaben für marktwirtschaftliche Industrieländer, da diese Daten leicht zu beschaffen sind. Angaben über Länder, die nicht Mitglied der Weltbank sind, wurden aufgenommen, soweit sie in vergleichbarer Form zur Verfügung stehen.

Es wurden keine Mühen gescheut, um die Daten zu standardisieren. Es ist jedoch keine volle Vergleichbarkeit gewährleistet, und die Kennzahlen dürfen nur mit der gebotenen Vorsicht interpretiert werden. Das statistische Material beruht auf Quellen, die als höchst kompetent gelten, aber viele Daten unterliegen beträchtlichen Fehlermargen. Unterschiede der nationalen statistischen Praktiken beeinträchtigen ebenfalls die Vergleichbarkeit der Daten, die daher nur Anhaltspunkte für Entwicklungstrends und größere Divergenzen zwischen einzelnen Volkswirtschaften vermitteln und nicht als genaue Quantifizierung dieser Unterschiede herangezogen werden können.

Die Kennzahlen in Tabelle 1 geben eine zusammenfassende Übersicht über die einzelnen Volkswirtschaften. Die Angaben in den übrigen Tabellen betreffen die folgenden Bereiche: Volkswirtschaftliche Gesamtrechnung, Landwirtschaft, Industrie, Energie, Außenhandel, Auslandsschulden, Entwicklungshilfe, sonstige außenwirtschaftliche Transaktionen, Finanzen der Zentralregierung und Einkommensverteilung sowie Kennzahlen der Bevölkerung, des Gesundheitswesens, des Erziehungswesens, der Erwerbstätigkeit und der Verstädterung.

Die Angaben über die Volkswirtschaftlichen Gesamtrechnungen stammen von Mitgliedsländern (anläßlich von Konsultationen der Weltbank) und sind in einigen Fällen angepaßt worden, um sie mit internationalen Definitionen und Konzepten in Übereinstimmung zu bringen und um Konsistenz zu gewährleisten. Angaben zu den Auslandsschulden werden der Bank von den Mitgliedsländern im Wege des Schuldenberichtssystems zur Verfügung gestellt. Andere Datenreihen stammen vom Internationalen Währungsfonds sowie von den Vereinten Nationen und Sonderorganisationen.

Dieses Jahr sind drei neue Tabellen hinzugefügt worden. Zwei bieten, zusammen mit einigen zusätzlichen Kennzahlen, ein vollständiges Bild der Auslandsschulden, während die dritte Informationen über die Einnahmen aus der öffentlichen Entwicklungshilfe vermittelt.

Um die Vergleichbarkeit zu erleichtern, werden Verhältniszahlen und Zuwachsraten ausgewiesen und absolute Zahlen nur in einigen wenigen Fällen angegeben. Die meisten Zuwachsraten wurden für zwei Zeiträume berechnet: 1965 bis 1973 und 1973 bis 1984 oder sofern für 1984 keine Daten vorlagen 1973 bis 1983. Alle Zuwachsraten im Zusammenhang mit der Volkswirtschaftlichen Gesamtrechnung sind reale Größen; sie wurden, soweit nichts Gegenteiliges angemerkt ist, mit Hilfe der Methode der kleinsten Quadrate berechnet. Da dieses Verfahren alle beobachteten Werte innerhalb eines Zeitraums berücksichtigt, reflektieren die so ermittelten Zuwachsraten Entwicklungstrends, die durch außergewöhnliche Werte nicht über Gebühr beeinträchtigt werden. Kursiv gedruckte Zahlen gelten für andere Jahre oder Zeiträume als die angegebenen. Alle Dollar-Angaben beziehen sich auf US-Dollar. Die verschiedenen Verfahren, die bei der Umrechnung von Angaben nationaler Währung angewandt wurden, werden bei Bedarf in den technischen Erläuterungen beschrieben.

Ein Teil der Abweichungen zwischen den hier ausgewiesenen Daten und den letztjährigen Angaben beruht nicht nur auf der Fortschreibung, sondern auch auf der Revision historischer Zeitreihen.

Wie im *Weltentwicklungsbericht* selbst werden die in den Kennzahlen berücksichtigten Volkswirtschaften zu verschiedenen Gruppen zusammengefaßt. Diese Gruppierung gibt Aufschluß über den unterschiedlichen Entwicklungsstand einzelner Länder. Ein Großteil der erfaßten Volkswirtschaften wird weiterhin nach dominierenden Merkmalen untergliedert — um beispielsweise zwischen Ölimporteuren und Ölexporteuren zu unterscheiden. In den Tabellen werden die folgenden Hauptgruppierungen verwendet: 36 Entwicklungsländer mit niedrigem Einkommen mit einem Pro-Kopf-Einkommen im Jahr 1984 von unter 400 Dollar, 60 Entwicklungsländer mit mittlerem Einkommen mit einem Pro-Kopf-Einkommen von 400 Dollar oder mehr, 5 ölexportierende Länder mit hohem Einkommen, 19 marktwirtschaftliche Industrieländer sowie 8 osteuropäische Staatshandelsländer. Mit Botsuana und Mauritius, deren Bevölkerung jetzt 1 Million überschreitet, wurden in die diesjährigen Tabellen zwei neue Länder aufgenommen. Es sei darauf hingewiesen, daß infolge unzureichender Daten und unterschiedlicher Berechnungsverfahren für das Volkseinkommen sowie wegen Schwierigkeiten bei der Umrechnung Schätzwerte für das BSP pro Kopf nicht für alle Staatshandelsländer zur Verfügung stehen.

Die vorliegende Ausgabe folgt der Darstellungsweise in den vorausgegangenen Jahren. In jeder Gruppe werden die Volkswirtschaften nach der Höhe des

Pro-Kopf-Einkommens in steigender Reihenfolge erfaßt — mit Ausnahme derjenigen, für die solche Angaben nicht berechnet werden können. Diese sind jeweils am Ende der zugehörigen Gruppe in alphabetischer Reihenfolge und kursiver Schreibweise aufgeführt. Diese Anordnung wird in allen Tabellen angewandt. Die entsprechenden Ordnungsnummern der einzelnen Volkswirtschaften sind in der alphabetischen Übersicht im Länderschlüssel ausgewiesen, aus dem auch hervorgeht, welche Länder aufgrund fehlender BSP-pro-Kopf-Daten am Ende der Gruppen aufgeführt sind. Volkswirtschaften mit einer Bevölkerungszahl von unter 1 Million werden in den Haupttabellen nicht erfaßt; eine gesonderte Tabelle in Sonderbeitrag A.1 enthält jedoch für 34 kleine Mitgliedsländer der Vereinten Nationen und/oder der Weltbank einige grundlegende Kennzahlen.

Zusammenfassende Kennzahlen in den farbigen Zwischenzeilen — Summen oder gewogene Durchschnitte — wurden für die Ländergruppen dort berechnet, wo geeignete und aussagekräftige Daten zur Verfügung standen. Da China und Indien die zusammenfassenden Kennzahlen für die Länder mit niedrigem Einkommen stark beeinflussen, werden für verschiedene Untergruppen jeweils getrennte Indikatoren ausgewiesen. Diese Untergruppen sind: China und Indien sowie andere Volkswirtschaften mit niedrigem Einkommen. Außerdem sei angemerkt, daß die Region „Afrika südlich der Sahara" alle Länder südlich der Sahara umfaßt, ausgenommen Südafrika. Da sich der Ölhandel auf die wirtschaftlichen Merkmale und auf die Entwicklung der Länder mit mittlerem Einkommen auswirkt, wurden auch zusammenfassende Kennzahlen getrennt für ölimportierende und ölexportierende Länder sowie Afrika südlich der Sahara aufgenommen. Die Gruppe der Volkswirtschaften mit mittlerem Einkommen ist außerdem in eine untere und obere Kategorie untergliedert, wodurch die Aussagekraft der zusammenfassenden Kennzahlen verbessert wird.

Die bei der Berechnung der zusammenfassenden Kennzahlen verwendeten Verfahren werden in den technischen Erläuterungen beschrieben. Der Buchstabe w nach einer zusammenfassenden Kennzahl gibt an,

Ländergruppen

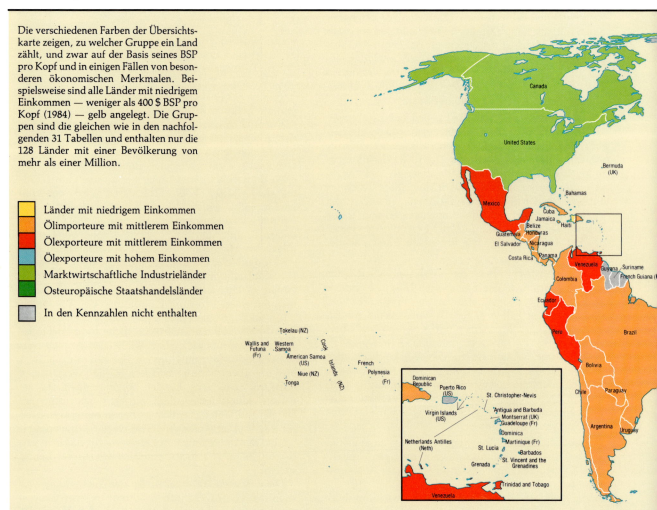

daß es sich um einen gewogenen Durchschnitt handelt; der Buchstabe *m* steht entsprechend für den Medianwert und *s* für die Summe. Da die Indikatoren nicht alle Volkswirtschaften einheitlich abdecken und große Abweichungen von den Mittelwerten auftreten können, sollte der Leser bei Vergleichen zwischen den zusammenfassenden Maßgrößen für unterschiedliche Kennzahlen, Ländergruppen sowie Jahre oder Zeiträume Vorsicht walten lassen.

Bei der Eingliederung der drei neuen Tabellen sind gleichzeitig die anderen Tabellen in eine logische Reihenfolge gebracht worden, wobei die Wirtschaftskennzahlen zusammen, und die sozialen Kennzahlen zum Schluß gezeigt werden.

Bei der Verwendung der Daten sollten in jedem Fall die technischen Erläuterungen zu Rate gezogen werden. Diese Erläuterungen skizzieren die bei der Aufstellung der Tabellen verwendeten Methoden, Begriffe, Definitionen und Datenquellen. Die Bibliographie vermittelt Einzelheiten über die zugrunde liegenden Quellen, die ihrerseits umfassende Definitionen und Beschreibungen der angewandten Konzepte enthalten.

Der Bericht enthält vier Weltkarten. Aus der ersten Karte gehen die Länderbezeichnungen sowie die Gruppen hervor, denen die verschiedenen Volkswirtschaften zugeordnet sind. Die Karten auf den folgenden Seiten vermitteln einen Überblick über die Bevölkerung, Lebenserwartung bei der Geburt sowie Anteile der Landwirtschaft am Bruttoinlandsprodukt (BIP). Diese Karten wurden nach der Eckert-IV-Projektion erstellt, da sie die Landflächen aller Länder, wenn auch unter Inkaufnahme gewisser Verzerrungen bei Konturen, Entfernungen und geographischer Lage, korrekt wiedergibt. Die Karten wurden ausschließlich für den Gebrauch durch die Leser dieser Veröffentlichung erstellt. Die Weltbank und ihre Tochterinstitute verbinden mit den verwendeten Bezeichnungen und den dargestellten Grenzen keinerlei Urteil über den rechtlichen Status einzelner Territorien; ebensowenig bringen sie damit eine Bekräftigung oder Anerkennung dieser Grenzen zum Ausdruck.

Die Kennzahlen der Weltentwicklung werden unter der Leitung von Ramesh Chander erstellt, unterstützt von David Cieslikowski.

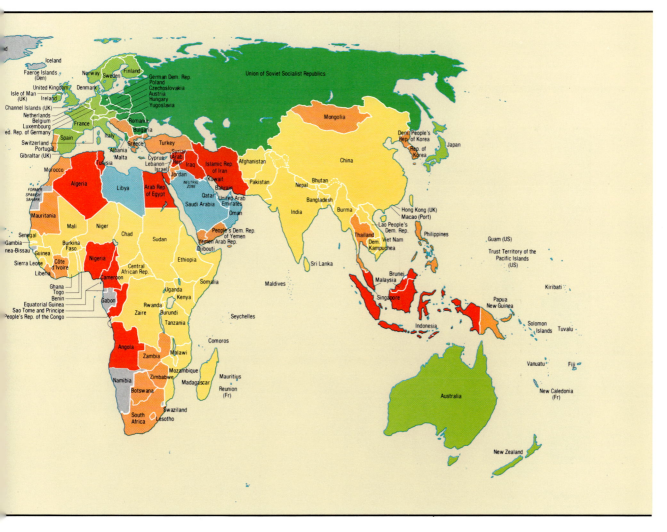

Bevölkerung

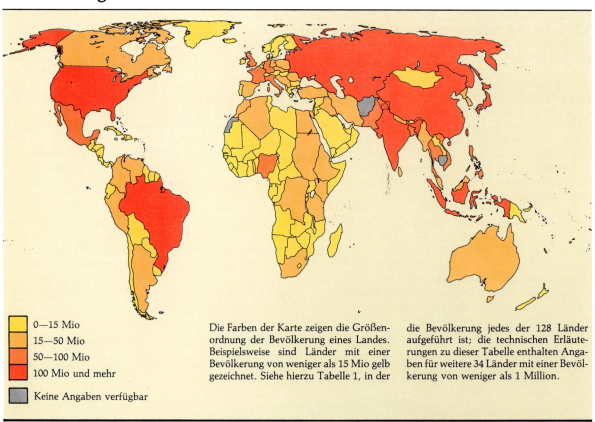

- 0—15 Mio
- 15—50 Mio
- 50—100 Mio
- 100 Mio und mehr
- Keine Angaben verfügbar

Die Farben der Karte zeigen die Größenordnung der Bevölkerung eines Landes. Beispielsweise sind Länder mit einer Bevölkerung von weniger als 15 Mio gelb gezeichnet. Siehe hierzu Tabelle 1, in der die Bevölkerung jedes der 128 Länder aufgeführt ist; die technischen Erläuterungen zu dieser Tabelle enthalten Angaben für weitere 34 Länder mit einer Bevölkerung von weniger als 1 Million.

Bevölkerung nach Ländergruppen
1965, 1984, 2000

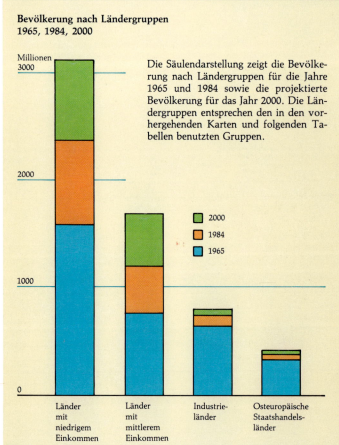

Die Säulendarstellung zeigt die Bevölkerung nach Ländergruppen für die Jahre 1965 und 1984 sowie die projektierte Bevölkerung für das Jahr 2000. Die Ländergruppen entsprechen den in den vorhergehenden Karten und folgenden Tabellen benutzten Gruppen.

Anteil an der Weltbevölkerung, 1984

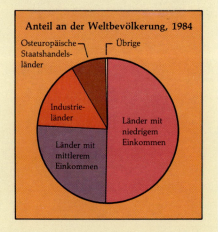

Die Kreisdarstellung zeigt den Anteil jeder Ländergruppe an der Weltbevölkerung ohne Länder mit einer Bevölkerung von weniger als 1 Million. Zu den „Übrigen" gehören die ölproduzierenden Länder mit hohem Einkommen.

Lebenserwartung

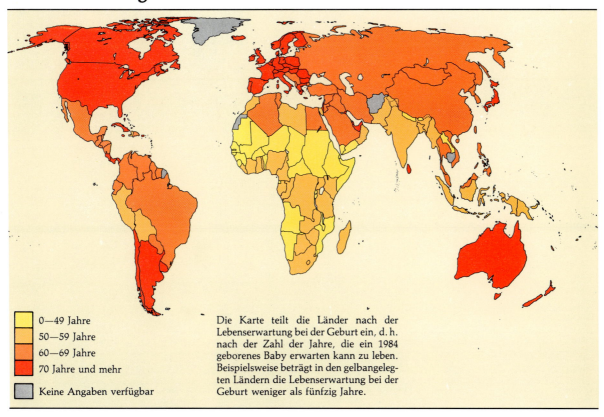

- 0—49 Jahre
- 50—59 Jahre
- 60—69 Jahre
- 70 Jahre und mehr
- Keine Angaben verfügbar

Die Karte teilt die Länder nach der Lebenserwartung bei der Geburt ein, d. h. nach der Zahl der Jahre, die ein 1984 geborenes Baby erwarten kann zu leben. Beispielsweise beträgt in den gelbangelegten Ländern die Lebenserwartung bei der Geburt weniger als fünfzig Jahre.

Anteil der Landwirtschaft am BIP

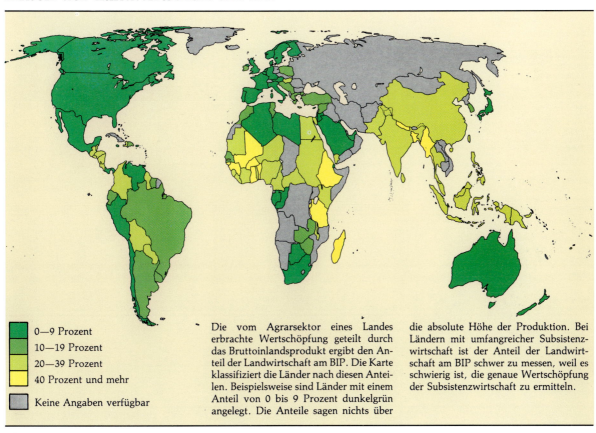

- 0—9 Prozent
- 10—19 Prozent
- 20—39 Prozent
- 40 Prozent und mehr
- Keine Angaben verfügbar

Die vom Agrarsektor eines Landes erbrachte Wertschöpfung geteilt durch das Bruttoinlandsprodukt ergibt den Anteil der Landwirtschaft am BIP. Die Karte klassifiziert die Länder nach diesen Anteilen. Beispielsweise sind Länder mit einem Anteil von 0 bis 9 Prozent dunkelgrün angelegt. Die Anteile sagen nichts über die absolute Höhe der Produktion. Bei Ländern mit umfangreicher Subsistenzwirtschaft ist der Anteil der Landwirtschaft am BIP schwer zu messen, weil es schwierig ist, die genaue Wertschöpfung der Subsistenzwirtschaft zu ermitteln.

Tabelle 1: Grundlegende Kennzahlen

	Bevöl-kerung (in Mio) Mitte 1984	Fläche (in Tsd. Quadrat-kilometern)	BSP pro Kopf[a]		Durchschn. jährliche Inflationsrate[a] (in %)		Lebens-erwartung bei der Geburt (in Jahren) 1984
			in $ 1984	Durch-schnittl. jährlicher Zuwachs (in %) 1965—84[b]	1965—73	1973—84[c]	
Länder mit niedrigem Einkommen	**2.389,5** s	**31.795** s	**260** w	**2,8** w	**1,6** w	**5,9** w	**60** w
China und Indien	**1.778,3** s	**12.849** s	**290** w	**3,3** w	**1,0** w	**4,0** w	**63** w
Übrige Länder	**611,2** s	**18.946** s	**190** w	**0,9** w	**4,6** w	**14,9** w	**52** w
Afrika südl. der Sahara	**257,7** s	**15.646** s	**210** w	**−0,1** w	**4,1** w	**20,1** w	**48** w
1 Äthiopien	42,2	1.222	110	0,4	1,8	4,4	44
2 Bangladesch	98,1	144	130	0,6	7,3	9,9	50
3 Mali	7,3	1.240	140	1,1	7,6	10,4	46
4 Zaire	29,7	2.345	140	−1,6	18,7	48,2	51
5 Burkina Faso	6,6	274	160	1,2	2,6	10,6	45
6 Nepal	16,1	141	160	0,2	5,8	8,1	47
7 Birma	36,1	677	180	2,3	2,8	6,0	58
8 Malawi	6,8	118	180	1,7	4,5	9,4	45
9 Niger	6,2	1.267	190	−1,3	4,0	11,5	43
10 Tansania	21,5	945	210	0,6	3,2	11,5	52
11 Burundi	4,6	28	220	1,9	2,9	12,2	48
12 Uganda	15,0	236	230	2,9	5,6	64,5	51
13 Togo	2,9	57	250	0,5	3,1	8,2	51
14 Zentralafrikanische Rep.	2,5	623	260	−0,1	3,0	13,8	49
15 Indien	749,2	3.288	260	1,6	6,3	7,8	56
16 Madagaskar	9,9	587	260	−1,6	4,1	14,4	52
17 Somalia	5,2	638	260		3,8	20,2	46
18 Benin	3,9	113	270	1,0	3,6	10,8	49
19 Ruanda	5,8	26	280	2,3	7,7	10,5	47
20 China	1.029,2	9.561	310	4,5	−0,9	1,8	69
21 Kenia	19,6	583	310	2,1	2,3	10,8	54
22 Sierra Leone	3,7	72	310	0,6	1,9	15,4	38
23 Haiti	5,4	28	320	1,0	4,0	7,9	55
24 Guinea	5,9	246	330	1,1	3,0	4,5	38
25 Ghana	12,3	239	350	−1,9	8,1	52,2	53
26 Sri Lanka	15,9	66	360	2,9	5,1	14,9	70
27 Sudan	21,3	2.506	360	1,2	7,2	19,3	48
28 Pakistan	92,4	804	380	2,5	4,8	10,8	51
29 Senegal	6,4	196	380	−0,5	3,0	9,0	46
30 *Afghanistan*		648			3,8		
31 *Bhutan*	1,2	47					44
32 *Tschad*	4,9	1.284					44
33 *Kamputschea*		181					
34 *Laos*	3,5	237					45
35 *Mosambik*	13,4	802					46
36 *Vietnam*	60,1	330					65
Länder mit mittlerem Einkommen	**1.187,6** s	**40.927** s	**1.250** w	**3,1** w	**5,5** w	**38,0** w	**61** w
Ölexporteure	**556,1** s	**15.510** s	**1.000** w	**3,3** w	**4,9** w	**21,6** w	**58** w
Ölimporteure	**631,5** s	**25.417** s	**1.460** w	**3,1** w	**5,7** w	**44,5** w	**64** w
Afrika südl. der Sahara	**148,4** s	**6.228** s	**680** w	**2,4** w	**4,9** w	**12,2** w	**50** w
Untere Einkommenskategorie	**691,1** s	**19.132** s	**740** w	**3,0** w	**5,6** w	**20,6** w	**58** w
37 Mauretanien	1,7	1.031	450	0,3	3,9	7,7	46
38 Liberia	2,1	111	470	0,5	1,5	6,7	50
39 Sambia	6,4	753	470	−1,3	5,8	10,4	52
40 Lesotho	1,5	30	530	5,9	4,4	11,9	54
41 Bolivien	6,2	1.099	540	0,2	7,5	54,5	53
42 Indonesien	158,9	1.919	540	4,9	63,0	17,4	55
43 Jemen, Arab. Rep.	7,8	195	550	5,9		12,6	45
44 Jemen, Dem. VR	2,0	333	550				47
45 Elfenbeinküste	9,9	322	610	0,2	4,1	11,7	52
46 Philippinen	53,4	300	660	2,6	8,8	12,9	63
47 Marokko	21,4	447	670	2,8	2,0	8,3	59
48 Honduras	4,2	112	700	0,5	2,9	8,6	61
49 El Salvador	5,4	21	710	−0,6	1,6	11,3	65
50 Papua-Neuguinea	3,4	462	710	0,6	6,6	6,8	52
51 Ägypten, Arab. Rep.	45,9	1.001	720	4,3	2,6	13,1	60
52 Nigeria	96,5	924	730	2,8	10,3	13,0	50
53 Simbabwe	8,1	391	760	1,5	1,1	11,4	57
54 Kamerun	9,9	475	800	2,9	5,8	12,8	54
55 Nicaragua	3,2	130	860	−1,5	3,4	17,2	60
56 Thailand	50,0	514	860	4,2	2,5	8,2	64
57 Botsuana	1,0	600	960	8,4	4,4	9,8	58
58 Dominikanische Rep.	6,1	49	970	3,2	2,7	9,0	64
59 Peru	18,2	1.285	1.000	−0,1	10,1	56,7	59
60 Mauritius	1,0	2	1.090	2,7	5,6	12,7	66
61 Kongo, VR	1,8	342	1.140	3,7	4,6	12,3	57
62 Ecuador	9,1	284	1.150	3,8	6,2	17,8	65
63 Jamaika	2,2	11	1.150	−0,4	5,9	16,6	73
64 Guatemala	7,7	109	1.160	2,0	1,9	9,4	60
65 Türkei	48,4	781	1.160	2,9	10,5	42,4	64

Anmerkung: Zur Vergleichbarkeit der Daten und ihrer Abgrenzung vgl. Technische Erläuterungen. Bezüglich der VN- und Weltbank-Mitgliedsländer mit einer Bevölkerung von weniger als 1 Million vgl. Sonderbeitrag A.1.

	Bevöl-kerung (in Mio) Mitte 1984	Fläche (in Tsd. Quadrat-kilometern)	BSP pro Kopf[a]		Durchschn. jährliche Inflationsrate (in %)		Lebens-erwartung bei der Geburt (in Jahren) 1984
			in $ 1984	Durch-schnittl. jährlicher Zuwachs (in %) 1965—84[b]	1965—73	1973—84[c]	
66 Costa Rica	2,5	51	1.190	1,6	4,7	24,1	73
67 Paraguay	3,3	407	1.240	4,4	4,3	12,9	66
68 Tunesien	7,0	164	1.270	4,4	3,3	9,9	62
69 Kolumbien	28,4	1.139	1.390	3,0	10,8	23,8	65
70 Jordanien	3,4	98	1.570	4,8	. .	9,6	64
71 Syrien, Arab. Rep.	10,1	185	1.620	4,5	3,1	11,9	63
72 *Angola*	9,9	1.247	. .	. .	. .	. .	43
73 *Kuba*	9,9	115	. .	. .	. .	. .	75
74 *Korea, Dem. Rep.*	19,9	121	. .	. .	. .	. .	68
75 *Libanon*	. .	10	. .	. .	2,5	. .	. .
76 *Mongolische VR*	1,9	1.565	. .	. .	. .	. .	63
Obere Einkommenskategorie	**496,6** s	**21.795** s	**1.950** w	**3,3** w	**5,6** w	**44,0** w	**65** w
77 Chile	11,8	757	1.700	−0,1	50,3	75,4	70
78 Brasilien	132,6	8.512	1.720	4,6	23,2	71,4	64
79 Portugal	10,2	92	1.970	3,5	4,9	20,5	74
80 Malaysia	15,3	330	1.980	4,5	1,2	6,2	69
81 Panama	2,1	77	1.980	2,6	2,4	6,7	71
82 Uruguay	3,0	176	1.980	1,8	51,7	50,0	73
83 Mexiko	76,8	1.973	2.040	2,9	4,8	31,5	66
84 Korea, Rep.	40,1	98	2.110	6,6	15,5	17,6	68
85 Jugoslawien	23,0	256	2.120	4,3	10,9	24,6	69
86 Argentinien	30,1	2.767	2.230	0,3	24,1	180,8	70
87 Südafrika	31,6	1.221	2.340	1,4	6,0	13,2	54
88 Algerien	21,2	2.382	2.410	3,6	3,8	12,2	60
89 Venezuela	16,8	912	3.410	0,9	3,3	11,7	69
90 Griechenland	9,9	132	3.770	3,8	4,4	17,3	75
91 Israel	4,2	21	5.060	2,7	8,2	84,4	75
92 Hongkong	5,4	1	6.330	6,2	6,4	9,8	76
93 Trinidad u. Tobago	1,2	5	7.150	2,6	5,7	*15,6*	69
94 Singapur	2,5	1	7.260	7,8	3,1	4,4	72
95 *Iran, Islam. Rep.*	43,8	1.648	. .	. .	. .	. .	61
96 *Irak*	15,1	435	. .	. .	3,2	. .	60
Ölexporteure mit hohem Einkommen	**18,6** s	**4.311** s	**11.250** w	**3,2** w	**6,1** w	**11,8** w	**62** w
97 Oman	1,1	300	6.490	6.1	7,1	16,4	53
98 Libyen	3,5	1.760	8.520	−1,1	9,4	10,8	59
99 Saudi-Arabien	11,1	2.150	10.530	5,9	5,1	14,1	62
100 Kuwait	1,7	18	16.720	−0,1	4,6	9,2	72
101 Vereinigte Arab. Emirate	1,3	84	21.920	. .	. .	8,7	72
Marktwirtschaftliche Industrieländer	**733,4** s	**30.935** s	**11.430** w	**2,4** w	**5,2** w	**7,9** w	**76** w
102 Spanien	38,7	505	4.440	2,7	7,0	16,4	77
103 Irland	3,5	70	4.970	2,4	8,5	14,4	73
104 Italien	57,0	301	6.420	2,7	5,1	17,2	77
105 Neuseeland	3,2	269	7.730	1,4	7,2	13,6	74
106 Großbritannien	56,4	245	8.570	1,6	6,2	13,8	74
107 Belgien	9,9	31	8.610	3,0	4,4	6,4	75
108 Österreich	7,6	84	9.140	3,6	4,5	5,3	73
109 Niederlande	14,4	41	9.520	2,1	6,4	5,9	77
110 Frankreich	54,9	547	9.760	3,0	5,3	10,7	77
111 Japan	120,0	372	10.630	4,7	6,0	4,5	77
112 Finnland	4,9	337	10.770	3,3	7,2	10,7	75
113 Deutschland, Bundesrep.	61,2	249	11.130	2,7	4,7	4,1	75
114 Dänemark	5,1	43	11.170	1,8	7,6	9,4	75
115 Australien	15,5	7.687	11.740	1,7	5,7	10,4	76
116 Schweden	8,3	450	11.860	1,8	5,3	10,2	77
117 Kanada	25,1	9.976	13.280	2,4	4,4	9,2	76
118 Norwegen	4,1	324	13.940	3,3	6,3	9,4	77
119 Vereinigte Staaten	237,0	9.363	15.390	1,7	4,7	7,4	76
120 Schweiz	6,4	41	16.330	1,4	5,5	3,9	77
Osteuropäische Staatshandelsländer	**389,3** s	**23.421** s	. .	. .	. .	. .	**68** w
121 Ungarn	10,7	93	2.100	6,2	2,6	4,3	70
122 Polen	36,9	313	2.100	1,5	. .	19,4[b]	71
123 *Albanien*	2,9	29	. .	. .	. .	. .	70
124 *Bulgarien*	9,0	111	. .	. .	. .	. .	71
125 *Tschechoslowakei*	15,5	128	. .	. .	. .	. .	70
126 *Deutsche Dem. Rep.*	16,7	108	. .	. .	. .	. .	71
127 *Rumänien*	22,7	238	. .	. .	. .	. .	71
128 *Sowjetunion*	275,0	22.402	. .	. .	. .	. .	67

[a] Vgl. Technische Erläuterungen. [b] Da Angaben für die gesamte Periode nicht immer verfügbar sind, gelten die kursiven Zahlen für andere als die angegebenen Zeiträume. [c] Kursive Zahlen für 1973—83 und nicht für 1973—84.

Tabelle 2: Wachstum der Produktion

	\multicolumn{10}{c	}{Durchschnittliche jährliche Wachstumsrate (%)}
	BIP		Landwirtschaft		Industrie		(Verarbeitendes Gewerbe)[a]		Dienstleistungssektor	
	1965–73[b]	1973–84[c]	1965–73[b]	1973–84[c]	1965–73[b]	1973–84[c]	1965–73[b]	1973–84[c]	1965–73[b]	1973–84[c]
Länder mit niedrigem Einkommen	**5,6** w	**5,3** w	**3,0** w	**3,6** w	**8,9** w	**7,4** w	..	..	**6,8** w	**5,0** w
China und Indien	6,2 w	5,7 w	3,2 w	3,9 w	9,3 w	7,7 w	..	..	7,8 w	5,5 w
Übrige Länder	3,7 w	3,5 w	2,5 w	2,4 w	5,0 w	4,3 w	..	..	3,7 w	3,5 w
Afrika südl. der Sahara	3,7 w	2,0 w	2,6 w	1,4 w	5,7 w	1,8 w	..	..	3,4 w	1,4 w
1 Äthiopien	4,1	2,3	2,1	1,2	6,1	2,6	8,8	3,5	6,7	3,6
2 Bangladesch	(.)	5,0	0,4	3,1	−6,1	7,6	..	..	1,5	7,1
3 Mali	3,1	4,1	0,9	5,0	5,1	0,6	..	..	4,7	4,5
4 Zaire	3,9	−1,0	..	1,4	..	−2,0	..	−5,0	..	−1,1
5 Burkina Faso	2,4	2,9	..	1,3	..	5,2	..	..	..	3,2
6 Nepal	1,7	3,1	..	..	..	..	..	..	..	..
7 Birma	2,9	6,0	2,8	6,6	3,6	7,7	3,2	6,1	2,8	5,1
8 Malawi	5,7	3,3	..	2,5	..	3,3	..	..	..	4,0
9 Niger	−0,8	5,2	−2,9	1,6	13,2	10,9	..	..	−1,5	5,9
10 Tansania	5,0	2,6	3,1	..	6,9	..	8,7	..	6,2	..
11 Burundi	4,8	3,6	4,7	2,3	10,4	8,3	..	..	3,0	5,3
12 Uganda	3,6	−1,3	3,6	−0,7	3,0	−8,8	..	..	3,8	−0,4
13 Togo	5,3	2,3	2,6	1,1	6,2	2,6	..	..	7,3	3,0
14 Zentralafrikanische Rep.	2,7	0,7	2,1	1,1	7,1	1,2	..	..	1,6	(.)
15 Indien	3,9	4,1	3,7	2,3	3,7	4,4	4,0	5,9	4,2	6,1
16 Madagaskar	3,5	(.)	..	0,3	..	−3,0	..	..	..	0,9
17 Somalia	..	..	..	..	..	..	..	..	..	..
18 Benin	2,2	4,6	..	2,7	..	7,9	..	..	..	5,1
19 Ruanda	6,3	5,4	..	..	..	..	..	..	..	..
20 China	7,8	6,6	2,8	4,9	12,1	8,7	..	..	11,7	5,0
21 Kenia	7,9	4,4	6,2	3,5	12,4	4,8	12,4	6,0	7,6	4,9
22 Sierra Leone	3,7	1,8	1,5	2,0	1,9	−2,5	3,3	1,8	7,1	3,7
23 Haiti	1,7	2,7	−0,3	0,5	4,8	4,5	3,0	5,4	2,5	3,7
24 Guinea	3,0	3,1	..	2,4	..	5,7	..	−2,0	..	2,3
25 Ghana	3,4	−0,9	4,5	0,2	4,3	−6,9	6,5	−6,9	1,1	0,4
26 Sri Lanka	4,2	5,2	2,7	4,1	7,3	4,8	5,5	3,6	3,8	6,0
27 Sudan	0,2	5,5	0,3	2,7	1,0	6,4	..	10,1	0,5	7,5
28 Pakistan	5,4	5,6	4,7	3,0	6,6	7,6	6,2	7,5	5,4	6,4
29 Senegal	1,5	2,6	0,2	−0,2	3,5	6,0	..	..	1,5	2,3
30 *Afghanistan*	1,0	..	−1,5	..	4,0	..	..	..	5,1	..
31 *Bhutan*	..	..	..	..	..	..	..	..	..	..
32 *Tschad*	0,5	..	..	..	..	..	..	..	..	..
33 *Kamputschea*	..	..	..	..	..	..	..	..	..	..
34 *Laos*	..	..	..	..	..	..	..	..	..	..
35 *Mosambik*	..	..	..	..	..	..	..	..	..	..
36 *Vietnam*	..	..	..	..	..	..	..	..	..	..
Länder mit mittlerem Einkommen	**7,4** w	**4,4** w	**3,6** w	**2,7** w	**9,1** w	**4,4** w	**9,2** w	**5,5** w	**7,8** w	**5,1** w
Ölexporteure	7,8 w	4,6 w	4,0 w	2,4 w	9,6 w	4,5 w	8,8 w	7,0 w	7,9 w	5,3 w
Ölimporteure	7,1 w	4,3 w	3,2 w	2,9 w	8,4 w	4,4 w	9,4 w	7,8 w	7,8 w	5,0 w
Afrika südl. der Sahara	8,5 w	1,6 w	3,0 w	0,1 w	16,8 w	0,5 w	..	6,4 w	7,7 w	3,4 w
Untere Einkommenskategorie	**6,8** w	**4,2** w	**3,6** w	**2,4** w	**10,4** w	**4,2** w	**8,5** w	**5,9** w	**6,9** w	**5,1** w
37 Mauretanien	2,6	2,3	−2,1	2,3	4,3	0,9	13,2	0,5	7,6	3,1
38 Liberia	5,5	0,2	6,5	2,0	6,2	−1,5	..	..	3,8	0,8
39 Sambia	2,4	0,4	2,0	1,0	2,7	−0,1	9,8	0,8	2,3	0,6
40 Lesotho	3,9	5,0	..	..	..	..	..	..	..	..
41 Bolivien	4,4	0,8	3,5	1,1	5,1	−1,7	4,2	0,2	4,3	1,9
42 Indonesien	8,1	6,8	4,8	3,7	13,4	8,3	9,0	14,9	9,6	8,6
43 Jemen, Arab. Rep.	..	8,1	..	1,8	..	13,8	..	14,2	..	9,6
44 Jemen, Dem. VR	..	..	..	..	..	..	..	..	..	..
45 Elfenbeinküste	7,1	3,7	3,7	3,3	8,8	6,6	8,9	5,0	8,5	2,9
46 Philippinen	5,4	4,8	4,1	4,0	7,4	5,3	8,5	4,3	4,8	4,8
47 Marokko	5,7	4,5	4,8	0,6	5,4	3,7	6,1	5,8	6,1	5,8
48 Honduras	4,5	3,8	2,2	3,6	5,7	4,4	6,5	4,2	5,8	3,8
49 El Salvador	4,4	−0,3	3,6	0,4	5,2	−0,6	5,1	−1,5	4,4	−0,5
50 Papua-Neuguinea	6,7	1,0	..	2,6	..	3,7	..	..	..	−0,1
51 Ägypten, Arab. Rep.	3,8	8,5	2,6	2,5	3,8	10,3	..	..	4,7	10,6
52 Nigeria	9,7	0,7	2,8	−0,5	19,7	−1,0	15,0	8,5	8,8	3,2
53 Simbabwe	9,4	1,7	..	1,1	..	0,4	..	2,3	..	3,0
54 Kamerun	4,2	7,1	4,7	1,6	4,7	15,0	7,5	13,5	3,6	7,1
55 Nicaragua	3,9	−1,1	2,8	1,4	5,5	−0,8	7,2	0,9	3,6	−2,4
56 Thailand	7,8	6,8	5,2	3,7	9,0	8,7	11,4	10,0	9,1	7,5
57 Botsuana	14,8	10,7	6,4	−4,0	30,2	15,6	..	8,2	10,6	10,8
58 Dominikanische Rep.	8,5	3,3	5,9	0,7	14,4	3,7	12,0	3,9	6,9	4,0
59 Peru	3,5	1,5	2,0	1,2	4,1	1,1	4,4	−0,1	3,6	1,9
60 Mauritius	2,3	3,6	..	−3,1	..	4,4	..	4,3	..	6,5
61 Kongo, VR	6,8	8,1	4,1	0,4	9,3	12,7	..	..	6,7	6,9
62 Ecuador	7,2	4,8	3,9	1,6	13,9	4,8	11,4	7,6	5,1	5,8
63 Jamaika	5,4	−1,4	0,6	0,2	4,5	−3,9	4,0	−3,3	6,8	−0,2
64 Guatemala	6,0	3,1	5,8	1,9	7,2	4,3	7,4	3,4	5,8	3,3
65 Türkei	6,5	4,1	2,5	3,3	7,9	4,2	9,5	4,0	8,4	4,3

Anmerkung: Zur Vergleichbarkeit der Daten und ihrer Abgrenzung vgl. Technische Erläuterungen.

	Durchschnittliche jährliche Wachstumsrate (%)									
	BIP		Landwirtschaft		Industrie		(Verarbeitendes Gewerbe)[a]		Dienstleistungssektor	
	1965–73[b]	1973–84[c]	1965–73[b]	1973–84[c]	1965–73[b]	1973–84[c]	1965–73[b]	1973–84[c]	1965–73[b]	1973–84[c]
66 Costa Rica	7,1	2,8	7,0	1,9	9,3	3,3	..	..	6,1	2,9
67 Paraguay	5,1	7,5	2,7	5,7	6,8	9,5	6,1	6,7	6,0	7,7
68 Tunesien	6,9	5,5	6,6	1,9	8,6	6,8	10,4	10,2	6,0	5,9
69 Kolumbien	6,4	3,7	4,0	3,5	8,2	2,5	8,8	2,0	6,9	4,4
70 Jordanien	..	9,6	..	5,4	..	13,6	..	12,9	..	8,5
71 Syrien, Arab. Rep.	6,2	7,0	−0,7	6,8	14,9	4,5	..	..	5,7	8,3
72 *Angola*	..	..	..	..	..	..	..	..	..	..
73 *Kuba*	..	..	..	..	..	..	..	..	..	..
74 *Korea, Dem. Rep.*	..	..	..	..	..	..	..	..	..	..
75 *Libanon*	6,2	..	1,4	..	5,5	..	..	..	7,1	..
76 *Mongolische VR*	..	..	..	..	..	..	..	..	..	..
Obere Einkommenskategorie	**7,7** w	**4,5** w	**3,5** w	**3,0** w	**8,6** w	**4,6** w	**9,5** w	**5,3** w	**8,2** w	**5,1** w
77 Chile	3,4	2,7	−1,1	3,4	3,0	1,9	4,1	0,7	4,4	3,2
78 Brasilien	9,8	4,4	3,8	4,0	11,0	4,2	11,2	4,9	10,5	4,6
79 Portugal	7,0	..	..	..	..	..	..	..	..	..
80 Malaysia	6,7	7,3	..	4,2	..	8,7	..	8,7	..	8,1
81 Panama	7,4	5,0	3,4	2,1	9,3	3,0	8,0	2,1	7,8	6,1
82 Uruguay	1,2	2,0	0,4	1,5	1,4	1,5	..	..	1,3	2,3
83 Mexiko	7,9	5,1	5,4	3,4	8,6	5,5	9,9	5,0	8,0	5,2
84 Korea, Rep.	10,0	7,2	2,9	1,7	18,4	10,9	21,1	11,5	11,3	6,8
85 Jugoslawien	6,1	4,2	3,2	2,0	7,1	4,7	..	..	6,4	4,7
86 Argentinien	4,3	0,4	−0,1	1,6	5,1	−0,7	4,6	−0,2	5,5	0,9
87 Südafrika	5,1	2,7	..	..	..	..	..	..	..	..
88 Algerien	7,0	6,4	2,4	4,2	9,1	6,3	10,9	17,8	5,3	7,0
89 Venezuela	5,1	1,9	4,5	2,4	4,1	1,1	5,7	3,4	6,0	2,3
90 Griechenland	7,5	2,7	2,5	1,2	11,1	1,9	12,0	2,3	7,3	3,7
91 Israel	9,6	3,1	..	..	..	..	..	..	..	..
92 Hongkong	7,9	9,1	−0,6	0,8	8,4	8,0	..	..	8,1	9,6
93 *Trinidad u. Tobago*	3,5	5,2	1,6	..	2,3	..	..	..	4,5	..
94 Singapur	13,0	8,2	5,7	1,4	17,6	8,6	19,5	7,6	11,5	8,1
95 *Iran, Islam. Rep.*	10,4	..	5,2	..	10,5	..	13,7	..	12,7	..
96 *Irak*	4,4	..	1,7	..	4,8	..	8,9	..	5,1	..
Ölexporteure mit hohem Einkommen	**9,0** w	**4,5** w	..	**6,8** w	..	**−0,2** w	..	**7,6** w	..	**10,8** w
97 Oman	21,9	6,1	..	..	..	..	..	..	..	..
98 *Libyen*	7,7	*3,0*	11,5	*6,5*	6,6	*−4,3*	12,4	*11,4*	13,4	*14,7*
99 Saudi-Arabien	11,2	6,0	2,6	6,9	13,3	2,4	10,6	8,2	8,3	12,5
100 Kuwait	5,1	*1,5*	..	*10,2*	..	*−4,5*	..	..	..	*8,1*
101 Vereinigte Arab. Emirate	..	..	..	..	..	..	..	*5,3*	..	..
Marktwirtschaftliche Industrieländer	**4,7** w	**2,4** w	**1,8** w	**1,1** w	**5,1** w	**1,8** w	**5,3** w	**2,1** w	**4,8** w	**2,1** w
102 Spanien	6,4	1,6	2,8	..	8,6	..	9,8	..	5,6	..
103 Irland	5,0	3,9	..	..	..	..	..	..	..	..
104 Italien	5,2	2,1	0,5	1,7	6,2	1,8	..	..	5,2	2,5
105 Neuseeland	3,7	1,4	..	..	..	..	..	..	..	..
106 Großbritannien	2,8	1,0	2,6	2,7	2,1	−0,3	2,6	−1,7	3,3	1,7
107 Belgien	5,2	1,7	2,2	2,1	6,4	1,0	7,4	1,3	4,4	2,2
108 Österreich	5,5	2,5	1,7	0,5	6,4	2,1	6,9	2,5	5,2	3,3
109 Niederlande	5,5	1,6	5,0	4,8	6,5	(.)	..	..	5,0	2,2
110 Frankreich	5,5	2,3	1,7	1,6	6,7	1,4	7,7	1,7	5,2	2,9
111 Japan	9,8	4,3	2,1	−1,3	13,5	5,9	14,4	7,2	8,3	3,3
112 Finnland	5,3	2,9	1,0	1,1	6,4	3,0	7,5	3,7	5,6	3,2
113 Deutschland, Bundesrep.	4,6	2,0	2,5	2,1	4,9	1,7	5,3	1,9	4,4	2,3
114 Dänemark	3,9	1,7	−1,5	3,7	4,0	0,8	4,7	2,4	4,3	1,9
115 Australien	5,6	*2,4*	1,6	*2,4*	5,7	*1,4*	4,9	*1,0*	5,4	*3,5*
116 Schweden	3,6	*1,4*	1,1	*−0,1*	3,9	*0,2*	4,1	*−0,1*	3,6	*2,1*
117 Kanada	5,2	2,5	1,2	1,8	5,2	1,0	5,4	1,1	5,5	3,2
118 Norwegen	4,0	3,7	−0,5	1,0	4,8	4,2	4,6	(.)	4,0	3,7
119 Vereinigte Staaten	3,2	2,3	1,8	*1,4*	2,8	1,2	2,9	*1,4*	3,5	*3,0*
120 Schweiz	4,2	0,8	..	..	..	..	..	..	..	..
Osteuropäische Staatshandelsländer	..	..	..	..	..	..	..	..	..	..
121 Ungarn[d]	6,1	3,5	3,1	3,5	6,5	4,1	..	..	7,5	2,8
122 *Polen*	..	..	..	..	..	..	..	..	..	..
123 *Albanien*	..	..	..	..	..	..	..	..	..	..
124 *Bulgarien*	..	..	..	..	..	..	..	..	..	..
125 *Tschechoslowakei*	..	..	..	..	..	..	..	..	..	..
126 *Deutsche Dem. Rep.*	..	..	..	..	..	..	..	..	..	..
127 *Rumänien*	..	..	..	..	..	..	..	..	..	..
128 *Sowjetunion*	..	..	..	..	..	..	..	..	..	..

[a] Da das Verarbeitende Gewerbe der dynamischste Bereich des Industriesektors ist, wird seine Wachstumsrate gesondert ausgewiesen. [b] Kursive Zahlen für 1966–73 und nicht für 1965–73. [c] Kursive Zahlen für 1973–83 und nicht für 1973–84. [d] Der Dienstleistungssektor enthält den unaufgeschlüsselten Teil des BIP.

Tabelle 3: Produktionsstruktur

	BIP[a] (in Mio $)		Verteilung des Bruttoinlandsprodukts (%)							
			Landwirtschaft		Industrie		(Verarbeitendes Gewerbe)[b]		Dienstleistungssektor	
	1965[c]	1984[d]	1965[c]	1984[d]	1965[c]	1984[d]	1965[c]	1984[d]	1965[c]	1984[d]
Länder mit niedrigem Einkommen			42 w	36 w	28 w	35 w	14 w	15 w	30 w	29 w
China und Indien			42 w	36 w	31 w	38 w	15 w	15 w	27 w	26 w
Übrige Länder			43 w	36 w	16 w	20 w	11 w	15 w	41 w	44 w
Afrika südl. der Sahara			43 w	39 w	16 w	18 w	9 w	10 w	41 w	43 w
1 Äthiopien	1.180	4.270	58	48	14	16	7	11	28	36
2 Bangladesch	4.380	12.320	53	48	11	12	..	..	36	39
3 Mali	..	980	49	46	13	11	..	..	38	43
4 Zaire	1.640	4.700	22	..	27	..	17	..	51	..
5 Burkina Faso	250	820	52	43	15	20	..	..	32	38
6 Nepal	730	2.290	65	56	11	12	3	4	23	32
7 Birma	1.600	6.130	35	48	13	13	9	9	52	39
8 Malawi	220	1.090	50	37	13	18	..	..	37	45
9 Niger	370	1.340	63	33	9	31	..	..	28	37
10 Tansania	790	4.410	46	..	14	..	8	..	40	..
11 Burundi	160	1.020	..	58	..	16	..	..	..	26
12 Uganda	1.180	4.710	52	..	13	..	8	..	35	..
13 Togo	190	720	45	22	21	28	10	6	34	50
14 Zentralafrikanische Rep.	140	560	46	39	16	20	4	8	38	40
15 Indien	46.260	162.280	47	35	22	27	15	15	31	38
16 Madagaskar	730	2.380	31	42	16	16	..	..	53	42
17 Somalia	220	1.364	71	..	6	..	3	..	24	..
18 Benin	210	900	53	43	9	14	..	..	38	43
19 Ruanda	150	1.600	75	..	7	..	2	..	18	..
20 China	65.590	281.250	39	36	38	44	..	..	23	20
21 Kenia	920	5.140	35	31	18	21	11	12	47	48
22 Sierra Leone	320	900	34	35	28	25	6	6	38	40
23 Haiti	350	1.820	..	..	..	..	..	..	..	..
24 Guinea	520	2.100	..	41	..	21	..	2	..	38
25 Ghana	1.330	4.485	41	52	19	9	10	5	41	40
26 Sri Lanka	1.770	5.430	28	28	21	26	17	14	51	46
27 Sudan	1.330	6.730	54	33	9	16	4	..	37	51
28 Pakistan	5.450	27.730	40	24	20	29	14	20	40	47
29 Senegal	810	2.390	25	17	18	28	..	18	56	55
30 Afghanistan	620	..	..	..	..	..	..	..	..	..
31 *Bhutan*	..	..	..	..	..	..	..	..	..	..
32 *Tschad*	240	..	47	..	12	..	..	..	41	..
33 *Kamputschea*	..	..	..	..	..	..	..	..	..	..
34 *Laos*	..	..	..	..	..	..	..	..	..	..
35 *Mosambik*	..	..	..	..	..	..	..	..	..	..
36 *Vietnam*	..	..	..	..	..	..	..	..	..	..
Länder mit mittlerem Einkommen			21 w	14 w	31 w	37 w	20 w	22 w	48 w	49 w
Ölexporteure			22 w	15 w	28 w	39 w	16 w	18 w	50 w	46 w
Ölimporteure			21 w	13 w	33 w	35 w	22 w	25 w	46 w	52 w
Afrika südl. der Sahara			38 w	25 w	25 w	31 w	9 w	7 w	37 w	44 w
Untere Einkommenskategorie			31 w	22 w	25 w	33 w	15 w	17 w	44 w	45 w
37 Mauretanien	160	660	32	30	36	27	4	..	32	42
38 Liberia	270	980	27	36	40	26	3	7	34	38
39 Sambia	1.060	2.640	14	15	54	39	6	21	32	46
40 Lesotho	50	360	65	..	5	..	1	..	30	..
41 Bolivien	920	3.610	21	25	30	33	16	20	49	40
42 Indonesien	3.630	80.590	59	26	12	40	8	..	29	34
43 Jemen, Arab. Rep.	..	2.940	..	24	..	21	..	9	..	56
44 Jemen, Dem. VR	..	..	..	..	..	..	..	..	..	..
45 Elfenbeinküste	960	6.690	36	28	17	26	10	17	47	46
46 Philippinen	6.010	32.840	26	25	28	34	20	25	46	41
47 Marokko	2.950	13.300	23	17	28	32	16	17	49	51
48 Honduras	460	2.840	40	27	19	26	12	15	41	47
49 El Salvador	800	4.070	29	21	22	21	18	16	49	58
50 Papua-Neuguinea	340	2.360	42	34	18	9	..	..	41	58
51 Ägypten, Arab. Rep.	4.550	30.060	29	20	27	33	..	..	45	48
52 Nigeria	4.190	73.450	53	27	19	30	7	4	29	43
53 Simbabwe	960	4.580	18	14	35	40	20	27	47	46
54 Kamerun	750	7.800	32	22	17	35	10	11	50	43
55 Nicaragua	710	2.830	25	24	24	30	18	25	51	45
56 Thailand	4.050	41.960	35	20	23	28	14	..	42	52
57 Botsuana	50	990	34	6	19	45	12	7	47	48
58 Dominikanische Rep.	960	4.910	26	15	20	31	14	19	53	53
59 Peru	4.900	18.790	15	8	30	40	20	25	55	51
60 Mauritius	190	860	16	14	23	25	14	17	61	61
61 Kongo, VR	200	2.010	19	7	19	60	..	6	62	33
62 Ecuador	1.150	9.870	27	14	22	41	18	19	50	46
63 Jamaika	870	2.380	10	6	37	39	17	18	53	56
64 Guatemala	1.330	9.400	..	..	..	..	..	..	..	..
65 Türkei	7.660	47.460	34	19	25	33	16	24	41	47

Anmerkung: Zur Vergleichbarkeit der Daten und ihrer Abgrenzung vgl. Technische Erläuterungen.

	BIP[a] (in Mio $)		Verteilung des Bruttoinlandsprodukts (%)							
			Landwirtschaft		Industrie		(Verarbeitendes Gewerbe)[b]		Dienstleistungssektor	
	1965[c]	1984[d]	1965[c]	1984[d]	1965[c]	1984[d]	1965[c]	1984[d]	1965[c]	1984[d]
66 Costa Rica	590	3.560	24	21	23	30	..	..	53	49
67 Paraguay	550	3.870	37	26	19	26	16	17	45	48
68 Tunesien	880	6.940	22	15	24	35	9	14	54	50
69 Kolumbien	5.570	34.400	30	20	25	30	18	18	46	50
70 Jordanien	..	3.430	..	8	..	30	..	15	..	62
71 Syrien, Arab. Rep.	1.470	15.930	29	20	22	24	..	..	49	57
72 *Angola*	..	..	..	..	..	..	..	..	..	..
73 *Kuba*	..	..	..	..	..	..	..	..	..	..
74 *Korea, Dem. Rep.*	..	..	..	..	..	..	..	..	..	..
75 *Libanon*	1.150	..	12	..	21	..	..	..	67	..
76 *Mongolische VR*	..	..	..	..	..	..	..	..	..	..
Obere Einkommenskategorie			17 w	10 w	35 w	39 w	22 w	25 w	48 w	51 w
77 Chile	5.940	*19.760*	9	*6*	40	*39*	24	*21*	52	*56*
78 Brasilien	19.260	*187.130*	19	*13*	33	*35*	26	*27*	48	*52*
79 Portugal	3.740	19.060	..	9	..	40	..	..	..	50
80 Malaysia	3.000	29.280	30	21	24	35	10	19	45	44
81 Panama	660	4.540	18	9	19	19	12	9	63	72
82 Uruguay	930	4.580	15	14	32	29	..	..	53	57
83 Mexiko	20.160	171.300	14	9	31	40	21	24	54	52
84 Korea, Rep.	3.000	83.220	38	14	25	40	18	28	37	47
85 Jugoslawien	11.190	38.990	23	15	42	46	..	..	35	40
86 Argentinien	14.330	76.210	17	12	42	39	33	30	42	50
87 Südafrika	10.540	73.390	10	5	42	47	23	23	48	48
88 Algerien	3.170	50.690	15	6	34	53	11	..	51	41
89 Venezuela	8.290	47.500	7	7	23	43	..	18	71	50
90 Griechenland	5.270	29.550	24	18	26	29	16	18	49	53
91 Israel	3.590	22.350	8	5	37	27	..	..	55	68
92 Hongkong	2.150	30.620	2	1	40	22	24	..	58	78
93 Trinidad u. Tobago	660	*8.620*	5	..	38	..	19	..	57	..
94 Singapur	970	18.220	3	1	24	39	15	25	73	60
95 *Iran, Islam. Rep.*	6.170	*157.630*	26	..	36	..	12	..	38	..
96 *Irak*	2.430	..	18	..	46	..	8	..	36	..
Ölexporteure mit hohem Einkommen			5 w	2 w	65 w	61 w	5 w	7 w	30 w	37 w
97 Oman	60	7.680	61	..	23	..	..	..	16	..
98 Libyen	1.500	*30.570*	5	*2*	63	*64*	3	*4*	33	*34*
99 Saudi-Arabien	2.300	109.380	8	3	60	60	9	7	31	38
100 Kuwait	2.100	21.710	0	1	73	58	3	8	27	41
101 Vereinigte Arab. Emirate	..	28.840	..	1	..	67	..	9	..	32
Marktwirtschaftliche Industrieländer			5 w	3 w	39 w	35 w	29 w	25 w	56 w	62 w
102 Spanien	23.320	160.930	15	..	36	..	25	..	49	..
103 Irland	2.690	*18.270*	..	*11*	..	*25*	..	*14*	..	*64*
104 Italien	62.600	348.380	11	5	41	40	..	..	48	55
105 Neuseeland	5.580	23.340	..	9	..	32	..	23	..	60
106 Großbritannien	99.530	425.370	3	2	41	36	30	22	56	62
107 Belgien	16.840	77.630	5	3	41	34	30	24	53	64
108 Österreich	9.470	64.460	9	4	46	38	33	27	45	58
109 Niederlande	19.700	132.600	..	4	..	32	..	24	..	64
110 Frankreich	97.930	489.380	..	4	..	34	..	25	..	62
111 Japan	90.970	1.255.006	9	3	43	41	32	30	48	56
112 Finnland	8.190	51.230	15	7	33	34	21	24	52	59
113 Deutschland, Bundesrep.	114.830	613.160	..	2	..	46	..	36	..	52
114 Dänemark	10.180	54.640	8	5	32	25	20	17	60	70
115 Australien	23.260	182.170	10	..	41	..	28	..	50	..
116 Schweden	21.670	91.880	6	3	40	31	28	22	53	66
117 Kanada	51.840	334.110	5	3	34	24	23	..	61	72
118 Norwegen	7.080	54.720	8	4	33	43	21	14	59	54
119 Vereinigte Staaten	688.600	3.634.600	3	2	38	32	29	21	59	66
120 Schweiz	13.920	91.110	..	..	..	..	..	..	..	..
Osteuropäische Staatshandelsländer			..	..	..	..	..	..	..	..
121 Ungarn[e]	..	20.150	24	20	37	42	..	..	39	39
122 Polen	..	75.410	..	15	..	52	..	..	..	33
123 *Albanien*	..	..	..	..	..	..	..	..	..	..
124 *Bulgarien*	..	..	..	..	..	..	..	..	..	..
125 *Tschechoslowakei*	..	..	..	..	..	..	..	..	..	..
126 *Deutsche Dem. Rep.*	..	..	..	..	..	..	..	..	..	..
127 *Rumänien*	..	..	..	..	..	..	..	..	..	..
128 *Sowjetunion*	..	..	..	..	..	..	..	..	..	..

[a] Vgl. Technische Erläuterungen. [b] Da das verarbeitende Gewerbe der dynamischste Bereich des industriellen Sektors ist, wird sein Anteil am BIP gesondert ausgewiesen. [c] Kursive Zahlen für 1966 und nicht für 1965. [d] Kursive Zahlen für 1983 und nicht für 1984. [e] Auf Basis von Angaben zu konstanten Preisen. Dienstleistungen einschließlich des unaufgeschlüsselten Teils des BIP.

Tabelle 4: Wachstum von Verbrauch und Investition

	Durchschnittliche jährliche Wachstumsrate (%)					
	Öffentlicher Verbrauch		Privater Verbrauch		Bruttoinlands- investitionen	
	1965—73[a]	1973—84[b]	1965—73[a]	1973—84[b]	1965—73[a]	1973—84[b]
Länder mit niedrigem Einkommen	**6,5** w	**6,7** w	**4,3** w	**5,1** w	**8,0** w	**6,5** w
China und Indien	6,9 w	7,0 w	4,8 w	5,3 w	9,1 w	6,8 w
Übrige Länder	4,8 w	4,3 w	3,0 w	4,2 w	3,2 w	4,1 w
Afrika südl. der Sahara	4,6 w	3,5 w	2,6 w	2,8 w	6,3 w	0,8 w
1 Äthiopien	3,7	7,1	4,2	2,6	1,5	2,6
2 Bangladesch	b	b	0,9	5,1	−6,4	4,7
3 Mali	2,3	5,8	3,4	3,1	1,0	4,2
4 Zaire	5,8	..	2,2	..	10,2	..
5 Burkina Faso	10,7	3,0	0,4	4,1	13,7	−3,3
6 Nepal	..	..	..	..	..	..
7 Birma	b	b	2,9	5,4	2,5	14,1
8 Malawi	3,0	6,7	4,1	3,0	16,0	−2,6
9 Niger	2,1	2,3	−3,3	6,6	4,6	3,5
10 Tansania	b	..	5,0	..	9,6	..
11 Burundi	12,3	5,4	4,7	2,8	−1,4	15,7
12 Uganda	b	..	3,8	..	2,1	..
13 Togo	7,9	8,4	6,0	3,3	3,3	−0,2
14 Zentralafrikanische Rep.	1,7	−2,0	3,6	2,6	2,3	−4,7
15 Indien	6,8	8,8	3,2	4,1	3,9	4,2
16 Madagaskar	3,3	3,3	4,0	−0,5	4,2	−1,8
17 Somalia	16,9	..	0,7	..	5,6	..
18 Benin	3,6	3,7	1,1	3,1	3,9	10,3
19 Ruanda	2,8	..	7,7	..	6,3	..
20 China	7,0	6,4	6,3	6,3	12,9	8,0
21 Kenia	13,1	5,2	5,1	2,9	15,9	1,2
22 Sierra Leone	5,3	..	3,8	..	−1,4	..
23 Haiti	3,1	5,1	0,8	2,4	14,4	7,6
24 Guinea	..	5,0	..	2,5	..	−1,5
25 Ghana	1,1	5,4	2,3	−1,3	−3,5	−5,4
26 Sri Lanka	2,3	1,7	3,5	4,7	7,9	13,8
27 Sudan	1,4	3,3	−1,7	6,8	0,2	3,2
28 Pakistan	6,2	6,0	5,9	5,9	0,4	5,4
29 Senegal	−1,2	6,2	0,1	3,1	8,1	−0,7
30 *Afghanistan*	b	..	1,1	..	−2,2	..
31 *Bhutan*	..	..	..	..	..	..
32 *Tschad*	6,0	..	0,7	..	4,5	..
33 *Kamputschea*	..	..	..	..	..	..
34 *Laos*	..	..	..	..	..	..
35 *Mosambik*	..	..	..	..	..	..
36 *Vietnam*	..	..	..	..	..	..
Länder mit mittlerem Einkommen	**8,7** w	**4,8** w	**7,1** w	**4,5** w	**8,9** w	**3,0** w
Ölexporteure	10,7 w	6,2 w	6,9 w	5,6 w	9,5 w	4,1 w
Ölimporteure	6,7 w	3,9 w	7,2 w	3,9 w	8,5 w	2,3 w
Afrika südl. der Sahara	13,4 w	4,1 w	6,1 w	3,7 w	12,2 w	−1,2 w
Untere Einkommenskategorie	**8,7** w	**6,0** w	**5,9** w	**4,7** w	**8,3** w	**3,5** w
37 Mauretanien	6,1	−0,6	2,7	3,3	12,5	4,8
38 Liberia	4,5	4,1	0,3	−0,1	5,6	1,5
39 Sambia	10,4	−1,0	−1,2	0,9	6,2	−13,7
40 Lesotho	5,4	..	5,9	..	11,0	..
41 Bolivien	8,4	1,5	3,1	2,0	6,9	−12,2
42 Indonesien	9,8	10,3	7,1	9,1	17,5	11,3
43 Jemen, Arab. Rep.	..	17,9	..	5,7	..	12,3
44 Jemen, Dem. VR	..	..	..	..	..	..
45 Elfenbeinküste	15,2	8,1	5,1	3,3	10,2	2,9
46 Philippinen	8,4	3,0	4,0	4,3	4,4	4,3
47 Marokko	5,5	9,9	5,1	3,7	11,0	1,6
48 Honduras	7,0	5,6	3,8	3,4	4,3	2,4
49 El Salvador	7,6	3,5	3,9	−0,9	3,4	−4,4
50 Papua-Neuguinea	2,4	−2,2	5,2	3,1	10,9	4,2
51 Ägypten, Arab. Rep.	b	b	5,3	8,4	−1,5	10,3
52 Nigeria	16,1	3,8	7,3	3,5	15,2	−2,0
53 Simbabwe	8,3	..	7,2	..	7,6	..
54 Kamerun	4,6	6,5	3,4	6,6	8,6	10,6
55 Nicaragua	3,2	13,8	2,7	−4,8	2,2	−1,0
56 Thailand	9,8	8,8	6,9	6,0	7,6	5,3
57 Botsuana	5,5	12,8	7,4	8,6	48,1	1,4
58 Dominikanische Rep.	−3,6	6,8	8,6	3,5	19,2	2,0
59 Peru	5,4	2,4	5,6	1,6	−2,6	−2,7
60 Mauritius	2,3	5,7	−0,7	4,7	5,2	−3,7
61 Kongo, VR	7,4	5,3	3,9	6,2	9,3	6,3
62 Ecuador	7,0	7,5	5,2	5,8	6,0	3,1
63 Jamaika	13,6	2,4	4,5	−2,6	7,5	−5,8
64 Guatemala	5,7	6,1	5,4	3,2	5,3	−0,1
65 Türkei	5,7	5,3	6,0	2,6	9,7	2,3

Anmerkung: Zur Vergleichbarkeit der Daten und ihrer Abgrenzung vgl. Technische Erläuterungen.

	Durchschnittliche jährliche Wachstumsrate (%)					
	Öffentlicher Verbrauch		Privater Verbrauch		Bruttoinlands-investitionen	
	1965—73[a]	1973—84[b]	1965—73[a]	1973—84[b]	1965—73[a]	1973—84[b]
66 Costa Rica	6,8	2,9	5,1	1,9	9,3	0,7
67 Paraguay	6,2	8,9	5,0	7,3	8,3	10,3
68 Tunesien	5,9	7,1	7,2	7,0	1,5	6,0
69 Kolumbien	8,8	6,0	6,5	4,5	6,7	5,5
70 Jordanien	..	..	..	..	..	..
71 Syrien, Arab. Rep.	12,5	10,0	6,5	8,4	7,2	10,0
72 *Angola*	..	..	..	..	..	..
73 *Kuba*	..	..	..	..	..	..
74 *Korea, Dem. Rep.*	..	..	..	..	..	..
75 *Libanon*	3,7	..	5,4	..	5,1	..
76 *Mongolische VR*	..	..	..	..	..	..
Obere Einkommenskategorie	**8,0** w	**4,2** w	**7,7** w	**4,4** w	**9,1** w	**2,8** w
77 Chile	6,3	0,4	4,8	2,3	(.)	1,0
78 Brasilien	7,3	3,1	10,2	4,9	11,3	(.)
79 Portugal	7,1	6,2	8,4	1,5	8,0	2,4
80 Malaysia	6,9	10,0	4,6	6,9	9,1	11,4
81 Panama	9,7	5,1	5,2	4,8	15,4	−0,4
82 Uruguay	1,9	3,0	4,1	0,6	4,0	3,9
83 Mexiko	8,7	6,8	7,7	4,7	8,4	3,3
84 Korea, Rep.	7,3	5,4	8,7	5,9	19,7	8,8
85 Jugoslawien	2,2	2,8	9,7	3,3	4,8	3,9
86 Argentinien	2,4	b	4,3	0,7	6,7	−3,4
87 Südafrika	5,5	..	5,5	..	6,4	..
88 Algerien	5,8	10,1	6,4	9,2	17,4	6,8
89 Venezuela	6,8	4,5	5,5	5,6	9,0	−0,8
90 Griechenland	5,7	5,2	6,9	3,1	11,1	−1,4
91 Israel	15,8	−1,0	6,9	5,0	13,3	−1,5
92 Hongkong	6,9	9,2	9,5	9,9	3,7	9,7
93 Trinidad u. Tobago	b	..	4,9	..	2,4	..
94 Singapur	16,3	6,5	9,9	6,2	22,7	9,5
95 *Iran, Islam. Rep.*	17,3	..	7,9	..	11,2	..
96 *Irak*	b	..	3,3	..	7,2	..
Ölexporteure mit hohem Einkommen	..	..	**8,7** w	..	**4,3** w	..
97 Oman	..	..	..	..	..	..
98 Libyen	19,8	7,3	22,1	9,0	2,7	3,7
99 Saudi-Arabien	b	b	8,8	21,2	9,4	27,1
100 Kuwait	b	..	4,3	..	0,8	..
101 Vereinigte Arab. Emirate	..	..	..	..	..	..
Marktwirtschaftliche Industrieländer	**3,2** w	**2,5** w	**4,9** w	**2,6** w	**5,4** w	**0,9** w
102 Spanien	4,0	4,2	6,1	1,3	6,7	−2,3
103 Irland	6,4	3,8	4,8	1,1	8,5	1,8
104 Italien	4,1	2,5	5,7	2,2	5,9	−0,5
105 Neuseeland	2,9	1,6	3,2	1,1	2,6	−1,8
106 Großbritannien	2,1	1,4	2,9	1,4	3,1	−1,0
107 Belgien	4,9	2,7	5,0	2,1	4,1	−2,6
108 Österreich	3,8	2,9	4,7	2,6	6,9	0,7
109 Niederlande	3,2	2,3	5,1	1,8	5,9	−2,0
110 Frankreich	3,9	2,7	5,3	3,0	6,9	0,4
111 Japan	5,3	3,9	8,4	3,3	14,1	3,0
112 Finnland	5,5	4,4	4,8	2,4	4,9	−0,2
113 Deutschland, Bundesrep.	4,0	2,2	4,9	1,8	4,4	1,3
114 Dänemark	6,0	3,6	2,9	0,8	4,9	−2,4
115 Australien	4,8	4,3	4,9	3,0	3,7	0,7
116 Schweden	4,9	2,8	2,9	0,9	2,1	−1,5
117 Kanada	6,2	1,4	5,3	2,6	3,8	0,1
118 Norwegen	5,6	3,7	3,7	4,5	4,5	−2,1
119 Vereinigte Staaten	1,8	2,5	4,0	3,0	2,7	1,5
120 Schweiz	3,9	1,6	4,5	1,1	5,3	1,2
Osteuropäische Staatshandelsländer	..	..	..	..	..	..
121 Ungarn	..	3,3	..	3,0	..	2,0
122 Polen	..	..	..	..	..	..
123 *Albanien*	..	..	..	..	..	..
124 *Bulgarien*	..	..	..	..	..	..
125 *Tschechoslowakei*	..	..	..	..	..	..
126 *Deutsche Dem. Rep.*	..	..	..	..	..	..
127 *Rumänien*	..	..	..	..	..	..
128 *Sowjetunion*	..	..	..	..	..	..

[a] Kursive Zahlen für 1973—83 und nicht für 1973—84. [b] Gesonderte Angaben für den öffentlichen Verbrauch liegen nicht vor; er wird deshalb unter dem privaten Verbrauch erfaßt.

Tabelle 5: Struktur der Nachfrage

Verteilung des Bruttoinlandsprodukts (%)

	Öffentlicher Verbrauch		Privater Verbrauch		Bruttoinlands-investition		Bruttoinlands-ersparnis		Ausfuhr von Gütern und Dienstl. (ohne Faktoreink.)		Ressourcen-saldo	
	1965	1984[a]	1965	1984[a]	1965	1984[a]	1965	1984[a]	1965	1984[a]	1965	1984[a]
Länder mit niedrigem Einkommen	**13** w	**13** w	**68** w	**64** w	**21** w	**25** w	**19** w	**23** w	**7** w	**9** w	**−2** w	**2** w
China und Indien	13 w	14 w	66 w	60 w	22 w	28 w	21 w	26 w	4 w	8 w	−1 w	−2 w
Übrige Länder	12 w	12 w	77 w	81 w	15 w	16 w	12 w	7 w	19 w	14 w	−3 w	−9 w
Afrika südl. der Sahara	14 w	14 w	73 w	82 w	15 w	13 w	13 w	6 w	25 w	16 w	−2 w	−7 w
1 Äthiopien	11	17	77	81	13	11	12	2	12	12	−1	−9
2 Bangladesch	9	9	83	87	11	16	8	4	10	8	−4	−12
3 Mali	17	27	72	75	23	17	11	−2	13	23	−11	−19
4 Zaire	18	..	44	..	28	..	38	..	70	..	10	..
5 Burkina Faso	7	15	91	98	10	14	2	−13	9	18	−8	−28
6 Nepal	b	b	100	90	6	19	(.)	10	8	11	−6	−9
7 Birma	b	14	87	69	19	22	13	17	14	8	−6	−5
8 Malawi	16	16	84	67	13	16	(.)	17	19	27	−14	(.)
9 Niger	8	10	84	79	15	25	9	11	12	22	−7	−14
10 Tansania	10	..	74	..	15	..	16	..	26	..	1	..
11 Burundi	7	14	89	79	6	21	4	7	10	9	−2	−14
12 Uganda	10	b	78	94	11	8	12	6	19	11	1	−3
13 Togo	8	17	76	79	22	23	17	4	20	31	−6	−19
14 Zentralafrikanische Rep.	22	13	67	91	21	12	11	−4	27	25	−11	−16
15 Indien	10	11	74	67	18	24	16	22	4	6	−2	−3
16 Madagaskar	23	14	74	78	10	14	4	9	16	16	−6	−5
17 Somalia	8	..	84	..	11	..	8	..	17	..	−3	..
18 Benin	14	10	83	93	12	7	3	−3	14	18	−9	−10
19 Ruanda	14	..	81	..	10	..	5	..	12	..	−5	..
20 China	15	15	59	55	25	30	25	30	4	10	1	(.)
21 Kenia	15	19	70	61	14	22	15	20	31	26	1	−2
22 Sierra Leone	8	7	83	86	12	9	9	6	30	17	−3	−2
23 Haiti	8	12	90	84	7	16	2	4	13	24	−5	−12
24 Guinea	..	14	..	73	..	10	..	13	..	25	..	3
25 Ghana	14	6	77	89	18	6	8	5	17	11	−10	−1
26 Sri Lanka	13	7	74	73	12	26	13	20	38	29	1	−6
27 Sudan	12	12	79	91	10	11	9	−3	15	10	−1	−13
28 Pakistan	11	12	76	82	21	17	13	6	8	11	−8	−12
29 Senegal	17	19	75	76	12	15	8	5	24	29	−4	−11
30 Afghanistan	b	..	99	..	11	..	1	..	11	..	−10	..
31 *Bhutan*	..	..	..	..	..	..	..	..	..	..	..	..
32 Tschad	14	..	84	..	9	..	2	..	23	..	−7	..
33 *Kamputschea*	16	..	71	..	13	..	12	..	12	..	−1	..
34 *Laos*	..	..	..	..	..	..	..	..	..	..	..	..
35 *Mosambik*	..	..	..	..	..	..	..	..	..	..	..	..
36 *Vietnam*	..	..	..	..	..	..	..	..	..	..	..	..
Länder mit mittlerem Einkommen	**11** w	**13** w	**68** w	**67** w	**21** w	**21** w	**21** w	**22** w	**18** w	**25** w	**(.)** w	**1** w
Ölexporteure	11 w	13 w	68 w	62 w	19 w	22 w	21 w	25 w	19 w	24 w	2 w	3 w
Ölimporteure	11 w	14 w	67 w	70 w	22 w	21 w	21 w	21 w	18 w	25 w	−1 w	(.) w
Afrika südl. der Sahara	10 w	14 w	70 w	68 w	19 w	14 w	20 w	18 w	27 w	22 w	1 w	4 w
Untere Einkommenskategorie	**11** w	**13** w	**73** w	**71** w	**17** w	**19** w	**16** w	**16** w	**17** w	**21** w	**−1** w	**−3** w
37 Mauretanien	19	17	54	84	14	22	27	−1	42	48	13	−23
38 Liberia	12	23	61	62	17	20	27	14	50	40	10	−5
39 Sambia	15	23	45	62	25	14	40	15	49	37	15	1
40 Lesotho	18	..	109	..	11	..	−26	..	16	..	−38	..
41 Bolivien	10	11	80	63	16	18	11	26	17	17	−5	8
42 Indonesien	6	10	88	70	7	21	6	20	5	23	(.)	−1
43 Jemen, Arab. Rep.	..	40	..	83	..	21	..	−22	..	7	..	−43
44 *Jemen, Dem. VR*	..	..	..	..	..	..	..	..	..	..	..	..
45 Elfenbeinküste	11	16	69	56	19	13	20	28	35	46	1	15
46 Philippinen	9	6	70	76	21	18	21	18	17	21	(.)	−1
47 Marokko	12	18	76	70	10	23	12	12	18	25	1	−11
48 Honduras	10	15	75	71	15	19	15	14	27	27	(.)	−5
49 El Salvador	9	14	79	82	15	12	12	4	27	21	−2	−8
50 Papua-Neuguinea	34	24	64	60	22	31	2	16	18	42	−20	−14
51 Ägypten, Arab. Rep.	19	23	67	65	18	25	14	12	18	28	−4	−13
52 Nigeria	7	14	76	71	19	12	17	15	18	16	−2	2
53 Simbabwe	12	19	65	72	15	13	23	9	..	22	8	−3
54 Kamerun	14	10	73	58	13	26	13	33	25	32	−1	7
55 Nicaragua	8	35	74	55	21	18	18	10	29	18	−3	−7
56 Thailand	10	13	71	66	20	23	19	21	18	24	−1	−2
57 Botsuana	24	26	89	54	6	21	−13	20	32	61	−19	−1
58 Dominikanische Rep.	18	8	75	76	9	21	7	17	15	27	−2	−5
59 Peru	12	12	69	70	21	14	19	18	16	20	−1	4
60 Mauritius	13	13	74	69	17	18	13	18	36	48	−4	(.)
61 Kongo, VR	14	13	80	48	22	35	5	39	36	64	−17	4
62 Ecuador	9	12	80	66	14	22	11	22	16	27	−3	2
63 Jamaika	8	17	69	65	27	22	23	18	33	55	−4	−4
64 Guatemala	7	8	82	84	13	11	10	9	17	13	−3	−3
65 Türkei	12	10	74	79	15	20	13	11	6	12	−1	−9

Anmerkung: Zur Vergleichbarkeit der Daten und ihrer Abgrenzung vgl. Technische Erläuterungen.

	Verteilung des Bruttoinlandsprodukts (%)											
	Öffentlicher Verbrauch		Privater Verbrauch		Bruttoinlandsinvestition		Bruttoinlandsersparnis		Ausfuhr von Gütern und Dienstl. (ohne Faktoreink.)		Ressourcensaldo	
	1965	1984[a]	1965	1984[a]	1965	1984[a]	1965	1984[a]	1965	1984[a]	1965	1984[a]
66 Costa Rica	13	16	78	61	20	25	9	24	23	34	−10	−1
67 Paraguay	7	8	79	83	15	17	14	9	15	21	−1	−9
68 Tunesien	15	17	71	63	28	32	14	20	19	34	−13	−12
69 Kolumbien	8	11	75	73	16	19	17	16	11	12	1	−2
70 Jordanien	..	24	..	92	..	32	..	−16	..	43	..	−48
71 Syrien, Arab. Rep.	14	23	76	65	10	24	10	12	17	13	(.)	−11
72 *Angola*	..	..	..	..	..	..	..	..	..	..	..	..
73 *Kuba*	..	..	..	..	..	..	..	..	..	..	..	..
74 *Korea, Dem. Rep.*	..	..	..	..	..	..	..	..	..	..	..	..
75 *Libanon*	10	..	81	..	22	..	9	..	36	..	−13	..
76 *Mongolische VR*	..	..	..	..	..	..	..	..	..	..	..	..
Obere Einkommenskategorie	**11** *w*	**14** *w*	**65** *w*	**65** *w*	**23** *w*	**22** *w*	**24** *w*	**26** *w*	**18** *w*	**26** *w*	**1** *w*	**4** *w*
77 Chile	11	14	73	73	15	14	16	13	14	23	1	−1
78 Brasilien	11	b	62	79	25	16	27	21	8	14	2	6
79 Portugal	12	14	68	70	25	23	20	16	27	39	−5	−7
80 Malaysia	15	18	63	50	18	31	23	32	44	56	4	1
81 Panama	11	19	73	64	18	18	16	17	36	36	−2	−1
82 Uruguay	15	12	68	75	11	9	18	13	19	25	7	5
83 Mexiko	7	10	72	61	22	22	21	30	9	18	−1	8
84 Korea, Rep.	9	10	83	60	15	29	8	30	9	37	−7	(.)
85 Jugoslawien	18	16	52	54	30	29	30	30	22	31	(.)	1
86 Argentinien	8	b	69	81	19	14	22	19	8	13	3	4
87 Südafrika	11	*16*	62	*55*	28	*25*	27	*29*	26	*26*	(.)	*4*
88 Algerien	15	16	66	45	22	38	19	39	22	26	−3	1
89 Venezuela	12	13	54	58	24	16	34	29	31	32	10	13
90 Griechenland	12	*19*	73	*70*	26	*21*	15	*11*	9	*19*	−11	*−10*
91 Israel	20	33	65	59	29	19	15	8	19	40	−13	−11
92 Hongkong	7	7	64	64	36	24	29	29	71	107	−7	5
93 Trinidad u. Tobago	11	..	66	..	23	..	23	..	39	..	(.)	..
94 Singapur	10	11	80	46	22	47	10	43	123	..	−12	−4
95 *Iran, Islam. Rep.*	13	..	63	..	17	..	24	..	20	..	6	..
96 *Irak*	20	..	50	..	16	..	31	..	39	..	15	..
Ölexporteure mit hohem Einkommen	**15** *w*	**30** *w*	**32** *w*	**34** *w*	**19** *w*	**30** *w*	**53** *w*	**36** *w*	**61** *w*	**48** *w*	**34** *w*	**6** *w*
97 Oman	..	..	..	..	..	..	..	..	..	..	..	..
98 Libyen	14	*34*	36	*31*	29	*23*	50	*35*	53	*43*	21	*12*
99 Saudi-Arabien	18	31	34	36	14	35	48	32	60	44	34	−3
100 Kuwait	13	20	26	49	16	21	60	30	68	60	45	9
101 Vereinigte Arab. Emirate	..	27	..	17	..	27	..	56	..	61	..	29
Marktwirtschaftliche Industrieländer	**15** *w*	**17** *w*	**61** *w*	**62** *w*	**23** *w*	**21** *w*	**23** *w*	**21** *w*	**12** *w*	**18** *w*	**(.)** *w*	**(.)** *w*
102 Spanien	7	12	71	67	25	18	21	21	11	24	−3	3
103 Irland	14	19	72	58	24	22	15	23	35	61	−9	2
104 Italien	15	19	62	62	20	19	23	18	16	27	3	(.)
105 Neuseeland	12	16	63	62	27	23	25	22	22	32	−2	−1
106 Großbritannien	17	22	64	61	20	17	19	17	20	29	−1	(.)
107 Belgien	13	17	64	66	23	15	23	17	36	77	(.)	2
108 Österreich	13	18	59	57	28	25	27	25	26	37	−1	(.)
109 Niederlande	15	17	59	60	27	18	26	23	43	63	−1	5
110 Frankreich	13	16	61	64	25	19	26	19	14	25	1	(.)
111 Japan	8	10	58	59	32	28	33	31	11	15	1	3
112 Finnland	14	19	60	54	28	24	26	26	21	31	−2	3
113 Deutschland, Bundesrep.	15	20	56	57	28	21	29	23	18	31	(.)	2
114 Dänemark	16	26	59	54	26	19	25	20	29	37	−2	1
115 Australien	11	17	63	64	28	21	26	19	15	15	−2	−2
116 Schweden	18	28	56	50	27	18	26	22	22	37	−1	4
117 Kanada	15	21	60	57	26	19	25	22	19	29	(.)	4
118 Norwegen	15	19	56	47	30	25	29	35	41	48	−1	10
119 Vereinigte Staaten	17	19	62	65	20	19	21	16	5	8	1	−3
120 Schweiz	10	14	60	62	30	24	30	25	29	38	−1	(.)
Osteuropäische Staatshandelsländer	..	..	..	..	..	..	..	..	..	..	..	..
121 Ungarn	b	10	75	*61*	26	*27*	25	*28*	..	*40*	..	*2*
122 Polen	..	10	..	63	..	26	..	27	..	18	..	1
123 *Albanien*	..	..	..	..	..	..	..	..	..	..	..	..
124 *Bulgarien*	..	..	..	..	..	..	..	..	..	..	..	..
125 *Tschechoslowakei*	..	..	..	..	..	..	..	..	..	..	..	..
126 *Deutsche Dem. Rep.*	..	..	..	..	..	..	..	..	..	..	..	..
127 *Rumänien*	..	..	..	..	..	..	..	..	..	..	..	..
128 *Sowjetunion*	..	..	..	..	..	..	..	..	..	..	..	..

[a] Kursive Zahlen für 1983 und nicht für 1984.   [b] Gesonderte Angaben für den öffentlichen Verbrauch liegen nicht vor; er wird deshalb unter dem privaten Verbrauch erfaßt.

Tabelle 6: Landwirtschaft und Nahrungsmittel

	Wertschöpfung in der Landwirtschaft (in Mio $ von 1980)		Getreideeinfuhr (in Tsd. metr. t)		Nahrungsmittelhilfe in Form von Getreide (in Tsd. metr. t)		Düngemittelverbrauch (in 100 g Pflanzennährstoffe je ha Anbaufläche)		Durchschnittlicher Indexwert der Nahrungsmittelproduktion pro Kopf (1974—76 = 100)
	1970	1984[a]	1974	1984	1974/75	1983/84	1970[b]	1983	1982—84
Länder mit niedrigem Einkommen			24.017 s	26.430 s	5.651 s	4.878 s	178 w	661 w	116 w
China und Indien			15.101 s	17.355 s	1.582 s	580 s	230 w	923 w	121 w
Übrige Länder			8.916 s	9.075 s	4.069 s	4.298 s	78 w	195 w	102 w
Afrika südl. der Sahara			2.560 s	5.195 s	796 s	2.087 s	23 w	49 w	92 w
1 Äthiopien	1.663	1.971	118	506	54	172	4	35	100
2 Bangladesch	5.427	6.703	1.866	2.136	2.076	1.163	142	596	99
3 Mali	403	606	281	367	107	111	29	75	101
4 Zaire	1.503	1.866	343	246	1	53	8	14	92
5 Burkina Faso	444	521	99	89	28	57	3	50	94
6 Nepal	1.102	1.364	18	27	0	30	30	137	91
7 Birma	1.705	3.403	26	7	9	6	34	158	124
8 Malawi	257	427	17	20	(.)	3	52	164	100
9 Niger	851	649	155	45	73	13	1	5	113
10 Tansania	1.583	..	431	364	148	136	30	42	100
11 Burundi	468	585	7	14	6	11	5	21	106
12 Uganda	2.388	2.682	37	20	0	10	13	..	98
13 Togo	212	238	6	95	11	9	3	21	92
14 Zentralafrikanische Rep.	256	324	7	30	1	8	11	7	94
15 Indien	45.772	59.681	5.261	2.170	1.582	371	114	394	110
16 Madagaskar	1.111	1.269	114	172	7	74	56	46	89
17 Somalia	434	..	42	330	111	177	31	23	69
18 Benin	..	463	8	65	9	6	33	30	97
19 Ruanda	..	..	3	20	19	25	3	3	112
20 China	69.147	134.877	9.840	15.185	0	209	418	1.806	128
21 Kenia	1.198	2.183	15	560	2	122	224	376	82
22 Sierra Leone	261	330	72	61	10	16	13	11	95
23 Haiti	..	..	83	205	25	72	4	36	90
24 Guinea	..	794	63	186	49	43	18	6	93
25 Ghana	3.360	2.522	177	311	33	74	9	77	73
26 Sri Lanka	812	1.224	951	685	271	391	496	740	125
27 Sudan	1.610	2.203	125	530	46	450	31	67	93
28 Pakistan	5.007	6.581	1.274	291	584	395	168	586	104
29 Senegal	603	567	341	698	27	151	20	48	66
30 *Afghanistan*	..	..	5	20	10	100	24	63	102
31 *Bhutan*	..	..	3	11	0	7	(.)	10	104
32 *Tschad*	339	..	37	74	20	69	7	17	95
33 *Kamputschea*	..	..	223	25	226	43	13	16	107
34 *Laos*	..	..	53	37	8	2	4	6	129
35 *Mosambik*	..	..	62	392	34	297	27	77	73
36 *Vietnam*	..	..	1.854	436	64	2	512	471	123
Länder mit mittlerem Einkommen			41.135 s	84.988 s	2.329 s	4.719 s	214 w	443 w	104 w
Ölexporteure			18.022 s	45.487 s	1.135 s	2.712 s	140 w	466 w	102 w
Ölimporteure			23.113 s	39.501 s	1.194 s	2.007 s	258 w	431 w	105 w
Afrika südl. der Sahara			1.361 s	4.849 s	114 s	503 s	46 w	109 w	92 w
Untere Einkommenskategorie			17.128 s	32.838 s	1.624 s	4.685 s	76 w	431 w	104 w
37 Mauretanien	200	215	115	277	48	129	6	..	95
38 Liberia	235	334	42	109	3	47	55	75	91
39 Sambia	473	627	93	236	5	76	71	130	74
40 Lesotho	94	..	49	141	14	50	17	151	78
41 Bolivien	541	723	209	320	22	284	13	18	84
42 Indonesien	12.097	21.229	1.919	1.926	301	466	119	745	120
43 Jemen, Arab.Rep.	..	..	158	612	33	5	1	57	84
44 Jemen, Dem. VR	..	..	149	291	(.)	16	(.)	103	83
45 Elfenbeinküste	1.733	2.542	172	545	4	0	71	107	110
46 Philippinen	5.115	8.694	817	964	89	54	214	320	107
47 Marokko	2.784	2.905	891	2.610	75	448	130	293	91
48 Honduras	475	687	52	130	31	97	160	159	99
49 El Salvador	740	868	75	221	4	263	1.048	1.132	88
50 Papua-Neuguinea	655	926	71	174	..	..	76	182	95
51 Ägypten, Arab. Rep.	3.282	4.795	3.877	8.616	610	1.783	1.282	3.605	91
52 Nigeria	17.943	19.062	389	2.351	7	0	3	87	96
53 Simbabwe	556	823	56	334	0	76	466	576	69
54 Kamerun	1.492	1.991	81	121	4	1	28	48	83
55 Nicaragua	410	606	44	135	3	56	184	483	78
56 Thailand	5.631	9.829	97	150	0	13	76	240	115
57 Botsuana	20	74	21	59	5	32	14	10	61
58 Dominikanische Rep.	953	1.235	252	436	16	148	354	288	99
59 Peru	1.716	1.893	637	1.205	37	207	297	224	84
60 Mauritius	178	152	160	188	22	22	2.081	2.538	88
61 Kongo, VR	147	178	34	113	2	1	112	24	96
62 Ecuador	1.054	1.413	152	369	13	14	123	283	89
63 Jamaika	205	235	340	432	1	54	886	628	89
64 Guatemala	..	..	138	142	9	19	224	474	101
65 Türkei	8.701	13.400	1.276	1.627	16	0	166	581	103

Anmerkung: Zur Vergleichbarkeit der Daten und ihrer Abgrenzung vgl. Technische Erläuterungen.

	Wertschöpfung in der Landwirtschaft (in Mio $ von 1980)		Getreideeinfuhr (in Tsd. metr. t)		Nahrungsmittelhilfe in Form von Getreide (in Tsd. metr. t)		Düngemittelverbrauch (in 100 g Pflanzennährstoffe je ha Anbaufläche)		Durchschnittlicher Indexwert der Nahrungsmittelproduktion pro Kopf (1974—76 = 100)
	1970	1984[a]	1974	1984	1974/75	1983/84	1970[b]	1983	1982—84
66 Costa Rica	666	961	110	139	1	39	1.086	1.323	87
67 Paraguay	678	1.381	71	75	10	8	58	46	105
68 Tunesien	712	1.358	307	1.071	59	146	82	160	84
69 Kolumbien	4.247	6.918	503	789	28	3	310	563	104
70 Jordanien	187	311	171	835	79	24	20	394	136
71 Syrien, Arab. Rep.	1.057	2.415	339	1.855	47	17	67	320	123
72 *Angola*	..	..	149	375	0	69	45	25	81
73 *Kuba*	..	..	1.622	2.105	..	0	1.539	1.699	129
74 *Korea, Dem. Rep.*	..	..	1.108	200	..	..	1.484	3.452	113
75 *Libanon*	..	..	354	506	26	18	1.279	1.191	145
76 *Mongolische VR*	..	..	28	54	..	..	18	116	90
Obere Einkommenskategorie			24.007 s	52.150 s	705 s	..	248 w	455 w	103 w
77 Chile	1.597	2.142	1.737	1.038	323	21	317	249	102
78 Brasilien	18.425	34.503	2.485	5.336	31	3	169	307	115
79 Portugal	..	2.241	1.860	3.046	(.)	..	411	655	86
80 Malaysia	3.511	6.593	1.017	2.064	1	..	436	1.115	112
81 Panama	275	353	63	85	3	2	391	396	99
82 Uruguay	913	879	70	98	6	0	392	259	105
83 Mexiko	11.125	17.286	2.881	8.484	..	1	246	612	104
84 Korea, Rep.	8.176	12.234	2.679	6.334	234	0	2.466	3.311	109
85 Jugoslawien	5.433	8.259	992	34	..	..	766	1.178	109
86 Argentinien	3.947	5.455	(.)	(.)	(.)	..	24	35	109
87 Südafrika	3.571	..	127	3.240	..	..	425	649	83
88 Algerien	1.731	2.790	1.816	4.155	54	7	174	213	79
89 Venezuela	2.477	3.425	1.270	2.653	..	..	165	385	88
90 Griechenland	4.929	6.332	1.341	280	..	..	858	1.611	103
91 Israel	..	..	1.176	1.804	53	0	1.394	1.831	98
92 Hongkong	321	251	657	833	(.)	..	..	..	99
93 *Trinidad u. Tobago*	160	..	208	269	0	..	640	494	60
94 Singapur	118	149	682	2.537	(.)	..	2.667	7.833	68
95 *Iran, Islam. Rep.*	10.314	..	2.076	5.349	0	..	76	758	99
96 *Irak*	..	..	870	4.511	(.)	0	35	165	85
Ölexporteure mit hohem Einkommen			1.379 s	10.067 s			58 w	918 w	..
97 Oman	..	..	52	214			(.)	884	..
98 *Libyen*	168	572	612	1.005			64	432	94
99 Saudi-Arabien	833	1.917	482	7.643			44	1.777	98
100 Kuwait	42	108	101	770			(.)	4.200	..
101 Vereinigte Arab. Emirate	..	294	132	435			(.)	2.991	..
Marktwirtschaftliche Industrieländer			65.494 s	62.579 s			985 w	1.233 w	107 w
102 Spanien	10.888	..	4.675	3.973			595	710	107
103 Irland	..	..	631	524			3.573	6.973	101
104 Italien	22.099	25.478	8.100	7.097			962	1.689	111
105 Neuseeland	..	..	92	136			8.875	11.468	108
106 Großbritannien	7.907	11.476	7.541	2.991			2.521	3.746	124
107 Belgien[c]	2.370	3.272	4.585	6.638			5.686	5.467	104
108 Österreich	2.950	3.091	165	67			2.517	2.520	118
109 Niederlande	3.986	7.180	7.199	4.655			7.165	7.888	120
110 Frankreich	24.282	30.484	654	1.747			2.424	3.116	111
111 Japan	38.299	39.972	19.557	26.944			3.849	4.370	91
112 Finnland	4.379	4.351	222	53			1.931	2.220	102
113 Deutschland, Bundesrep.	15.442	20.589	7.164	4.444			4.208	4.211	116
114 Dänemark	2.427	4.137	462	364			2.254	2.639	122
115 Australien	7.090	11.083	2	20			246	242	105
116 Schweden	3.983	4.252	301	118			1.639	1.603	112
117 Kanada	8.501	10.634	1.513	627			192	487	118
118 Norwegen	2.035	2.481	713	330			2.471	2.970	117
119 Vereinigte Staaten	62.108	66.669	460	785			800	1.045	105
120 Schweiz	..	..	1.458	1.066			3.842	4.296	117
Osteuropäische Staatshandelsländer			18.543 s	50.425 s			635 w	1.221 w	103 w
121 Ungarn	2.782	4.677	408	74			1.485	2.998	126
122 Polen	..	9.751	4.185	2.718	..	42	1.715	2.314	94
123 *Albanien*	..	..	48	4			745	1.446	107
124 *Bulgarien*	..	..	649	55			1.446	2.437	119
125 *Tschechoslowakei*	..	..	1.296	697			2.402	3.435	118
126 *Deutsche Dem. Rep.*	..	..	2.821	3.153			3.202	2.901	107
127 *Rumänien*	..	..	1.381	510			559	1.577	119
128 *Sowjetunion*	..	..	7.755	43.214			437	987	101

[a] Kursive Zahlen für 1983 und nicht für 1984. [b] Durchschnitt 1969—71. [c] Einschließlich Luxemburg.

Tabelle 7: Industrie

	Verteilung der Wertschöpfung im Verarbeitenden Gewerbe (in % und Preisen von 1980)										Wertschöpfung im Verarbeitenden Gewerbe (in Mio $ von 1980)	
	Nahrungsmittel und Landwirtschaft		Textilien und Bekleidung		Maschinenbau, Elektrotechnik, Fahrzeuge		Chemische Erzeugnisse		Übriges Verarbeitendes Gewerbe			
	1970	1983a	1970	1983a	1970	1983a	1970	1983a	1970	1983a	1970	1983a
Länder mit niedrigem Einkommen												
China und Indien												
Übrige Länder												
Afrika südl. der Sahara												
1 Äthiopien	30	38	34	28	1	..	2	2	33	32	282	453
2 Bangladesch	18	18	51	40	3	6	13	22	15	14	437	860
3 Mali	22	25	54	57	5	6	2	2	17	10	59	82
4 Zaire	41	44	16	11	5	..	5	7	33	38	213	168
5 Burkina Faso	74	..	4	..	..	..	6	..	17	..	73	157
6 Nepal	..	69	..	13	..	..	..	2	..	17	..	..
7 Birma	30	37	6	12	2	2	4	6	57	44	373	687
8 Malawi	33	46	23	18	3	..	..	..	42	36	72	136
9 Niger	15	33	42	27	..	..	..	11	43	28	53	152
10 Tansania	23	26	27	26	7	9	9	9	34	31	336	..
11 Burundi	..	78	..	..	..	..	..	5	..	17	52	91
12 Uganda	59	59	8	17	(.)	..	8	2	26	22	311	137
13 Togo	51	43	38	38	..	..	..	..	12	19	149	61
14 Zentralafrikanische Rep.	14	41	72	38	(.)	1	3	4	11	17	114	..
15 Indien	11	13	37	27	14	18	8	11	30	32	16.294	27.091
16 Madagaskar	22	23	31	42	10	..	4	5	32	31	492	395
17 Somalia	69	..	4	..	(.)	(.)	1	..	27	..	..	..
18 Benin	..	..	..	..	..	..	..	..	..	..	..	117
19 Ruanda	75	72	..	..	..	..	2	3	23	25	..	..
20 China	..	..	..	..	..	..	..	..	..	..	54.806	152.731
21 Kenia	39	37	10	12	11	15	10	8	29	29	263	881
22 Sierra Leone	35	42	..	..	..	..	3	6	61	52	37	52
23 Haiti	19	..	42	..	15	..	2	..	22	..	..	..
24 Guinea	..	..	..	..	..	..	..	..	..	..	..	39
25 Ghana	14	27	42	19	3	1	5	5	36	49	409	211
26 Sri Lanka	45	44	8	15	7	4	6	7	34	31	548	742
27 Sudan	30	38	24	..	2	3	2	4	42	56	298	521
28 Pakistan	19	28	57	23	7	10	7	21	11	18	2.359	5.205
29 Senegal	55	54	23	20	..	4	6	4	16	17	366	640
30 *Afghanistan*	..	..	..	..	..	..	..	..	..	..	..	..
31 *Bhutan*	..	..	..	..	..	..	..	..	..	..	..	..
32 Tschad	46	48	37	34	..	..	(.)	(.)	17	18	27	..
33 *Kamputschea*	..	..	..	..	..	..	..	..	..	..	..	..
34 *Laos*	..	..	..	..	..	..	..	..	..	..	..	..
35 Mosambik	40	..	16	..	5	..	5	..	33	..	..	..
36 *Vietnam*	..	..	..	..	..	..	..	..	..	..	..	..
Länder mit mittlerem Einkommen												
Ölexporteure												
Ölimporteure												
Afrika südl. der Sahara												
Untere Einkommenskategorie												
37 Mauretanien	91	91	..	..	..	..	..	..	9	9	32	48
38 Liberia	16	24	..	..	..	..	..	..	75	84	46	69
39 Sambia	49	44	8	11	10	8	8	9	27	26	524	720
40 Lesotho	..	..	..	..	..	..	..	..	..	..	3	..
41 Bolivien	24	36	43	16	1	2	4	4	28	42	369	646
42 Indonesien	18	21	7	7	5	7	7	6	62	60	2.350	9.611
43 Jemen, Arab. Rep.	..	..	..	..	..	..	..	..	..	..	43	254
44 Jemen, Dem. VR	..	..	..	..	..	..	..	..	..	..	..	..
45 Elfenbeinküste	24	38	24	27	18	8	6	8	29	19	680	1.204
46 Philippinen	42	44	11	14	9	8	6	7	32	28	4.383	9.308
47 Marokko	28	32	27	23	9	6	6	9	30	31	1.772	3.170
48 Honduras	43	50	13	11	(.)	1	2	5	41	33	196	309
49 El Salvador	46	40	24	22	4	6	3	10	24	21	401	448
50 Papua-Neuguinea	..	..	..	..	..	..	..	..	..	..	95	227
51 Ägypten, Arab. Rep.	22	20	35	26	5	13	7	9	32	32	3.095	8.950
52 Nigeria	32	30	11	9	10	20	9	14	39	27	1.425	4.252
53 Simbabwe	21	26	19	17	10	9	8	10	42	38	798	1.326
54 Kamerun	37	41	..	..	4	2	5	5	54	52	278	715
55 Nicaragua	60	62	10	14	2	1	11	7	17	16	419	593
56 Thailand	32	23	21	..	6	12	6	8	36	56	2.526	7.837
57 Botsuana	..	..	..	..	..	..	..	..	..	..	11	55
58 Dominikanische Rep.	83	69	5	5	(.)	(.)	3	5	8	20	527	1.115
59 Peru	29	26	17	13	11	12	5	11	38	38	3.903	4.435
60 Mauritius	61	..	5	..	7	..	4	..	23	..	81	170
61 Kongo, VR	70	52	2	4	3	..	3	6	21	38	117	191
62 Ecuador	51	36	19	20	(.)	1	3	4	27	38	835	2.283
63 Jamaika	41	43	9	6	7	..	11	16	32	35	513	458
64 Guatemala	79	..	..	..	..	..	..	..	20	..	..	..
65 Türkei	16	21	27	16	12	16	8	11	38	37	6.975	14.263

Anmerkung: Zur Vergleichbarkeit der Daten und ihrer Abgrenzung vgl. Technische Erläuterungen.

	Verteilung der Wertschöpfung im Verarbeitenden Gewerbe (in % und Preisen von 1980)										Wertschöpfung im Verarbeitenden Gewerbe (in Mio $ von 1980)	
	Nahrungsmittel und Landwirtschaft		Textilien und Bekleidung		Maschinenbau, Elektrotechnik, Fahrzeuge		Chemische Erzeugnisse		Übriges Verarbeitendes Gewerbe			
	1970	1983[a]	1970	1983[a]	1970	1983[a]	1970	1983[a]	1970	1983[a]	1970	1983[a]
66 Costa Rica	55	..	8	..	6	..	8	..	23	..	439	806
67 Paraguay	57	42	17	18	1	2	3	3	23	36	305	651
68 Tunesien	26	24	28	21	3	8	10	10	33	37	353	1.289
69 Kolumbien	37	42	18	14	5	8	6	6	34	31	3.297	5.545
70 Jordanien	26	26	..	..	..	..	2	4	72	71	102	509
71 Syrien, Arab. Rep.	27	32	38	28	1	3	6	7	28	30	1.159	2.341
72 *Angola*	..	..	..	..	..	..	..	..	..	..	..	..
73 *Kuba*	73	53	6	6	2	10	5	6	15	25	..	..
74 *Korea, Dem. Rep.*	..	..	..	..	..	..	..	..	..	..	..	..
75 *Libanon*	..	..	..	..	..	..	..	..	..	..	..	..
76 *Mongolische VR*	29	22	35	30	..	..	2	4	34	45	..	..
Obere Einkommenskategorie												
77 Chile	23	26	17	9	6	3	7	8	47	54	5.275	4.940
78 Brasilien	21	21	15	11	16	17	4	11	44	40	26.963	56.878
79 Portugal	16	17	32	27	12	12	5	7	35	37	..	7.897
80 Malaysia	26	22	4	7	15	24	5	5	49	43	1.773	6.080
81 Panama	30	43	10	10	1	1	4	8	55	38	249	345
82 Uruguay	30	31	17	22	9	6	9	9	35	31	1.667	1.670
83 Mexiko	29	28	16	13	11	12	9	13	35	34	21.533	41.346
84 Korea, Rep.	13	10	16	19	9	24	16	12	46	36	4.047	21.788
85 Jugoslawien	13	11	18	15	21	23	5	7	44	43	7.629	19.512
86 Argentinien	22	22	13	10	19	16	7	9	40	42	12.615	12.682
87 Südafrika	12	13	10	9	26	21	7	9	46	48	9.747	..
88 Algerien	33	18	29	26	5	7	4	3	29	47	1.578	6.061
89 Venezuela	22	26	10	5	6	6	8	7	55	56	5.790	9.528
90 Griechenland	21	21	21	22	14	12	6	8	39	38	3.852	6.512
91 Israel	10	13	12	11	20	25	7	8	51	43	..	..
92 Hongkong	4	..	50	..	16	..	1	..	28	..	3.148	6.944
93 Trinidad u. Tobago	15	26	5	6	5	15	5	8	69	44	711	..
94 Singapur	8	4	8	4	20	51	3	5	61	36	1.148	3.451
95 *Iran, Islam. Rep.*	25	12	18	21	8	15	7	4	42	48	4.711	11.596
96 *Irak*	19	..	24	..	18	..	4	..	35	..	..	..
Ölexporteure mit hohem Einkommen												
97 Oman	..	..	..	..	..	..	..	..	..	..	..	..
98 Libyen	66	..	..	..	..	..	7	..	28	..	196	760
99 Saudi-Arabien	7	10	..	..	..	..	..	..	93	90	2.987	7.230
100 Kuwait	3	8	..	..	..	..	3	7	94	85	696	1.790
101 Vereinigte Arab. Emirate	..	..	..	..	..	..	..	..	..	..	..	2.428
Marktwirtschaftliche Industrieländer												
102 Spanien	8	13	22	15	24	21	8	7	39	44	29.582	..
103 Irland	35	36	19	11	12	15	5	14	29	24	..	..
104 Italien	10	12	18	18	23	26	8	7	40	38	..	..
105 Neuseeland	26	24	12	12	17	17	5	5	41	41	..	..
106 Großbritannien	11	14	8	6	34	33	7	10	39	36	130.154	120.228
107 Belgien	16	19	13	9	23	25	10	12	37	35	21.769	30.660
108 Österreich	15	15	12	9	21	24	5	7	47	45	14.400	21.534
109 Niederlande	14	..	7	..	24	..	10	..	44	..	30.533	39.185
110 Frankreich	16	16	10	7	30	34	10	8	34	34	120.210	173.370
111 Japan	12	10	8	6	27	38	6	7	47	40	157.947	387.272
112 Finnland	13	11	9	7	18	22	5	6	55	53	8.471	14.107
113 Deutschland, Bundesrep.	10	10	8	5	37	41	8	9	38	34	240.808	310.384
114 Dänemark	21	23	7	6	23	24	6	9	43	39	8.257	11.935
115 Australien	19	18	7	7	23	19	5	8	46	48	24.857	29.059
116 Schweden	9	9	6	3	28	32	5	7	52	50	23.781	27.151
117 Kanada	15	14	8	7	19	22	6	7	52	49	34.285	46.210
118 Norwegen	15	12	6	3	27	28	5	8	47	49	7.521	8.628
119 Vereinigte Staaten	9	10	7	6	30	33	7	9	46	42	448.167	592.504
120 Schweiz	12	15	9	8	26	25	8	12	45	40	..	..
Osteuropäische Staatshandelsländer												
121 Ungarn	11	11	15	11	25	29	8	11	41	38	4.257	8.343
122 Polen	22	18	19	15	23	29	7	8	29	30	..	..
123 *Albanien*	..	..	..	..	..	..	..	..	..	..	..	..
124 *Bulgarien*	30	20	17	14	11	20	6	7	36	39	..	..
125 *Tschechoslowakei*	11	8	12	10	30	39	7	8	40	35	..	..
126 *Deutsche Dem. Rep.*	12	9	15	12	27	34	12	13	35	32	..	..
127 *Rumänien*	25	16	8	9	21	34	9	11	36	30	..	..
128 *Sowjetunion*	27	22	19	15	19	29	5	6	29	28	..	..

[a] Kursive Zahlen für 1982 und nicht für 1983.

Tabelle 8: Kommerzielle Energie

	Durchschnittliche jährliche Zuwachsrate (%)				Energieverbrauch pro Kopf (in kg Öleinheiten)		Energieeinfuhr in % der Warenausfuhr	
	Energieproduktion		Energieverbrauch					
	1965—73[a]	1973—84	1965—73	1973—84	1965	1984	1965	1984[b]
Länder mit niedrigem Einkommen	**10,0** w	**6,1** w	**9,7** w	**5,3** w	**130** w	**288** w	**8** w	..
China und Indien	10,1 w	6,0 w	10,2 w	5,5 w	147 w	360 w	..	17 w
Übrige Länder	7,8 w	6,7 w	6,1 w	3,1 w	67 w	79 w	7 w	..
Afrika südl. der Sahara	10,4 w	6,5 w	9,3 w	0,9 w	46 w	56 w	8 w	..
1 Äthiopien	11,1	6,0	11,4	3,4	10	17	8	48
2 Bangladesch	..	13,0	..	7,9	..	40	..	20
3 Mali	80,5	13,2	4,6	6,5	15	26	16	..
4 Zaire	4,8	8,8	6,0	1,2	67	77	6	..
5 Burkina Faso	..	..	8,0	9,5	8	21	11	86
6 Nepal	27,2	10,9	8,8	8,6	6	16	..	49
7 Birma	9,6	6,9	6,5	4,8	39	71	4	..
8 Malawi	31,1	8,0	8,3	3,6	25	43	7	..
9 Niger	..	..	14,7	11,2	8	42	9	..
10 Tansania	6,8	6,2	10,5	−2,0	37	38	..	..
11 Burundi	..	28,5	5,6	12,2	5	17	11	..
12 Uganda	3,7	−3,1	8,4	−5,2	36	22	..	..
13 Togo	−6,1	31,6	12,9	10,0	25	109	6	..
14 Zentralafrikanische Rep.	10,6	3,5	9,8	4,5	22	33	7	..
15 Indien	3,7	7,9	5,1	6,5	100	187	8	59
16 Madagaskar	8,6	3,4	13,6	0,5	33	45	8	32
17 Somalia	..	..	9,3	14,9	15	83	9	..
18 Benin	..	..	19,7	1,8	21	43	14	53
19 Ruanda	15,7	−1,2	11,4	14,7	8	43	10	..
20 China	11,8	5,6	11,9	5,3	178	485	..	1
21 Kenia	9,9	14,1	7,1	1,0	114	111	..	51
22 Sierra Leone	..	..	4,6	3,5	104	77	11	63
23 Haiti	..	9,0	6,2	6,2	25	55	..	..
24 Guinea	17,1	1,8	2,3	1,3	56	52	..	..
25 Ghana	43,4	−1,9	15,0	−1,8	76	101	6	..
26 Sri Lanka	12,0	6,7	5,2	3,3	107	143	6	33
27 Sudan	14,7	7,9	12,1	−3,0	67	62	5	..
28 Pakistan	5,1	8,7	1,4	6,9	136	188	7	56
29 Senegal	..	..	6,0	4,0	79	118	8	..
30 *Afghanistan*	46,7	0,1	7,1	1,6	30	48	8	..
31 *Bhutan*	..	..	..	..	..	..	..	..
32 *Tschad*	..	..	..	..	..	..	23	..
33 *Kamputschea*	..	..	19,8	0,9	19	58	7	..
34 *Laos*	..	16,9	16,6	−0,9	22	35	..	..
35 *Mosambik*	4,6	11,9	9,3	0,9	81	93	13	..
36 *Vietnam*	−3,4	5,1	6,7	−1,5	106	88	..	..
Länder mit mittlerem Einkommen	**8,5** w	**0,3** w	**7,9** w	**5,1** w	**384** w	**743** w	**8** w	**21** w
Ölexporteure	9,1 w	−1,2 w	6,9 w	6,9 w	300 w	615 w	5 w	9 w
Ölimporteure	6,0 w	5,5 w	8,4 w	4,2 w	453 w	856 w	10 w	27 w
Afrika südl. der Sahara	30,5 w	−2,3 w	7,8 w	6,1 w	89 w	175 w	5 w	..
Untere Einkommenskategorie	**16,2** w	**2,5** w	**7,6** w	**5,6** w	**200** w	**399** w	**9** w	..
37 Mauretanien	..	..	16,0	3,2	48	127	2	..
38 Liberia	37,0	1,0	16,1	2,0	181	358	6	17
39 Sambia	18,6	5,7	−0,1	1,6	464	422	5	5
40 Lesotho	..	..	..	..	..	..	..	..
41 Bolivien	17,8	(.)	5,2	5,8	156	276	1	..
42 Indonesien	12,7	3,3	6,6	8,0	91	205	3	20
43 Jemen, Arab. Rep.	..	..	16,5	21,7	7	117	..	..
44 Jemen, Dem. VR	..	..	−10,7	7,0	982	682	63	..
45 Elfenbeinküste	0,5	44,3	10,9	4,1	109	161	5	16
46 Philippinen	4,6	21,8	9,0	2,3	160	271	12	44
47 Marokko	2,6	−0,7	8,9	5,0	124	256	5	47
48 Honduras	15,6	9,9	10,4	3,5	111	205	5	28
49 El Salvador	2,1	13,3	5,7	2,9	140	188	5	57
50 Papua-Neuguinea	16,5	8,0	20,3	4,1	56	232	7	25
51 Ägypten, Arab. Rep.	10,0	15,6	−0,7	11,2	313	562	11	10
52 Nigeria	33,4	−4,5	7,1	12,2	34	129	7	3
53 Simbabwe	1,1	−2,6	10,7	0,4	441	468	(.)	..
54 Kamerun	1,2	44,1	6,5	8,3	67	138	6	3
55 Nicaragua	4,8	3,8	9,8	0,7	187	234	6	46
56 Thailand	11,0	17,4	14,7	5,9	80	320	11	33
57 Botsuana	8,4	7,0	7,8	8,2	207	409	..	..
58 Dominikanische Rep.	4,9	34,8	18,6	2,4	130	386	7	71
59 Peru	2,0	10,2	5,2	3,6	403	575	3	3
60 Mauritius	3,1	0,8	11,9	−0,1	163	308	6	23
61 Kongo, VR	39,5	11,3	10,9	5,9	90	233	8	..
62 Ecuador	36,6	3,0	9,3	14,8	163	796	11	1
63 Jamaika	−1,8	2,7	10,2	−3,0	707	919	12	54
64 Guatemala	18,3	21,1	7,1	2,0	148	178	9	..
65 Türkei	5,7	3,9	10,0	4,5	258	634	12	53

Anmerkung: Zur Vergleichbarkeit der Daten und ihrer Abgrenzung vgl. Technische Erläuterungen.

	Durchschnittliche jährliche Zuwachsrate (%)				Energieverbrauch pro Kopf (in kg Öleinheiten)		Energieeinfuhr in % der Warenausfuhr	
	Energieproduktion		Energieverbrauch					
	1965–73[a]	1973–84	1965–73	1973–84	1965	1984	1965	1984[b]
66 Costa Rica	10,2	9,3	12,2	2,7	267	486	8	22
67 Paraguay	. .	8,2	9,1	8,9	86	231	14	. .
68 Tunesien	58,7	3,9	8,7	7,8	170	495	12	19
69 Kolumbien	2,2	3,9	6,6	5,3	413	758	1	14
70 Jordanien	. .	. .	4,3	14,8	226	813	33	74
71 Syrien, Arab. Rep.	164,4	3,3	9,7	11,8	212	799	13	. .
72 *Angola*	47,1	0,5	10,6	3,9	111	197	2	. .
73 *Kuba*	7,2	12,9	5,6	3,5	604	1.083	12	. .
74 *Korea, Dem. Rep.*	9,3	3,0	9,5	3,5	504	2.058	. .	. .
75 *Libanon*	2,4	–0,7	6,1	–3,8	713	656	50	. .
76 *Mongolische VR*	11,2	8,4	9,1	8,8	. .	1.168	. .	. .
Obere Einkommenskategorie	**6,6** *w*	**–0,6** *w*	**8,1** *w*	**4,9** *w*	**630** *w*	**1.221** *w*	**8** *w*	**19** *w*
77 Chile	4,1	2,0	7,2	0,8	657	796	5	. .
78 Brasilien	8,7	9,4	11,6	4,7	286	753	14	30
79 Portugal	3,8	0,3	8,7	3,7	506	1.215	13	44
80 Malaysia	60,8	16,7	8,5	7,0	312	716	10	12
81 Panama	2,7	15,2	8,2	–3,5	517	504	. .	138
82 Uruguay	5,2	10,1	1,8	0,3	765	738	13	28
83 Mexiko	4,5	15,9	7,2	7,9	622	1.308	4	1
84 Korea, Rep.	2,9	5,0	15,3	8,4	237	1.171	18	25
85 Jugoslawien	3,5	3,8	6,8	3,5	898	1.845	7	34
86 Argentinien	6,4	4,4	5,9	2,6	975	1.460	8	6
87 Südafrika	3,5	7,7	5,2	4,1	1.776	2.237	10	(.)
88 Algerien	6,7	3,3	6,1	15,6	226	1.140	(.)	2
89 Venezuela	0,1	–3,3	4,3	4,5	2.269	2.509	(.)	. .
90 Griechenland	12,2	9,3	11,6	3,7	615	1.858	29	54
91 Israel	53,4	–33,2	6,1	2,2	1.574	1.890	13	25
92 Hongkong	. .	. .	9,7	7,4	424	1.162	4	6
93 Trinidad u. Tobago	0,6	0,2	3,4	6,1	2.554	4.107	59	4
94 Singapur	. .	. .	20,5	4,4	670	2.520	17	33
95 *Iran, Islam. Rep.*	16,3	–11,6	13,3	1,4	537	1.044	(.)	. .
96 *Irak*	4,5	–7,1	6,2	6,4	399	692	(.)	. .
Ölexporteure mit hohem Einkommen	**11,7** *w*	**–3,7** *w*	**11,2** *w*	**8,8** *w*	**1.721** *w*	**3.593** *w*	**(.)** *w*	. .
97 Oman	57,2	4,6	89,7	8,5	14	2.405	. .	1
98 Libyen	8,6	–4,8	14,8	18,3	222	3.107	2	. .
99 Saudi-Arabien	15,7	–3,0	12,4	7,4	1.759	3.602	(.)	(.)
100 Kuwait	4,3	–9,1	2,6	2,8	. .	3.974	(.)	(.)
101 Vereinigte Arab. Emirate	24,1	–2,2	65,3	18,6	108	5.369	. .	3
Marktwirtschaftliche Industrieländer	**3,3** *w*	**1,9** *w*	**5,2** *w*	**0,1** *w*	**3.745** *w*	**4.877** *w*	**11** *w*	**23** *w*
102 Spanien	3,5	3,6	8,7	1,9	901	1.801	31	46
103 Irland	–1,4	13,4	5,8	2,7	1.504	2.395	14	12
104 Italien	2,1	0,6	7,0	(.)	1.568	2.487	16	32
105 Neuseeland	4,5	4,8	4,7	1,7	2.622	4.005	7	15
106 Großbritannien	–0,7	7,8	2,6	–1,3	3.481	3.441	13	15
107 Belgien	–9,0	4,6	6,0	–0,9	3.402	4.402	9	20
108 Österreich	–0,2	0,1	6,6	0,4	2.060	3.345	10	19
109 Niederlande	25,7	–1,0	9,1	–0,9	3.134	4.744	12	22
110 Frankreich	–3,1	6,1	6,0	0,5	2.468	3.516	16	27
111 Japan	–2,0	4,1	12,2	0,4	1.474	3.135	19	35
112 Finnland	0,3	13,0	8,4	2,3	2.233	4.944	11	23
113 Deutschland, Bundesrep.	–0,1	0,2	4,9	–0,3	3.197	4.238	8	18
114 Dänemark	–32,5	36,5	4,8	–1,0	2.911	3.495	13	19
115 Australien	16,0	4,3	6,4	1,8	3.287	4.763	10	9
116 Schweden	2,8	6,0	4,5	0,4	4.162	5.728	12	18
117 Kanada	9,5	1,7	6,1	1,8	6.007	9.148	7	6
118 Norwegen	6,0	15,2	5,4	2,6	4.650	8.575	11	8
119 Vereinigte Staaten	3,0	0,7	4,0	–0,1	6.535	7.302	8	29
120 Schweiz	2,5	3,9	6,0	0,9	2.501	3.777	8	12
Osteuropäische Staatshandelsländer	**4,3** *w*	**3,4** *w*	**4,6** *w*	**3,0** *w*	**2.523** *w*	**4.360** *w*	. .	. .
121 Ungarn	0,4	1,5	3,3	2,7	1.825	2.986	12	21
122 Polen	4,5	1,0	4,8	2,2	2.027	3.197	. .	21
123 *Albanien*	14,2	7,0	7,2	7,5	415	1.062	. .	. .
124 *Bulgarien*	0,8	4,7	7,7	3,9	1.788	4.366	. .	. .
125 *Tschechoslowakei*	1,1	0,8	3,6	1,2	3.374	4.489	. .	30
126 *Deutsche Dem. Rep.*	0,6	2,0	2,5	1,3	3.762	5.225	. .	. .
127 *Rumänien*	5,6	2,0	7,8	3,4	1.536	3.346	. .	. .
128 *Sowjetunion*	4,7	3,8	4,7	3,3	2.603	4.627	. .	. .

[a] Kursive Zahlen für 1966–73 und nicht für 1965–73. [b] Kursive Zahlen für 1982 oder 1983 und nicht für 1984.

Tabelle 9: Wachstum des Warenhandels

	Warenhandel (in Mio $)		Durchschnittliche jährliche Zuwachsrate[a] (in %)				Terms of Trade (1980 = 100)	
	Ausfuhr 1984	Einfuhr 1984[b]	Ausfuhr 1965—73	1973—84[c]	Einfuhr 1965—73	1973—84[c]	1982	1984
Länder mit niedrigem Einkommen	**48.319** s	**64.903** s	**1,7** w	**5,4** w	**−1,2** w	**5,0** w	**89** m	**100** m
China und Indien	34.259 s	41.152 s	..	7,9 w	..	8,1 w	105 m	104 m
Übrige Länder	14.060 s	23.751 s	1,5 w	1,4 w	1,3 w	1,3 w	88 m	99 m
Afrika südl. der Sahara	7.892 s	12.129 s	3.0 w	−0,8 w	4,4 w	−1,4 w	88 m	99 m
1 Äthiopien	417	826	2,9	0,4	−0,2	4,6	90	104
2 Bangladesch	934	2.042	−6,6	2,9	−8,3	4,2	105	106
3 Mali	167	344	13,1	4,7	8,5	3,2	105	116
4 Zaire	1.584	1.115	6,4	4,1	9,4	−4,5	79	84
5 Burkina Faso	91	255	−1,0	0,9	7,5	2,9	100	117
6 Nepal	111	437	..	..	..	..	..	..
7 Birma	378	239	−4,9	3,2	−6,7	−1,8	86	89
8 Malawi	309	268	3,8	2,4	6,4	−1,5	107	137
9 Niger	311	361	6,1	17,8	4,4	8,8	88	81
10 Tansania	456	782	0,9	−4,7	7,1	−4,3	88	94
11 Burundi	98	186	..	..	..	..	..	..
12 Uganda	399	392	0,2	−6,2	−2,5	2,2	75	98
13 Togo	240	271	4,1	5,2	6,6	4,7	84	88
14 Zentralafrikanische Rep.	115	178	−0,6	1,4	−0,3	2,6	94	99
15 Indien	9.437	15.002	2,4	3,3	−5,7	5,4	104	107
16 Madagaskar	349	480	5,4	−4,6	1,5	−4,0	80	105
17 Somalia	61	413	5,7	−0,7	5,1	5,9	94	93
18 Benin	112	363	14,3	−1,9	12,1	1,8	77	116
19 Ruanda	83	290	6,5	2,5	4,6	11,6	64	71
20 China	24.822	26.150	..	10,1	..	10,2	106	101
21 Kenia	1.078	1.547	3,8	−2,3	5,9	−1,7	92	101
22 Sierra Leone	148	166	3,7	−5,5	1,0	−6,8	85	95
23 Haiti	207	338	..	..	..	..	..	..
24 Guinea	457	313	..	..	..	..	..	..
25 Ghana	571	591	3,5	−4,0	−3,3	−7,4	84	99
26 Sri Lanka	1.454	1.847	−4,7	3,5	−3,3	4,6	88	111
27 Sudan	732	1.417	3,8	−0,2	4,9	1,2	87	96
28 Pakistan	2.592	5.873	3,7	7,4	−2,9	7,5	93	88
29 Senegal	416	1.039	−1,3	−0,8	5,6	−1,2	91	98
30 *Afghanistan*	..	..	5,9	6,5	−0,7	4,4	99	114
31 *Bhutan*	..	..	..	..	..	..	..	..
32 *Tschad*	..	..	−2,4	−2,9	8,4	−7,7	101	108
33 *Kamputschea*	..	..	..	..	..	..	..	..
34 *Laos*	11	48	..	..	..	..	..	..
35 *Mosambik*	185	532	3,6	−10,7	7,2	−4,7	84	104
36 *Vietnam*	..	..	..	..	..	..	..	..
Länder mit mittlerem Einkommen	**355.439** s	**346.948** s	**6,3** w	**0,8** w	**8,4** w	**4,4** w	**94** m	**95** m
Ölexporteure	149.298 s	121.676 s	6,2 w	−4,2 w	6,0 w	6,8 w	106 m	99 m
Ölimporteure	205.793 s	225.272 s	6,7 w	7,3 w	9,4 w	3,2 w	89 m	94 m
Afrika südl. der Sahara	25.485 s	17.923 s	8,2 w	−5,0 w	6,8 w	4,9 w	94 m	101 m
Untere Einkommenskategorie	**96.964** s	**111.245** s	**7,0** w	**0,7** w	**4,9** w	**4,9** w	**91** m	**95** m
37 Mauretanien	297	246	9,7	2,0	15,4	−0,7	101	95
38 Liberia	452	363	8,9	−2,3	3,7	−5,1	93	102
39 Sambia	824	690	−0,3	−2,4	3,0	−7,9	72	74
40 Lesotho[d]	..	..	..	..	..	..	..	..
41 Bolivien	773	631	5,2	−3,5	0,9	−1,8	94	91
42 Indonesien	21.888	13.882	11,1	1,4	14,0	10,5	105	101
43 Jemen, Arab. Rep.	9	1.401	..	..	..	..	..	..
44 Jemen, Dem. VR	379	825	..	..	..	..	..	..
45 Elfenbeinküste	2.703	1.507	6,9	−2,2	8,0	−1,7	91	101
46 Philippinen	5.391	6.365	4,2	5,6	3,0	2,3	89	101
47 Marokko	2.172	3.907	6,0	3,6	6,2	2,1	89	85
48 Honduras	746	954	3,6	3,0	3,1	0,5	80	93
49 El Salvador	708	970	2,7	1,8	2,1	−2,0	70	72
50 Papua-Neuguinea	897	1.114	..	..	..	..	..	..
51 Ägypten, Arab. Rep.	5.286	14.596	3,8	6,2	−3,9	15,3	111	100
52 Nigeria	14.295	10.500	8,8	−6,5	8,7	10,1	111	101
53 Simbabwe	1.167	1.144	..	..	..	..	..	..
54 Kamerun	2.080	1.239	4,2	2,3	6,3	3,9	73	85
55 Nicaragua	385	826	2,7	−0,6	2,0	−2,9	64	70
56 Thailand	7.413	10.518	6,9	10,4	4,4	5,9	77	81
57 Botsuana[d]	..	..	..	..	..	..	..	..
58 Dominikanische Rep.	868	1.257	10,9	1,6	13,3	−0,9	82	95
59 Peru	3.147	2.212	−2,1	9,3	−2,0	−0,1	85	84
60 Mauritius	373	472	4,2	4,8	4,5	−0,7	94	93
61 Kongo, VR	1.265	759	−2,6	5,6	−0,1	11,9	113	104
62 Ecuador	2.581	1.716	3,4	−3,1	8,5	3,9	105	98
63 Jamaika	745	1.146	3,7	−3,0	6,6	−4,6	87	86
64 Guatemala	1.129	1.278	5,1	3,9	3,6	−0,5	71	80
65 Türkei	7.134	10.663	..	11,4	..	2,8	88	90

Anmerkung: Zur Vergleichbarkeit der Daten und ihrer Abgrenzung vgl. Technische Erläuterungen.

	Warenhandel (in Mio $)		Durchschnittliche jährliche Zuwachsrate[a] (in %)				Terms of Trade (1980 = 100)	
	Ausfuhr 1984	Einfuhr 1984[b]	Ausfuhr 1965—73	1973—84[c]	Einfuhr 1965—73	1973—84[c]	1982	1984
66 Costa Rica	978	1.085	10,3	2,3	8,6	−2,4	89	103
67 Paraguay	381	564	6,6	4,6	4,7	4,2	84	95
68 Tunesien	1.796	3.115	8,6	2,5	7,6	6,4	96	91
69 Kolumbien	3.483	4.492	5,4	2,8	5,4	9,1	95	97
70 Jordanien	755	2.689	5,0	17,6	3,9	11,8	102	95
71 Syrien, Arab. Rep.	1.853	4.116	1,0	−3,1	8,9	8,0	110	105
72 *Angola*	2.029	1.003	12,6	−6,7	8,3	1,2	106	102
73 *Kuba*			1,3	3,3	3,6	−0,6	..	..
74 *Korea, Dem. Rep.*								
75 *Libanon*	582	3.000	14,3	−3,4	5,7	3,3	94	91
76 *Mongolische VR*								
Obere Einkommenskategorie	**258.475** s	**235.703** s	**6,1** w	**0,9** w	**10,0** w	**4,1** w	**96** m	**97** m
77 Chile	3.650	3.191	−1,4	8,8	2,2	3,0	79	80
78 Brasilien	27.005	15.209	10,0	8,1	18,4	−3,4	95	103
79 Portugal	5.208	7.975	2,8	5,2	15,1	2,1	87	98
80 Malaysia	16.407	14.060	8,0	7,5	4,4	8,9	85	93
81 Panama	417	1.423	1,0	−7,1	6,5	−4,6	84	84
82 Uruguay	925	776	−3,0	8,0	2,9	0,6	85	85
83 Mexiko	24.054	11.267	1,0	19,2	5,8	3,2	110	100
84 Korea, Rep.	29.248	30.609	31,7	15,1	22,4	9,7	100	100
85 Jugoslawien	10.255	11.996	7,7	4,9	12,3	0,4	109	110
86 Argentinien	8.017	4.585	2,3	5,7	5,4	−1,1	89	97
87 Südafrika[d]	17.632	16.364	1,6	7,9	6,5	5,7	87	86
88 Algerien	12.622	10.286	2,9	−0,5	12,1	5,7	113	99
89 Venezuela	13.340	7.594	0,2	−6,1	4,8	2,9	114	99
90 Griechenland	4.864	9.616	13,4	2,1	9,6	0,7	95	97
91 Israel	5.804	8.289	12,1	7,9	13,0	1,4	93	84
92 Hongkong	28.317	28.567	11,7	12,9	10,6	9,3	110	109
93 Trinidad u. Tobago	2.194	2.101	−1,1	−8,0	2,0	−5,7	98	93
94 Singapur	24.055	28.565	11,0	7,1	9,8	7,1	100	101
95 *Iran, Islam. Rep.*	13.218	13.250	12,4	−15,9	12,6	3,5	100	93
96 *Irak*	11.243	9.980	1,1	−8,3	4,8	15,9	121	107
Ölexporteure mit hohem Einkommen	**88.380** s	**59.328** s	**10,9** w	**−7,8** w	**10,2** w	**16,3** w	**116** m	**106** m
97 Oman	4.413	2.745	..	−8,6	..	6,0	108	97
98 Libyen	11.136	8.161	10,1	−8,6	14,2	6,0	108	97
99 Saudi-Arabien	46.845	33.696	15,0	−6,8	10,4	24,1	128	116
100 Kuwait	11.882	7.696	5,9	−11,3	6,4	11,7	118	107
101 Vereinigte Arab. Emirate	14.104	7.030	18,3	−2,6	9,1	11,8	115	105
Marktwirtschaftliche Industrieländer	**1.999.846** s	**1.292.192** s	**9,5** w	**4,2** w	**10,1** w	**3,2** w	**100** m	**101** m
102 Spanien	23.283	28.607	15,8	..	7,0	..	..	..
103 Irland	9.627	9.658	8,4	8,5	7,8	5,1	101	104
104 Italien	73.358	81.971	10,2	4,6	10,7	2,5	95	96
105 Neuseeland	5.508	6.181	6,0	4,3	4,0	1,0	98	96
106 Großbritannien	94.306	105.688	5,0	4,2	6,5	3,6	100	99
107 Belgien[e]	51.416	54.746	10,3	3,1	10,9	2,3	95	94
108 Österreich	15.712	19.573	11,2	6,1	10,6	4,6	100	101
109 Niederlande	65.874	62.136	12,7	2,9	10,3	1,9	102	102
110 Frankreich	93.164	103.613	11,4	4,4	11,8	4,3	97	100
111 Japan	170.038	134.257	14,7	7,5	14,9	1,6	103	109
112 Finnland	13.498	12.435	7,6	5,1	7,6	1,6	101	102
113 Deutschland, Bundesrep.	171.014	152.872	10,7	4,5	11,3	3,9	97	96
114 Dänemark	15.486	16.536	6,6	4,8	7,1	1,1	98	99
115 Australien	22.720	22.659	9,3	3,0	6,8	3,4	98	95
116 Schweden	29.258	26.331	7,9	1,3	5,4	1,1	99	103
117 Kanada	84.938	73.230	9,5	4,3	9,4	2,1	95	94
118 Norwegen	18.914	13.885	8,3	6,4	8,2	3,1	111	117
119 Vereinigte Staaten	216.008	338.189	6,8	2,3	9,4	3,8	106	112
120 Schweiz	25.724	29.625	6,7	3,4	11,8	4,3	111	106
Osteuropäische Staatshandelsländer	**180.033** s	**161.826** s	**8,0** w	**4,9** w	**7,0** w	**4,4** w	..	..
121 Ungarn	8.560	8.084	10,3	8,4	10,0	8,0	97	93
122 Polen	11.647	10.547	−0,3	2,6	−1,7	−1,0	97	..
123 *Albanien*								
124 *Bulgarien*	12.850	12.715	11,3	11,5	9,3	5,6	..	..
125 *Tschechoslowakei*	17.196	17.080	6,9	5,5	6,7	1,6	93	..
126 *Deutsche Dem. Rep.*	24.890	22.940	9,6	6,5	10,1	3,7	..	..
127 *Rumänien*	13.241	9.836	..	..	..	..	..	..
128 *Sowjetunion*	91.649	80.624	9,8	4,1	9,6	6,7	..	..

[a] Vgl. Technische Erläuterungen. [b] Kursive Zahlen für 1983 und nicht für 1984. [c] Kursive Zahlen für 1973—83 und nicht für 1973—84. [d] Angaben für die Südafrikanische Zollunion, der Südafrika, Namibia, Lesotho, Botsuana und Swasiland angehören. Der Handel zwischen diesen Teilgebieten ist nicht in den Angaben enthalten. [e] Einschließlich Luxemburg.

Tabelle 10: Struktur der Warenausfuhr

	Anteil an der Warenausfuhr in %									
	Brennstoffe, Mineralien und Metalle		Sonstige Rohstoffe		Textilien und Bekleidung		Maschinenbau, Elektrotechnik, Fahrzeuge		Übriges Verarbeitendes Gewerbe	
	1965	1983[a]	1965	1983[a]	1965	1983[a]	1965	1983[a]	1965	1983[a]
Länder mit niedrigem Einkommen	**12** w	..	**65** w	..	**15** w	..	**1** w	..	**8** w	..
China und Indien	..	21 w	..	24 w	..	18 w	..	6 w	..	32 w
Übrige Länder	12 w	..	77 w	..	5 w	..	(.) w	..	5 w	..
Afrika südl. der Sahara	19 w	..	73 w	..	(.) w	..	(.) w	..	7 w	..
1 Äthiopien	(.)	8	100	91	(.)	(.)	(.)	(.)	(.)	1
2 Bangladesch	..	4	..	35	..	48	..	2	..	12
3 Mali	1	..	96	..	1	..	1	..	1	..
4 Zaire	72	..	20	..	(.)	..	(.)	..	8	..
5 Burkina Faso	1	(.)	94	89	2	2	1	4	1	4
6 Nepal	..	5	..	43	..	28	..	1	..	23
7 Birma	5	..	94	..	(.)	..	(.)	..	(.)	..
8 Malawi	(.)	..	99	..	(.)	..	(.)	..	1	..
9 Niger	(.)	..	95	..	1	..	1	..	3	..
10 Tansania	1	..	86	..	(.)	..	(.)	..	13	..
11 Burundi	(.)	..	94	..	(.)	..	(.)	..	5	..
12 Uganda	13	..	86	..	(.)	..	(.)	..	1	..
13 Togo	33	..	62	..	(.)	..	1	..	4	..
14 Zentralafrikanische Rep.	1	..	45	..	(.)	..	(.)	..	54	..
15 Indien	10	18	41	29	36	14	1	7	12	31
16 Madagaskar	4	12	90	81	1	4	1	1	4	2
17 Somalia	(.)	..	86	..	(.)	..	4	..	10	..
18 Benin	1	..	94	..	(.)	..	2	..	3	..
19 Ruanda	40	..	60	..	(.)	..	(.)	..	1	..
20 China	..	22	..	21	..	19	..	6	..	32
21 Kenia	13	22	77	65	(.)	(.)	(.)	2	9	11
22 Sierra Leone	25	29	14	28	(.)	(.)	(.)	(.)	60	42
23 Haiti	..	..	..	..	..	..	..	..	..	..
24 Guinea	..	..	..	..	..	..	..	..	..	..
25 Ghana	13	..	85	..	(.)	..	1	..	2	..
26 Sri Lanka	2	10	97	60	(.)	19	(.)	1	1	9
27 Sudan	1	..	98	..	(.)	..	1	..	(.)	..
28 Pakistan	2	2	62	34	29	50	1	1	6	13
29 Senegal	9	..	88	..	1	..	1	..	2	..
30 *Afghanistan*	(.)	..	87	..	13	..	0	..	(.)	..
31 *Bhutan*	..	..	..	..	..	..	..	..	..	..
32 *Tschad*	5	..	92	..	(.)	..	(.)	..	3	..
33 *Kamputschea*	(.)	..	99	..	(.)	..	(.)	..	(.)	..
34 *Laos*	62	..	32	..	(.)	..	(.)	..	6	..
35 *Mosambik*	14	..	84	..	1	..	(.)	..	1	..
36 *Vietnam*	..	..	..	..	..	..	..	..	..	..
Länder mit mittlerem Einkommen	**36** w	**31** w	**48** w	**23** w	**4** w	**9** w	**2** w	**14** w	**10** w	**23** w
Ölexporteure	60 w	68 w	34 w	16 w	2 w	2 w	1 w	7 w	4 w	7 w
Ölimporteure	19 w	12 w	57 w	26 w	6 w	13 w	4 w	17 w	14 w	32 w
Afrika südl. der Sahara	44 w	..	50 w	..	1 w	..	1 w	..	5 w	..
Untere Einkommenskategorie	**27** w	**46** w	**66** w	**33** w	**2** w	**7** w	**1** w	**2** w	**5** w	**12** w
37 Mauretanien	94	..	5	..	(.)	..	1	..	(.)	..
38 Liberia	72	68	25	31	(.)	(.)	1	(.)	2	1
39 Sambia	97	..	3	..	(.)	..	(.)	..	(.)	..
40 Lesotho[b]	..	..	..	..	..	..	..	..	..	..
41 Bolivien	93	..	3	..	(.)	..	(.)	..	4	..
42 Indonesien	43	80	53	12	(.)	1	3	1	1	6
43 Jemen, Arab. Rep.	..	..	..	..	..	..	..	..	..	..
44 Jemen, Dem. VR	79	..	15	..	2	..	2	..	2	..
45 Elfenbeinküste	2	12	93	77	1	3	1	2	3	6
46 Philippinen	11	13	84	36	1	7	(.)	5	5	38
47 Marokko	40	37	55	31	1	14	(.)	2	4	16
48 Honduras	6	7	90	84	1	1	(.)	(.)	3	7
49 El Salvador	2	5	81	55	6	15	1	3	10	22
50 Papua-Neuguinea	(.)	51	90	40	(.)	(.)	(.)	2	10	7
51 Ägypten, Arab. Rep.	8	70	71	22	15	4	(.)	(.)	5	5
52 Nigeria	32	..	65	..	(.)	..	0	..	2	..
53 Simbabwe	45	..	40	..	6	..	1	..	8	..
54 Kamerun	17	68	77	27	(.)	1	3	1	2	3
55 Nicaragua	4	1	90	91	(.)	(.)	(.)	(.)	5	7
56 Thailand	11	6	84	62	(.)	11	(.)	6	4	15
57 Botsuana	..	..	..	..	..	..	..	..	..	..
58 Dominikanische Rep.	10	(.)	88	76	(.)	(.)	(.)	4	2	19
59 Peru	45	69	54	17	(.)	8	(.)	1	1	5
60 Mauritius	(.)	(.)	100	69	(.)	23	(.)	1	(.)	7
61 Kongo, VR	4	..	45	..	(.)	..	2	..	49	..
62 Ecuador	2	64	96	33	1	(.)	(.)	1	2	2
63 Jamaika	28	22	41	18	4	3	(.)	4	27	54
64 Guatemala	(.)	..	86	..	4	..	1	..	9	..
65 Türkei	9	9	89	45	1	26	(.)	5	1	16

Anmerkung: Zur Vergleichbarkeit der Daten und ihrer Abgrenzung vgl. Technische Erläuterungen.

	Anteil an der Warenausfuhr in %									
	Brennstoffe, Mineralien und Metalle		Sonstige Rohstoffe		Textilien und Bekleidung		Maschinenbau, Elektrotechnik, Fahrzeuge		Übriges Verarbeitendes Gewerbe	
	1965	1983[a]	1965	1983[a]	1965	1983[a]	1965	1983[a]	1965	1983[a]
66 Costa Rica	(.)	1	84	71	2	3	1	4	13	21
67 Paraguay	(.)	..	92	..	(.)	..	(.)	..	8	..
68 Tunesien	31	48	51	8	2	20	(.)	4	16	20
69 Kolumbien	18	15	75	66	2	4	(.)	1	4	14
70 Jordanien	27	26	54	26	1	3	11	14	6	32
71 Syrien, Arab. Rep.	1	..	89	..	7	..	1	..	2	..
72 *Angola*	6	..	76	..	(.)	..	1	..	17	..
73 *Kuba*	4	..	92	..	(.)	..	..	..	4	..
74 *Korea, Dem. Rep.*	..	..	..	..	..	..	..	..	..	..
75 *Libanon*	14	..	52	..	2	..	14	..	18	..
76 *Mongolische VR*	..	..	..	..	..	..	..	..	..	..
Obere Einkommenskategorie	**42** w	**26** w	**37** w	**19** w	**5** w	**10** w	**3** w	**18** w	**12** w	**27** w
77 Chile	89	..	7	..	(.)	..	1	..	4	..
78 Brasilien	9	15	83	44	1	3	2	14	6	23
79 Portugal	4	6	34	18	24	28	3	15	34	32
80 Malaysia	35	35	59	43	(.)	2	2	14	4	6
81 Panama	..	23	..	64	..	6	..	(.)	..	7
82 Uruguay	(.)	(.)	95	70	2	13	(.)	1	3	15
83 Mexiko	22	64	62	9	3	1	1	16	13	10
84 Korea, Rep.	15	3	25	6	27	25	3	32	29	34
85 Jugoslawien	10	8	33	16	8	9	24	31	25	36
86 Argentinien	1	6	93	78	(.)	1	1	3	4	12
87 Südafrika[b]	24	14	44	12	1	1	3	3	28	70
88 Algerien	57	99	39	(.)	(.)	(.)	2	(.)	2	1
89 Venezuela	97	..	1	..	(.)	..	(.)	..	2	..
90 Griechenland	8	15	78	35	3	22	2	3	8	24
91 Israel	6	3	28	16	9	6	2	17	54	57
92 Hongkong	2	2	11	6	43	33	6	22	37	36
93 Trinidad u. Tobago	84	84	9	2	(.)	(.)	(.)	3	7	11
94 Singapur	21	31	44	13	6	4	10	31	18	22
95 *Iran, Islam. Rep.*	88	..	8	..	4	..	(.)	..	1	..
96 *Irak*	95	..	4	..	(.)	..	(.)	..	1	..
Ölexporteure mit hohem Einkommen	**98** w	**95** w	**1** w	**(.)** w	**(.)** w	**(.)** w	**1** w	**2** w	**(.)** w	**2** w
97 Oman	..	95	..	1	..	(.)	..	4	..	1
98 Libyen	99	99	1	(.)	(.)	(.)	1	(.)	(.)	1
99 Saudi-Arabien	98	99	1	(.)	(.)	(.)	1	1	1	(.)
100 Kuwait	98	76	1	2	(.)	1	1	6	(.)	15
101 Vereinigte Arab. Emirate	99	92	1	1	(.)	1	(.)	3	(.)	4
Marktwirtschaftliche Industrieländer	**9** w	**12** w	**21** w	**14** w	**7** w	**4** w	**31** w	**38** w	**32** w	**32** w
102 Spanien	9	13	51	18	6	5	10	26	24	39
103 Irland	3	3	63	30	7	6	5	27	22	34
104 Italien	8	7	14	8	15	12	30	32	33	41
105 Neuseeland	1	6	94	72	(.)	3	(.)	4	5	15
106 Großbritannien	7	26	10	9	7	3	41	31	35	32
107 Belgien[c]	13	13	11	12	12	7	20	22	44	46
108 Österreich	8	5	17	10	12	9	20	29	43	46
109 Niederlande	12	26	32	24	9	4	21	16	26	30
110 Frankreich	8	7	21	19	10	5	26	35	35	34
111 Japan	2	1	7	2	17	4	31	58	43	35
112 Finnland	3	9	40	17	2	5	12	25	43	44
113 Deutschland, Bundesrep.	7	6	5	7	5	5	46	46	37	36
114 Dänemark	2	6	55	36	4	5	22	25	17	28
115 Australien	13	42	73	35	1	1	5	6	9	16
116 Schweden	9	10	23	12	2	2	35	41	30	34
117 Kanada	28	23	35	22	1	1	15	35	21	20
118 Norwegen	21	62	28	9	2	1	17	14	32	15
119 Vereinigte Staaten	8	8	27	22	3	2	37	44	26	24
120 Schweiz	3	3	7	4	10	7	30	34	50	52
Osteuropäische Staatshandelsländer	..	..	..	..	..	..	..	..	..	..
121 Ungarn	5	12	25	25	9	6	32	30	28	26
122 Polen	..	26	..	10	..	4	..	41	..	19
123 *Albanien*	..	..	..	..	..	..	..	..	..	..
124 *Bulgarien*	..	..	..	..	..	..	..	..	..	..
125 *Tschechoslowakei*	..	5	..	6	..	6	..	52	..	31
126 *Deutsche Dem. Rep.*	..	..	..	..	..	..	..	..	..	..
127 *Rumänien*	..	..	..	..	..	..	..	..	..	..
128 *Sowjetunion*	..	..	..	..	..	..	..	..	..	..

[a] Kursive Zahlen für 1982 und nicht für 1983.   [b] Angaben für die Südafrikanische Zollunion, der Südafrika, Namibia, Lesotho, Botsuana und Swasiland angehören. Der Handel zwischen diesen Teilgebieten ist in den Angaben nicht enthalten.   [c] Einschließlich Luxemburg.

Tabelle 11: Struktur der Wareneinfuhr

Anteil an der Wareneinfuhr in %

	Nahrungs-mittel		Brennstoffe		Sonstige Rohstoffe		Maschinenbau, Elektrotechnik, Fahrzeuge		Übriges Verarbeitendes Gewerbe	
	1965	1983[a]	1965	1983[a]	1965	1983[a]	1965	1983[a]	1965	1983[a]
Länder mit niedrigem Einkommen	**21** w	**..** w	**5** w	**..** w	**9** w	**..** w	**31** w	**..** w	**34** w	**..** w
China und Indien	..	12 w	..	16 w	..	13 w	..	18 w	..	41 w
Übrige Länder	20 w	.. w	5 w	.. w	5 w	.. w	27 w	.. w	43 w	..
Afrika südl. der Sahara	18 w	.. w	6 w	.. w	5 w	.. w	27 w	.. w	44 w	..
1 Äthiopien	6	9	6	25	6	4	37	31	44	31
2 Bangladesch	..	20	..	11	..	11	..	23	..	36
3 Mali	20	..	6	..	5	..	23	..	47	..
4 Zaire	18	..	7	..	5	..	33	..	37	..
5 Burkina Faso	23	23	4	17	14	6	19	24	40	30
6 Nepal	..	15	..	11	..	4	..	15	..	56
7 Birma	15	..	4	..	5	..	18	..	58	..
8 Malawi	15	..	5	..	3	..	21	..	57	..
9 Niger	12	..	6	..	6	..	21	..	55	..
10 Tansania	..	..	..	..	..	..	..	..	..	..
11 Burundi	16	..	6	..	8	..	15	..	55	..
12 Uganda	..	5	..	23	..	1	..	42	..	29
13 Togo	14	..	4	..	5	..	32	..	45	..
14 Zentralafrikanische Rep.	13	..	7	..	2	..	29	..	49	..
15 Indien	22	7	5	37	14	6	37	17	22	32
16 Madagaskar	19	16	5	24	2	3	25	30	48	27
17 Somalia	31	..	5	..	8	..	24	..	33	..
18 Benin	18	16	6	5	7	10	17	22	53	47
19 Ruanda	12	..	7	..	5	..	28	..	50	..
20 China	..	15	..	1	..	18	..	19	..	47
21 Kenia	..	9	..	36	..	4	..	23	..	28
22 Sierra Leone	17	27	9	35	3	2	29	15	41	21
23 Haiti	..	26	..	12	..	4	..	21	..	37
24 Guinea	..	..	..	..	..	..	..	..	..	..
25 Ghana	12	..	4	..	3	..	33	..	48	..
26 Sri Lanka	41	17	8	24	4	3	12	26	34	31
27 Sudan	23	..	5	..	4	..	21	..	47	..
28 Pakistan	20	14	3	28	5	6	38	26	34	25
29 Senegal	36	..	6	..	4	..	15	..	38	..
30 *Afghanistan*	17	..	4	..	1	..	8	..	69	..
31 *Bhutan*	..	..	..	..	..	..	..	..	..	..
32 *Tschad*	13	..	20	..	4	..	21	..	42	..
33 *Kamputschea*	6	..	7	..	2	..	26	..	58	..
34 *Laos*	27	..	14	..	6	..	19	..	34	..
35 *Mosambik*	17	..	8	..	7	..	24	..	45	..
36 *Vietnam*	..	..	..	..	..	..	..	..	..	..
Länder mit mittlerem Einkommen	**16** w	**11** w	**8** w	**20** w	**10** w	**7** w	**29** w	**30** w	**38** w	**32** w
Ölexporteure	15 w	17 w	6 w	9 w	7 w	5 w	33 w	37 w	39 w	32 w
Ölimporteure	16 w	9 w	8 w	24 w	11 w	7 w	27 w	27 w	37 w	33 w
Afrika südl. der Sahara	12 w	20 w	5 w	6 w	3 w	3 w	33 w	36 w	47 w	36 w
Untere Einkommenskategorie	**17** w	**14** w	**7** w	**18** w	**6** w	**5** w	**29** w	**30** w	**41** w	**33** w
37 Mauretanien	9	..	4	..	1	..	56	..	30	..
38 Liberia	17	25	8	17	3	3	33	26	39	28
39 Sambia	9	9	10	19	3	1	33	34	45	37
40 Lesotho[b]	..	..	..	..	..	..	..	..	..	..
41 Bolivien	19	12	1	2	3	1	34	45	42	40
42 Indonesien	6	8	3	25	3	5	39	35	50	28
43 Jemen, Arab. Rep.	..	..	..	..	..	..	..	..	..	..
44 Jemen, Dem. VR	19	..	39	..	5	..	10	..	26	..
45 Elfenbeinküste	18	20	6	19	3	3	28	25	46	34
46 Philippinen	20	8	10	27	7	5	33	21	30	39
47 Marokko	36	15	5	24	10	8	18	26	31	27
48 Honduras	11	10	6	22	1	2	26	18	56	47
49 El Salvador	15	18	5	25	4	3	28	12	48	42
50 Papua-Neuguinea	23	19	4	19	3	2	25	30	45	30
51 Ägypten, Arab. Rep.	26	30	7	3	12	6	23	29	31	30
52 Nigeria	9	21	6	3	3	3	34	38	48	35
53 Simbabwe	7	..	(.)	..	4	..	41	..	47	..
54 Kamerun	11	9	5	4	4	3	28	35	51	49
55 Nicaragua	12	12	5	23	2	1	30	23	51	40
56 Thailand	6	4	9	24	6	8	31	29	49	35
57 Botsuana[b]	..	..	..	..	..	..	..	..	..	..
58 Dominikanische Rep.	24	14	10	36	4	3	23	17	40	29
59 Peru	17	18	3	2	5	3	41	45	34	32
60 Mauritius	35	25	5	19	3	5	15	12	42	39
61 Kongo, VR	15	17	6	15	1	1	34	25	44	42
62 Ecuador	10	5	9	2	4	6	33	43	44	45
63 Jamaika	21	19	9	29	5	4	23	18	42	30
64 Guatemala	11	..	7	..	2	..	29	..	50	..
65 Türkei	6	2	10	44	10	8	37	21	37	26

Anmerkung: Zur Vergleichbarkeit der Daten und ihrer Abgrenzung vgl. Technische Erläuterungen.

	Anteil an der Wareneinfuhr in %									
	Nahrungs-mittel		Brennstoffe		Sonstige Rohstoffe		Maschinenbau, Elektrotechnik, Fahrzeuge		Übriges Verarbeitendes Gewerbe	
	1965	1983[a]	1965	1983[a]	1965	1983[a]	1965	1983[a]	1965	1983[a]
66 Costa Rica	9	9	5	20	2	3	29	15	54	53
67 Paraguay	14	13	14	24	2	(.)	37	37	33	26
68 Tunesien	16	15	6	12	7	9	31	29	41	35
69 Kolumbien	8	10	1	13	10	6	45	39	35	32
70 Jordanien	28	17	6	19	6	4	18	23	42	36
71 Syrien, Arab. Rep.	22	..	10	..	9	..	16	..	43	..
72 *Angola*	17	..	2	..	3	..	24	..	54	..
73 *Kuba*	29	..	10	..	3	..	15	..	43	..
74 *Korea, Dem. Rep.*	..	..	..	..	..	..	..	..	..	..
75 *Libanon*	28	..	9	..	9	..	17	..	36	..
76 *Mongolische VR*	..	..	..	..	..	..	..	..	..	..
Obere Einkommenskategorie	**15** w	**10** w	**8** w	**21** w	**12** w	**7** w	**29** w	**30** w	**36** w	**32** w
77 Chile	20	..	6	..	10	..	35	..	30	..
78 Brasilien	20	8	21	56	9	4	22	16	28	16
79 Portugal	16	14	8	27	19	9	27	26	30	24
80 Malaysia	25	9	12	14	10	5	22	44	32	28
81 Panama	..	9	..	27	..	1	..	26	..	37
82 Uruguay	7	7	17	36	16	6	24	25	36	26
83 Mexiko	5	17	2	3	10	6	50	45	33	29
84 Korea, Rep.	15	8	7	27	26	14	13	29	38	22
85 Jugoslawien	16	6	6	27	19	12	28	24	32	30
86 Argentinien	6	4	10	10	21	10	25	32	38	43
87 Südafrika[b]	5	3	5	(.)	11	4	42	43	37	50
88 Algerien	27	21	(.)	2	6	6	15	35	52	37
89 Venezuela	12	..	1	..	5	..	44	..	39	..
90 Griechenland	15	13	8	27	11	7	35	25	30	28
91 Israel	16	10	6	18	12	5	28	32	38	36
92 Hongkong	25	12	3	7	13	6	13	21	46	54
93 Trinidad u. Tobago	12	17	49	3	2	5	16	37	21	38
94 Singapur	23	7	13	31	19	6	14	30	30	26
95 *Iran, Islam. Rep.*	16	..	(.)	..	6	..	36	..	42	..
96 *Irak*	24	..	(.)	..	7	..	25	..	44	..
Ölexporteure mit hohem Einkommen	**22** w	**12** w	**2** w	**1** w	**5** w	**3** w	**32** w	**43** w	**40** w	**41** w
97 Oman	..	14	..	2	..	3	..	46	..	36
98 Libyen	13	..	4	..	3	..	36	..	43	..
99 Saudi-Arabien	30	12	1	(.)	5	3	27	43	37	42
100 Kuwait	22	13	1	1	7	3	32	44	39	40
101 Vereinigte Arab. Emirate	..	9	..	6	..	3	..	41	..	42
Marktwirtschaftliche Industrieländer	**19** w	**10** w	**11** w	**23** w	**20** w	**9** w	**19** w	**26** w	**31** w	**32** w
102 Spanien	19	12	10	40	16	10	27	18	28	19
103 Irland	18	13	8	13	10	5	25	29	39	40
104 Italien	24	14	16	31	24	11	15	18	21	25
105 Neuseeland	7	6	7	18	10	5	33	31	43	39
106 Großbritannien	30	12	11	11	25	10	11	30	23	37
107 Belgien[c]	14	12	9	18	21	10	24	23	32	38
108 Österreich	14	6	7	14	13	8	31	30	35	41
109 Niederlande	15	15	10	25	13	7	25	21	37	33
110 Frankreich	19	11	15	24	18	8	20	24	27	33
111 Japan	22	13	20	47	38	17	9	8	11	16
112 Finnland	10	6	10	27	12	8	35	29	34	31
113 Deutschland, Bundesrep.	22	12	8	21	21	9	13	22	35	36
114 Dänemark	14	12	11	20	11	7	25	22	39	39
115 Australien	5	5	8	11	10	4	37	38	41	41
116 Schweden	12	7	11	23	12	7	30	30	36	34
117 Kanada	10	7	7	7	9	6	40	51	34	30
118 Norwegen	10	7	7	10	12	7	38	37	32	40
119 Vereinigte Staaten	19	8	10	22	20	7	14	32	36	31
120 Schweiz	16	8	6	11	11	7	24	27	43	47
Osteuropäische Staatshandelsländer	..	..	..	..	..	..	..	..	..	..
121 Ungarn	12	7	11	23	22	10	27	27	28	33
122 Polen	..	10	..	26	..	11	..	25	..	27
123 *Albanien*	..	..	..	..	..	..	..	..	..	..
124 *Bulgarien*	..	..	..	..	..	..	..	..	..	..
125 *Tschechoslowakei*	..	7	..	30	..	13	..	32	..	19
126 *Deutsche Dem. Rep.*	..	..	..	..	..	..	..	..	..	..
127 *Rumänien*	..	..	..	..	..	..	..	..	..	..
128 *Sowjetunion*	..	..	..	..	..	..	..	..	..	..

[a] Kursive Zahlen für 1982 und nicht für 1983. [b] Angaben für die Südafrikanische Zollunion, der Südafrika, Namibia, Lesotho, Botsuana und Swasiland angehören. Der Handel zwischen diesen Teilgebieten ist in den Angaben nicht enthalten. [c] Einschließlich Luxemburg.

Tabelle 12: Regionale Struktur der Warenausfuhr

	Bestimmungsland der Warenausfuhr (in % der Gesamtausfuhr)							
	Marktwirtschaftliche Industrieländer		Osteuropäische Staatshandelsländer		Ölexportländer mit hohem Einkommen		Entwicklungsländer	
Ursprungsland	1965	1984[a]	1965	1984[a]	1965	1984[a]	1965	1984[a]
Länder mit niedrigem Einkommen	**56** w	**50** w	**10** w	**7** w	**2** w	**4** w	**32** w	**40** w
China und Indien	51 w	46 w	14 w	8 w	2 w	3 w	33 w	44 w
Übrige Länder	62 w	60 w	5 w	4 w	2 w	6 w	31 w	30 w
Afrika südl. der Sahara	72 w	68 w	4 w	3 w	1 w	3 w	22 w	25 w
1 Äthiopien	78	79	3	1	6	6	14	15
2 Bangladesch	..	51	..	6	..	2	..	41
3 Mali	7	..	4	..	0	..	89	..
4 Zaire	93	92	(.)	(.)	(.)	(.)	7	8
5 Burkina Faso	17	35	0	0	0	0	83	65
6 Nepal	..	21	..	(.)	..	(.)	..	79
7 Birma	29	30	8	3	1	3	62	64
8 Malawi	69	68	(.)	0	(.)	(.)	30	31
9 Niger	61	56	(.)	(.)	(.)	18	39	26
10 Tansania	66	61	1	4	1	1	32	35
11 Burundi	24	78	0	4	0	0	76	19
12 Uganda	69	89	2	0	1	2	28	9
13 Togo	92	63	2	5	0	0	6	32
14 Zentralafrikanische Rep.	71	93	0	0	0	0	29	7
15 Indien	58	59	17	15	2	6	23	20
16 Madagaskar	85	72	1	3	(.)	(.)	14	25
17 Somalia	40	10	(.)	0	3	64	57	26
18 Benin	88	80	(.)	0	0	0	12	20
19 Ruanda	96	81	0	0	0	(.)	4	19
20 China	47	41	12	5	2	1	40	52
21 Kenia	69	51	2	1	1	1	28	47
22 Sierra Leone	92	71	(.)	0	(.)	0	8	29
23 Haiti	97	96	(.)	(.)	0	0	3	4
24 Guinea	..	89	..	0	..	(.)	..	10
25 Ghana	74	57	18	25	(.)	(.)	9	17
26 Sri Lanka	56	45	9	6	3	6	33	43
27 Sudan	56	40	13	8	4	17	27	35
28 Pakistan	48	47	3	5	4	17	45	31
29 Senegal	92	53	(.)	(.)	0	(.)	7	47
30 *Afghanistan*	47	..	27	..	0	..	25	..
31 *Bhutan*	..	..	..	..	..	..	..	..
32 *Tschad*	64	..	0	..	2	..	34	..
33 *Kamputschea*	36	..	6	..	0	..	58	..
34 *Laos*	9	..	0	..	0	..	91	..
35 *Mosambik*	24	..	(.)	..	(.)	..	76	..
36 *Vietnam*	..	..	..	..	..	..	..	..
Länder mit mittlerem Einkommen	**69** w	**64** w	**7** w	**3** w	**1** w	**2** w	**23** w	**31** w
Ölexporteure	70 w	71 w	5 w	(.) w	1 w	(.) w	24 w	28 w
Ölimporteure	68 w	58 w	8 w	5 w	1 w	3 w	23 w	33 w
Afrika südl. der Sahara	81 w	75 w	2 w	(.) w	(.) w	(.) w	17 w	24 w
Untere Einkommenskategorie	**69** w	**69** w	**9** w	**2** w	**1** w	**2** w	**20** w	**27** w
37 Mauretanien	96	96	(.)	(.)	0	(.)	4	4
38 Liberia	98	77	0	(.)	0	(.)	2	23
39 Sambia	87	68	2	2	0	(.)	11	30
40 Lesotho[b]	..	..	..	..	..	..	..	..
41 Bolivien	97	45	0	2	0	(.)	3	53
42 Indonesien	72	73	5	1	(.)	1	23	26
43 Jemen, Arab. Rep.	..	34	..	(.)	..	15	..	52
44 Jemen, Dem. VR	38	51	(.)	(.)	1	1	61	48
45 Elfenbeinküste	84	70	2	3	1	(.)	13	27
46 Philippinen	95	78	0	2	(.)	1	5	18
47 Marokko	80	66	7	6	(.)	3	12	25
48 Honduras	80	81	0	2	0	2	20	15
49 El Salvador	73	..	1	..	0	..	26	..
50 Papua-Neuguinea	98	87	0	1	0	(.)	2	12
51 Ägypten, Arab. Rep.	28	78	44	4	1	3	27	15
52 Nigeria	91	73	3	(.)	(.)	(.)	6	27
53 Simbabwe	50	..	1	..	(.)	..	48	..
54 Kamerun	93	78	(.)	(.)	(.)	(.)	7	22
55 Nicaragua	81	..	(.)	..	0	..	19	..
56 Thailand	44	56	1	1	2	5	53	38
57 *Botsuana*[b]	..	..	..	..	..	..	..	..
58 Dominikanische Rep.	99	91	0	3	0	0	1	5
59 Peru	86	72	3	2	(.)	(.)	12	26
60 Mauritius	94	95	0	(.)	0	(.)	6	5
61 Kongo, VR	86	96	1	(.)	0	(.)	13	3
62 Ecuador	89	67	(.)	(.)	0	(.)	11	33
63 Jamaika	93	81	1	1	(.)	0	6	18
64 Guatemala	75	59	0	2	(.)	1	25	38
65 Türkei	71	51	15	4	(.)	9	14	36

Anmerkung: Zur Vergleichbarkeit der Daten und ihrer Abgrenzung vgl. Technische Erläuterungen.

	Bestimmungsland der Warenausfuhr (in % der Gesamtausfuhr)							
	Marktwirtschaftliche Industrieländer		Osteuropäische Staatshandelsländer		Ölexportländer mit hohem Einkommen		Entwicklungsländer	
Ursprungsland	1965	1984a	1965	1984a	1965	1984a	1965	1984a
66 Costa Rica	79	71	(.)	3	0	1	20	25
67 Paraguay	58	47	0	0	0	0	42	53
68 Tunesien	61	81	5	1	3	4	31	15
69 Kolumbien	86	81	2	2	(.)	(.)	12	17
70 Jordanien	20	12	4	6	22	22	54	60
71 Syrien, Arab. Rep.	26	41	24	13	8	3	42	42
72 *Angola*	55	..	1	..	(.)	..	45	..
73 *Kuba*	14	..	62	..	(.)	..	24	..
74 *Korea, Dem. Rep.*	..	..	..	..	..	..	..	..
75 *Libanon*	43	..	4	..	35	..	18	..
76 *Mongolische VR*	..	..	..	..	..	..	..	..
Obere Einkommenskategorie	**69** w	**62** w	**6** w	**4** w	**(.)** w	**2** w	**25** w	**32** w
77 Chile	90	75	(.)	1	0	2	10	22
78 Brasilien	77	62	6	7	(.)	2	18	29
79 Portugal	65	83	1	2	(.)	1	34	15
80 Malaysia	56	52	7	0	(.)	1	36	47
81 Panama	..	69	..	(.)	..	(.)	..	31
82 Uruguay	76	34	5	8	0	3	19	55
83 Mexiko	82	92	6	0	(.)	(.)	13	8
84 Korea, Rep.	75	69	0	0	(.)	6	25	25
85 Jugoslawien	40	35	42	46	(.)	3	17	17
86 Argentinien	67	39	8	22	(.)	1	26	38
87 Südafrikab	96	43	0	(.)	(.)	(.)	4	57
88 Algerien	90	92	1	(.)	(.)	0	8	8
89 Venezuela	63	66	(.)	(.)	(.)	0	37	34
90 Griechenland	64	68	23	6	2	8	12	18
91 Israel	72	70	4	1	0	0	24	29
92 Hongkong	67	60	(.)	(.)	1	2	32	38
93 Trinidad u. Tobago	92	74	0	0	0	(.)	8	26
94 Singapur	28	45	6	2	2	6	64	48
95 *Iran, Islam. Rep.*	67	..	3	..	2	..	28	..
96 *Irak*	83	..	1	..	(.)	..	16	..
Ölexporteure mit hohem Einkommen	**70** w	**59** w	**(.)** w	**(.)** w	**3** w	**3** w	**27** w	**33** w
97 Oman	..	63	..	(.)	..	0	..	36
98 Libyen	97	74	(.)	2	(.)	0	3	24
99 Saudi-Arabien	71	59	0	0	8	3	21	37
100 Kuwait	56	40	(.)	1	1	6	44	53
101 Vereinigte Arab. Emirate	69	79	0	(.)	5	3	26	18
Marktwirtschaftliche Industrieländer	**71** w	**70** w	**3** w	**3** w	**1** w	**3** w	**26** w	**24** w
102 Spanien	73	64	3	3	(.)	4	24	29
103 Irland	91	89	1	1	(.)	2	8	9
104 Italien	71	68	5	3	2	7	23	21
105 Neuseeland	88	64	1	2	(.)	2	11	32
106 Großbritannien	63	75	2	2	2	5	33	18
107 Belgien	86	83	1	2	(.)	2	12	13
108 Österreich	71	71	15	12	(.)	3	13	14
109 Niederlande	83	84	2	1	1	2	14	12
110 Frankreich	68	69	3	3	(.)	4	28	24
111 Japan	49	55	3	2	2	6	47	37
112 Finnland	71	68	21	21	(.)	1	9	11
113 Deutschland, Bundesrep.	77	76	3	4	1	3	19	17
114 Dänemark	85	80	4	2	1	2	11	17
115 Australien	69	52	4	4	1	3	26	41
116 Schweden	85	82	4	3	(.)	2	11	13
117 Kanada	87	88	3	2	(.)	1	10	10
118 Norwegen	82	90	4	1	(.)	(.)	13	9
119 Vereinigte Staaten	61	59	1	2	1	3	37	36
120 Schweiz	76	74	3	3	1	4	20	19
Osteuropäische Staatshandelsländer	..	**32** w	..	**51** w	..	**3** w	..	**14** w
121 Ungarn	22	28	66	48	(.)	2	12	21
122 Polen	..	34	..	48	..	2	..	16
123 *Albanien*	..	..	..	..	..	..	..	..
124 *Bulgarien*	..	11	..	69	..	8	..	12
125 Tschechoslowakei	18	15	72	68	1	2	9	15
126 *Deutsche Dem. Rep.*	..	..	..	..	..	..	..	..
127 *Rumänien*	..	25	..	45	..	2	..	29
128 *Sowjetunion*	..	39	..	46	..	3	..	12

a Kursive Zahlen für 1983 und nicht für 1984.   b Angaben für die Südafrikanische Zollunion, der Südafrika, Namibia, Lesotho, Botsuana und Swasiland angehören. Der Handel zwischen diesen Teilgebieten ist in den Angaben nicht enthalten.   c Einschließlich Luxemburg.

Tabelle 13: Regionale Exportstruktur für Industrieprodukte

Ursprungsland	Bestimmungsland der Industrieprodukte (in % der Gesamtausfuhr)								Ausfuhr von Industrieprodukten (in Mio $)	
	Marktwirtschaftliche Industrieländer		Osteuropäische Staatshandelsländer		Ölexportländer mit hohem Einkommen		Entwicklungsländer			
	1965	1983[a]	1965	1983[a]	1965	1983[a]	1965	1983[a]	1965	1983[a]
Länder mit niedrigem Einkommen	56 w	..	8 w	..	2 w	..	34 w	..		
China und Indien	..	..	..	..	..	..	..	..		
Übrige Länder	58 w	..	1 w	..	2 w	..	39 w	..		
Afrika südl. der Sahara	77 w	..	1 w	..	(.) w	..	22 w	..		
1 Äthiopien	67	76	(.)	9	20	2	13	13	(.)	3
2 Bangladesch	..	48	..	6	..	1	..	45	..	485
3 Mali	14	..	8	..	0	..	78	..	(.)	..
4 Zaire	93	..	(.)	..	(.)	..	7	..	28	..
5 Burkina Faso	2	34	0	0	0	0	98	66	1	6
6 Nepal	..	36	..	3	..	(.)	..	61	..	45
7 Birma	73	..	1	..	(.)	..	26	..	1	..
8 Malawi	3	..	0	..	0	..	97	..	(.)	..
9 Niger	43	..	(.)	..	0	..	57	..	1	..
10 Tansania	93	..	(.)	..	(.)	..	7	..	23	..
11 Burundi	(.)	..	0	..	0	..	100	..	1	..
12 Uganda	7	..	(.)	..	0	..	93	..	1	..
13 Togo	37	..	(.)	..	0	..	62	..	1	..
14 Zentralafrikanische Rep.	60	..	0	..	0	..	40	..	14	..
15 Indien	55	51	12	0	2	7	31	19	828	5.080
16 Madagaskar	80	80	0	(.)	0	(.)	20	20	5	24
17 Somalia	21	..	(.)	..	2	..	77	..	4	..
18 Benin	15	8	0	0	0	0	85	92	1	20
19 Ruanda	95	..	0	..	0	..	5	..	(.)	..
20 China	..	..	..	..	..	..	..	..	..	12.579
21 Kenia	23	8	2	(.)	2	3	73	89	13	128
22 Sierra Leone	99	99	(.)	0	(.)	0	1	1	53	29
23 Haiti	..	..	..	..	..	..	..	..	..	..
24 Guinea	..	..	..	..	..	..	..	..	..	..
25 Ghana	60	..	10	..	(.)	..	29	..	7	..
26 Sri Lanka	59	87	7	(.)	(.)	1	34	13	5	314
27 Sudan	79	..	(.)	..	2	..	20	..	2	12
28 Pakistan	40	41	1	5	3	21	57	33	190	1.964
29 Senegal	48	..	1	..	0	..	52	..	4	..
30 *Afghanistan*	98	..	(.)	..	0	..	2	..	11	..
31 *Bhutan*	..	..	..	..	..	..	..	..	..	..
32 *Tschad*	6	..	0	..	25	..	69	..	1	..
33 *Kamputschea*	28	..	1	..	0	..	71	..	1	..
34 *Laos*	13	..	0	..	0	..	87	..	(.)	..
35 *Mosambik*	27	..	(.)	..	(.)	..	73	..	3	..
36 *Vietnam*	..	..	..	..	..	..	..	..	..	..
Länder mit mittlerem Einkommen	52 w	54 w	9 w	4 w	2 w	5 w	37 w	38 w		
Ölexporteure	45 w	75 w	9 w	1 w	3 w	2 w	43 w	23 w		
Ölimporteure	54 w	51 w	9 w	4 w	1 w	5 w	36 w	40 w		
Afrika südl. der Sahara	29 w	..	(.) w	..	(.) w	..	71 w	..		
Untere Einkommenskategorie	37 w	56 w	10 w	1 w	4 w	5 w	49 w	37 w		
37 Mauretanien	61	..	0	..	0	..	39	..	1	..
38 Liberia	77	54	0	(.)	0	(.)	23	46	4	6
39 Sambia	14	..	0	..	0	..	86	..	1	8
40 Lesotho[b]	..	..	..	..	..	..	..	..	..	..
41 Bolivien	86	..	0	..	0	..	14	..	6	..
42 Indonesien	25	42	1	(.)	(.)	7	74	52	27	1.618
43 Jemen, Arab. Rep.	..	..	..	..	..	..	..	..	..	..
44 Jemen, Dem. VR	32	..	(.)	..	6	..	62	..	11	..
45 Elfenbeinküste	50	31	(.)	(.)	(.)	(.)	50	69	15	235
46 Philippinen	93	77	0	(.)	(.)	2	7	21	43	2.534
47 Marokko	63	56	2	3	(.)	3	35	37	23	707
48 Honduras	2	28	0	0	0	0	98	72	6	58
49 El Salvador	1	8	0	0	0	(.)	99	92	32	162
50 Papua-Neuguinea	100	85	0	0	0	0	(.)	15	5	72
51 Ägypten, Arab. Rep.	20	38	46	40	4	8	30	14	126	256
52 Nigeria	85	..	(.)	..	(.)	..	15	..	17	..
53 Simbabwe	12	..	(.)	..	(.)	..	88	..	116	..
54 Kamerun	46	39	0	0	(.)	(.)	54	61	6	78
55 Nicaragua	4	3	0	(.)	0	0	96	97	8	30
56 Thailand	39	60	(.)	(.)	(.)	9	61	31	30	2.058
57 Botsuana	..	..	..	..	..	..	5	13	3	155
58 Dominikanische Rep.	95	87	0	0	0	(.)	..	..	5	..
59 Peru	51	..	(.)	..	0	..	49	..	..	..
60 Mauritius	16	89	0	(.)	0	(.)	84	10	(.)	115
61 Kongo, VR	88	..	0	..	0	..	12	..	24	..
62 Ecuador	25	7	0	(.)	0	0	75	93	3	69
63 Jamaika	93	74	1	2	0	0	6	24	64	444
64 Guatemala	9	..	0	..	0	..	91	..	26	..
65 Türkei	83	50	0	1	0	8	9	41	11	2.643

Anmerkung: Zur Vergleichbarkeit der Daten und ihrer Abgrenzung vgl. Technische Erläuterungen.

Ursprungsland	Bestimmungsland der Industrieprodukte (in % der Gesamtausfuhr)								Ausfuhr von Industrieprodukten (in Mio $)	
	Marktwirtschaftliche Industrieländer		Osteuropäische Staatshandelsländer		Ölexportländer mit hohem Einkommen		Entwicklungsländer			
	1965	1983[a]	1965	1983[a]	1965	1983[a]	1965	1983[a]	1965	1983[a]
66 Costa Rica	6	15	(.)	(.)	0	(.)	94	85	18	248
67 Paraguay	93	..	0	..	0	..	7	..	5	..
68 Tunesien	19	74	3	1	5	4	73	21	23	816
69 Kolumbien	43	50	0	1	(.)	(.)	57	49	35	595
70 Jordanien	49	17	(.)	1	23	28	28	53	5	267
71 Syrien, Arab. Rep.	5	..	21	..	25	..	50	..	16	..
72 *Angola*	3	..	1	..	(.)	..	96	..	36	..
73 Kuba	27	..	70	..	0	..	3	..	27	..
74 *Korea, Dem. Rep.*	..	..	..	..	..	..	..	..	..	..
75 Libanon	19	..	1	..	61	..	19	..	29	..
76 *Mongolische VR*	..	..	..	..	..	..	..	..	..	..
Obere Einkommenskategorie	**56** w	**53** w	**9** w	**4** w	**1** w	**5** w	**34** w	**38** w		
77 Chile	38	..	(.)	..	0	..	62	..	28	323
78 Brasilien	40	52	1	1	(.)	3	59	43	134	9.098
79 Portugal	59	85	(.)	1	(.)	1	41	13	355	3.464
80 Malaysia	17	63	(.)	0	2	1	81	35	75	3.965
81 Panama	..	..	..	..	..	..	..	..	..	39
82 Uruguay	71	52	6	7	0	(.)	23	41	10	298
83 Mexiko	71	90	(.)	0	(.)	(.)	29	9	165	4.022
84 Korea, Rep.	68	66	0	0	(.)	10	32	24	104	22.240
85 Jugoslawien	24	26	52	50	1	4	24	20	617	7.541
86 Argentinien	45	52	3	5	(.)	1	52	42	84	1.283
87 Südafrika[b]	94	0	0	0	(.)	0	6	100	443	13.081
88 Algerien	50	70	1	6	1	(.)	48	24	24	82
89 Venezuela	59	..	(.)	..	(.)	..	41	..	51	..
90 Griechenland	56	60	8	5	9	15	27	20	44	2.194
91 Israel	67	69	4	(.)	0	0	29	31	281	4.122
92 Hongkong	71	64	(.)	(.)	1	4	28	32	995	20.089
93 Trinidad u. Tobago	78	79	0	0	0	(.)	22	21	28	330
94 Singapur	9	48	(.)	1	3	6	88	44	338	12.388
95 *Iran, Islam. Rep.*	61	..	1	..	17	..	21	..	58	..
96 *Irak*	24	..	1	..	16	..	60	..	8	..
Ölexporteure mit hohem Einkommen	**30** w	..	**(.)** w	..	**21** w	..	**49** w	..		
97 Oman	..	..	..	..	..	..	..	..	..	..
98 Libyen	57	..	(.)	..	(.)	..	43	..	7	..
99 Saudi-Arabien	31	10	0	(.)	18	16	52	73	19	824
100 Kuwait	18	38	(.)	(.)	33	20	49	42	17	2.448
101 *Vereinigte Arab. Emirate*	..	..	0	..	..	..	..	..	..	..
Marktwirtschaftliche Industrieländer	**67** w	**66** w	**3** w	**3** w	**1** w	**5** w	**29** w	**26** w		
102 Spanien	57	58	1	2	(.)	6	42	34	382	13.755
103 Irland	82	92	(.)	(.)	(.)	1	17	7	203	5.737
104 Italien	68	66	5	4	2	9	25	22	5.587	61.998
105 Neuseeland	90	71	(.)	(.)	(.)	2	10	28	53	1.153
106 Großbritannien	61	65	2	2	2	8	35	25	11.346	60.350
107 Belgien[c]	86	82	1	2	1	2	13	13	4.823	38.676
108 Österreich	67	70	18	12	(.)	3	15	15	1.204	13.070
109 Niederlande	81	82	2	2	1	3	16	13	3.586	32.645
110 Frankreich	64	65	3	3	1	4	33	28	7.139	67.189
111 Japan	47	51	2	2	2	8	49	39	7.704	142.050
112 Finnland	63	56	26	33	(.)	2	11	9	815	9.334
113 Deutschland, Bundesrep.	76	73	3	5	1	4	20	19	15.764	147.003
114 Dänemark	79	75	4	2	(.)	3	16	19	967	8.922
115 Australien	57	40	(.)	1	(.)	1	43	58	432	4.605
116 Schweden	82	79	4	2	(.)	4	14	14	2.685	21.236
117 Kanada	88	92	(.)	(.)	(.)	1	12	7	2.973	39.917
118 Norwegen	78	76	3	2	(.)	1	19	21	734	5.311
119 Vereinigte Staaten	58	58	(.)	1	1	6	40	36	17.833	140.035
120 Schweiz	75	71	3	3	1	5	21	21	2.646	23.358
Osteuropäische Staatshandelsländer	..	..	..	..	..	..	..	..		
121 Ungarn	11	21	74	56	(.)	2	15	21	1.053	5.440
122 Polen	..	16	..	51	..	2	..	31	..	7.472
123 *Albanien*	..	..	..	..	..	..	..	..	..	..
124 *Bulgarien*	..	..	..	..	..	..	..	..	..	..
125 *Tschechoslowakei*	..	12	..	71	..	2	..	15	..	14.641
126 *Deutsche Dem. Rep.*	..	..	..	..	..	..	..	..	..	..
127 *Rumänien*	..	..	..	..	..	..	..	..	..	..
128 *Sowjetunion*	..	..	..	..	..	..	..	..	..	..

[a] Kursive Zahlen für 1982 und nicht für 1983.   [b] Angaben für die Südafrikanische Zollunion, der Südafrika, Namibia, Lesotho, Botsuana und Swasiland angehören. Der Handel zwischen diesen Teilgebieten ist in den Angaben nicht enthalten.   [c] Einschließlich Luxemburg.

Tabelle 14: Zahlungsbilanzen und Reserven

	Leistungs-bilanz-saldo (in Mio $)		Zufließende Gastarbeiter-überweisungen (in Mio $)		Private Netto-direkt-investitionen (in Mio $)		Bruttowährungsreserven		
							In Mio $		Einfuhr-deckung in Monaten
	1970	1984[a]	1970	1984[a]	1970	1984[a]	1970	1984[a]	1984[a]
Länder mit niedrigem Einkommen									5,8 w
China und Indien									7,9 w
Übrige Länder									2,1 w
Afrika südl. der Sahara									1,9 w
1 Äthiopien	−32	−201	. .	. .	4	. .	72	109	1,1
2 Bangladesch	. .	−521	. .	437	. .	−1	. .	406	1,7
3 Mali	−2	−125	6	32	. .	4	1	32	0,9
4 Zaire	−64	−310	2	. .	42	138	189	269	1,5
5 Burkina Faso	9	−67	18	. .	(.)	. .	36	110	. .
6 Nepal	. .	−102	. .	. .	. .	. .	94	129	2,9
7 Birma	−63	−237	. .	. .	. .	. .	98	140	2,2
8 Malawi	−35	−20	. .	. .	9	3	29	61	1,9
9 Niger	0	−47	. .	. .	1	. .	19	92	. .
10 Tansania	−36	−354	. .	. .	. .	. .	65	27	0,3
11 Burundi	. .	66	. .	. .	. .	1	15	25	. .
12 Uganda	20	. .	. .	. .	4	. .	57	. .	. .
13 Togo	3	16	. .	6	1	0	35	178	4,4
14 Zentralafrikanische Rep.	−12	−31	. .	. .	1	5	1	56	2,8
15 Indien	−394	−2.429	113	2.659	6	. .	1.023	8.536	5,6
16 Madagaskar	10	−176	. .	. .	10	. .	37	59	1,1
17 Somalia	−6	−146	. .	22	5	−1	21	7	0,1
18 Benin	−1	−30	2	. .	7	. .	16	6	. .
19 Ruanda	7	−42	1	1	(.)	15	8	107	3,9
20 China	. .	2.509	. .	317	. .	1.124	. .	21.281	9,6
21 Kenia	−49	−135	. .	. .	14	54	220	414	2,6
22 Sierra Leone	−16	−33	. .	. .	8	2	39	16	1,0
23 Haiti	2	−110	17	89	3	4	4	18	0,4
24 Guinea	. .	−19	. .	. .	. .	. .	. .	. .	. .
25 Ghana	−68	−61	. .	5	68	2	43	437	6,4
26 Sri Lanka	−59	9	3	301	(.)	33	43	530	2,8
27 Sudan	−42	25	. .	284	. .	9	22	17	0,2
28 Pakistan	−667	−1.118	86	2.567	23	62	194	1.610	2,4
29 Senegal	−16	−274	3	. .	5	. .	22	13	. .
30 *Afghanistan*	. .	. .	. .	. .	. .	. .	49	526	. .
31 *Bhutan*	. .	. .	. .	. .	. .	. .	. .	. .	. .
32 *Tschad*	2	10	. .	. .	1	9	2	48	2,6
33 *Kamputschea*	. .	. .	. .	. .	. .	. .	. .	. .	. .
34 *Laos*	. .	. .	. .	. .	. .	. .	6	. .	. .
35 *Mosambik*	. .	. .	. .	. .	. .	. .	. .	. .	. .
36 *Vietnam*	. .	. .	. .	. .	. .	. .	243	. .	. .
Länder mit mittlerem Einkommen									2,9 w
Ölexporteure									3,4 w
Ölimporteure									2,7 w
Afrika südl. der Sahara									1,4 w
Untere Einkommenskategorie									2,2 w
37 Mauretanien	−5	−196	1	1	1	1	3	110	2,1
38 Liberia	. .	−75	. .	. .	. .	39	. .	3	0,1
39 Sambia	108	−138	. .	. .	−297	. .	515	55	0,6
40 Lesotho	. .	31	. .	. .	. .	3	. .	49	1,2
41 Bolivien	4	−178	. .	1	−76	7	46	533	5,8
42 Indonesien	−310	−2.113	. .	. .	83	227	160	5.730	2,8
43 Jemen, Arab. Rep.	. .	−305	. .	1.012	. .	7	. .	321	2,3
44 Jemen, Dem. VR	−4	−368	60	494	. .	. .	59	262	3,0
45 Elfenbeinküste	−38	−190	. .	. .	31	. .	119	19	0,1
46 Philippinen	−48	−1.241	. .	59	−29	−6	255	844	1,0
47 Marokko	−124	−986	63	872	20	47	141	266	0,6
48 Honduras	−64	−243	. .	. .	8	7	20	133	1,3
49 El Salvador	9	−65	. .	48	4	28	64	339	3,3
50 Papua-Neuguinea	. .	−325	. .	. .	. .	114	. .	443	3,5
51 Ägypten, Arab. Rep.	−148	−1.978	29	3.963	. .	713	165	1.486	1,3
52 Nigeria	−368	346	. .	. .	205	189	223	1.674	1,7
53 Simbabwe	. .	−97	. .	. .	. .	−2	59	260	2,0
54 Kamerun	−30	−292	. .	26	16	207	81	63	0,3
55 Nicaragua	−40	−444	. .	. .	15	8	49	230	2,8
56 Thailand	−250	−2.105	. .	. .	43	409	912	2.688	2,5
57 Botsuana	. .	59	. .	. .	. .	47	. .	474	6,3
58 Dominikanische Rep.	−102	−421	25	195	72	48	32	201	1,3
59 Peru	202	−253	. .	. .	−70	−88	339	2.061	5,6
60 Mauritius	8	−54	. .	. .	2	5	46	35	0,7
61 Kongo, VR	. .	−400	. .	. .	. .	56	9	12	0,1
62 Ecuador	−113	−248	. .	. .	89	50	76	739	2,7
63 Jamaika	−153	−309	29	. .	161	. .	139	97	0,6
64 Guatemala	−8	−382	. .	. .	29	38	79	435	3,1
65 Türkei	−44	−1.409	273	1.820	58	113	440	2.443	2,2

Anmerkung: Zur Vergleichbarkeit der Daten und ihrer Abgrenzung vgl. Technische Erläuterungen.

	Leistungs-bilanz-saldo (in Mio $)		Zufließende Gastarbeiter-überweisungen (in Mio $)		Private Netto-direkt-investitionen (in Mio $)		Bruttowährungsreserven		
							In Mio $		Einfuhr-deckung in Monaten
	1970	1984[a]	1970	1984[a]	1970	1984[a]	1970	1984[a]	1984[a]
66 Costa Rica	−74	−216	..	..	26	54	16	412	3,0
67 Paraguay	−16	−313	..	(.)	4	5	18	677	6,6
68 Tunesien	−53	−734	29	317	16	115	60	464	1,4
69 Kolumbien	−293	−1.237	6	79	39	411	207	1.785	3,2
70 Jordanien	−20	−269	..	1.236	..	71	258	842	2,6
71 Syrien, Arab. Rep.	−69	−852	7	327	..	..	57	257	0,6
72 *Angola*	..	..	..	..	..	..	..	..	..
73 *Kuba*	..	..	..	..	..	..	..	..	..
74 *Korea, Dem. Rep.*	..	..	..	..	..	..	..	..	..
75 *Libanon*	..	..	..	..	..	..	405	3.515	..
76 *Mongolische VR*	..	..	..	..	..	..	..	..	..
Obere Einkommenskategorie									3,3 w
77 Chile	−91	−2.060	..	..	−79	67	392	2.774	4,8
78 Brasilien	−837	53	..	4	407	1.555	1.190	11.961	4,7
79 Portugal	..	−502	..	2.157	..	186	1.565	6.774	8,3
80 Malaysia	8	−1.597	..	..	94	912	667	4.441	2,6
81 Panama	−64	−70	..	..	33	37	16	216	0,4
82 Uruguay	−45	−124	..	..	..	3	186	942	7,5
83 Mexiko	−1.068	3.905	..	..	323	392	756	8.019	3,3
84 Korea, Rep.	−623	−1.344	..	..	66	75	610	2.849	1,0
85 Jugoslawien	−372	656	441	3.427	..	..	143	1.732	1,2
86 Argentinien	−163	−2.542	..	..	11	269	682	2.591	2,5
87 Südafrika	−1.215	−1.098	..	..	318	15	1.057	2.511	1,4
88 Algerien	−125	75	211	329	45	−14	352	3.185	2,8
89 Venezuela	−104	5.298	..	..	−23	42	1.047	12.434	11,1
90 Griechenland	−422	−2.123	333	899	50	486	318	2.220	2,4
91 Israel	−562	−1.499	..	..	40	8	452	3.374	2,6
92 Hongkong	..	..	..	..	..	..	..	..	..
93 Trinidad u. Tobago	−109	−552	3	1	83	299	43	1.373	5,2
94 Singapur	−572	−1.000	..	..	93	1.458	1.012	10.416	3,8
95 *Iran, Islam. Rep.*	−507	..	..	..	25	..	217	..	..
96 *Irak*	105	..	..	..	24	..	472	..	..
Ölexporteure mit hohem Einkommen									4,4 w
97 Oman	..	148	..	43	..	157	13	989	3,1
98 Libyen	645	−1.803	..	..	139	−327	1.596	4.759	5,3
99 Saudi-Arabien	71	−24.036	..	..	20	5.228	670	26.165	4,3
100 Kuwait	..	5.570	..	..	..	−125	209	5.373	5,4
101 Vereinigte Arab. Emirate	..	7.137	..	..	..	..	..	2.539	4,1
Marktwirtschaftliche Industrieländer									3,1 w
102 Spanien	79	2.323	469	844	179	1.524	1.851	16.465	5,5
103 Irland	−198	−916	..	..	32	120	698	2.463	2,3
104 Italien	902	−2.902	446	1.116	498	−694	5.547	41.351	4,8
105 Neuseeland	−232	−1.444	40	301	137	97	258	1.794	2,4
106 Großbritannien	1.910	1.417	..	..	−185	−5.507	2.919	15.307	1,0
107 Belgien	717	205	154	358	140	106	2.947	15.102	2,4
108 Österreich	−75	−633	13	175	104	68	1.806	10.760	4,7
109 Niederlande	−483	4.879	..	..	−15	−2.096	3.362	22.784	3,5
110 Frankreich	−204	−820	130	342	248	275	5.199	46.174	3,8
111 Japan	1.980	35.148	..	..	−260	−5.955	4.877	33.899	2,3
112 Finnland	−239	1	..	..	−41	−359	455	3.146	2,3
113 Deutschland, Bundesrep.	850	6.130	..	..	−290	−1.907	13.879	69.486	4,3
114 Dänemark	−544	−1.634	..	..	75	−86	488	3.511	1,7
115 Australien	−837	−8.302	..	..	785	−1.442	1.709	9.886	3,3
116 Schweden	−265	356	..	..	−104	−885	775	5.716	1,9
117 Kanada	821	1.974	..	..	566	−1.334	4.733	8.700	1,0
118 Norwegen	−242	2.228	..	9	32	−702	813	9.730	4,8
119 Vereinigte Staaten	2.320	−107.780	..	..	−6.130	17.948	15.237	104.856	2,7
120 Schweiz	72	4.019	..	70	..	−362	5.317	40.971	9,9
Osteuropäische Staatshandelsländer									..
121 Ungarn	−25	290	..	..	..	..	..	2.745	3,2
122 Polen	..	..	..	..	..	..	..	..	..
123 *Albanien*	..	..	..	..	..	..	..	..	..
124 *Bulgarien*	..	..	..	..	..	..	..	..	..
125 *Tschechoslowakei*	..	..	..	..	..	..	..	..	..
126 *Deutsche Dem. Rep.*	..	..	..	..	..	..	..	..	..
127 *Rumänien*	..	1.719	..	..	..	..	..	1.859	1,9
128 *Sowjetunion*	..	..	..	..	..	..	..	..	..

[a] Kursive Zahlen für 1983 und nicht für 1984.

Tabelle 15: Brutto-Auslandsverbindlichkeiten

	Langfristige Auslandsschulden (in Mio $)				Ausstehende IWF-Kredite (in Mio $)		Kurzfristige Auslandsschulden (in Mio $)		Gesamte Brutto-Auslandsverbindlichkeiten (in Mio $)	
	Öffentlich und öffentlich garantiert		Private nicht garantiert							
	1970	1984	1970	1984	1970	1984	1970	1984	1970	1984
Länder mit niedrigem Einkommen										
China und Indien										
Übrige Länder										
Afrika südl. der Sahara										
1 Äthiopien	169	1.384	0	0	0	75	..	67	..	1.526
2 Bangladesch	..	5.154	..	0	..	356	..	133	..	5.644
3 Mali	238	960	0	0	9	64	..	60	..	1.084
4 Zaire	311	4.084	..	..	0	579	..	244	..	..
5 Burkina Faso	21	407	0	0	0	0	..	26	..	433
6 Nepal	3	427	0	0	0	4	..	24	..	454
7 Birma	101	2.219	0	0	17	77	..	15	..	2.311
8 Malawi	122	731	0	0	0	113	..	42	..	885
9 Niger	32	678	..	162	0	44	..	61	..	945
10 Tansania	250	2.594	15	61	0	24	..	554	..	3.232
11 Burundi	7	334	0	0	8	0	..	12	..	346
12 Uganda	138	675	0	0	0	315	..	26	..	1.016
13 Togo	40	659	0	0	0	49	..	63	..	772
14 Zentralafrikanische Rep.	24	224	0	0	0	24	..	12	..	260
15 Indien	7.940	22.403	100	2.611	10	3.921	..	1.743	..	30.678
16 Madagaskar	93	1.636	0	0	0	148	..	83	..	1.867
17 Somalia	77	1.233	0	0	0	102	..	49	..	1.384
18 Benin	41	582	0	0	0	0	..	62	..	644
19 Ruanda	2	244	0	0	3	0	..	37	..	281
20 China	..	..	..	..	..	..	..	5.546	..	..
21 Kenia	319	2.633	88	428	0	380	..	369	..	3.811
22 Sierra Leone	59	342	0	0	0	74	..	30	..	446
23 Haiti	40	494	0	0	2	84	..	80	..	658
24 Guinea	312	1.168	0	0	4	11	..	54	..	1.234
25 Ghana	495	1.122	..	..	46	468	..	208	..	..
26 Sri Lanka	317	2.420	..	44	79	322	..	301	..	3.087
27 Sudan	307	5.659	0	0	31	598	..	404	..	6.661
28 Pakistan	3.060	9.953	5	26	45	1.241	..	436	..	11.656
29 Senegal	100	1.555	31	10	0	201	..	260	..	2.026
30 *Afghanistan*	..	..	..	..	..	..	..	7	..	..
31 *Bhutan*	..	..	..	..	..	..	..	2	..	..
32 *Tschad*	32	109	0	0	3	4	..	1	..	114
33 *Kamputschea*	..	..	..	..	..	..	..	..	..	..
34 *Laos*	..	..	..	..	..	..	..	7	..	..
35 *Mosambik*	..	..	..	..	..	..	..	116	..	..
36 *Vietnam*	..	..	..	..	..	..	..	97	..	..
Länder mit mittlerem Einkommen										
Ölexporteure										
Ölimporteure										
Afrika südl. der Sahara										
Untere Einkommenskategorie										
37 Mauretanien	27	1.171	0	0	0	30	..	83	..	1.283
38 Liberia	159	757	0	0	4	208	..	42	..	1.007
39 Sambia	623	2.779	30	23	0	698	..	388	..	3.888
40 Lesotho	8	134	0	0	0	0	..	4	..	138
41 Bolivien	481	3.204	11	340	6	64	..	306	..	3.913
42 Indonesien	2.443	22.883	461	3.800	139	413	..	5.384	..	32.480
43 Jemen, Arab. Rep.	..	1.688	0	0	0	10	..	259	..	1.957
44 Jemen, Dem. VR	1	1.252	0	0	0	15	..	70	..	1.337
45 Elfenbeinküste	256	4.835	11	1.350	0	591	..	630	..	7.406
46 Philippinen	574	11.176	919	2.959	69	757	..	9.492	..	24.383
47 Marokko	711	10.169	..	..	28	991	..	1.185	..	..
48 Honduras	95	1.841	19	162	0	136	..	169	..	2.308
49 El Salvador	88	1.388	88	114	7	105	..	102	..	1.709
50 Papua-Neuguinea	36	925	173	890	0	16	..	145	..	1.977
51 Ägypten, Arab. Rep.	1.750	15.808	..	550	49	48	..	6.800	..	23.206
52 Nigeria	480	11.815	115	895	0	0	..	7.032	..	19.742
53 Simbabwe	233	1.446	..	78	0	256	..	344	..	2.124
54 Kamerun	131	1.738	9	609	0	0	..	381	..	2.728
55 Nicaragua	147	3.835	0	0	8	9	..	856	..	4.700
56 Thailand	324	7.568	402	3.368	0	791	..	3.551	..	15.278
57 Botsuana	15	276	0	0	0	0	..	5	..	281
58 Dominikanische Rep.	226	2.388	141	156	7	221	..	291	..	3.057
59 Peru	856	9.825	1.799	1.465	10	675	..	1.200	..	13.164
60 Mauritius	32	354	..	13	0	154	..	39	..	560
61 Kongo, VR	144	1.396	0	0	0	0	..	177	..	1.573
62 Ecuador	193	6.630	49	177	14	238	..	1.283	..	8.329
63 Jamaika	160	2.175	822	80	0	629	..	224	..	3.107
64 Guatemala	106	1.514	14	105	0	150	..	191	..	1.960
65 Türkei	1.854	15.774	42	425	74	1.426	..	4.642	..	22.267

Anmerkung: Zur Vergleichbarkeit der Daten und ihrer Abgrenzung vgl. Technische Erläuterungen.

| | Langfristige Auslandsschulden (in Mio $) | | | | Ausstehende IWF-Kredite (in Mio $) | | Kurzfristige Auslandsschulden (in Mio $) | | Gesamte Brutto-Auslandsverbindlichkeiten (in Mio $) | |
| | Öffentlich und öffentlich garantiert | | Private nicht garantiert | | | | | | | |
	1970	1984	1970	1984	1970	1984	1970	1984	1970	1984
66 Costa Rica	134	3.380	112	317	0	156	..	269	..	4.122
67 Paraguay	112	1.287	..	110	0	0	..	98	..	1.495
68 Tunesien	541	3.707	..	193	13	0	..	401	..	4.301
69 Kolumbien	1.299	7.980	283	1.437	55	0	..	2.868	..	12.285
70 Jordanien	119	2.336	0	0	0	0	..	860	..	3.196
71 Syrien, Arab. Rep.	232	2.453	0	0	10	0	..	622	..	3.075
72 *Angola*	..	..	..	..	..	..	..	173	..	..
73 *Kuba*	..	..	..	..	..	..	..	607	..	..
74 *Korea, Dem. Rep.*	..	..	..	..	..	..	..	167	..	..
75 *Libanon*	64	179	0	0	0	0	..	260	..	439
76 *Mongolische VR*	..	..	..	..	..	..	..	..	..	..

Obere Einkommenskategorie

	1970	1984	1970	1984	1970	1984	1970	1984	1970	1984
77 Chile	2.067	10.839	501	6.427	2	779	..	1.914	..	19.959
78 Brasilien	3.234	66.502	1.706	20.511	0	4.185	..	13.186	..	104.384
79 Portugal	485	10.583	85	570	0	561	..	3.299	..	15.012
80 Malaysia	390	11.846	..	..	0	258	..	..	..	..
81 Panama	194	3.091	0	0	0	271	..	912	..	4.274
82 Uruguay	269	2.545	29	129	18	222	..	392	..	3.288
83 Mexiko	3.196	69.007	2.770	18.500	0	2.360	..	7.440	..	97.307
84 Korea, Rep.	1.797	24.642	175	5.348	0	1.567	..	11.500	..	43.057
85 Jugoslawien	1.199	8.690	854	8.370	0	1.947	..	837	..	19.844
86 Argentinien	1.878	28.671	3.291	9.500	0	1.098	..	6.570	..	45.839
87 Südafrika	..	..	..	..	..	..	..	12.246	..	..
88 Algerien	937	12.052	0	0	0	0	..	1.759	..	13.811
89 Venezuela	728	17.247	236	6.500	0	0	..	10.500	..	34.247
90 Griechenland	905	9.456	388	1.647	0	0	..	3.267	..	14.369
91 Israel	2.274	15.415	361	4.453	13	0	..	3.581	..	23.449
92 Hongkong	2	270	..	..	0	0	..	860	..	..
93 *Trinidad u. Tobago*	101	941	0	0	0	0	..	159	..	1.100
94 Singapur	152	1.911	..	..	0	0	..	208	..	..
95 *Iran, Islam. Rep.*	..	..	..	..	..	..	..	..	..	..
96 *Irak*	..	..	..	..	..	..	..	1.858	..	..

Ölexporteure mit hohem Einkommen

	1970	1984	1970	1984	1970	1984	1970	1984	1970	1984
97 Oman	..	1.232	..	0	..	0	..	293	..	1.525
98 Libyen										
99 Saudi-Arabien										
100 Kuwait										
101 Vereinigte Arab. Emirate										

Marktwirtschaftliche Industrieländer

102 Spanien
103 Irland
104 Italien
105 Neuseeland
106 Großbritannien

107 Belgien
108 Österreich
109 Niederlande
110 Frankreich
111 Japan

112 Finnland
113 Deutschland, Bundesrep.
114 Dänemark
115 Australien
116 Schweden

117 Kanada
118 Norwegen
119 Vereinigte Staaten
120 Schweiz

Osteuropäische Staatshandelsländer

	1970	1984	1970	1984	1970	1984	1970	1984	1970	1984
121 Ungarn	..	7.380	..	0	..	953	..	1.943	..	10.276
122 Polen										
123 *Albanien*										
124 *Bulgarien*										
125 *Tschechoslowakei*										
126 *Deutsche Dem. Rep.*										
127 Rumänien	..	6.296	..	0	..	937	..	566	..	7.799
128 Sowjetunion										

Tabelle 16: Zufluß von öffentlichem und privatem Auslandskapital

	Bruttozufluß (in Mio $)				Tilgung (in Mio $)				Nettozufluß[a] (in Mio $)			
	Öffentlich und öffentlich garantiert		Privat nicht garantiert		Öffentlich und öffentlich garantiert		Privat nicht garantiert		Öffentlich und öffentlich garantiert		Privat nicht garantiert	
	1970	1984	1970	1984	1970	1984	1970	1984	1970	1984	1970	1984
Länder mit niedrigem Einkommen												
China und Indien												
Übrige Länder												
Afrika südl. der Sahara												
1 Äthiopien	27	246	0	0	15	53	0	0	12	193	0	0
2 Bangladesch	..	537	..	0	..	97	..	0	..	439	..	0
3 Mali	21	114	0	0	(.)	10	0	0	21	104	0	0
4 Zaire	31	220	..	..	28	143	..	..	3	77	..	..
5 Burkina Faso	2	57	0	0	2	15	0	0	(.)	43	0	0
6 Nepal	1	79	0	0	2	5	0	0	−2	74	0	0
7 Birma	16	286	0	0	18	96	0	0	−2	189	0	0
8 Malawi	38	111	0	0	3	50	0	0	36	61	0	0
9 Niger	12	73	..	..	2	40	..	..	10	33	..	..
10 Tansania	50	160	..	..	10	41	..	..	40	119	..	..
11 Burundi	1	80	0	0	(.)	9	0	0	1	71	0	0
12 Uganda	26	92	0	0	4	55	0	0	22	37	0	0
13 Togo	5	51	0	0	2	30	0	0	3	21	0	0
14 Zentralafrikanische Rep.	2	34	0	0	2	6	0	0	−1	27	0	0
15 Indien	890	2.874	25	835	307	827	25	305	583	2.048	0	530
16 Madagaskar	10	161	0	0	5	85	0	0	5	76	0	0
17 Somalia	4	106	0	0	1	24	0	0	4	82	0	0
18 Benin	2	38	0	0	1	22	0	0	1	17	0	0
19 Ruanda	(.)	42	0	0	(.)	3	0	0	(.)	39	0	0
20 China	..	..	..	..	..	..	..	..	..	..	..	..
21 Kenia	32	527	..	..	16	205	..	..	17	322	..	..
22 Sierra Leone	8	23	0	0	10	13	0	0	−2	10	0	0
23 Haiti	4	58	0	0	4	11	0	0	1	47	0	0
24 Guinea	90	79	0	0	11	84	0	0	79	−5	0	0
25 Ghana	42	102	..	..	12	55	..	..	30	46	..	..
26 Sri Lanka	61	410	..	6	28	99	..	2	34	311	..	3
27 Sudan	52	181	0	0	22	43	0	0	30	139	0	0
28 Pakistan	485	1.183	3	4	114	617	1	11	371	566	2	−7
29 Senegal	15	219	1	..	5	40	3	2	11	179	−2	..
30 Afghanistan	..	..	0	0	..	..	0	0	..	..	0	0
31 *Bhutan*	..	..	..	..	..	..	..	..	..	..	..	..
32 *Tschad*	6	7	0	0	2	2	0	0	4	6	0	0
33 *Kamputschea*	..	..	..	..	..	..	..	..	..	..	..	..
34 *Laos*	..	..	..	..	..	..	..	..	..	..	..	..
35 *Mosambik*	..	..	..	..	..	..	..	..	..	..	..	..
36 *Vietnam*	..	..	..	..	..	..	..	..	..	..	..	..
Länder mit mittlerem Einkommen												
Ölexporteure												
Ölimporteure												
Afrika südl. der Sahara												
Untere Einkommenskategorie												
37 Mauretanien	4	100	0	0	3	19	0	0	1	81	0	0
38 Liberia	7	95	0	0	12	22	0	0	−4	73	0	0
39 Sambia	351	250	..	..	33	50	..	..	318	200	..	..
40 Lesotho	(.)	28	0	0	(.)	17	0	0	(.)	11	0	0
41 Bolivien	55	180	..	..	17	119	..	..	38	61	..	..
42 Indonesien	441	3.846	195	1.080	59	1.628	61	680	382	2.219	134	400
43 Jemen, Arab. Rep.	..	204	0	0	..	51	0	0	..	153	0	0
44 Jemen, Dem. VR	1	169	0	0	0	24	0	0	1	145	0	0
45 Elfenbeinküste	77	417	..	..	27	237	..	..	50	180	..	..
46 Philippinen	128	1.264	276	70	73	354	186	174	56	910	90	−104
47 Marokko	163	1.330	..	..	36	639	..	..	127	690	..	..
48 Honduras	30	300	10	4	3	55	3	36	26	245	7	−33
49 El Salvador	8	212	24	(.)	6	122	16	8	2	90	8	−7
50 Papua-Neuguinea	25	86	111	245	0	47	20	175	25	39	91	70
51 Ägypten, Arab. Rep.	394	2.704	..	55	297	1.709	..	105	97	995	..	−50
52 Nigeria	62	2.124	25	300	36	1.991	30	200	26	133	−5	100
53 Simbabwe	..	220	..	..	5	157	..	..	..	63	..	..
54 Kamerun	28	182	11	218	4	115	2	83	24	67	9	134
55 Nicaragua	44	346	0	0	16	25	0	0	28	321	0	0
56 Thailand	51	1.492	169	1.417	23	689	107	704	27	804	62	713
57 Botsuana	3	76	0	0	(.)	18	0	0	3	58	0	0
58 Dominikanische Rep.	45	278	22	5	7	39	20	30	38	239	2	−25
59 Peru	148	1.000	240	130	101	321	233	214	47	679	7	−84
60 Mauritius	2	92	..	4	1	50	..	4	1	42	..	(.)
61 Kongo, VR	21	127	0	0	6	173	0	0	15	−47	0	0
62 Ecuador	41	390	..	..	16	202	..	..	25	188	..	..
63 Jamaika	15	384	..	..	6	194	..	..	9	190	..	..
64 Guatemala	37	235	6	3	20	112	2	52	17	123	4	−49
65 Türkei	328	2.424	1	81	128	1.178	3	55	200	1.246	−2	26

Anmerkung: Zur Vergleichbarkeit der Daten und ihrer Abgrenzung vgl. Technische Erläuterungen.

	Bruttozufluß (in Mio $)				Tilgung (in Mio $)				Nettozufluß[a] (in Mio $)			
	Öffentlich und öffentlich garantiert		Privat nicht garantiert		Öffentlich und öffentlich garantiert		Privat nicht garantiert		Öffentlich und öffentlich garantiert		Privat nicht garantiert	
	1970	1984	1970	1984	1970	1984	1970	1984	1970	1984	1970	1984
66 Costa Rica	30	205	30	..	21	114	20	12	9	91	10	..
67 Paraguay	15	240	..	(.)	7	60	..	20	8	181	..	−19
68 Tunesien	87	707	..	..	45	460	..	..	42	247	..	..
69 Kolumbien	254	1.753	..	299	78	548	59	142	176	1.205	..	157
70 Jordanien	14	625	0	0	3	165	0	0	12	460	0	0
71 Syrien, Arab. Rep.	60	435	0	0	30	247	0	0	30	188	0	0
72 *Angola*	..	..	..	..	..	..	..	..	..	..	..	..
73 *Kuba*	..	..	..	..	..	..	..	..	..	..	..	..
74 *Korea, Dem. Rep.*	..	..	..	..	..	..	..	..	..	..	..	..
75 Libanon	12	29	0	0	2	40	0	0	9	−11	0	0
76 *Mongolische VR*	..	..	..	..	..	..	..	..	..	..	..	..
Obere Einkommenskategorie												
77 Chile	398	2.125	247	232	164	321	41	295	234	1.804	206	−63
78 Brasilien	884	9.615	900	290	255	1.603	200	706	629	8.012	700	−416
79 Portugal	18	2.521	20	46	63	1.533	22	108	−45	988	−1	−62
80 Malaysia	44	1.951	..	..	45	514	..	..	−1	1.437	..	..
81 Panama	67	347	0	0	24	231	0	0	44	116	0	0
82 Uruguay	38	189	13	0	47	127	4	24	−10	62	9	−24
83 Mexiko	772	4.819	603	2.144	475	3.663	542	1.760	297	1.156	61	384
84 Korea, Rep.	441	5.487	32	1.102	198	2.488	7	295	242	2.999	25	807
85 Jugoslawien	180	542	465	878	168	257	204	1.294	12	286	261	−416
86 Argentinien	487	520	..	..	342	486	..	..	146	34	..	..
87 Südafrika	..	..	..	..	..	..	..	..	..	..	..	..
88 Algerien	292	3.014	0	0	33	3.269	0	0	259	−255	0	0
89 Venezuela	224	316	..	..	42	1.099	..	..	183	−784	..	..
90 Griechenland	164	2.318	144	255	61	602	37	208	102	1.717	107	47
91 Israel	410	1.875	..	..	25	890	..	..	385	985	..	..
92 Hongkong	0	105	..	..	1	36	..	..	−1	69	..	..
93 Trinidad u. Tobago	8	104	0	0	10	36	0	0	−2	68	0	0
94 Singapur	58	630	..	..	6	188	..	..	52	441	..	..
95 *Iran, Islam. Rep.*	..	..	..	..	..	..	..	..	..	..	..	..
96 *Irak*	..	..	..	..	..	..	..	..	..	..	..	..
Ölexporteure mit hohem Einkommen												
97 Oman	..	275	..	0	..	128	..	0	..	147	..	0
98 Libyen												
99 Saudi-Arabien												
100 Kuwait												
101 Vereinigte Arab. Emirate												
Marktwirtschaftliche Industrieländer												
102 Spanien												
103 Irland												
104 Italien												
105 Neuseeland												
106 Großbritannien												
107 Belgien												
108 Österreich												
109 Niederlande												
110 Frankreich												
111 Japan												
112 Finnland												
113 Deutschland, Bundesrep.												
114 Dänemark												
115 Australien												
116 Schweden												
117 Kanada												
118 Norwegen												
119 Vereinigte Staaten												
120 Schweiz												
Osteuropäische Staatshandelsländer												
121 Ungarn	..	2.856	..	0	..	1.842	..	0	..	1.014	..	0
122 Polen												
123 *Albanien*												
124 *Bulgarien*												
125 *Tschechoslowakei*												
126 *Deutsche Dem. Rep.*												
127 *Rumänien*	..	159	..	0	..	1.259	..	0	..	−1.100	..	0
128 *Sowjetunion*												

[a] Aufgrund von Rundungsdifferenzen kann der Saldo aus Bruttozufluß und Tilgung vom Nettozufluß abweichen.

Tabelle 17: Gesamte öffentliche und private Auslandsschulden sowie Schuldendienstrelationen

	Gesamte langfristige ausgezahlte und ausstehende Auslandsschulden				Gesamte Zinszahlungen auf die langfristigen Auslandsschulden (in Mio $)		Gesamter langfristiger Schuldendienst in % von:			
	in Mio $		in % des BSP				BSP		Ausfuhr von Waren und Dienstleistungen	
	1970	1984	1970	1984[a]	1970	1984	1970	1984	1970	1984[a]
Länder mit niedrigem Einkommen										
China und Indien										
Übrige Länder										
Afrika südl. der Sahara										
1 Äthiopien	169	1.384	9,5	29,5	6	31	1,2	1,8	11,4	13,8
2 Bangladesch	..	5.154	..	40,0	..	75	..	1,3	..	14,2
3 Mali	238	960	88,1	95,9	(.)	7	0,3	1,7	1,4	8,0
4 Zaire	..	..	..	..	..	..	..	..	..	..
5 Burkina Faso	21	407	6,4	42,6	(.)	7	0,6	2,3	6,2	..
6 Nepal	3	427	0,3	17,0	(.)	5	0,3	0,4	..	3,4
7 Birma	101	2.219	4,7	34,9	3	62	1,0	2,5	15,9	36,9
8 Malawi	122	731	43,2	63,5	3	32	2,1	7,2	7,2	..
9 Niger	..	840	..	76,7	..	..	..	..	..	..
10 Tansania	265	2.654	20,7	69,6	..	..	..	..	..	..
11 Burundi	7	334	3,1	35,8	(.)	8	0,3	1,9	..	..
12 Uganda	138	675	7,3	20,5	4	32	0,4	1,7	2,7	..
13 Togo	40	659	16,0	100,1	1	37	0,9	10,1	2,9	26,3
14 Zentralafrikanische Rep.	24	224	13,5	37,1	1	6	1,6	2,0	4,8	8,0
15 Indien	8.040	25.014	15,1	13,6	195	863	1,0	1,1	23,4	13,8
16 Madagaskar	93	1.636	10,8	73,0	2	31	0,8	5,2	3,5	..
17 Somalia	77	1.233	24,4	90,4	(.)	3	0,3	2,0	2,1	28,9
18 Benin	41	582	16,0	59,8	(.)	17	0,7	3,9	2,3	..
19 Ruanda	2	244	0,9	15,1	(.)	3	0,1	0,4	1,2	3,3
20 China	..	..	..	..	..	..	..	..	..	..
21 Kenia	406	3.062	26,3	53,3	..	..	..	..	..	..
22 Sierra Leone	59	342	14,3	34,7	2	4	2,9	1,6	9,9	7,2
23 Haiti	40	494	10,3	27,3	(.)	6	1,0	1,0	7,7	5,6
24 Guinea	312	1.168	47,1	59,5	4	21	2,2	5,3	..	..
25 Ghana	..	..	..	..	..	..	..	..	..	..
26 Sri Lanka	..	2.464	..	41,9	..	106	..	3,5	..	11,5
27 Sudan	307	5.659	15,2	77,2	13	65	1,7	..	10,6	13,6
28 Pakistan	3.065	9.979	30,6	29,7	77	317	1,9	2,8	23,7	27,1
29 Senegal	131	1.565	15,5	69,4	2	53	1,1	4,2	3,8	..
30 Afghanistan	..	..	..	..	..	..	..	..	..	..
31 *Bhutan*	..	..	..	..	..	..	..	..	..	..
32 *Tschad*	32	109	11,9	..	(.)	1	1,0	..	3,9	1,7
33 *Kamputschea*	..	..	..	..	..	..	..	..	..	..
34 *Laos*	..	..	..	..	..	..	..	..	..	..
35 *Mosambik*	..	..	..	..	..	..	..	..	..	..
36 *Vietnam*	..	..	..	..	..	..	..	..	..	..
Länder mit mittlerem Einkommen										
Ölexporteure										
Ölimporteure										
Afrika südl. der Sahara										
Untere Einkommenskategorie										
37 Mauretanien	27	1.171	13,9	171,2	(.)	23	1,7	6,2	3,1	*10,0*
38 Liberia	159	757	49,9	77,4	6	20	5,5	4,3	8,1	8,6
39 Sambia	653	2.802	37,5	115,4	..	..	..	..	..	..
40 Lesotho	8	134	7,7	24,3	(.)	4	0,5	3,8	4,1	5,1
41 Bolivien	492	3.544	36,1	108,7	..	..	..	..	..	..
42 Indonesien	2.904	26.683	32,2	35,2	45	1.900	1,8	5,5	13,8	19,0
43 Jemen, Arab. Rep.	..	1.688	..	44,4	..	16	..	1,8	..	26,6
44 Jemen, Dem. VR	1	1.252	..	106,9	0	12	..	3,0	0	22,0
45 Elfenbeinküste	267	6.185	19,1	107,5	..	..	..	..	..	..
46 Philippinen	1.494	14.135	21,1	43,9	..	912	..	4,5	..	17,9
47 Marokko	..	..	..	..	..	..	..	..	..	..
48 Honduras	115	2.003	16,3	66,1	4	90	1,5	6,0	5,2	20,4
49 El Salvador	176	1.502	17,3	38,0	9	74	3,1	5,2	12,0	*19,5*
50 Papua-Neuguinea	209	1.815	33,4	78,1	9	148	4,7	15,9	24,1	35,9
51 Ägypten, Arab. Rep.	..	16.358	..	51,3	..	698	..	7,9	..	34,1
52 Nigeria	595	12.710	5,9	17,0	28	1.282	0,9	4,6	7,0	27,9
53 Simbabwe	..	1.523	..	29,9	..	..	..	..	..	..
54 Kamerun	140	2.347	13,0	31,3	5	164	1,0	4,8	3,9	14,5
55 Nicaragua	147	3.835	14,8	141,8	7	34	2,3	2,2	10,5	*17,5*
56 Thailand	726	10.936	11,1	26,3	33	843	2,5	5,4	14,0	21,5
57 Botsuana	15	276	17,9	31,3	(.)	15	0,7	3,8	..	3,8
58 Dominikanische Rep.	368	2.544	25,2	53,6	13	119	2,7	3,9	15,4	*28,1*
59 Peru	2.655	11.290	39,1	68,2	162	457	7,3	6,0	40,0	24,9
60 Mauritius	..	367	..	36,5	..	26	..	7,9	..	15,6
61 Kongo, VR	144	1.396	53,9	76,2	3	78	3,3	13,7	11,0	*20,5*
62 Ecuador	242	6.807	14,7	75,1	..	..	..	..	..	..
63 Jamaika	982	2.255	72,8	108,8	..	..	..	..	..	..
64 Guatemala	120	1.619	6,5	17,6	7	96	1,6	2,8	8,2	20,6
65 Türkei	1.896	16.199	14,8	32,3	45	1.093	1,4	4,6	22,7	23,8

Anmerkung: Zur Vergleichbarkeit der Daten und ihrer Abgrenzung vgl. Technische Erläuterungen. Öffentliche und private Auslandsschulden schließen öffentliche, öffentlich garantierte und private nichtgarantierte Schulden ein; Angaben erfolgen nur, wenn sie für alle drei Kategorien verfügbar sind.

	Gesamte langfristige ausgezahlte und ausstehende Auslandsschulden				Gesamte Zinszahlungen auf die langfristigen Auslandsschulden (in Mio $)		Gesamter langfristiger Schuldendienst in % von:			
	in Mio $		in % des BSP				BSP		Ausfuhr von Waren und Dienstleistungen	
	1970	1984	1970	1984[a]	1970	1984	1970	1984	1970	1984[a]
66 Costa Rica	246	3.697	25,3	114,0	14	228	5,7	10,9	19,9	27,9
67 Paraguay	..	1.397	..	36,2	..	60	..	3,6	..	15,5
68 Tunesien	..	3.900	..	48,5	..	..	..	..	..	..
69 Kolumbien	1.582	9.417	22,5	25,7	59	622	2,8	3,6	19,3	24,7
70 Jordanien	119	2.336	23,5	62,0	2	117	0,9	7,5	3,6	14,8
71 Syrien, Arab. Rep.	232	2.453	10,6	15,2	6	83	1,6	2,0	11,0	12,9
72 *Angola*	..	..	..	..	..	..	..	..	..	..
73 *Kuba*	..	..	..	..	..	..	..	..	..	..
74 *Korea, Dem. Rep.*	..	..	..	..	..	..	..	..	..	..
75 Libanon	64	179	4,2	..	1	13	0,2	..	..	..
76 *Mongolische VR*	..	..	..	..	..	..	..	..	..	..

Obere Einkommenskategorie

77 Chile	2.568	17.266	32,1	100,2	104	2.011	3,9	15,2	24,2	54,6
78 Brasilien	4.940	87.013	11,7	44,0	222	8.529	1,6	5,5	21,7	35,8
79 Portugal	570	11.153	9,2	61,7	34	1.057	1,9	14,9	..	37,8
80 Malaysia	..	..	..	..	..	..	..	..	..	..
81 Panama	194	3.091	19,5	73,3	7	288	3,1	12,3	7,7	7,9
82 Uruguay	298	2.674	12,5	54,5	17	295	2,9	9,1	23,5	32,4
83 Mexiko	5.966	87.507	17,0	54,2	283	10.298	3,7	9,7	44,3	48,6
84 Korea, Rep.	1.972	29.990	22,4	37,0	75	2.555	3,2	6,6	20,3	15,8
85 Jugoslawien	2.053	17.060	15,0	42,2	104	2.341	3,5	9,6	19,7	28,0
86 Argentinien	5.169	38.171	23,6	46,8	..	..	..	..	..	..
87 Südafrika	..	..	..	..	..	..	..	..	..	..
88 Algerien	937	12.052	19,3	24,3	10	1.291	0,9	9,2	3,8	33,6
89 Venezuela	964	12.747	8,7	52,7	..	..	..	..	..	..
90 Griechenland	1.293	11.102	12,7	33,2	63	873	1,6	5,0	14,6	22,9
91 Israel	2.635	19.868	47,9	99,5	..	..	..	..	..	..
92 Hongkong	..	..	..	..	..	..	..	..	..	..
93 Trinidad u. Tobago	101	941	12,2	10,5	6	31	1,9	0,7	4,4	2,4
94 Singapur	..	..	..	..	..	..	..	..	..	..
95 *Iran, Islam. Rep.*	..	..	..	..	..	..	..	..	..	..
96 *Irak*	..	..	..	..	..	..	..	..	..	..

Ölexporteure mit hohem Einkommen

97 Oman	..	1.232	..	17,2	..	86	..	3,0	..	4,6
98 Libyen										
99 Saudi-Arabien										
100 Kuwait										
101 Vereinigte Arab. Emirate										

Marktwirtschaftliche Industrieländer

102 Spanien
103 Irland
104 Italien
105 Neuseeland
106 Großbritannien

107 Belgien
108 Österreich
109 Niederlande
110 Frankreich
111 Japan

112 Finnland
113 Deutschland, Bundesrep.
114 Dänemark
115 Australien
116 Schweden

117 Kanada
118 Norwegen
119 Vereinigte Staaten
120 Schweiz

Osteuropäische Staatshandelsländer

121 Ungarn	..	7.380	..	37,5	..	693	..	12,9	..	24,2
122 Polen										
123 *Albanien*										
124 *Bulgarien*										
125 *Tschechoslowakei*										
126 *Deutsche Dem. Rep.*										
127 Rumänien	..	6.296	..	16,3	..	415	..	4,3	..	12,3
128 *Sowjetunion*										

[a] Kursive Zahlen für 1983 und nicht für 1984.

Tabelle 18: Öffentliche Auslandsschulden und Schuldendienstrelationen

	Ausstehende und ausgezahlte öffentliche Auslandsschulden				Zinszahlungen auf die öffentlichen Auslandsschulden (in Mio $)		Schuldendienst in % von:			
	in Mio $		In % des BSP				BSP		Ausfuhr von Waren und Dienstleistungen	
	1970	1984	1970	1984[a]	1970	1984	1970	1984	1970	1984[a]
Länder mit niedrigem Einkommen	14.647 s	72.108 s	16,8 w	23,8 w	360 s	1.992 s	1,1 w	1,6 w	12,5 w	13,5 w
China und Indien	7.947 s	22.403 s	..	..	189 s	635 s	..	..	..	..
Übrige Länder	6.707 s	49.705 s	19,9 w	42,3 w	171 s	1.358 s	1,4 w	3,0 w	8,6 w	17,0 w
Afrika südl. der Sahara	3.187 s	29.037 s	17,4 w	54,3 w	80 s	793 s	1,3 w	3,9 w	5,2 w	13,8 w
1 Äthiopien	169	1.384	9,5	29,5	6	31	1,2	1,8	11,4	13,8
2 Bangladesch	..	5.154	..	40,0	..	75	..	1,3	..	14,2
3 Mali	238	960	88,1	95,9	(.)	7	0,3	1,7	1,4	8,0
4 Zaire	311	4.084	17,6	132,0	9	210	2,1	11,4	4,4	7,7
5 Burkina Faso	21	407	6,4	42,6	(.)	7	0,6	2,3	6,2	..
6 Nepal	3	427	0,3	17,0	(.)	5	0,3	0,4	..	3,4
7 Birma	101	2.219	4,7	34,9	3	62	1,0	2,5	15,9	36,9
8 Malawi	122	731	43,2	63,5	3	32	2,1	7,2	7,2	..
9 Niger	32	678	8,7	61,9	1	27	0,6	6,1	3,8	..
10 Tansania	250	2.594	19,5	68,0	6	30	1,2	1,9	4,9	..
11 Burundi	7	334	3,1	35,8	(.)	8	0,3	1,9	2,4	..
12 Uganda	138	675	7,3	13,5	4	32	0,4	1,7	2,7	..
13 Togo	40	659	16,0	100,1	1	37	0,9	10,1	2,9	26,3
14 Zentralafrikanische Rep.	24	224	13,5	37,1	1	6	1,6	2,0	4,8	8,0
15 Indien	7.940	22.403	14,9	12,2	189	635	0,9	0,8	22,0	10,1
16 Madagaskar	93	1.636	10,8	73,0	2	31	0,8	5,2	3,5	..
17 Somalia	77	1.233	24,4	90,4	(.)	3	0,3	2,0	2,1	28,9
18 Benin	41	582	16,0	59,8	(.)	17	0,7	3,9	2,3	..
19 Ruanda	2	244	0,9	15,1	(.)	3	0,1	0,4	1,2	3,3
20 China	..	..	..	..	..	..	..	..	..	..
21 Kenia	319	2.633	20,6	45,8	12	144	1,8	6,1	5,4	21,5
22 Sierra Leone	59	342	14,3	34,7	2	4	2,9	1,6	9,9	7,2
23 Haiti	40	494	10,3	27,3	(.)	6	1,0	1,0	7,7	5,6
24 Guinea	312	1.168	47,1	59,5	4	21	2,2	5,3	..	..
25 Ghana	495	1.122	21,9	22,9	12	26	1,1	1,7	5,0	13,2
26 Sri Lanka	317	2.420	16,1	41,2	12	103	2,0	3,4	10,3	11,2
27 Sudan	307	5.659	15,2	77,2	13	65	1,7	..	10,6	13,6
28 Pakistan	3.060	9.953	30,5	29,6	76	314	1,9	2,8	23,6	26,7
29 Senegal	100	1.555	11,9	68,9	2	53	0,8	4,1	2,8	..
30 *Afghanistan*	..	..	..	..	..	..	0	..	..	..
31 *Bhutan*	..	..	..	..	..	..	..	..	..	..
32 *Tschad*	32	109	11,9	..	(.)	1	1,0	..	3,9	1,7
33 *Kamputschea*	..	..	..	..	..	..	..	..	..	..
34 *Laos*	..	..	..	..	..	..	..	..	..	..
35 *Mosambik*	..	..	..	..	..	..	..	..	..	..
36 *Vietnam*	..	..	..	..	..	..	..	..	..	..
Länder mit mittlerem Einkommen	34.462 s	461.722 s	12,4 w	35,2 w	1.312 s	37.419 s	1,6 w	5,1 w	9,7 w	17,2 w
Ölexporteure	12.122 s	187.348 s	12,7 w	34,9 w	472 s	16.146 s	1,7 w	5,9 w	11,1 w	21,8 w
Ölimporteure	22.340 s	274.424 s	12,3 w	35,3 w	840 s	21.273 s	1,5 w	4,5 w	9,0 w	14,4 w
Afrika südl. der Sahara	2.107 s	26.700 s	12,5 w	26,3 w	78 s	2.031 s	1,2 w	4,8 w	4,9 w	20,1 w
Untere Einkommenskategorie	14.655 s	168.064 s	15,2 w	35,0 w	433 s	10.284 s	1,6 w	4,6 w	9,5 w	19,4 w
37 Mauretanien	27	1.171	13,9	171,2	(.)	23	1,7	6,2	3,1	10,0
38 Liberia	159	757	49,9	77,4	6	20	5,5	4,3	8,1	8,6
39 Sambia	623	2.779	35,7	114,4	26	63	3,4	4,7	5,9	11,3
40 Lesotho	8	134	7,7	24,3	(.)	4	0,5	3,8	4,1	5,1
41 Bolivien	481	3.204	35,4	98,3	7	201	1,7	9,8	11,4	38,3
42 Indonesien	2.443	22.883	27,1	30,2	24	1.620	0,9	4,3	6,9	14,7
43 Jemen, Arab. Rep.	..	1.688	..	44,4	..	16	..	1,8	..	26,6
44 Jemen, Dem. VR	1	1.252	..	106,9	0	12	..	3,0	0	22,0
45 Elfenbeinküste	256	4.835	18,3	84,0	11	404	2,7	11,1	6,8	21,3
46 Philippinen	574	11.176	8,1	34,7	24	780	1,4	3,5	7,3	14,1
47 Marokko	711	10.169	18,0	82,9	23	494	1,5	9,2	8,4	37,6
48 Honduras	95	1.841	13,6	60,8	3	80	0,9	4,4	3,1	15,2
49 El Salvador	88	1.388	8,6	35,1	4	72	0,9	4,9	3,6	17,2
50 Papua-Neuguinea	36	925	5,8	39,8	1	86	0,1	5,7	0,6	12,9
51 Ägypten, Arab. Rep.	1.750	15.808	23,2	49,6	54	643	4,6	7,4	36,4	31,9
52 Nigeria	480	11.815	4,8	15,8	20	1.172	0,6	4,2	4,2	25,4
53 Simbabwe	233	1.446	15,7	28,4	5	119	0,6	5,4	2,3	20,0
54 Kamerun	131	1.738	12,1	23,2	4	107	0,8	3,0	3,1	8,9
55 Nicaragua	147	3.835	14,8	141,8	7	34	2,3	2,2	10,5	17,5
56 Thailand	324	7.568	4,9	18,2	16	560	0,6	3,0	3,4	12,0
57 Botsuana	15	276	17,9	31,3	(.)	15	0,7	3,8	1,0	3,8
58 Dominikanische Rep.	226	2.388	15,5	50,3	5	108	0,8	3,1	4,6	18,0
59 Peru	856	9.825	12,6	59,4	44	286	2,1	3,7	11,6	15,3
60 Mauritius	32	354	14,3	35,3	2	25	1,3	7,5	3,0	14,8
61 Kongo, VR	144	1.396	53,9	76,2	3	78	3,3	13,7	11,0	20,5
62 Ecuador	193	6.630	11,7	73,1	7	790	1,3	10,9	8,6	33,4
63 Jamaika	160	2.175	11,8	104,9	9	92	1,1	13,8	2,7	21,0
64 Guatemala	106	1.514	5,7	16,5	6	85	1,4	2,1	7,4	15,5
65 Türkei	1.854	15.774	14,4	31,5	42	1.048	1,3	4,4	22,0	22,8

Anmerkung: Zur Vergleichbarkeit der Daten und ihrer Abgrenzung vgl. Technische Erläuterungen.

	Ausstehende und ausgezahlte öffentliche Auslandsschulden				Zinszahlungen auf die öffentlichen Auslandsschulden (in Mio $)		Schuldendienst in % von:			
	in Mio $		In % des BSP				BSP		Ausfuhr von Waren und Dienstleistungen	
	1970	1984	1970	1984[a]	1970	1984	1970	1984	1970	1984[a]
66 Costa Rica	134	3.380	13,8	104,2	7	207	2,9	9,9	10,0	25,3
67 Paraguay	112	1.287	13,1	33,3	4	58	1,2	3,0	11,8	13,0
68 Tunesien	541	3.707	38,6	46,1	18	222	4,5	8,5	19,0	24,4
69 Kolumbien	1.299	7.980	18,5	21,8	44	547	1,7	3,0	12,0	20,6
70 Jordanien	119	2.336	23,5	62,0	2	117	0,9	7,5	3,6	14,8
71 Syrien, Arab. Rep.	232	2.453	10,6	15,2	6	83	1,6	2,0	11,0	12,9
72 *Angola*	..	..	..	..	..	..	..	..	..	..
73 *Kuba*	..	..	..	..	..	..	..	..	..	..
74 *Korea, Dem. Rep.*	..	..	..	..	..	..	..	..	..	..
75 *Libanon*	64	179	4,2	..	1	13	0,2	..	..	..
76 *Mongolische VR*	..	..	..	..	..	..	..	..	..	..
Obere Einkommenskategorie	**19.807** s	**293.708** s	**11,0** w	**35,3** w	**880** s	**27.135** s	**1,6** w	**5,3** w	**9,8** w	**16,3** w
77 Chile	2.067	10.839	25,8	62,9	78	939	3,0	7,3	19,0	26,2
78 Brasilien	3.234	66.502	7,7	33,6	133	6.433	0,9	4,1	12,5	26,6
79 Portugal	485	10.583	7,8	58,5	29	1.007	1,5	14,0	..	35,6
80 Malaysia	390	11.846	10,0	39,4	21	959	1,7	4,9	3,6	7,7
81 Panama	194	3.091	19,5	73,3	7	288	3,1	12,3	7,7	7,9
82 Uruguay	269	2.545	11,3	51,9	16	284	2,6	8,4	21,6	29,8
83 Mexiko	3.196	69.007	9,1	42,8	216	7.428	2,0	6,9	23,6	34,3
84 Korea, Rep.	1.797	24.642	20,4	30,4	70	2.070	3,0	5,6	19,4	13,5
85 Jugoslawien	1.199	8.690	8,8	21,5	72	687	1,8	2,3	9,9	6,8
86 Argentinien	1.878	28.671	8,6	35,1	121	2.392	2,1	3,5	21,5	29,1
87 Südafrika	..	..	..	..	..	..	..	..	..	..
88 Algerien	937	12.052	19,3	24,3	10	1.291	0,9	9,2	3,8	33,6
89 Venezuela	728	17.247	6,6	38,3	40	1.437	0,7	5,6	2,9	13,4
90 Griechenland	905	9.456	8,9	28,3	41	742	1,0	4,0	9,3	18,3
91 Israel	2.274	15.415	41,3	77,2	13	996	0,7	9,4	2,7	17,9
92 Hongkong	2	270	0,1	0,8	0	17	0,0	0,2	0,0	0,2
93 Trinidad u. Tobago	101	941	12,2	10,5	6	31	1,9	0,7	4,4	2,4
94 Singapur	152	1.911	7,9	10,6	7	134	0,6	1,8	0,6	1,0
95 *Iran, Islam. Rep.*	..	..	..	..	..	..	..	..	..	..
96 *Irak*	..	..	..	..	..	..	..	..	..	..
Ölexporteure mit hohem Einkommen										
97 Oman	..	1.232	..	17,2	..	86	..	3,0	..	4,6
98 *Libyen*										
99 *Saudi-Arabien*										
100 *Kuwait*										
101 *Vereinigte Arab. Emirate*										
Marktwirtschaftliche Industrieländer										
102 Spanien										
103 Irland										
104 Italien										
105 Neuseeland										
106 Großbritannien										
107 Belgien										
108 Österreich										
109 Niederlande										
110 Frankreich										
111 Japan										
112 Finnland										
113 Deutschland, Bundesrep.										
114 Dänemark										
115 Australien										
116 Schweden										
117 Kanada										
118 Norwegen										
119 Vereinigte Staaten										
120 Schweiz										
Osteuropäische Staatshandelsländer										
121 Ungarn	..	7.380	..	37,5	..	693	..	12,9	..	24,2
122 Polen										
123 *Albanien*										
124 *Bulgarien*										
125 *Tschechoslowakei*										
126 *Deutsche Dem. Rep.*										
127 Rumänien	..	6.296	..	16,3	..	415	..	4,3	..	12,3
128 *Sowjetunion*										

[a] Kursive Zahlen für 1983 und nicht für 1984.

Tabelle 19: Konditionen der öffentlichen Kreditaufnahme

	Zusagen (in Mio $)		Durchschnittlicher Zinssatz (in %)		Durchschnittliche Laufzeit (in Jahren)		Durchschnittlicher tilgungsfreier Zeitraum (in Jahren)		Öffentliche Darlehen mit variablen Zinsen in % der öffentlichen Schulden	
	1970	1984	1970	1984	1970	1984	1970	1984	1970	1984
Länder mit niedrigem Einkommen	3.028 s	10.357 s	2,8 w	4,9 w	31 w	29 w	9 w	7 w	0,1 w	6,1 w
China und Indien	..	..	..	..	..	..	..	..	..	..
Übrige Länder	2.095 s	6.514 s	3,0 w	3,8 w	29 w	30 w	9 w	7 w	0,2	5,2 w
Afrika südl. der Sahara	995 s	3.414 s	3,1 w	4,0 w	27 w	29 w	8 w	7 w	0,3	5,3 w
1 Äthiopien	21	448	4,3	4,5	32	31	7	6	0,0	7,7
2 Bangladesch	..	862	..	1,4	..	38	..	9	..	0,1
3 Mali	30	122	0,3	1,0	27	39	11	9	0,0	0,3
4 Zaire	258	117	6,5	3,5	13	24	4	5	0,0	8,8
5 Burkina Faso	9	78	2,3	1,8	37	29	8	8	0,0	1,4
6 Nepal	17	155	2,8	0,8	27	42	6	9	0,0	0,0
7 Birma	57	290	4,3	2,9	16	30	4	8	0,0	1,1
8 Malawi	13	124	3,8	3,0	30	42	6	9	0,0	12,8
9 Niger	18	116	1,2	2,6	40	29	8	7	0,0	16,0
10 Tansania	284	75	1,2	6,6	40	15	11	4	1,6	0,4
11 Burundi	1	87	2,9	2,2	5	33	2	8	0,0	1,9
12 Uganda	12	252	3,7	3,5	28	38	7	8	0,0	1,5
13 Togo	3	55	4,5	4,4	17	34	4	9	0,0	9,1
14 Zentralafrikanische Rep.	7	13	2,0	3,4	36	28	8	7	0,0	0,0
15 Indien	933	3.843	2,4	6,7	35	28	8	7	0,0	7,9
16 Madagaskar	23	190	2,3	4,1	40	33	9	8	0,0	14,6
17 Somalia	2	112	0,0	0,2	3	29	3	7	0,0	0,0
18 Benin	7	119	1,8	4,6	33	31	7	7	0,0	8,9
19 Ruanda	9	57	0,8	1,0	50	39	10	10	0,0	0,0
20 China	..	..	..	..	..	..	..	..	..	..
21 Kenia	49	669	2,6	6,6	37	19	8	4	0,1	6,6
22 Sierra Leone	24	54	3,5	1,6	27	32	6	8	10,6	0,6
23 Haiti	5	68	6,8	2,9	10	29	1	8	0,0	3,1
24 Guinea	66	167	2,9	3,6	13	29	5	6	0,0	0,9
25 Ghana	55	144	2,4	0,6	39	47	10	10	0,0	0,0
26 Sri Lanka	79	340	3,0	4,9	27	28	5	7	0,0	14,7
27 Sudan	95	92	1,8	3,1	17	20	9	7	0,0	2,9
28 Pakistan	942	1.384	2,7	5,2	32	28	12	7	0,0	6,8
29 Senegal	6	320	3,7	5,0	26	21	7	6	0,0	7,4
30 *Afghanistan*	..	..	..	..	..	..	..	..	..	..
31 *Bhutan*	..	..	..	..	..	..	..	..	..	..
32 *Tschad*	4	6	4,8	2,6	7	25	2	8	..	0,0
33 *Kamputschea*	..	..	..	..	..	..	..	..	..	..
34 *Laos*	..	..	..	..	..	..	..	..	..	..
35 *Mosambik*	..	..	..	..	..	..	..	..	..	..
36 *Vietnam*	..	..	..	..	..	..	..	..	..	..
Länder mit mittlerem Einkommen	9.356 s	57.251 s	6,2 w	10,0 w	17 w	13 w	5 w	4 w	1,8 w	51,4 w
Ölexporteure	2.862 s	21.724 s	6,3 w	9,5 w	18 w	13 w	4 w	5 w	2,0 w	56,8 w
Ölimporteure	6.494 s	35.526 s	6,1 w	10,2 w	17 w	13 w	5 w	4 w	1,8 w	47,7 w
Afrika südl. der Sahara	832 s	2.421 s	4,3 w	8,6 w	25 w	16 w	8 w	4 w	2,0 w	40,4 w
Untere Einkommenskategorie	3.858 s	24.726 s	4,9 w	8,8 w	23 w	15 w	6 w	4 w	0,6 w	29,6 w
37 Mauretanien	7	90	6,6	3,7	11	21	3	6	0,0	1,9
38 Liberia	12	92	5,5	6,6	19	29	5	6	0,0	16,7
39 Sambia	555	267	4,2	7,8	27	21	9	5	0,0	17,4
40 Lesotho	(.)	63	5,5	2,9	25	41	2	9	0,0	5,4
41 Bolivien	24	258	3,7	8,1	26	16	6	3	0,0	29,0
42 Indonesien	519	4.731	2,7	9,1	35	16	9	5	0,0	23,6
43 Jemen, Arab. Rep.	..	88	..	2,0	..	29	..	6	..	0,0
44 Jemen, Dem. VR	62	137	0,0	2,7	28	22	13	4	0,0	0,0
45 Elfenbeinküste	71	129	5,8	8,1	19	21	5	5	10,5	51,3
46 Philippinen	158	1.551	7,4	9,0	11	15	3	4	0,9	41,0
47 Marokko	182	1.125	4,6	8,3	20	15	4	3	0,0	31,4
48 Honduras	23	237	4,1	8,8	30	19	7	4	0,0	16,8
49 El Salvador	12	246	4,7	7,5	23	18	6	6	0,0	16,0
50 Papua-Neuguinea	58	158	6,0	6,3	24	24	8	6	0,0	46,3
51 Ägypten, Arab. Rep.	448	2.522	7,7	6,9	17	17	2	4	0,0	1,7
52 Nigeria	65	928	6,0	10,4	14	9	4	2	2,6	56,0
53 Simbabwe	..	278	..	9,0	..	16	..	5	0,0	40,1
54 Kamerun	41	271	4,7	4,9	29	25	8	6	0,0	5,7
55 Nicaragua	23	12	7,1	1,4	18	45	4	9	0,0	4,3
56 Thailand	106	1.194	6,8	8,7	19	17	4	7	0,0	29,4
57 Botsuana	36	51	0,7	9,3	39	15	10	4	0,0	11,9
58 Dominikanische Rep.	20	391	2,7	7,1	28	16	5	5	0,0	36,1
59 Peru	125	763	7,4	10,0	13	13	4	4	0,0	40,6
60 Mauritius	12	65	0,0	11,1	24	11	2	3	6,0	29,5
61 Kongo, VR	33	189	2,6	10,0	18	8	7	2	0,0	16,4
62 Ecuador	78	427	6,1	9,2	20	15	4	3	0,0	71,5
63 Jamaika	24	629	6,0	8,1	16	17	3	5	0,0	21,9
64 Guatemala	50	282	5,4	9,3	26	14	6	4	10,3	20,3
65 Türkei	487	3.199	3,6	9,6	19	12	5	4	0,9	28,5

Anmerkung: Zur Vergleichbarkeit der Daten und ihrer Abgrenzung vgl. Technische Erläuterungen.

	Zusagen (in Mio $)		Durchschnittlicher Zinssatz (in %)		Durchschnittliche Laufzeit (in Jahren)		Durchschnittlicher tilgungsfreier Zeitraum (in Jahren)		Öffentliche Darlehen mit variablen Zinsen in % der öffentlichen Schulden	
	1970	1984	1970	1984	1970	1984	1970	1984	1970	1984
66 Costa Rica	58	121	5,6	7,1	28	8	6	5	7,5	56,9
67 Paraguay	14	145	5,6	9,4	25	15	6	3	0,0	17,2
68 Tunesien	141	602	3,4	9,5	27	12	6	4	0,0	15,5
69 Kolumbien	362	2.785	5,9	10,4	21	14	5	4	0,0	42,7
70 Jordanien	34	550	3,9	5,9	12	14	5	4	0,0	8,2
71 Syrien, Arab. Rep.	14	152	4,5	8,5	9	13	2	3	0,0	0,7
72 *Angola*	..	..	..	..	..	..	..	..	..	..
73 *Kuba*	..	..	..	..	..	..	..	..	..	..
74 *Korea, Dem. Rep.*	..	..	..	..	..	..	..	..	..	..
75 *Libanon*	7	0	2,7	0,0	22	0	1	0	0,0	15,0
76 *Mongolische VR*	..	..	..	..	..	..	..	..	..	..
Obere Einkommenskategorie	5.498 s	32.524 s	7,1 w	10,8 w	13 w	11 w	4 w	4 w	2,8 w	63,9 w
77 Chile	344	2.041	6,9	12,4	12	9	3	4	0,0	81,2
78 Brasilien	1.400	7.483	7,1	12,2	14	9	3	3	7,0	79,1
79 Portugal	59	2.557	4,3	9,9	17	10	4	3	0,0	31,5
80 Malaysia	83	2.710	6,1	9,4	19	15	5	9	0,0	61,6
81 Panama	111	25	6,9	2,1	15	29	4	9	0,0	59,5
82 Uruguay	72	344	7,9	10,7	12	12	3	2	0,7	66,4
83 Mexiko	826	5.290	8,0	11,0	12	11	3	5	5,7	83,0
84 Korea, Rep.	677	4.642	6,0	9,7	19	12	6	4	1,3	46,8
85 Jugoslawien	198	35	7,1	8,0	17	6	6	3	3,4	56,0
86 Argentinien	489	620	7,4	10,7	12	19	3	2	0,0	37,5
87 Südafrika	..	..	..	..	..	..	..	..	..	..
88 Algerien	289	3.002	6,5	10,0	10	9	2	1	2,8	26,4
89 Venezuela	198	30	8,2	10,0	8	20	2	3	2,6	93,8
90 Griechenland	242	1.994	7,2	10,5	9	9	4	5	3,5	69,0
91 Israel	439	921	7,3	12,3	13	30	5	10	0,0	2,7
92 Hongkong	0	109	0,0	12,5	0	4	0	1	0,0	37,0
93 Trinidad u. Tobago	3	109	7,4	8,6	10	8	1	4	0,0	51,7
94 Singapur	69	614	6,8	9,8	17	10	4	2	0,0	36,7
95 *Iran, Islam. Rep.*	..	..	..	..	..	..	..	..	..	..
96 *Irak*	..	..	..	..	..	..	..	..	..	..
Ölexporteure mit hohem Einkommen										
97 Oman	..	434	..	9,0	..	11	..	3	..	24,0
98 Libyen										
99 Saudi-Arabien										
100 Kuwait										
101 Vereinigte Arab. Emirate										
Marktwirtschaftliche Industrieländer										
102 Spanien										
103 Irland										
104 Italien										
105 Neuseeland										
106 Großbritannien										
107 Belgien										
108 Österreich										
109 Niederlande										
110 Frankreich										
111 Japan										
112 Finnland										
113 Deutschland, Bundesrep.										
114 Dänemark										
115 Australien										
116 Schweden										
117 Kanada										
118 Norwegen										
119 Vereinigte Staaten										
120 Schweiz										
Osteuropäische Staatshandelsländer										
121 Ungarn[a]	..	3.104	..	10,0	..	7	..	3	..	36,0
122 Polen										
123 *Albanien*										
124 *Bulgarien*										
125 *Tschechoslowakei*										
126 *Deutsche Dem. Rep.*										
127 *Rumänien*	..	0	..	0	..	0	..	0	..	46,0
128 *Sowjetunion*										

[a] Berücksichtigt sind nur Schulden in konvertibler Währung.

Tabelle 20: Öffentliche Entwicklungshilfe der OECD- und OPEC-Mitgliederländer

	\multicolumn{10}{c}{Betrag}									
	1965	1970	1975	1979	1980	1981	1982	1983	1984	1985[a]
OECD					In Mio US-Dollar					
104 Italien	60	147	182	273	683	666	811	834	1.133	1.099
105 Neuseeland	..	14	66	68	72	68	65	61	55	54
106 Großbritannien	472	500	904	2.156	1.854	2.192	1.800	1.610	1.430	1.490
107 Belgien	102	120	378	643	595	575	499	476	442	430
108 Österreich	10	11	79	131	178	220	236	158	181	248
109 Niederlande	70	196	608	1.472	1.630	1.510	1.472	1.195	1.268	1.123
110 Frankreich	752	971	2.093	3.449	4.162	4.177	4.034	3.815	3.788	4.022
111 Japan	244	458	1.148	2.685	3.353	3.171	3.023	3.761	4.319	3.797
112 Finnland	2	7	48	90	111	135	144	153	178	211
113 Deutschland, Bundesrep.	456	599	1.689	3.393	3.567	3.181	3.152	3.176	2.782	2.967
114 Dänemark	13	59	205	461	481	403	415	395	449	439
115 Australien	119	212	552	629	667	650	882	753	777	747
116 Schweden	38	117	566	988	962	919	987	754	741	841
117 Kanada	96	337	880	1.056	1.075	1.189	1.197	1.429	1.625	1.638
118 Norwegen	11	37	184	429	486	467	559	584	543	555
119 Vereinigte Staaten	4.023	3.153	4.161	4.684	7.138	5.782	8.202	8.081	8.711	9.555
120 Schweiz	12	30	104	213	253	237	252	320	286	301
Insgesamt	6.480	6.968	13.847	22.820	27.267	25.542	27.730	27.555	28.707	29.518
OECD					In % des BSP der Geberländer					
104 Italien	0,10	0,16	0,11	0,08	0,17	0,19	0,24	0,24	0,33	0,31
105 Neuseeland	..	0,23	0,52	0,33	0,33	0,29	0,28	0,28	0,25	0,25
106 Großbritannien	0,47	0,41	0,39	0,52	0,35	0,43	0,37	0,35	0,33	0,33
107 Belgien	0,60	0,46	0,59	0,57	0,50	0,59	0,59	0,59	0,57	0,53
108 Österreich	0,11	0,07	0,21	0,19	0,23	0,33	0,35	0,24	0,28	0,38
109 Niederlande	0,36	0,61	0,75	0,98	1,03	1,08	1,08	0,91	1,02	0,90
110 Frankreich	0,76	0,66	0,62	0,60	0,64	0,73	0,75	0,74	0,77	0,79
111 Japan	0,27	0,23	0,23	0,27	0,32	0,28	0,28	0,32	0,35	0,29
112 Finnland	0,02	0,06	0,18	0,22	0,22	0,28	0,30	0,32	0,36	0,39
113 Deutschland, Bundesrep.	0,40	0,32	0,40	0,45	0,44	0,47	0,48	0,48	0,45	0,48
114 Dänemark	0,13	0,38	0,58	0,77	0,74	0,73	0,76	0,73	0,85	0,80
115 Australien	0,53	0,59	0,65	0,53	0,48	0,41	0,57	0,49	0,45	0,49
116 Schweden	0,19	0,38	0,82	0,97	0,79	0,83	1,02	0,84	0,80	0,86
117 Kanada	0,19	0,41	0,54	0,48	0,43	0,43	0,41	0,45	0,50	0,49
118 Norwegen	0,16	0,32	0,66	0,93	0,85	0,82	0,99	1,10	1,03	1,00
119 Vereinigte Staaten	0,58	0,32	0,27	0,20	0,27	0,20	0,27	0,24	0,24	0,24
120 Schweiz	0,09	0,15	0,19	0,21	0,24	0,24	0,25	0,31	0,30	0,31
OECD					In nationalen Währungen					
104 Italien (Mrd Lira)	38	92	119	227	585	757	1.097	1.267	1.991	2.099
105 Neuseeland (Mio Dollar)	..	13	54	66	74	78	86	91	95	109
106 Großbritannien (Mio Pfund)	169	208	407	1.016	797	1.081	1.028	1.061	1.070	1.149
107 Belgien (Mio Franc)	5.100	6.000	13.902	18.852	17.400	21.350	22.800	24.339	25.527	25.528
108 Österreich (Mio Schilling)	260	286	1.376	1.751	2.303	3.504	4.026	2.838	3.622	5.132
109 Niederlande (Mio Gulden)	253	710	1.538	2.953	3.241	3.768	3.931	3.411	4.069	3.730
110 Frankreich (Mio Franc)	3.713	5.393	8.971	14.674	17.589	22.700	26.513	29.075	33.107	36.142
111 Japan (Mrd Yen)	88	165	341	588	760	699	753	893	1.026	906
112 Finnland (Mio Finnmark)	6	29	177	351	414	583	694	852	1.070	1.308
113 Deutschland, Bundesrep. (Mio DM)	1.824	2.192	4.155	6.219	6.484	7.189	7.649	8.109	7.917	8.736
114 Dänemark (Mio Kronen)	90	443	1.178	2.425	2.711	2.871	3.458	3.612	4.650	4.655
115 Australien (Mio Dollar)	106	189	421	563	585	566	867	834	883	1.066
116 Schweden (Mio Kronen)	197	605	2.350	4.236	4.069	4.653	6.201	5.781	6.129	7.233
117 Kanada (Mio Dollar)	104	353	895	1.237	1.257	1.425	1.477	1.761	2.105	2.237
118 Norwegen (Mio Kronen)	79	264	962	2.172	2.400	2.680	3.608	4.261	4.432	4.771
119 Vereinigte Staaten (Mio Dollar)	4.023	3.153	4.161	4.684	7.138	5.782	8.202	8.081	8.711	9.555
120 Schweiz (Mio Franken)	52	131	268	354	424	466	512	672	672	738
OECD					Zusammenfassung					
Öffentliche Entwicklungshilfe										
in Mrd US-Dollar, lfd. Preise	6,48	6,97	13,85	22,82	27,27	25,54	27,73	27,56	28,71	29,52
in % des BSP	0,48	0,34	0,35	0,35	0,37	0,34	0,38	0,36	0,36	0,36
in Mrd US-Dollar, Preise von 1980	20,41	18,21	21,73	24,89	27,27	25,63	27,94	27,56	28,67	29,15
BSP (in Billionen US-Dollar, lfd. Preise)	1,35	2,04	3,92	6,56	7,31	7,42	7,33	7,61	7,94	8,31
Deflator der öffentl. Entwicklungshilfe[b]	0,31	0,38	0,63	0,91	1,00	0,99	0,99	1,00	1,00	1,01

Anmerkung: Zur Vergleichbarkeit der Daten und ihrer Abgrenzung vgl. Technische Erläuterungen.

	Betrag									
	1975	1976	1977	1978	1979	1980	1981	1982	1983	1984[a]
OPEC	In Mio US-Dollar									
52 Nigeria	14	80	51	27	29	34	143	58	35	51
88 Algerien	31	13	43	42	281	82	55	131	61	46
89 Venezuela	31	113	24	98	110	124	66	125	141	90
95 Iran, Islam. Rep.	642	751	162	231	−20	−72	−141	−193	15	..
96 Irak	258	121	98	138	658	863	203	57	−37	−48
98 Libyen	270	102	102	118	115	376	262	43	142	17
99 Saudi-Arabien	2.665	2.916	2.909	5.215	3.971	5.775	5.575	3.910	3.661	3.315
100 Kuwait	956	731	1.302	993	970	1.140	1.154	1.168	1.006	1.018
101 Vereinigte Arab. Emirate	1.046	1.028	1.076	887	968	1.052	800	395	364	43
Katar	317	180	170	95	282	286	248	139	11	13
OAPEC insgesamt[c]	5.543	5.091	5.700	7.488	7.245	9.574	8.297	5.843	5.208	4.404
OPEC insgesamt	6.230	6.035	5.937	7.844	7.364	9.660	8.365	5.833	5.399	4.545
OPEC	In % des BSP der Geberländer									
52 Nigeria	0,04	0,19	0,11	0,05	0,04	0,04	0,19	0,08	0,05	0,07
88 Algerien	0,21	0,08	0,22	0,17	0,90	0,20	0,13	0,31	0,13	0,09
89 Venezuela	0,11	0,36	0,07	0,25	0,23	0,21	0,10	0,19	0,22	0,12
95 Iran, Islam. Rep.	1,22	1,16	0,21	0,33	−0,02	−0,08	−0,15	−0,18	0,01	..
96 Irak	1,95	0,76	0,52	0,61	1,97	2,35	0,92	0,19	−0,11	−0,14
98 Libyen	2,39	0,69	0,58	0,67	0,48	1,16	0,93	0,14	0,49	0,06
99 Saudi-Arabien	7,50	6,22	4,94	8,00	5,20	4,95	3,49	2,54	3,29	3,29
100 Kuwait	7,26	5,00	8,19	5,48	3,52	3,52	3,63	4,60	3,86	3,81
101 Vereinigte Arab. Emirate	11,69	8,95	7,39	6,36	5,08	3,82	2,60	1,34	1,44	0,17
Katar	14,59	7,35	6,79	3,26	6,07	4,28	3,74	1,66	0,13	0,16
OAPEC insgesamt	5,73	4,23	3,95	4,52	3,35	3,28	2,58	1,83	1,86	1,61
OPEC insgesamt	2,92	2,32	1,96	2,39	1,76	1,81	1,47	0,99	0,95	1,16

	Bilaterale Nettozuflüsse in Länder mit niedrigem Einkommen									
	1965	1970	1975	1978	1979	1980	1981	1982	1983	1984
OECD	In % des BSP der Geberländer									
104 Italien	0,04	0,06	0,01	0,01	0,01	0,01	0,02	0,04	0,05	0,09
105 Neuseeland	..	..	0,14	0,01	0,01	0,01	0,01	0,00	0,00	0,00
106 Großbritannien	0,23	0,15	0,11	0,14	0,16	0,11	0,13	0,07	0,10	0,09
107 Belgien	0,56	0,30	0,31	0,23	0,27	0,24	0,25	0,21	0,21	0,20
108 Österreich	0,06	0,05	0,02	0,01	0,03	0,03	0,03	0,01	0,02	0,01
109 Niederlande	0,08	0,24	0,24	0,28	0,26	0,30	0,37	0,31	0,26	0,29
110 Frankreich	0,12	0,09	0,10	0,07	0,07	0,08	0,11	0,10	0,09	0,14
111 Japan	0,13	0,11	0,08	0,05	0,09	0,08	0,06	0,11	0,09	0,07
112 Finnland	..	..	0,06	0,04	0,06	0,08	0,09	0,09	0,12	0,13
113 Deutschland, Bundesrep.	0,14	0,10	0,12	0,09	0,10	0,08	0,11	0,12	0,13	0,11
114 Dänemark	0,02	0,10	0,20	0,29	0,28	0,28	0,21	0,26	0,31	0,28
115 Australien	0,08	0,09	0,10	0,04	0,06	0,04	0,06	0,07	0,05	0,06
116 Schweden	0,07	0,12	0,41	0,36	0,41	0,36	0,32	0,38	0,33	0,30
117 Kanada	0,10	0,22	0,24	0,17	0,13	0,11	0,13	0,14	0,13	0,15
118 Norwegen	0,04	0,12	0,25	0,34	0,37	0,31	0,28	0,37	0,39	0,34
119 Vereinigte Staaten	0,26	0,14	0,08	0,03	0,02	0,03	0,03	0,02	0,03	0,03
120 Schweiz	0,02	0,05	0,10	0,07	0,06	0,08	0,07	0,09	0,10	0,12
Insgesamt	0,20	0,13	0,11	0,07	0,08	0,07	0,08	0,08	0,08	0,07

[a] Vorläufige Schätzungen.   [b] Vgl. Technische Erläuterungen.   [c] Organisation Arabischer Ölexportierender Länder.

Tabelle 21: Einnahmen aus öffentlicher Entwicklungshilfe

	Netto-Auszahlungen öffentlicher Entwicklungshilfe aus allen Quellen							Pro Kopf (in $)	In % des BSP
	(in Mio $)							1984	1984
	1978	1979	1980	1981	1982	1983	1984		
Länder mit niedrigem Einkommen	7.661 s	9.370 s	11.415 s	11.071 s	11.066 s	10.881 s	11.012 s	4,6 w	1,7 w
China und Indien	..	1.367 s	2.212 s	2.388 s	2.069 s	2.395 s	2.345 s	1,3 w	0,5 w
Übrige Länder	6.372 s	8.003 s	9.202 s	8.684 s	8.998 s	8.486 s	8.667 s	14,2 w	6,6 w
Afrika südl. der Sahara	3.432 s	4.626 s	5.284 s	5.434 s	5.501 s	5.436 s	5.508 s	21,4 w	9,0 w
1 Äthiopien	140	191	216	250	200	344	363	8,6	7,7
2 Bangladesch	988	1.166	1.283	1.093	1.346	1.071	1.202	12,3	9,3
3 Mali	163	193	267	230	210	215	320	43,6	32,0
4 Zaire	317	416	428	394	348	317	314	10,6	10,1
5 Burkina Faso	159	198	212	217	213	184	188	28,7	19,7
6 Nepal	77	137	163	181	201	201	198	12,3	7,9
7 Birma	274	364	309	283	319	302	275	7,6	4,3
8 Malawi	99	142	143	138	121	117	159	23,2	13,8
9 Niger	157	174	170	193	259	175	162	26,1	14,8
10 Tansania	424	588	678	702	683	621	559	26,0	14,7
11 Burundi	75	95	117	122	127	142	141	30,7	15,0
12 Uganda	23	46	114	136	133	137	164	10,9	3,3
13 Togo	103	110	91	63	77	112	110	37,3	16,7
14 Zentralafrikanische Rep.	51	84	111	102	90	93	114	45,1	18,8
15 Indien	1.289	1.350	2.146	1.911	1.545	1.725	1.547	2,1	0,8
16 Madagaskar	91	138	230	234	251	185	156	15,8	7,0
17 Somalia	212	179	433	374	462	327	363	69,4	..
18 Benin	62	85	91	82	80	87	77	19,7	8,0
19 Ruanda	125	148	155	154	151	151	165	28,2	10,2
20 China	..	17	66	477	524	670	798	0,8	0,3
21 Kenia	248	351	397	449	485	402	431	22,1	7,5
22 Sierra Leone	40	54	93	61	82	66	61	16,5	6,2
23 Haiti	93	93	105	107	128	134	135	25,1	7,5
24 Guinea	60	56	90	107	90	68	123	20,8	6,3
25 Ghana	114	169	193	148	142	110	216	17,5	5,7
26 Sri Lanka	324	323	393	378	416	474	468	29,5	8,0
27 Sudan	318	671	588	681	740	957	616	28,9	..
28 Pakistan	639	684	1.075	768	850	669	698	7,5	2,1
29 Senegal	223	307	262	397	285	322	333	52,2	14,8
30 *Afghanistan*	101	108	32	23	9	14	7	0,4	..
31 *Bhutan*	3	6	8	10	11	13	18	4,8	6,0
32 *Tschad*	125	86	35	60	65	95	115	23,6	..
33 *Kamputschea*	0	108	281	130	44	37	17	2,4	..
34 *Laos*	72	54	41	35	38	30	34	9,6	..
35 *Mosambik*	105	146	169	144	208	211	259	19,3	..
36 *Vietnam*	370	336	229	242	136	106	109	1,8	..
Länder mit mittlerem Einkommen	10.312 s	12.418 s	14.061 s	13.862 s	12.329 s	12.213 s	12.291 s	10,8 w	0,9 w
Ölexporteure	4.970 s	5.224 s	5.417 s	5.124 s	4.567 s	4.625 s	4.901 s	8,8 w	0,9 w
Ölimporteure	5.341 s	7.194 s	8.645 s	8.738 s	7.762 s	7.589 s	7.390 s	12,7 w	0,9 w
Afrika südl. der Sahara	1.123 s	1.331 s	1.642 s	1.544 s	1.605 s	1.482 s	1.613 s	10,9 w	1,5 w
Untere Einkommenskategorie	8.562 s	10.426 s	12.293 s	11.892 s	10.642 s	10.042 s	10.049 s	15.0 w	2,0 w
37 Mauretanien	238	167	176	231	193	172	168	101,5	24,6
38 Liberia	48	81	98	109	109	118	133	62,6	13,6
39 Sambia	185	277	318	231	309	216	238	37,1	9,8
40 Lesotho	50	64	91	101	90	104	97	65,8	17,6
41 Bolivien	156	161	170	169	147	173	172	27,7	5,5
42 Indonesien	635	721	950	975	906	751	673	4,2	0,9
43 Jemen, Arab. Rep.	277	268	472	411	412	330	314	40,4	8,2
44 Jemen, Dem. VR	91	76	100	87	143	106	85	41,9	7,3
45 Elfenbeinküste	131	162	210	124	137	157	128	13,0	2,2
46 Philippinen	249	267	300	376	333	429	397	7,4	1,2
47 Marokko	428	473	896	1.034	771	397	286	13,4	2,3
48 Honduras	93	97	103	109	158	192	290	68,6	9,6
49 El Salvador	55	60	97	167	223	295	263	48,6	6,6
50 Papua-Neuguinea	296	284	326	336	311	333	322	94,0	13,8
51 Ägypten, Arab. Rep.	2.370	1.450	1.387	1.292	1.417	1.431	1.764	38,4	5,5
52 Nigeria	43	27	36	41	37	48	33	0,3	0,0
53 Simbabwe	9	13	164	212	216	208	298	36,7	5,8
54 Kamerun	178	270	265	199	212	130	188	19,0	2,5
55 Nicaragua	42	115	221	145	121	120	114	36,0	4,2
56 Thailand	260	393	418	407	389	432	475	9,5	1,1
57 Botsuana	69	100	106	97	102	104	103	99,2	11,6
58 Dominikanische Rep.	50	78	125	105	137	102	198	32,4	4,2
59 Peru	143	200	203	233	188	297	310	17,0	1,9
60 Mauritius	44	32	33	58	48	41	36	35,1	3,5
61 Kongo, VR	81	91	92	81	93	109	98	53,9	5,3
62 Ecuador	45	70	46	59	53	64	136	14,9	1,5
63 Jamaika	122	123	126	155	180	181	170	77,6	8,2
64 Guatemala	72	67	73	75	64	76	65	8,4	0,7
65 Türkei	178	594	952	724	656	353	242	5,0	0,5

Anmerkung: Zur Vergleichbarkeit der Daten und ihrer Abgrenzung vgl. Technische Erläuterungen.

	Netto-Auszahlungen öffentlicher Entwicklungshilfe aus allen Quellen							Pro Kopf (in $) 1984	In % des BSP 1984
	(in Mio $)								
	1978	1979	1980	1981	1982	1983	1984		
66 Costa Rica	51	56	65	55	80	252	217	86,0	6,7
67 Paraguay	43	31	31	55	85	51	50	15,3	1,3
68 Tunesien	299	210	233	252	210	214	180	25,8	2,2
69 Kolumbien	71	54	90	102	97	86	88	3,1	0,2
70 Jordanien	431	1.299	1.275	1.065	799	789	677	200,0	18,0
71 Syrien, Arab. Rep.	728	1.803	1.727	1.495	952	970	859	85,1	5,3
72 *Angola*	47	47	53	61	60	76	93	10,9	..
73 *Kuba*	49	49	32	14	17	13	12	1,2	..
74 *Korea, Dem. Rep.*	..	..	..	..	..	..	..	..	..
75 *Libanon*	206	101	237	451	187	123	77	28,3	..
76 *Mongolische VR*	..	..	..	..	..	..	(.)	0,1	..
Obere Einkommenskategorie	**1.750** s	**1.992** s	**1.768** s	**1.970** s	**1.681** s	**2.171** s	**2.243** s	**4,8** w	**0,3** w
77 Chile	8	−27	−10	−7	−9	(.)	2	0,2	(.)
78 Brasilien	113	107	85	235	208	101	161	1,2	0,1
79 Portugal	68	136	113	82	49	45	98	9,6	0,5
80 Malaysia	80	125	135	143	135	177	327	21,4	1,1
81 Panama	29	35	46	39	41	47	72	33,8	1,7
82 Uruguay	11	14	10	8	4	3	4	1,3	0,1
83 Mexiko	18	75	56	100	140	132	83	1,1	0,1
84 Korea, Rep.	164	134	139	331	34	8	−37	−0,9	0,0
85 Jugoslawien	−45	−29	−17	−15	−8	3	3	0,1	0,0
86 Argentinien	29	43	18	44	30	48	49	1,6	0,1
87 Südafrika	..	..	..	..	..	..	..	..	..
88 Algerien	133	102	176	163	137	150	122	5,8	0,2
89 Venezuela	−15	7	15	14	12	10	14	0,8	0,0
90 Griechenland	62	41	40	14	12	13	13	1,3	0,0
91 Israel	900	1.185	892	772	857	1.345	1.256	298,4	6,3
92 Hongkong	2	12	11	10	8	9	14	2,6	0,0
93 Trinidad u. Tobago	5	4	5	−1	6	6	5	3,9	0,1
94 Singapur	7	6	14	22	21	15	41	16,2	0,2
95 *Iran, Islam. Rep.*	128	6	31	9	3	48	13	0,3	..
96 *Irak*	53	18	8	9	6	13	4	0,3	..
Ölexporteure mit hohem Einkommen	**74** s	**191** s	**221** s	**281** s	**213** s	**130** s	**121** s	**6,5** w	**0,1** w
97 Oman	40	165	174	231	132	71	72	63,6	1,0
98 Libyen	12	5	17	11	12	6	5	1,4	(.)
99 Saudi-Arabien	15	11	16	30	57	44	36	3,2	(.)
100 Kuwait	3	2	10	9	6	5	5	2,7	(.)
101 Vereinigte Arab. Emirate	4	7	4	1	5	4	3	2,6	(.)
Marktwirtschaftliche Industrieländer									
102 Spanien									
103 Irland									
104 Italien									
105 Neuseeland									
106 Großbritannien									
107 Belgien									
108 Österreich									
109 Niederlande									
110 Frankreich									
111 Japan									
112 Finnland									
113 Deutschland, Bundesrep.									
114 Dänemark									
115 Australien									
116 Schweden									
117 Kanada									
118 Norwegen									
119 Vereinigte Staaten									
120 Schweiz									
Osteuropäische Staatshandelsländer									
121 Ungarn									
122 Polen									
123 *Albanien*									
124 *Bulgarien*									
125 *Tschechoslowakei*									
126 *Deutsche Dem. Rep.*									
127 *Rumänien*									
128 *Sowjetunion*									

Tabelle 22: Ausgaben der Zentralregierung

	Anteil an den Gesamtausgaben in %												Gesamt-ausgaben (in % des BSP)		Gesamt-überschuß/-defizit (in % des BSP)	
	Verteidi-gung		Erziehung		Gesundheit		Wohnung; Gemeinschafts-einricht.; Sozial-versicherung u. Wohlfahrt[a]		Wirtschafts-förderung		Sonstiges[a]					
	1972[b]	1983[c]	1972[b]	1983[c]	1972[b]	1983[c]	1972[b]	1983[c]	1972[b]	1983[c]	1972[b]	1983[c]	1972[b]	1983[c]	1972[b]	1983[c]
Länder mit niedrigem Einkommen	17,2w	19,5w	12,7w	4,7w	4,6w	2,7w	7,3w	5,8w	22,8w	24,0w	35,4w	43,3w	18,2w	16,3w	−4,3w	−6,6w
China und Indien																
Übrige Länder	17,2w	18,5w	12,7w	9,9w	4,6w	3,3w	7,3w	8,1w	22,8w	23,8w	35,4w	36,4w	18,2w	19,9w	−4,3w	−5,6w
Afrika südl. der Sahara	13,2w	10,3w	15,5w	15,9w	5,2w	4,5w	5,7w	5,0w	20,9w	21,5w	39,5w	42,8w	21,0w	20,1w	−3,9w	−4,4w
1 Äthiopien	14,3	..	14,4	..	5,7	..	4,4	..	22,9	..	38,3	..	13,7	..	−1,4	..
2 Bangladesch	5,1	..	14,9	..	5,0	..	9,8	..	39,3	..	25,9	..	9,3	..	−1,9	..
3 Mali	..	7,9	..	10,1	..	2,5	..	4,6	..	7,1	..	67,8	..	68,9	..	−18,4
4 Zaire	11,1	7,9	15,2	16,3	2,3	3,2	2,0	0,4	13,3	16,8	56,1	55,4	38,6	27,5	−7,5	−3,0
5 Burkina Faso	11,5	20,7	20,6	19,6	8,2	6,8	6,6	8,0	15,5	16,3	37,6	28,6	10,9	13,6	0,3	0,9
6 Nepal	7,2	5,4	7,2	9,9	4,7	4,5	0,7	4,3	57,2	53,1	23,0	22,7	8,5	17,2	−1,2	−5,2
7 Birma	31,6	..	15,0	..	6,1	..	7,5	..	20,1	..	19,7	..	20,0	..	−7,3	..
8 Malawi	3,1	6,2	15,8	13,4	5,5	6,8	5,8	1,3	33,1	35,2	36,7	37,1	22,1	32,0	−6,2	−7,7
9 Niger	..	..	..	..	..	..	..	..	..	..	..	..	..	..	..	..
10 Tansania	11,9	..	17,3	..	7,2	..	2,1	..	39,0	..	22,6	..	19,7	..	−5,0	..
11 Burundi	10,3	..	23,4	..	6,0	..	2,7	..	33,9	..	23,8	..	19,9	..	..	..
12 Uganda	23,1	17,0	15,3	12,9	5,3	4,6	7,3	2,6	12,4	9,5	36,6	53,4	21,8	4,5	−8,1	−1,2
13 Togo	..	6,8	..	19,6	..	5,7	..	8,2	..	18,2	..	41,6	..	34,1	..	−2,1
14 Zentralafrikanische Rep.	..	..	..	..	..	..	..	..	..	..	..	..	..	..	..	..
15 Indien	..	20,0	..	1,9	..	2,4	..	4,6	..	24,1	..	47,0	..	14,9	..	−7,0
16 Madagaskar	3,6	..	9,1	..	4,2	..	9,9	..	40,5	..	32,7	..	20,8	..	−2,5	..
17 Somalia	23,3	..	5,5	..	7,2	..	1,9	..	21,6	..	40,5	..	13,5	..	0,6	..
18 Benin	..	..	..	..	..	..	..	..	..	..	..	..	..	..	..	..
19 Ruanda	25,6	..	22,2	..	5,7	..	2,6	..	22,0	..	21,9	..	11,7	..	−2,5	..
20 China	..	..	..	..	..	..	..	..	..	..	..	..	..	..	..	..
21 Kenia	6,0	13,8	21,9	20,6	7,9	7,0	3,9	0,7	30,1	24,6	30,2	33,3	21,0	26,6	−3,9	−5,1
22 Sierra Leone	..	4,2	..	14,8	..	6,2	..	1,5	..	32,1	..	41,2	..	21,2	..	−13,8
23 Haiti	..	..	..	..	..	..	..	..	..	..	..	..	14,5	17,6	..	−3,2
24 Guinea	..	..	..	..	..	..	..	..	..	..	..	..	..	..	..	..
25 Ghana	7,9	6,2	20,1	18,7	6,3	5,8	4,1	6,8	15,1	19,2	46,6	43,3	19,5	7,8	−5,8	−2,6
26 Sri Lanka	3,1	2,4	13,0	7,1	6,4	5,1	19,5	11,4	20,2	13,1	37,7	60,8	25,4	33,6	−5,3	−11,0
27 Sudan	24,1	9,5	9,3	6,1	5,4	1,3	1,4	2,3	15,8	23,5	44,1	57,3	19,2	16,9	−0,8	−4,6
28 Pakistan	39,9	34,8	1,2	3,1	1,1	1,0	3,2	9,3	21,4	28,0	33,2	23,8	16,5	17,8	−6,8	−6,2
29 Senegal	..	9,7	..	17,6	..	4,7	..	8,6	..	19,2	..	40,3	17,4	26,8	−0,8	−6,0
30 Afghanistan	..	..	..	..	..	..	..	..	..	..	..	..	..	..	..	..
31 Bhutan	..	..	..	..	..	..	..	..	..	..	..	..	..	..	..	..
32 Tschad	24,6	..	14,8	..	4,4	..	1,7	..	21,8	..	32,7	..	18,1	..	−3,2	..
33 Kamputschea	..	..	..	..	..	..	..	..	..	..	..	..	..	..	..	..
34 Laos	..	..	..	..	..	..	..	..	..	..	..	..	..	..	..	..
35 Mosambik	..	..	..	..	..	..	..	..	..	..	..	..	..	..	..	..
36 Vietnam	..	..	..	..	..	..	..	..	..	..	..	..	..	..	..	..
Länder mit mittlerem Einkommen	15,1w	11,4w	12,8w	12,1w	6,3w	4,5w	20,0w	17,0w	24,3w	21,9w	21,5w	33,1w	20,0w	26,2w	−3,0w	−5,8w
Ölexporteure	22,5w	15,4w	14,5w	12,8w	3,9w	3,7w	4,3w	9,3w	26,5w	25,7w	28,3w	33,1w	16,7w	26,7w	−2,4w	−4,0w
Ölimporteure	14,3w	14,4w	11,9w	10,9w	6,9w	4,8w	26,8w	21,2w	21,9w	19,8w	18,2w	28,9w	21,4w	25,1w	−3,2w	−5,7w
Afrika südl. der Sahara	..	13,2w	9,1w	17,2w	4,9w	6,3w	4,3w	8,4w	21,6w	24,0w	47,0w	30,9w	13,1w	32,4w	−2,5w	−5,4w
Untere Einkommenskategorie	18,4w	15,5w	16,4w	15,0w	4,1w	4,2w	5,5w	7,6w	30,3w	26,5w	25,3w	31,2w	16,8w	24,4w	−2,4w	−4,7w
37 Mauretanien	..	..	..	15,8	..	7,3	..	2,7	..	28,6	..	37,7	..	34,9	..	−10,6
38 Liberia	..	7,9	..	15,2	..	8,4	..	1,8	..	23,9	..	50,7	..	41,5	..	−19,8
39 Sambia	..	..	19,0	15,2	7,4	8,4	1,3	1,8	26,7	23,9	45,7	50,7	34,0	41,5	−13,8	−19,8
40 Lesotho	..	..	19,5	17,4	8,0	7,2	6,5	1,3	24,5	29,4	41,5	44,7	16,6	27,6	−0,9	−2,8
41 Bolivien	16,2	10,8	30,6	26,9	8,6	3,1	2,9	18,0	12,4	12,9	29,3	28,3	9,2	11,3	−1,4	−6,8
42 Indonesien	18,5	11,7	7,5	9,4	1,3	2,2	0,9	1,4	30,4	37,8	41,4	37,4	16,2	24,0	−2,6	−2,8
43 Jemen, Arab. Rep.	..	36,7	..	16,6	..	4,9	..	..	..	8,7	..	33,1	..	43,2	..	−24,6
44 Jemen, Dem. VR	..	..	..	..	..	..	..	..	..	..	..	..	..	..	..	..
45 Elfenbeinküste	..	..	..	..	..	..	..	..	..	..	..	..	..	..	..	..
46 Philippinen	10,9	13,6	16,3	25,6	3,2	6,8	4,3	4,9	17,6	44,6	47,7	4,5	13,4	11,8	−2,0	−2,0
47 Marokko	12,3	14,6	19,2	18,6	4,8	2,9	8,4	7,1	25,6	28,8	29,7	27,9	22,4	33,2	−3,8	−8,0
48 Honduras	12,4	..	22,3	..	10,2	..	8,7	..	28,3	..	18,1	..	15,3	..	−2,7	..
49 El Salvador	6,6	15,8	21,4	16,6	10,9	8,4	7,6	4,7	14,4	21,3	39,0	33,1	12,8	17,4	−1,0	−5,5
50 Papua-Neuguinea	..	4,2	..	20,9	..	9,3	..	1,8	..	19,6	..	44,2	..	36,2	..	−4,7
51 Ägypten, Arab. Rep.	..	15,7	..	10,7	..	2,8	..	14,9	..	8,6	..	47,3	..	39,0	..	−8,2
52 Nigeria	40,2	..	4,5	..	3,6	..	0,8	..	19,6	..	31,4	..	10,2	..	−0,9	..
53 Simbabwe	..	18,3	..	21,5	..	6,1	..	7,8	..	20,9	..	25,4	..	36,3	..	−6,9
54 Kamerun	..	9,6	..	13,2	..	3,7	..	8,5	..	26,0	..	39,0	..	21,8	..	1,3
55 Nicaragua	12,3	..	16,9	..	4,0	..	16,4	..	27,1	..	23,6	..	15,5	49,2	−4,0	−26,8
56 Thailand	20,2	19,8	19,9	20,7	3,7	5,1	7,0	4,6	25,6	21,8	23,5	28,0	17,2	19,6	−4,3	−4,2
57 Botsuana	..	7,0	10,0	19,4	6,0	5,6	21,7	9,1	28,0	27,4	34,5	31,5	33,7	44,7	−23,8	11,5
58 Dominikanische Rep.	8,5	8,7	14,2	15,3	11,7	10,5	11,8	14,7	35,4	29,4	18,4	21,0	18,5	15,6	−0,2	−2,8
59 Peru	14,8	27,6	22,7	18,5	6,2	6,2	2,9	0,8	30,3	..	23,1	46,9	17,1	18,6	−1,1	..
60 Mauritius	0,8	0,9	13,5	15,6	10,3	7,8	18,0	21,1	13,9	9,2	43,4	45,3	16,3	28,7	−1,2	−9,3
61 Kongo, VR	..	..	..	..	..	..	..	..	..	..	..	..	..	43,9	..	−3,0
62 Ecuador	15,7	10,6	27,5	26,0	4,5	7,5	0,8	1,3	28,9	13,9	22,6	40,7	13,4	14,3	0,2	−2,7
63 Jamaika	..	..	..	..	..	..	..	..	..	..	..	..	..	..	..	..
64 Guatemala	11,0	..	19,4	..	9,5	..	10,4	..	23,8	..	25,8	..	9,9	13,1	−2,2	−3,6
65 Türkei	15,4	13,2	18,2	12,5	3,3	1,8	3,3	2,0	41,9	31,8	17,9	38,7	21,8	24,3	−2,1	−4,2

Anmerkung: Zur Vergleichbarkeit der Daten und ihrer Abgrenzung vgl. Technische Erläuterungen.

	Anteil an den Gesamtausgaben in %													
	Verteidi-gung		Erziehung		Gesundheit		Wohnung; Gemeinschafts-einricht.; Sozial-versicherung u. Wohlfahrt[a]		Wirtschafts-förderung		Sonstiges[a]		Gesamt-ausgaben (in % des BSP)		Gesamt-überschuß/-defizit (in % des BSP)	
	1972[b]	1983[c]	1972[b]	1983[c]	1972[b]	1983[c]	1972[b]	1983[c]	1972[b]	1983[c]	1972[b]	1983[c]	1972[b]	1983[c]	1972[b]	1983[c]
66 Costa Rica	2,8	3,0	28,3	19,4	3,8	22,5	26,7	17,1	21,8	20,2	16,7	17,8	18,9	26,4	−4,5	−2,2
67 Paraguay	13,8	12,5	12,1	12,0	3,5	3,7	18,3	32,2	19,6	14,0	32,7	25,7	13,1	11,7	−1,7	0,4
68 Tunesien	4,9	..	30,5	..	7,4	..	8,8	..	23,3	..	25,1	..	22,8	37,1	−0,9	−5,1
69 Kolumbien	..	..	..	..	..	..	..	..	..	..	..	..	13,0	..	−2,5	..
70 Jordanien	..	25,6	..	11,5	..	3,6	..	13,7	..	33,2	..	12,3	..	46,3	..	−7,7
71 Syrien, Arab. Rep.	37,2	..	11,3	..	1,4	..	3,6	..	39,9	..	6,7	..	28,1	..	−3,4	..
72 *Angola*	..	..	..	..	..	..	..	..	..	..	..	..	..	..	..	..
73 *Kuba*	..	..	..	..	..	..	..	..	..	..	..	..	..	..	..	..
74 *Korea, Dem. Rep.*	..	..	..	..	..	..	..	..	..	..	..	..	..	..	..	..
75 *Libanon*	..	..	..	..	..	..	..	..	..	..	..	..	..	..	..	..
76 *Mongolische VR*	..	..	..	..	..	..	..	..	..	..	..	..	..	..	..	..
Obere Einkommenskategorie	14,0w	9,8w	11,5w	11,0w	7,0w	4,7w	24,9w	20,6w	22,3w	20,2w	20,3w	33,7w	21,3w	26,9w	−3,3w	−6,2w
77 Chile	6,1	12,0	14,3	13,7	8,2	6,0	39,8	45,7	15,3	6,3	16,3	16,3	42,3	34,8	−13,0	−2,9
78 Brasilien	8,3	4,1	6,8	3,7	6,4	7,3	36,0	35,1	24,6	23,8	17,9	25,9	17,8	21,4	−0,4	−3,6
79 Portugal	..	..	..	..	..	..	..	..	..	..	..	..	..	..	..	..
80 Malaysia	18,5	..	23,4	..	6,8	..	4,4	10,5	14,2	..	32,7	..	27,7	..	−9,8	..
81 Panama	..	..	20,7	11,0	15,1	13,1	10,8	12,2	24,2	13,5	29,1	50,2	27,6	40,4	−6,5	−12,1
82 Uruguay	5,6	12,7	9,5	6,5	1,6	3,4	52,3	52,1	9,8	8,7	21,2	16,5	25,0	25,9	−2,5	−4,1
83 Mexiko	4,2	2,0	16,4	11,0	5,1	1,2	25,0	12,5	34,2	26,2	15,2	47,2	12,0	27,9	−3,0	−8,5
84 Korea, Rep.	25,8	31,9	15,9	20,5	1,2	1,6	5,8	5,9	25,6	13,6	25,7	26,5	18,1	18,3	−3,9	−1,1
85 Jugoslawien	20,5	..	..	..	24,8	..	35,6	..	12,0	..	7,0	..	21,1	..	−0,4	..
86 Argentinien	8,8	9,1	8,8	7,6	2,9	1,4	23,5	33,9	14,7	22,7	41,2	25,2	16,5	22,3	−3,4	−13,0
87 Südafrika	..	..	..	..	..	..	..	..	..	..	..	..	21,8	28,0	−4,2	−4,1
88 *Algerien*	..	..	..	..	..	..	..	..	..	..	..	..	..	..	..	..
89 Venezuela	10,3	5,2	18,6	19,1	11,7	8,6	9,2	9,7	25,4	20,6	24,8	36,9	21,3	27,4	−0,3	−3,4
90 Griechenland	14,9	..	9,0	..	7,3	..	30,2	..	26,4	..	12,3	..	27,5	..	−1,7	..
91 Israel	39,8	29,0	9,0	8,4	3,5	4,3	7,8	21,5	16,3	6,4	23,5	30,4	44,0	48,8	−16,3	−18,6
92 Hongkong	..	..	..	..	..	..	..	..	..	..	..	..	..	..	..	..
93 *Trinidad u. Tobago*	..	..	..	..	..	..	..	..	..	..	..	..	..	..	..	..
94 Singapur	35,3	18,5	15,7	21,6	7,8	6,4	3,9	5,6	9,9	14,3	27,3	33,7	16,8	23,7	1,3	1,5
95 *Iran, Islam. Rep.*	24,1	8,7	10,4	13,9	3,6	5,7	6,1	13,3	30,6	23,0	25,2	35,4	30,8	28,1	−4,6	−6,1
96 *Irak*	..	..	..	..	..	..	..	..	..	..	..	..	..	..	..	..
Ölexporteure mit hohem Einkommen	13,0w	27,7w	13,6w	9,4w	5,6w	6,0w	14,9w	12,1w	17,8w	21,9w	35,1w	22,9w	24,2w	30,9w	9,2w	..
97 Oman	39,3	51,3	3,7	7,4	5,9	3,5	3,0	1,9	24,4	21,6	23,6	14,3	62,1	54,3	−15,3	−10,1
98 *Libyen*	..	..	..	..	..	..	..	..	..	..	..	..	..	..	..	..
99 Saudi-Arabien	..	..	..	..	..	..	..	..	..	..	..	..	..	..	..	..
100 Kuwait	8,4	13,3	15,0	10,1	5,5	6,2	14,2	15,5	16,6	28,7	40,1	26,2	34,4	39,2	17,4	6,2
101 Vereinigte Arab. Emirate	24,5	43,2	16,2	9,8	4,5	7,7	6,4	5,2	18,2	7,0	30,2	27,2	4,3	16,5	0,3	..
Marktwirtschaftliche Industrieländer	20,8w	14,3w	5,4w	4,7w	10,0w	11,2w	37,2w	41,1w	12,0w	9,2w	14,6w	19,5w	22,9w	30,0w	−1,6w	−5,8w
102 Spanien	6,5	4,4	8,3	6,0	0,9	0,6	49,8	64,2	17,5	10,1	17,0	14,8	19,8	31,5	−0,5	−6,3
103 Irland	..	..	..	..	..	..	..	..	..	..	..	..	33,0	58,1	−5,5	−13,6
104 Italien	6,3	3,5	16,1	8,6	13,5	11,5	44,8	34,3	18,4	6,1	0,9	36,0	31,8	52,8	−9,4	−13,4
105 Neuseeland	5,8	4,9	16,9	11,9	14,8	12,6	25,6	30,2	16,5	17,6	20,4	22,7	28,5	41,7	−3,8	−9,5
106 Großbritannien	16,7	..	..	2,6	..	12,2	..	26,5	..	11,1	..	30,8	32,7	41,4	−2,7	−5,0
107 Belgien	6,7	5,2	15,5	13,9	1,5	1,7	41,0	42,8	18,9	16,3	16,4	20,1	39,2	56,7	−4,3	−12,9
108 Österreich	3,2	3,2	10,2	9,6	10,1	11,5	53,7	48,6	11,2	13,2	11,5	13,9	29,7	39,9	−0,1	−5,4
109 Niederlande	..	5,3	..	11,2	..	11,3	..	41,2	..	10,0	..	21,0	40,8	59,4	..	−7,7
110 Frankreich	..	7,3	..	8,2	..	14,6	..	47,6	..	6,9	..	15,4	32,5	44,8	0,7	−3,6
111 Japan	..	..	..	..	..	..	..	..	..	..	..	..	12,7	18,6	..	..
112 Finnland	6,1	5,5	15,3	13,8	10,6	10,6	28,4	32,0	27,9	25,1	11,6	13,0	24,8	31,6	1,3	−3,0
113 Deutschland, Bundesrep.	12,4	9,3	1,5	0,8	17,5	18,6	46,9	50,3	11,3	7,0	10,4	13,9	24,2	31,1	0,7	−2,0
114 Dänemark	7,2	..	15,9	..	10,0	..	41,4	..	11,9	..	13,6	..	32,8	46,6	2,7	−7,5
115 Australien	14,1	9,7	4,4	7,9	8,2	7,1	21,0	30,0	13,1	8,4	39,2	37,0	19,8	26,7	−0,5	−2,5
116 Schweden	12,5	6,9	14,8	9,2	3,6	1,5	44,3	49,4	10,6	9,3	14,3	23,7	28,0	46,9	−1,2	−10,1
117 Kanada	..	8,0	..	3,6	..	6,3	..	37,6	..	16,7	..	27,8	..	25,6	..	−6,5
118 Norwegen	9,7	8,6	9,9	8,8	12,3	10,6	39,9	36,2	20,2	20,5	8,0	15,3	35,0	39,7	−1,5	1,9
119 Vereinigte Staaten	32,2	23,7	3,2	1,9	8,6	10,7	35,3	36,3	10,6	8,8	10,1	18,6	19,4	25,3	−1,6	−6,1
120 Schweiz	15,1	10,4	4,2	3,1	10,0	13,4	39,5	49,7	18,4	12,6	12,8	10,8	13,3	19,4	0,9	−0,3
Osteuropäische Staatshandelsländer	..	..	..	..	..	..	..	..	..	..	..	..	..	..	..	..
121 Ungarn	..	..	..	..	..	..	..	..	..	..	..	..	..	55,2	..	0,4
122 Polen	..	..	..	..	..	..	..	..	..	..	..	..	..	..	..	..
123 *Albanien*	..	..	..	..	..	..	..	..	..	..	..	..	..	..	..	..
124 Bulgarien	..	..	..	..	..	..	..	..	..	..	..	..	..	..	..	..
125 *Tschechoslowakei*	..	..	..	..	..	..	..	..	..	..	..	..	..	..	..	..
126 *Deutsche Dem. Rep.*	..	..	..	..	..	..	..	..	..	..	..	..	..	..	..	..
127 *Rumänien*	..	5,5	..	2,5	..	0,8	..	24,9	..	50,4	..	15,8	..	27,4	..	3,2
128 Sowjetunion	..	..	..	..	..	..	..	..	..	..	..	..	..	..	..	..

[a] Vgl. Technische Erläuterungen. [b] Kursive Zahlen für 1973 und nicht für 1972. [c] Kursive Zahlen für 1982 und nicht für 1983.

Tabelle 23: Laufende Einnahmen der Zentralregierung

	Anteil an den laufenden Gesamteinnahmen in %												Laufende Gesamt-einnahmen (in % des BSP)	
	Steuereinnahmen													
	Steuern auf Einkommen, Gewinne u. Kapitalerträge		Sozialver-sicherungs-beiträge		Inlandssteu-ern auf Güter und Dienst-leistungen		Steuern auf Außenhandel u. internatio-nale Trans-aktionen		Sonstige Steuern[a]		Laufende nicht-steuerliche Einnahmen			
	1972[b]	1983[c]	1972[b]	1983[c]	1972[b]	1983[c]	1972[b]	1983[c]	1972[b]	1983[c]	1972[b]	1983[c]	1972[b]	1983[c]
Länder mit niedrigem Einkommen	**18,6**w	**17,7**w	..	..	**27,3**w	**37,5**w	**34,1**w	**26,7**w	**3,6**w	**1,4**w	**16,4**w	**16,7**w	**14,2**w	**13,6**w
China und Indien														
Übrige Länder	18,6w	18,7w	..	..	27,3w	29,7w	34,1w	32,6w	3,6w	3,1w	16,4w	15,9w	14,2w	14,7w
Afrika südl. der Sahara	21,5w	22,8w	..	..	24,4w	25,2w	38,3w	32,8w	4,6w	5,1w	11,2w	14,1w	16,6w	14,6w
1 Äthiopien	23,0	..	..	..	29,8	..	30,4	..	5,6	..	11,1	..	10,5	..
2 Bangladesch	3,7	..	..	..	22,4	..	18,0	..	3,8	..	52,2	..	8,5	..
3 Mali	..	15,5	..	5,4	..	35,2	..	21,2	..	11,7	..	11,0	..	29,0
4 Zaire	22,2	30,6	2,2	1,1	12,7	24,4	57,9	28,8	1,4	3,4	3,7	11,7	27,9	20,2
5 Burkina Faso	18,6	16,1	..	8,8	19,9	15,7	50,1	35,5	3,5	16,3	7,9	7,7	10,1	14,5
6 Nepal	4,1	7,2	..	..	26,5	38,5	31,3	19,0	7,1	13,7	15,9	5,2	8,7	
7 Birma	28,7	3,2	..	..	34,2	39,5	13,4	19,2	(.)	(.)	23,8	38,2	12,4	16,2
8 Malawi	31,4	33,6	..	..	24,2	30,9	20,0	21,0	0,5	0,6	23,8	13,9	16,0	21,5
9 Niger	..	..	..	..	..	..	..	..	..	..	..	..	..	..
10 Tansania	29,9	..	..	..	29,1	..	21,7	..	0,5	..	18,8	..	15,8	..
11 Burundi	18,1	..	1,2	..	19,8	..	38,7	..	15,6	..	6,5	..	11,5	..
12 Uganda	22,1	4,1	..	..	32,8	26,5	36,3	67,1	0,3	(.)	8,5	2,3	13,7	3,2
13 Togo	..	34,0	..	5,4	..	14,7	..	28,2	..	1,3	..	16,4	..	29,5
14 Zentralafrikanische Rep.	..	..	..	..	..	..	..	..	..	..	..	..	..	..
15 Indien	..	17,2	..	..	..	41,1	..	24,0	..	0,5	..	17,1	..	13,1
16 Madagaskar	13,1	15,5	7,2	13,7	29,9	41,7	33,6	22,2	5,5	3,3	10,8	3,6	18,3	13,7
17 Somalia	10,7	..	..	..	24,7	..	45,3	..	5,2	..	14,0	..	13,7	..
18 Benin	..	..	..	..	..	..	..	..	..	..	..	..	..	..
19 Ruanda	17,9	..	4,4	..	14,1	..	41,7	..	13,8	..	8,1	..	9,2	..
20 China	..	..	..	..	..	..	..	..	..	..	..	..	..	..
21 Kenia	35,6	28,6	..	..	19,9	36,8	24,3	21,3	1,4	0,6	18,8	12,7	18,0	21,6
22 Sierra Leone	..	27,4	..	..	..	24,6	..	36,6	..	3,3	..	8,1	..	7,9
23 Haiti	..	17,9	..	0,3	..	19,1	..	26,2	..	27,8	..	8,7	..	13,9
24 Guinea	..	21,1	..	4,8	..	1,4	..	37,7	..	0,7	..	34,5	..	23,1
25 Ghana	18,4	17,0	..	..	29,4	17,0	40,6	49,0	0,2	0,1	11,5	16,9	15,1	5,4
26 Sri Lanka	19,1	14,0	..	..	34,7	40,1	35,4	31,5	2,1	1,7	8,7	12,7	20,1	20,2
27 Sudan	11,8	15,8	..	..	30,4	14,1	40,5	49,7	1,5	0,7	15,7	19,7	18,0	11,8
28 Pakistan	13,6	15,2	..	..	35,9	32,5	34,2	32,7	0,5	0,3	15,8	19,3	12,3	14,5
29 Senegal	17,6	19,0	..	3,5	24,5	29,1	30,9	34,7	23,8	5,9	3,2	7,8	16,8	19,6
30 Afghanistan	..	..	..	..	..	..	..	..	..	..	..	..	..	..
31 Bhutan	..	..	..	..	..	..	..	..	..	..	..	..	..	..
32 Tschad	16,7	..	..	..	12,3	..	45,2	..	20,5	..	5,3	..	13,1	..
33 Kamputschea	..	..	..	..	..	..	..	..	..	..	..	..	..	..
34 Laos	..	..	..	..	..	..	..	..	..	..	..	..	..	..
35 Mosambik	..	..	..	..	..	..	..	..	..	..	..	..	..	..
36 Vietnam	..	..	..	..	..	..	..	..	..	..	..	..	..	..
Länder mit mittlerem Einkommen	**25,5**w	**27,4**w	..	..	**26,5**w	**26,5**w	**13,5**w	**10,4**w	**18,3**w	**12,2**w	**17,2**w	**23,5**w	**17,9**w	**23,1**w
Ölexporteure	29,3w	44,7w	..	..	24,4w	15,5w	20,7w	11,7w	7,9w	10,2w	17,7w	17,9w	15,5w	24,9w
Ölimporteure	23,3w	25,2w	..	..	29,6w	30,1w	12,7w	9,6w	21,5w	17,0w	12,9w	18,1w	19,0w	23,2w
Afrika südl. der Sahara	42,3w	42,5w	..	..	25,0w	24,0w	18,7w	20,1w	0,5w	3,6w	13,5w	9,8w	13,2w	27,5w
Untere Einkommenskategorie	**26,5**w	**37,7**w	..	..	**28,6**w	**23,3**w	**20,0**w	**14,6**w	**10,2**w	**8,6**w	**14,7**w	**15,8**w	**15,1**w	**20,9**w
37 Mauretanien	..	..	..	..	..	..	..	..	..	..	..	..	..	..
38 Liberia	..	39,6	..	..	..	27,0	..	28,0	..	2,4	..	3,0	..	23,1
39 Sambia	49,7	32,9	..	..	20,2	48,3	14,3	8,8	0,1	3,2	15,6	6,6	23,2	24,6
40 Lesotho	14,3	10,1	..	..	2,0	10,1	62,9	69,0	9,5	1,1	11,3	9,7	11,7	23,7
41 Bolivien	14,5	13,3	..	28,2	28,4	25,4	46,0	16,1	5,3	4,8	5,7	12,2	7,8	4,4
42 Indonesien	45,5	73,6	..	..	22,7	10,3	17,5	4,3	3,6	1,3	10,6	10,5	14,4	22,7
43 Jemen, Arab. Rep.	..	11,2	..	..	..	6,5	..	50,2	..	15,2	..	16,9	..	22,5
44 Jemen, Dem. VR	..	..	..	..	..	..	..	..	..	..	..	..	..	..
45 Elfenbeinküste	..	..	..	..	..	..	..	..	..	..	..	..	..	..
46 Philippinen	13,8	19,3	..	..	24,3	37,7	23,0	26,8	29,7	3,6	9,3	12,6	12,4	11,9
47 Marokko	16,4	17,7	5,9	4,8	45,7	36,8	13,2	18,4	6,1	7,2	12,6	15,1	18,1	25,1
48 Honduras	19,2	..	3,0	..	33,8	..	28,2	..	2,3	..	13,5	..	12,5	..
49 El Salvador	15,2	19,9	..	..	25,6	40,3	36,1	23,0	17,2	5,8	6,0	10,9	11,6	12,3
50 Papua-Neuguinea	..	48,3	..	..	..	13,5	..	23,0	..	1,6	..	13,7	..	21,8
51 Ägypten, Arab. Rep.	..	17,8	..	11,1	..	12,5	..	16,2	..	6,3	..	36,1	..	36,9
52 Nigeria	43,0	..	..	..	26,3	..	17,5	..	0,2	..	13,0	..	11,6	..
53 Simbabwe	..	41,9	..	..	..	31,9	..	15,0	..	0,9	..	10,3	..	32,6
54 Kamerun	..	59,3	..	5,9	..	10,5	..	19,1	..	1,9	..	3,4	..	24,2
55 Nicaragua	9,6	11,3	14,0	10,2	37,4	41,1	24,3	16,1	8,9	13,4	5,9	7,8	12,6	34,0
56 Thailand	12,1	19,6	..	..	46,3	47,3	28,7	21,4	1,8	2,1	11,2	9,5	12,9	15,2
57 Botsuana	19,9	27,1	..	..	2,4	2,0	47,2	31,1	0,4	0,1	30,0	39,7	30,7	56,4
58 Dominikanische Rep.	17,9	19,8	3,9	4,4	19,0	30,8	40,3	26,3	1,8	2,2	17,0	16,5	17,9	12,7
59 Peru	17,5	15,3	..	..	32,2	44,8	15,7	24,6	22,1	5,8	12,4	9,6	16,0	17,8
60 Mauritius	22,7	14,1	..	..	23,3	18,8	40,2	50,6	5,5	3,4	8,2	13,1	15,6	22,4
61 Kongo, VR	19,3	..	..	..	40,3	..	26,5	..	6,4	..	7,4	..	18,4	..
62 Ecuador	19,6	55,7	..	..	19,1	20,1	52,4	21,1	5,1	2,4	3,8	0,7	13,6	11,6
63 Jamaika	..	..	..	..	..	..	..	..	..	..	..	..	..	..
64 Guatemala	12,7	11,8	..	11,7	36,1	3,1	26,2	15,0	15,6	13,7	9,4	14,8	8,9	10,2
65 Türkei	30,8	48,2	..	..	31,1	23,3	14,5	7,2	6,1	5,5	17,6	15,9	19,7	20,1

Anmerkung: Zur Vergleichbarkeit der Daten und ihrer Abgrenzung vgl. Technische Erläuterungen.

	Anteil an den laufenden Gesamteinnahmen in %												
	Steuereinnahmen										Laufende nicht-steuerliche Einnahmen		Laufende Gesamt-einnahmen (in % des BSP)	
	Steuern auf Einkommen, Gewinne u. Kapital-erträge		Sozialver-sicherungs-beiträge		Inlandssteu-ern auf Güter und Dienst-leistungen		Steuern auf Außenhandel u. internatio-nale Trans-aktionen		Sonstige Steuern[a]					
	1972[b]	1983[c]	1972[b]	1983[c]	1972[b]	1983[c]	1972[b]	1983[c]	1972[b]	1983[c]	1972[b]	1983[c]	1972[b]	1983[c]
66 Costa Rica	17,7	16,9	13,4	25,2	38,1	31,0	18,0	22,4	1,6	−0,2	11,2	4,7	15,8	24,3
67 Paraguay	8,8	15,4	10,4	12,9	26,2	21,4	24,8	14,6	17,0	21,9	12,8	13,9	11,5	11,6
68 Tunesien	15,9	14,7	7,1	8,9	31,6	21,0	21,8	27,3	7,8	4,4	15,7	23,6	23,3	34,0
69 Kolumbien	37,2	..	13,9	..	16,0	..	20,3	..	7,2	..	5,5	..	10,6	..
70 Jordanien	..	12,3	..	..	..	11,2	..	37,2	..	12,0	..	27,3	..	26,6
71 Syrien, Arab. Rep.	6,8	..	..	..	10,4	..	17,3	..	12,1	..	53,4	..	24,5	..
72 *Angola*	..	..	..	...	..	..	..	..	..	..	..	..	..	..
73 *Kuba*	..	..	..	..	..	..	..	..	..	..	..	..	..	..
74 *Korea, Dem. Rep.*	..	..	..	..	..	..	..	..	..	..	..	..	..	..
75 *Libanon*	..	..	..	..	..	..	..	..	..	..	..	..	..	..
76 *Mongolische VR*	..	..	..	..	..	..	..	..	..	..	..	..	..	..
Obere Einkommenskategorie	**25,1**w	**23,8**w	**19,2**w	**12,0**w	**25,9**w	**27,7**w	**11,4**w	**8,9**w	**0,4**w	**1,4**w	**18,0**w	**26,2**w	**19,1**w	**24,1**w
77 Chile	12,9	14,3	27,1	8,3	28,6	39,3	10,0	6,9	4,3	9,9	17,1	21,2	30,2	30,0
78 Brasilien	18,3	15,1	27,4	24,6	37,6	25,3	7,0	4,1	3,7	4,2	6,0	26,8	19,0	26,6
79 Portugal	..	..	..	..	..	..	..	..	..	..	..	..	..	..
80 Malaysia	26,2	..	0,1	..	21,2	..	29,0	..	1,5	..	22,1	..	20,4	..
81 *Panama*	23,3	22,5	22,4	21,8	13,2	14,8	16,0	10,0	7,7	3,5	17,3	27,4	21,8	30,2
82 Uruguay	4,7	8,3	30,0	24,0	24,5	39,2	6,1	11,7	22,0	6,9	12,6	9,8	22,7	22,4
83 Mexiko	36,4	22,2	19,4	11,0	32,1	63,2	13,2	6,9	−9,8	−17,6	8,6	14,3	10,4	20,2
84 Korea, Rep.	29,2	22,9	0,8	1,2	41,7	45,7	10,7	15,8	5,2	3,9	12,3	10,6	13,2	19,5
85 Jugoslawien	..	..	52,3	..	24,5	..	..	19,5	..	..	..	3,7	..	20,7
86 Argentinien	7,4	4,3	25,9	16,9	14,8	38,5	18,5	16,2	−3,7	11,5	37,0	12,6	13,1	15,2
87 Südafrika	54,8	52,3	1,2	1,3	21,5	27,9	4,6	4,9	4,9	3,0	12,9	10,7	21,2	25,6
88 Algerien	..	..	..	..	..	..	..	..	..	..	..	..	..	..
89 Venezuela	54,2	56,1	6,0	3,8	6,7	6,0	6,1	18,0	1,1	0,9	25,9	15,3	21,8	27,0
90 Griechenland	12,2	..	24,5	..	35,5	..	6,7	..	12,0	..	9,2	..	25,4	..
91 Israel	36,2	41,5	..	9,5	23,0	28,1	21,6	5,6	6,8	5,5	12,4	9,9	31,8	30,0
92 Hongkong	..	..	..	..	..	..	..	..	..	..	..	..	..	..
93 *Trinidad u. Tobago*	..	..	..	..	..	..	..	..	..	..	..	..	..	..
94 Singapur	24,4	33,0	..	..	17,6	13,6	11,1	4,8	15,5	14,8	31,4	33,8	21,6	30,8
95 *Iran, Islam. Rep.*	7,9	7,8	2,7	7,5	6,4	4,2	14,6	11,4	4,9	3,9	63,6	65,2	26,2	21,8
96 *Irak*	..	..	..	..	..	..	..	..	..	..	..	..	..	..
Ölexporteure mit hohem Einkommen	..	..	..	..	..	..	..	..	..	..	..	..	**33,6**w	..
97 Oman	71,1	26,5	..	..	..	0,6	3,0	2,0	2,3	0,4	23,6	70,5	47,4	44,5
98 Libyen	..	..	..	..	..	..	..	..	..	..	..	..	..	..
99 Saudi-Arabien	..	..	..	..	..	..	..	..	..	..	..	..	..	..
100 Kuwait	68,8	2,2	..	..	19,7	0,4	1,5	1,9	0,2	0,2	9,9	95,2	55,2	52,6
101 Vereinigte Arab. Emirate	..	..	..	..	..	..	..	..	..	..	..	..	0,2	..
Marktwirtschaftliche Industrieländer	**38,9**w	**36,3**w	**29,3**w	**34,1**w	**21,4**w	**18,1**w	**1,7**w	**1,2**w	**2,3**w	**0,9**w	**6,4**w	**9,4**w	**23,5**w	**27,0**w
102 Spanien	15,9	21,7	38,9	46,2	23,4	15,4	10,0	4,2	0,7	3,1	11,1	9,5	20,0	26,4
103 Irland	28,1	32,2	8,9	13,8	32,6	26,6	16,6	13,7	3,2	2,3	10,5	11,4	30,6	46,2
104 Italien	16,6	35,7	39,2	33,1	31,7	22,9	0,4	0,2	4,3	2,8	7,7	5,3	26,9	42,3
105 Neuseeland	61,4	63,6	..	..	19,9	20,5	4,1	4,0	4,5	1,3	10,0	10,6	27,3	34,6
106 Großbritannien	39,4	38,7	15,1	17,7	27,1	28,6	1,7	(.)	5,5	3,0	11,2	12,0	33,5	37,6
107 Belgien	31,3	38,4	32,4	31,2	28,9	24,4	1,0	(.)	3,3	1,9	3,1	4,1	35,0	44,6
108 Österreich	20,6	20,0	30,3	35,9	28,2	26,1	5,3	1,4	10,1	8,4	5,5	8,2	29,8	34,9
109 Niederlande	32,5	24,3	36,7	41,4	22,3	19,8	0,5	(.)	3,4	2,1	4,7	12,4	43,2	53,2
110 Frankreich	16,9	17,7	37,1	44,2	37,9	29,5	0,3	(.)	2,9	3,5	4,9	5,1	33,5	41,7
111 Japan	..	..	..	..	..	..	..	..	..	..	..	..	..	..
112 Finnland	30,0	29,3	7,8	9,0	47,7	48,8	3,1	1,3	5,8	3,2	5,5	8,4	27,1	28,6
113 Deutschland, Bundesrep.	19,7	17,0	46,6	55,1	28,1	22,0	0,8	(.)	0,8	0,1	4,0	5,8	25,2	29,3
114 Dänemark	40,0	33,7	5,1	4,9	42,1	44,6	3,1	0,8	2,8	3,0	6,8	13,1	35,5	37,9
115 Australien	58,3	61,7	..	..	21,9	23,3	5,2	4,7	2,1	0,2	12,5	10,0	21,4	24,9
116 Schweden	27,0	14,5	21,6	34,1	34,0	29,0	1,5	0,6	4,7	5,7	11,3	16,1	32,5	39,6
117 Kanada	..	48,3	..	14,1	..	19,2	..	4,8	..	−0,1	..	13,6	..	20,0
118 Norwegen	22,5	25,1	20,5	23,9	47,9	38,7	0,6	0,5	1,0	1,0	6,6	10,7	37,0	43,8
119 Vereinigte Staaten	59,4	49,9	23,6	31,3	7,1	5,4	1,6	1,3	2,5	0,9	5,7	11,1	18,0	19,7
120 Schweiz	13,9	14,2	37,3	49,3	21,5	19,4	16,7	8,3	2,6	3,1	8,0	5,7	14,5	19,1
Osteuropäische Staatshandelsländer	..	..	..	..	..	..	..	..	..	..	..	..	..	..
121 Ungarn	..	17,7	..	17,4	..	38,7	..	7,1	..	7,2	..	11,9	..	55,4
122 Polen	..	..	..	..	..	..	..	..	..	..	..	..	..	..
123 *Albanien*	..	..	..	..	..	..	..	..	..	..	..	..	..	..
124 *Bulgarien*	..	..	..	..	..	..	..	..	..	..	..	..	..	..
125 *Tschechoslowakei*	..	..	..	..	..	..	..	..	..	..	..	..	..	..
126 *Deutsche Dem. Rep.*	..	..	..	..	..	..	..	..	..	..	..	..	..	..
127 *Rumänien*	..	..	..	18,3	..	..	..	..	..	13,1	..	68,7	..	30,6
128 *Sowjetunion*	..	..	..	..	..	..	..	..	..	..	..	..	..	..

[a] Vgl. Technische Erläuterungen. [b] Kursive Zahlen für 1973 und nicht für 1972. [c] Kursive Zahlen für 1982 und nicht für 1983.

Tabelle 24: Einkommensverteilung

		Prozentuale Anteile am Haushaltseinkommen nach prozentualen Haushaltsgruppen[a]					
	Jahr	Unterste 20%-Gruppe	2. 20%-Gruppe	3. 20%-Gruppe	4. 20%-Gruppe	Höchste 20%-Gruppe	Höchste 10%-Gruppe
Länder mit niedrigem Einkommen							
China und Indien							
Übrige Länder							
Afrika südl. der Sahara							
1 Äthiopien		..	..	..	..	..	..
2 Bangladesch	1976—77	6,2	10,9	15,0	21,0	46,9	32,0
3 Mali		..	..	..	..	..	..
4 Zaire		..	..	..	..	..	..
5 Burkina Faso		..	..	..	..	..	..
6 Nepal		..	..	..	..	..	..
7 Birma		..	..	..	..	..	..
8 Malawi		..	..	..	..	..	..
9 Niger		..	..	..	..	..	..
10 Tansania		..	..	..	..	..	..
11 Burundi		..	..	..	..	..	..
12 Uganda		..	..	..	..	..	..
13 Togo		..	..	..	..	..	..
14 Zentralafrikanische Rep.		..	..	..	..	..	..
15 Indien	1975—76	7,0	9,2	13,9	20,5	49,4	33,6
16 Madagaskar		..	..	..	..	..	..
17 Somalia		..	..	..	..	..	..
18 Benin		..	..	..	..	..	..
19 Ruanda		..	..	..	..	..	..
20 China		..	..	..	..	..	..
21 Kenia	1976	2,6	6,3	11,5	19,2	60,4	45,8
22 Sierra Leone		..	..	..	..	..	..
23 Haiti		..	..	..	..	..	..
24 Guinea		..	..	..	..	..	..
25 Ghana		..	..	..	..	..	..
26 Sri Lanka	1969—70	7,5	11,7	15,7	21,7	43,4	28,2
27 Sudan		..	..	..	..	..	..
28 Pakistan		..	..	..	..	..	..
29 Senegal		..	..	..	..	..	..
30 *Afghanistan*		..	..	..	..	..	..
31 *Bhutan*		..	..	..	..	..	..
32 *Tschad*		..	..	..	..	..	..
33 *Kamputschea*		..	..	..	..	..	..
34 *Laos*		..	..	..	..	..	..
35 *Mosambik*		..	..	..	..	..	..
36 *Vietnam*		..	..	..	..	..	..
Länder mit mittlerem Einkommen							
Ölexporteure							
Ölimporteure							
Afrika südl. der Sahara							
Untere Einkommenskategorie							
37 Mauretanien		..	..	..	..	..	..
38 Liberia		..	..	..	..	..	..
39 Sambia	1976	3,4	7,4	11,2	16,9	61,1	46,3
40 Lesotho		..	..	..	..	..	..
41 Bolivien		..	..	..	..	..	..
42 Indonesien	1976	6,6	7,8	12,6	23,6	49,4	34,0
43 Jemen, Arab. Rep.		..	..	..	..	..	..
44 Jemen, Dem. VR		..	..	..	..	..	..
45 Elfenbeinküste		..	..	..	..	..	..
46 Philippinen	1970—71	5,2	9,0	12,8	19,0	54,0	38,5
47 Marokko		..	..	..	..	..	..
48 Honduras		..	..	..	..	..	..
49 El Salvador	1976—77	5,5	10,0	14,8	22,4	47,3	29,5
50 Papua-Neuguinea		..	..	..	..	..	..
51 Ägypten, Arab. Rep.	1974	5,8	10,7	14,7	20,8	48,0	33,2
52 Nigeria		..	..	..	..	..	..
53 Simbabwe		..	..	..	..	..	..
54 Kamerun		..	..	..	..	..	..
55 Nicaragua		..	..	..	..	..	..
56 Thailand	1975—76	5,6	9,6	13,9	21,1	49,8	34,1
57 Botsuana		..	..	..	..	..	..
58 Dominikanische Rep.		..	..	..	..	..	..
59 Peru	1972	1,9	5,1	11,0	21,0	61,0	42,9
60 Mauritius	1980—81	4,0	7,5	11,0	17,0	60,5	46,7
61 Kongo, VR		..	..	..	..	..	..
62 Ecuador		..	..	..	..	..	..
63 Jamaika		..	..	..	..	..	..
64 Guatemala		..	..	..	..	..	..
65 Türkei	1973	3,5	8,0	12,5	19,5	56,5	40,7

Anmerkung: Zur Vergleichbarkeit der Daten und ihrer Abgrenzung vgl. Technische Erläuterungen.

	Jahr	Prozentuale Anteile am Haushaltseinkommen nach prozentualen Haushaltsgruppen[a]					
		Unterste 20%-Gruppe	2. 20%-Gruppe	3. 20%-Gruppe	4. 20%-Gruppe	Höchste 20%-Gruppe	Höchste 10%-Gruppe
66 Costa Rica	1971	3,3	8,7	13,3	19,9	54,8	39,5
67 Paraguay		..	..	..	..	..	..
68 Tunesien		..	..	..	..	..	..
69 Kolumbien		..	..	..	..	..	..
70 Jordanien		..	..	..	..	..	..
71 Syrien, Arab. Rep.		..	..	..	..	..	..
72 *Angola*		..	..	..	..	..	..
73 *Kuba*		..	..	..	..	..	..
74 *Korea, Dem. Rep.*		..	..	..	..	..	..
75 *Libanon*		..	..	..	..	..	..
76 *Mongolische VR*		..	..	..	..	..	..

Obere Einkommenskategorie

	Jahr	Unterste 20%-Gruppe	2. 20%-Gruppe	3. 20%-Gruppe	4. 20%-Gruppe	Höchste 20%-Gruppe	Höchste 10%-Gruppe
77 Chile		..	..	..	..	..	..
78 Brasilien	1972	2,0	5,0	9,4	17,0	66,6	50,6
79 Portugal	1973—74	5,2	10,0	14,4	21,3	49,1	33,4
80 Malaysia	1973	3,5	7,7	12,4	20,3	56,1	39,8
81 Panama	1970	2,0	5,2	11,0	20,0	61,8	44,2
82 Uruguay		..	..	..	..	..	..
83 Mexiko	1977	2,9	7,0	12,0	20,4	57,7	40,6
84 Korea, Rep.	1976	5,7	11,2	15,4	22,4	45,3	27,5
85 Jugoslawien	1978	6,6	12,1	18,7	23,9	38,7	22,9
86 Argentinien	1970	4,4	9,7	14,1	21,5	50,3	35,2
87 Südafrika		..	..	..	..	..	..
88 Algerien		..	..	..	..	..	..
89 Venezuela	1970	3,0	7,3	12,9	22,8	54,0	35,7
90 Griechenland		..	..	..	..	..	..
91 Israel	1979—80	6,0	12,0	17,7	24,4	39,9	22,6
92 Hongkong	1980	5,4	10,8	15,2	21,6	47,0	31,3
93 Trinidad u. Tobago	1975—76	4,2	9,1	13,9	22,8	50,0	31,8
94 Singapur		..	..	..	..	..	..
95 *Iran, Islam. Rep.*		..	..	..	..	..	..
96 *Irak*		..	..	..	..	..	..

Ölexporteure mit hohem Einkommen

	Jahr	Unterste 20%-Gruppe	2. 20%-Gruppe	3. 20%-Gruppe	4. 20%-Gruppe	Höchste 20%-Gruppe	Höchste 10%-Gruppe
97 Oman		..	..	..	..	..	..
98 Libyen		..	..	..	..	..	..
99 Saudi-Arabien		..	..	..	..	..	..
100 Kuwait		..	..	..	..	..	..
101 Vereinigte Arab. Emirate		..	..	..	..	..	..

Marktwirtschaftliche Industrieländer

	Jahr	Unterste 20%-Gruppe	2. 20%-Gruppe	3. 20%-Gruppe	4. 20%-Gruppe	Höchste 20%-Gruppe	Höchste 10%-Gruppe
102 Spanien	1980—81	6,9	12,5	17,3	23,2	40,0	24,5
103 Irland	1973	7,2	13,1	16,6	23,7	39,4	25,1
104 Italien	1977	6,2	11,3	15,9	22,7	43,9	28,1
105 Neuseeland	1981—82	5,1	10,8	16,2	23,2	44,7	28,7
106 Großbritannien	1979	7,0	11,5	17,0	24,8	39,7	23,4
107 Belgien	1978—79	7,9	13,7	18,6	23,8	36,0	21,5
108 Österreich		..	..	..	..	..	..
109 Niederlande	1981	8,3	14,1	18,2	23,2	36,2	21,5
110 Frankreich	1975	5,3	11,1	16,0	21,8	45,8	30,5
111 Japan	1979	8,7	13,2	17,5	23,1	37,5	22,4
112 Finnland	1981	6,3	12,1	18,4	25,5	37,6	21,7
113 Deutschland, Bundesrep.	1978	7,9	12,5	17,0	23,1	39,5	24,0
114 Dänemark	1981	5,4	12,0	18,4	25,6	38,6	22,3
115 Australien	1975—76	5,4	10,0	15,0	22,5	47,1	30,5
116 Schweden	1981	7,4	13,1	16,8	21,0	41,7	28,1
117 Kanada	1981	5,3	11,8	18,0	24,9	40,0	23,8
118 Norwegen	1982	6,0	12,9	18,3	24,6	38,2	22,8
119 Vereinigte Staaten	1980	5,3	11,9	17,9	25,0	39,9	23,3
120 Schweiz	1978	6,6	13,5	18,5	23,4	38,0	23,7

Osteuropäische Staatshandelsländer

	Jahr	Unterste 20%-Gruppe	2. 20%-Gruppe	3. 20%-Gruppe	4. 20%-Gruppe	Höchste 20%-Gruppe	Höchste 10%-Gruppe
121 Ungarn	1982	6,9	13,6	19,2	24,5	35,8	20,5
122 Polen		..	..	..	..	..	..
123 *Albanien*		..	..	..	..	..	..
124 *Bulgarien*		..	..	..	..	..	..
125 *Tschechoslowakei*		..	..	..	..	..	..
126 *Deutsche Dem. Rep.*		..	..	..	..	..	..
127 *Rumänien*		..	..	..	..	..	..
128 *Sowjetunion*		..	..	..	..	..	..

[a] Diese Schätzwerte sollten mit Vorsicht behandelt werden. Vgl. Technische Erläuterungen.

Tabelle 25: Bevölkerungswachstum und -projektionen

	Durchschnittliches jährliches Bevölkerungswachstum (in %)			Bevölkerung (in Mio)			Hypothetischer Umfang der stationären Bevölkerung (in Mio)	Voraussichtliches Jahr einer Netto-Reproduktionsrate von 1	Bevölkerungseigendynamik 1985
	1965—73	1973—84	1980—2000	1984	1990a	2000a			
Länder mit niedrigem Einkommen	2,6 w	2,0 w	1,8 w	2.364 s	2.641 s	3.132 s			
China und Indien	2,5 w	1,8 w	1,5 w	1.778 s	1.952 s	2.240 s			
Übrige Länder	2,7 w	2,6 w	2,6 w	586 s	689 s	892 s			
Afrika südl. der Sahara	2,7 w	2,9 w	3,1 w	258 s	308 s	416 s			
1 Äthiopien	2,6	2,8	2,7	42	49	65	204	2040	1,9
2 Bangladesch	2,6	2,5	2,4	98	114	141	310	2030	1,9
3 Mali	2,6	2,6	2,6	7	9	11	36	2035	1,8
4 Zaire	2,4	3,0	3,2	30	36	47	130	2030	1,9
5 Burkina Faso	2,0	1,8	2,0	7	7	9	31	2040	1,8
6 Nepal	2,0	2,6	2,6	16	19	24	74	2040	1,8
7 Birma	2,3	2,0	2,1	36	41	49	87	2020	1,8
8 Malawi	2,8	3,1	3,2	7	8	11	38	2040	1,9
9 Niger	2,3	3,0	3,2	6	7	10	36	2040	1,9
10 Tansania	3,2	3,4	3,5	21	27	37	123	2035	2,0
11 Burundi	1,4	2,2	3,0	5	5	7	24	2035	1,9
12 Uganda	3,6	3,2	3,3	15	18	26	84	2035	2,0
13 Togo	3,8	2,8	3,3	3	4	5	16	2035	2,0
14 Zentralafrikanische Rep.	1,6	2,3	2,8	3	3	4	12	2035	1,8
15 Indien	2,3	2,3	1,9	749	844	994	1.700	2010	1,7
16 Madagaskar	2,4	2,8	3,1	10	12	16	48	2035	1,9
17 Somalia	3,5	2,8	3,0	5	6	8	30	2040	1,9
18 Benin	2,6	2,8	3,2	4	5	6	20	2035	2,0
19 Ruanda	3,1	3,3	3,6	6	7	10	40	2040	2,0
20 China	2,7	1,4	1,2	1.029	1.108	1.245	1.600	2000	1,6
21 Kenia	3,8	4,0	3,9	20	25	35	111	2030	2,1
22 Sierra Leone	1,7	2,1	2,4	4	4	5	17	2045	1,8
23 Haiti	1,5	1,7	1,8	5	6	7	14	2025	1,8
24 Guinea	1,8	2,0	2,1	6	7	8	24	2045	1,8
25 Ghana	2,2	2,6	3,5	12	15	20	54	2030	1,9
26 Sri Lanka	2,0	1,8	1,8	16	18	21	32	2005	1,7
27 Sudan	3,0	2,9	2,9	21	25	34	101	2035	1,9
28 Pakistan	3,1	2,9	2,6	92	108	138	353	2035	1,8
29 Senegal	2,4	2,8	2,9	6	8	10	30	2035	1,9
30 *Afghanistan*	2,3	..	..	..	..	..	..	..	..
31 *Bhutan*	1,3	1,9	2,3	1	1	2	4	2040	1,8
32 *Tschad*	1,9	2,1	2,5	5	6	7	22	2040	1,8
33 *Kamputschea*	1,8	..	..	..	..	..	..	..	..
34 *Laos*	1,4	1,6	2,6	4	4	5	17	2040	1,8
35 *Mosambik*	2,3	2,6	3,0	13	16	21	67	2035	1,9
36 *Vietnam*	3,1	2,6	2,5	60	70	88	167	2015	1,9
Länder mit mittlerem Einkommen	2,5 w	2,4 w	2,1 w	1.188 s	1.365 s	1.676 s			
Ölexporteure	2,6 w	2,7 w	2,4 w	556 s	651 s	826 s			
Ölimporteure	2,4 w	2,2 w	1,8 w	632 s	712 s	850 s			
Afrika südl. der Sahara	2,6 w	3,0 w	3,3 w	148 s	182 s	249 s			
Untere Einkommenskategorie	2,5 w	2,5 w	2,3 w	688 s	796 s	994 s			
37 Mauretanien	2,3	2,1	2,7	2	2	3	8	2035	1,8
38 Liberia	2,8	3,3	3,2	2	3	4	11	2035	1,9
39 Sambia	3,0	3,2	3,4	6	8	11	35	2035	1,9
40 Lesotho	2,1	2,4	2,6	1	2	2	6	2030	1,8
41 Bolivien	2,4	2,6	2,5	6	7	9	22	2030	1,9
42 Indonesien	2,1	2,3	1,9	159	179	212	361	2010	1,8
43 Jemen, Arab. Rep.	2,6	2,8	2,8	8	9	12	39	2040	1,9
44 Jemen, Dem. VR	2,1	2,3	2,5	2	2	3	7	2035	1,9
45 Elfenbeinküste	4,6	4,5	3,7	10	13	17	46	2035	2,1
46 Philippinen	2,9	2,7	2,2	53	62	76	137	2015	1,8
47 Marokko	2,7	2,4	2,4	21	25	31	66	2025	1,9
48 Honduras	2,9	3,5	3,0	4	5	7	15	2020	2,0
49 El Salvador	3,4	3,0	2,7	5	6	8	16	2015	1,9
50 Papua-Neuguinea	2,3	2,6	2,1	3	4	5	11	2030	1,8
51 Ägypten, Arab. Rep.	2,2	2,6	2,2	46	53	65	126	2020	1,8
52 Nigeria	2,5	2,8	3,4	96	118	163	528	2035	2,0
53 Simbabwe	3,4	3,2	3,4	8	10	13	33	2025	2,0
54 Kamerun	2,4	3,1	3,3	10	12	17	51	2030	1,9
55 Nicaragua	3,2	3,0	2,9	3	4	5	12	2025	2,0
56 Thailand	2,9	2,2	1,7	50	56	66	101	2005	1,8
57 Botsuana	3,3	4,4	3,4	1	1	2	5	2025	2,0
58 Dominikanische Rep.	2,9	2,4	2,2	6	7	9	15	2010	1,9
59 Peru	2,8	2,4	2,2	18	21	26	46	2015	1,8
60 Mauritius	2,0	1,4	1,5	1	1	1	2	2010	1,7
61 Kongo, VR	2,6	3,1	3,7	2	2	3	9	2025	1,9
62 Ecuador	3,2	2,9	2,3	9	11	13	26	2015	1,9
63 Jamaika	1,5	1,2	1,2	2	2	3	4	2005	1,7
64 Guatemala	2,8	2,8	2,6	8	9	12	27	2020	1,9
65 Türkei	2,5	2,2	2,0	48	55	65	109	2010	1,7

Anmerkung: Zur Vergleichbarkeit der Daten und ihrer Abgrenzung vgl. Technische Erläuterungen.

	Durchschnittliches jährliches Bevölkerungswachstum (in %)			Bevölkerung (in Mio)			Hypothetischer Umfang der stationären Bevölkerung (in Mio)	Voraussichtliches Jahr einer Netto-Reproduktionsrate von 1	Bevölkerungseigendynamik 1985
	1965—73	1973—84	1980—2000	1984	1990[a]	2000[a]			
66 Costa Rica	3,0	2,9	2,1	3	3	3	5	2005	1,8
67 Paraguay	2,7	2,5	2,3	3	4	5	8	2010	1,9
68 Tunesien	2,0	2,4	2,3	7	8	10	18	2015	1,8
69 Kolumbien	2,6	2,0	1,8	28	31	37	59	2010	1,8
70 Jordanien	3,0	2,8	4,0	3	4	6	17	2020	1,9
71 Syrien, Arab. Rep.	3,4	3,4	3,4	10	12	17	39	2020	1,9
72 Angola	2,1	3,1	2,7	9	10	13	43	2040	1,9
73 Kuba	1,8	0,7	1,0	10	10	11	14	2010	1,4
74 Korea, Dem. Rep.	2,8	2,6	2,1	20	23	28	46	2010	1,8
75 Libanon	2,6	..	..	..	..	..	..		
76 Mongolische VR	3,1	2,8	2,5	2	2	3	6	2020	1,9
Obere Einkommenskategorie	**2,4** w	**2,3** w	**1,9** w	**497** s	**566** s	**679** s			
77 Chile	1,9	1,7	1,4	12	13	14	20	2000	1,6
78 Brasilien	2,5	2,3	2,0	133	150	179	293	2010	1,8
79 Portugal	−0,2	1,0	0,6	10	11	11	13	2010	1,3
80 Malaysia	2,6	2,4	2,1	15	17	21	33	2005	1,8
81 Panama	2,8	2,3	1,6	2	2	3	4	2000	1,7
82 Uruguay	0,6	0,5	0,7	3	3	3	4	2000	1,3
83 Mexiko	3,3	2,9	2,3	77	89	110	196	2010	1,9
84 Korea, Rep.	2,2	1,5	1,4	40	44	49	66	2000	1,6
85 Jugoslawien	0,9	0,8	0,6	23	24	25	29	2010	1,3
86 Argentinien	1,5	1,6	1,3	30	33	37	53	2020	1,5
87 Südafrika	2,3	2,4	2,5	32	36	45	94	2025	1,8
88 Algerien	3,0	3,1	3,3	21	26	34	81	2025	1,9
89 Venezuela	3,5	3,3	2,6	17	20	24	39	2005	1,8
90 Griechenland	0,5	1,0	0,4	10	10	11	12	2000	1,2
91 Israel	3,1	2,2	1,7	4	5	5	8	2005	1,6
92 Hongkong	2,0	2,4	1,2	5	6	6	7	2010	1,4
93 Trinidad u. Tobago	1,3	1,5	1,6	1	1	1	2	2005	1,7
94 Singapur	1,8	1,3	1,0	3	3	3	3	2010	1,4
95 Iran, Islam. Rep.	3,3	3,1	3,1	44	53	71	162	2020	1,9
96 Irak	3,3	3,6	3,5	15	19	26	71	2025	1,9
Ölexporteure mit hohem Einkommen	**4,5** w	**5,1** w	**3,7** w	**19** s	**24** s	**33** s			
97 Oman	2,9	4,5	3,0	1	1	2	5	2030	1,9
98 Libyen	4,1	4,1	4,0	3	4	6	17	2025	1,9
99 Saudi-Arabien	4,0	4,9	3,7	11	14	20	61	2030	1,8
100 Kuwait	8,3	5,8	3,5	2	2	3	5	2010	1,8
101 Vereinigte Arab. Emirate	11,8	10,7	3,8	1	2	2	3	2010	1,4
Marktwirtschaftliche Industrieländer	**1,0** w	**0,7** w	**0,5** w	**733** s	**755** s	**789** s			
102 Spanien	1,0	1,0	0,7	39	40	43	49	2010	1,3
103 Irland	0,8	1,3	1,0	4	4	4	6	2005	1,4
104 Italien	0,6	0,3	0,2	57	57	59	57	2010	1,1
105 Neuseeland	1,4	0,6	0,7	3	3	4	4	2000	1,3
106 Großbritannien	0,4	(.)	0,1	56	57	58	59	2010	1,1
107 Belgien	0,4	0,1	0,1	10	10	10	9	2010	1,1
108 Österreich	0,4	0,0	0,1	8	8	8	7	2010	1,1
109 Niederlande	1,1	0,7	0,4	14	15	15	15	2010	1,2
110 Frankreich	0,8	0,5	0,5	55	57	59	64	2010	1,2
111 Japan	1,2	0,9	0,5	120	123	129	129	2010	1,1
112 Finnland	0,2	0,4	0,3	5	5	5	5	2010	1,1
113 Deutschland, Bundesrep.	0,7	−0,1	−0,1	61	61	60	52	2010	1,0
114 Dänemark	0,7	0,2	0,0	5	5	5	5	2010	1,1
115 Australien	2,1	1,3	1,1	16	17	18	22	2010	1,4
116 Schweden	0,7	0,2	0,0	8	8	8	8	2010	1,1
117 Kanada	1,4	1,2	0,9	25	27	29	31	2010	1,3
118 Norwegen	0,8	0,4	0,2	5	4	4	4	2010	1,1
119 Vereinigte Staaten	1,1	1,0	0,7	237	248	263	288	2010	1,3
120 Schweiz	1,2	0,1	0,1	6	6	7	6	2010	1,1
Osteuropäische Staatshandelsländer	**0,8** w	**0,8** w	**0,6** w	**389** s	**406** s	**430** s			
121 Ungarn	0,3	0,2	−0,1	11	11	11	11	2010	1,0
122 Polen	0,7	0,9	0,7	37	39	41	49	2000	1,3
123 Albanien	2,6	2,0	1,8	3	3	4	6	2005	1,7
124 Bulgarien	0,6	0,3	0,2	9	9	9	10	2010	1,1
125 Tschechoslowakei	0,3	0,5	0,3	15	16	16	19	2010	1,2
126 Deutsche Dem. Rep.	0,0	−0,1	0,0	17	17	17	17	2010	1,1
127 Rumänien	1,2	0,8	0,6	23	24	25	29	2000	1,3
128 Sowjetunion	0,9	0,9	0,7	275	289	307	375	2005	1,3
Insgesamt[b]				4.693	5.191	6.060			

[a] Zu den Annahmen, die den Projektionen zugrunde liegen, vgl. Technische Erläuterungen.   [b] Ohne Länder mit einer Bevölkerung von weniger als 1 Million.

Tabelle 26: Demographie und Fruchtbarkeit

	Unbereinigte Geburtenziffer je Tsd. Einwohner		Unbereinigte Sterbeziffer je Tsd. Einwohner		%-Veränderungen der		Zusammengefaßte Geburtenziffer		Prozentsatz der verheirateten Frauen im gebärfähigen Alter, die Empfängnisverhütung praktizieren[a]	
					Unbereinigten Geburtenziffer	Unbereinigten Sterbeziffer				
	1965	1984	1965	1984	1965–84	1965–84	1984	2000	1970[b]	1983[b]
Länder mit niedrigem Einkommen	43 w	29 w	17 w	11 w	−31,2 w	−39,3 w	3,9 w	3,0 w		
China und Indien	42 w	25 w	16 w	9 w	−40,0 w	44,7 w	3,2 w	2,5 w		
Übrige Länder	46 w	42 w	21 w	16 w	−8,7 w	−25,9 w	5,9 w	4,3 w		
Afrika südl. der Sahara	47 w	47 w	23 w	18 w	−0,9 w	−19,7 w	6,6 w	5,5 w		
1 Äthiopien	44	41	19	24	−5,7	26,3	6,1	5,5	..	2
2 Bangladesch	47	41	22	15	−14,0	28,8	5,7	3,7	..	25
3 Mali	50	48	27	20	−5,3	−26,7	6,5	5,9	..	1
4 Zaire	48	45	21	15	−5,8	−28,3	6,1	4,9	..	3
5 Burkina Faso	46	47	24	21	2,2	−14,6	6,5	6,0	..	1
6 Nepal	46	43	24	18	−5,6	−25,4	6,3	5,3	..	7
7 Birma	40	30	19	11	−24,2	−43,6	4,0	3,0	..	5
8 Malawi	56	54	27	22	−4,3	−17,0	7,6	6,4	..	1
9 Niger	48	51	29	22	6,1	−26,0	7,0	6,4	..	1
10 Tansania	49	50	22	16	2,6	−30,0	7,0	5,7	..	1
11 Burundi	47	47	24	19	−0,4	−24,0	6,5	5,9	..	1
12 Uganda	49	50	19	16	2,1	−18,6	6,9	5,7	..	1
13 Togo	50	49	23	16	−2,0	−30,5	6,5	5,4	..	..
14 Zentralafrikanische Rep.	42	34	24	17	−23,8	−32,0	5,6	5,4	..	..
15 Indien	45	33	21	12	−27,1	−41,4	4,6	2,9	12	35
16 Madagaskar	44	47	21	15	6,6	−29,2	6,5	5,0	..	1
17 Somalia	50	49	26	20	−1,4	−23,7	6,8	6,2	..	1
18 Benin	49	49	25	17	0,6	−29,3	6,5	5,4	..	18
19 Ruanda	52	52	17	19	0,8	8,4	8,0	6,7	..	1
20 China	39	19	13	7	−51,3	−50,4	2,3	2,1	..	71
21 Kenia	51	53	21	13	4,3	−37,4	7,9	5,6	6	17
22 Sierra Leone	48	49	33	26	1,0	−20,3	6,5	6,0	..	4
23 Haiti	38	32	18	12	−15,2	−31,3	4,5	3,3	..	7
24 Guinea	46	47	30	26	1,3	−12,0	6,0	5,6	..	1
25 Ghana	49	46	20	14	−3,1	−29,5	6,4	4,7	..	10
26 Sri Lanka	33	26	8	6	−21,1	−25,6	3,2	2,3	6	55
27 Sudan	47	45	24	17	−3,6	−28,0	6,6	5,5	..	5
28 Pakistan	48	42	21	15	−12,5	−28,9	6,0	4,4	6	11
29 Senegal	47	46	23	19	−2,0	−17,9	6,6	5,5	..	4
30 Afghanistan	54	..	29	..	..	..	..	..	2	..
31 *Bhutan*	43	43	32	21	−0,7	−34,6	6,2	5,2	..	..
32 *Tschad*	40	43	26	21	6,7	−19,6	5,6	5,5	..	1
33 *Kamputschea*	44	..	20	..	..	..	..	..	..	..
34 *Laos*	44	42	23	19	−6,6	−15,9	6,4	5,4	..	..
35 *Mosambik*	49	45	27	18	−7,8	−32,2	6,3	5,7	..	1
36 *Vietnam*	45	35	17	8	−22,2	−55,3	4,7	3,0	..	21
Länder mit mittlerem Einkommen	42 w	33 w	15 w	10 w	−19,5 w	−35,3 w	4,4 w	3,3 w		
Ölexporteure	46 w	38 w	18 w	11 w	−16,9 w	−38,8 w	5,1 w	3,8 w		
Ölimporteure	38 w	29 w	13 w	9 w	−22,8 w	−32,5 w	3,8 w	2,9 w		
Afrika südl. der Sahara	50 w	48 w	22 w	16 w	−2,8 w	−28,7 w	6,7 w	5,5 w		
Untere Einkommenskategorie	45 w	36 w	18 w	11 w	−19,1 w	−36,7 w	4,8 w	3,6 w		
37 Mauretanien	44	45	25	19	1,5	−25,1	6,2	5,9	..	1
38 Liberia	46	49	22	17	6,1	−25,2	6,9	5,7	..	..
39 Sambia	49	48	20	15	−2,1	−26,3	6,8	5,6	..	..
40 Lesotho	42	41	18	14	−4,5	−19,7	5,8	4,7	..	5
41 Bolivien	46	43	21	15	−7,1	−29,4	6,0	4,1	..	24
42 Indonesien	43	33	20	12	−23,7	−39,2	4,2	2,8	..	50
43 Jemen, Arab. Rep.	49	48	27	21	−3,0	−23,6	6,8	5,7	..	1
44 Jemen, Dem. VR	50	46	27	18	−6,9	−32,3	6,1	4,4	..	..
45 Elfenbeinküste	44	45	22	14	2,4	−37,3	6,5	4,8	..	..
46 Philippinen	42	33	12	8	−21,0	−35,3	4,4	3,0	2	48
47 Marokko	49	36	19	11	−26,8	−41,1	4,9	3,5	1	26
48 Honduras	50	43	17	10	−15,8	−43,5	6,2	3,8	..	27
49 El Salvador	46	39	14	7	−16,6	−50,2	5,3	3,2	..	34
50 Papua-Neuguinea	43	38	20	13	−12,9	−35,1	5,4	3,9	..	5
51 Ägypten, Arab. Rep.	44	36	19	10	−17,2	−45,6	4,8	3,3	10	30
52 Nigeria	51	50	23	16	−3,4	−28,1	6,9	5,7	..	5
53 Simbabwe	55	47	17	12	−14,2	−31,0	6,3	4,0	..	27
54 Kamerun	40	47	20	14	18,5	−28,5	6,7	5,6	..	3
55 Nicaragua	49	43	16	10	−13,3	−38,4	5,7	3,8	..	9
56 Thailand	43	26	12	8	−38,8	−38,7	3,3	2,3	15	63
57 Botsuana	53	46	19	12	−13,3	−36,3	6,7	4,7	..	32
58 Dominikanische Rep.	47	33	14	7	−29,6	−48,1	4,0	2,7	..	41
59 Peru	45	33	17	10	−26,1	−37,3	4,3	3,0	..	51
60 Mauritius	37	21	8	7	−43,5	−21,9	2,7	2,3	..	51
61 Kongo, VR	41	45	18	12	9,3	−31,4	6,2	5,6	..	..
62 Ecuador	45	36	15	7	−21,4	−50,5	4,8	3,1	..	40
63 Jamaika	38	28	9	6	−28,5	−33,3	3,3	2,3	..	51
64 Guatemala	46	41	16	10	−10,8	−40,6	5,8	3,6	..	25
65 Türkei	41	30	14	9	−26,6	−41,0	3,9	2,6	32	38

Anmerkung: Zur Vergleichbarkeit der Daten und ihrer Abgrenzung vgl. Technische Erläuterungen.

	Unbereinigte Geburtenziffer je Tsd. Einwohner		Unbereinigte Sterbeziffer je Tsd. Einwohner		%-Veränderungen der		Zusammen-gefaßte Geburten-ziffer		Prozentsatz der verheirateten Frauen im gebärfähigen Alter, die Empfängnis-verhütung praktizieren[a]	
					Unberei-nigten Geburten-ziffer	Unberei-nigten Sterbe-ziffer				
	1965	1984	1965	1984	1965—84	1965—84	1984	2000	1970[b]	1983[b]
66 Costa Rica	45	29	8	4	−35,9	−47,4	3,3	2,3	..	65
67 Paraguay	41	31	11	7	−25,9	−38,0	4,0	2,6	..	35
68 Tunesien	44	32	18	9	−27,1	−48,4	4,6	3,0	10	41
69 Kolumbien	45	28	15	7	−39,0	−50,5	3,4	2,5	34	55
70 Jordanien	48	46	18	8	−4,8	−56,0	7,4	5,2	22	26
71 Syrien, Arab. Rep.	48	45	16	8	−5,9	−49,2	6,8	4,0	..	23
72 *Angola*	49	47	29	22	−3,8	−25,9	6,4	5,9	..	..
73 *Kuba*	34	17	8	6	−50,9	−25,0	2,0	2,0	..	79
74 *Korea, Dem. Rep.*	39	30	12	6	−23,9	−49,6	3,8	2,6	..	..
75 *Libanon*	41	..	13	..	..	..	..	..	53	..
76 *Mongolische VR*	42	35	12	8	−15,5	−35,0	4,9	3,3	..	..
Obere Einkommenskategorie	**37** w	**30** w	**12** w	**8** w	**−20,5** w	**−32,5** w	**4,0** w	**2,9** w		
77 Chile	32	21	11	6	−34,4	−41,7	2,5	2,1	..	43
78 Brasilien	39	30	11	8	−24,6	−30,6	3,6	2,6	..	50
79 Portugal	23	14	10	10	−37,4	−7,7	2,0	2,0	..	66
80 Malaysia	41	30	12	6	−26,1	−46,8	3,7	2,4	33	42
81 Panama	40	27	9	5	−33,5	−40,9	3,3	2,1	..	61
82 Uruguay	21	18	10	9	−15,5	−3,0	2,5	2,1	..	..
83 Mexiko	45	33	11	7	−25,5	−38,8	4,4	2,7	..	48
84 Korea, Rep.	36	20	11	6	−43,8	−46,7	2,5	2,1	25	58
85 Jugoslawien	21	16	9	9	−21,9	5,7	2,1	2,1	59	55
86 Argentinien	22	24	9	9	8,8	0,0	3,3	2,5	..	..
87 Südafrika	41	38	19	13	−9,2	−31,1	4,9	3,5	..	..
88 Algerien	50	42	18	11	−16,6	−42,9	6,4	4,1	..	7
89 Venezuela	43	32	9	5	−26,8	−43,5	3,9	2,4	..	49
90 Griechenland	18	13	8	9	−27,7	12,7	2,1	2,1	..	..
91 Israel	26	23	6	7	−12,7	7,9	3,0	2,2	..	..
92 Hongkong	28	14	6	5	−49,1	−17,2	1,8	2,0	42	80
93 Trinidad u. Tobago	33	26	7	7	−21,2	−2,8	2,8	2,2	44	52
94 Singapur	31	17	6	6	−43,6	0,0	1,7	1,9	60	71
95 *Iran, Islam. Rep.*	50	41	17	9	−19,2	−45,3	5,6	4,2	3	23
96 *Irak*	49	45	18	10	−8,7	−42,3	6,7	5,1	14	..
Ölexporteure mit hohem Einkommen	**49** w	**42** w	**19** w	**8** w	**−14,2** w	**−56,0** w	**6,9** w	**5,1** w		
97 Oman	50	45	24	14	−11,0	−43,0	6,8	4,5	..	..
98 Libyen	49	46	18	11	−7,4	−40,2	7,2	5,4	..	..
99 Saudi-Arabien	49	43	20	9	−12,4	−58,0	7,1	5,6	..	..
100 Kuwait	47	35	8	3	−25,2	−56,9	5,4	2,9	..	..
101 Vereinigte Arab. Emirate	41	30	15	3	−26,5	−79,1	5,9	3,6	..	..
Marktwirtschaftliche Industrieländer	**19** w	**14** w	**10** w	**9** w	**−28,6** w	**−7,3** w	**1,8** w	**2,0** w		
102 Spanien	21	13	8	7	−36,5	−11,9	2,1	2,1	..	51
103 Irland	22	19	12	9	−14,0	−19,1	2,7	2,2	..	..
104 Italien	19	10	10	9	−46,1	−7,0	1,6	1,9	..	78
105 Neuseeland	23	18	9	8	−21,8	−6,9	2,2	2,1	..	..
106 Großbritannien	18	13	12	12	−28,8	0,0	1,8	2,0	69	77
107 Belgien	17	12	12	11	−29,1	−9,0	1,6	1,9	..	85
108 Österreich	18	12	13	12	−34,6	−10,8	1,6	1,9	..	..
109 Niederlande	20	12	8	8	−39,2	3,8	1,5	1,8	..	75
110 Frankreich	18	14	11	10	−22,5	−12,5	1,9	2,0	64	79
111 Japan	19	13	7	7	−32,6	−2,8	1,8	2,0	56	56
112 Finnland	17	13	10	9	−21,6	−5,2	1,7	1,9	77	80
113 Deutschland, Bundesrep.	18	10	12	11	−46,3	−1,7	1,4	1,9	..	..
114 Dänemark	18	10	10	11	−43,9	10,9	1,4	1,8	67	63
115 Australien	20	16	9	7	−20,9	−19,3	2,0	2,0	..	..
116 Schweden	16	11	10	11	−28,9	7,9	1,6	1,9	..	78
117 Kanada	21	15	8	7	−29,6	−7,9	1,7	1,9	..	..
118 Norwegen	16	12	10	10	−25,5	7,4	1,7	1,9	..	71
119 Vereinigte Staaten	19	16	9	9	−19,1	−7,4	1,8	2,0	65	76
120 Schweiz	19	12	10	9	−39,8	−4,2	1,5	1,9	..	70
Osteuropäische Staatshandelsländer	**18** w	**19** w	**8** w	**11** w	**−5,7** w	**32,9** w	**2,3** w	**2,1** w		
121 Ungarn	13	12	11	14	−10,7	29,2	1,7	1,9	67	74
122 Polen	17	19	7	10	9,2	29,7	2,3	2,1	60	75
123 *Albanien*	35	26	9	6	−31,6	−27,1	3,4	2,3	..	..
124 *Bulgarien*	15	14	8	11	−10,5	37,8	2,0	2,1	..	76
125 *Tschechoslowakei*	16	15	10	12	−10,4	18,0	2,0	2,1	..	95
126 *Deutsche Dem. Rep.*	17	14	14	13	−17,0	−1,5	1,8	2,0	..	..
127 *Rumänien*	15	14	9	10	−4,7	20,9	2,2	2,1	..	58
128 *Sowjetunion*	18	20	7	11	8,9	47,9	2,3	2,1	..	..

[a] Angaben einschließlich Frauen, deren Ehemänner Empfängnisverhütung praktizieren; vgl. Technische Erläuterungen.   [b] Kursive Zahlen für andere als die angegebenen Jahre; vgl. Technische Erläuterungen.

Tabelle 27: Kennzahlen zur Lebenserwartung

	Lebenserwartung bei der Geburt (in Jahren)				Säuglingssterblichkeitsziffern (Alter unter 1 Jahr)		Kindersterbeziffern (Alter 1—4 Jahre)	
	Männer		Frauen					
	1965	1984	1965	1984	1965	1984	1965	1984
Länder mit niedrigem Einkommen	**49** w	**60** w	**51** w	**61** w	**125** w	**72** w	**19** w	**9** w
China und Indien	51 w	63 w	53 w	64 w	115 w	59 w	16 w	6 w
Übrige Länder	44 w	50 w	45 w	52 w	147 w	114 w	27 w	18 w
Afrika südl. der Sahara	41 w	47 w	43 w	50 w	155 w	129 w	36 w	26 w
1 Äthiopien	42	43	43	46	166	172	37	39
2 Bangladesch	45	50	44	51	153	124	24	18
3 Mali	37	44	39	48	207	176	47	44
4 Zaire	42	49	45	53	142	103	30	20
5 Burkina Faso	40	44	42	46	195	146	52	30
6 Nepal	40	47	39	46	184	135	30	20
7 Birma	46	57	49	60	125	67	21	7
8 Malawi	38	44	40	46	201	158	55	36
9 Niger	35	42	38	45	181	142	46	29
10 Tansania	41	50	44	53	138	111	29	22
11 Burundi	42	46	45	49	143	120	38	24
12 Uganda	43	49	47	53	122	110	26	21
13 Togo	40	50	43	53	156	98	36	12
14 Zentralafrikanische Rep.	40	47	41	50	169	138	47	27
15 Indien	46	56	44	55	151	90	23	11
16 Madagaskar	41	51	44	54	..	110	..	22
17 Somalia	36	44	40	47	166	153	37	33
18 Benin	41	47	43	51	168	116	52	19
19 Ruanda	47	46	51	49	141	128	35	26
20 China	55	68	59	70	90	36	11	2
21 Kenia	43	52	46	56	113	92	25	16
22 Sierra Leone	32	38	33	39	221	176	69	44
23 Haiti	46	53	47	57	138	124	37	22
24 Guinea	34	38	36	39	197	176	53	44
25 Ghana	45	51	49	55	123	95	25	11
26 Sri Lanka	63	68	64	72	63	37	6	2
27 Sudan	39	46	41	50	161	113	37	18
28 Pakistan	46	52	44	50	150	116	23	16
29 Senegal	40	45	42	48	172	138	42	27
30 *Afghanistan*	34	..	35	..	223	..	39	..
31 *Bhutan*	34	44	32	43	184	135	30	20
32 *Tschad*	39	43	41	45	184	139	47	27
33 *Kamputschea*	43	..	45	..	135	..	19	..
34 *Laos*	39	43	42	46	196	153	34	24
35 *Mosambik*	36	45	39	48	172	125	31	22
36 *Vietnam*	47	63	50	67	89	50	8	4
Länder mit mittlerem Einkommen	**51** w	**59** w	**54** w	**63** w	**115** w	**72** w	**18** w	**8** w
Ölexporteure	47 w	56 w	50 w	60 w	138 w	89 w	22 w	12 w
Ölimporteure	55 w	62 w	58 w	67 w	97 w	57 w	15 w	5 w
Afrika südl. der Sahara	41 w	49 w	44 w	52 w	168 w	107 w	33 w	19 w
Untere Einkommenskategorie	**47** w	**56** w	**50** w	**60** w	**133** w	**83** w	**22** w	**11** w
37 Mauretanien	39	45	42	48	171	133	41	25
38 Liberia	40	48	44	52	172	128	32	23
39 Sambia	42	50	46	53	123	85	29	15
40 Lesotho	47	52	50	56	143	107	20	14
41 Bolivien	42	51	46	54	161	118	37	20
42 Indonesien	43	53	45	56	138	97	20	12
43 Jemen, Arab. Rep.	37	44	38	46	200	155	55	35
44 Jemen, Dem. VR	37	46	39	48	194	146	52	31
45 Elfenbeinküste	43	51	45	54	176	106	37	15
46 Philippinen	54	61	57	65	73	49	11	4
47 Marokko	48	57	51	61	147	91	32	10
48 Honduras	48	59	51	63	131	77	24	7
49 El Salvador	52	63	56	68	120	66	20	5
50 Papua-Neuguinea	44	51	44	54	143	69	23	7
51 Ägypten, Arab. Rep.	47	59	50	62	173	94	21	11
52 Nigeria	40	48	43	51	179	110	33	21
53 Simbabwe	46	55	49	59	104	77	15	7
54 Kamerun	44	53	47	56	145	92	34	10
55 Nicaragua	49	58	51	62	123	70	24	6
56 Thailand	53	62	58	66	90	44	11	3
57 Botsuana	46	55	49	61	108	72	21	11
58 Dominikanische Rep.	52	62	56	66	111	71	14	6
59 Peru	49	58	52	61	131	95	24	11
60 Mauritius	59	62	63	69	64	26	9	1
61 Kongo, VR	48	55	51	59	121	78	19	7
62 Ecuador	54	63	57	67	113	67	22	5
63 Jamaika	63	71	67	76	51	20	4	1
64 Guatemala	48	58	50	62	114	66	16	5
65 Türkei	52	61	55	66	157	86	35	9

Anmerkung: Zur Vergleichbarkeit der Daten und ihrer Abgrenzung vgl. Technische Erläuterungen.

	Lebenserwartung bei der Geburt (in Jahren)				Säuglings- sterblichkeitsziffern (Alter unter 1 Jahr)		Kindersterbeziffern (Alter 1—4 Jahre)	
	Männer		Frauen					
	1965	1984	1965	1984	1965	1984	1965	1984
66 Costa Rica	63	71	66	76	72	19	8	(.)
67 Paraguay	56	64	60	68	74	44	7	2
68 Tunesien	50	60	51	64	147	79	30	8
69 Kolumbien	53	63	59	67	99	48	8	3
70 Jordanien	49	62	51	66	117	50	19	3
71 Syrien, Arab. Rep.	51	62	54	65	116	55	19	4
72 *Angola*	34	42	37	44	193	144	52	30
73 *Kuba*	65	73	69	77	38	16	4	(.)
74 *Korea, Dem. Rep.*	55	65	58	72	64	28	6	2
75 *Libanon*	60	..	64	..	57	..	4	..
76 *Mongolische VR*	55	61	58	65	89	50	11	4
Obere Einkommenskategorie	**56** w	**63** w	**60** w	**68** w	**91** w	**56** w	**13** w	**5** w
77 Chile	56	67	62	73	110	22	14	1
78 Brasilien	55	62	59	67	104	68	14	6
79 Portugal	61	71	68	77	69	19	6	1
80 Malaysia	56	66	59	71	57	28	5	2
81 Panama	62	70	64	73	59	25	4	1
82 Uruguay	65	71	72	75	47	29	3	1
83 Mexiko	58	64	61	69	84	51	9	3
84 Korea, Rep.	55	65	58	72	64	28	6	2
85 Jugoslawien	64	66	68	73	72	28	7	2
86 Argentinien	63	67	69	74	59	34	4	1
87 Südafrika	45	52	48	56	124	79	22	7
88 Algerien	49	59	51	62	155	82	34	8
89 Venezuela	60	66	64	73	67	38	6	2
90 Griechenland	69	72	72	78	37	16	2	1
91 Israel	70	73	73	77	29	14	2	(.)
92 Hongkong	64	73	71	79	28	10	2	(.)
93 Trinidad u. Tobago	63	67	67	72	43	22	3	1
94 Singapur	63	70	68	75	28	10	1	(.)
95 *Iran, Islam. Rep.*	52	61	52	61	150	112	32	17
96 *Irak*	50	58	53	62	121	74	21	7
Ölexporteure mit hohem Einkommen	**47** w	**61** w	**50** w	**64** w	**141** w	**65** w	**34** w	**6** w
97 Oman	40	52	42	55	175	110	43	17
98 Libyen	48	57	51	61	140	91	29	10
99 Saudi-Arabien	47	60	49	64	148	61	38	4
100 Kuwait	61	69	64	74	43	22	5	1
101 Vereinigte Arab. Emirate	57	70	61	74	104	36	14	1
Marktwirtschaftliche Industrieländer	**68** w	**73** w	**74** w	**79** w	**24** w	**9** w	**1** w	**(.)** w
102 Spanien	68	74	73	80	38	10	3	(.)
103 Irland	69	71	73	76	27	10	1	(.)
104 Italien	68	74	73	79	38	12	3	(.)
105 Neuseeland	68	71	74	77	20	12	1	(.)
106 Großbritannien	68	72	74	78	20	10	1	(.)
107 Belgien	68	72	74	78	24	11	1	(.)
108 Österreich	66	70	73	77	30	11	2	(.)
109 Niederlande	71	73	76	80	14	8	1	(.)
110 Frankreich	68	74	75	80	22	9	1	(.)
111 Japan	68	75	73	80	21	6	1	(.)
112 Finnland	66	72	73	79	17	6	1	(.)
113 Deutschland, Bundesrep.	67	72	73	78	26	10	1	(.)
114 Dänemark	71	72	75	78	19	8	1	(.)
115 Australien	68	73	74	79	19	9	1	(.)
116 Schweden	72	74	76	80	13	7	1	(.)
117 Kanada	69	72	75	80	24	9	1	(.)
118 Norwegen	71	74	76	80	17	8	1	(.)
119 Vereinigte Staaten	67	72	74	80	25	11	1	(.)
120 Schweiz	69	73	75	80	18	8	1	(.)
Osteuropäische Staatshandelsländer	**66** w	**66** w	**73** w	**71** w	**31** w	**19** w	**2** w	**(.)** w
121 Ungarn	67	67	72	74	42	19	3	1
122 Polen	66	67	72	76	46	19	3	1
123 *Albanien*	64	67	67	73	87	43	10	3
124 *Bulgarien*	66	68	72	74	35	17	2	1
125 *Tschechoslowakei*	64	66	73	74	23	15	1	1
126 *Deutsche Dem. Rep.*	67	68	73	75	27	11	1	(.)
127 *Rumänien*	66	69	70	74	53	25	1	1
128 *Sowjetunion*	65	65	74	74	30	..	2	..

Tabelle 28: Gesundheitsbezogene Kennzahlen

	Einwohner je				Tägliches Kalorienangebot pro Kopf	
	Arzt		Beschäftigtem in der Krankenpflege		Insgesamt 1983	In % des Bedarfs 1983
	1965[a]	1981[a]	1965[a]	1981[a]		
Länder mit niedrigem Einkommen	8.357 w	5.375 w	5.037 w	3.920 w	2.336 w	102 w
China und Indien	4.218 w	2.096 w	4.443 w	2.917 w	2.415 w	105 w
Übrige Länder	26.631 w	17.234 w	7.951 w	7.546 w	2.275 w	102 w
Afrika südl. der Sahara	38.649 w	42.670 w	5.714 w	3.022 w	2.084 w	90 w
1 Äthiopien	70.190	88.120	5.970	5.000	2.162	93
2 Bangladesch	..	9.010	..	19.400	1.864	81
3 Mali	49.010	25.380	3.200	2.320	1.597	68
4 Zaire	39.050	..	..	..	2.136	96
5 Burkina Faso	74.110	49.280	4.170	3.070	2.014	85
6 Nepal	46.180	30.060	..	33.430	2.047	93
7 Birma	11.660	4.660	11.410	4.890	2.534	117
8 Malawi	46.900	52.960	49.240	2.980	2.200	95
9 Niger	71.440	..	6.210	..	2.271	97
10 Tansania	21.840	..	2.100	..	2.271	98
11 Burundi	54.930	..	7.310	..	2.378	102
12 Uganda	11.080	22.180	3.130	2.000	2.351	101
13 Togo	24.980	18.550	4.990	1.640	2.156	94
14 Zentralafrikanische Rep.	44.490	23.090	3.000	2.120	2.048	91
15 Indien	4.860	2.610	6.500	4.670	2.115	96
16 Madagaskar	9.900	9.940	3.620	1.090	2.543	112
17 Somalia	35.060	15.630	3.630	2.550	2.063	89
18 Benin	28.790	16.980	2.540	1.660	1.907	83
19 Ruanda	74.170	29.150	7.450	10.260	2.276	98
20 China	3.780	1.730	3.040	1.670	2.620	111
21 Kenia	13.450	7.540	1.860	990	1.919	83
22 Sierra Leone	17.690	17.670	4.700	2.110	2.082	91
23 Haiti	12.580	..	12.870	..	1.887	83
24 Guinea	54.610	..	4.750	..	1.939	84
25 Ghana	12.040	6.760	3.710	630	1.516	66
26 Sri Lanka	5.750	7.620	3.210	1.260	2.348	106
27 Sudan	23.500	9.070	3.360	1.440	2.122	90
28 Pakistan	3.160	3.320	9.900	5.870	2.205	95
29 Senegal	21.130	13.060	2.640	1.990	2.436	102
30 Afghanistan	15.770	..	24.450	..	..	..
31 Bhutan	..	18.160	..	7.960	..	..
32 Tschad	73.040	..	13.620	..	1.620	68
33 Kamputschea	22.500	..	3.670	..	..	..
34 Laos	26.510	..	5.320	..	1.992	90
35 Mosambik	21.560	33.340	5.370	5.610	1.668	71
36 Vietnam	..	4.310	..	1.040	2.017	93
Länder mit mittlerem Einkommen	11.192 w	4.764 w	3.526 w	1.474 w	2.611 w	110 w
Ölexporteure	20.085 w	6.587 w	5.454 w	1.684 w	2.512 w	109 w
Ölimporteure	3.943 w	2.902 w	1.876 w	1.273 w	2.692 w	111 w
Afrika südl. der Sahara	35.741 w	8.445 w	4.876 w	2.208 w	2.066 w	89 w
Untere Einkommenskategorie	18.215 w	8.235 w	4.783 w	1.783 w	2.448 w	106 w
37 Mauretanien	36.580	..	2.300	..	2.252	97
38 Liberia	12.450	8.550	..	2.940	2.367	102
39 Sambia	11.390	7.110	5.820	1.660	1.929	84
40 Lesotho	22.930	..	4.700	..	2.376	104
41 Bolivien	3.310	1.950	3.990	..	1.954	82
42 Indonesien	31.820	11.320	9.500	..	2.380	110
43 Jemen, Arab. Rep.	58.240	7.070	..	3.440	2.226	92
44 Jemen, Dem. VR	12.870	7.120	1.850	820	2.254	94
45 Elfenbeinküste	20.690	..	1.850	..	2.576	112
46 Philippinen	1.310	2.150	1.130	2.590	2.357	104
47 Marokko	12.120	17.230	2.290	900	2.544	105
48 Honduras	5.450	..	1.540	..	2.135	94
49 El Salvador	4.630	3.220	1.300	..	2.060	90
50 Papua-Neuguinea	12.520	16.070	620	960	2.109	79
51 Ägypten, Arab. Rep.	2.260	800	2.030	790	3.163	126
52 Nigeria	44.990	10.540	5.780	2.420	2.022	86
53 Simbabwe	5.190	6.650	990	1.000	1.956	82
54 Kamerun	29.720	..	1.970	..	2.031	88
55 Nicaragua	2.490	2.290	1.390	590	2.268	101
56 Thailand	7.230	6.770	5.020	2.140	2.330	105
57 Botsuana	22.090	9.250	16.210	700	2.152	93
58 Dominikanische Rep.	1.720	1.390	1.640	1.240	2.368	105
59 Peru	1.620	..	880	..	1.997	85
60 Mauritius	3.850	1.730	1.990	570	2.675	118
61 Kongo, VR	14.210	..	950	..	2.425	109
62 Ecuador	3.020	..	2.320	..	2.043	89
63 Jamaika	1.930	..	340	..	2.493	111
64 Guatemala	3.830	..	8.250	1.360	2.071	95
65 Türkei	2.860	1.500	2.290	1.240	3.100	123

Anmerkung: Zur Vergleichbarkeit der Daten und ihrer Abgrenzung vgl. Technische Erläuterungen.

	Einwohner je				Tägliches Kalorienangebot pro Kopf	
	Arzt		Beschäftigtem in der Krankenpflege		Insgesamt 1983	In % des Bedarfs 1983
	1965[a]	1981[a]	1965[a]	1981[a]		
66 Costa Rica	2.040	..	630	..	2.556	114
67 Paraguay	1.840	1.310	1.550	650	2.811	122
68 Tunesien	8.040	3.620	1.150	950	2.889	121
69 Kolumbien	2.530	..	890	..	2.546	110
70 Jordanien	4.670	1.170	1.810	1.170	*2.882*	*117*
71 Syrien, Arab. Rep.	*4.050*	2.160	*11.760*	1.370	3.156	127
72 *Angola*	12.000	..	3.820	..	*2.041*	*87*
73 *Kuba*	1.150	600	820	..	2.914	126
74 *Korea, Dem. Rep.*	..	..	..	..	2.968	127
75 *Libanon*	1.240	..	2.500	..	..	..
76 *Mongolische VR*	710	440	310	240	2.841	117
Obere Einkommenskategorie	**2.473** w	**1.374** w	**1.914** w	**975** w	**2.830** w	**116** w
77 Chile	2.080	*950*	600	..	2.574	105
78 Brasilien	*2.180*	1.200	1.550	1.140	2.533	106
79 Portugal	1.170	450	1.160	..	3.046	124
80 Malaysia	6.220	*3.920*	1.320	*1.390*	2.477	111
81 Panama	2.170	1.010	680	..	2.275	98
82 Uruguay	*870*	510	*590*	..	2.647	99
83 Mexiko	2.060	1.140	950	..	2.934	126
84 Korea, Rep.	2.740	1.440	2.990	350	2.765	118
85 Jugoslawien	1.190	670	850	300	3.575	141
86 Argentinien	640	..	610	..	3.159	119
87 Südafrika	2.050	..	*500*	..	2.897	118
88 *Algerien*	8.400	..	11.770	..	2.750	115
89 Venezuela	1.270	930	560	..	2.451	99
90 Griechenland	710	390	600	370	3.601	144
91 Israel	410	400	300	130	3.110	121
92 Hongkong	2.400	1.260	1.220	800	2.787	122
93 Trinidad u. Tobago	3.820	*1.390*	560	*390*	3.120	129
94 Singapur	1.910	1.100	600	340	2.636	115
95 *Iran, Islam. Rep.*	3.770	2.630	4.170	1.160	*2.855*	*118*
96 *Irak*	4.970	1.790	2.910	2.250	2.840	118
Ölexporteure mit hohem Einkommen	**8.836** w	**1.408** w	**4.626** w	**573** w	**3.345** w	..
97 Oman	23.790	1.680	6.380	440	..	..
98 Libyen	3.970	660	850	360	3.651	155
99 Saudi-Arabien	9.400	1.800	6.060	730	3.244	134
100 Kuwait	830	600	270	180	3.369	..
101 Vereinigte Arab. Emirate	..	720	..	390	3.407	..
Marktwirtschaftliche Industrieländer	**867** w	**554** w	**425** w	**177** w	**3.352** w	**130** w
102 Spanien	810	360	1.220	280	3.237	132
103 Irland	*960*	780	*170*	120	3.579	143
104 Italien	1.850	750	790	250	3.521	140
105 Neuseeland	820	590	980	*110*	3.493	132
106 Großbritannien	860	680	200	120	3.226	128
107 Belgien	700	380	*590*	130	3.705	140
108 Österreich	720	580	350	170	3.479	132
109 Niederlande	860	480	*270*	..	3.477	129
110 Frankreich	890	460	..	110	3.514	139
111 Japan	970	740	*410*	210	2.653	113
112 Finnland	1.290	460	180	100	3.077	114
113 Deutschland, Bundesrep.	680	420	500	170	3.475	130
114 Dänemark	740	420	*190*	140	3.525	131
115 Australien	720	500	*110*	100	3.068	115
116 Schweden	910	410	310	100	3.115	116
117 Kanada	770	510	*190*	120	3.459	130
118 Norwegen	800	460	*340*	70	3.088	115
119 Vereinigte Staaten	640	*500*	310	*180*	3.623	137
120 Schweiz	750	390	*270*	130	3.472	129
Osteuropäische Staatshandelsländer	**564** w	**329** w	**300** w	**199** w	**3.409** w	**132** w
121 Ungarn	630	320	*240*	140	3.563	135
122 Polen	800	550	*410*	..	3.336	127
123 Albanien	2.100	..	*550*	..	*2.907*	*121*
124 Bulgarien	600	400	*410*	190	3.675	147
125 Tschechoslowakei	540	350	200	130	3.555	144
126 *Deutsche Dem. Rep.*	870	*490*	..	..	3.718	142
127 *Rumänien*	740	650	*400*	280	3.341	126
128 Sowjetunion	480	260	280	..	3.381	132

[a] Kursive Zahlen sind für andere als die angegebenen Jahre; vgl. Technische Erläuterungen.

Tabelle 29: Erziehungswesen

	Anzahl der Grundschüler in % ihrer Altersgruppe						Anzahl der Besucher weiterführender Schulen in % ihrer Altersgruppe		Anzahl der Besucher höherer Schulen und Universitäten in % der Bevölkerung im Alter von 20—24 Jahren	
	Insgesamt		Männlich		Weiblich					
	1965[a]	1983[a]	1965	1983[a]	1965	1983[a]	1965[a]	1983[a]	1965[a]	1983[a]
Länder mit niedrigem Einkommen	80 w	91 w	76 w	101 w	46 w	76 w	23 w	31 w	2 w	4 w
China und Indien	83 w	96 w	..	109 w	..	83 w	..	35 w	2 w	4 w
Übrige Länder	44 w	74 w	57 w	76 w	31 w	56 w	9 w	20 w	1 w	2 w
Afrika südl. der Sahara	37 w	76 w	48 w	69 w	27 w	51 w	4 w	13 w	(.) w	1 w
1 Äthiopien	11	46	16	58	6	34	2	13	(.)	1
2 Bangladesch	49	62	67	67	31	55	13	19	1	4
3 Mali	24	24	32	30	16	18	4	7	(.)	1
4 Zaire	70	..	95	..	45	..	5	..	(.)	1
5 Burkina Faso	12	27	16	34	8	20	1	4	(.)	1
6 Nepal	20	73	36	100	4	43	5	22	1	5
7 Birma	71	91	76	..	65	..	15	23	1	5
8 Malawi	44	63	55	73	32	52	2	5	(.)	(.)
9 Niger	11	27	15	34	7	19	1	6	..	1
10 Tansania	32	87	40	91	25	84	2	3	(.)	(.)
11 Burundi	26	45	36	55	15	36	1	4	(.)	1
12 Uganda	67	57	83	65	50	49	4	8	(.)	1
13 Togo	55	102	78	124	32	80	5	24	(.)	2
14 Zentralafrikanische Rep.	56	77	84	98	28	51	2	16	..	1
15 Indien	74	85	89	100	57	68	27	34	5	9
16 Madagaskar	65	..	70	..	59	..	8	..	1	1
17 Somalia	10	21	16	28	4	15	2	14	(.)	1
18 Benin	34	67	48	92	21	43	3	22	(.)	2
19 Ruanda	53	62	64	64	43	60	2	2	(.)	(.)
20 China	89	104	..	116	..	93	24	35	(.)	1
21 Kenia	54	100	69	104	40	97	4	19	(.)	1
22 Sierra Leone	29	45	37	..	21	..	5	14	(.)	1
23 Haiti	50	69	56	74	44	64	5	13	(.)	1
24 Guinea	31	36	44	49	19	23	5	15	(.)	3
25 Ghana	69	79	82	89	57	70	13	38	1	2
26 Sri Lanka	93	101	98	103	86	99	35	56	2	4
27 Sudan	29	50	37	59	21	42	4	18	1	2
28 Pakistan	40	49	59	63	20	33	12	16	2	2
29 Senegal	40	53	52	63	29	42	7	12	1	2
30 *Afghanistan*	16	..	26	..	5	..	2	..	(.)	..
31 *Bhutan*	7	25	13	32	1	17	1	4	..	(.)
32 *Tschad*	34	38	56	55	13	21	1	6	..	(.)
33 *Kamputschea*	77	..	98	..	56	..	9	..	1	..
34 *Laos*	40	87	50	94	30	80	2	16	(.)	1
35 *Mosambik*	37	79	48	91	26	68	3	6	(.)	(.)
36 *Vietnam*	..	113	..	120	..	105	..	48	..	2
Länder mit mittlerem Einkommen	84 w	105 w	90 w	108 w	77 w	100 w	20 w	47 w	4 w	12 w
Ölexporteure	70 w	107 w	79 w	115 w	60 w	104 w	15 w	45 w	2 w	8 w
Ölimporteure	96 w	103 w	100 w	106 w	92 w	100 w	24 w	49 w	6 w	15 w
Afrika südl. der Sahara	45 w	98 w	54 w	106 w	35 w	90 w	5 w	22 w	(.) w	2 w
Untere Einkommenskategorie	72 w	101 w	83 w	111 w	66 w	100 w	16 w	40 w	4 w	12 w
37 Mauretanien	13	37	19	45	6	29	1	12	..	..
38 Liberia	41	76	59	95	23	57	5	23	1	2
39 Sambia	53	94	59	100	46	89	7	17	..	2
40 Lesotho	94	110	74	94	114	126	4	19	(.)	2
41 Bolivien	73	87	86	94	60	81	18	35	5	16
42 Indonesien	72	115	79	118	65	112	12	37	1	4
43 Jemen, Arab. Rep.	9	65	16	107	1	21	1	9	..	1
44 Jemen, Dem. VR	23	67	35	97	10	36	11	19	..	..
45 Elfenbeinküste	60	79	80	93	41	64	6	19	(.)	3
46 Philippinen	113	114	115	115	111	113	41	63	19	26
47 Marokko	57	79	78	97	35	61	11	29	1	6
48 Honduras	80	101	81	101	79	100	10	33	1	10
49 El Salvador	82	69	85	69	79	69	17	24	2	12
50 Papua-Neuguinea	44	61	53	68	35	55	4	11	..	2
51 Ägypten, Arab. Rep.	75	88	90	101	60	76	26	58	7	16
52 Nigeria	32	98	39	..	24	..	5	..	(.)	2
53 Simbabwe	110	131	128	136	92	127	6	39	(.)	3
54 Kamerun	94	108	114	117	75	98	5	21	(.)	2
55 Nicaragua	69	100	68	97	69	103	14	43	2	13
56 Thailand	78	99	82	101	74	97	14	29	2	22
57 Botsuana	65	96	59	89	71	102	3	21	..	2
58 Dominikanische Rep.	87	109	87	104	87	115	12	45	2	10
59 Peru	99	116	108	120	90	112	25	61	8	22
60 Mauritius	101	112	105	112	97	112	26	51	3	1
61 Kongo, VR	114	..	134	..	94	..	10	..	1	6
62 Ecuador	91	115	94	117	88	114	17	53	3	35
63 Jamaika	109	107	112	106	106	107	51	58	3	6
64 Guatemala	50	73	55	78	45	67	8	16	2	7
65 Türkei	101	112	118	116	83	107	16	38	4	7

Anmerkung: Zur Vergleichbarkeit der Daten und ihrer Abgrenzung vgl. Technische Erläuterungen.

	Anzahl der Grundschüler in % ihrer Altersgruppe						Anzahl der Besucher weiterführender Schulen in % ihrer Altersgruppe		Anzahl der Besucher höherer Schulen und Universitäten in % der Bevölkerung im Alter von 20—24 Jahren	
	Insgesamt		Männlich		Weiblich					
	1965[a]	1983[a]	1965	1983[a]	1965	1983[a]	1965[a]	1983[a]	1965[a]	1983[a]
66 Costa Rica	106	102	107	103	105	100	24	44	6	26
67 Paraguay	102	*103*	109	*107*	96	*99*	13	*36*	4	..
68 Tunesien	91	113	116	125	65	102	16	33	2	*5*
69 Kolumbien	84	*120*	83	*119*	86	*122*	17	*49*	3	*13*
70 Jordanien	95	*100*	105	*101*	83	*98*	38	*78*	2	*33*
71 Syrien, Arab. Rep.	78	105	103	114	52	96	28	56	8	*16*
72 *Angola*	39	..	53	..	26	..	5	*12*	(.)	*2*
73 *Kuba*	121	108	123	111	119	105	23	74	3	*20*
74 *Korea, Dem. Rep.*	..	..	..	..	..	..	..	..	..	..
75 *Libanon*	106	..	118	..	93	..	26	..	14	..
76 *Mongolische VR*	98	106	98	105	97	107	66	86	8	*25*
Obere Einkommenskategorie	**96** w	**99** w	**100** w	**109** w	**92** w	**102** w	**25** w	**55** w	**5** w	**14** w
77 Chile	124	*111*	125	112	122	110	34	65	6	*11*
78 Brasilien	108	102	109	106	108	99	16	42	2	*11*
79 Portugal	84	*122*	84	*122*	83	*123*	42	*43*	5	*11*
80 Malaysia	90	99	96	100	84	98	28	49	2	*4*
81 Panama	102	*104*	104	106	99	101	34	59	7	*22*
82 Uruguay	106	109	106	110	106	107	44	67	8	*21*
83 Mexiko	92	119	94	120	90	117	17	55	4	*15*
84 Korea, Rep.	101	*103*	103	*104*	99	*102*	35	*89*	6	*24*
85 Jugoslawien	106	101	108	101	103	101	65	82	13	*20*
86 Argentinien	101	107	101	107	102	107	28	60	14	*25*
87 Südafrika	90	..	91	..	88	..	15	..	4	..
88 Algerien	68	94	81	106	53	82	7	43	1	*5*
89 Venezuela	94	105	93	*106*	94	*104*	27	43	7	*22*
90 Griechenland	110	*105*	111	*105*	109	105	49	*82*	10	*17*
91 Israel	95	96	95	95	95	97	48	78	20	*34*
92 Hongkong	103	106	106	107	99	104	29	68	5	*12*
93 Trinidad u. Tobago	93	*107*	97	*107*	90	*108*	36	*70*	2	*5*
94 Singapur	105	113	110	115	100	111	45	69	10	*12*
95 *Iran, Islam. Rep.*	63	101	85	113	40	88	18	40	2	*4*
96 *Irak*	74	106	102	113	45	99	28	53	4	10
Ölexporteure mit hohem Einkommen	**43** w	**75** w	**59** w	**85** w	**25** w	**65** w	**10** w	**42** w	**1** w	**10** w
97 Oman	..	*83*	..	*94*	..	*72*	..	28	..	..
98 Libyen	78	..	111	..	44	..	14	..	1	*11*
99 Saudi-Arabien	24	69	36	81	11	56	4	36	1	*9*
100 Kuwait	116	95	129	96	103	94	52	83	..	*14*
101 Vereinigte Arab. Emirate	..	95	..	94	..	95	22	54	(.)	*6*
Marktwirtschaftliche Industrieländer	**106** w	**102** w	**107** w	**102** w	**106** w	**101** w	**63** w	**85** w	**21** w	**37** w
102 Spanien	115	*111*	117	*112*	114	*110*	38	90	6	*24*
103 Irland	108	*97*	107	*97*	108	*97*	51	*93*	12	*22*
104 Italien	112	103	113	*103*	110	*102*	47	75	11	*26*
105 Neuseeland	106	102	107	103	104	101	75	87	15	*28*
106 Großbritannien	92	*101*	92	*100*	92	*101*	66	85	12	*20*
107 Belgien	109	97	110	96	108	97	75	108	15	*28*
108 Österreich	106	99	106	100	105	98	52	74	9	*25*
109 Niederlande	104	96	104	95	104	97	61	101	17	*31*
110 Frankreich	134	108	135	109	133	107	56	89	18	*28*
111 Japan	100	100	100	100	100	100	82	94	13	*30*
112 Finnland	92	102	95	102	89	101	76	103	11	*31*
113 Deutschland, Bundesrep.	..	100	..	100	..	100	..	*50*	9	*30*
114 Dänemark	98	*101*	97	*100*	99	*101*	83	*105*	14	*29*
115 Australien	99	105	99	105	99	104	62	92	16	*26*
116 Schweden	95	98	94	98	96	99	62	85	13	*39*
117 Kanada	105	103	106	105	104	102	56	101	26	*42*
118 Norwegen	97	*98*	97	*98*	98	*99*	64	*96*	11	*28*
119 Vereinigte Staaten	..	100	..	100	..	100	..	..	40	*56*
120 Schweiz	87	..	87	..	87	..	37	..	8	*23*
Osteuropäische Staatshandelsländer	**103** w	**104** w	**103** w	**98** w	**103** w	**98** w	**65** w	**91** w	**26** w	**20** w
121 Ungarn	101	101	102	101	100	101	63	74	13	15
122 Polen	104	101	106	101	102	100	58	75	18	16
123 *Albanien*	92	101	97	104	87	97	33	67	8	7
124 Bulgarien	103	100	104	100	102	100	54	85	17	16
125 Tschechoslowakei	99	88	100	88	97	89	29	45	14	16
126 *Deutsche Dem. Rep.*	109	95	107	*94*	111	*96*	60	88	19	*30*
127 *Rumänien*	101	99	102	100	100	99	39	63	10	*12*
128 Sowjetunion	103	106	103	..	103	..	72	99	30	21

[a] Kursive Zahlen sind für andere als die angegebenen Jahre; vgl. Technische Erläuterungen.

Tabelle 30: Erwerbspersonen

	Quote der Bevölkerung im arbeitsfähigen Alter (15—64 Jahre) in %		%-Anteil der Erwerbspersonen in						Durchschnittliche jährliche Zunahme der Erwerbspersonenzahl in %		
			Landwirtschaft		Industrie		Dienstleistungssektor				
	1965	1984	1965	1980	1965	1980	1965	1980	1965—73	1973—84	1980—2000
Länder mit niedrigem Einkommen	53 w	59 w	78 w	70 w	9 w	15 w	13 w	15 w	2,3 w	2,2 w	2,0 w
China und Indien	55 w	61 w	..	70 w	..	17 w	..	14 w	2,3 w	1,8 w	2,0 w
Übrige Länder	47 w	53 w	78 w	71 w	8 w	10 w	14 w	19 w	2,0 w	3,8 w	2,6 w
Afrika südl. der Sahara	53 w	50 w	86 w	79 w	5 w	8 w	9 w	13 w	2,2 w	2,2 w	2,8 w
1 Äthiopien	52	51	86	80	5	8	8	12	2,2	2,2	2,5
2 Bangladesch	51	53	84	75	5	6	11	19	2,3	2,6	2,4
3 Mali	53	50	90	86	1	2	8	13	2,2	1,9	2,4
4 Zaire	52	51	82	72	9	13	9	16	1,9	2,3	2,8
5 Burkina Faso	53	52	89	87	3	4	7	9	1,6	1,4	1,7
6 Nepal	56	54	94	93	2	1	4	6	1,6	2,3	2,6
7 Birma	57	55	64	53	13	19	23	28	1,3	1,3	2,0
8 Malawi	51	48	92	83	3	7	5	9	2,3	2,5	2,7
9 Niger	51	51	95	91	1	2	4	7	2,1	2,8	3,0
10 Tansania	53	50	92	86	3	5	6	10	2,6	2,6	3,2
11 Burundi	53	52	94	93	2	2	4	5	1,2	1,7	2,5
12 Uganda	53	49	91	86	3	4	6	10	3,1	2,2	3,2
13 Togo	52	50	78	73	8	10	13	17	3,2	2,0	2,9
14 Zentralafrikanische Rep.	57	55	89	72	3	6	8	21	1,1	1,6	2,4
15 Indien	54	56	73	70	12	13	15	17	1,8	2,1	2,1
16 Madagaskar	54	50	..	88	..	3	..	9	1,9	2,0	2,9
17 Somalia	49	52	81	76	6	8	13	16	3,8	2,6	2,6
18 Benin	52	50	83	70	5	7	12	23	2,1	2,0	2,6
19 Ruanda	51	51	94	93	2	3	3	4	2,7	2,8	3,1
20 China	55	64	..	69	..	19	..	12	2,6	1,6	2,0
21 Kenia	48	45	86	81	5	7	9	12	3,3	2,8	3,5
22 Sierra Leone	54	54	79	70	11	14	11	16	1,0	1,8	1,9
23 Haiti	54	55	77	70	7	8	16	22	0,7	1,6	2,0
24 Guinea	55	53	87	81	6	9	6	10	1,2	1,2	1,8
25 Ghana	52	48	61	56	15	18	24	26	1,4	1,5	3,5
26 Sri Lanka	54	60	56	53	14	14	30	33	2,0	2,1	2,2
27 Sudan	53	52	82	71	5	7	13	22	2,8	2,4	2,8
28 Pakistan	50	53	60	55	18	16	22	30	2,3	3,3	2,9
29 Senegal	53	52	83	81	5	6	11	13	1,7	2,2	2,4
30 Afghanistan	55	..	69	..	11	..	20	..	1,9	..	..
31 *Bhutan*	55	56	95	92	2	3	3	5	1,0	1,9	2,2
32 *Tschad*	55	56	92	83	3	5	5	12	1,6	2,3	2,3
33 *Kamputschea*	52	..	80	..	4	..	16	..	1,3	..	..
34 *Laos*	56	52	81	76	5	7	14	17	0,6	0,5	2,6
35 *Mosambik*	55	51	87	85	5	7	7	8	1,8	1,6	2,4
36 *Vietnam*	..	55	79	68	6	12	15	21	..	..	2,7
Länder mit mittlerem Einkommen	53 w	56 w	57 w	44 w	17 w	22 w	26 w	34 w	2,2 w	2,6 w	2,3 w
Ölexporteure	52 w	53 w	61 w	49 w	14 w	19 w	24 w	32 w	2,2 w	2,6 w	2,7 w
Ölimporteure	54 w	58 w	53 w	40 w	19 w	23 w	28 w	36 w	2,1 w	2,6 w	2,0 w
Afrika südl. der Sahara	52 w	50 w	75 w	69 w	9 w	11 w	16 w	20 w	2,0 w	2,3 w	2,8 w
Untere Einkommenskategorie	52 w	55 w	66 w	56 w	12 w	16 w	22 w	29 w	2,1 w	2,5 w	2,4 w
37 Mauretanien	52	53	90	69	3	9	7	22	1,9	2,3	2,1
38 Liberia	51	52	79	74	10	9	11	16	2,1	3,6	2,5
39 Sambia	51	49	79	73	8	10	13	17	2,3	2,1	3,1
40 Lesotho	56	53	92	86	3	4	6	10	1,7	1,8	2,3
41 Bolivien	53	53	54	46	20	20	26	34	1,8	2,5	2,9
42 Indonesien	53	56	71	57	9	13	20	30	1,9	2,3	2,1
43 Jemen, Arab. Rep.	54	51	79	69	7	9	14	22	1,0	2,1	3,2
44 Jemen, Dem. VR	52	51	54	41	12	18	33	41	1,1	1,8	2,6
45 Elfenbeinküste	54	53	81	65	5	8	14	27	4,2	3,9	3,3
46 Philippinen	52	56	58	52	16	16	26	33	2,1	3,1	2,6
47 Marokko	50	52	62	46	15	25	24	29	1,8	2,6	3,1
48 Honduras	50	50	68	61	12	16	20	23	2,4	3,3	3,4
49 El Salvador	50	51	59	56	16	14	25	30	3,2	2,9	3,4
50 Papua-Neuguinea	55	54	87	76	6	10	7	14	1,9	2,0	2,1
51 Ägypten, Arab. Rep.	54	57	55	46	14	20	30	34	2,1	2,5	2,5
52 Nigeria	51	49	72	68	10	12	18	20	1,7	2,0	3,1
53 Simbabwe	51	45	79	*53*	8	*13*	13	*34*	2,7	1,5	3,4
54 Kamerun	55	50	87	70	4	8	9	22	1,9	1,8	3,0
55 Nicaragua	48	50	57	47	16	16	27	38	3,0	3,2	3,7
56 Thailand	50	59	82	*70*	5	*10*	13	*20*	2,4	3,0	1,9
57 Botsuana	50	48	89	70	4	13	7	17	2,2	4,2	2,9
58 Dominikanische Rep.	48	55	59	46	13	16	27	39	2,7	3,3	3,0
59 Peru	51	56	50	40	19	18	31	42	2,4	2,9	2,9
60 Mauritius	52	62	37	28	25	24	38	48	2,8	2,3	2,1
61 Kongo, VR	55	51	66	62	11	12	23	26	1,9	1,9	3,7
62 Ecuador	50	53	55	39	19	20	26	42	3,1	2,9	3,0
63 Jamaika	51	56	37	*33*	20	*18*	43	*49*	0,7	2,3	2,5
64 Guatemala	50	53	64	57	15	17	21	26	2,7	2,8	2,9
65 Türkei	53	58	75	58	11	17	14	25	1,8	2,0	2,2

Anmerkung: Zur Vergleichbarkeit der Daten und ihrer Abgrenzung vgl. Technische Erläuterungen.

	Quote der Bevölkerung im arbeitsfähigen Alter (15—64 Jahre) in %		%-Anteil der Erwerbspersonen in						Durchschnittliche jährliche Zunahme der Erwerbspersonenzahl in %		
			Landwirtschaft		Industrie		Dienstleistungssektor				
	1965	1984	1965	1980	1965	1980	1965	1980	1965—73	1973—84	1980—2000
66 Costa Rica	49	59	47	31	19	23	34	46	3,7	3,8	2,8
67 Paraguay	50	55	55	49	20	21	26	31	2,5	3,3	3,0
68 Tunesien	50	56	49	35	21	36	29	29	1,3	2,9	2,9
69 Kolumbien	49	59	45	34	21	24	34	42	3,1	2,8	2,5
70 Jordanien	51	48	36	10	26	26	37	64	2,6	1,6	4,7
71 Syrien, Arab. Rep.	46	49	52	32	20	32	28	36	3,1	3,4	3,9
72 *Angola*	54	52	79	74	8	10	13	17	1,5	2,6	2,7
73 *Kuba*	59	65	33	24	25	29	41	48	1,0	2,2	1,7
74 Korea, Dem. Rep.	52	57	57	43	23	30	20	27	2,6	3,0	2,7
75 *Libanon*	51	..	28	..	25	..	47	..	2,5	..	..
76 *Mongolische VR*	54	55	55	40	20	21	25	39	2,2	2,6	3,0
Obere Einkommenskategorie	**54** w	**58** w	**45** w	**29** w	**23** w	**29** w	**32** w	**42** w	**2,3** w	**2,6** w	**2,2** w
77 Chile	56	63	27	16	29	25	44	58	1,3	2,5	2,1
78 Brasilien	53	58	48	31	20	27	31	42	2,5	3,0	2,3
79 Portugal	62	64	38	26	31	37	32	38	0,1	0,9	0,7
80 Malaysia	50	58	59	42	13	19	28	39	2,9	3,2	2,9
81 Panama	51	57	46	32	16	18	38	50	3,3	2,6	2,2
82 Uruguay	63	63	20	16	29	29	51	55	0,3	0,5	0,9
83 Mexiko	49	53	50	37	22	29	29	34	3,1	3,2	3,2
84 Korea, Rep.	53	64	56	36	14	27	30	37	2,9	2,7	1,9
85 Jugoslawien	63	67	57	32	26	33	17	34	0,7	0,5	0,6
86 Argentinien	63	61	18	13	34	34	48	53	1,4	1,1	1,5
87 Südafrika	54	56	32	17	30	35	38	49	2,7	3,0	2,3
88 Algerien	50	49	57	31	16	27	26	42	1,6	3,6	4,1
89 Venezuela	49	55	30	16	24	28	47	56	3,5	3,9	3,4
90 Griechenland	65	64	47	31	24	29	29	40	0,1	0,9	0,5
91 Israel	59	59	12	6	35	32	53	62	3,2	2,3	2,2
92 Hongkong	56	68	6	2	53	51	41	47	3,5	3,7	1,1
93 Trinidad u. Tobago	53	61	20	10	35	39	45	51	2,0	2,3	2,2
94 Singapur	53	67	5	2	27	38	68	61	3,4	2,2	1,1
95 *Iran, Islam. Rep.*	50	52	49	36	26	33	25	31	3,1	3,0	3,6
96 *Irak*	51	50	50	31	20	22	30	48	2,9	3,1	3,8
Ölexporteure mit hohem Einkommen	**52** w	**55** w	**56** w	**36** w	**15** w	**21** w	**28** w	**44** w	**4,0** w	**5,6** w	**3,4** w
97 Oman	53	53	62	50	15	22	23	28	0,0	0,0	0,0
98 Libyen	53	52	40	18	21	30	39	53	3,6	4,1	4,1
99 Saudi-Arabien	53	54	68	49	11	14	21	37	3,9	5,9	3,2
100 Kuwait	60	57	2	2	34	32	64	67	5,3	6,9	3,1
101 Vereinigte Arab. Emirate	..	67	20	5	32	38	47	57	..	..	..
Marktwirtschaftliche Industrieländer	**63** w	**67** w	**14** w	**7** w	**38** w	**35** w	**48** w	**58** w	**1,2** w	**1,2** w	**0,7** w
102 Spanien	64	64	34	17	35	37	32	46	0,4	1,3	0,8
103 Irland	57	59	31	19	28	34	41	48	0,5	1,4	1,5
104 Italien	66	67	24	12	42	41	34	48	0,0	0,7	0,3
105 Neuseeland	59	65	13	11	36	33	51	56	2,0	1,3	1,1
106 Großbritannien	65	65	3	3	47	38	50	59	0,2	0,5	0,2
107 Belgien	63	67	6	3	46	36	48	61	0,5	0,7	0,2
108 Österreich	63	66	19	9	45	41	36	50	−0,2	1,0	0,3
109 Niederlande	62	68	9	6	41	32	50	63	1,4	1,4	0,5
110 Frankreich	62	66	17	9	39	35	43	56	0,7	1,1	0,7
111 Japan	67	68	26	11	32	34	42	55	1,7	1,1	0,7
112 Finnland	65	67	23	12	36	35	41	53	0,5	0,5	0,5
113 Deutschland, Bundesrep.	65	69	10	6	48	44	42	50	0,3	0,8	−0,1
114 Dänemark	65	66	14	7	37	32	49	61	0,8	0,6	0,3
115 Australien	62	66	10	7	38	32	52	61	2,5	1,7	1,3
116 Schweden	66	65	11	6	43	33	46	62	0,7	0,4	0,3
117 Kanada	59	68	10	5	33	29	57	65	2,7	2,0	1,1
118 Norwegen	63	64	15	8	37	29	48	62	0,6	0,7	0,6
119 Vereinigte Staaten	60	66	5	4	35	31	60	66	1,9	1,6	0,9
120 Schweiz	65	67	9	6	50	39	41	55	1,5	0,4	0,2
Osteuropäische Staatshandelsländer	**62** w	**65** w	**35** w	**21** w	**34** w	**40** w	**31** w	**39** w	**0,8** w	**1,0** w	**0,5** w
121 Ungarn	66	65	31	18	40	44	29	38	0,5	0,0	0,0
122 Polen	62	65	43	29	32	39	25	33	1,7	1,2	0,8
123 *Albanien*	52	59	69	56	19	26	12	18	2,4	2,4	2,3
124 *Bulgarien*	67	66	46	18	31	45	23	37	0,6	0,1	0,1
125 Tschechoslowakei	65	64	21	13	48	49	31	37	0,8	0,5	0,6
126 *Deutsche Dem. Rep.*	61	66	15	11	49	50	36	39	0,4	0,7	0,1
127 *Rumänien*	65	65	57	29	26	44	18	27	0,8	0,5	0,6
128 *Sowjetunion*	62	66	33	20	33	39	33	41	0,7	1,1	0,5

a Kursive Zahlen sind für andere als die angegebenen Jahre.

Tabelle 31: Verstädterung

	Stadtbevölkerung				Anteil an der gesamten Stadtbevölkerung in %				Anzahl der Städte mit über 500 000 Einwohnern	
	In % der Gesamtbevölkerung		Durchschnittliche jährliche Zuwachsrate in %		Größte Stadt		Städte mit über 500 000 Einwohnern			
	1965[a]	1984[a]	1965—73	1973—84	1960	1980	1960	1980	1960	1980
Länder mit niedrigem Einkommen	17 w	23 w	4,5 w	4,6 w	10 w	16 w	31 w	55 w	55 s	147 s
China und Indien	18 w	23 w	..	..	7 w	6 w	33 w	59 w	49 s	114 s
Übrige Länder	13 w	22 w	5,2 w	5,1 w	26 w	29 w	19 w	41 w	6 s	33 s
Afrika südl. der Sahara	11 w	21 w	6,2 w	6,1 w	34 w	42 w	2 w	36 w	1 s	14 s
1 Äthiopien	8	15	7,4	6,1	30	37	0	37	0	1
2 Bangladesch	6	18	6,6	7,7	20	30	20	51	1	3
3 Mali	13	19	5,4	4,5	32	24	0	0	0	0
4 Zaire	19	39	5,9	7,1	14	28	14	38	1	2
5 Burkina Faso	6	11	6,5	4,8	..	41	0	0	0	0
6 Nepal	4	7	4,3	8,4	41	27	0	0	0	0
7 Birma	21	29	4,0	4,0	23	23	23	23	1	2
8 Malawi	5	12	8,2	7,3	..	19	0	0	0	0
9 Niger	7	14	7,0	7,1	..	31	0	0	0	0
10 Tansania	6	14	8,1	8,6	34	50	0	50	0	1
11 Burundi	2	2	1,4	3,3	..	..	0	0	0	0
12 Uganda	6	7	8,3	−0,1	38	52	0	52	0	1
13 Togo	11	23	6,4	6,5	..	60	0	0	0	0
14 Zentralafrikanische Rep.	27	45	4,4	4,6	40	36	0	0	0	0
15 Indien	19	25	4,0	4,2	7	6	26	39	11	36
16 Madagaskar	12	21	5,3	5,5	44	36	0	36	0	1
17 Somalia	20	33	6,4	5,4	..	34	0	0	0	0
18 Benin	11	15	4,5	5,0	..	63	0	63	0	1
19 Ruanda	3	5	6,0	6,6	..	0	0	0	0	0
20 China	18	22	3,0	2,9	6	6	42	45	38	78
21 Kenia	9	18	7,3	7,9	40	57	0	57	0	1
22 Sierra Leone	15	24	5,0	3,5	37	47	0	0	0	0
23 Haiti	18	27	3,8	4,2	42	56	0	56	0	1
24 Guinea	12	27	5,0	6,2	37	80	0	80	0	1
25 Ghana	26	39	4,5	5,3	25	35	0	48	0	2
26 Sri Lanka	20	21	3,4	3,5	28	16	0	16	0	1
27 Sudan	13	21	6,3	5,5	30	31	0	31	0	1
28 Pakistan	24	29	4,3	4,4	20	21	33	51	2	7
29 Senegal	27	35	4,2	3,8	53	65	0	65	0	1
30 Afghanistan	9	..	5,6	..	33	..	0	..	0	1
31 *Bhutan*	3	4	−2,1	4,6	0	0	0	0	0	0
32 *Tschad*	9	21	6,9	6,5	..	39	0	0	0	0
33 *Kamputschea*	11	..	3,4	..	..	..	..	..	..	..
34 *Laos*	8	15	4,6	5,7	69	48	0	0	0	0
35 *Mosambik*	5	16	8,2	10,2	75	83	0	83	0	1
36 *Vietnam*	16	20	5,5	2,3	32	21	32	50	1	4
Länder mit mittlerem Einkommen	36 w	49 w	4,5 w	4,1 w	28 w	29 w	35 w	48 w	54 s	126 s
Ölexporteure	29 w	42 w	4,4 w	4,4 w	27 w	30 w	32 w	48 w	15 s	42 s
Ölimporteure	40 w	55 w	4,5 w	3,6 w	28 w	28 w	36 w	48 w	39 s	85 s
Afrika südl. der Sahara	16 w	28 w	6,4 w	5,9 w	18 w	24 w	15 w	50 w	2 s	14 s
Untere Einkommenskategorie	26 w	37 w	5,1 w	4,2 w	27 w	31 w	28 w	46 w	23 s	59 s
37 Mauretanien	7	26	16,0	5,1	..	39	0	0	0	0
38 Liberia	22	39	5,3	6,0	..	..	0	0	0	0
39 Sambia	24	48	7,6	6,4	..	35	0	35	0	1
40 Lesotho	2	13	7,8	20,1	..	..	0	0	0	0
41 Bolivien	40	43	8,9	3,6	47	44	0	44	0	1
42 Indonesien	16	25	4,1	4,5	20	23	34	50	3	9
43 Jemen, Arab. Rep.	5	19	9,7	8,8	..	25	0	0	0	0
44 Jemen, Dem. VR	30	37	3,4	3,5	61	49	0	0	0	0
45 Elfenbeinküste	23	46	8,2	8,3	27	34	0	34	0	1
46 Philippinen	32	39	4,0	3,7	27	30	27	34	1	2
47 Marokko	32	43	4,0	4,2	16	26	16	50	1	4
48 Honduras	26	39	5,4	5,7	31	33	0	0	0	0
49 El Salvador	39	43	3,6	3,6	26	22	0	0	0	0
50 Papua-Neuguinea	5	14	14,3	6,1	..	25	0	0	0	0
51 Ägypten, Arab. Rep.	40	23	3,0	3,0	38	39	53	53	2	2
52 Nigeria	15	30	4,7	5,2	13	17	22	58	2	9
53 Simbabwe	14	27	6,8	6,1	40	50	0	50	0	1
54 Kamerun	16	41	7,3	8,2	26	21	0	21	0	1
55 Nicaragua	43	56	4,4	5,2	41	47	0	47	0	1
56 Thailand	13	18	4,8	3,1	65	69	65	69	1	1
57 Botsuana	4	20	19,0	11,3	..	..	..	..	..	..
58 Dominikanische Rep.	35	55	5,6	4,7	50	54	9	54	0	1
59 Peru	52	68	4,7	3,6	38	39	38	44	1	2
60 Mauritius	37	56	4,6	3,4	..	..	..	..	..	..
61 Kongo, VR	35	56	4,4	5,4	77	56	0	0	0	0
62 Ecuador	37	47	3,9	3,9	31	29	0	51	0	2
63 Jamaika	38	53	4,3	2,7	77	66	0	66	0	1
64 Guatemala	34	41	3,8	4,1	41	36	41	36	1	1
65 Türkei	32	46	4,9	4,0	18	24	32	42	3	4

Anmerkung: Zur Vergleichbarkeit der Daten und ihrer Abgrenzung vgl. Technische Erläuterungen.

	Stadtbevölkerung				Anteil an der gesamten Stadtbevölkerung in %				Anzahl der Städte mit über 500000 Einwohnern	
	In % der Gesamt-bevölkerung		Durchschnittliche jährliche Zuwachsrate in %		Größte Stadt		Städte mit über 500000 Einwohnern			
	1965[a]	1984[a]	1965—73	1973—84	1960	1980	1960	1980	1960	1980
66 Costa Rica	38	45	3,8	3,3	67	64	0	64	0	1
67 Paraguay	36	41	3,2	3,4	44	44	0	44	0	1
68 Tunesien	40	54	4,1	3,8	40	30	40	30	1	1
69 Kolumbien	54	67	4,3	2,9	17	26	28	51	3	4
70 Jordanien	47	72	4,7	4,7	31	37	0	37	0	1
71 Syrien, Arab. Rep.	40	49	4,8	4,3	35	33	35	55	1	2
72 *Angola*	13	24	5,9	6,0	44	64	0	64	0	1
73 *Kuba*	58	71	2,8	1,6	32	38	32	38	1	1
74 Korea, Dem. Rep.	45	63	4,9	4,1	15	12	15	19	1	2
75 *Libanon*	49	..	6,2	—	64	..	64	..	1	1
76 *Mongolische VR*	42	55	4,6	4,1	53	52	0	0	0	0
Obere Einkommenskategorie	**49** w	**65** w	**3,9** w	**4,1** w	**28** w	**29** w	**40** w	**51** w	**31** s	**67** s
77 Chile	72	83	2,8	2,4	38	44	38	44	1	1
78 Brasilien	51	72	4,5	4,0	14	15	35	52	6	14
79 Portugal	24	31	1,2	2,5	47	44	47	44	1	1
80 Malaysia	26	31	3,3	3,6	19	27	0	27	0	1
81 Panama	44	50	4,1	3,1	61	66	0	66	0	1
82 Uruguay	81	85	0,8	0,8	56	52	56	52	1	1
83 Mexiko	55	69	4,8	4,0	28	32	36	48	3	7
84 Korea, Rep.	32	64	6,5	4,6	35	41	61	77	3	7
85 Jugoslawien	31	46	3,1	2,7	11	10	11	23	1	3
86 Argentinien	76	84	2,1	2,1	46	45	54	60	3	5
87 Südafrika	47	56	2,6	3,7	16	13	44	53	4	7
88 Algerien	32	47	2,5	5,4	27	12	27	12	1	1
89 Venezuela	72	85	4,8	4,3	26	26	26	44	1	4
90 Griechenland	48	65	2,5	2,5	51	57	51	70	1	2
91 Israel	81	90	3,8	2,7	46	35	46	35	1	1
92 Hongkong	89	93	2,1	2,6	100	100	100	100	1	1
93 Trinidad u. Tobago	22	22	0,6	1,2	..	..	0	0	0	0
94 Singapur	100	100	1,8	1,3	100	100	100	100	1	1
95 *Iran, Islam. Rep.*	37	54	5,4	5,0	26	28	26	47	1	6
96 *Irak*	51	70	5,7	5,5	35	55	35	70	1	3
Ölexporteure mit hohem Einkommen	**36** w	**70** w	**9,2** w	**7,7** w	**29** w	**28** w	**0** w	**34** w	**0** s	**3** s
97 Oman	4	27	10,8	17,6	..	..	..	..	..	..
98 Libyen	29	63	8,9	7,9	57	64	0	64	0	1
99 Saudi-Arabien	39	72	8,4	7,3	15	18	0	33	0	2
100 Kuwait	75	93	9,3	7,7	75	30	0	0	0	0
101 Vereinigte Arab. Emirate	56	79	16,7	10,4	..	..	..	..	..	..
Marktwirtschaftliche Industrieländer	**72** w	**77** w	**1,8** w	**1,2** w	**18** w	**18** w	**48** w	**55** w	**104** s	**152** s
102 Spanien	61	77	2,5	2,0	13	17	37	44	5	6
103 Irland	49	57	2,0	2,2	51	48	51	48	1	1
104 Italien	62	71	1,4	1,0	13	17	46	52	7	9
105 Neuseeland	79	83	1,9	0,9	25	30	0	30	0	1
106 Großbritannien	87	92	0,7	0,2	24	20	61	55	15	17
107 Belgien	86	89	0,9	1,2	17	14	28	24	2	2
108 Österreich	51	56	0,8	0,6	51	39	51	39	1	1
109 Niederlande	79	76	0,8	−1,0	9	9	27	24	3	3
110 Frankreich	67	81	2,0	1,2	25	23	34	34	4	6
111 Japan	67	76	2,4	1,4	18	22	35	42	5	9
112 Finnland	44	60	2,8	1,9	28	27	0	27	0	1
113 Deutschland, Bundesrep.	79	86	1,2	0,3	20	18	48	45	11	11
114 Dänemark	77	86	1,3	0,6	40	32	40	32	1	1
115 Australien	83	86	2,6	1,5	26	24	62	68	4	5
116 Schweden	77	86	1,6	0,7	15	15	15	35	1	3
117 Kanada	73	75	1,9	1,2	14	18	31	62	2	9
118 Norwegen	37	77	3,4	2,7	50	32	50	32	1	1
119 Vereinigte Staaten	72	74	1,6	1,3	13	12	61	77	40	65
120 Schweiz	53	60	1,9	0,8	19	22	19	22	1	1
Osteuropäische Staatshandelsländer	**52** w	**64** w	**2,6** w	**1,8** w	**9** w	**7** w	**23** w	**32** w	**36** s	**65** s
121 Ungarn	43	55	2,2	1,4	45	37	45	37	1	1
122 Polen	50	60	1,5	1,8	17	15	41	47	5	8
123 Albanien	32	39	3,5	3,2	27	25	0	0	0	0
124 Bulgarien	46	68	3,2	2,1	23	18	23	18	1	1
125 Tschechoslowakei	51	66	1,8	1,7	17	12	17	12	1	1
126 *Deutsche Dem. Rep.*	73	76	0,2	0,2	9	9	14	17	2	3
127 *Rumänien*	34	52	4,2	3,0	22	17	22	17	1	1
128 *Sowjetunion*	52	66	5,9	−3,0	6	4	21	33	25	50

[a] Kursive Zahlen sind für andere als die angegebenen Jahre.

Technische Erläuterungen

In der vorliegenden neunten Ausgabe der Kennzahlen der Weltentwicklung werden wirtschaftliche und soziale Indikatoren für mehrjährige Zeitabschnitte bzw. ausgewählte Jahre auf eine Weise präsentiert, die sich für den Vergleich einzelner Volkswirtschaften und Ländergruppen eignet. Sie enthält drei neue Tabellen, wovon zwei die privaten nichtgarantierten Auslandsschulden und eine die Einnahmen aus öffentlicher Entwicklungshilfe betreffen.

Die Statistiken und Maße wurden sorgfältig ausgewählt, um ein umfassendes Bild der wirtschaftlichen Entwicklung zu vermitteln. Trotz beträchtlicher Bemühungen um Standardisierung der Daten bestehen erhebliche Unterschiede im Hinblick auf statistische Verfahren, Reichweite, Praktiken und Definitionen. Hinzu kommt, daß die Statistik in vielen Entwicklungsländern immer noch unzulänglich ist, was die Verfügbarkeit und Verläßlichkeit der Daten beeinträchtigt. Den Lesern wird deshalb dringend empfohlen, diese Einschränkungen bei der Auswertung der Kennzahlen, vor allem soweit Vergleiche zwischen den Volkswirtschaften vorgenommen werden sollen, in Rechnung zu stellen.

Alle Zuwachsraten sind in realen Größen ausgewiesen und, soweit nichts Gegenteiliges angemerkt wird, mit Hilfe der Methode der kleinsten Quadrate berechnet. Bei diesem Verfahren erhält man die Zuwachsrate r durch Anpassung eines linearen Trends an die Logarithmen der Jahreswerte der Variablen innerhalb des Untersuchungszeitraums. Genauer gesagt, hat die Regressionsgleichung die Form $\log X_t = a + bt + e_t$; dies ist das Äquivalent der logarithmischen Umformung der exponentiellen Wachstumsgleichung $X_t = X_o (1 + r)^t$. In diesen Gleichungen bezeichnet X_t die Variable, t die Zeit, und $a = \log X_o$ sowie $b = \log (1 + r)$ sind die zu schätzenden Parameter; e_t ist die Fehlergröße. Wenn b^* der nach der Methode der kleinsten Quadrate geschätzte Wert von b ist, dann ergibt sich die durchschnittliche jährliche Wachstumsrate r als [antilog (b^*)]-1.

Tabelle 1: Grundlegende Kennzahlen

Die Schätzwerte für die *Bevölkerungszahlen* Mitte 1984 beruhen auf Daten der Abteilung für Bevölkerungsfragen der VN oder der Weltbank. In vielen Fällen berücksichtigen diese Daten die Ergebnisse der letzten Volkszählungen. Angemerkt sei, daß Flüchtlinge, die sich in dem asylgewährenden Land nicht auf Dauer niedergelassen haben, im allgemeinen als Teil der Bevölkerung des Herkunftslandes betrachtet werden. Die Angaben zur *Fläche* wurden dem Datenband für das *Jahrbuch der Produktion 1984* der FAO entnommen. Die Tabelle in Sonderbeitrag A.1 enthält Angaben — über Bevölkerung, Fläche und andere grundlegende Kennzahlen — für Mitgliedsländer der VN und der Weltbank mit einer Bevölkerung von weniger als einer Million.

Das *Bruttosozialprodukt* (BSP) mißt die gesamte in- und ausländische Erzeugung, die den Bewohnern eines Landes zur Verfügung steht; bei der Berechnung werden Abschreibungen auf den Kapitalbestand nicht abgezogen. Es schließt das Bruttoinlandsprodukt (vgl. Erläuterungen zu Tabelle 2) zuzüglich des Netto-Faktoreinkommens aus dem Ausland ein. Letzteres besteht aus dem Einkommen, das Inländer aus dem Ausland für Faktorleistungen zufließt (Arbeit, Investitionen und Zinsen) abzüglich ähnlicher Zahlungen an Ausländer, die zum Inlandsprodukt beigetragen haben.

Die Angaben zum *BSP pro Kopf* wurden nach dem *Weltbank Atlas*-Verfahren berechnet. Die Bank räumt ein, daß eine volle internationale Vergleichbarkeit der Schätzungen für das BSP pro Kopf nicht erreichbar ist. Neben dem klassischen, schwer zu lösenden „Indexzahlenproblem" stehen einer angemessenen Vergleichbarkeit zwei Probleme im Weg. Eines betrifft die BSP-Zahlen selbst. Zwischen den einzelnen Ländern gibt es Unterschiede bei den Volkswirtschaftlichen Gesamtrechnungen und im Umfang und der Verläßlichkeit der zugrundeliegenden statistischen Informationen. Das andere ergibt sich aus der Umrechnung der in verschiedenen

Sonderbeitrag A.1 Grundlegende Kennzahlen für Mitgliedsländer der VN/Weltbank mit einer Bevölkerung von unter einer Million

VN/Weltbank-Mitglieder	Bevölkerung (in Tsd) Mitte 1984	Fläche (in Tsd. Quadratkilometer)	BSP pro Kopf[a] In $ von 1984	Jahresdurchschnittliches Wachstum in % 1965—84[b]	Durchschnittliche jährliche Inflationsrate in % 1965—73	1973—84[c]	Lebenserwartung bei der Geburt (in Jahren) 1984
Guinea-Bissau	870	36	190	..	..	9,1	38
Gambia	718	11	260	1,0	3,0	10,4	42
Kap Verde	320	4	320	..	..	12,6	64
São Tomé und Principe	105	1	330	—1,6	..	8,3	64
Guyana	785	215	590	0,5	4,3	7,8	65
Swasiland	731	17	790	4,1	4,3	14,0	54
St. Vincent und die Grenadinen	117	(.)	840	1,9	6,1	10,9	69
Grenada	94	(.)	860	1,7	..	12,6	68
Dominica	77	1	1.010	0,3	6,1	13,2	75
Belize	156	23	1.110	2,5	..	7,6	66
St. Lucia	134	1	1.130	3,1	5,5	10,3	70
St. Christopher und Nevis	55	(.)	1.150	3,2	6,4	8,9	64
Fiji	686	18	1.810	3,1	5,6	9,0	65
Antigua und Barbuda	78	(.)	1.860	—0,1	6,6	8,6	73
Malta	360	(.)	3.360	8,4	2,4	5,5	72
Surinam	383	163	3.510	4,2	..	9,6	66
Zypern	654	9	3.650	..	1,6	10,4	74
Gabun	812	268	4.100	5,9	5,8	15,5	50
Barbados	253	(.)	4.370	2,5	7,2	11,7	73
Bahamas	229	14	6.690	—1,6	..	..	69
Bahrain	407	1	10.470	..	..	..	69
Island	239	103	11.020	2,6	15,1	47,4	77
Luxemburg	366	3	13.160	3,9	5,0	7,3	73
Katar	304	11	19.810	—7,7	..	..	72
Brunei	218	6	..	..	..	..	74
Komoren	382	2	..	..	..	..	55
Dschibuti	..	22	..	..	..	..	48
Äquatorial-Guinea	366	28	..	..	3,6	..	44
Malediven	173	(.)	..	..	..	..	53
Seschellen	65	(.)	..	..	..	14,8	69
Salomonen	259	28	..	..	4,8	10,1	58
Tonga	106	1	..	..	..	10,2	64
Vanuatu	130	15	..	..	..	..	55
West Samoa	161	3	..	..	..	..	65

Anmerkung: Für kursiv gedruckte Länder kann kein BSP pro Kopf errechnet werden.
a. Vgl. technische Erläuterungen. b. Da für den gesamten Zeitraum Daten nicht immer verfügbar sind, beziehen sich die kursiven Zahlen auf andere als die angegebenen Zeitabschnitte. c. Kursive Zahlen für 1973—83 und nicht für 1973—84.

nationalen Währungen ausgedrückten BSP-Daten mittels eines gemeinsamen numeraire — üblicherweise der US-Dollar —, um sie international zu vergleichen. Das Umrechnungsverfahren der Bank von BSP-Daten in US-Dollarwerte basiert im allgemeinen auf der Anwendung des amtlichen Wechselkurses. In einigen Ländern spiegelt jedoch der vorherrschende amtliche Wechselkurs den bei tatsächlichen Fremdwährungstransaktionen effektiv angewandten Kurs nicht voll wider; in diesen Fällen wird ein alternativer Umrechnungsfaktor benutzt.

Aus der Einsicht, daß diese Unzulänglichkeiten die Vergleichbarkeit der Schätzwerte des BSP pro Kopf beeinträchtigen, hat die Weltbank verschiedene Verbesserungen des Schätzverfahrens vorgenommen. Im Zuge der regelmäßigen Überprüfung der Volkswirtschaftlichen Gesamtrechnungen ihrer Mitgliedsländer berechnet die Weltbank systematisch BSP-Schätzwerte, wobei sie sich besonders auf die zugrundeliegende Abgrenzung und Konzeption konzentriert und erforderlichenfalls Anpassungen vornimmt, um die Vergleichbarkeit zu verbessern. Die Bank überprüft auch systematisch die Angemessenheit der Wechselkurse als Umrechnungsfaktoren. Ein alternativer Umrechnungsfaktor wird dann angewendet, wenn der amtliche Wechselkurs zu stark von dem Kurs abweicht, der den Auslandstransaktionen tatsächlich zugrundeliegt. Das gilt nur für eine sehr kleine Zahl von Ländern.

Um eine bessere Vergleichbarkeit zu erreichen, hat das Internationale Vergleichs-Projekt der VN (IVP) Meßziffern für das BIP entwickelt, denen statt Wechselkursen Kaufkraftparitäten zugrundeliegen. Bisher werden von dem Projekt für das Jahr 1980 sechzig Länder erfaßt, aber einige damit verbundene methodische Probleme sind ungelöst.

Die Schätzungen des BSP sowie des BSP pro Kopf für 1984 beruhen auf den Daten der Jahre 1982 bis 1984. Bei diesem Verfahren besteht der erste Schritt in der Ermittlung des Umrechnungsfaktors. Dabei werden das einfache arithmetische Mittel des tatsächlichen Wechselkurses im Jahr 1984 und die bereinigten Wechselkurse der Jahre 1982 und 1983 herangezogen. Um den deflationierten Wechselkurs für 1982 zu erhalten, wird der tatsächliche Wechselkurs für 1982 mit der Relation der Inflationsraten des betreffenden Landes und der Vereinigten Staaten zwischen 1982 und 1984 multipliziert. Für 1983 wird der tatsächliche Wechselkurs für 1983 mit der Relation der Inflationsraten des Landes und der Vereinigten Staaten zwischen 1983 und 1984 multipliziert.

Mit Hilfe des Durchschnitts der tatsächlichen und deflationierten Wechselkurse sollen die Auswirkungen der Preis- und Wechselkursfluktuationen geglättet werden. Der zweite Schritt besteht in der Umrechnung des BSP zu Käuferpreisen und in nationaler Währung des Jahres 1984 unter Anwendung des oben abgeleiteten Umrechnungsfaktors. Das so ermittelte BSP in US-Dollar wird durch die Bevölkerungszahl von Mitte des Jahres dividiert, um das BSP pro Kopf des Jahres 1984 zu erhalten. Die vorläufigen Schätzungen für das BSP pro Kopf im Jahr 1984 werden in dieser Tabelle wiedergegeben.

Die folgende Formel beschreibt das Verfahren zur Berechnung des Umrechnungsfaktors für das Jahr t:

$$(e^*_{t-2,t}) = \frac{1}{3}\left[e_{t-2}\left(\frac{P_t}{P_{t-2}}\bigg/\frac{P^\$_t}{P^\$_{t-2}}\right) + e_{t-1}\left(\frac{P_t}{P_{t-1}}\bigg/\frac{P^\$_t}{P^\$_{t-1}}\right) + e_t\right]$$

sowie für die Berechnung des BSP pro Kopf in US-Dollar für das Jahr t:

$$(Y^\$_t) = Y_t / N_t \div e^*_{t-2,t}$$

dabei ist:
Y_t = laufendes BSP (in heimischer Währung) im Jahr t
P_t = BSP-Deflator für das Jahr t
e_t = jahresdurchschnittlicher Wechselkurs (heimische Währung/US-Dollar) im Jahr t
N_t = Bevölkerung Mitte des Jahres t
$P^\$_t$ = BSP-Deflator der Vereinigten Staaten im Jahr t

Wegen der mit der Verfügbarkeit von Daten und mit der Bestimmung der Wechselkurse verbundenen Probleme werden für die meisten planwirtschaftlichen Länder Osteuropas keine Angaben über das BSP pro Kopf gemacht.

Die *durchschnittliche jährliche Inflationsrate* ist identisch mit der Zuwachsrate des impliziten Deflators des Bruttoinlandsprodukts (BIP) für die jeweils ausgewiesenen Zeitabschnitte. Bei der Berechnung des BIP-Deflators wird zunächst der Wert des BIP zu jeweiligen Käuferpreisen für jedes Jahr der einzelnen Zeitabschnitte durch den Wert des BIP zu konstanten Marktpreisen dividiert, wobei die Bewertung jeweils in nationaler Währung erfolgt. Hieran anschließend wird die Zuwachsrate des BIP-Deflators für die einzelnen Zeiträume unter Verwendung der Methode der kleinsten Quadrate errechnet. Die Aussagefähigkeit dieser Kennzahl, wie jeder anderen Maßgröße der Inflation, ist begrenzt. Sie wird hier jedoch in einigen Fällen als Indikator für den Preisauftrieb verwendet, da sie — indem sie die jährlichen Preisänderungen für alle Güter und Dienstleistungen erfaßt, die in einer Volkswirtschaft produziert werden — der am breitesten fundierte Deflator ist.

Die *Lebenserwartung bei der Geburt* gibt die Anzahl der Jahre an, die ein neugeborenes Kind leben würde, wenn die Sterblichkeitsrisiken, die zum Zeitpunkt seiner Geburt in der Gesamtbevölkerung vorherrschen, während seines Lebens gleich bleiben würden. Die Angaben stammen aus der Abteilung für Bevölkerungsfragen der VN, ergänzt um Daten der Weltbank.

Die *zusammenfassenden Kennzahlen* für das BSP pro Kopf und die Lebenserwartung werden in dieser Tabelle mit der Bevölkerung gewichtet. Die Kennzahlen für die durchschnittlichen jährlichen Inflationsraten werden mit dem BIP-Anteil des Landes, bewertet zu jeweiligen US-Dollar, im gesamten Zeitraum in der speziellen Einkommensgruppe gewogen.

Tabellen 2 und 3: Wachstum und Struktur der Produktion

Die verwendeten Definitionen sind überwiegend identisch mit den Definitionen in der *Systematik für Volkswirtschaftliche Gesamtrechnungen, Reihe F, Nr. 2, Revision 3* der VN.

Das *Bruttoinlandsprodukt* (BIP) mißt die gesamte Enderzeugung von Gütern und Dienstleistungen, die von der Wirtschaft eines Landes erstellt wird; d.h., alle Leistungen innerhalb der Landesgrenzen sowohl von Gebietsansässigen als auch von Ausländern werden erfaßt, ohne Rücksicht darauf, ob das Verfügungsrecht über diese Leistungen Inländern oder Ausländern zusteht. Bei der Berechnung des BIP werden keine Abzüge für Abschreibungen vorgenommen. Für die meisten Länder wird der Beitrag der Industrie zum BIP zu Erzeugerpreisen bewertet; für einige Länder werden Zeitreihen zu Käuferpreisen verwendet. Das BIP zu Erzeugerpreisen entspricht dem BIP zu Käuferpreisen, abzüglich Einfuhrabgaben. Es sei angemerkt, daß in früheren Ausgaben das BIP zu Erzeugerpreisen und das BIP zu Käuferpreisen als BIP zu Faktorkosten bzw. BIP zu Marktpreisen bezeichnet wurden. Die BIP-Angaben sind Dollar-Werte, die mit Hilfe amtlicher Wechselkurse eines einzelnen Jahres aus heimischer Währung umgerechnet wurden. Für einige Länder, bei denen der amtliche Wechselkurs die bei den Fremdwährungstransaktionen tatsächlich angewandten Kurse nicht widerspiegelt, wird ein alternativer Umrechnungsfaktor benutzt. Es sei angemerkt, daß bei diesem Verfahren nicht die Dreijahres-Durchschnittsberechnung angewandt wird, wie sie bei der Ermittlung des BSP pro Kopf in Tabelle 1 benutzt wurde.

Der *landwirtschaftliche Sektor* umfaßt Land- und Forstwirtschaft, Jagd und Fischfang. In Entwicklungsländern mit ausgeprägter Subsistenzwirtschaft im Agrarsektor wird ein Großteil der landwirtschaftlichen Erzeugung weder getauscht noch gegen Geld gehandelt. Dies erhöht die Schwierigkeit, den Beitrag der Landwirtschaft zum BIP zu messen. Zum *Industriesektor* gehören Bergbau, *Verarbeitendes Gewerbe*, Bauwirtschaft, Strom-, Wasser- und Gasversorgung. Alle übrigen Wirtschaftszweige werden dem *Dienstleistungssektor* zugeordnet.

Die in diesen Tabellen ausgewiesenen Kennzahlen wurden unter Zuhilfenahme von Zeitreihen in nationaler Währung aus den nationalen Volkswirtschaftlichen Gesamtrechnungen ermittelt. Die Zuwachsraten in Tabelle 2 wurden auf der Basis von Angaben zu konstanten Preisen berechnet, während den sektoralen Anteilen am BIP in Tabelle 3 Angaben zu jeweiligen Preisen zugrunde liegen.

Bei der Berechnung der *zusammenfassenden Kennzahlen* in Tabelle 2 werden für jedes Land zuerst konstante US-Dollarwerte für jedes Jahr der angegebenen Zeiträume berechnet und dann die Werte für jedes Jahr aggregiert. Sodann wird eine Trendschätzung nach der Methode der kleinsten Quadrate vorgenommen, um die zusammenfassenden Kennzahlen zu errechnen. Die durchschnittlichen sektoralen Anteile in Tabelle 3 wurden aus den gruppenweise zusammengefaßten Werten des sektoralen BIP in jeweiligen US-Dollar berechnet.

Tabellen 4 und 5: Zunahme von Verbrauch und Investition; Struktur der Nachfrage

Das BIP wird in den Erläuterungen zu Tabelle 2 definiert.

Der *allgemeine Staatsverbrauch* erfaßt alle laufenden Ausgaben auf allen öffentlichen Verwaltungsebenen für den Erwerb von Gütern und Dienstleistungen. Auch Investitionsausgaben für nationale Verteidigung und Sicherheit werden als Verbrauchsausgabe behandelt.

Der *private Verbrauch* setzt sich zusammen aus dem Marktwert aller Güter und Dienstleistungen, die von privaten Haushalten und gemeinnützigen Institutionen gekauft oder als Einkommensersatz bezogen werden. Er schließt Wohnungskäufe aus, aber die kalkulatorische Eigenmiete für Wohnraum ein, der vom Eigentümer genutzt wird.

Die *Bruttoinlandsinvestition* umfaßt alle Ausgaben für die Aufstockung des Anlagevermögens in der Volkswirtschaft, zuzüglich des Nettowertes von Lagerbestandsveränderungen.

Die *Bruttoinlandsersparnis* wird errechnet durch Subtraktion des gesamten Verbrauchs vom Bruttoinlandsprodukt.

Die *Ausfuhr von Waren und Dienstleistungen* (ohne Faktoreinkommen) erfaßt den Wert aller Waren- und Dienstleistungsexporte in die übrige Welt; hierzu gehören Waren, Fracht, Versicherung, Reisen und sonstige Dienstleistungen. Der Wert von Faktoreinkommen wie Investitionserträge, Zinsen und Arbeitseinkommen ist in dieser Summe nicht enthalten.

Der *Ressourcensaldo* ist die Differenz zwischen der Ausfuhr und Einfuhr von Waren und Dienstleistungen ohne Faktoreinkommen.

Zur Berechnung der Kennzahlen in diesen Tabellen wurden Zeitreihen aus den nationalen Volkswirtschaftlichen Gesamtrechnungen verwendet. Die Wachstumsraten in Tabelle 4 basieren auf Angaben in konstanten Preisen, die BIP-Anteile in Tabelle 5 auf Angaben in jeweiligen Preisen.

Die *zusammenfassenden Kennzahlen* sind nach Methoden errechnet, die in den Anmerkungen zu Tabellen 2 und 3 erklärt werden.

Tabelle 6: Landwirtschaft und Nahrungsmittel

Die Ausgangsdaten zur *Wertschöpfung in der Landwirtschaft* stammen aus Zeitreihen der Weltbank über nationale Volkswirtschaftliche Gesamtrechnungen in nationalen Währungen. Dabei wird die Wertschöpfung von 1980 in jeweiligen Preisen und nationaler Währung unter Anwendung des in den technischen Erläuterungen für Tabelle 2 und 3 beschriebenen Umrechnungsverfahren in US-Dollar umgerechnet. Zur Berechnung der Werte von 1970 und 1984 in US-Dollar von 1980 werden die Zuwachsraten der Werte zu konstanten nationalen Preisen auf die Wertschöpfung von 1980 in US-Dollar bezogen.

Die übrigen Angaben dieser Tabelle stammen von der Organisation für Ernährung und Landwirtschaft der VN (FAO).

Die *Getreideeinfuhr und Nahrungsmittelhilfe in Form von Getreide* sind in Getreideeinheiten ausgedrückt und so definiert, daß sie alle Getreidesorten in den Gruppen 041—046 des Internationalen Warenverzeichnisses für den Außenhandel (SITC — Standard International Trade Classification, Revision 1) umfassen. Die Angaben sind nicht ohne weiteres vergleichbar, da die Getreideimporte auf Kalenderjahren und auf Angaben der Empfängerländer beruhen, während sich die Nahrungsmittelhilfe in Getreide auf Erntejahre von Geberländern stützt. Angaben für 1974 sind die frühest verfügbaren Informationen.

Der *Düngemittelverbrauch* ist auf die vorhandenen Anbauflächen bezogen, die definitionsgemäß ackerfähiges Land und Dauerkulturen umfassen. Hierzu zählen Flächen mit wechselnden Kulturen (Böden mit Mehrfachernten werden nur einmal gezählt) sowie zeitweilig angelegte Wiesen zum Mähen oder Weiden, der Gartenanbau für den Markt oder Eigenbedarf und vorübergehend brachliegendes oder ungenutztes Land sowie Dauerkulturen.

Der *Index der Nahrungsmittelproduktion pro Kopf* mißt die durchschnittliche jährliche Nahrungsmittelmenge pro Kopf, die in den Jahren 1982 bis 1984 erzeugt wurde, bezogen auf die durchschnittliche Jahresproduktion im Zeitraum 1974 bis 1976. Die Schätzwerte wurden durch Division der mengenmäßigen Nahrungsmittelerzeugung durch die gesamte Bevölkerung ermittelt. Der Begriff Nahrungsmittel umfaßt Getreide, stärkehaltige Wurzeln und Knollen, Zuckerrohr und -rüben, Hülsenfrüchte, Pflanzen zur Erzeugung von Speiseöl, Nüsse, Früchte, Gemüse, Viehbestand und Tierprodukte. Unberücksichtigt bleiben Viehfutter, Saatgut für die Verwendung in der Landwirtschaft sowie Verluste bei Verarbeitung und Vertrieb.

Die *zusammenfassenden Kennzahlen* für den Düngemittelverbrauch sind gewogen mit den gesamten anbaufähigen Ackerflächen. Diejenigen der Nahrungsmittelproduktion sind mit der Bevölkerung gewogen.

Tabelle 7: Industrie

Die Daten über die prozentuale *Verteilung der Wertschöpfung* zwischen den Wirtschaftszweigen des Verarbeitenden Gewerbes stammen von der Organisation für Industrielle Entwicklung der Vereinten Nationen (UNIDO). Die Industrie-Statistiken der UNIDO sind zur Berechnung der Anteile mit Basiswerten in Dollar von 1980 herangezogen worden.

Die Untergliederung des Verarbeitenden Gewerbes stimmt mit dem *Internationalen Verzeichnis der Wirtschaftszweige der Vereinten Nationen für alle wirtschaftlichen Aktivitäten* (ISIC — International Standard Industrie Classification) überein. *Nahrungsmittel und Landwirtschaft* umfassen die Hauptgruppen 311, 313 und 314 des ISIC; *Textilien und Bekleidung* die Hauptgruppen 321 bis 324, *Maschinen, Elektrotechnik und Fahrzeuge* die Hauptgruppen 382 bis 384 und *chemische Erzeugnisse* die ISIC-Hauptgruppen 351 und 352. Das *übrige Verarbeitenden Gewerbe* umfaßt im allgemeinen die ISIC-Hauptabteilung 3, abzüglich der vorstehend genannten Gruppen; im Falle einiger Volkswirtschaften, für die keine vollständigen Daten vorliegen, sind jedoch auch andere Gütergruppen einbezogen.

Die Ausgangsdaten für die *Wertschöpfung im Verarbeitenden Gewerbe* stammen aus den Zeitreihen über Volkswirtschaftliche Gesamtrechnungen der Weltbank in nationalen Währungen. Dabei wird die Wertschöpfung von 1980 in jeweiligen Preisen und nationaler Währung unter Anwendung des in den technischen Erläuterungen für Tabelle 2 und 3 beschriebenen Verfahrens in US-Dollar umgerechnet. Zur Berechnung der Werte für 1970 und 1983 in US-Dollar von 1980 werden die Zuwachsraten der Werte zu konstanten nationalen Preisen auf die Wertschöpfung von 1980 in US-Dollar bezogen.

Tabelle 8: Kommerzielle Energie

Die Angaben zur Energie stammen aus Quellen der Vereinten Nationen. Sie umfassen die handelsüblichen primären Energieformen Erdöl, Erdgas und verflüssigtes Erdgas, feste Brennstoffe (Stein- und Braunkohle u. a.) sowie Primärstrom (mit Wasser- und Kernkraft sowie geothermisch erzeugte Elektrizität), jeweils umgerechnet in Erdöleinheiten. Die Angaben zum Verbrauch flüssiger Brennstoffe schließen Erdölerzeugnisse ein, die nicht als Energieträger verbraucht wurden. Bei der Umrechnung von Primärstrom in Erdöleinheiten wurde ein fiktiver thermischer Wirkungsgrad von 34 Prozent unterstellt. Die Verwendung von Brennholz und anderen herkömmlichen Brennstoffen wurde, obwohl sie in einigen Entwicklungsländern von erheblichen Bedeutung ist, nicht berücksichtigt, da hierüber keine verläßlichen und umfassenden Angaben vorliegen.

Die *Energieeinfuhr* bezieht sich auf den Dollar-Wert der Energieimporte — Abschnitt 3 im Revidierten Internationalen Warenverzeichnis für den Außenhandel (SITC) — und ist ausgedrückt als Prozentsatz der Warenausfuhrerlöse.

Die verfügbaren Daten zur Energieeinfuhr ermöglichen keine Unterscheidung zwischen Rohöleinfuhren für den Brennstoffverbrauch und für den Einsatz der Petrochemie. Dementsprechend könnten diese Prozentzahlen die Abhängigkeit von der Energieeinfuhr überbewerten.

Die *zusammenfassenden Kennzahlen der Energieproduktion und des -verbrauchs* sind durch Aggregation der jeweiligen Mengen für jedes Jahr im betreffenden Zeitraum und durch Anwendung einer Trendschätzung nach der Methode der kleinsten Quadrate ermittelt worden. Für den *Energieverbrauch pro Kopf* wurden Bevölkerungsgewichte benutzt, um *zusammenfassende Kennzahlen* für spezifische Jahre zu errechnen.

Die *zusammenfassenden Kennzahlen der Energieeinfuhren als Prozentsatz der Warenausfuhren* wurden aus den gruppenweise zusammengefaßten Werten der Energieeinfuhren und Warenausfuhren in jeweiligen Dollar errechnet.

Tabelle 9: Wachstum des Warenhandels

Die statistischen Angaben zum Warenhandel in den Tabellen 9 bis 13 stammen aus VN-Veröffentlichungen und der Handelsdatensammlung der VN. Sie werden ergänzt um statistische Daten der Konferenz für Handel und Entwicklung der VN (UNCTAD), des Internationalen Währungsfonds (IWF) sowie in einigen wenigen Fällen um Daten aus der Länderdokumentation der Weltbank. Die Wertangaben in diesen Tabellen sind in jeweiligen US-Dollar.

Die *Warenausfuhr und -einfuhr* umfaßt mit wenigen Ausnahmen alle Transaktionen von Waren, die die Zollgrenzen überschreiten. Die Exporte werden, soweit die vorgenannten Quellen nichts anderes besagen, auf fob-(free on board-)Basis und die Importe auf cif-(cost, insurance and freight-)Basis bewertet und in jeweiligen Dollar ausgedrückt. Man beachte, daß grenzüberschreitende Dienstleistungen in diesen Werten nicht enthalten sind.

Die *Zuwachsraten der Warenausfuhr und -einfuhr* werden in realen Größen angegeben und basieren auf Mengenindizes der Ausfuhr und der Einfuhr. Mengenindizes werden errechnet aus Export- und Import-Wertindizes, deflationiert mit den entsprechenden Preisindizes. Diese Indizes stammen aus verschiedenen Quellen. Für rd. 40 Entwicklungsländer, meistens wichtige Exporteure von Industrieerzeugnissen, sind die Indizes aus der Datensammlung der Weltbank. Zur Berechnung dieser Mengenindizes hat die Weltbank ihre eigenen Preisindizes benutzt, die auf internationalen Preisen für Rohstoffe und Durchschnittswertindizes für Industrieerzeugnisse basieren. Diese Preisindizes sind länderspezifisch und nach Warengruppen aufgeschlüsselt, wodurch die Konsistenz der Angaben für eine Ländergruppe und für einzelne Länder gewährleistet ist. Diese Datenkonsistenz wird sich erhöhen, wenn die Weltbank ihre Außenhandels-Preisindizes für eine wachsende Zahl von Ländern verbessert. Für die übrigen Entwicklungsländer stammen diese Indizes von der UNCTAD. Für die Industrieländer kommen diese Indizes aus dem *Statistischen Jahrbuch des Außenhandels* und dem *Statistischen Monatsheft* der VN sowie den *Internationalen Finanz-Statistiken* des IWF.

Die *Terms of Trade* oder Nettoaustauschverhältnisse im Außenhandel messen die relative Höhe der Ausfuhrpreise gegenüber den Einfuhrpreisen. Diese Kennzahl wird als Verhältnis des Durchschnittspreisindex der Ausfuhr eines Landes zu dem Durchschnittspreisindex seiner Einfuhr berechnet und bringt damit Veränderungen des Exportpreisniveaus als Prozentsatz der Importpreise gegenüber einem Basisjahr zum Ausdruck. Die Terms of Trade-Indexwerte werden auf der Basis 1980 = 100 für die Jahre 1982 und 1984 ausgewiesen. Die Preisindizes stammen aus den obengenannten Quellen für die Zuwachsraten der Ausfuhr oder Einfuhr.

Die *zusammenfassenden Kennzahlen* sind ermittelt durch Aggregation der Einzelwerte auf Grundlage konstanter Dollarpreise von 1980 für jedes Jahr und durch die Anwendung einer Trendschätzung nach der Methode der kleinsten Quadrate für die angegebenen Zeiträume. Auch hier ist wieder zu beachten, daß grenzüberschreitende Dienstleistungen in diesen Werten nicht enthalten sind.

Tabelle 10 und 11: Struktur des Warenhandels

Die Anteile in diesen Tabellen wurden aus den in laufenden Dollar ausgedrückten Handelswerten abgeleitet, die auf VN-Magnetbändern mit Handelsdaten gespeichert und im *Jahrbuch für Außenhandelsstatistik* der VN enthalten sind; ergänzend wurden auch andere regelmäßige statistische Veröffentlichungen der VN und des IWF herangezogen.

Der Begriff der *Warenausfuhr und -einfuhr* wird in den Erläuterungen zu Tabelle 9 definiert.

Die Untergliederung der Ausfuhren und Einfuhren entspricht dem Revidierten Internationalen Warenverzeichnis für den Außenhandel (SITC).

In Tabelle 10 bezieht sich die Gruppe *Brennstoffe, Mineralien und Metalle* auf die Güter in Abschnitt 3 des SITC (mineralische Brennstoffe, Schmiermittel und ähnliche Produkte), Teile 27 und 28 (Mineralien, Rohdünger und eisenhaltige Erze), sowie auf Teil 68 (NE-Metalle). Die Gruppe *Sonstige Rohstoffe* umfaßt die Abschnitte 0, 1, 2 und 4 des SITC (Nahrungsmittel und lebende Tiere, Getränke und Tabak, unverzehrbare Rohmaterialien, Öle, Fette und Wachse), abzüglich der SITC-Teile 27 und 28. *Textilien und Bekleidung* bezieht sich auf die SITC-Teile 65 und 84 (Textilien, Garne, Gewebe und Bekleidung). *Maschinen, Elektrotechnik und Fahrzeuge* schließt die in Abschnitt 7 des SITC aufgeführten Güter ein. Das *übrige Verarbeitende Gewerbe*, als Restposten ermittelt aus dem Gesamtwert der Exporte des Verarbeitenden Gewerbes, bezieht sich auf die Abschnitte 5 bis 9, ohne Abschnitt 7 sowie die Teile 65, 68 und 84 des SITC.

In Tabelle 11 umfaßt die Gruppe *Nahrungsmittel* die SITC-Abschnitte 0, 1 und 4 sowie Teil 22 (Nahrungsmittel und lebende Tiere, Getränke und Tabak, Öle und Fette, Ölsaaten und Nüsse). Die Gruppe *Brennstoffe* bezieht sich auf die Güter in Abschnitt 3 des SITC (mineralische Brennstoffe, Schmiermittel und verwandte Produkte). *Sonstige Rohstoffe* umfassen SITC-Abschnitt 2 (Rohmaterialien ohne Brennstoffe), abzüglich Teil 22 (Ölsaaten und Nüsse), zuzüglich Teil 12 (Tabak) und Teil 68 des SITC (NE-Metalle). *Maschinen, Elektrotechnik und Fahrzeuge* entsprechen den in Abschnitt 7 des SITC aufgeführten Gütern. Das *übrige Verarbeitende Gewerbe*, als Restposten des Gesamtwerts der Importe des Verarbeitenden Gewerbes ermittelt, bezieht sich auf die SITC-Abschnitte 5 bis 9 ohne Abschnitt 7 und Teil 68.

Die *zusammenfassenden Kennzahlen* in Tabelle 10 sind mit der gesamten Warenausfuhr und die in Tabelle 11 mit der gesamten Wareneinfuhr der einzelnen Länder, jeweils in laufenden Dollar, gewogen. (Vgl. Anmerkung zu Tabelle 9.)

Tabelle 12: Regionale Struktur der Warenausfuhr

Die *Warenausfuhr* wird in den Erläuterungen zu Tabelle 9 definiert. Die Handelsanteile in Tabelle 12 basieren auf VN- und IWF-Statistiken über den wertmäßigen Außenhandel in laufenden Dollar. Die *marktwirtschaftlichen Industrieländer* schließen auch Gibraltar, Island und Luxemburg und die *ölexportierenden Länder mit hohem Einkommen* auch Bahrain, Brunei und Katar ein.

Die *zusammenfassenden Kennzahlen* sind mit den Werten der Warenausfuhr der einzelnen Länder in laufenden Dollar gewogen.

Tabelle 13: Regionale Exportstruktur für Industrieprodukte

Die in dieser Tabelle ausgewiesenen Daten stammen von den Vereinten Nationen; sie werden u. a. auch für die Aufstellung der Spezialübersicht B im *Jahrbuch für Außenhandelsstatistik* der VN verwendet. Industrieprodukte umfassen die Güter in den Teilen 5 bis 9 des SITC, Revision 1 (chemische Erzeugnisse;

industrielle Grundstoffe und bearbeitete Waren; Maschinenbauerzeugnisse, elektrotechnische Erzeugnisse und Fahrzeuge; sonstige bearbeitete Waren und anderweitig erfaßte Waren) ohne Abschnitt 68 (NE-Metalle).

Die Einteilung in Ländergruppen ist mit der in Tabelle 12 identisch. Die *zusammenfassenden Kennzahlen* sind mit der Ausfuhr von Industrieprodukten der einzelnen Länder in laufenden Dollar gewogen.

Tabelle 14: Zahlungsbilanzen und Reserven

Die Wertangaben in dieser Tabelle lauten auf jeweilige US-Dollar.

Der *Leistungsbilanzsaldo (auch Bilanz der laufenden Posten)* mißt die Differenz zwischen (1) den Exporten von Gütern und Dienstleistungen, einschließlich des Zustroms unentgeltlicher öffentlicher und privater Übertragungen, und (2) den Importen von Gütern und Dienstleistungen, einschließlich unentgeltlicher Übertragungen an die übrige Welt. Die Schätzwerte für die Leistungsbilanzen stammen aus der Datensammlung des IWF und stimmen mit den Definitionen des Zahlungsbilanz-Handbuchs des IWF überein.

Gastarbeiterüberweisungen beinhalten Einkommenstransfers von Wanderarbeitern, die tatsächlich oder voraussichtlich länger als ein Jahr in ihrer neuen wirtschaftlichen Umgebung beschäftigt sind, in der sie als Gebietsansässige gelten. Solche von kürzerfristigen Aufenthalten sind in den privaten Übertragungen enthalten.

Die *private Nettodirektinvestition* ist der Nettobetrag, der von Gebietsfremden eines Landes in Unternehmen investiert oder reinvestiert wird, deren Geschäftspolitik sie oder andere Gebietsfremde in signifikanter Weise beeinflussen. Diese Nettogröße, die Eigenkapital, die Wiederanlage von Erträgen und sonstige Finanzierungsmittel einschließt, berücksichtigt auch den Wert der Direktinvestitionen, die von Gebietsansässigen des berichtenden Landes im Ausland getätigt werden. Zur Berechnung dieser Schätzwerte wurde in erster Linie die Datensammlung des IWF herangezogen.

Die *Bruttowährungsreserven* setzen sich zusammen aus Goldbeständen, Sonderziehungsrechten (SZR), Reservepositionen von IWF-Mitgliedsländern und Beständen an Devisenreserven, über die die Währungsbehörden verfügen. Die Angaben zu den Beständen an Währungsreserven stammen aus der Datensammlung des IWF. Die Goldkomponente dieser Reserven ist durchweg zum Londoner Goldpreis am Jahresende bewertet. Dies entspricht 37,37 Dollar je Unze für 1970 und 308,30 Dollar je Unze für 1984. Die für die Jahre 1970 und 1984 angegebenen Reservebestände beziehen sich jeweils auf das Jahresende und sind in laufenden Dollar zu jeweiligen Wechselkursen ausgedrückt. Aufgrund von Abweichungen bei der Bewertung der Währungsreserven und der Goldkomponente sowie unterschiedlicher Praktiken bei der Reservenverwaltung sind die in nationalen Quellen veröffentlichten Reservebestände nur bedingt vergleichbar. Für die Reservebestände von Ende 1984 wird auch angegeben, wie viele Monatsimporte von Gütern und Dienstleistungen mit ihnen bezahlt werden könnten, wobei Durchschnittsimportwerte für die Jahre 1983 und 1984 verwendet wurden.

Die *zusammenfassenden Kennzahlen* sind aus gruppenweise zusammengefaßten Werten der Brutto-Währungsreserven und der gesamten Einfuhr von Waren und Dienstleistungen in jeweiligen Dollar errechnet.

Tabelle 15: Brutto-Auslandsverbindlichkeiten

Die Angaben zur Verschuldung in dieser und den nachfolgenden Tabellen stammen aus dem Schuldenberichtssystem der Weltbank, ergänzt durch Schätzungen der Weltbank. Dieses Berichtssystem befaßt sich ausschließlich mit Entwicklungsländern und sammelt für andere Ländergruppen keine Angaben über die Auslandsverschuldung, auch nicht von Ländern, die keine Mitglieder der Weltbank sind. Die Dollarzahlen über die Schulden in den Tabellen 15 bis 19 beziehen sich auf US-Dollar, umgerechnet zu amtlichen Wechselkursen. In früheren Berichten wurden Schulden mit einer ursprünglichen oder verlängerten Laufzeit von mehr als einem Jahr als „mittel- und langfristig" bezeichnet. In Übereinstimmung mit dem allgemeinen Gebrauch werden diese Schulden nun als „langfristig" bezeichnet.

Diese Ausgabe enthält erstmals Angaben über die privaten nichtgarantierten Schulden, die von zwanzig Entwicklungsländern gemeldet werden, sowie vollständige oder teilweise Schätzungen (je nach Verläßlichkeit der Informationen) für weitere vierundzwanzig Länder.

Die *ausstehende und ausgezahlte öffentliche Auslandsschuld* erfaßt die am Jahresende in Anspruch genommenen öffentlichen und öffentlich garantierten Kredite, abzüglich Tilgungen und Abschreibungen am Jahresende. Bei der Ermittlung des prozentualen Anteils der öffentlichen Auslandsschulden am BSP wurden die Angaben über die nicht auf Dollar lautenden Schulden mit amtlichen Wechselkursen vom Jahresende in Dollar umgerechnet. Das BSP wurde von nationalen Währungen in US-Dollar durch Anwendung des Verfahrens umgerechnet, das in den technischen Erläuterungen zu den Tabellen 2 und 3 beschrieben wird.

Zusätzlich zu den öffentlichen und den privaten nichtgarantierten langfristigen Schulden (ob berichtet oder geschätzt) enthält diese Tabelle Informationen über die Inanspruchnahme von IWF-Krediten sowie Schätzungen der kurzfristigen Schulden.

Als *Inanspruchnahme von IWF-Krediten* werden die Rückzahlungsverpflichtungen an den IWF aus sämtlichen Inanspruchnahmen von IWF-Mitteln bezeichnet, ohne Ziehungen in der Reservetranche und auf den Treuhandfonds des IWF. Sie bezieht sich auf das Ende des angegebenen Jahres und enthält ausstehende Käufe im Rahmen der Kredittranchen, einschließlich des Erweiterten Zugangs und aller Sonderfazilitäten (Ausgleichslager, kompensierende Finanzierung, erweiterte Fondsfazilität, Ölfazilität). Treuhandfonds-Kredite werden vom Schuldenberichtssystem einzeln erfaßt und werden daher mit den gesamten öffentlichen langfristigen Schulden gezeigt. Die am Jahresende ausstehende Inanspruchnahme von IWF-Krediten (eine Bestandszahl) wird mit dem am Jahresende geltenden Dollar/SZR-Wechselkurs in US-Dollar umgerechnet.

Kurzfristige Auslandsschulden sind solche mit einer ursprünglichen Laufzeit von einem Jahr oder weniger. Die verfügbaren Daten erlauben keine Unterscheidung zwischen öffentlichen und privaten nichtgarantierten kurzfristigen Schulden.

Brutto-Auslandsverbindlichkeiten sind für die Zwecke dieses Berichtes definiert als Summe der öffentlichen langfristigen Schulden, der privaten nichtgarantierten langfristigen Schulden, der Inanspruchnahme von IWF-Krediten und der kurzfristigen Schulden. Dies ist eine Brutto-Bestandsgröße, da die Auslandsverbindlichkeiten nicht gegen die entsprechenden Auslandsforderungen aufgerechnet werden.

Tabelle 16: Zufluß von öffentlichem und privatem Auslandskapital

Die Angaben über den *Bruttozufluß* (Auszahlungen) und die *Tilgungen* (Amortisation) beziehen sich auf die öffentlichen, öffentlich garantierten und privaten nichtgarantierten langfristigen Kredite. Der geschätzte *Nettozufluß* entspricht den um die Tilgung verringerten Auszahlungen.

Öffentliche Kredite sind Verbindlichkeiten staatlicher Schuldner, zu denen die Regierung, ihre Behörden und Einrichtungen sowie autonome öffentliche Stellen gehören. *Öffentlich garantierte Kredite* sind Auslandsverbindlichkeiten privater Schuldner, deren Rückzahlung durch eine staatliche Stelle garantiert ist. Diese beiden Kategorien sind in der Tabelle zusammengefaßt. *Private nichtgarantierte Kredite* sind Auslandsverbindlichkeiten privater Schuldner, deren Rückzahlung nicht durch eine staatliche Stelle garantiert ist.

Tabelle 17: Gesamte öffentliche und private Auslandsschulden sowie Schuldendienstrelationen

Die Angaben zu den gesamten langfristigen Schulden in dieser Tabelle erfassen die öffentlichen und öffentlich garantierten sowie die privaten nichtgarantierten Schulden. Die Verfahren bei der Schätzung der gesamten langfristigen Schulden als Prozentsatz des BSP und der durchschnittlichen Relation des Schuldendienstes zum BSP bzw. zur Ausfuhr von Waren und Dienstleistungen entsprechen den in den Erläuterungen zu Tabelle 15 beschriebenen.

Tabelle 18: Öffentliche Auslandsschulden und Schuldendienstrelationen

Zinszahlungen sind tatsächliche Zahlungen auf ausgezahlte und ausstehende öffentliche und öffentlich garantierte Verbindlichkeiten, die auf Devisen, Güter oder Dienstleistungen lauten; sie umfassen Bereitstellungsgebühren auf noch nicht ausgezahlte Kredite, soweit entsprechende Informationen vorliegen.

Der *Schuldendienst* ist die Summe aus tatsächlichen Tilgungen (Amortisationen) und tatsächlichen Zinszahlungen in Form von Devisen, Gütern oder Dienstleistungen auf öffentliche und öffentlich garantierte Auslandsschulden. Das Verhältnis des Schuldendienstes zur Ausfuhr von Gütern und Dienstleistungen ist eine von mehreren herkömmlichen Kennzahlen zur Beurteilung der Schuldendienstkapazität. Die durchschnittlichen Verhältniszahlen aus Schuldendienst und BSP für die Ländergruppen sind mit dem BSP der Länder in jeweiligen

Dollar gewogen. Die durchschnittlichen Verhältniszahlen aus Schuldendienst und Ausfuhr von Waren und Dienstleistungen sind mit der Ausfuhr von Waren und Dienstleistungen in jeweiligen Dollar gewogen.

Die *zusammenfassenden Kennzahlen* sind aus gruppenweise zusammengefaßten Werten des Schuldendienstes und des BSP in jeweiligen Dollar errechnet.

Tabelle 19: Konditionen der öffentlichen Auslandsverschuldung

Die *Zusagen* beziehen sich auf öffentliche und öffentlich garantierte Kredite, für die im jeweils angegebenen Jahr Darlehensverträge unterzeichnet wurden. Sie werden in Tilgungswährungen gemeldet und zu jahresdurchschnittlichen amtlichen Wechselkursen in US-Dollar umgerechnet.

Die Angaben über *Zinssätze, Laufzeiten und tilgungsfreie Zeiträume* sind Durchschnittswerte, die mit den Kreditbeträgen gewogen sind. Der Zins ist die größte Kreditkostenkomponente und wird gewöhnlich auf der Grundlage der bereits beanspruchten und noch ausstehenden Kreditbeträge berechnet. Die Kreditlaufzeit entspricht dem Intervall zwischen dem Zeitpunkt, zu dem ein Darlehensvertrag unterzeichnet oder eine Anleihe begeben wird, und dem Zeitpunkt der letzten Tilgungszahlung. Der tilgungsfreie Zeitraum ist identisch mit dem Intervall zwischen Kreditabschluß und erster Tilgungsrate.

Öffentliche Kredite mit variablen Zinsen in Prozent der öffentlichen Schulden beziehen sich auf Kredite, deren Zinssätze an einen wichtigen Marktsatz gebunden sind, wie beispielsweise die „London interbank offered rate (LIBOR)" oder die „US-prime rate". Diese Spalte zeigt, in welchem Maße der Schuldner Veränderungen des internationalen Zinsniveaus ausgesetzt ist.

Die *zusammenfassenden Kennzahlen* in dieser Tabelle sind mit den Kreditbeträgen gewichtet.

Tabelle 20: Öffentliche Entwicklungshilfe der OECD- und OPEC-Mitgliedsländer

Die *öffentliche Entwicklungshilfe* (ÖEH) setzt sich zusammen aus Nettoauszahlungen in Form von Zuschüssen und Krediten zu konzessionären finanziellen Bedingungen, die seitens öffentlicher Stellen der Mitglieder des Entwicklungshilfeausschusses (DAC) der Organisation für Wirtschaftliche Zusammenarbeit und Entwicklung (OECD) sowie der Mitgliedsländer der Organisation ölexportierender Staaten (OPEC) mit dem Ziel gewährt werden, die wirtschaftliche Entwicklung und den Wohlstand zu fördern. Sie schließt den Wert der technischen Zusammenarbeit und technischen Hilfe ein. Alle wiedergegebenen Daten stammen von der OECD, und sämtliche US-Dollar-Werte sind mit amtlichen Wechselkursen umgerechnet worden.

Die ausgewiesenen *Beträge* sind Nettoauszahlungen an Entwicklungsländer und multilaterale Institutionen. Die Auszahlungen an multilaterale Institutionen werden inzwischen einheitlich für alle DAC-Mitglieder zum Stichtag der Begebung von Schuldscheinen erfaßt; bislang berichteten einige DAC-Mitglieder zum Stichtag des Zahlungstransfers. Die *bilateralen Nettozuflüsse in Länder mit niedrigem Einkommen* vernachlässigen unaufgeschlüsselte bilaterale Transfers und alle Auszahlungen an multilaterale Institutionen.

Die Nominalwerte der öffentlichen Entwicklungshilfe, die in der Zusammenfassung für die OECD-Ländergruppe ausgewiesen werden, wurden mit Hilfe des Dollar-BSP-Deflators in Preise von 1980 umgerechnet. Dieser Deflator basiert auf dem Preisanstieg in den OECD-Ländern (ohne Griechenland, Portugal und Türkei), jeweils gemessen in Dollar. Er berücksichtigt Paritätsänderungen zwischen dem Dollar und anderen nationalen Währungen. Wertet zum Beispiel der Dollar auf, so sind die in nationalen Währungen gemessenen Preissteigerungsraten um den Betrag der Dollaraufwertung nach unten zu korrigieren, um den Preisanstieg, ausgedrückt in Dollar, zu erhalten.

Außer den Summenangaben für die OPEC enthält die Tabelle zusammenfassende Angaben für die Organisation arabischer ölexportierender Länder (OAPEC). Zu den Geberländern der OAPEC gehören Algerien, Irak, Katar, Kuwait, Libyen, Saudi-Arabien und die Vereinigten Arabischen Emirate. Die Angaben zur Entwicklungshilfe der OPEC und OAPEC stammen ebenfalls von der OECD.

Tabelle 21: Einnahmen aus öffentlicher Entwicklungshilfe

Die *Netto-Auszahlungen von ÖEH aus sämtlichen Quellen* bestehen aus Krediten und Zuschüssen, die zu konzessionären Bedingungen von allen bilateralen öffentlichen Stellen und aus multilateralen Quellen gewährt werden mit dem Ziel, Wirtschaftsentwicklung und Wohlfahrt zu fördern. Die in dieser Tabelle enthaltenen Auszahlungen sind nicht genau vergleichbar mit denen in Tabelle 20, da die Einnahmen aus sämtlichen Quellen stammen; die Auszahlungen in Tabelle 20 beziehen sich nur auf diejenigen der OECD- und OPEC-Mitgliedsländer. Netto-Auszahlungen entsprechen den um Tilgungszahlungen an Geberländer verminderten Brutto-Auszahlungen. Die Netto-Auszahlungen der ÖEH werden pro Kopf und in Prozent des BSP gezeigt.

Die *zusammenfassenden Kennzahlen* der ÖEH pro Kopf werden aus gruppenweise zusammengefaßten Angaben für die Bevölkerung und die ÖEH errechnet. Die Kennzahlen für die ÖEH als Prozentsatz des BSP werden aus den Gruppensummen für die ÖEH und für das BSP in jeweiligen US-Dollar berechnet.

Tabelle 22: Ausgaben der Zentralregierung

Die Angaben zur Finanzierung der Zentralregierung in den Tabellen 22 und 23 stammen aus dem *Government Finance Statistics Yearbook* 1986 des IWF, aus dessen Datensammlung und der Länderdokumentation der Weltbank. Die Haushaltspositionen werden für jedes Land unter Verwendung der Systematik gebräuchlicher Definitionen und Untergliederungen ausgewiesen, die das *Manual on Government Finance Statistics* des IWF enthält. Bedingt durch die uneinheitliche Abgrenzung der verfügbaren Daten sind die einzelnen Bestandteile der Ausgaben und laufenden Einnahmen der Zentralregierungen, die in diesen Tabellen ausgewiesen werden, nicht ohne weiteres vergleichbar. Die Anteile der verschiedenen Positionen an den Gesamtausgaben und -einnahmen wurden auf der Grundlage nationaler Währungen berechnet.

Die Begrenzung der Angaben auf die Ausgaben der Zentralregierungen wurde durch die unzulängliche statistische Erfassung der Behörden auf Landes-, Kreis- und Gemeindeebene erzwungen. Das statistische Bild über die Verteilung der finanziellen Mittel auf verschiedene Bereiche kann hierdurch vor allem in großen Ländern, in denen die nachgeordneten Regierungsebenen weitgehend autonom und für eine Vielzahl sozialer Leistungen zuständig sind, stark verzerrt werden.

Hervorzuheben ist, daß die angegebenen Daten vor allem für Gesundheit und Erziehung aus mehreren Gründen zwischen den einzelnen Ländern nicht vergleichbar sind: Viele Länder verfügen im Gesundheits- und Erziehungswesen über ein beträchtliches Angebot an privaten Leistungen. In anderen Ländern hingegen sind die öffentlichen Leistungen zwar die wichtigste Ausgabenkomponente; sie werden jedoch u.U. von nachgeordneten Verwaltungsebenen finanziert. Aus diesen Gründen sollten die Angaben nur mit großer Vorsicht für Länderquervergleiche verwendet werden.

Die *Ausgaben der Zentralregierung* umfassen die Ausgaben aller Ministerien, Ämter, staatlichen Einrichtungen und sonstigen Stellen, die ausführende Organe oder Instrumente der zentralen Verwaltungsbehörden eines Landes sind. Sie schließen sowohl laufende als auch Investitions-(Entwicklungs-)Ausgaben ein.

Verteidigungsausgaben sind, unabhängig davon, ob sie durch die Verteidigungsministerien oder andere Ämter erfolgen, alle Ausgaben für die Streitkräfte, einschließlich der Ausgaben für militärische Versorgung und Ausrüstung, Bauten, Rekrutierung und Ausbildung. Hierzu zählen außerdem Ausgaben für verbesserte öffentliche Vorkehrungen zur Bewältigung kriegsbedingter Notlagen, Ausgaben für die Ausbildung ziviler Verteidigungskräfte zur Unterstützung von Forschung und Entwicklung und für die finanzielle Abwicklung von militärischen Hilfsprogrammen.

Die Ausgaben für *Erziehung* umfassen Ausgaben der Zentralregierung für die Bereitstellung, Leitung, Überwachung und Unterhaltung von Vor-, Grund- und weiterführenden Schulen, Universitäten und Hochschulen sowie von berufsbezogenen, technischen und sonstigen Ausbildungseinrichtungen. Erfaßt werden außerdem Ausgaben für die allgemeine Administration und Lenkung des Erziehungswesens, für Forschung über dessen Ziele, Organisation, Verwaltung und Konzeption sowie Ausgaben für ergänzende Leistungen wie Transport und Schulspeisung wie auch für allgemein- und zahnmedizinische Behandlung an den Schulen.

Die Ausgaben für *Gesundheit* erfassen die öffentlichen Ausgaben für Krankenhäuser, allgemein- und zahnmedizinische Behandlungszentren, für Kliniken, soweit die Versorgung mit medizinischen Leistungen wesentlicher Bestandteil ihrer Tätigkeit ist, sowie Ausgaben für nationale gesundheitspolitische Maßnahmen und öffentliche Krankenversicherungen und schließlich auch für Familienplanung und medizinische Vorsorgeleistungen. Erfaßt werden darüber hinaus Ausgaben für die allgemeine Administration und Lenkung von zuständigen Behörden, Krankenhäusern und Kliniken, von Gesundheit und Hygiene, von nationalen gesundheitspolitischen Programmen und Krankenversicherungen, sowie Ausgaben für Forschung und Entwicklung.

Wohnungswesen und Gemeindeeinrichtungen, Sozialversicherungen und Wohlfahrt umfassen (1) öffentliche Ausgaben für den Wohnungsbau, wie etwa einkommensabhängige Förderung, außerdem Ausgaben für Wohnraumbeschaffung, Mietzuschüsse und Sanierung von Elendsvierteln, für Gemeindeentwicklung und sanitäre Leistungen sowie (2) öffentliche Ausgaben für Beihilfen an Kranke und vorübergehend Arbeitsunfähige zum Ausgleich von Einkommenseinbußen, für Beihilfen an Alte, dauernd Arbeitsunfähige und Arbeitslose sowie für Familien-, Mutterschafts- und Kindergeld. Zur zweiten Kategorie zählen außerdem die Aufwendungen für Wohlfahrtsleistungen wie Alten- und Invalidenpflege, Versorgung von Kindern, außerdem die Aufwendungen für allgemeine Verwaltung, Lenkung und Forschung, die mit den Leistungen der Sozialversicherung und Wohlfahrt zusammenhängen.

Die *Wirtschaftsförderung* umfaßt die öffentlichen Ausgaben, die mit der Lenkung, Unterstützung und Leistungsverbesserung der Wirtschaft in Verbindung stehen, außerdem Ausgaben für die wirtschaftliche Entwicklung, den Ausgleich regionaler Ungleichgewichte sowie für Arbeitsplatzbeschaffungsmaßnahmen. Zu den berücksichtigten Aktivitäten gehören Forschung, Handelsförderung, geologische Erhebungen sowie die Überwachung und Steuerung bestimmter Wirtschaftszweige. Die fünf wichtigsten Teilbereiche der Wirtschaftsförderung sind Brennstoffe und Energie, Landwirtschaft, Industrie, Verkehrs- und Nachrichtenwesen sowie sonstige Wirtschaftsangelegenheiten und -leistungen.

Die Position *Sonstiges* umfaßt die Ausgaben für die allgemeine staatliche Verwaltung, soweit sie nicht bereits unter anderen Positionen berücksichtigt sind; im Falle einiger Volkswirtschaften gehören hierzu auch Beträge, die anderen Positionen nicht zugerechnet werden konnten.

Die Position *Gesamtüberschuß/Defizit* ist definiert als laufende Einnahmen und Investitionserträge, zuzüglich empfangener unentgeltlicher Leistungen, abzüglich Gesamtausgaben, vermindert um Kreditgewährung minus Kreditrückzahlung.

Die *zusammenfassenden Kennzahlen* für die einzelnen Ausgabenkomponenten der Zentralregierung werden aus den Gruppensummen für die Ausgabenkomponenten und für die Ausgaben der Zentralregierung in laufenden Dollar errechnet. Die Kennzahlen für die Gesamtausgaben als Prozentsatz des BSP wie auch die für den gesamten Überschuß/Fehlbetrag als Prozentsatz des BSP werden berechnet aus Gruppensummen der obengenannten Gesamtausgaben und des gesamten Überschusses/Fehlbetrags in jeweiligen Dollar bzw. aus Gruppensummen des BSP in jeweiligen Dollar.

Tabelle 23: Laufende Einnahmen der Zentralregierung

Herkunft und Vergleichbarkeit der verwendeten Daten werden in den Anmerkungen zu Tabelle 22 beschrieben. Die laufenden Einnahmen aus den einzelnen Quellen sind als Prozentsatz der gesamten laufenden Einnahmen ausgedrückt, die sich aus dem Steueraufkommen und den laufenden Einnahmen ohne Steuern zusammensetzen; die Berechnung erfolgt auf der Grundlage nationaler Währungen.

Die *Steuereinnahmen* umfassen definitionsgemäß alle Regierungseinnahmen aus obligatorischen, unentgeltlichen und nicht rückzahlbaren Zahlungen für öffentliche Aufgaben, einschließlich Zinseinnahmen auf rückständige Steuern sowie eingenommene Strafgebühren auf nicht oder zu spät entrichtete Steuern. Die Steuereinnahmen werden abzüglich Rückerstattungen und bereinigt um andere korrigierende Transaktionen ausgewiesen. *Steuern auf Einkommen, Gewinne und Kapitalerträge* sind Steuern, die auf das tatsächliche oder mutmaßliche Nettoeinkommen von Einzelpersonen, auf Unternehmensgewinne sowie auf Kapitalerträge erhoben werden, im letzten Fall unabhängig davon, ob sie aus Grundstücksverkäufen, Wertpapieren oder anderen Vermögenswerten realisiert wurden. *Beiträge zur Sozialversicherung* umfassen die Sozialversicherungsbeiträge von Arbeitgebern und Arbeitnehmern wie auch der Selbständigen und Arbeitslosen. *Inländische Steuern auf Güter und Dienstleistungen* umfassen allgemeine Verkaufs-, Umsatz- oder Mehrwertsteuern, selektive Abgaben auf Güter, selektive Steuern auf Dienstleistungen, Steuern auf die Nutzung von Gütern oder Eigentum sowie die Gewinne staatlicher Monopole. Zu den *Steuern auf Außenhandel und internationale Transaktionen* gehören Einfuhr- und Ausfuhrzölle, die Gewinne von Ausfuhr- oder Einfuhrvermarktungsstellen, Übertragungen an die Regierung, Wechselkursgewinne und Devisensteuern. Die *sonstigen Steuern* umfassen die Lohn- und Beschäftigtensteuern der Arbeitgeber, Vermögenssteuern sowie andere Steuern, die sich den übrigen Positionen nicht zurechnen lassen.

Zu den *laufenden nicht steuerlichen Einnahmen* gehören alle staatlichen Einnahmen ohne die obligatorischen nicht rückzahlbaren Leistungen für öffentliche Zwecke. Nicht eingeschlossen sind Zahlungseingänge aus Übertragungen und Kreditaufnahmen, finanzielle Mittel, die aus der Rückzahlung früher gewährter Regierungskredite zurückfließen, das Eingehen von Verbindlichkeiten sowie Einnahmen aus dem Verkauf von Investitionsgütern.

Die *zusammenfassenden Kennzahlen* für die Bestandteile der laufenden Einnahmen sind aus den Gruppensummen der Einnahmenkomponenten und den gesamten laufenden Einnahmen in jeweiligen Dollar errechnet; die Kennzahlen für die laufenden Einnahmen als Prozentsatz des BSP sind aus Gruppensummen der gesamten laufenden Einnahmen und des BSP in jeweiligen Dollar berechnet.

Tabelle 24: Einkommensverteilung

Die Angaben in dieser Tabelle betreffen die Verteilung des verfügbaren Gesamteinkommens aller Haushalte auf prozentuale Haushaltsgruppen, die nach ihrem gesamten Haushaltseinkommen geordnet sind. Die Verteilungen umfassen ländliche und städtische Gebiete und beziehen sich auf verschiedene Jahre zwischen 1970 und 1982.

Die Angaben für die Einkommensverteilung stammen aus verschiedenen Quellen, darunter die Wirtschaftskommission für Lateinamerika und die Karibik (ECLAC), die Wirtschafts- und Sozialkommission für Asien und den Pazifik (ESCAP), das Internationale Arbeitsamt (ILO), die Organisation für Wirtschaftliche Zusammenarbeit und Entwicklung (OECD), die VN-Veröffentlichungen *Survey of National Sources of Income Distribution Statistics*, 1981 sowie *National Account Statistics: Compendiums of Income Distribution Statistics*, 1985, neuere Daten der VN, der Weltbank und nationale Quellen.

Da die Erhebung von Daten über die Einkommensverteilung in vielen Ländern nicht systematisch organisiert und auch nicht in das amtliche statistische Erfassungswesen integriert ist, werden die Schätzungen aus Untersuchungen mit einer anderen Aufgabenstellung abgeleitet — in den meisten Fällen aus Erhebungen über Verbraucherausgaben —, die jedoch auch Informationen über die Einkommen erfassen. Diese Untersuchungen verwenden die unterschiedlichsten Einkommensbegriffe und Stichprobenabgrenzungen. Darüber hinaus ist der Repräsentationsgrad dieser Erhebungen in vielen Fällen für den Zweck, verläßliche landesweite Schätzungen über die Einkommensverteilung zu gewinnen, zu begrenzt. Wenn auch davon auszugehen ist, daß die ausgewiesenen Daten die besten verfügbaren Schätzwerte sind, so schließen sie diese Probleme nicht völlig aus; sie sollten deshalb mit außerordentlicher Vorsicht interpretiert werden.

Die Aussagekraft der Kennzahlen ist ähnlich begrenzt. Da sich die Haushalte in ihrer Größe unterscheiden, ist eine Verteilung, die die Haushalte nach dem Haushaltseinkommen pro Kopf untergliedert, für viele Zwecke besser geeignet als eine Verteilung nach deren Gesamteinkommen. Diese Unterscheidung ist von Bedeutung, da Haushalte mit niedrigem Pro-Kopf-Einkommen häufig große Haushalte sind, deren Gesamteinkommen relativ hoch sein kann, und umgekehrt dürften viele Haushalte mit einem niedrigen Gesamteinkommen kleine Haushalte mit hohem Pro-Kopf-Einkommen sein. Angaben über die Verteilung der Haushaltseinkommen pro Kopf stehen allerdings nur für wenige Länder zur Verfügung. Im Rahmen eines Forschungsvorhabens zur Messung des Lebensstandards (Living Standards Measurement Study) versucht die Weltbank, Verfahren und Anleitungen zu entwickeln, mit deren Hilfe die Länder die Erhebung und Auswertung von Daten über die Einkommensverteilung verbessern können.

Tabelle 25: Bevölkerungswachstum und -projektionen

Die *Wachstumsraten für die Bevölkerung* sind Periodendurchschnitte, die auf der Grundlage der Bevölkerungsstände zur jeweiligen Jahresmitte berechnet wurden.

Die Schätzwerte für die *Bevölkerungszahlen* Mitte 1984 beruhen auf Daten der Abteilung für Bevölkerungsfragen der VN und der Weltbank. In vielen Fällen berücksichtigen diese Daten die Ergebnisse der letzten Volkszählungen. Man beachte abermals, daß Flüchtlinge, die sich in dem asylgewährenden Land nicht auf Dauer niedergelassen haben, im allgemeinen als ein Teil der Bevölkerung des Herkunftslandes betrachtet werden.

Die *Bevölkerungsprojektionen* für die Jahre 1990 und 2000 sowie das Jahr, in dem die Bevölkerung schließlich stationär wird, wurden für jedes Land gesondert durchgeführt. Ausgehend von Informationen über die Gesamtbevölkerung hinsichtlich

Alter und Geschlecht, Fruchtbarkeits- und Sterbeziffern sowie des Anteils internationaler Wanderungsbewegungen im Basisjahr 1980, werden diese Parameter unter verallgemeinernden Annahmen in Fünfjahresintervallen in die Zukunft projiziert, bis die stationäre Bevölkerung erreicht ist. Die Schätzungen für das Basisjahr stammen aus aktualisierten Computer-Ausdrucken der VN-Veröffentlichung *World Population Prospects as Assessed in 1982*, aus den letzten Ausgaben der VN-Reihen *Population and Vital Statistics Report*, von Länderangaben der Weltbank sowie aus nationalen Volkszählungen.

Die *Nettoreproduktionsziffer* (NRR — Net Reproduction Rate) gibt die Anzahl von Töchtern an, die ein neugeborenes Mädchen im Verlauf seines Lebens gebären wird, wenn feste altersspezifische Fruchtbarkeits- und Sterbeziffern unterstellt werden. Die NRR mißt dementsprechend das Ausmaß, in dem sich eine neugeborene Gruppe von Mädchen bei gegebener Fruchtbarkeit und Sterblichkeit selbst reproduziert. Eine Nettoreproduktionsziffer von 1 gibt an, daß sich die Fruchtbarkeit auf dem Reproduktionsniveau befindet. Bei dieser Ziffer bringen gebärende Frauen im Durchschnitt nur so viele Töchter zur Welt, um sich selbst innerhalb der Bevölkerung zu reproduzieren.

Eine *stationäre Bevölkerung* ist eine Bevölkerung, deren alters- und geschlechtsspezifische Sterbeziffern über einen langen Zeitraum hinweg unverändert geblieben sind, während gleichzeitig die altersspezifischen Geburtenziffern auf dem Reproduktionsniveau (NRR = 1) verharrten. In einer solchen Bevölkerung ist die Geburtenziffer konstant und identisch mit der Sterbeziffer, der Altersaufbau verändert sich nicht, und die Zuwachsrate ist Null.

Die *Bevölkerungseigendynamik* mißt die Tendenz einer Bevölkerung, auch dann noch weiterzuwachsen, wenn die Fruchtbarkeit das Reproduktionsniveau, d.h. NRR den Wert von 1 erreicht hat. Die Bevölkerungseigendynamik im Jahr *t* wird als Verhältnis der endgültigen stationären Bevölkerung zur Bevölkerung im Jahr *t* unter der Annahme gemessen, daß die Fruchtbarkeit ab dem Jahr *t* auf dem Reproduktionsniveau verharrt. So beträgt etwa die Bevölkerung Indiens im Jahr 1985 schätzungsweise 765 Millionen. Hätte NRR 1985 den Wert 1 erreicht, dann würde die projizierte stationäre Bevölkerung 1 349 Millionen betragen — in der Mitte des 22. Jahrhunderts erreicht —, und die Bevölkerungseigendynamik würde sich auf 1,8 belaufen.

Eine Bevölkerung wird in der Regel auch dann noch weiterwachsen, nachdem die Fruchtbarkeit auf das Reproduktionsniveau gesunken ist, da die hohen Geburtenziffern aus der Vergangenheit zu einem Altersaufbau mit einem relativ hohen Anteil von Frauen geführt haben, die sich im reproduktionsfähigen Alter befinden oder in dieses noch hineinwachsen. Dementsprechend wird die Geburtenziffer auch weiterhin über der Sterbeziffer liegen, so daß die Wachstumsrate noch mehrere Jahrzehnte lang positiv bleibt. Je nach Ausgangslage dauert es mindestens 50 bis 75 Jahre, bis sich die Altersverteilung einer Bevölkerung vollständig an die geänderten Geburtenziffern angepaßt hat.

Die Projektionen beruhen auf Annahmen über die künftigen Sterbeziffern, die aus der weiblichen Lebenserwartung bei der Geburt abgeleitet wurden (d.h. aus der Anzahl der Jahre, die ein neugeborenes Mädchen leben würde, wenn es den Sterblichkeitsrisiken ausgesetzt wäre, die zum Zeitpunkt seiner Geburt im Querschnitt der Bevölkerung vorherrschen). Die Volkswirtschaften werden danach unterteilt, ob ihre weibliche Einschulungsquote für Grundschulen über oder unter 70 Prozent liegt. Für die so ermittelten Ländergruppen werden jeweils in Abhängigkeit von der weiblichen Lebenserwartung im Zeitraum 1980 bis 1985 feste jährliche Zuwächse für die weibliche Lebenserwartung angenommen. Ausgehend von einer gegebenen Lebenserwartung bei der Geburt sind diese jährlichen Zuwächse innerhalb des Prognosezeitraumes in Volkswirtschaften mit einer höheren Einschulungsquote für Grundschulen und einer Lebenserwartung von bis zu 62,5 Jahren ebenfalls höher. Bei noch höherer Lebenserwartung wurden die gleichen jährlichen Zuwächse unterstellt.

Bei der Projektion der Geburtenziffern wird das Jahr geschätzt, in dem die Fruchtbarkeit das Reproduktionsniveau erreicht. Diese Schätzungen sind spekulativ und beruhen auf Informationen über trendmäßige Entwicklungen der unbereinigten Geburtenziffern (wie in den Erläuterungen zu Tabelle 26 definiert), der zusammengefaßten Geburtenziffern (ebenfalls definiert in den Anmerkungen zu Tabelle 26), der weiblichen Lebenserwartung bei der Geburt und auf Ergebnisse von Familienplanungsprogrammen. Für die meisten Volkswirtschaften wird angenommen, daß die zusammengefaßten Geburtenziffern zwischen 1980 und dem Jahr, in dem eine Nettoreproduktionsziffer von 1 erreicht wird, zurückgeht und die Fruchtbarkeit danach auf dem Reproduktionsniveau verharrt. Für die meisten Länder Afrikas südlich der Sahara und einige Länder Asiens und des Nahen Ostens werden jedoch einige Zeit lang unveränderte zusammengefaßte Geburtenziffern und ein anschließender Rückgang auf das Reproduktionsniveau unterstellt; für einige wenige Länder gehen die Annahmen davon aus, daß diese Ziffern bis 1990—95 steigen, um danach zurückzugehen.

In einigen Ländern liegt die Fruchtbarkeit bereits heute unter dem Reproduktionsniveau oder sie wird in den nächsten 5 bis 10 Jahren darunter sinken. Da eine Bevölkerung nicht stationär bleiben wird, sofern ihre Reproduktionsziffer von 1 abweicht, wird unterstellt, daß die Fruchtbarkeit in diesen Volkswirtschaften erneut auf das Reproduktionsniveau ansteigen wird, um für sie Schätzungen über den hypothetischen stationären Bevölkerungsstand ableiten zu können. Um die Konsistenz mit den übrigen Schätzungen zu wahren, wird für die Industrieländer angenommen, daß ihre zusammengefaßten Geburtenziffern bis 1985—90 konstant bleiben und dann bis zum Jahre 2010 auf das Reproduktionsniveau steigen.

Die internationalen Wanderungsquoten beruhen auf vergangenen und aktuellen Entwicklungstrends der Wanderbewegungen. Die Schätzwerte für die künftige Nettozu- und -abwanderung sind spekulativ. Für die meisten Volkswirtschaften wird unterstellt, daß diese Nettobewegungen bis zum Jahre 2000 und in einigen wenigen Fällen erst bis 2025 auf Null zurückgehen.

Die Schätzwerte für den hypothetischen Umfang der stationären Bevölkerung und für das Jahr, in dem die bestandsneutrale Fruchtbarkeit erreicht wird, sind spekulativ. *Sie sollten nicht als Voraussagen aufgefaßt werden.* Sie wurden mit dem Ziel aufgenommen, unter stark vereinfachenden Annahmen die langfristigen Implikationen jüngerer Fruchtbarkeits- und Sterblichkeitstrends aufzuzeigen. Eine ausführlichere Beschreibung des Verfahrens und der Annahmen, die den Schätzungen zugrunde liegen, kann der Weltbank-Veröffentlichung *World Population Projections 1985 — Short- and Long-term Estimates by Age and Sex with Related Demographic Statistics* entnommen werden.

Tabelle 26: Demographie und Fruchtbarkeit

Die *unbereinigten Geburten- und Sterbeziffern* geben die Zahl der Lebendgeburten bzw. Sterbefälle je tausend Einwohner und Jahr an. Sie stammen aus den gleichen Quellen, die in den Erläuterungen zu Tabelle 25 erwähnt wurden. Die prozentualen Veränderungen wurden aus ungerundeten Daten berechnet.

Die *zusammenfassende Geburtenziffer* mißt die Zahl der Kinder, die eine Frau bekommen würde, falls sie bis zum Ende ihres gebärfähigen Alters lebte und in jeder Altersstufe in Übereinstimmung mit den vorherrschenden altersspezifischen Fruchtbarkeitsziffern Kinder zur Welt bringen würde. Die angegebenen Ziffern stammen aus den gleichen Quellen, die in den Erläuterungen zu Tabelle 25 genannt werden.

Die *Quote der verheirateten Frauen im gebärfähigen Alter, die empfängnisverhütende Mittel verwenden*, bezieht sich auf die Frauen, die — oder deren Ehemänner — irgendeine Form der Empfängnisverhütung praktizieren. Hierzu gehören Sterilisierung von Frauen und Männern, zu injizierende und orale Verhütungsmittel, Intrauterinpessare, Pessare, Spermizide, Kondome, Ausnutzung der unfruchtbaren Tage der Frau, Coitus interruptus und Enthaltsamkeit. *Frauen im gebärfähigen Alter* sind in der Regel Frauen von 15 bis 49 Jahren, obgleich in einigen Ländern die Verhütungspraxis für andere Altersgruppen erfaßt wird.

Die Daten stammen vorwiegend aus dem World Fertility Survey, dem Contraceptive Prevalence Survey, von Länderangaben der Weltbank sowie aus dem VN-Bericht *Recent Levels and Trends of Contraceptive Use as Assessed in 1983*. Soweit diese Berichte für einige Länder keine Daten enthalten, wurden Programmstatistiken verwendet; zu diesen Ländern zählen Bangladesch, Indien, Indonesien und einige afrikanische Länder. Die Programmstatistiken könnten allerdings die Verbreitung der Empfängnisverhütung zu niedrig ausweisen, da die Anwendung von Verfahren wie Ausnutzung der unfruchtbaren Tage, Coitus interruptus oder Enthaltsamkeit ebensowenig erfaßt werden wie Empfängnisverhütungsmittel, die nicht über das offizielle Familienplanungsprogramm zu beziehen sind. Die Daten gelten für verschiedene Jahre, die jedoch in der Regel um nicht mehr als zwei Jahre von den angegebenen abweichen.

Alle *zusammenfassenden Kennzahlen* sind Länderangaben, die mit dem Anteil jeden Landes an der gesamten Bevölkerung gewichtet sind.

Tabelle 27: Kennzahlen zur Lebenserwartung

Die *Lebenserwartung bei der Geburt* ist in den Erläuterungen zu Tabelle 1 definiert.

Die *Säuglingssterbeziffer* mißt die Anzahl der

Säuglinge, die je tausend Lebendgeburten pro Jahr vor Vollendung des ersten Lebensjahres sterben. Die Daten stammen aus verschieden VN-Quellen — „Infant Mortality: World Estimates and Projections, 1950—2025" in *Population Bulletin of the United Nations*, 1983, und jüngste Auflagen des *Demographischen Jahrbuchs* und des *Population and Vital Statistics Report* — sowie von der Weltbank.

Die *Kindersterbeziffer* mißt für ein gegebenes Jahr die Anzahl der Sterbefälle bei Kindern im Alter von ein bis vier Jahren je 1000 Kinder der gleichen Altersgruppe. Die ausgewiesenen Schätzwerte beruhen auf den Angaben für die Säuglingssterblichkeit und der Kindersterbeziffer, die sich aus den jeweils entsprechenden Coale-Demeny Sterbetafeln ableitet. (Vgl. hierzu Ansley J. Coale und Paul Demeny, *Regional Model Life Tables and Stable Populations*, Princeton University Press, Princeton, N.J., 1966)

Die *zusammenfassenden Kennzahlen* dieser Tabelle sind Länderangaben, die mit dem Anteil jeden Landes an der gesamten Bevölkerung gewichtet sind.

Tabelle 28: Gesundheitsbezogene Kennzahlen

Die Schätzungen über die *Einwohner je Arzt* und *je Beschäftigtem in der Krankenpflege* stammen aus Unterlagen der Weltgesundheitsorganisation (WHO). Sie tragen auch aktualisierten Bevölkerungsschätzungen Rechnung. Die in der Krankenpflege Beschäftigten umfassen graduierte Mitarbeiter sowie das praktische, Assistenz- und Hilfspersonal; die Einbeziehung des Hilfspersonals ermöglicht eine bessere Einschätzung des Umfangs der vorhandenen Krankenpflege. Die Angaben für die beiden Kennzahlen sind strenggenommen nicht zwischen den Ländern vergleichbar, da die Definition der in der Krankenpflege Beschäftigten von Land zu Land abweicht und da sich die Daten auf die verschiedensten Jahre beziehen, die allerdings im allgemeinen nicht um mehr als zwei Jahre von den angegebenen abweichen.

Das *tägliche Kalorienangebot pro Kopf* wurde durch Division des Kaloriengegenwertes des Nahrungsmittelangebots in einem Land durch seine Bevölkerungszahl ermittelt. Zum Nahrungsmittelangebot gehören Inlandsproduktion, Einfuhr abzüglich Ausfuhr sowie Bestandsveränderungen. Nicht berücksichtigt werden Tierfutter, landwirtschaftliches Saatgut und die Nahrungsmittelmengen, die bei Verarbeitung und Vertrieb verlorengehen. Der *tägliche Kalorienbedarf pro Kopf* mißt die Kalorien, die erforderlich sind, um in der Bevölkerung ein normales Maß an Betätigung und Gesundheit aufrechtzuerhalten, wobei ihrem Alters- und Geschlechtsaufbau, dem durchschnittlichen Körpergewicht und der Lufttemperatur Rechnung getragen wird. Für diese Berechnungen werden Angaben über den Kalorienbedarf von 1977 verwendet, da keine neueren Zahlen verfügbar sind. Die Schätzwerte für beide Kennzahlen stammen von der Organisation für Ernährung und Landwirtschaft (FAO).

Die *zusammenfassenden Kennzahlen* dieser Tabelle sind Länderangaben, die mit dem Anteil jeden Landes an der gesamten Bevölkerung gewichtet sind.

Tabelle 29: Erziehungswesen

Die in dieser Tabelle ausgewiesenen Daten beziehen sich auf mehrere Jahre, die jedoch im allgemeinen um nicht mehr als zwei Jahre von den angegebenen abweichen; sie wurden überwiegend von der UNESCO übernommen.

Die Angaben zur *Zahl der Grundschüler* beziehen sich auf die Schätzungen über die Gesamtzahl aller Grundschüler sowie über die Anzahl der weiblichen und männlichen Grundschüler aller Altersstufen; sie sind als Prozentsätze der gesamten sowie der männlichen und weiblichen Bevölkerung im Grundschulalter ausgedrückt, um Bruttorelationen für den Grundschulbesuch auszuweisen. Zwar sehen viele Länder das Alter von sechs bis elf Jahren als grundschulfähiges Alter an, doch ist dies keine allgemeine Praxis. Die zwischen den Ländern bestehenden Unterschiede hinsichtlich des Schulalters und der Dauer der Ausbildung schlagen sich in den angegebenen Relationen nieder. In einigen Ländern mit einer umfassenden Grundschulerziehung können die Bruttorelationen für den Schulbesuch den Wert 100 übersteigen oder unterschreiten, sofern das amtliche Grundschulalter von einigen Schülern über- oder unterschritten wird.

Die Angaben zum *Besuch weiterführender Schulen* sind entsprechend aufgebaut, wobei ein Alter von zwölf bis siebzehn Jahren als typisches Schulalter angenommen wird.

Die Daten über den *Besuch höherer Schulen und Universitäten* stammen von der UNESCO.

Die *zusammenfassenden Kennzahlen* dieser Tabellen sind Länderangaben, die mit dem Anteil jeden Landes an der gesamten Bevölkerung gewichtet sind.

Tabelle 30: Erwerbspersonen

Die *Bevölkerung im arbeitsfähigen Alter* ist die Gesamtbevölkerung im Alter von 15 bis 64 Jahren. Die Schätzwerte basieren auf den Bevölkerungsschätzungen der Weltbank für 1984 und frühere Jahre.

Die *zusammenfassenden Kennzahlen* sind mit den Bevölkerungszahlen gewogen.

Die *Erwerbspersonen* (im Text auch als „Arbeitskräfte" oder „Arbeitskräftepotential" bezeichnet) umfassen alle Personen im Alter von zehn und mehr Jahren, die wirtschaftlich tätig sind, einschließlich der Streitkräfte und Arbeitslosen, jedoch ohne Hausfrauen, Schüler und Studenten sowie andere wirtschaftlich inaktive Gruppen. *Landwirtschaft, Industrie und Dienstleistungssektor* sind in den Erläuterungen zu Tabelle 2 definiert. Die Schätzwerte für die sektorale Verteilung der Erwerbspersonen stammen vom Internationalen Arbeitsamt (ILO) *Labour Force Estimates and Projections, 1950—2000*, 3. Auflage, und von der Weltbank.

Die *zusammenfassenden Kennzahlen* sind mit den Erwerbspersonenzahlen gewogen.

Die *Zuwachsraten für die Erwerbspersonen* wurden aus den Bevölkerungsprojektionen der Bank und aus ILO-Unterlagen über altersspezifische Erwerbsquoten aus der oben zitierten Quelle abgeleitet.

Für einige Länder, in denen bedeutende Veränderungen der Arbeitslosigkeit und Unterbeschäftigung und/oder der Binnen- und Außenwanderung eingetreten sind, könnte die Anwendung der ILO-Daten über die wirtschaftliche aktive Bevölkerung auf die jüngsten Bevölkerungsprojektionen der Bank unzweckmäßig sein. Die Schätzwerte für die Erwerbspersonenzahlen im Zeitraum 1980 bis 2000 sollten deshalb mit Vorsicht behandelt werden.

Die *zusammenfassenden Kennzahlen* für 1965 bis 1973 und 1973 bis 1984 sind Zuwachsraten der Länder, die mit dem Anteil jeden Landes an den gesamten Erwerbspersonen im Jahr 1973 gewichtet sind; die Kennzahlen für 1980 bis 2000 wurden mit den entsprechenden Länderanteilen im Jahr 1980 gewichtet.

Tabelle 31: Verstädterung

Die Angaben zum *prozentualen Anteil der Stadtbevölkerung an der Gesamtbevölkerung* stammen aus den VN-Publikationen *Estimates and Projections of Urban, Rural and City Populations 1950—2025: The 1982 Assessment*, 1985, ergänzt um Daten in verschiedenen Ausgaben des *Demographischen Jahrbuchs* der VN sowie von der Weltbank.

Die *Zuwachsraten für die Stadtbevölkerung* werden aus den Bevölkerungsschätzungen der Weltbank berechnet; die Schätzwerte für die Anteile der Stadtbevölkerung werden aus den obengenannten Quellen abgeleitet. Die Angaben zur städtischen Agglomeration stammen aus der VN-Veröffentlichung *Patterns of Urban and Rural Population Growth, 1980*.

Da die Schätzwerte in dieser Tabelle auf unterschiedlichen nationalen Definitionen des Begriffs „städtisch" beruhen, sollten Länderquervergleiche mit Vorsicht interpretiert werden.

Die *zusammenfassenden Kennzahlen* für den prozentualen Anteil der Stadtbevölkerung an der Gesamtbevölkerung werden aus den Anteilen für die einzelnen Länder berechnet, die mit dem Anteil jeden Landes an der gesamten Bevölkerung gewichtet werden; die anderen *zusammenfassenden Kennzahlen* in dieser Tabelle werden unter Verwendung der Zahlen über die Stadtbevölkerung auf die gleiche Weise gewichtet.

Verzeichnis der Datenquellen

Volkswirtschaftliche Gesamtrechnung und wirtschaftliche Kennzahlen	Internationaler Währungsfonds, *Government Finance Statistics Yearbook*, Bd. IX, 1985, Washington, D.C. Sawyer, Malcolm, *Income Distribution in OECD Countries*, OECD Occasional Studies, 1976, Paris. UN Department of International Economic and Social Affairs, *Statistical Yearbook*, verschiedene Jahre, New York. _____, *A Survey of National Sources of Income Distribution Statistics*, Statistical Papers, Reihe M, Nr. 72, 1981, New York. _____, *National Accounts Statistics: Compendium of Income Distribution Statistics*, Statistical Papers, Reihe M, Nr. 79, 1985, New York. Datensammlungen von FAO, IWF und UNIDO. Nationale Quellen. Länderdokumentation der Weltbank. Datensammlung der Weltbank.
Energie	UN Department of International Economic and Social Affairs, *World Energy Supplies*, Statistical Papers, Reihe J, verschiedene Jahre, New York. Datensammlung der Weltbank.
Handel	Internationaler Währungsfonds, *Direction of Trade Statistics*, verschiedene Jahre, Washington, D.C. _____, *International Financial Statistics*, verschiedene Jahre, Washington, D.C. Konferenz der VN für Handel und Entwicklung, *Handbook of International Trade and Development Statistics*, verschiedene Jahre, Genf. UN Department of International Economic and Social Affairs, *Monthly Bulletin of Statistics*, verschiedene Jahre, New York. _____, *Yearbook of International Trade Statistics*, verschiedene Jahre, New York. Datensammlungen von FAO, IWF und UNIDO. Handelsdatenbänder der Vereinten Nationen. Länderdokumentation der Weltbank.
Zahlungsbilanzen, Kapitalbewegungen und Schulden	Organisation für Wirtschaftliche Zusammenarbeit und Entwicklung, *Development Co-operation*, verschiedene Jahre, Paris. _____, *Geographical Distribution of Financial Flows to Developing Countries*, 1986, Paris. Zahlungsbilanzdatensammlung des IWF. Schuldenberichtssystem der Weltbank.
Erwerbspersonen	Internationales Arbeitsamt, *Labour Force Estimates and Projections, 1950—2000*, 3. Auflage, 1986, Genf. Datenbänder des Internationalen Arbeitsamtes. Datensammlung der Weltbank.
Bevölkerung	UN Department of International Economic and Social Affairs, *Demographic Yearbook*, verschiedene Jahre, New York. _____, *Population and Vital Statistics Report*, verschiedene Jahre, New York. _____, *Patterns of Urban and Rural Population Growth*, 1980, New York. _____, "Infant Mortality: World Estimates and Projections, 1950—2025", *Population Bulletin of the United Nations*, Nr. 14, 1982, New York. _____, *World Population Prospects as Assessed in 1982*, aktualisierte Version, New York. _____, *World Population Trends and Policies: 1983 Monitoring Report*, 1983, New York. _____, *Recent Levels and Trends of Contraceptive Use as Assessed in 1983*, 1984, New York. _____, *Estimates and Projections of Urban, Rural and City Populations, 1950—2025; The 1982 Assessment*, 1985, New York. Datensammlung der Weltbank.
Soziale Kennzahlen	Organisation für Ernährung und Landwirtschaft, *Food Aid Bulletin*, Oktober 1985, Rom. _____, *Food Aid in Figures*, Dezember 1983, Rom. _____, *Fertilizer Yearbook*, 1984. _____, *Production Yearbook*, 1984. _____, *Trade Yearbook*, 1984. „Standard"-Datenband. UN Department of International Economic and Social Affairs, *Demographic Yearbook*, verschiedene Jahre, New York. _____, *Statistical Yearbook*, verschiedene Jahre, New York. UNESCO, *Statistical Yearbook*, verschiedene Jahre, Paris. Weltgesundheitsorganisation, *World Health Statistics Annual*, verschiedene Jahre, Genf. _____, *World Health Statistics Report*, Bd. 29, Nr. 10, verschiedene Jahre, Genf. Datensammlungen der FAO und der Weltbank.